南水北调中线工程文物保护项目
河南省考古发掘报告
第21号

汤阴五里岗战国墓地

河南省文物局 编 著

科学出版社
北京

内 容 简 介

本书是南水北调中线工程河南段文物保护项目——汤阴五里岗墓地的考古发掘报告。在全面、系统介绍五里岗发现的286座墓葬资料的基础上，对墓葬形制、陪葬品、墓葬的年代及相关问题等进行了全面深入的探讨，总结了墓葬的时代特点、地域特征、等级归属及其合葬形式、墓葬分布、家族墓地等。该墓地的发掘，对研究豫北地区战国时期的葬制、葬俗及其物质文化等内容提供了重要的参考。

本书可供考古、历史的研究者、爱好者参考、阅读。

图书在版编目（CIP）数据

汤阴五里岗战国墓地 / 河南省文物局编著. —北京：科学出版社，2016.4
（南水北调中线工程文物保护项目河南省考古发掘报告；第21号）
ISBN 978-7-03-048063-7

Ⅰ. ①汤…　Ⅱ. ①河…　Ⅲ. ①战国墓-发掘报告-汤阴县　Ⅳ. ①K878.85

中国版本图书馆CIP数据核字（2016）第083768号

责任编辑：张亚娜 / 责任校对：彭　涛
责任印制：肖　兴 / 封面设计：陈　敬

科学出版社 出版
北京东黄城根北街16号
邮政编码：100717
http://www.sciencep.com

中国科学院印刷厂 印刷
科学出版社发行　各地新华书店经销

*

2016年4月第 一 版　开本：889×1194　1/16
2016年4月第一次印刷　印张：31 1/4　插页：57
字数：900 000

定价：320.00 元

（如有印装质量问题，我社负责调换）

Reports on the Cultural Relics Conservation
in the South-to-North Water Diversion Project
Henan Vol.21

The Warring States Period Cemetery in Wuligang, Tangyin

Administration of Cultural Heritage of Henan Province

Science Press
Beijing

南水北调中线工程文物保护项目

南水北调中线工程文物保护项目

河南省考古发掘报告第21号

《汤阴五里岗战国墓地》

主　编

孔德铭

副 主 编

李贵昌　申明清　焦　鹏　石红丽

编委会成员

李　阳　段艳彩　段小鹏　周　伟　赵清荣　张宝林　杨　鑫

于　浩　李守庆　梁　宇　孔维鹏　张书惠　胡玉君

执　笔

孔德铭　张宝林　焦　鹏　张书惠　胡玉君　杨　鑫　周　伟　赵清荣

文稿统筹

孔德铭

墓葬绘图

张宝林　焦　鹏　申明清　李守庆　杨　鑫

器物绘图

张爱珍　黄晓芳　周　娜　孔维鹏

摄　影

申明清　李自省

项目承担单位

中国社会科学院考古研究所安阳工作队

安阳市文物考古研究所

前　　言

作为举世瞩目的特大型水利建设项目，南水北调中线工程的文物保护工作在河南是史无前例的。无论是工程涉及区域之广大，还是文物点分布的密集程度和价值之高，在河南的考古史上都是前所未有的。因此，当黄河小浪底水利枢纽工程和长江三峡库区的文物保护工作结束后不久，随着南水北调中线工程设计规划和施工的渐次展开，世人的目光便开始聚焦古老的中原大地。如何在配合特大型工程建设的同时，使中原大地珍贵的文化遗产得到有效保护，成为河南文物部门的重要任务。

南水北调中线工程包括水源地和总干渠两个主要项目。水源地丹江口水库地跨河南、湖北两省，总淹没面积达370平方千米，其中河南省境内占170平方千米，约占总面积的46%。总干渠起自河南省淅川县的陶岔，流经河南、河北、北京、天津等省市，全长1276千米，其中河南境内达731千米，约占总长度的58%。从南阳盆地沿太行山东麓北行，流经南阳、平顶山、许昌、郑州、焦作、新乡、鹤壁、安阳8个省辖市32个县（市、区），南水北调中线工程纵贯了古代中原的核心区域。在淹没区和总干渠沿线及其附近分布的文物点，既有旧石器时代的化石地点和古人类遗迹，也有新石器时代的大型聚落，更有数量众多、内涵丰富的反映不同文化风格及其交融过程的历史时期的城址、墓葬群、古代建筑和石刻艺术等。可以说，纵贯河南南北的总干渠，在中原大地形成了一条极为难得的融汇各个文化发展时期和各种文化因素的古代文化廊道。

南水北调中线工程河南段的文物保护工作，有以下几个显著特点：

一是全国文物考古队伍积极参与。1994～2005年，河南省组织协调省内外有关文物考古、科研和工程设计单位，对南水北调中线工程丹江口河南淹没区和总干渠沿线进行文物调查、复核和确认工作。经国家有关部门复核确认，南水北调中线工程共涉及河南境内文物点330处。2005年，南水北调中线工程河南段文物保护抢救工作正式启动。河南省文物考古研究所和中国社会科学院考古研究所、武汉大学历史系、陕西省考古研究院等来自全国各地的50余家文物考古单位，先后参加南水北调中线工程河南段的文物保护抢救工作。河南省文物局积极组织协调，在工作中强化大局意识、质量意识、安全意识和服务意识，组织专家现场指导，安排部署市县文物部门进行巡视，为考古发掘单位提供优良的工作环境，确保工程建设和文物保护工程顺利进行。

二是保护抢救了一大批珍贵文物。南水北调文物保护不仅工程浩大，而且总干渠绝大部分是开挖明渠，更容易造成文物的破坏和损害。我们组织考古队伍提前介入，对将要开工渠段的已知文物点进行抢救发掘，有效地保护了文物。其中不乏历史价值、科学价值、艺术价值颇高的珍贵文物。如徐家岭墓地清理的一座战国早期楚国贵族墓葬，出土的一件小口鼎上铸有多达49字的清晰铭文，铭文上有岁星纪年和墓主人身份等，对于研究墓葬年代及墓主人身份提供了重要资料；鹤壁关庄墓地发现的清代西安府守备之墓，出土了一批金质头饰，造型优美，制作精细，特别是一件印有喜鹊登梅图案的金冠，工艺精良，有极高的艺术价值；博爱聂村墓地出土的4件唐代三彩钵，做工精湛，造型精美，是唐三彩器物中不可多得的精品。

三是考古发现具有重要的科学研究价值。如鹤壁刘庄遗址在全国首次发现分布密集、排列规律的大面积先商文化墓地，填补了先商文化发掘和研究工作的一项空白，是该研究领域的重大学术突破；安阳固岸墓地在我国第一次发现了以二十四孝为题材的东魏时期围屏石榻，首次发现了明确纪年的东魏墓葬，出土了大批北齐时期陶俑、瓷器和多方北齐、东魏墓志等重要文物，是研究豫北地区北朝时期的丧葬习俗和陶塑艺术，白瓷、黑瓷的起源和制作工艺，以及北齐和东魏时期的书法艺术的宝贵资料；卫辉大司马墓地唐代乞扶令和夫妇合葬墓的发掘，为研究我国隋唐时期的官吏体制、书法艺术和社会的繁盛提供了新证据；温县徐堡发现了龙山、西周、春秋、战国、汉、宋、明和清时期连续叠压的古城址，是目前黄河流域所发现的龙山文化城址中保存较好、规模较大的一座城址，填补了豫西北龙山城址发现的空白；荥阳薛村遗址为二里头文化晚期到早商文化时期的大型遗址，该遗址的发掘保护工作，对于研究薛村遗址聚落的结构、内部功能区的划分及其特点，探讨夏、商文化的演变的态势和更替有重要的学术意义和科学研究价值；荥阳关帝庙遗址发现了保存完整的商代晚期小型聚落，聚落功能齐全，分居住区、制陶区、祭祀区、墓葬区四部分，在我国商代考古发掘中尚属首次；新郑唐户遗址发现了大面积裴李岗文化时期的居住基址，房址形制结构特点和排水系统的使用，反映了裴李岗文化时期较为先进的建筑理念。

四是考古发掘与课题研究有机结合。在发掘过程中，不仅注重各类文物的抢救保护，而且采用现代科技手段，最大可能地采集各类标本。特别是对于出土的人骨、兽骨进行了性别、年龄、病理以及DNA等方面的鉴定；按照国家地理信息标准，对每处文物点都测量绘制了要素齐全的总平面图，为今后文物普查和保护奠定了基础。如武汉大学历史系对辉县大官庄墓地的一座9个墓室的大型汉墓，进行了发掘现场三维重建和近景摄影测绘技术的全面测绘，通过数字测绘技术、计算机虚拟现实技术，建立了三维的考古对象模型；山东大学在博爱西金城遗址发掘中，设立了主要涉及古地貌、动物、植物、石器、陶器以及遗址资源域十余个子课题的环境考古课题，是开展多学科综合研究的一次重大尝试。

河南省南水北调工程文物保护工作走过了艰辛而光荣的历程。我们积极探索大型项目建设中文物保护抢救工作的新路子，更新管理理念，创新管理机制，培育专业队伍，提升研究层次，取得了非凡的荣誉。安阳固岸墓地、鹤壁刘庄遗址、荥阳娘娘寨遗址、荥阳关帝庙遗址、新郑唐户遗址、新郑胡庄墓地等6个项目先后被评为“全国十大考古新发现”。鹤壁刘庄遗址、荥阳娘娘寨遗址、荥阳关帝庙遗址、新郑唐户遗址、新郑胡庄墓地、淅川沟湾遗址等6个项目荣获“全国田野考古质量奖”。国家文物局授予河南省文物局南水北调文物保护办公室“全国文化遗产保护工作先进集体”荣誉称号。

河南省南水北调中线工程文物保护工作一直受到各级领导的关心和社会各界的支持。全国政协张思卿副主席曾率团视察河南省南水北调工程文物保护工作。国务院南水北调办公室和国家文物局各位领导多次亲临一线检查指导，帮助排忧解难。河南省委、省政府多次召开会议，研究解决文物抢救保护工程中的重大问题。南水北调中线干线工程建设管理局、南水北调中线水源有限责任公司、河南省南水北调中线干线工程领导小组办公室、河南省人民政府移民工作领导小组办公室对南水北调文物保护工作也给予了大力支持和帮助。国家诸多考古学家多次深入到文物保护抢救现场，对重大学术问题和考古发掘质量给予帮助指导。社会各界特别是新闻媒体给予极大关注和广泛宣传。

为了更好地利用考古资料开展学术研究，充分展示河南省南水北调中线工程文物保护项目考古发掘的巨大成果，河南省文物局积极组织考古发掘单位及时对考古发掘资料进行整理和研究，编辑出版考古发掘报告，以期进一步推动文物保护和考古学研究工作。

河南省文物局

2010年5月

目　　录

绪言…………（1）
第一章　概述…………（4）
　第一节　地理环境与历史沿革…………（4）
　第二节　发掘与整理经过…………（5）
第二章　墓葬介绍…………（9）
　　一、M1…………（9）
　　二、M2…………（10）
　　三、M3…………（12）
　　四、M8…………（13）
　　五、M10…………（14）
　　六、M11…………（15）
　　七、M13…………（16）
　　八、M14…………（17）
　　九、M16…………（18）
　　一〇、M17…………（19）
　　一一、M18…………（20）
　　一二、M22…………（21）
　　一三、M24…………（23）
　　一四、M33…………（24）
　　一五、M39…………（25）
　　一六、M45…………（26）
　　一七、M46…………（27）
　　一八、M47…………（28）
　　一九、M50…………（29）
　　二〇、M52…………（30）
　　二一、M53…………（31）
　　二二、M56…………（32）

二三、M61……（33）
二四、M63……（34）
二五、M64……（35）
二六、M66……（36）
二七、M69……（37）
二八、M74……（38）
二九、M82……（39）
三〇、M85……（40）
三一、M86……（41）
三二、M87……（42）
三三、M91……（43）
三四、M92……（45）
三五、M93……（46）
三六、M94……（47）
三七、M95……（49）
三八、M101……（52）
三九、M102……（53）
四〇、M104……（54）
四一、M106……（55）
四二、M108……（56）
四三、M110……（57）
四四、M111……（58）
四五、M112……（59）
四六、M113……（60）
四七、M116……（61）
四八、M124……（62）
四九、M125……（63）
五〇、M126……（64）
五一、M127……（66）
五二、M129……（70）
五三、M130……（71）
五四、M134……（71）
五五、M135……（73）
五六、M136……（74）

五七、M137 …… (75)
五八、M138 …… (76)
五九、M144 …… (77)
六〇、M147 …… (78)
六一、M149 …… (79)
六二、M150 …… (80)
六三、M153 …… (81)
六四、M157 …… (82)
六五、M159 …… (83)
六六、M162 …… (84)
六七、M164 …… (85)
六八、M166 …… (86)
六九、M169 …… (87)
七〇、M170 …… (88)
七一、M173 …… (89)
七二、M177 …… (90)
七三、M178 …… (91)
七四、M179 …… (92)
七五、M181 …… (93)
七六、M183 …… (94)
七七、M185 …… (95)
七八、M190 …… (97)
七九、M192 …… (98)
八〇、M199 …… (99)
八一、M200 …… (100)
八二、M205 …… (103)
八三、M208 …… (105)
八四、M210 …… (106)
八五、M217 …… (107)
八六、M219 …… (109)
八七、M222 …… (110)
八八、M223 …… (111)
八九、M224 …… (112)
九〇、M225 …… (114)

九一、M227 ……………………………………………………………………（115）
九二、M234 ……………………………………………………………………（116）
九三、M239 ……………………………………………………………………（117）
九四、M240 ……………………………………………………………………（119）
九五、M242 ……………………………………………………………………（120）
九六、M243 ……………………………………………………………………（121）
九七、M244 ……………………………………………………………………（122）
九八、M250 ……………………………………………………………………（123）
九九、M252 ……………………………………………………………………（124）
一〇〇、M253 …………………………………………………………………（125）
一〇一、M254 …………………………………………………………………（126）
一〇二、M255 …………………………………………………………………（127）
一〇三、M257 …………………………………………………………………（128）
一〇四、M258 …………………………………………………………………（129）
一〇五、M260 …………………………………………………………………（129）
一〇六、M261 …………………………………………………………………（131）
一〇七、M262 …………………………………………………………………（132）
一〇八、M263 …………………………………………………………………（134）
一〇九、M264 …………………………………………………………………（135）
一一〇、M265 …………………………………………………………………（136）
一一一、M269 …………………………………………………………………（137）
一一二、M272 …………………………………………………………………（138）
一一三、M276 …………………………………………………………………（139）
一一四、M277 …………………………………………………………………（139）
一一五、M279 …………………………………………………………………（141）
一一六、M280 …………………………………………………………………（142）
一一七、M282 …………………………………………………………………（143）
一一八、M285 …………………………………………………………………（144）
一一九、M288 …………………………………………………………………（146）
一二〇、M292 …………………………………………………………………（147）
一二一、M297 …………………………………………………………………（148）
一二二、M298 …………………………………………………………………（149）
一二三、M301 …………………………………………………………………（150）
一二四、M308 …………………………………………………………………（151）

一二五、M309 ……（152）
一二六、M314 ……（152）
一二七、M315 ……（154）
一二八、M320 ……（154）
一二九、M324 ……（156）
一三〇、M325 ……（157）
一三一、M326 ……（158）
一三二、M328 ……（158）
一三三、M333 ……（159）
一三四、M334 ……（161）
一三五、M335 ……（162）
一三六、M336 ……（163）
一三七、M337 ……（164）
一三八、M338 ……（165）
一三九、M339 ……（166）
一四〇、M344 ……（167）
一四一、M345 ……（168）
一四二、M346 ……（169）
一四三、M347 ……（172）
一四四、M349 ……（173）
一四五、M356 ……（174）
一四六、M358 ……（175）
一四七、M362 ……（176）
一四八、M367 ……（177）
一四九、M372 ……（178）
一五〇、M379 ……（179）
一五一、M383 ……（180）
一五二、M384 ……（181）
一五三、M387 ……（182）
一五四、M388 ……（183）
一五五、M390 ……（184）
一五六、M391 ……（185）
一五七、M394 ……（186）
一五八、M395 ……（187）

一五九、M397 …… (188)
一六〇、M399 …… (189)
一六一、M403 …… (191)
一六二、M407 …… (192)
一六三、M411 …… (193)
一六四、M413 …… (195)
一六五、M414 …… (195)
一六六、M415 …… (197)
一六七、M417 …… (198)
一六八、M421 …… (199)
一六九、M423 …… (200)
一七〇、M430 …… (201)
一七一、M431 …… (202)
一七二、M432 …… (204)
一七三、M435 …… (205)
一七四、M437 …… (205)
一七五、M438 …… (207)
一七六、M440 …… (208)
一七七、M442 …… (208)
一七八、M444 …… (210)
一七九、M445 …… (211)
一八〇、M448 …… (212)
一八一、M451 …… (213)
一八二、M453 …… (214)
一八三、M454 …… (215)
一八四、M456 …… (216)
一八五、M459 …… (217)
一八六、M468 …… (219)
一八七、M469 …… (220)
一八八、M470 …… (221)
一八九、M471 …… (222)
一九〇、M473 …… (222)
一九一、M479 …… (224)
一九二、M482 …… (224)

一九三、M483 ……（226）
一九四、M486 ……（227）
一九五、M490 ……（228）
一九六、M493 ……（229）
一九七、M504 ……（230）
一九八、M505 ……（232）
一九九、M507 ……（233）
二〇〇、M508 ……（233）
二〇一、M509 ……（234）
二〇二、M510 ……（236）
二〇三、M511 ……（237）
二〇四、M512 ……（238）
二〇五、M513 ……（239）
二〇六、M514 ……（240）
二〇七、M515 ……（241）
二〇八、M516 ……（242）
二〇九、M520 ……（243）
二一〇、M521 ……（244）
二一一、M523 ……（245）
二一二、M526 ……（246）
二一三、M528 ……（247）
二一四、M530 ……（248）
二一五、M531 ……（249）
二一六、M534 ……（250）
二一七、M539 ……（252）
二一八、M542 ……（253）
二一九、M543 ……（253）
二二〇、M546 ……（254）
二二一、M550 ……（256）
二二二、M557 ……（257）
二二三、M558 ……（258）
二二四、M561 ……（259）
二二五、M562 ……（260）
二二六、M568 ……（261）

二二七、M570 ……（262）
二二八、M571 ……（263）
二二九、M572 ……（263）
二三〇、M575 ……（265）
二三一、M577 ……（266）
二三二、M578 ……（267）
二三三、M579 ……（268）
二三四、M581 ……（269）
二三五、M584 ……（270）
二三六、M585 ……（272）
二三七、M588 ……（273）
二三八、M593 ……（274）
二三九、M595 ……（275）
二四〇、M598 ……（276）
二四一、M599 ……（277）
二四二、M600 ……（278）
二四三、M604 ……（279）
二四四、M605 ……（280）
二四五、M608 ……（281）
二四六、M612 ……（282）
二四七、M616 ……（282）
二四八、M617 ……（284）
二四九、M618 ……（285）
二五〇、M619 ……（286）
二五一、M621 ……（288）
二五二、M624 ……（289）
二五三、M629 ……（290）
二五四、M633 ……（291）
二五五、M635 ……（292）
二五六、M639 ……（293）
二五七、M646 ……（294）
二五八、M654 ……（295）
二五九、M661 ……（296）
二六〇、M666 ……（297）

二六一、M676 …… (298)
二六二、M684 …… (299)
二六三、M685 …… (300)
二六四、M688 …… (301)
二六五、M695 …… (302)
二六六、M699 …… (303)
二六七、M704 …… (304)
二六八、M706 …… (305)
二六九、M707 …… (306)
二七〇、M708 …… (307)
二七一、M710 …… (308)
二七二、M712 …… (309)
二七三、M714 …… (310)
二七四、M715 …… (311)
二七五、M717 …… (313)
二七六、M718 …… (314)
二七七、M721 …… (316)
二七八、M723 …… (317)
二七九、M725 …… (318)
二八〇、M728 …… (319)
二八一、M730 …… (320)
二八二、M731 …… (321)
二八三、M732 …… (322)
二八四、M736 …… (323)
二八五、M741 …… (324)
二八六、M742 …… (325)
第三章　结语 …… (327)
一、典型器物的类型学分析 …… (327)
二、五里岗战国墓地的国属、分期以及墓地葬俗和墓地性质 …… (349)
附表 …… (356)
附表一　汤阴五里岗墓葬一览表 …… (356)
附表二　06NSBDWLG 战国墓地人骨鉴定表 …… (432)
附表三　带钩分型表 …… (442)

附录……（443）
附录一　安阳地区发现的东周时期遗址及墓葬概述……（443）
一、安阳马投涧乡王古道东周遗址及墓葬……（443）
二、南水北调汤阴段羑河村取土区东周墓地……（444）
三、林州大菜园战国墓地……（446）
四、安阳东方今典小区战国排葬坑……（448）
五、安阳文峰区二十里铺村西战国墓地……（449）
六、安阳市高庄乡杨河固村战国遗址和墓葬……（450）
七、安阳其他地区发现东周时期的遗址和墓葬……（453）
附录二　河南省汤阴县五里岗战国墓地出土钱币报告与研究……（455）
一、墓地概况……（455）
二、墓葬形制及钱币出土情况……（456）
三、汤阴及其附近地区出土战国钱币概况……（458）
四、战国时期汤阴地区的地理形势及钱币的性质……（459）
后记……（463）

插图目录

图一　汤阴五里岗墓地位置图 …………………………………………………………………（5）
图二　汤阴五里岗墓葬分布图（一）………………………………………………………（插页）
图三　汤阴五里岗墓葬分布图（二）…………………………………………………………（8）
图四　M1 平面图……………………………………………………………………………（9）
图五　M1 出土铜带钩………………………………………………………………………（10）
图六　M2 平、剖面图………………………………………………………………………（11）
图七　M2 出土陶器…………………………………………………………………………（11）
图八　M3 平面图……………………………………………………………………………（12）
图九　M3 出土铁带钩………………………………………………………………………（12）
图一〇　M8 平面图…………………………………………………………………………（13）
图一一　M8 出土铜带钩……………………………………………………………………（13）
图一二　M10 平面图 ………………………………………………………………………（14）
图一三　M10 出土铁带钩 …………………………………………………………………（14）
图一四　M11 平面图 ………………………………………………………………………（15）
图一五　M11 出土铜带钩 …………………………………………………………………（15）
图一六　M13 平面图 ………………………………………………………………………（16）
图一七　M13 出土铜器 ……………………………………………………………………（17）
图一八　M14 平面图 ………………………………………………………………………（17）
图一九　M14 出土铜带钩 …………………………………………………………………（18）
图二〇　M16 平面图 ………………………………………………………………………（18）
图二一　M16 出土器物 ……………………………………………………………………（19）
图二二　M17 平面图 ………………………………………………………………………（20）
图二三　M17 出土铜带钩 …………………………………………………………………（20）
图二四　M18 平面图 ………………………………………………………………………（21）
图二五　M18 出土铜带钩 …………………………………………………………………（21）
图二六　M22 平面图 ………………………………………………………………………（22）
图二七　M22 出土陶器 ……………………………………………………………………（22）

图二八　M24 平面图 ……（23）
图二九　M24 出土铁带钩 ……（23）
图三〇　M33 平面图 ……（24）
图三一　M33 出土铁器 ……（25）
图三二　M39 平面图 ……（25）
图三三　M39 出土铁镬 ……（26）
图三四　M45 平面图 ……（26）
图三五　M45 出土铁带钩 ……（26）
图三六　M46 平面图 ……（27）
图三七　M46 出土铜带钩 ……（27）
图三八　M47 平面图 ……（28）
图三九　M47 出土器物 ……（29）
图四〇　M50 平面图 ……（29）
图四一　M50 出土铁带钩 ……（29）
图四二　M52 平面图 ……（30）
图四三　M52 出土铜带钩 ……（30）
图四四　M53 平面图 ……（31）
图四五　M53 出土器物 ……（31）
图四六　M56 平面图 ……（32）
图四七　M56 出土铜器 ……（32）
图四八　M61 平面图 ……（33）
图四九　M61 出土铜带钩 ……（33）
图五〇　M63 平面图 ……（34）
图五一　M63 出土陶器 ……（34）
图五二　M64 平面图 ……（36）
图五三　M64 出土铁带钩 ……（36）
图五四　M66 平面图 ……（36）
图五五　M66 出土铜带钩 ……（37）
图五六　M69 平面图 ……（37）
图五七　M69 出土铁带钩 ……（37）
图五八　M74 平面图 ……（38）
图五九　M74 出土铁带钩 ……（38）
图六〇　M82 平面图 ……（39）
图六一　M82 出土铜带钩 ……（39）

图六二　M85 平面图 …………（40）
图六三　M85 出土铁带钩 …………（40）
图六四　M86 平、剖面图 …………（41）
图六五　M86 出土铁带钩 …………（42）
图六六　M87 平面图 …………（43）
图六七　M87 出土器物 …………（43）
图六八　M91 平、剖面图 …………（44）
图六九　M92 平面图 …………（45）
图七〇　M92 出土铜带钩 …………（45）
图七一　M93 平面图 …………（46）
图七二　M93 出土器物 …………（46）
图七三　M94 平、剖面图 …………（48）
图七四　M94 出土器物 …………（49）
图七五　M95 平、剖面图 …………（50）
图七六　M95 出土器物 …………（51）
图七七　M101 平面图 …………（52）
图七八　M101 出土铁带钩 …………（52）
图七九　M102 平面图 …………（53）
图八〇　M102 出土铜镞 …………（53）
图八一　M104 平面图 …………（54）
图八二　M106 平面图 …………（55）
图八三　M106 出土铜带钩 …………（55）
图八四　M108 平面图 …………（56）
图八五　M108 出土铁铲 …………（56）
图八六　M110 平面图 …………（57）
图八七　M110 出土铜带钩 …………（57）
图八八　M111 平面图 …………（58）
图八九　M111 出土带钩 …………（58）
图九〇　M112 平面图 …………（59）
图九一　M112 出土铁带钩 …………（59）
图九二　M113 平面图 …………（60）
图九三　M113 出土铜带钩 …………（60）
图九四　M116 平、剖面图 …………（61）
图九五　M116 出土铜带钩 …………（62）

图九六　M124 平面图……………………………………（62）
图九七　M124 出土器物……………………………………（63）
图九八　M125 平面图……………………………………（64）
图九九　M125 出土铜器……………………………………（64）
图一〇〇　M126 平面图……………………………………（65）
图一〇一　M126 出土陶器……………………………………（66）
图一〇二　M127 平、剖面图……………………………………（67）
图一〇三　M127 出土器物……………………………………（69）
图一〇四　M129 平面图……………………………………（70）
图一〇五　M129 出土陶罐……………………………………（70）
图一〇六　M130 平面图……………………………………（71）
图一〇七　M134 平面图……………………………………（72）
图一〇八　M134 出土铜器……………………………………（72）
图一〇九　M135 平面图……………………………………（73）
图一一〇　M135 出土铁带钩……………………………………（73）
图一一一　M136 平面图……………………………………（74）
图一一二　M136 出土铜带钩……………………………………（74）
图一一三　M137 平面图……………………………………（75）
图一一四　M137 出土铁带钩……………………………………（75）
图一一五　M138 平面图……………………………………（76）
图一一六　M138 出土铁带钩……………………………………（76）
图一一七　M144 平面图……………………………………（77）
图一一八　M144 出土圆形骨器……………………………………（77）
图一一九　M147 平面图……………………………………（78）
图一二〇　M147 出土铜带钩……………………………………（78）
图一二一　M149 平面图……………………………………（79）
图一二二　M149 出土铁带钩……………………………………（79）
图一二三　M150 平面图……………………………………（80）
图一二四　M150 出土铜带钩……………………………………（80）
图一二五　M153 平面图……………………………………（81）
图一二六　M153 出土铁带钩……………………………………（81）
图一二七　M157 平面图……………………………………（82）
图一二八　M157 出土铁带钩……………………………………（82）
图一二九　M159 平面图……………………………………（83）

图一三〇　M159 出土器物……（84）
图一三一　M162 平面图……（85）
图一三二　M162 出土铁器……（85）
图一三三　M164 平面图……（86）
图一三四　M164 出土铜带钩……（86）
图一三五　M166 平面图……（87）
图一三六　M166 出土铁带钩……（87）
图一三七　M169 平面图……（88）
图一三八　M169 出土铜带钩……（88）
图一三九　M170 平面图……（89）
图一四〇　M170 出土铁带钩……（89）
图一四一　M173 平面图……（90）
图一四二　M173 出土铜带钩……（90）
图一四三　M177 平面图……（91）
图一四四　M177 出土器物……（91）
图一四五　M178 平面图……（92）
图一四六　M178 出土铜带钩……（92）
图一四七　M179 平面图……（93）
图一四八　M179 出土铁带钩……（93）
图一四九　M181 平面图……（94）
图一五〇　M181 出土铜带钩……（94）
图一五一　M183 平面图……（95）
图一五二　M183 出土铜带钩……（95）
图一五三　M185 平面图……（96）
图一五四　M185 出土器物……（96）
图一五五　M190 平面图……（97）
图一五六　M190 出土铜带钩……（97）
图一五七　M192 平、剖面图……（98）
图一五八　M192 出土器物……（99）
图一五九　M199 出土平面图……（99）
图一六〇　M199 出土器物……（100）
图一六一　M200 平、剖面图……（101）
图一六二　M200 出土器物……（102）
图一六三　M205 平、剖面图……（104）

图一六四　M205 出土器物…………（105）
图一六五　M208 平、剖面图…………（106）
图一六六　M208 出土铁带钩…………（106）
图一六七　M210 平面图…………（107）
图一六八　M217 平、剖面图…………（108）
图一六九　M217 出土器物…………（109）
图一七〇　M219 平面图…………（109）
图一七一　M219 出土陶罐…………（110）
图一七二　M222 平面图…………（110）
图一七三　M222 出土铜带钩…………（110）
图一七四　M223 平面图…………（111）
图一七五　M223 出土器物…………（112）
图一七六　M224 平、剖面图…………（113）
图一七七　M224 出土陶壶…………（113）
图一七八　M225 平、剖面图…………（114）
图一七九　M225 出土铜带钩…………（115）
图一八〇　M227 平面图…………（115）
图一八一　M227 出土铁带钩…………（116）
图一八二　M234 平面图…………（116）
图一八三　M234 出土器物…………（117）
图一八四　M239 平面图…………（118）
图一八五　M239 出土铜带钩…………（118）
图一八六　M240 平面图…………（119）
图一八七　M240 出土铜带钩…………（119）
图一八八　M242 平面图…………（120）
图一八九　M242 出土陶罐…………（120）
图一九〇　M243 平面图…………（121）
图一九一　M243 出土铁带钩…………（121）
图一九二　M244 平面图…………（122）
图一九三　M244 出土铁带钩…………（122）
图一九四　M250 平面图…………（123）
图一九五　M250 出土铜钱…………（123）
图一九六　M252 平、剖面图…………（124）
图一九七　M252 出土铜带钩…………（125）

图一九八　M253 平面图……………………………………………………………………（125）
图一九九　M253 出土铁带钩………………………………………………………………（125）
图二〇〇　M254 平面图……………………………………………………………………（126）
图二〇一　M254 出土铁带钩………………………………………………………………（126）
图二〇二　M255 平、剖面图………………………………………………………………（127）
图二〇三　M255 出土铁带钩………………………………………………………………（128）
图二〇四　M257 平面图……………………………………………………………………（128）
图二〇五　M257 出土铜带钩………………………………………………………………（128）
图二〇六　M258 平、剖面图………………………………………………………………（130）
图二〇七　M258 出土陶罐…………………………………………………………………（131）
图二〇八　M260 平面图……………………………………………………………………（131）
图二〇九　M260 出土铁带钩………………………………………………………………（131）
图二一〇　M261 平面图……………………………………………………………………（132）
图二一一　M261 出土铜带钩………………………………………………………………（132）
图二一二　M262 平面图……………………………………………………………………（133）
图二一三　M262 出土铁削…………………………………………………………………（133）
图二一四　M263 平面图……………………………………………………………………（134）
图二一五　M263 出土铜带钩………………………………………………………………（134）
图二一六　M264 平面图……………………………………………………………………（135）
图二一七　M264 出土铜带钩………………………………………………………………（135）
图二一八　M265 平面图……………………………………………………………………（136）
图二一九　M265 出土器物…………………………………………………………………（136）
图二二〇　M269 平面图……………………………………………………………………（137）
图二二一　M269 出土铁带钩………………………………………………………………（137）
图二二二　M272 平、剖面图………………………………………………………………（138）
图二二三　M272 出土铁带钩………………………………………………………………（139）
图二二四　M276 平、剖面图………………………………………………………………（140）
图二二五　M276 出土铜带钩………………………………………………………………（140）
图二二六　M277 平面图……………………………………………………………………（140）
图二二七　M277 出土陶器…………………………………………………………………（141）
图二二八　M279 平面图……………………………………………………………………（142）
图二二九　M279 出土铁带钩………………………………………………………………（142）
图二三〇　M280 平面图……………………………………………………………………（143）
图二三一　M280 出土铜带钩………………………………………………………………（143）

图二三二　M282 平面图……（144）
图二三三　M282 出土陶壶……（144）
图二三四　M285 平面图……（145）
图二三五　M285 出土陶器……（145）
图二三六　M288 平面图……（146）
图二三七　M288 出土铜带钩……（146）
图二三八　M292 平面图……（147）
图二三九　M292 出土铁带钩……（147）
图二四〇　M297 平面图……（148）
图二四一　M297 出土器物……（149）
图二四二　M298 平面图……（149）
图二四三　M298 出土铜带钩……（150）
图二四四　M301 平面图……（150）
图二四五　M301 出土铜带钩……（150）
图二四六　M308 平面图……（151）
图二四七　M308 出土陶壶……（151）
图二四八　M309 平面图……（152）
图二四九　M309 出土陶器……（153）
图二五〇　M314 平面图……（153）
图二五一　M314 出土陶罐……（154）
图二五二　M315 平面图……（154）
图二五三　M315 出土陶器……（155）
图二五四　M320 平面图……（155）
图二五五　M320 出土陶器……（156）
图二五六　M324 平面图……（156）
图二五七　M324 出土铜带钩……（157）
图二五八　M325 平面图……（157）
图二五九　M325 出土铜带钩……（157）
图二六〇　M326 平、剖面图……（158）
图二六一　M328 平面图……（159）
图二六二　M328 出土陶器……（159）
图二六三　M333 平面图……（160）
图二六四　M333 出土陶器……（160）
图二六五　M334 平面图……（161）

图二六六　M334 出土器物…………（161）
图二六七　M335 平面图…………（162）
图二六八　M335 出土器物…………（163）
图二六九　M336 平面图…………（163）
图二七〇　M336 出土铁带钩…………（164）
图二七一　M337 平面图…………（164）
图二七二　M337 出土铜带钩…………（164）
图二七三　M338 平面图…………（165）
图二七四　M338 出土铁锛…………（165）
图二七五　M339 平面图…………（166）
图二七六　M339 出土铜带钩…………（166）
图二七七　M344 平面图…………（167）
图二七八　M344 出土器物…………（168）
图二七九　M345 平、剖面图…………（169）
图二八〇　M345 出土铜带钩…………（169）
图二八一　M346 平面图…………（170）
图二八二　M346 出土器物…………（171）
图二八三　M347 平面图…………（172）
图二八四　M347 出土铜带钩…………（172）
图二八五　M349 平面图…………（173）
图二八六　M349 出土器物…………（174）
图二八七　M356 平面图…………（174）
图二八八　M356 出土陶壶…………（175）
图二八九　M358 平面图…………（175）
图二九〇　M358 出土铜带钩…………（175）
图二九一　M362 平面图…………（176）
图二九二　M362 出土铁带钩…………（176）
图二九三　M367 平面图…………（177）
图二九四　M367 出土陶罐…………（177）
图二九五　M372 平面图…………（178）
图二九六　M372 出土铁带钩…………（178）
图二九七　M379 平面图…………（179）
图二九八　M379 出土器物…………（179）
图二九九　M383 平面图…………（180）

图三〇〇　M383 出土器物…………（181）
图三〇一　M384 平面图…………（182）
图三〇二　M384 出土陶罐…………（182）
图三〇三　M387 平面图…………（183）
图三〇四　M387 出土铜带钩…………（183）
图三〇五　M388 平面图…………（183）
图三〇六　M388 出土器物…………（184）
图三〇七　M390 平面图…………（184）
图三〇八　M390 出土陶器…………（185）
图三〇九　M391 平面图…………（186）
图三一〇　M391 出土铁带钩…………（186）
图三一一　M394 平面图…………（187）
图三一二　M394 出土陶壶…………（187）
图三一三　M395 平面图…………（188）
图三一四　M395 出土铜带钩…………（188）
图三一五　M397 平面图…………（189）
图三一六　M397 出土小陶碗…………（189）
图三一七　M399 平面图…………（190）
图三一八　M399 出土铜器…………（190）
图三一九　M403 平面图…………（191）
图三二〇　M403 出土铁带钩…………（191）
图三二一　M407 平面图…………（192）
图三二二　M407 出土铜带钩…………（193）
图三二三　M411 平面图…………（194）
图三二四　M411 出土铜器…………（194）
图三二五　M413 平面图…………（195）
图三二六　M413 出土陶器…………（196）
图三二七　M414 平面图…………（196）
图三二八　M414 出土铜器…………（197）
图三二九　M415 平面图…………（197）
图三三〇　M415 出土铜带钩…………（198）
图三三一　M417 平面图…………（199）
图三三二　M417 出土铜带钩…………（199）
图三三三　M421 平面图…………（200）

图三三四　M421 出土陶罐……（200）
图三三五　M423 平面图……（201）
图三三六　M423 出土铜带钩……（201）
图三三七　M430 平面图……（202）
图三三八　M430 出土铜器……（202）
图三三九　M431 平面图……（203）
图三四〇　M431 出土铜带钩……（203）
图三四一　M432 平面图……（204）
图三四二　M432 出土陶罐……（204）
图三四三　M435 平面图……（205）
图三四四　M435 出土陶器……（206）
图三四五　M437 平面图……（206）
图三四六　M437 出土陶器……（207）
图三四七　M438 平面图……（207）
图三四八　M438 出土铁带钩……（208）
图三四九　M440 平面图……（208）
图三五〇　M440 出土铜带钩……（209）
图三五一　M442 平面图……（209）
图三五二　M442 出土铜桥形饰……（209）
图三五三　M444 平面图……（210）
图三五四　M444 出土器物……（211）
图三五五　M445 平面图……（211）
图三五六　M445 出土铁带钩……（212）
图三五七　M448 平面图……（212）
图三五八　M448 出土铜带钩……（213）
图三五九　M451 平面图……（213）
图三六〇　M451 出土铜带钩……（214）
图三六一　M453 平面图……（214）
图三六二　M453 出土陶罐……（215）
图三六三　M454 平面图……（215）
图三六四　M454 出土铜带钩……（215）
图三六五　M456 平面图……（217）
图三六六　M456 出土陶器……（217）
图三六七　M459 平、剖面图……（218）

图三六八　M459 出土铜带钩 ……（219）
图三六九　M468 平面图 ……（219）
图三七〇　M468 出土铜带钩 ……（219）
图三七一　M469 平面图 ……（220）
图三七二　M469 出土铜带钩 ……（220）
图三七三　M470 平面图 ……（221）
图三七四　M470 出土铜带钩 ……（221）
图三七五　M471 平面图 ……（222）
图三七六　M471 出土器物 ……（223）
图三七七　M473 平面图 ……（223）
图三七八　M473 出土铜带钩 ……（223）
图三七九　M479 平、剖面图 ……（225）
图三八〇　M482 平面图 ……（226）
图三八一　M482 出土铜带钩 ……（226）
图三八二　M483 平面图 ……（227）
图三八三　M483 出土铜带钩 ……（227）
图三八四　M486 平面图 ……（228）
图三八五　M486 出土铜带钩 ……（228）
图三八六　M490 平面图 ……（229）
图三八七　M490 出土陶壶 ……（229）
图三八八　M493 平面图 ……（230）
图三八九　M493 出土铜环 ……（230）
图三九〇　M504 平面图 ……（231）
图三九一　M504 出土铜带钩 ……（231）
图三九二　M505 平面图 ……（232）
图三九三　M505 出土陶罐 ……（232）
图三九四　M507 平面图 ……（233）
图三九五　M507 出土铜带钩 ……（234）
图三九六　M508 平面图 ……（234）
图三九七　M508 出土铜带钩 ……（235）
图三九八　M509 平面图 ……（235）
图三九九　M509 出土铜带钩 ……（236）
图四〇〇　M510 平面图 ……（236）
图四〇一　M510 出土铜带钩 ……（237）

图四〇二　M511 平面图……（238）
图四〇三　M511 出土器物……（238）
图四〇四　M512 平面图……（239）
图四〇五　M512 出土铜带钩……（239）
图四〇六　M513 平面图……（240）
图四〇七　M514 平面图……（241）
图四〇八　M514 出土铜带钩……（241）
图四〇九　M515 平面图……（242）
图四一〇　M515 出土铜带钩……（242）
图四一一　M516 平面图……（243）
图四一二　M516 出土陶罐……（243）
图四一三　M520 平面图……（244）
图四一四　M520 出土铁带钩……（244）
图四一五　M521 平面图……（245）
图四一六　M521 出土铜带钩……（245）
图四一七　M523 平面图……（246）
图四一八　M523 出土铁带钩……（246）
图四一九　M526 平面图……（247）
图四二〇　M526 出土铜带钩……（247）
图四二一　M528 平面图……（248）
图四二二　M528 出土铁带钩……（248）
图四二三　M530 平面图……（249）
图四二四　M530 出土器物……（249）
图四二五　M531 平面图……（250）
图四二六　M531 出土铜带钩……（250）
图四二七　M534 平面图……（251）
图四二八　M534 出土铜器……（251）
图四二九　M539 平面图……（252）
图四三〇　M539 出土铜带钩……（252）
图四三一　M542 平面图……（253）
图四三二　M542 出土铜器……（254）
图四三三　M543 平面图……（254）
图四三四　M543 出土陶器……（255）
图四三五　M546 平、剖面图……（255）

图四三六　M546 出土铁带钩…………………………………………………………………（256）
图四三七　M550 平面图……………………………………………………………………（256）
图四三八　M550 出土铜带钩………………………………………………………………（256）
图四三九　M557 平面图……………………………………………………………………（257）
图四四〇　M557 出土铜带钩………………………………………………………………（257）
图四四一　M558 平面图……………………………………………………………………（258）
图四四二　M558 出土铜带钩………………………………………………………………（258）
图四四三　M561 平面图……………………………………………………………………（259）
图四四四　M561 出土铁带钩………………………………………………………………（259）
图四四五　M562 平面图……………………………………………………………………（260）
图四四六　M562 出土铜带钩………………………………………………………………（260）
图四四七　M568 平面图……………………………………………………………………（261）
图四四八　M568 出土铁带钩………………………………………………………………（261）
图四四九　M570 平面图……………………………………………………………………（262）
图四五〇　M570 出土铁带钩………………………………………………………………（262）
图四五一　M571 平面图……………………………………………………………………（263）
图四五二　M571 出土铜布币………………………………………………………………（264）
图四五三　M572 平面图……………………………………………………………………（265）
图四五四　M572 出土铜带钩………………………………………………………………（265）
图四五五　M575 平面图……………………………………………………………………（266）
图四五六　M575 出土铜带钩………………………………………………………………（266）
图四五七　M577 平面图……………………………………………………………………（267）
图四五八　M577 出土铜带钩………………………………………………………………（267）
图四五九　M578 平面图……………………………………………………………………（268）
图四六〇　M578 出土器物…………………………………………………………………（268）
图四六一　M579 平面图……………………………………………………………………（269）
图四六二　M579 出土铁带钩………………………………………………………………（269）
图四六三　M581 平面图……………………………………………………………………（270）
图四六四　M581 出土器物…………………………………………………………………（270）
图四六五　M584 平面图……………………………………………………………………（271）
图四六六　M584 出土陶器…………………………………………………………………（271）
图四六七　M585 平面图……………………………………………………………………（272）
图四六八　M585 出土铜带钩………………………………………………………………（272）
图四六九　M588 平面图……………………………………………………………………（273）

图四七〇　M588出土铜带钩……（273）
图四七一　M593平面图……（274）
图四七二　M593出土器物……（274）
图四七三　M595平面图……（275）
图四七四　M595出土铜带钩……（275）
图四七五　M598平面图……（276）
图四七六　M598出土铜带钩……（276）
图四七七　M599平面图……（277）
图四七八　M599出土陶器……（277）
图四七九　M600平、剖面图……（278）
图四八〇　M600出土器物……（279）
图四八一　M604平面图……（279）
图四八二　M604出土铜带钩……（280）
图四八三　M605平面图……（280）
图四八四　M605出土铜带钩……（280）
图四八五　M608平面图……（281）
图四八六　M608出土陶罐……（281）
图四八七　M612平面图……（282）
图四八八　M612出土铜带钩……（283）
图四八九　M616平、剖面图……（283）
图四九〇　M616出土器物……（284）
图四九一　M617平面图……（285）
图四九二　M617出土石带钩……（285）
图四九三　M618平面图……（286）
图四九四　M618出土铜带钩……（286）
图四九五　M619平面图……（287）
图四九六　M619出土铜带钩……（288）
图四九七　M621平面图……（288）
图四九八　M621出土铁带钩……（288）
图四九九　M624平面图……（289）
图五〇〇　M624出土器物……（289）
图五〇一　M629平面图……（290）
图五〇二　M629出土铁带钩……（290）
图五〇三　M633平面图……（291）

图五〇四　M633 出土铜带钩……（291）
图五〇五　M635 平面图……（292）
图五〇六　M635 出土陶罐……（292）
图五〇七　M639 平面图……（293）
图五〇八　M639 出土器物……（294）
图五〇九　M646 平面图……（294）
图五一〇　M646 出土铁带钩……（295）
图五一一　M654 平面图……（295）
图五一二　M654 出土器物……（295）
图五一三　M661 平面图……（296）
图五一四　M661 出土铜带钩……（296）
图五一五　M666 平、剖面图……（297）
图五一六　M666 出土铁带钩……（297）
图五一七　M676 平面图……（298）
图五一八　M676 出土铜带钩……（298）
图五一九　M684 平面图……（299）
图五二〇　M684 出土铜带钩……（299）
图五二一　M685 平面图……（300）
图五二二　M685 出土铜带钩……（300）
图五二三　M688 平面图……（301）
图五二四　M688 出土陶壶……（301）
图五二五　M695 平面图……（302）
图五二六　M695 出土陶器……（303）
图五二七　M699 平面图……（304）
图五二八　M699 出土器物……（304）
图五二九　M704 平面图……（305）
图五三〇　M704 出土器物……（305）
图五三一　M706 平面图……（306）
图五三二　M706 出土铜带钩……（306）
图五三三　M707 平面图……（307）
图五三四　M707 出土铜带钩……（307）
图五三五　M708 平面图……（308）
图五三六　M708 出土器物……（308）
图五三七　M710 平面图……（309）

图五三八 M710 出土铜带钩……………………………………………………（309）
图五三九 M712 平面图……………………………………………………（310）
图五四〇 M712 出土器物……………………………………………………（310）
图五四一 M714 平面图……………………………………………………（311）
图五四二 M714 出土铜带钩……………………………………………………（311）
图五四三 M715 平面图……………………………………………………（312）
图五四四 M715 出土铁带钩……………………………………………………（312）
图五四五 M717 平面图……………………………………………………（313）
图五四六 M717 出土铜带钩……………………………………………………（313）
图五四七 M718 平面图……………………………………………………（314）
图五四八 M718 出土器物……………………………………………………（315）
图五四九 M721 平、剖面图……………………………………………………（316）
图五五〇 M723 平面图……………………………………………………（317）
图五五一 M723 出土铜带钩……………………………………………………（317）
图五五二 M725 平面图……………………………………………………（318）
图五五三 M725 出土器物……………………………………………………（319）
图五五四 M728 平面图……………………………………………………（319）
图五五五 M728 出土铜带钩……………………………………………………（319）
图五五六 M730 平面图……………………………………………………（320）
图五五七 M730 出土铜带钩……………………………………………………（320）
图五五八 M731 平面图……………………………………………………（321）
图五五九 M731 出土铜带钩……………………………………………………（321）
图五六〇 M732 平面图……………………………………………………（322）
图五六一 M732 出土铜带钩……………………………………………………（322）
图五六二 M736 平面图……………………………………………………（323）
图五六三 M736 出土铜带钩……………………………………………………（323）
图五六四 M741 平面图……………………………………………………（324）
图五六五 M741 出土器物……………………………………………………（325）
图五六六 M742 平面图……………………………………………………（325）
图五六七 M742 出土铁带钩……………………………………………………（326）
图五六八 陶鼎、陶盒形制示意图 ……………………………………………………（328）
图五六九 陶豆、陶碗形制示意图 ……………………………………………………（329）
图五七〇 陶盘、陶匜及陶耳杯 ……………………………………………………（329）
图五七一 大壶……………………………………………………（331）

图五七二　小壶……………………………………………………………………………（332）
图五七三　陶罐……………………………………………………………………………（333）
图五七四　水禽形铜带钩 …………………………………………………………………（335）
图五七五　耜形铜带钩 ……………………………………………………………………（336）
图五七六　曲棒形铜带钩 …………………………………………………………………（338）
图五七七　琵琶形铜带钩（一） …………………………………………………………（339）
图五七八　琵琶形铜带钩（二） …………………………………………………………（340）
图五七九　铜带钩…………………………………………………………………………（341）
图五八〇　带钩……………………………………………………………………………（342）
图五八一　铜桥形饰………………………………………………………………………（343）
图五八二　铜钱……………………………………………………………………………（344）
图五八三　铜器……………………………………………………………………………（345）
图五八四　铁带钩…………………………………………………………………………（346）
图五八五　铁带钩…………………………………………………………………………（347）
图五八六　铁器（一） ……………………………………………………………………（348）
图五八七　铁器（二） ……………………………………………………………………（349）
图五八八　玉石器、骨器 …………………………………………………………………（350）

彩版目录

彩版一　墓葬全景
彩版二　墓葬局部
彩版三　墓葬
彩版四　墓葬
彩版五　墓葬
彩版六　墓葬
彩版七　墓葬
彩版八　墓葬
彩版九　墓葬
彩版一〇　墓葬
彩版一一　墓葬
彩版一二　墓葬
彩版一三　墓葬
彩版一四　墓葬
彩版一五　墓葬
彩版一六　墓葬
彩版一七　墓葬
彩版一八　墓葬
彩版一九　墓葬
彩版二〇　墓葬
彩版二一　墓葬
彩版二二　墓葬
彩版二三　墓葬
彩版二四　陶器组合
彩版二五　陶器组合
彩版二六　陶器组合
彩版二七　陶鼎

彩版二八　陶盒、陶鼎、陶耳杯
彩版二九　陶豆
彩版三〇　陶盘、陶匜
彩版三一　陶匜
彩版三二　陶壶
彩版三三　陶壶
彩版三四　陶壶、陶豆
彩版三五　陶壶
彩版三六　陶壶
彩版三七　陶壶
彩版三八　陶壶
彩版三九　陶罐
彩版四〇　陶罐
彩版四一　陶罐
彩版四二　陶罐
彩版四三　陶罐
彩版四四　陶罐
彩版四五　陶罐
彩版四六　陶罐及罐、碗组合
彩版四七　陶碗
彩版四八　陶碗
彩版四九　陶碗
彩版五〇　全兽形铜带钩（M440 ： 1）
彩版五一　水禽形铜带钩
彩版五二　水禽形铜带钩
彩版五三　水禽形铜带钩
彩版五四　水禽形铜带钩
彩版五五　耜形铜带钩
彩版五六　耜形铜带钩
彩版五七　耜形铜带钩
彩版五八　耜形铜带钩
彩版五九　耜形铜带钩
彩版六〇　耜形铜带钩
彩版六一　耜形铜带钩

彩版六二　曲棒形铜带钩
彩版六三　曲棒形铜带钩
彩版六四　曲棒形铜带钩
彩版六五　曲棒形铜带钩
彩版六六　曲棒形铜带钩
彩版六七　琵琶形铜带钩
彩版六八　琵琶形铜带钩
彩版六九　琵琶形铜带钩
彩版七〇　琵琶形铜带钩
彩版七一　琵琶形铜带钩
彩版七二　琵琶形铜带钩
彩版七三　琵琶形铜带钩
彩版七四　琵琶形铜带钩
彩版七五　琵琶形铜带钩
彩版七六　琵琶形铜带钩
彩版七七　琵琶形铜带钩
彩版七八　琵琶形铜带钩
彩版七九　琵琶形铜带钩
彩版八〇　琵琶形铜带钩
彩版八一　琵琶形铜带钩
彩版八二　琵琶形铜带钩
彩版八三　琵琶形铜带钩
彩版八四　琵琶形铜带钩
彩版八五　琵琶形铜带钩
彩版八六　琵琶形铜带钩
彩版八七　琵琶形铜带钩
彩版八八　铜带钩
彩版八九　铜带钩、石带钩
彩版九〇　铜器
彩版九一　铜钱（M571 ： 1）
彩版九二　铜镜
彩版九三　铜镜
彩版九四　铜桥形饰
彩版九五　铜桥形饰

彩版九六　铜桥形饰
彩版九七　铜铃、铜管、铜环、铜镞
彩版九八　铜环
彩版九九　铁刀、铁削
彩版一〇〇　铁铲、铁镬
彩版一〇一　水晶环
彩版一〇二　骨器、八棱饰件、八棱画笔

绪　言

安阳位于河南省最北部，晋冀豫三省交界，辖安阳、汤阴、内黄、林州四县（市），龙安、文峰、殷都、北关四区和安阳城乡一体化示范区（安阳东区），面积约5600平方千米。是国家级历史文化名城，甲骨文的故乡、周易的发源地、国家优秀旅游城市和世界文化遗产殷墟的所在地。目前安阳拥有国家级文物保护单位22处，省级文物保护单位52处，市、县、区级文物保护单位313处，是河南省文物大市。安阳历史悠久，文化深厚，名人辈出，在人类文明发展史上占有重要的一页。

汤阴县属安阳市所辖，位于安阳市南部约20千米，总面积646平方千米，人口43万，设5镇5乡。汤阴是博大精深的中国文化经典《周易》的发祥地，是蜚声中外的名将岳飞的故乡。这里有"文王拘而演《周易》"的国家级重点文物保护单位羑里城，有气势恢宏、建筑精美的国家级文物保护单位岳飞庙，也是河南省政府命名的历史文化名城。此外，有扁鹊庙、文王易碑、禹碑、东汉四神神画像石、刘树枝造像碑、双石桥、古贤桥、奎光阁、文笔塔、故城禅教寺、汤阴公园等名胜石古迹和旅游景点。丰富翔实的历史史料、构造奇特的古代建筑、旖旎清秀的自然风光，令中外游客美不胜收，流连忘返。

南水北调是国家重点水利建设工程，安阳段干渠自南而北经汤阴县大盖族村始，过汤河、羑河和洹河，至漳河止，安阳段共计62千米，干渠涉及的文物保护控制性项目有汤阴县长沙汉代墓地、汤阴县五里岗战国墓地、汤阴县羑河墓地、安阳市龙安区战国黄张遗址、龙安区郭里汉代墓地、龙安区北宋韩琦家族墓地和安阳县南北朝时期固崖岸墓地等共计7处。从2005年开始中国社会科学院考古研究所洛阳唐城工作队、安阳工作队、河南省文物考古研究所和安阳市文物考古研究院（原河南省文物考古研究所）先后对除上述项目进行了考古发掘，考古发掘取得了丰硕的成果。其中安阳市文物考古研究所承担了汤阴县长沙汉代墓地、汤阴县五里岗战国墓地、龙安区郭里汉代墓地、殷都区北宋韩琦家族墓地的发掘任务，并于2010年底全部完成。龙安区郭里汉代墓地发掘于2005年，是南水北调安阳段最早开始发掘的文物保护控制性项目之一，该墓地位于安阳龙安区郭里村东北。60年代，安阳市博物馆配合申家岗村西砖瓦建设在墓地的东部进行了发掘，清理汉墓葬约有数十座，出土了一批陶器、铜器。此次发掘位于该墓地的西部，共清理各时期的墓葬69座，其中汉代墓葬26座，宋代墓葬20座，发掘总面积3000平方米，出土一大批汉代的陶器、铜镜、铜钱等器。此次郭里墓地的发掘基本上搞清了郭里墓地范围、性质、时代和墓葬器组合特色等，为研究安阳地区汉代墓葬的分布、形制提供了丰富的资料。河南省文物考古研究院（原河南省文物考古研究所）和安阳县文化局等联合发掘的固岸东魏北齐墓地与中国社会科学院考古研究所发掘河北磁县东魏元祜墓荣获“2007年全国十大考古新发现”。

2009～2010年安阳市文物考古研究所对安阳宋代韩琦家族墓地进行了考古发掘，共发掘包括韩琦及其子韩忠彦、韩纯彦、韩粹彦，孙韩治，夫人崔氏等大型宋代砖石墓葬9座，照壁、祭殿等大型宋代建筑基址2处，出土了韩琦及其子孙、夫人墓志8方，出土了铁猪、铁牛及一批定窑瓷器、建筑瓦当、琉璃构件，弥足珍贵。这是我们第一次对宋代宰相一级高级贵族家族墓地的科学考古发掘，特别是韩琦墓上的地表建筑和照壁类建筑基址的发现的，是宋代墓葬考古中第一次发现，对研究宋代宰相级的高级贵族墓葬形制、陵园布局及其宋代丧葬文化提供了科学的实物资料，具有重要的考古价值。特别是韩琦及其家庭成员大批墓志的发现非常珍贵，墓志形制硕大，资料丰富，内容翔实，具有较高的文献价值、历史价值和书法艺术价值，韩琦家族墓地发掘项目也因此入选了“2009年河南省五大考古发现”和“2009年中国十大考古发现”的备选名单。2012年7月，我们编辑出版了《安阳韩琦家族墓地》一书。

在对文物保护控制性项目进行发掘的同时，安阳市文物考古研究所还配合南水北干渠建设工程，进行了文物保护巡护工作，2006～2008年共发现并抢救性发掘清理古天平渠分水闸一段，各时期墓葬300余座，其中战国墓150座、汉代墓葬100余座、魏晋墓葬4座、东魏墓葬1座、北齐墓葬8座、唐代墓葬3座、宋代墓葬7座，明清墓葬18座。一批北朝时期墓葬如东魏赵明度墓①、北齐贾进墓②等形制独特，器物组合完整，时代明确，具有断代标尺的作用。发现的墓葬涉及南水北调安阳段第二标段、第四标段、第五标段、第七标段、第八标段和第九标段，约45千米。墓葬内共计出土了战国铜镜、带钩、玉器，汉代铜镜、陶器及东魏、北齐墓志、瓷器和陶俑等各类文物400余件，各时期铜钱数百枚，一些出土文物制作精美，出土较少，具有较高的历史、艺术和科学价值。2013年7月，我们根据文物保护巡护中发现的东魏、北齐时期的北朝墓葬，编辑出版了《安阳北朝墓葬》一书。

此外，从2010年开始至2013年，安阳市文物考古研究所又对南水北调干渠安阳取土区进行了文物巡护工作，对汤阴、滑县、内黄、安阳文峰区、安东新区等受水区（南水北调支线工程）文物保护控制性项目进行了抢救性发掘。其中2012年南水北调安阳汤阴段第三标段羑河村取土区发现并发掘一大批东周时期至宋代墓葬。该墓地共清理古墓葬318座，其中东周时期墓葬314座，两汉时期墓葬3座，宋代1座。经初步整理，出土铜器约20件、陶器200余件。铜器有鼎、豆、盘、匜、舟、带钩；陶器有鼎、豆、壶、盘、匜、碗、罐、鬲、鸟柱形盘（盆）。主要的陶器组合有鬲豆（无盖）罐、单豆（无盖）、鼎豆罐、鼎豆壶等。此次发掘的东周墓葬，皆为长方竖穴形土圹墓。墓葬有木制的葬具，但均已腐朽，小一些的墓葬内只有一棺，大的墓

① 河南省文物局南水北调文物保护办公室、安阳市文物考古研究所：《河南安阳县东魏赵明度墓》，《考古》2010年第10期。

② 河南省文物局南水北调文物保护办公室、安阳市文物考古研究所：《河南安阳县北齐贾进墓》，《考古》2011年第4期。

葬内还有椁。墓葬基本保存完整，器物组合清晰。其时代约为春秋早中期至战国中期偏晚。青铜礼器在汤阴一带战国墓葬中出土非常少见，这批墓葬中共有10座墓共出土青铜礼器20余件，非常重要。通过这批墓葬的发掘，分析各墓葬之间以及本地域与周边地区文化的渊源或联系，对研究安阳地区春秋战国时期的历史、墓葬形制及其文化习俗提供了实物资料和重要的帮助。

2013年4～6月，发掘了南水北调受水区安阳市高庄乡杨河固村战国遗址和墓葬。南水北调供水工程杨河固工地，位于安阳市安阳东区高庄乡杨河固村北地。西邻京港澳高速公路，南临安濮南路。南水北调中线供水工程配套输水管道从中穿过，该遗址总面积约有17000平方米，发掘文化遗址总面积3450平方米。共发掘灰坑25处、道路1条、墓葬133座（其中东周时期共128座，宋代3座，明清时期2座），出土并采集器物100余件，主要为东周时期的陶器、铜带钩，其他有瓷器、骨器、铜钱等。该墓地和遗址的发掘为研究安阳地区东周时期聚落分布及发展演变、墓葬形制及器组合等提供了丰富的资料。2013年6～7月，还完成了文物保护巡护过程中新发现的汤阴县韩庄乡苏庄南地汉代遗址和墓葬的发掘。该区域共发掘和清理汉代墓葬30余座，清理汉代灰坑、水井等文化遗址多处，总计发掘面积数百平方米，出土了一批汉代陶器、铜镜、铜钱等文物，是近期汤阴地区新发现的一个汉代较大型的文化遗址和墓葬群。

汤阴五里岗战国墓地，位于汤阴县城约5千米，当地也称西岗，80年初期配合当地变电站工程安阳地区文化局曾在此发掘战国墓葬数百座。此次发掘位于原发掘区的东部，共计发掘战国晚期中小型墓葬700余座，其他时期墓葬近10座，发掘总面积7000平方米。考古发掘表明这一墓地，墓葬排列密集，数量大，器物组合完整，出土文物相对较丰富，对于战国晚期安阳汤阴一带边界战争、葬风葬俗、墓地性质、文化习俗等的研究，提供了丰富的实物资料，通过发掘基本上搞清了墓地的范围、墓地的国属和墓地时代等，是近期河南战国时期考古的重要发现之一。

《汤阴五里岗战国墓地》是我们拟编写的南水北调安阳考古发掘系列报告的第三部，也是安阳市文物考古研究所继《安阳韩琦家族墓地》、《安阳北朝墓葬》之后编写的《安阳田野考古报告》系列丛书之第四部。《汤阴五里岗战国墓地》按照南水北调考古发掘报告的编辑格式，共分墓葬位置与历史沿革、考古发掘概况、结语、附录等四部分，收集整理了汤阴五里岗发掘的700余座战国墓葬中有代表性的约300座墓葬，按墓号大小，逐一对墓葬形制、葬具葬式、随葬器物等进行介绍，为研究安阳地区特别是汤阴县战国时期聚落、城邑分布与演变，墓葬分布、分期、器物组合、墓地性质等方面的研究提供不可多得资料。该墓地发现发掘的其他时期的墓葬另行报告。但由于我们编者的水平所限，文中谬误和不当之处在所难免，尚请专家学者批评指正。

编　者

2015年1月

第一章 概　　述

第一节　地理环境与历史沿革

汤阴县位于河南省北部，隶属安阳市，北与安阳县相邻，东与内黄县隔卫河相望。南、西与鹤壁市接壤。北纬35°45′~36°01′，东经114°13′~114°42′。东西修长，约35千米，南北狭窄，约20千米。地处太行山东麓的山前丘陵与平原交接处。西、南为略有起伏的丘陵岗坡地，北、东为较为平坦的低洼平原。地势西南高，东北低，海拔53—94—110米。境内京广铁路、107国道自县城西通过，京珠高铁和高速公路自县城东穿行。汤濮铁路和鹤台公路自县城南、北横越。羑水、汤河、永通河三水东流汇入卫河。

汤阴因位于汤河南岸而得名。汤阴历史悠久，文化灿烂，人文古迹荟萃，是中华文明重要的发源地之一。境内现有羑里城遗址、白营遗址、岳飞庙等国家级文物保护单位3处，省、市、县级文物保护单位数十处。按《禹贡》汤阴为冀州之域，殷河亶甲都相，为畿辅地；周灭殷，分其畿内为邺、鄘、卫三国；至七国，为魏荡阴地；秦属邯郸；于西汉高祖二年（前205年）置县，属河内郡；东汉建安十七年（212年）改属魏郡；三国属邺都魏郡；东魏六年初（534年）撤，入邺；二年（535年）置魏德县，属隆虑郡，齐废；隋开皇六年（586年）复置汤阴县，于县东十七里（今之古贤），属汲郡；十年（590年）并入安阳；十六年（596年）再置于县西南三十里（今鹤壁市故县村），改曰荡源；大业二年（606年）撤；唐武德四年（621年），置汤源县，属卫州，入古荡阴城（今治）；六年（623年），改属相州；贞观元年（627年），又改汤阴。五代（907~960年）属昭德军节度；宋宣和初（1119年），改属浚州，后仍属相州；金（1127~1234年）属彰德府；元（1271~1368年）属彰德路；明清（1368~1911年）属彰德府；1912年属河北道管辖；1924年属河南省管辖；1932年8月属第十二行政督察区，10月改属第三行政区；1949年10月属平原省安阳专员公署管辖；1952年改属河南省安阳专员公署；1954年9月淇县并入汤阴；1957年鹤壁、鹿楼两区从汤阴县分出，建立鹤壁市；1958年汤阴县属新乡专署管辖；1961年复归安阳专署管辖；1962年淇汤分设；1983年11月汤阴县归安阳市管辖至今。

该区域位于汤阴县城西部丘陵与平原过渡区，行政隶属汤阴县韩庄乡。

第二节 发掘与整理经过

汤阴县五里岗战国墓地位于县城西韩庄乡孙庄村西岗坡地。南水北调中线干渠648千米处，东距县城约2.5千米，距京广铁路约1.5千米。墓地西部为一南北向低矮的丘陵，南北长约6千米，东西长3～4千米，俗称五里岗，当地人也称为西岗。向东依次为下降的台地，海拔为94～110米。墓地布方西南角基点坐标为东经114°19.590′，北纬35°55.405′，海拔98米（图一）。

1982年，安阳地区文化局配合汤阴22万伏变电站工程，在此西侧400米处进行第一次发掘，发掘古代墓葬201座。出土了一大批战国时期的陶器、青铜带钩，少量玉器、水晶环、玛

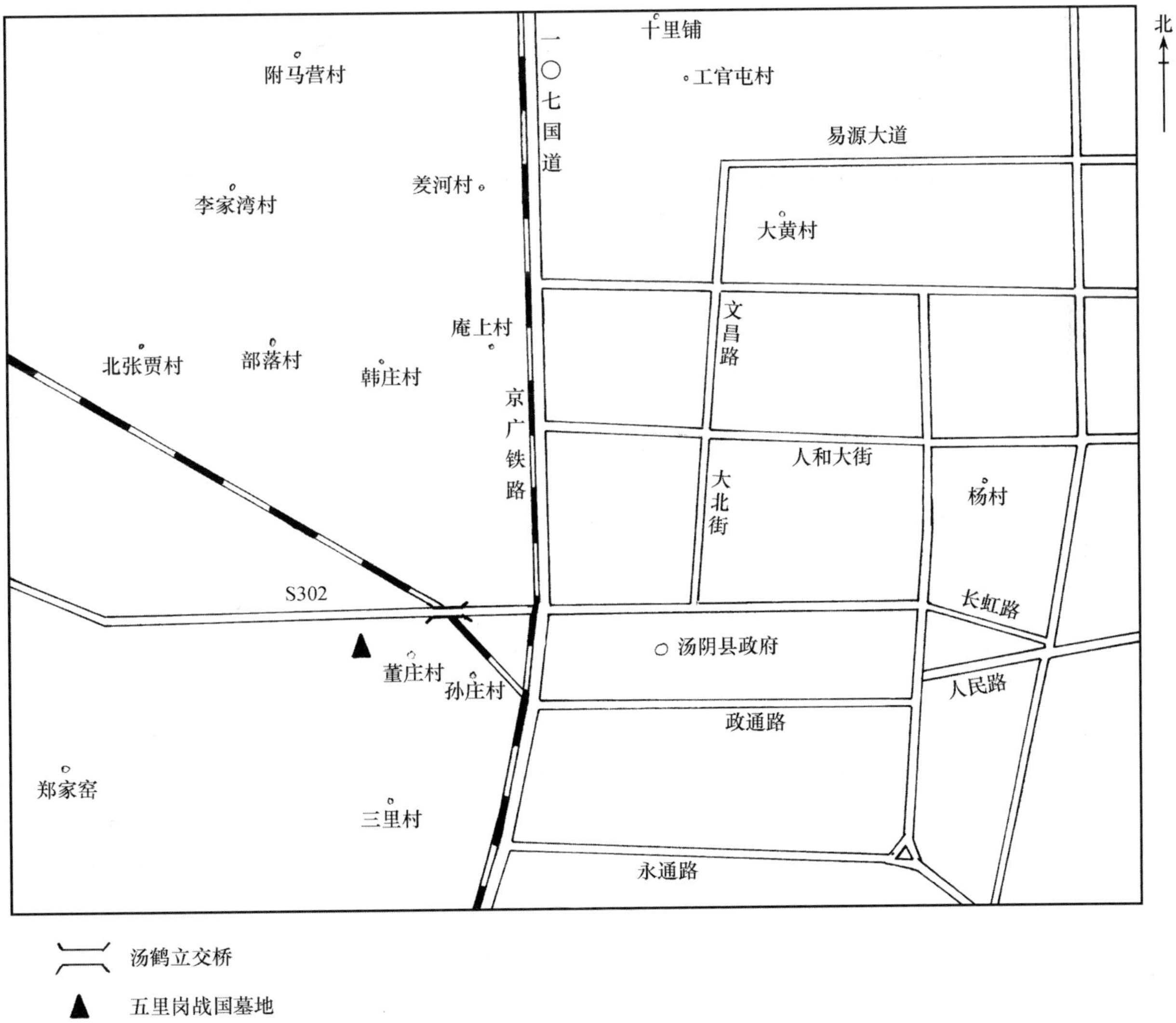

图一 汤阴五里岗墓地位置图

瑙珠、铜戈及战国小型锐角“公”字布、“垣”字圜钱、魏国平首平足桥形币等钱币。此次发掘出土的文物大多收藏在濮阳市博物馆中，少数器物收藏在汤阴县文物保护管理所中。1982年发掘时还对墓地周围进行了钻探调查，初步确定该区域墓葬数量4000余座。

2012年，在该墓地的东北部约3千米处发现了大型东周墓地。这一墓地位于南水北调安阳汤阴段第三标段羑河村取土区，在羑河与汤河之间，往南与庵上村相接。2012年10月9日至12月底考古发掘结束，共清理古墓葬318座，其中东周时期墓葬314座，两汉时期墓葬3座，宋代1座。经初步整理，出土铜器约20件、陶器200余件。青铜礼器在汤阴一带战国墓葬中出土非常少见，这批墓葬中共有近10座墓共出土青铜礼器20余件，非常重要。青铜礼器主要有鼎、盘、匜、舟等，青铜礼器组合也主要以鼎、盘、舟、豆和鼎、舟等两种组合形式为主。这批青铜礼器，胎质较薄、制作不精，装饰简单或无纹饰，应属明器。其他还发现有青铜刀、带钩、车马器等小件青铜器。这批墓葬陶器与铜器共存的现象非常少，仅有一座铜器墓中随葬1件陶器。通过墓葬形制与出土器物的对比考察，羑河墓地的延续年代约在春秋晚期至战国中期偏晚阶段。通过这批墓葬的发掘，分析各墓葬之间以及本地域与周边地区文化的渊源或联系，对研究安阳地区春秋战国时期的历史、墓葬形制及其习俗文化提供了实物资料和重要的帮助。

南水北调中线干渠规划线路，自五里岗墓地东部穿过，占地面积40000平方米。2006年7月安阳市文物考古所受河南省南水北调文物保护办公室委托，对干渠占压墓地进行了普探，共钻探面积38000平方米，发现古代墓葬700余座，战国时期墓葬占98%。墓葬开口在地表下50～80厘米，墓深100～470厘米。墓地地层可分3层，第1层为耕土层，厚25～45厘米；第2层为黄土层，厚20～70厘米；第3层为红土层（次生土），厚55～60厘米；再下为白色泥灰岩（俗称白矸土）。

2006年8月，安阳市文物考古研究所将发掘申请书和发掘计划上报国家文物局和河南省文物局南水北调办公室后，根据实际发掘需要和职责，集中了一大批专业人员，并对所有参与工作的人员进行了必要培训与分工。按照《田野考古操作规程》，制订了详细的发掘计划及工地安全保卫若干规定、相关的工作预案。

此次发掘的主要工作方法有：

（1）此次发掘工作严格按照《田野考古工作规程》进行，完善田野考古发掘纲要。

① 制定各类古墓葬的考古操作要领及发掘时应注意的事项；

② 按省文物局南水北调文物保护办公室制作的统一文字记录的格式和内容，认真、规范填写；

③ 注意经常召开典型墓葬现场说明会，强化创新意识，运用最先进的考古理论和考古方法、考古技术，全面提高发掘质量；

④ 加强对出土文物的安全管理工作，建立专人负责制，确保出土文物安全。重要的文物，要及时安全送达专门的文物库房，进行妥善保护。

（2）全面提取考古信息。

① 加强对古墓葬的测绘、摄影、摄像等工作；

② 采集墓葬内随葬陶容器中的泥土、植物颗粒及兽骨，以备发掘结束后进行具体的科技分析；

③ 对保存较好的人骨架要注意现场保护，聘请人骨鉴定专家对人骨的种属、年龄、性别等进行鉴定；

④ 对出土的器物进行初步的整理与修复；

⑤ 发掘结束后，应当协调当地通用航空部门，租借有关飞行器，进行航空拍摄。

（3）对于重要的考古发现要邀请相关的文物专家和领导，对考古发掘进行现场指导，及时解决发掘过程出现的新问题。

（4）制订田野考古工作预案和田野文物安全工作预案，并与当地文化文物执法部门、当时公安部门等保持经常性联系和沟通，确保考古工作的顺利开展和出土文物安全。

2006年8月，开始对墓地进行发掘。根据钻探情况，对墓葬分布较密集的区域进行布方，以全面揭露方式进行发掘。以墓地西南角为坐标原点，取正北方向，向东向北布10米×10米的探方。编号按直角坐标法，前两位数字为横坐标，后两位数字为纵坐标。发掘工作分两期进行，第一期自8月初到9月初，发掘面积2500平方米，墓葬240余座；第二期自10月中旬至12月，发掘面积3000余平方米，墓葬500余座。

两期共发掘面积5500余平方米，墓葬741座。其中晚期墓16座，战国时期墓葬725座（图二、图三；彩版一，彩版二）。

此次发掘工作的执行领队是孔德铭，主持日常发掘工作的为张宝林、李守庆。参加发掘的技术人员有申明清、焦鹏、杨鑫、于浩等。

参加整理工作的有孔德铭、张宝林、焦鹏、申明清、李贵昌、李阳、梁宇、孔维鹏、陈杰、张楠、黄晓芳、周娜、段艳彩、段小朋、张书惠、胡玉君等。

汤阴五里岗战国墓地发掘和整理工作是在河南省文物局领导下进行的，得到中国社会科学院考古研究所、河南省文物局和南水北调文物保护办公室、安阳市文物管理局、汤阴县文物旅游局及汤阴县文物保护管理所等单位的大力支持。

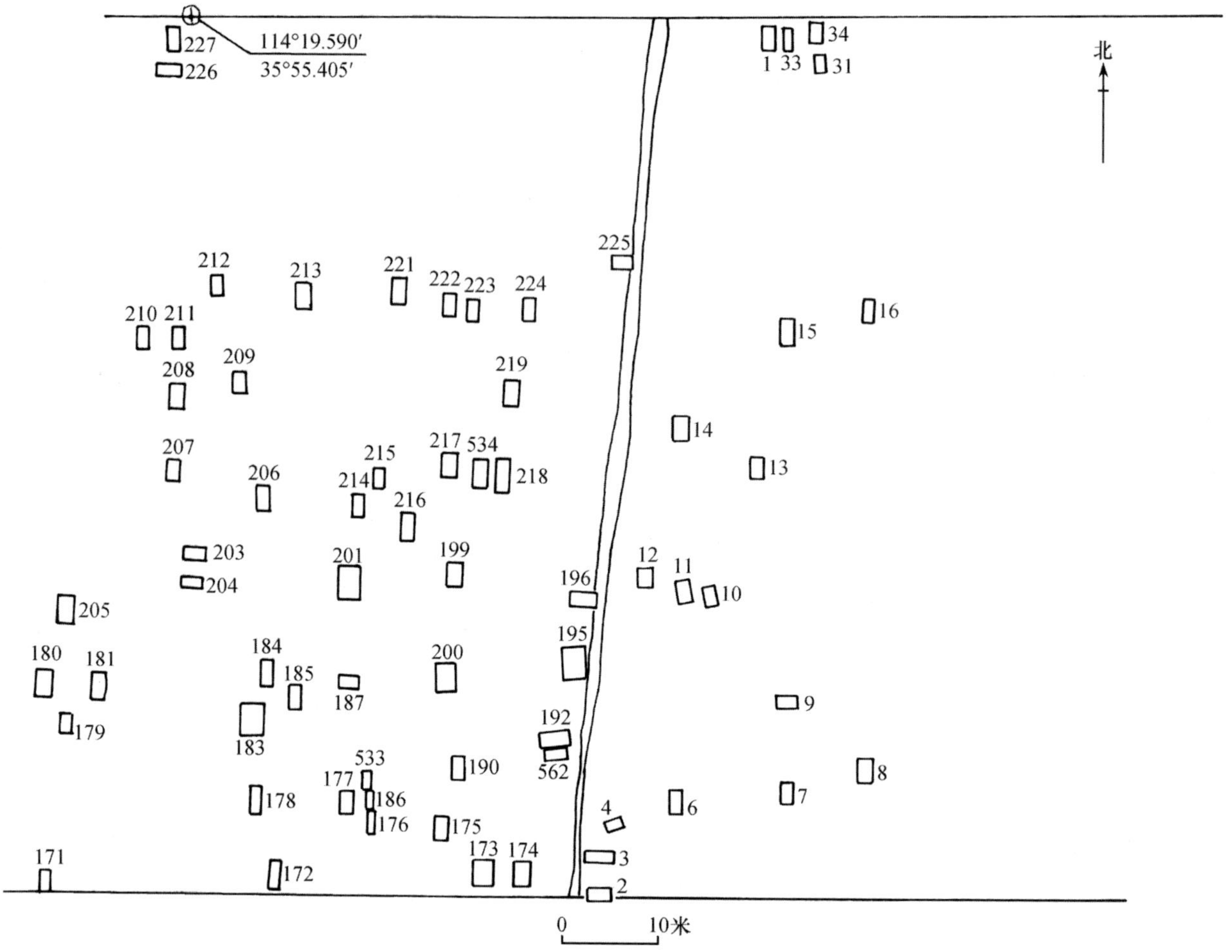

图三　汤阴五里岗墓葬分布图（二）

第二章　墓葬介绍

本次共发掘墓葬742座。其中，男性墓葬有308座，占总数的41.5%；女性墓葬有408座，占总数的55%；性别不详的墓葬有26座，占总数的3.5%。这些墓葬的墓向以北向为主，有690座，东向墓葬有36座，南向墓葬有10座，西向墓葬有6座。

由于本次发掘墓葬数量较多，形制类似，所以，仅挑选有随葬品的墓葬做介绍，其他墓葬情况参看墓葬一览表。有些出土遗物残缺严重的，未绘制其器物图，还望读者谅解。

一、M1

1. 墓葬形制与结构

该墓位于墓地东南，T0701西南部，开口于第2层下，距地表55厘米，墓葬形制为竖穴土坑墓，方向5°（图四）。

墓室：竖穴土坑，坑口平面呈长方形，长310、宽230厘米。斜壁平底，底长202、宽70厘米。四周有熟土二层台，宽30～50、高30厘米，墓口至墓底185厘米。填土为黄土与白矸土搅和的花土。

葬具：有棺木朽痕，长202、宽70厘米。

葬式：人骨头向北，面向西，仰身直肢，成年男性。

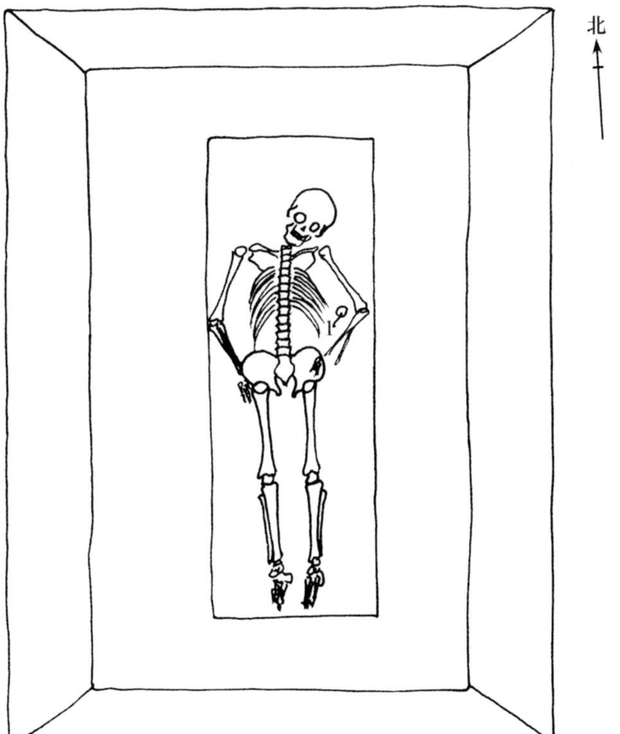

图四　M1平面图

1. 铜带钩

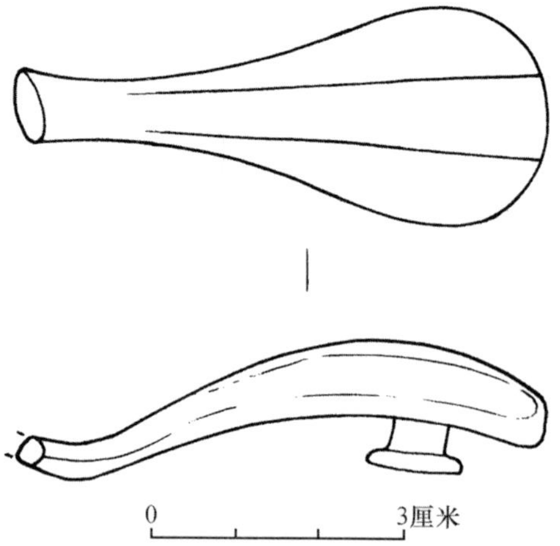

图五　M1出土铜带钩
（M1：1）

2. 随葬品

共1件，出自墓主人左肘关节处。

铜带钩　1件。编号M1：1，钩体截面呈半圆形，内略弧，圆纽偏后近本部，钩断，长6.5、径2.3厘米（图五；彩版五一，2）。

二、M2

1. 墓葬形制与结构

该墓位于墓地东南部，开口于第2层下，距地表60厘米，墓葬形制为竖穴土坑墓，方向105°（图六；彩版三，1）。

墓室：竖穴土坑，坑口平面呈长方形，长270、宽200厘米。斜壁平底，四周有熟土二层台，宽20～30、高30厘米。墓底长250、宽135～125、墓口至墓底280厘米。北壁中有壁龛，宽65、高45、进深30厘米。填土为黄土与白矸土搅和的花土。

葬具：有棺木朽痕，长200、宽85厘米。

葬式：人骨头向东，面向不清，仰身直肢，骨朽，性别不明。

2. 随葬品

共2件，均出自墓室东端壁龛内，有陶碗、陶壶。

陶碗　1件，编号M2：1，泥质灰陶，敞口微敛，平沿，斜鼓腹，璧形假圈足，内圜底，口径21.4～19.5、深8.0、底径10.0、高0.7厘米（图七，2；彩版四七，1）。

陶壶　1件，编号M2：2，泥质灰陶，侈口斜平沿，弧颈，鼓腹，下腹斜收，平底座，肩部饰两道凸棱纹。口颈残，残高24.4、腹径21.0、底径13.2厘米（图七，1；彩版三二，1）。

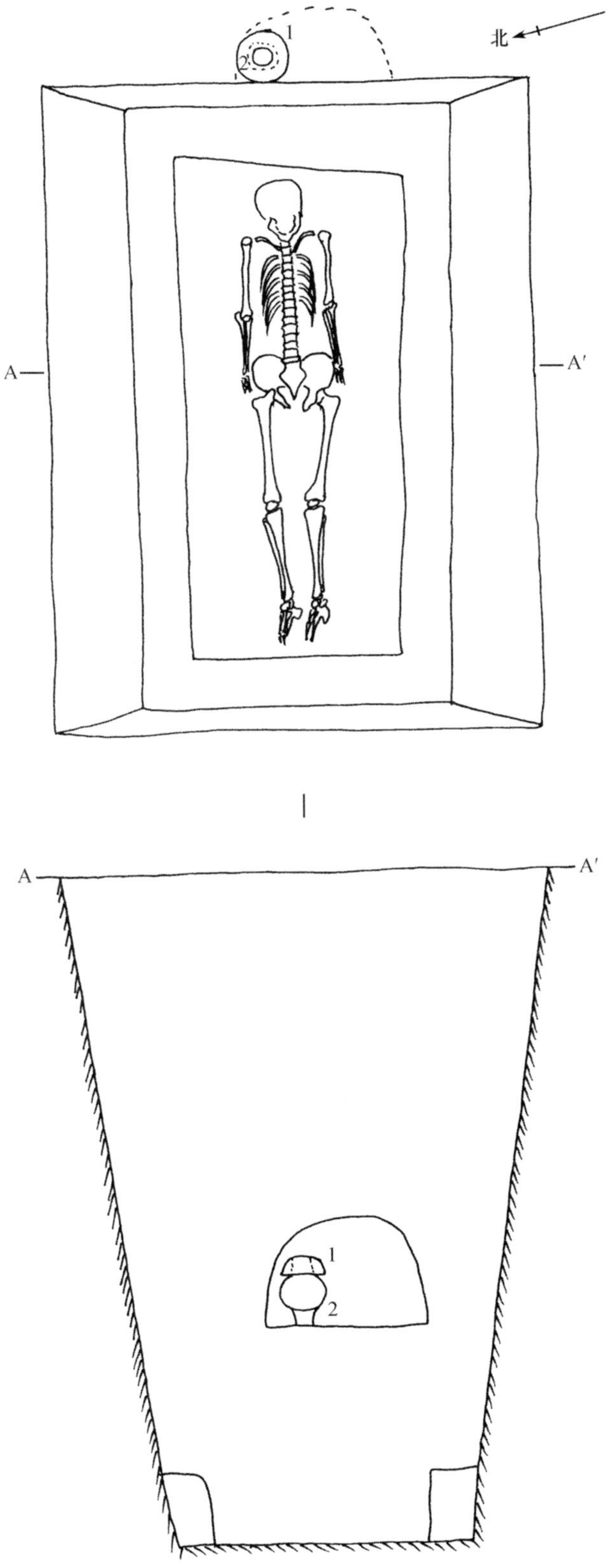

图六　M2平、剖面图

1. 陶碗　2. 陶壶

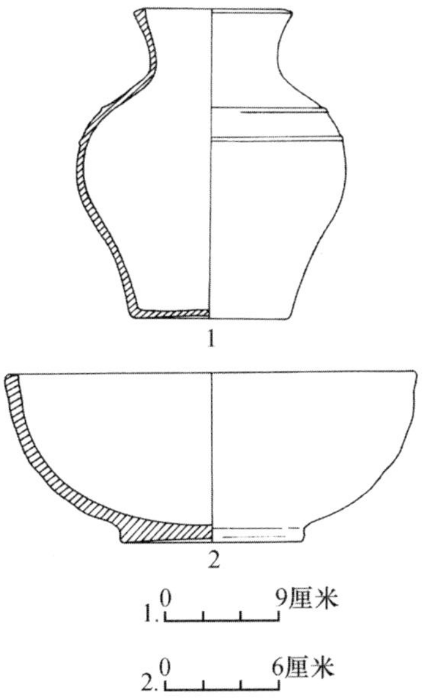

图七　M2出土陶器

1. 陶壶（M2：2）　2. 陶碗（M2：1）

三、M3

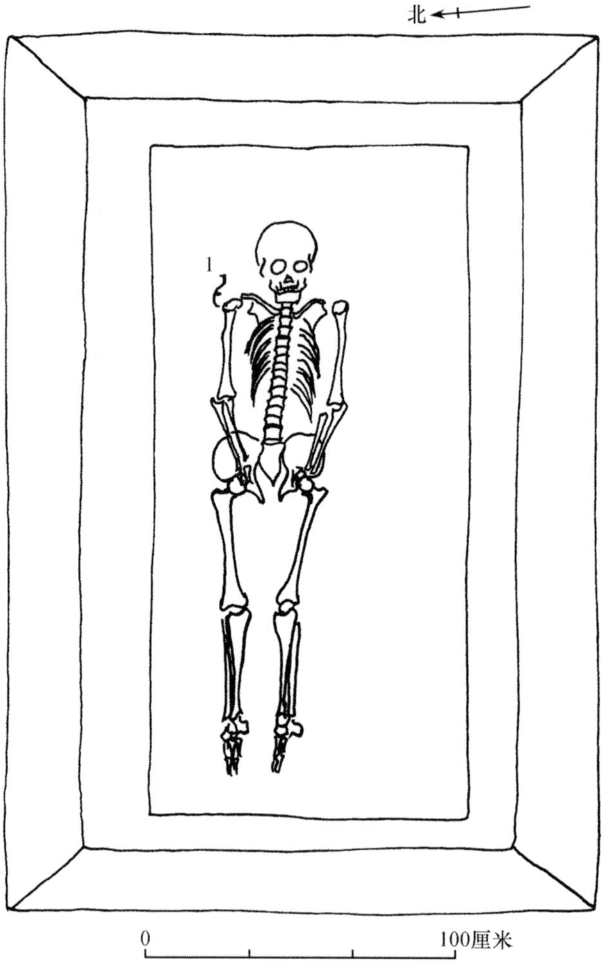

图八　M3平面图

1. 铁带钩

1. 墓葬形制与结构

该墓位于墓地东南部，开口于第2层下，距地表50厘米，墓葬形制为竖穴土坑墓，方向95°（图八）。

墓室：竖穴土坑，坑口平面呈长方形，长280、宽190厘米。斜壁平底，四周有熟土二层台，宽10～20、高20厘米。墓底长216、宽104、墓口至墓底290厘米。填土为黄土与白矸土搅和的花土。

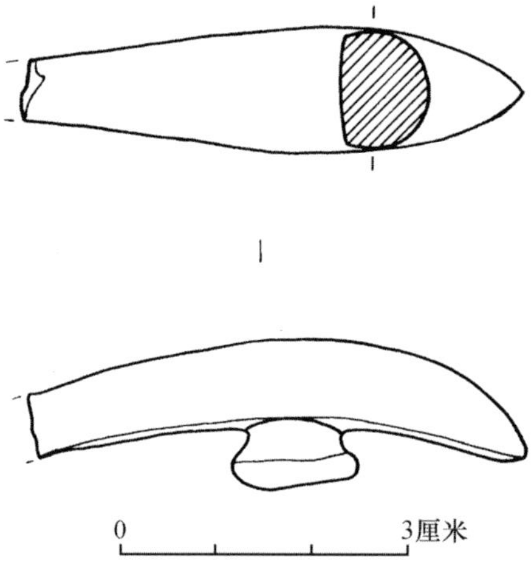

图九　M3出土铁带钩

（M3：1）

葬具：有棺木朽痕，长210、宽100厘米。

葬式：人骨头向东，面向上，仰身直肢，成年男性。

2. 随葬品

共1件，出自人骨右肩处。

铁带钩　1件，编号M3：1，钩体截面呈半圆形，本部尖尾，圆纽，钩残，残长5.1、径1.2厘米（图九）。

四、M8

1. 墓葬形制与结构

该墓位于墓地东南部，开口于第2层下，距地表60厘米，墓葬形制为竖穴土坑墓，方向11°（图一〇）。

墓室：竖穴土坑，坑口平面呈长方形，长256、宽184厘米。斜壁平底，四周有熟土二层台，宽15～20、高40厘米。墓底长202、宽100、墓口至墓底230厘米。填土为黄白花土。

葬具：有棺木朽痕，长205、宽98厘米。

葬式：人骨头向北，面向东，仰身直肢，成年男性。

2. 随葬品

共1件，出自人骨右肱骨处。

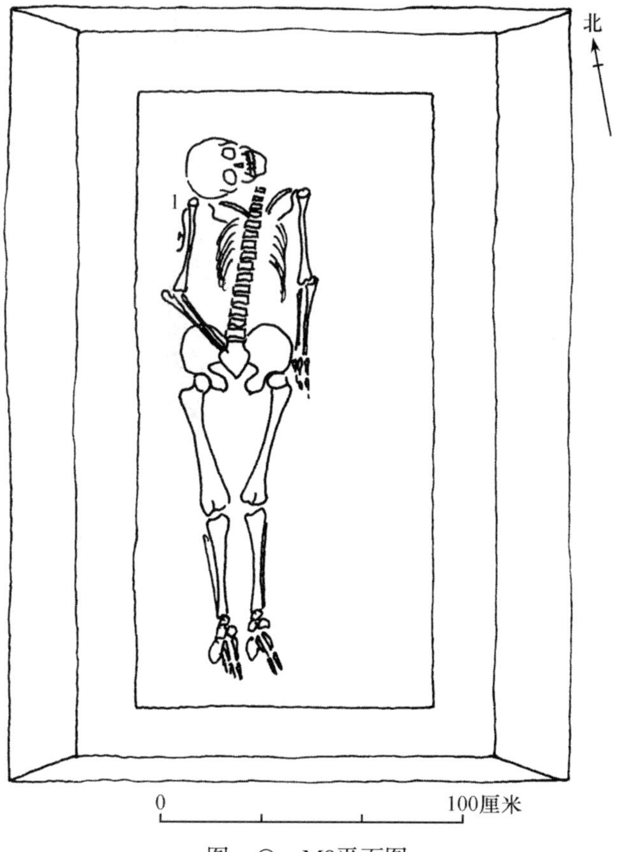

图一〇 M8平面图
1. 铜带钩

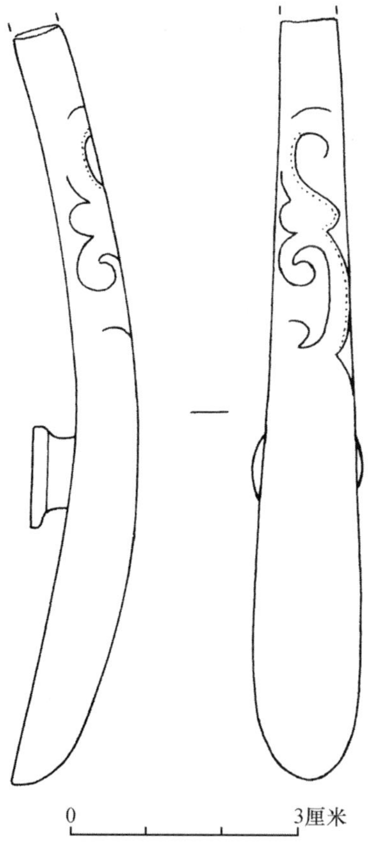

图一一 M8出土铜带钩
（M8：1）

铜带钩　1件，编号M8：1，钩体截面呈半圆形，内略弧，本部圆尾，圆纽偏中部，钩残，长10.2、径1.6厘米（图一一；彩版六六，5）。

五、M10

1. 墓葬形制与结构

该墓位于墓地东南部，开口于第2层下，距地表60厘米，墓葬形制为竖穴土坑墓，方向15°（图一二）。

墓室：竖穴土坑，坑口平面呈长方形，长210、宽140～145厘米。斜壁平底，两侧有生土二层台，宽25～30、高62厘米。墓底长190、宽76、墓口至墓底172厘米。填土为黄白花土。

葬具：不清。

葬式：人骨头向北，面向东，仰身屈肢，成年女性。

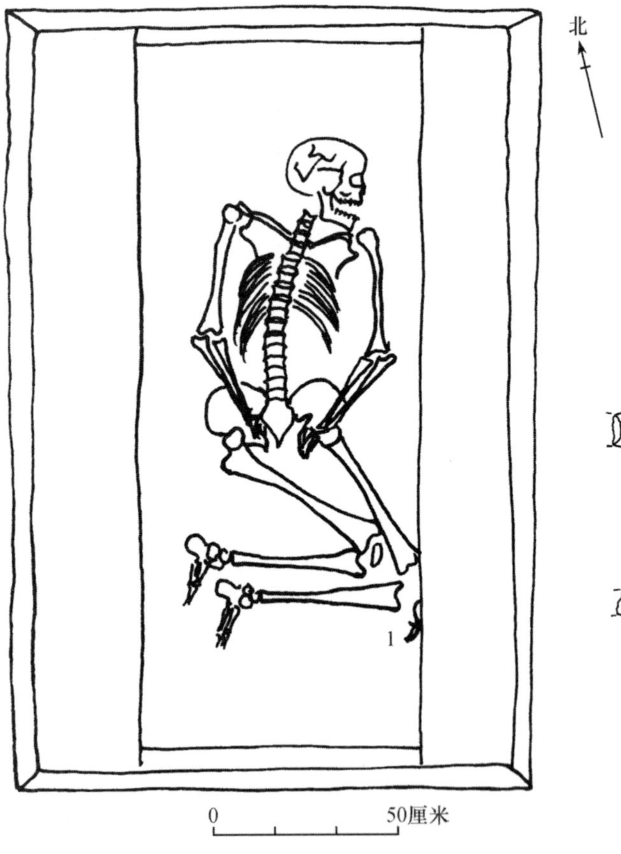

图一二　M10平面图

1. 铁带钩

2. 随葬品

共1件，出自人骨左侧髋骨处。

铁带钩　1件，编号M10：1，钩体近圆柱形，弧度小，本部齐尾，圆纽近中部，钩残，长12.9、径1.2厘米（图一三）。

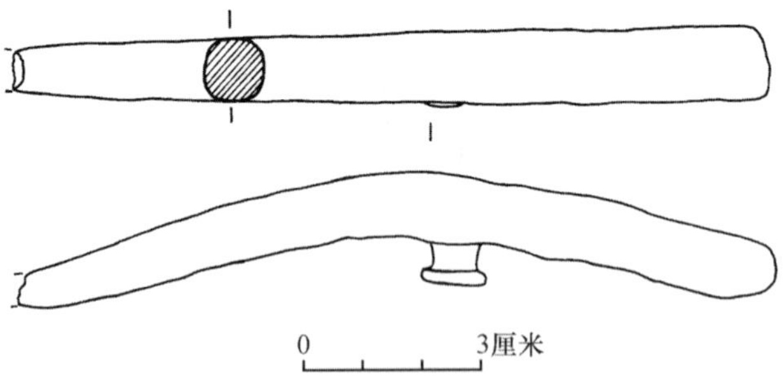

图一三　M10出土铁带钩

（M10：1）

六、M11

1. 墓葬形制与结构

该墓位于墓地东南部，开口于第2层下，距地表45厘米，墓葬形制为竖穴土坑墓，方向15°（图一四）。

墓室：竖穴土坑，坑口平面呈长方形，长280、宽210厘米。斜壁平底，四周有熟土二层台，宽15～30、高25厘米。墓底长250、宽140、墓口至墓底270厘米。填土为黄白花土。

葬具：有棺木朽痕，长192、宽50、高25厘米。

葬式：人骨头向北，面向上，仰身屈肢，成年男性。

2. 随葬品

共1件，出自人骨左侧盆骨处。

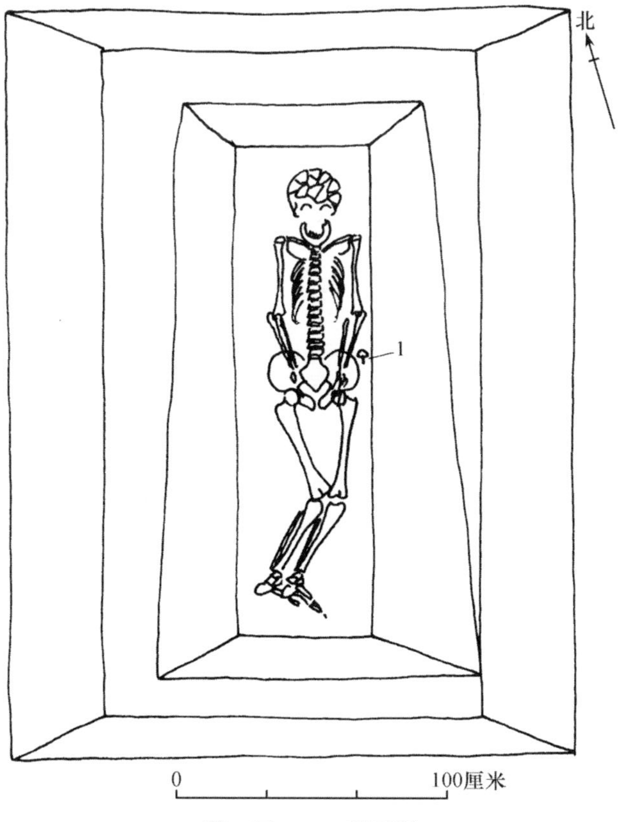

图一四　M11平面图
1. 铜带钩

铜带钩　1件，编号M11：1，钩体截面呈半圆形，内略弧，圆纽偏后近本部，钩残，长5.9、径1.9厘米（图一五；彩版五一，1）。

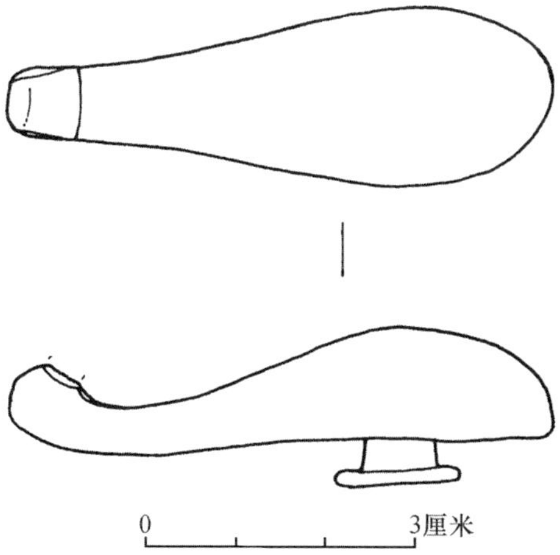

图一五　M11出土铜带钩
（M11：1）

七、M13

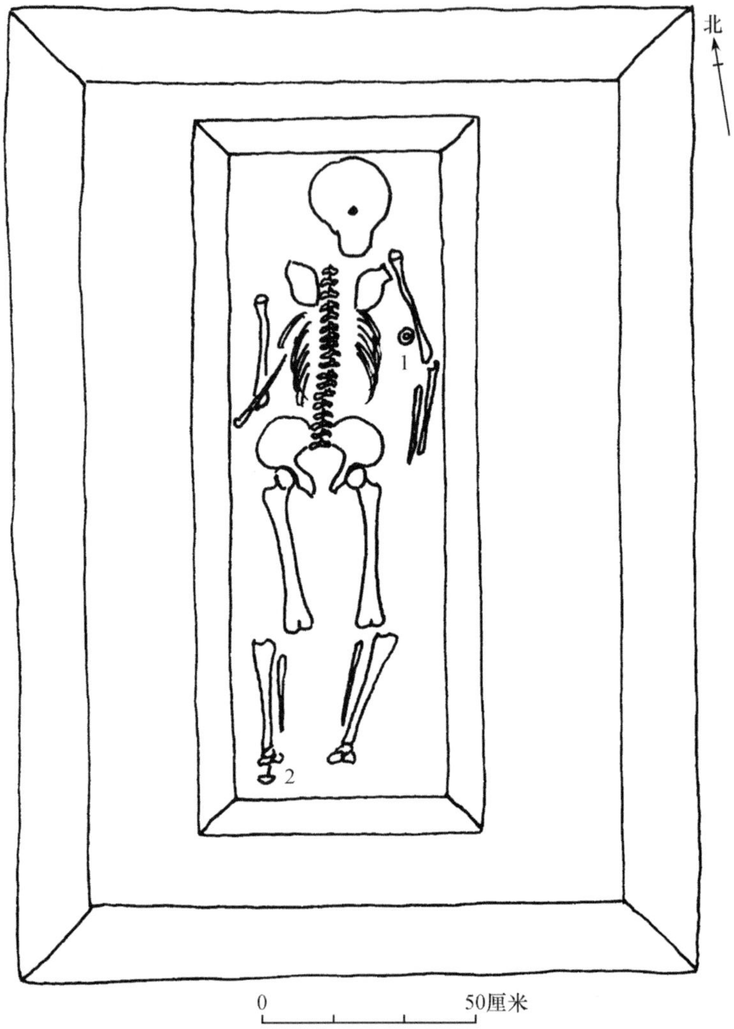

图一六　M13平面图

1. 铜环　2. 铜带钩

1. 墓葬形制与结构

该墓位于墓地东南部，开口于第2层下，距地表70厘米，墓葬形制为竖穴土坑墓，方向10°（图一六）。

墓室：竖穴土坑，坑口平面呈长方形，长270、宽190厘米。斜壁平底，有熟土二层台，宽10～40、高45厘米。墓底长230、宽150、墓口至墓底205厘米。填土为黄白花土。

葬具：有棺木朽痕，长180、宽60厘米。

葬式：人骨头向北，面向下，俯身直肢，成年男性。

2. 随葬品

共2件，分别出自两处，铜环出自墓主人左肱骨内侧，铜带钩出自右脚下。

铜环　1件，编号M13：1，圆柱状环，外径2.5厘米（图一七，2；彩版九八，1）。

铜带钩　1件，编号M13：2，钩体呈半圆柱形，弧度小，本部齐尾，圆纽，钩残，长8.5、径0.7厘米（图一七，1；彩版六二，1）。

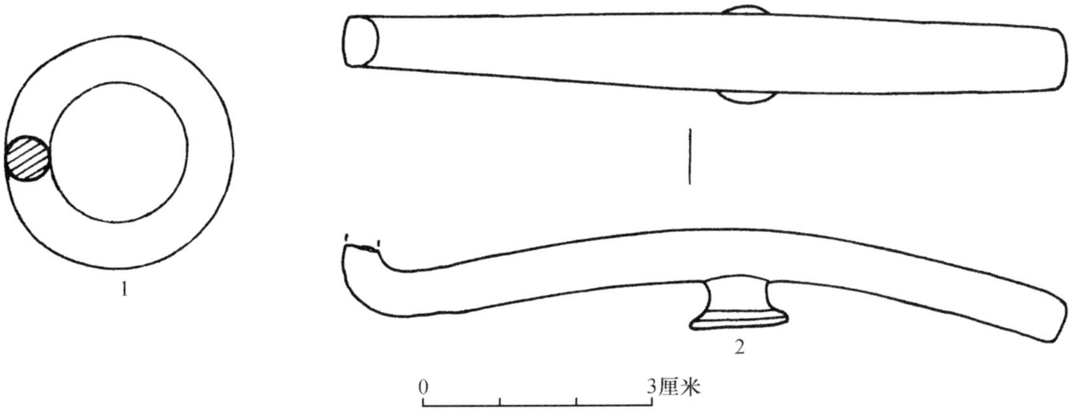

图一七　M13出土铜器
1. 铜带钩（M13：2）　2. 铜环（M13：1）

八、M14

1. 墓葬形制与结构

该墓位于墓地东南部，开口于第2层下，距地表70厘米，墓葬形制为竖穴土坑墓，方向5°（图一八；彩版三，2）。

墓室：竖穴土坑，坑口平面呈长方形，长220、宽120厘米。斜壁平底，两侧有生土二层台，宽20、高60厘米。墓底长210、宽70、墓口至墓底120厘米。填土为黄白花土。

葬具：不清。

葬式：人骨头向北，面向上，仰身屈肢，成年男性。

2. 随葬品

共1件，出自人骨左侧盆骨外。

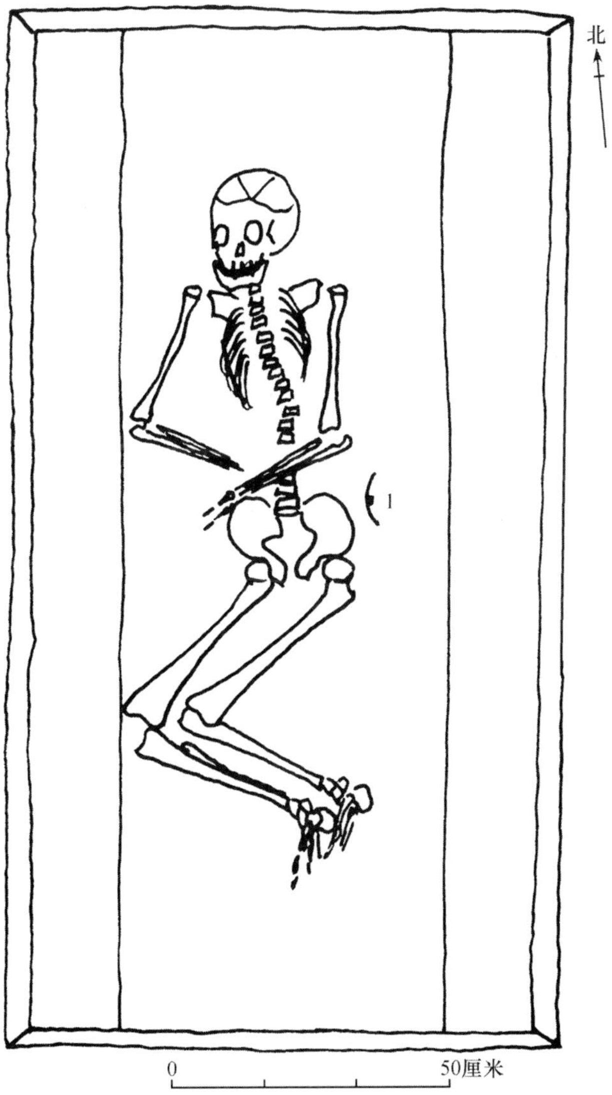

图一八　M14平面图
1. 铜带钩

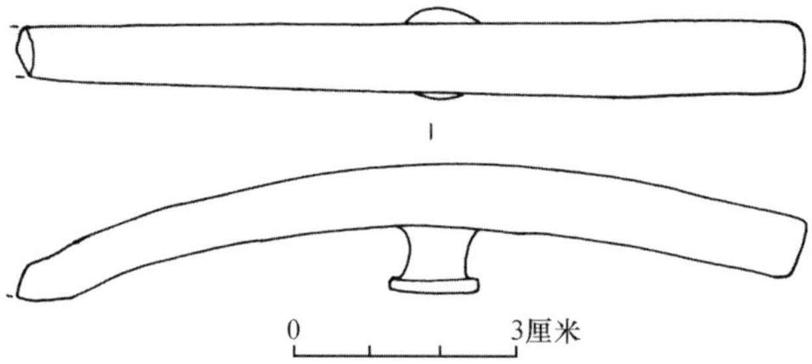

图一九　M14出土铜带钩
（M14∶1）

铜带钩　1件，编号M14∶1，钩体近圆柱形，弧度小，本部齐尾，圆纽，鸭首状钩残，长10.5、径0.8厘米（图一九；彩版六二，2）。

九、M16

1. 墓葬形制与结构

该墓位于墓地东南部，开口于第2层下，距地表90厘米，墓葬形制为竖穴土坑墓，方向5°（图二〇；彩版三，3）。

墓室：竖穴土坑，坑口平面呈长方形，长260、宽166厘米。斜壁平底，两侧有生土二层台，宽12～30、高50厘米。墓底长260、宽80～95、墓口至墓底120厘米。

葬具：有棺木朽痕，不甚清楚。

葬式：人骨头向北，面向西，仰身屈肢，成年男性。

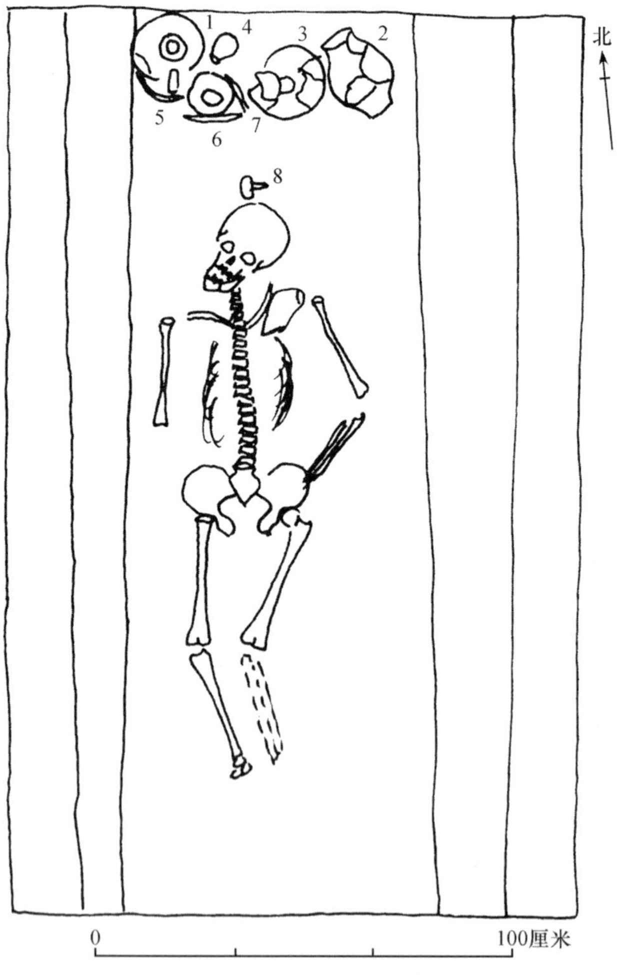

图二〇　M16平面图
1. 陶碗　2. 陶壶　3. 陶鼎　4. 小陶壶
5. 陶盘　6. 陶匜　7. 陶盒　8. 铁带钩

2. 随葬品

共8件（彩版二四，1），7件陶器均为泥质灰陶，出自墓底北端，1件铁带钩出自人头骨前。

陶碗　1件，编号M16∶1，敛口，钵形，圈足。口径16.5、深5.4、底径7.2、足高0.7厘米（图二一，1；彩版四七，2）。

陶壶　2件。平沿，束颈，削肩，鼓腹，璧形底，蘑菇状子口盖。编号M16∶2，通高24.5、壶高22.0、口径9.7～11.5、腹径17.7、

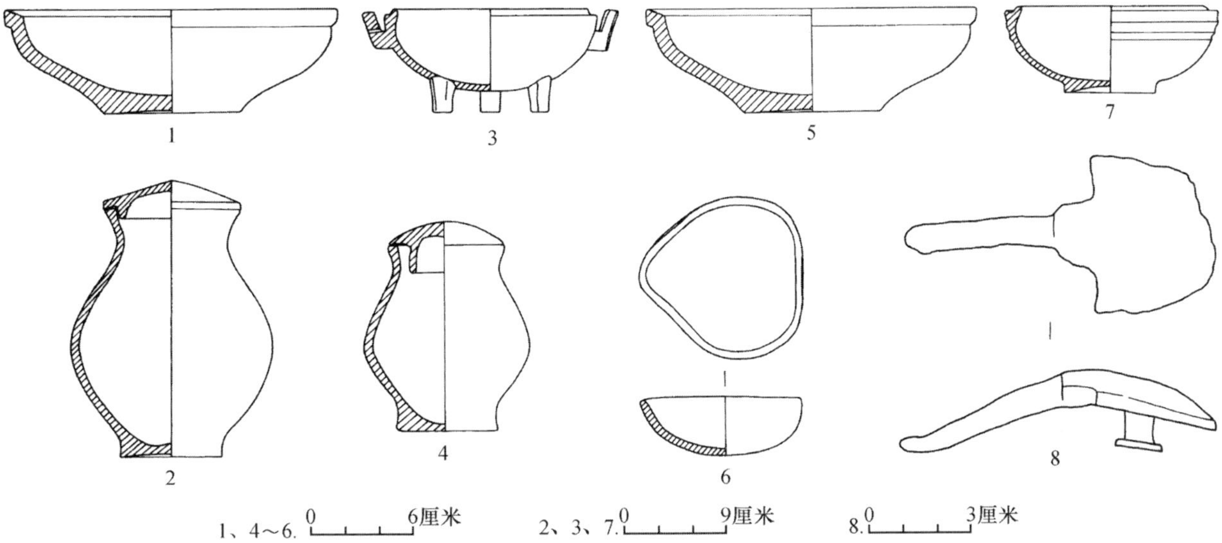

图二一　M16出土器物

1. 陶碗（M16：1）　2. 陶壶（M16：2）　3. 陶鼎（M16：3）　4. 小陶壶（M16：4）　5. 陶盘（M16：5）　6. 陶匜（M16：6）　7. 陶盒（M16：7）　8. 铁带钩（M16：8）

底径9.0厘米（图二一，2；彩版三二，3）。编号M16：4，通高12.2、壶高、口径5.2～6.5、腹径9.7、底径6.0厘米（图二一，4；彩版三二，2）。

陶鼎　1件，编号M16：3，敛口，子母口，斜微鼓腹，圜底，短小方柱足，两侧对称附小方直耳，覆钵形盖。高9.0、口径16.0、腹径18、盖高4.5厘米（图二一，3；彩版二七，1）。

陶盘　1件，编号M16：5，敞口，撇沿，圆唇，微鼓腹，下急收，小平底，内圜底。高6.0、口径19.7、深4.5厘米（图二一，5；彩版三〇，1）。

陶匜　1件，编号M16：6，敞口，口平面呈桃形，后内凹，前有流，微鼓腹，圜底。长9.5、宽9.0、深3.2厘米（图二一，6；彩版三一，1）。

陶盒　1件，编号M16：7，敛口，子母口，微鼓腹，上腹饰两周瓦楞纹，假圈足，内圜底，覆钵形盖，盖残。高7.7、口径12.7、深6.5、盖高4.3、足高0.8厘米（图二一，7；彩版二八，3）。

铁带钩　1件，编号M16：8，钩体耜形，本部半圆形，中心凸出一竖脊，圆纽偏后，钩颈饰二道横凸棱，钩残。长9.0、宽4.6厘米（图二一，8）。

一〇、M17

1. 墓葬形制与结构

该墓位于墓地东南部，T0601西南部，开口于第2层下，距地表115厘米，墓葬形制为竖穴

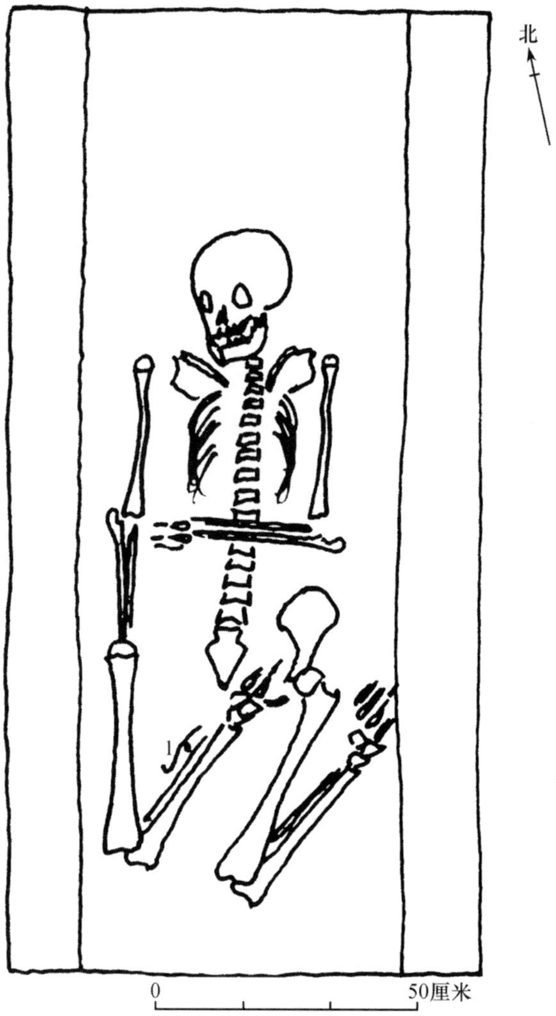

图二二　M17平面图
1. 铜带钩

土坑墓，方向13°（图二二）。

墓室：竖穴土坑，坑口平面呈长方形，长180、宽90厘米。直壁平底，两侧有生土二层台，宽15、高35厘米。墓底长180、宽58、墓口至墓底75厘米。填土为黄白花土。

葬具：有棺木朽痕，不清。

葬式：人骨头向北，面向西，仰身屈肢，成年男性。

2. 随葬品

共1件，出自人骨右胫骨内侧。

铜带钩　1件，编号M17：1，钩体截面呈半圆形，内略弧，本部圆尾，圆纽偏中部，钩残。长5.9、径1.9厘米（图二三；彩版六六，6）。

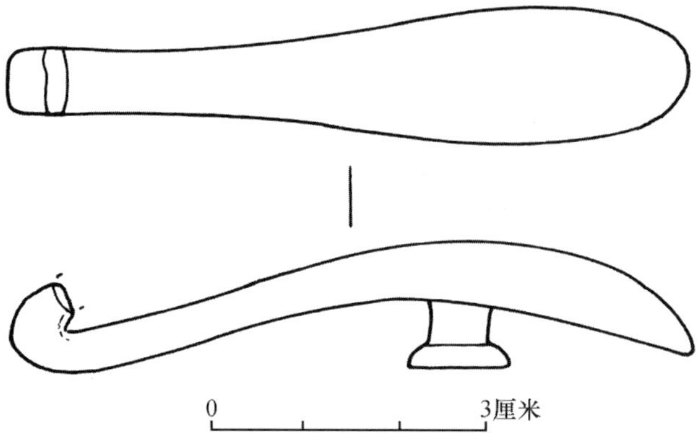

图二三　M17出土铜带钩
（M17：1）

一一、M18

1. 墓葬形制与结构

该墓位于墓地东南部，T0603南部，开口于第2层下，距地表65厘米，墓葬形制为竖穴土坑墓，方向115°（图二四）。

墓室：竖穴土坑，坑口平面呈长方形，长180、宽76厘米。斜壁平底，墓底长180、宽60、墓口至墓底40厘米。填土为黄土与白矸土搅和的花土。

葬具：不清。

葬式：人骨头向东，面向南，仰身直肢，成年男性。

2. 随葬品

共1件，出自人骨左肱骨头处。

铜带钩　1件，编号M18∶1，钩体扁平，内略弧，呈琵琶形，正面浮雕三行竖长方格间圈点，嵌绿松石，圆尾圆纽，钩残。长11.6、宽2.3厘米（图二五；彩版七八，5）。

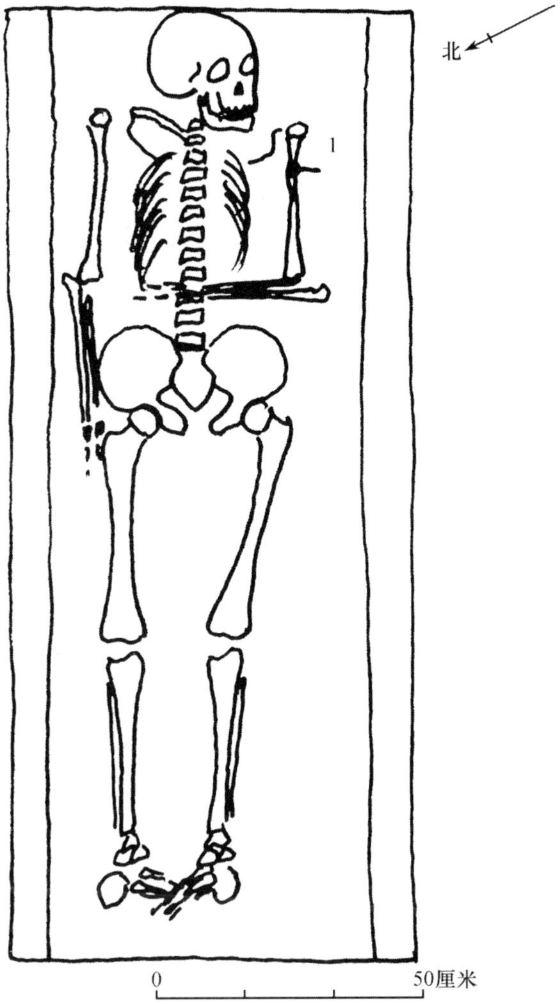

图二四　M18平面图

1. 铜带钩

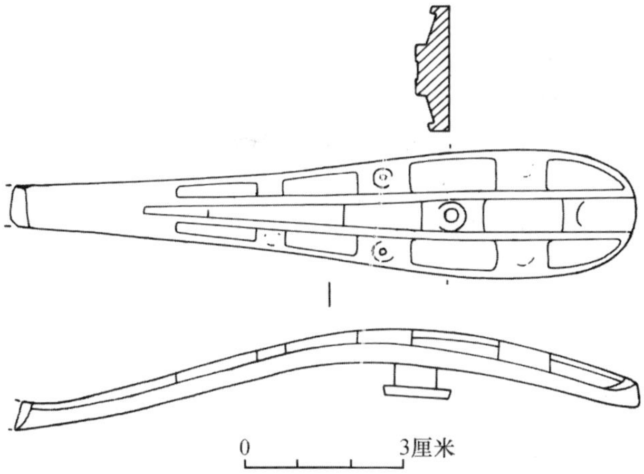

图二五　M18出土铜带钩

（M18∶1）

一二、M22

1. 墓葬形制与结构

该墓位于墓地东南部，T0704东南，开口于第2层下，距地表50厘米，墓葬形制为竖穴土坑墓，方向5°（图二六）。

墓室：竖穴土坑，坑口平面呈长方形，长205、宽120厘米。直壁平底，两侧有生土二层台，宽30～34、高48厘米。墓底长194、宽50、墓口至墓底103厘米。填土为黄白花土。

葬具：不清。

葬式：人骨头向北，面向东，仰身直肢，成年男性。

2. 随葬品

共2件，出自墓底西北部。

陶碗　1件，编号M22：1，泥质灰陶，敞口，微敛，平沿，斜鼓腹，平底内凹，内圜底。口径18.2～16.6、深6.2、底径7.0厘米（图二七，1；彩版四七，3）。

陶壶　1件，编号M22：2，泥质灰陶，敞口，圆沿，直领，溜肩，折腹，平底。口沿下对穿0.5厘米两圆孔。高16.0、口径11.5、腹径18.0、底径7.5厘米（图二七，2；彩版三八，3）。

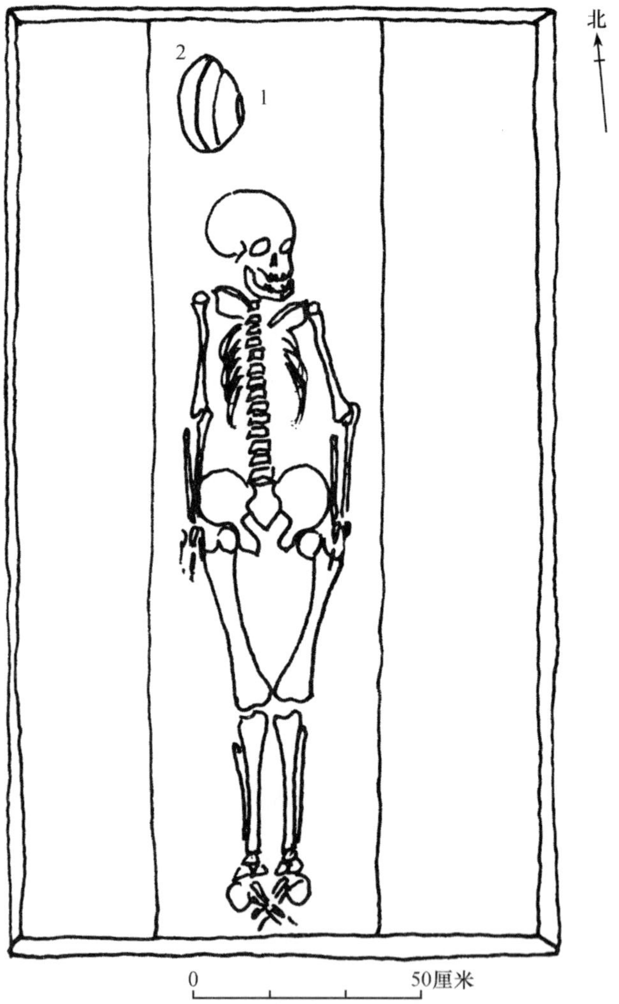

图二六　M22平面图

1. 陶碗　2. 陶壶

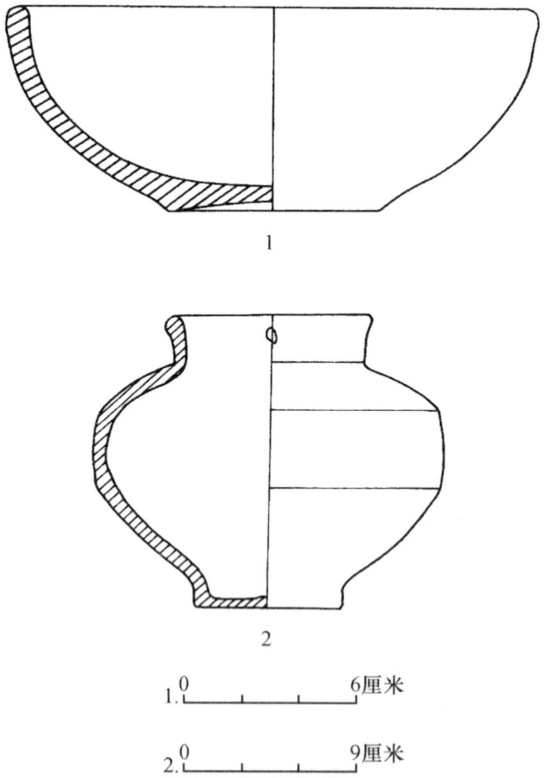

图二七　M22出土陶器

1. 陶碗（M22：1）　2. 陶壶（M22：2）

一三、M24

1. 墓葬形制与构造

该墓位于墓地东部，T0705东南，开口于第2层下，距地表45厘米，墓葬形制为竖穴土坑墓，方向185°（图二八）。

墓室：竖穴土坑，坑口平面呈长方形，长200、宽130厘米。斜壁平底，两侧有生土二层台，宽20～26、高65厘米。墓底长184、宽74、墓口至墓底160厘米。填土为黄白花土。

葬具：不清。

葬式：人骨头向南，面向东，仰身屈肢，成年男性。

2. 随葬品

共1件，出自人骨左肱骨外侧。

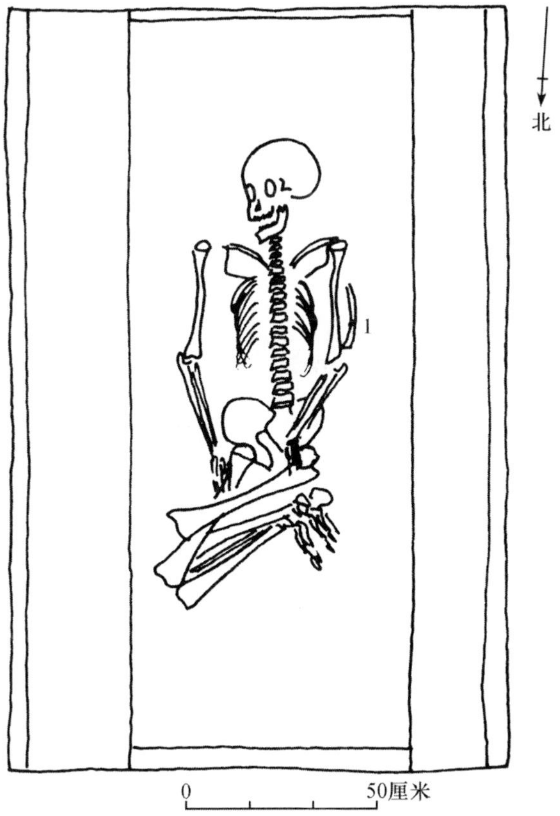

图二八 M24平面图

1. 铁带钩

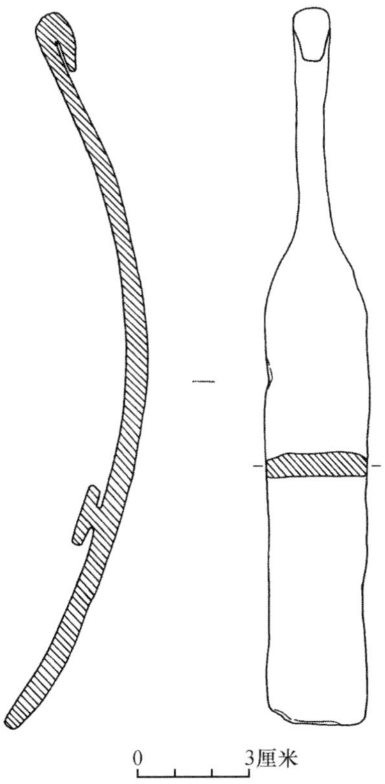

图二九 M24出土铁带钩

（M24：1）

铁带钩　1件，编号M24：1，钩体长方形扁平，弧度稍大，接方柱形颈，似铲形，圆纽位于中部，钩残。长20、宽2.7厘米（图二九）。

一四、M33

1. 墓葬形制与构造

该墓位于墓地东南部，T0701西南部，开口于第2层下，距地表55厘米，墓葬形制为竖穴土坑墓，方向10°（图三〇）。

墓室：竖穴土坑，坑口平面呈长方形，长255、宽165厘米。斜壁平底，四周有熟土二层台，宽20～40、高10厘米。墓底长240、宽130、墓口至墓底155厘米。填土为黄白花土。

葬具：有棺木朽痕，长180、宽63厘米。

葬式：人骨头向北，面向不清，仰身直肢，成年女性。

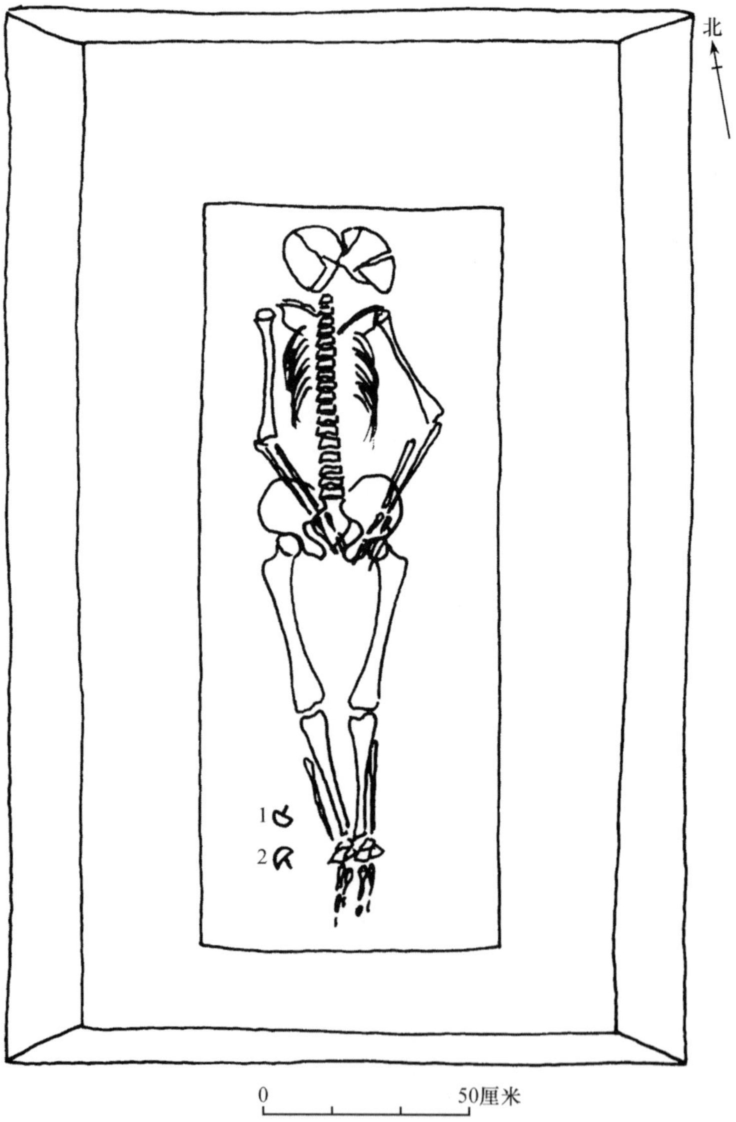

图三〇　M33平面图

1、2. 铁带钩

2. 随葬品

共2件，出自人骨右胫骨外侧。

铁带钩　2件。编号M33：1，钩体呈耜形，本部半圆形，中心凸一竖脊，纽钩均残。长6.8、宽4.2厘米（图三一，1）。编号M33：2，钩体呈耜形，本部半圆形，中心凸一竖脊，圆纽偏后，钩残。长8.0、宽4.2厘米（图三一，2）。

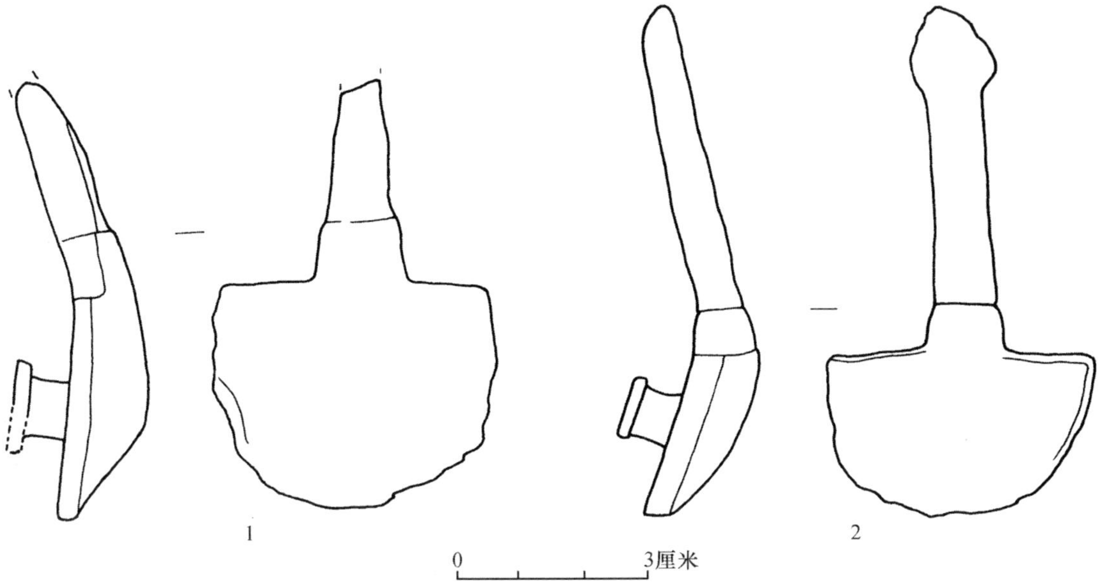

图三一　M33出土铁器
1、2. 铁带钩（M33：1、M33：2）

一五、M39

1. 墓葬形制与构造

该墓位于墓地东南部，T0801南部，开口于第2层下，距地表50厘米，墓葬形制为竖穴土坑墓，方向5°（图三二）。

墓室：竖穴土坑，坑口平面呈长方形，长230、宽100厘米。直壁平底，两侧有生土二层台，宽15～20、高50厘米。墓底长230、宽65、墓口至墓底90厘米。填土为黄白花土。

葬具：不清。

葬式：人骨头向北，面向南，仰身直肢，女性青少年。

2. 随葬品

共1件，出自墓底南部。

铁镢　1件，编号M39：1，镢体正面梯形，上略宽，刃略窄。侧面三角形，刃稍残，中间断。长16.9、刃宽4.0厘米。銎口梯形，长2.4、宽3.4～3.8厘米（图三三；彩版一〇〇，5）。

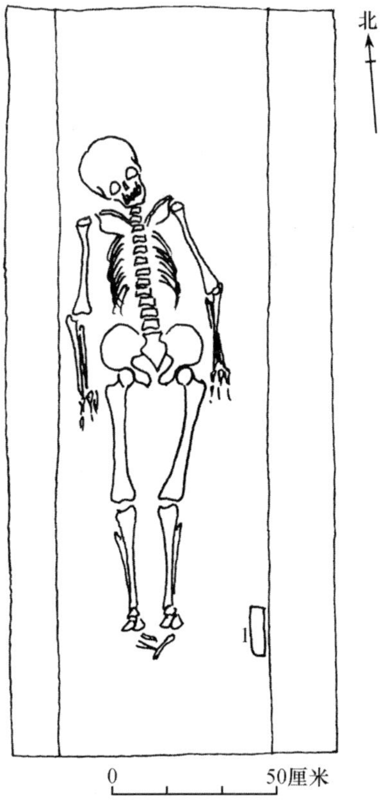

图三二　M39平面图
1. 铁镢

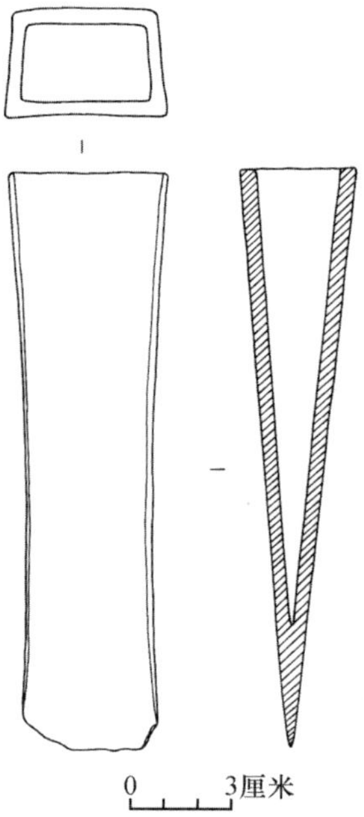

图三三　M39出土铁镢
（M39：1）

一六、M45

1. 墓葬形制与结构

该墓位于墓地东南，T0802东部，开口于第2层下，距地表55厘米，墓葬形制为竖穴土坑墓，方向5°（图三四）。

墓室：竖穴土坑，坑口平面近长方形，长190、宽70～80厘米。斜壁平底，墓底长170、宽44、墓口至墓底75厘米。填土为黄白花土。

葬具：无。

葬式：人骨头向北，骨架错乱，属二次葬。

2. 随葬品

共1件，出自人骨架中部，左侧股骨内侧。

铁带钩　1件，编号M45：1，钩体长方形扁平，弧度稍大，接方柱形颈，似铲形，圆纽位于中部，鸭首状钩。长18.6、宽1.8厘米（图三五）。

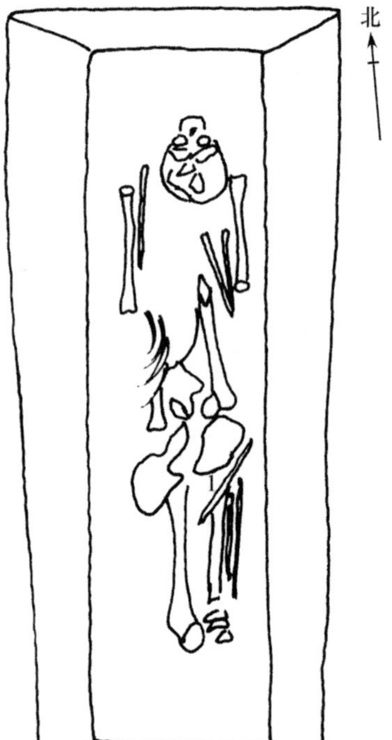

图三四　M45平面图
1. 铁带钩

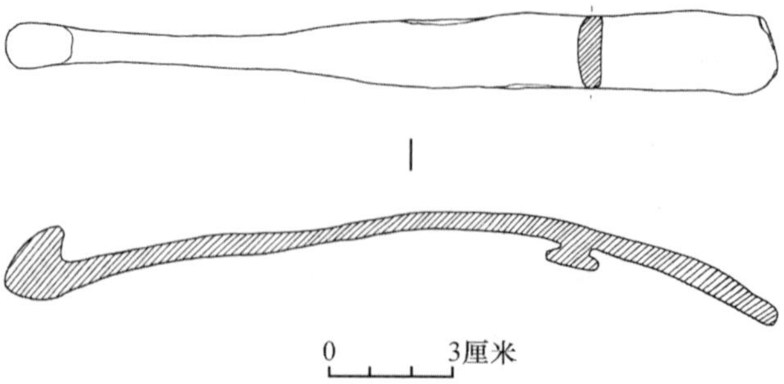

图三五　M45出土铁带钩
（M45：1）

一七、M46

1. 墓葬形制与结构

该墓位于墓地东南，T0702东南部，开口于第2层下，距地表55厘米，墓葬形制为竖穴土坑墓，方向7°（图三六）。

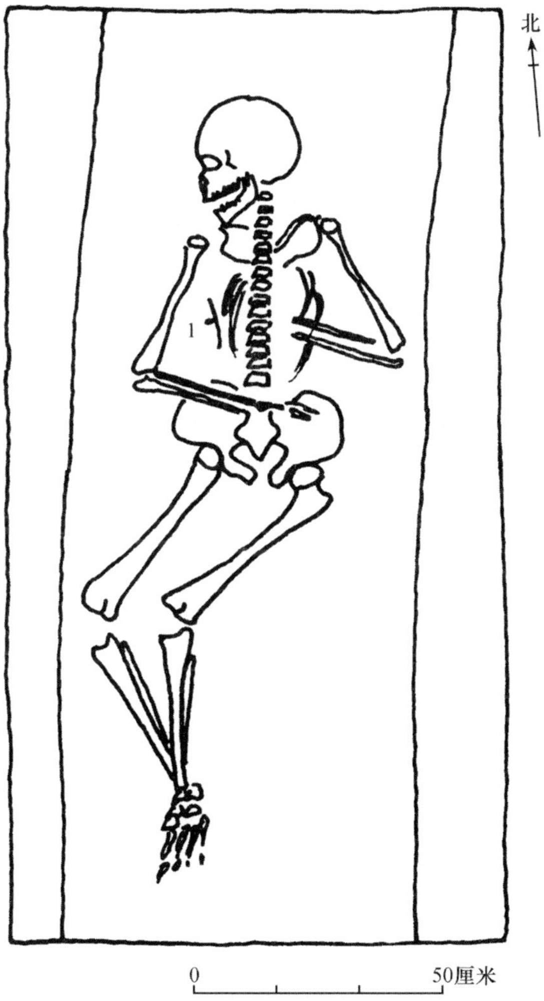

图三六　M46平面图
1. 铜带钩

墓室：竖穴土坑，坑口平面呈长方形，长190、宽100厘米。直壁平底，两侧有生土二层台，宽10～20、高35厘米。墓底长190、宽70、墓口至墓底60厘米。填土为黄白花土。

葬具：不清。

葬式：人骨头向北，面向西，仰身屈肢，成年女性。

2. 随葬品

共1件，出自人骨架右胸部。

铜带钩　1件，编号M46：1，钩体半圆柱形，弧度小，本部齐尾，圆纽，鸭首状钩断。长14.8、径0.8厘米（图三七；彩版六二，3）。

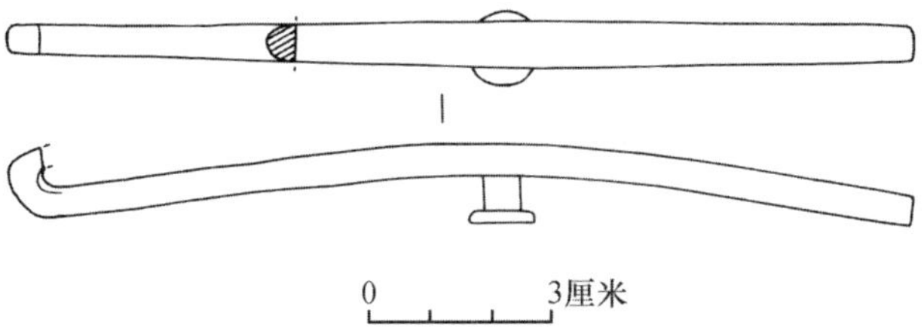

图三七　M46出土铜带钩
（M46：1）

一八、M47

1. 墓葬形制与结构

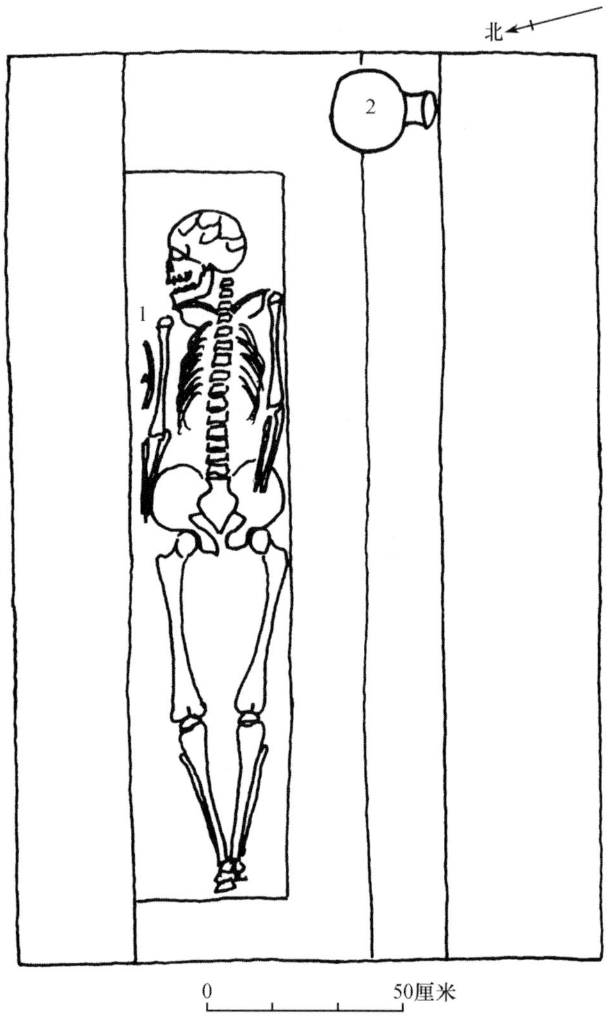

图三八　M47平面图
1. 铜带钩　2. 陶罐

该墓位于墓地东南，T0702东南部，开口于第2层下，距地表50厘米，墓葬形制为竖穴土坑墓，方向105°（图三八）。

墓室：竖穴土坑，坑口平面呈长方形，长230、宽150厘米。直壁平底，两侧有生土二层台，宽30～40、高60厘米。墓底长230、宽60、墓口至墓底200厘米。填土为黄花土。

葬具：有棺木朽痕，长185、宽40厘米。

葬式：人骨头向东，面向北，仰身直肢，成年女性。

2. 随葬品

共2件，铁带钩出自人骨右肱骨外，陶罐出自墓底东南角。

铜带钩　1件，编号M47：1，钩体呈琵琶形，弧度稍大，圆纽，正面浮雕错金，背包银，因锈蚀已不甚清楚，纽钩残。长22.3、宽2.6厘米（图三九，1）。

陶罐　1件，编号M47：2，泥质灰陶，侈口，叠唇，直领，球腹，圜底略内凹，上腹饰竖细绳纹，横宽划纹，下腹拍印粗绳纹。高26.0、腹径22.3、口径11.5、领高6.2厘米（图三九，2；彩版三九，1）。

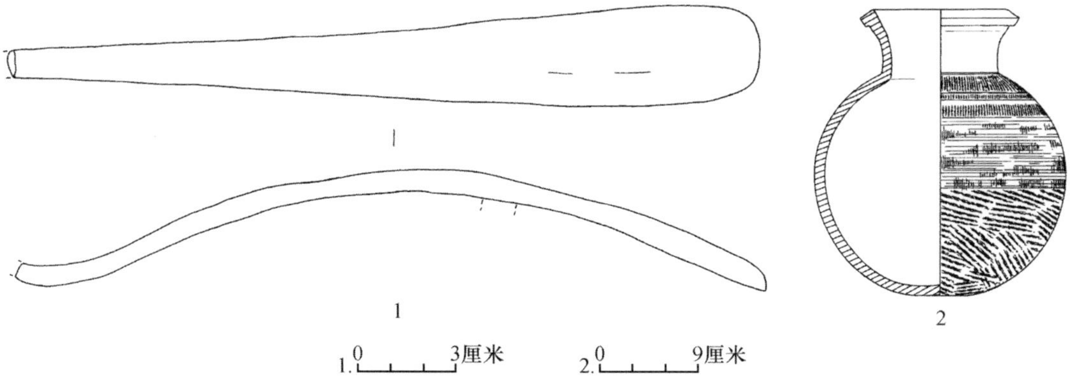

图三九　M47出土器物

1. 铜带钩（M47：1）　2. 陶罐（M47：2）

一九、M50

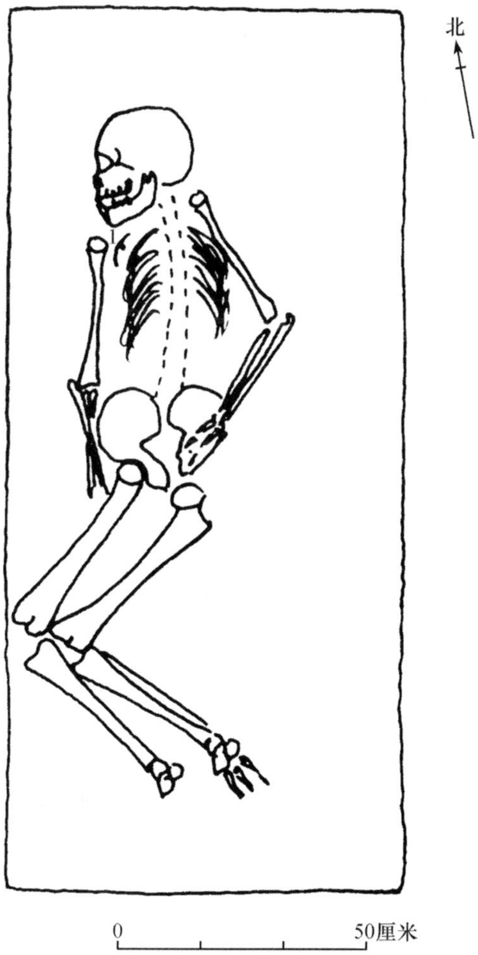

图四〇　M50平面图

1. 铁带钩

1. 墓葬形制与结构

该墓位于墓地中南部，T0602东北部，开口于第2层下，距地表60厘米，墓葬形制为竖穴土坑墓，方向10°（图四〇）。

墓室：竖穴土坑，坑口平面近长方形，长180、宽80厘米。直壁平底，墓口至墓底50厘米。填土为黄白花土。

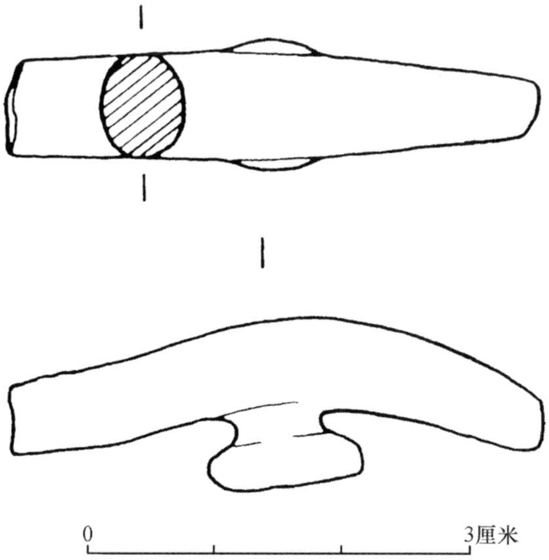

图四一　M50出土铁带钩

（M50：1）

葬具：不清。

葬式：人骨头向北，面向西，侧身屈肢，成年女性。

2. 随葬品

共1件，出自人骨下颌骨下方。

铁带钩　1件，编号M50∶1，钩体截面半圆形，内略弧，本部尖尾，圆纽偏后，钩残。长4.3、宽0.7厘米（图四一）。

二〇、M52

1. 墓葬形制与结构

该墓位于墓地中南部，T0601东北部，开口于第2层下，距地表60厘米，墓葬形制为竖穴土坑墓，方向7°（图四二）。

墓室：竖穴土坑，坑口平面呈长方形，长210、宽80厘米。直壁平底，墓口至墓底140厘米。填土为黄白花土。

葬具：不清。

葬式：人骨头向北，面向东，仰身屈肢，成年男性。

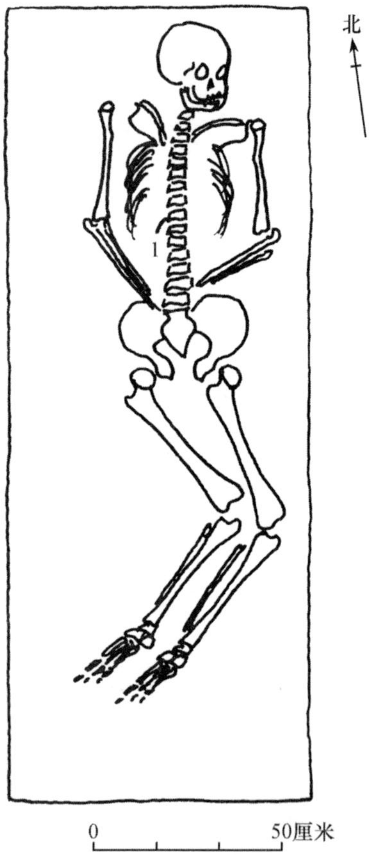

图四二　M52平面图

1. 铜带钩

2. 随葬品

共1件，出自人骨架腰部。

铜带钩　1件，编号M52∶1，钩体近圆形，扁平内略凹，兽面浮雕，圆纽，鸭首状钩，正面错金。长7.3厘米，兽面长4.3、宽3.0厘米（图四三；彩版八七，2）。

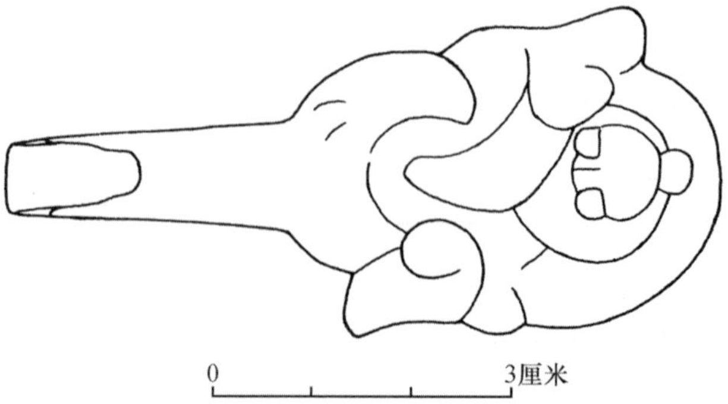

图四三　M52出土铜带钩

（M52∶1）

二一、M53

1. 墓葬形制与结构

该墓位于墓地中南部，T0601北部，开口于第2层下，距地表50厘米，墓葬形制为竖穴土坑墓，方向3°（图四四）。

墓室：竖穴土坑，坑口平面呈长方形，长255、宽160厘米。斜壁平底，四周有熟土二层台，宽20～30、高30厘米。墓底长248、宽130、墓口至墓底140厘米。填土为黄白花土。

葬具：不清。

葬式：人骨头向北，面向西，仰身屈肢，成年女性。

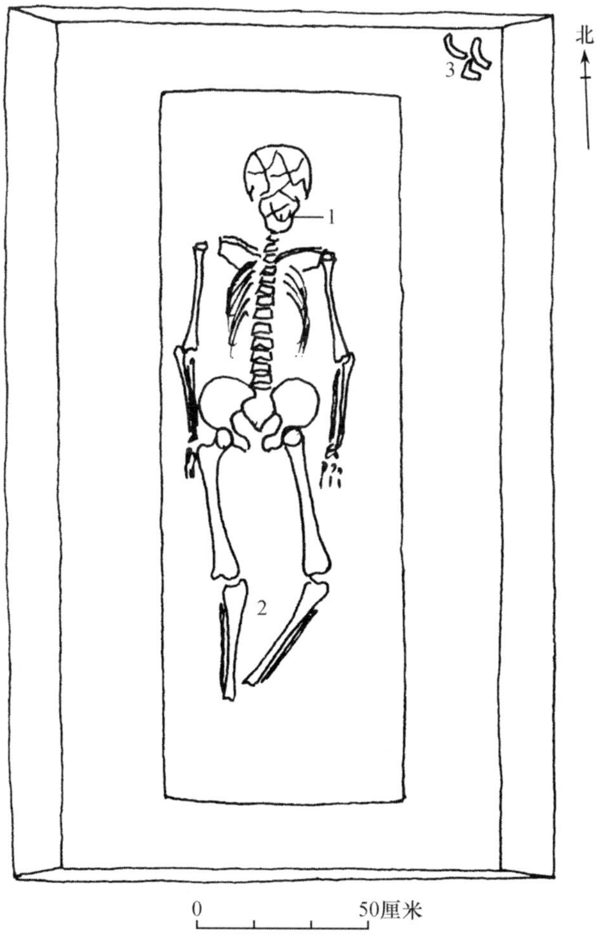

图四四　M53平面图

1. 水晶环　2. 铜带钩　3. 铜桥形饰

2. 随葬品

共3件（图四五），水晶环出自人骨面部，铜带钩出自左胫骨，铜桥形饰出自二层台上东北角。

水晶环　1件，编号M53：1，截面六边形，外大三角形，残段长1.5～2.0厘米（图四五，1；彩版一〇一，6）。

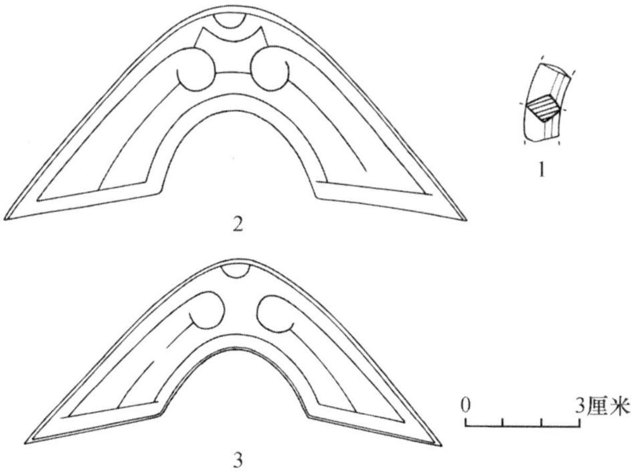

图四五　M53出土器物

1. 水晶环（M53：1）　2、3. 铜桥形饰（M53：3）

铜带钩　1件，编号M53：2，仅有一段残钩。长3.0、宽1.0厘米。

铜桥形饰　4件，编号M53：3，质薄，周缘凸起稍高，顶端内有圆形穿，素面，跨度稍大。高4.0、长8.7厘米（图四五，2、3；彩版九六，3）。

二二、M56

1. 墓葬形制与结构

该墓位于墓地中南部，T0703西北部，开口于第2层下，距地表45厘米，墓葬形制为竖穴土坑墓，方向355°（图四六；彩版三，4）。

墓室：竖穴土坑，坑口平面呈长方形，长180、宽90厘米。直壁平底，两侧有生土二层台，宽14～16、高30厘米。墓底长180、宽50、墓口至墓底85厘米。填土为黄白花土。

葬具：不清。

葬式：人骨头向北，面向上，仰身直肢，少年儿童。

2. 随葬品

共2件，出自人骨右膝外侧。

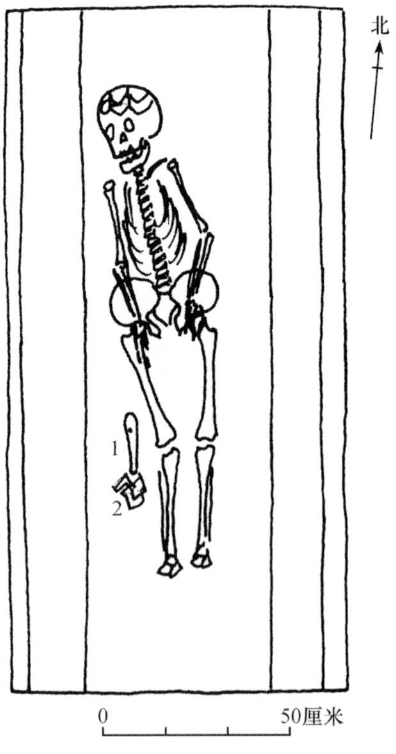

图四六　M56平面图

1. 铜带钩　2. 铜桥形饰

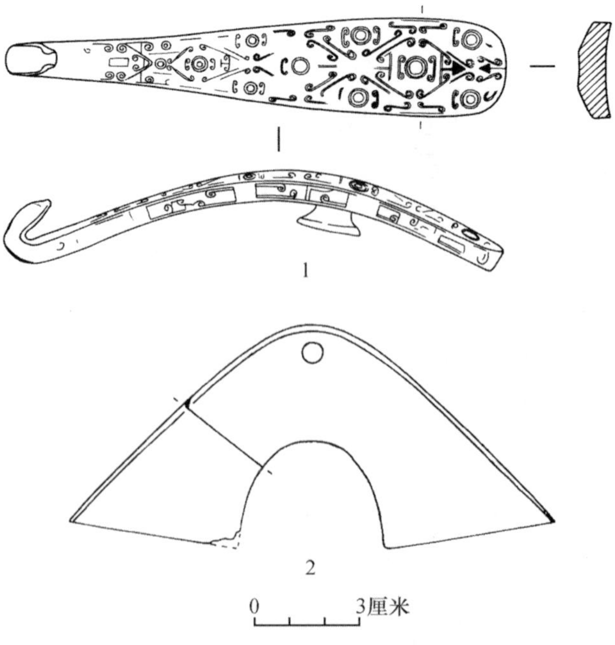

图四七　M56出土铜器

1. 铜带钩（M56：1）　2. 铜桥形饰（M56：2）

铜带钩　1件，编号M56：1，钩体呈琵琶形，中间厚，截面呈梯形，内略弧，本部圆尾，圆纽，鸭首状钩，正侧雕刻圆圈云雷纹间蟠螭纹，组成四组花纹图案。长14.0、宽2.7厘米（图四七，1；彩版六九，2）。

铜桥形饰　7件，3整4残，编号M56：2。周缘凸起稍高，内角突出，顶端内有圆形穿，跨度稍大，素面，质薄。高4.0、长8.7～12厘米（图四七，2；彩版九四，4、5；彩版九五，2）。

二三、M61

1. 墓葬形制与结构

该墓位于墓地东南，T0803东部，开口于第2层下，距地表60厘米，墓葬形制为竖穴土坑墓，方向0°（图四八；彩版四，1）。

墓室：竖穴土坑，坑口平面呈长方形，长210、宽125厘米。直壁平底，四周有生土二层台，宽10～30、高65厘米。墓底长190、宽65、墓口至墓底140厘米，填土为黄白花土。

葬具：不清。

葬式：人骨头向北，面向东，仰身屈肢，成年女性。

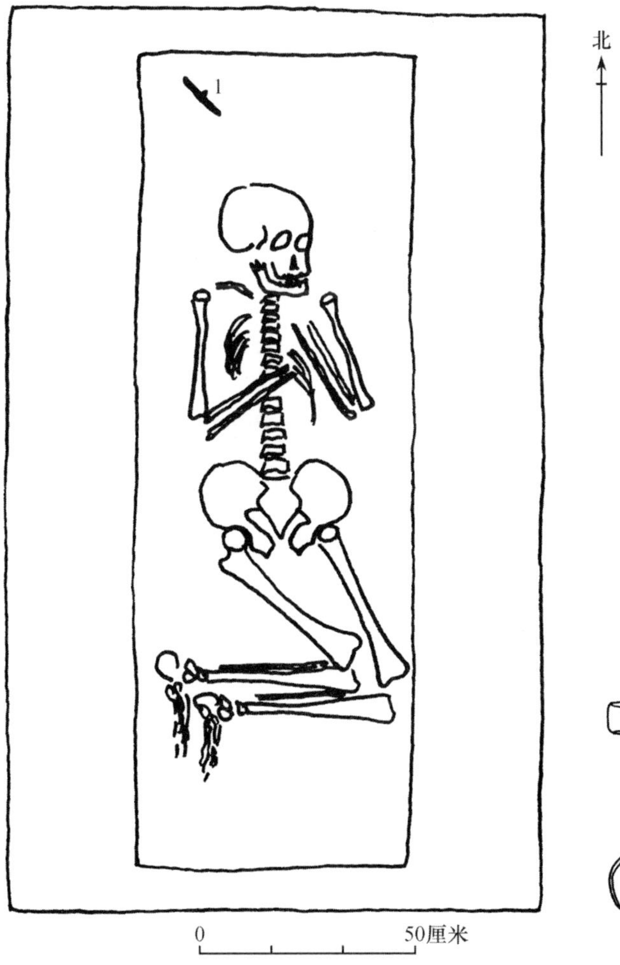

图四八　M61平面图
1. 铜带钩

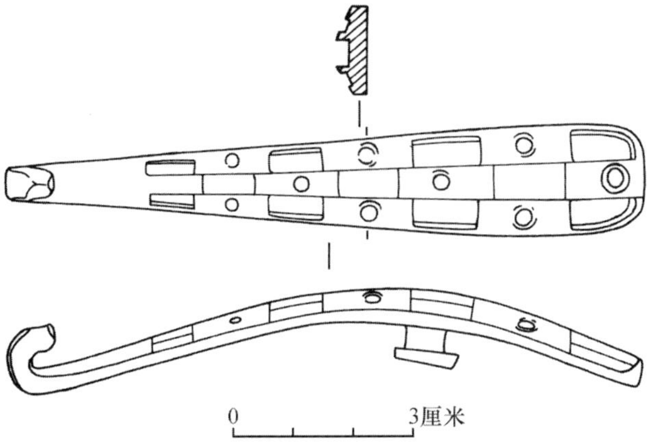

图四九　M61出土铜带钩
（M61：1）

2. 随葬品

共1件，出自墓底西北部。

铜带钩　1件，编号M61：1，钩体扁平琵琶形，中间稍厚，内略弧，圆纽，鸭首状钩，正面雕三行竖长方格，内饰圈点纹，嵌绿松石（已脱落）。长10.5、宽1.8厘米（图四九；彩版七八，6）。

二四、M63

1. 墓葬形制与结构

该墓位于墓地东南，T0903西北部，开口于第2层下，距地表50厘米，墓葬形制为竖穴土坑墓，方向5°（图五〇）。

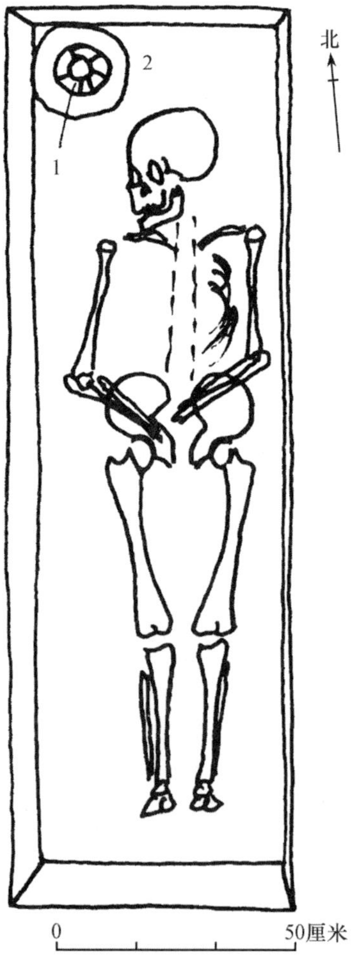

图五〇　M63平面图
1. 陶碗　2. 陶罐

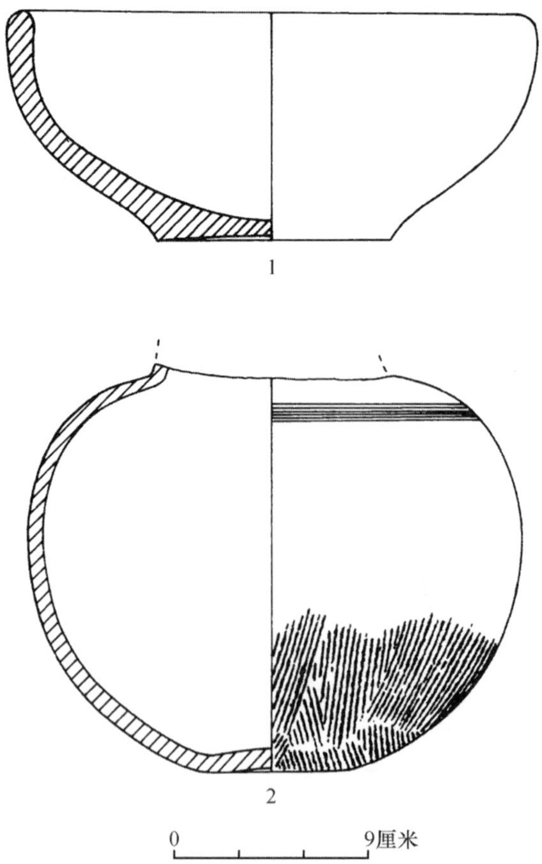

图五一　M63出土陶器
1. 陶碗（M63：1）　2. 陶罐（M63：2）

墓室：竖穴土坑，坑口平面呈长方形，长190、宽60厘米。斜壁平底，墓底长176、宽72、墓口至墓底50厘米。填土为黄土与白矸土搅和的花土。

葬具：不清。

葬式：人骨头向北，面向西，仰身直肢，性别不清。

2. 随葬品

共2件，均出自墓底西北部。

陶碗　1件，编号M63：1，泥质灰陶，残，敛口，钵形，壁形底略内凹，内圜底。口径16.3～14.7、深6.1、底径7.5、高0.5厘米（图五一，1；彩版四七，4）。

陶罐　1件，编号M63：2，泥质灰陶，残，仅有球腹，上腹饰竖细绳纹，下腹拍印粗绳纹。残高79.3、腹径22.0厘米（图五一，2）。

二五、M64

1. 墓葬形制与结构

该墓位于墓地东南，T0803东北部，开口于第2层下，距地表45厘米，墓葬形制为竖穴土坑墓，方向355°（图五二）。

墓室：竖穴土坑，坑口平面近长方形，长170、宽90厘米。直壁平底，两侧有生土二层台，宽15、高30厘米。墓底长170、宽60、墓口至墓底100厘米。填土为黄白花土。

葬具：不清。

葬式：人骨头向北，面向东，仰身屈肢，成年女性。

2. 随葬品

共1件，出自人骨后脑处。

铁带钩　1件，编号M64：1，钩体耜形，本部半圆形，中心凸出一道竖脊，钩颈饰二道横凸棱，圆纽偏后，鸭首状钩，纽残。长7.5、宽4.0厘米（图五三）。

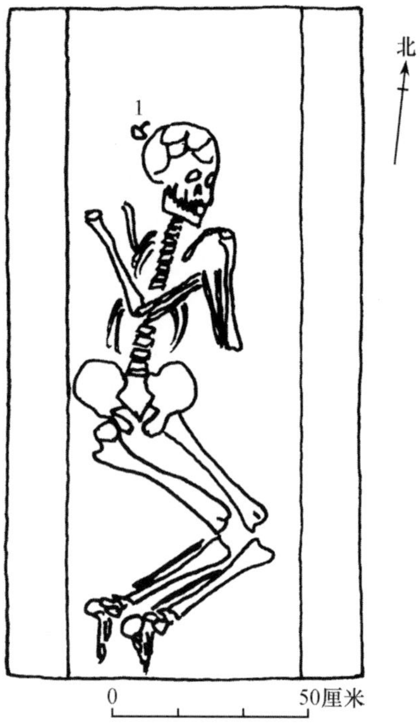

图五二　M64平面图
1. 铁带钩

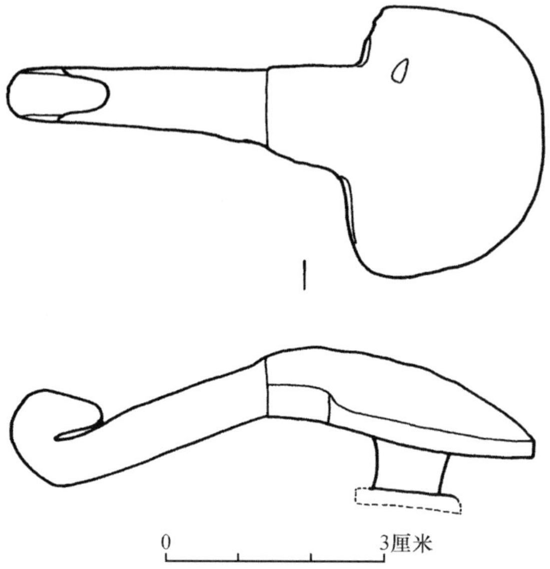

图五三　M64出土铁带钩
（M64：1）

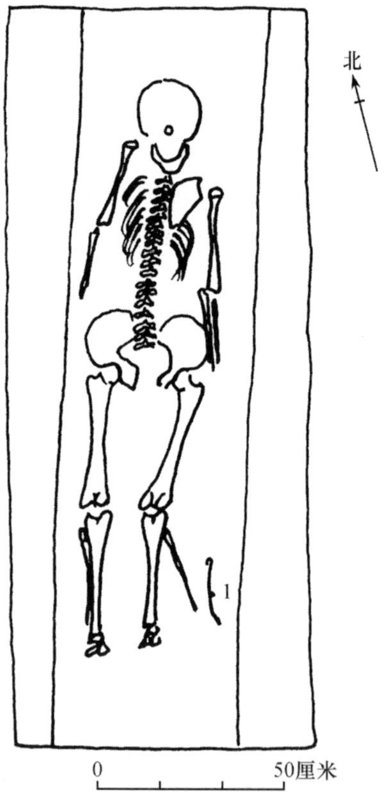

图五四　M66平面图
1. 铜带钩

二六、M66

1. 墓葬形制与结构

该墓位于墓地东南，T0704南部，开口于第2层下，距地表50厘米，墓葬形制为竖穴土坑墓，方向16°（图五四）。

墓室：竖穴土坑，坑口平面近长方形，长195、宽80厘米。直壁平底，西侧有生土二层台，东侧有熟土二层台，宽10～20、高10厘米。墓底长195、宽50、墓口至墓底50厘米。填土为黄白花土。

葬具：不清。

葬式：人骨头向北，面向下，俯身直肢，性别不清。

2. 随葬品

共1件，出自人骨左胫骨外。

铜带钩　1件，编号M66∶1，钩体近圆柱形，弧度小，本部齐尾，圆纽，钩残。长16.0、径0.9厘米（图五五；彩版六二，4）。

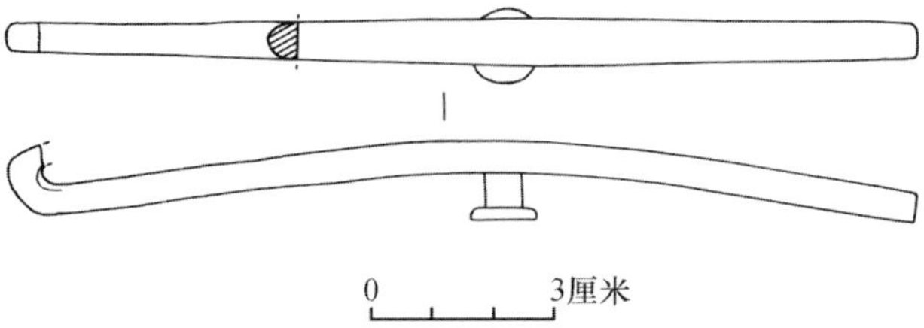

图五五　M66出土铜带钩
（M66∶1）

二七、M69

1. 墓葬形制与结构

该墓位于墓地东南，T0804中部，开口于第2层下，距地表50厘米，墓葬形制为竖穴土坑墓，方向10°（图五六）。

墓室：竖穴土坑，坑口平面呈长方形，长270、宽205厘米。斜壁平底，四周有熟土二层台，宽10～35、高10厘米。墓底长260、宽160、墓口至墓底240厘米。填土为黄白花土。

葬具：有棺木朽痕，长210、宽90厘米。

葬式：人骨头向北，面向西，仰身屈肢，成年男性。

图五六　M69平面图

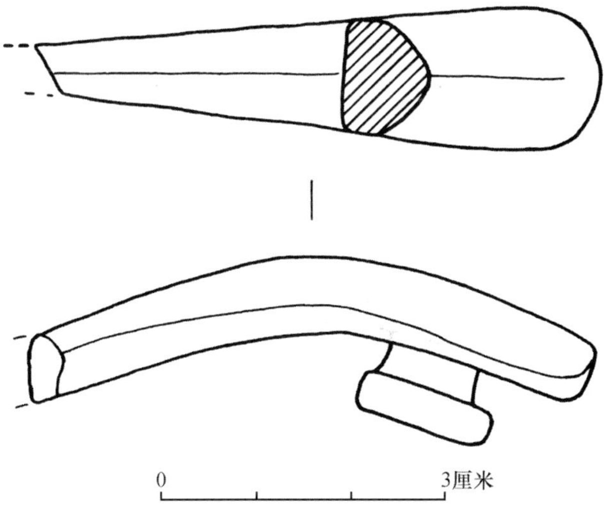

图五七　M69出土铁带钩
（M69∶1）

2. 随葬品

共1件，出自人骨后脑处。

铁带钩　1件，编号M69∶1，钩体截面呈三角形，内平外凸，内略弧，本部圆尾，圆纽偏后，钩残。长5.7、宽1.5厘米（图五七）。

二八、M74

1. 墓葬形制与结构

该墓位于墓地东南，T0805西南部，开口于第2层下，距地表50厘米，墓葬形制为竖穴土坑墓，方向190°（图五八）。

墓室：竖穴土坑，坑口平面呈长方形，长190、宽80厘米。直壁平底，墓口至墓底80厘米。填土为黄白花土。

葬具：不清。

葬式：人骨头向南，面向东，仰身直肢，成年女性。

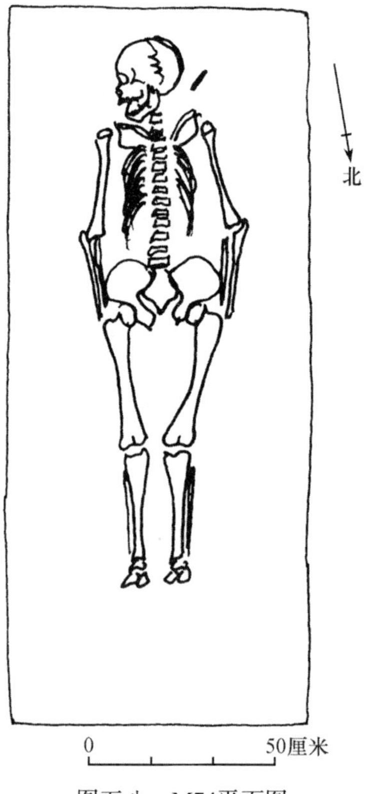

图五八　M74平面图

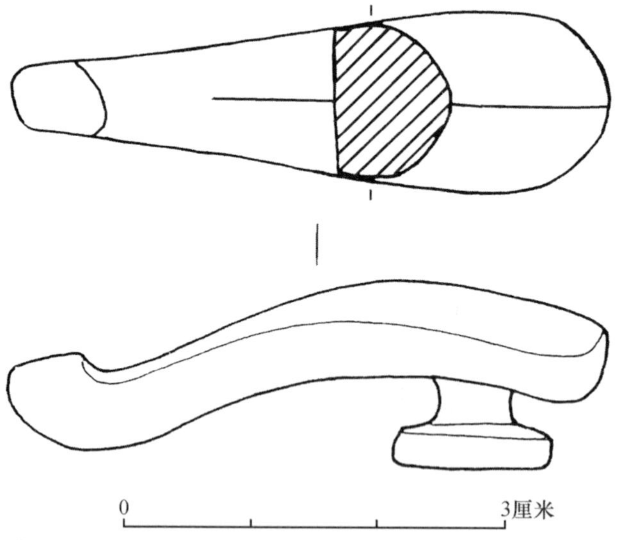

图五九　M74出土铁带钩
（M74∶1）

2. 随葬品

共1件，出自人骨后脑处。

铁带钩　1件，编号M74∶1，钩体截面呈三角形，内平外凸，内略弧，本部圆尾，圆纽偏后，钩残。长4.9、宽1.2厘米（图五九）。

二九、M82

1. 墓葬形制与结构

该墓位于墓地中东南，T0805东南，开口于第2层下，距地表30厘米，墓葬形制为竖穴土坑墓，方向10°（图六〇；彩版四，2）。

墓室：长方形竖穴土坑，长230、宽140厘米。斜壁平底，四周有生土二层台，宽8～30、高80厘米。墓底长190、宽70、墓口至墓底150厘米。填土为黄白花土。

葬具：不清。

葬式：人骨头向北，面向南，仰身屈肢，成年男性。

2. 随葬品

共1件，出自人骨右侧盆骨外。

图六〇　M82平面图
1. 铜带钩

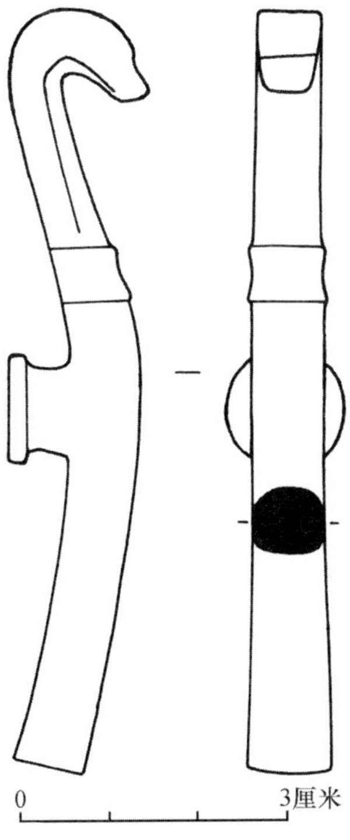

图六一　M82出土铜带钩
（M82：1）

铜带钩　1件，编号M82：1，钩体近圆柱形，弧度小，本部齐尾，圆纽，残钩，纽前饰二道横凸棱纹。长8.5、径1.4厘米（图六一；彩版六二，5）。

三〇、M85

1. 墓葬形制与结构

图六二　M85平面图
1. 铁带钩

该墓位于墓地中东部，T0806东南部，开口于第2层下，距地表35厘米，墓葬形制为竖穴土坑墓，方向10°（图六二）。

墓室：长方形竖穴土坑，长260、宽160厘米。斜壁平底，四周有熟土二层台，宽26～34、高30厘米。墓底长230、宽130、墓口至墓底180厘米。填土为黄白花土。

葬具：有棺木朽痕，长190、宽60、高30厘米。

葬式：人骨头向北，面向上，仰身屈肢，成年女性。

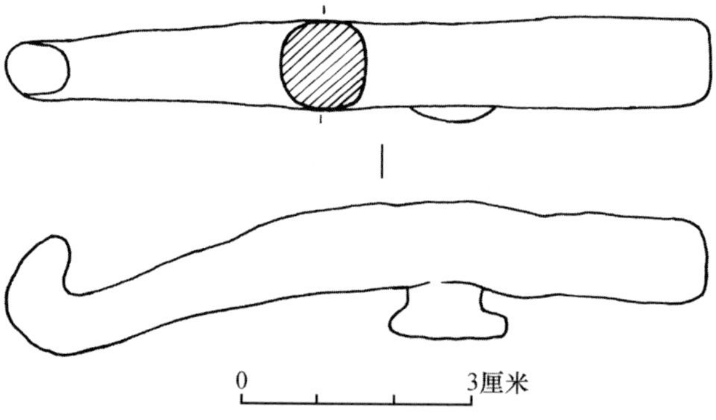

图六三　M85出土铁带钩
（M85：1）

2. 随葬品

共1件，出自人头骨左上部。

铁带钩　1件，编号M85：1，钩体近圆柱形，弧度小，本部齐尾，圆纽近中部，鸭首状钩。长9.1、径1.4厘米（图六三）。

三一、M86

1. 墓葬形制与结构

该墓位于墓地中东部，T0806南部，开口于第2层下，距地表35厘米，墓葬形制为竖穴土坑墓，方向5°（图六四）。

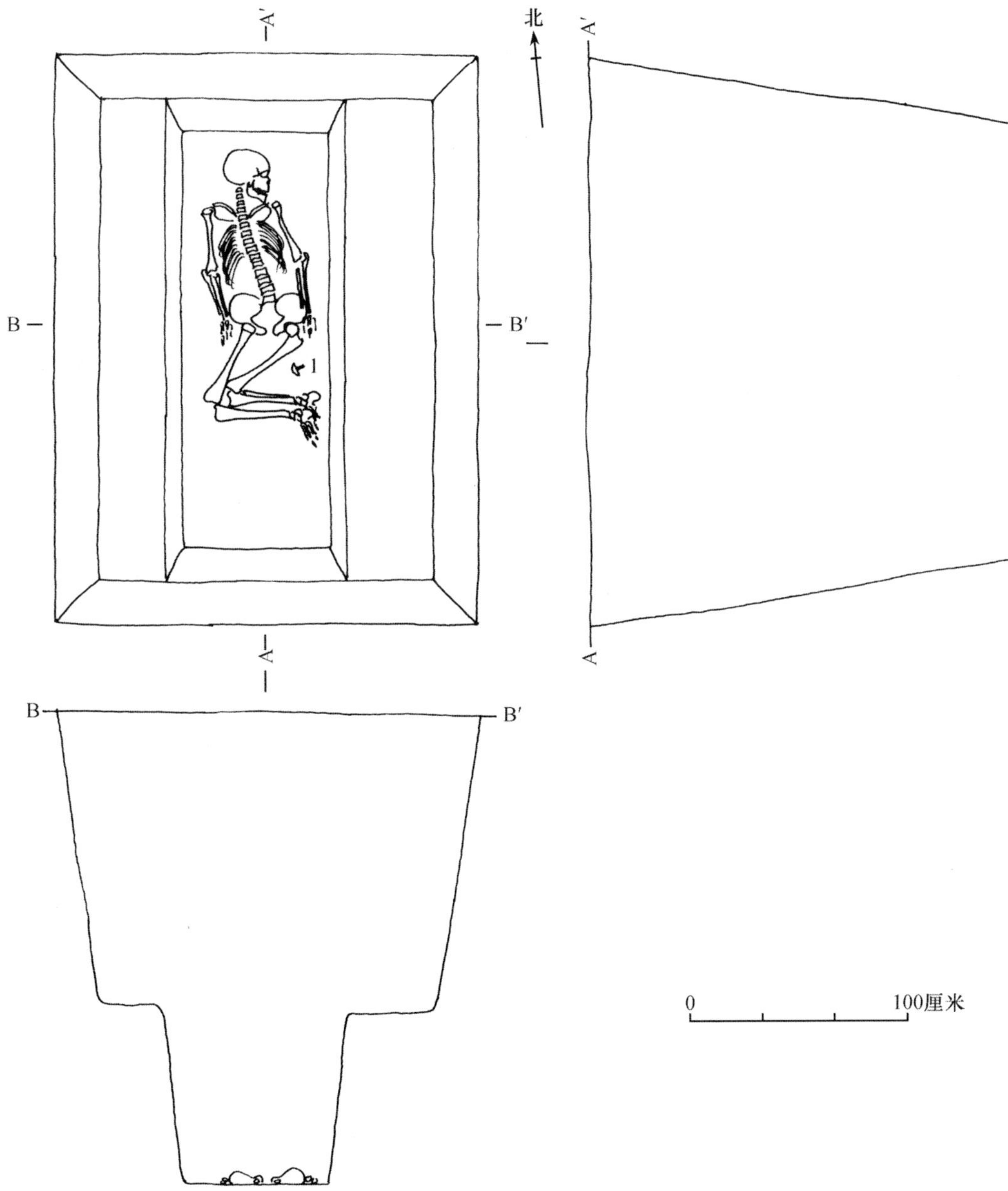

图六四　M86平、剖面图
1. 铁带钩

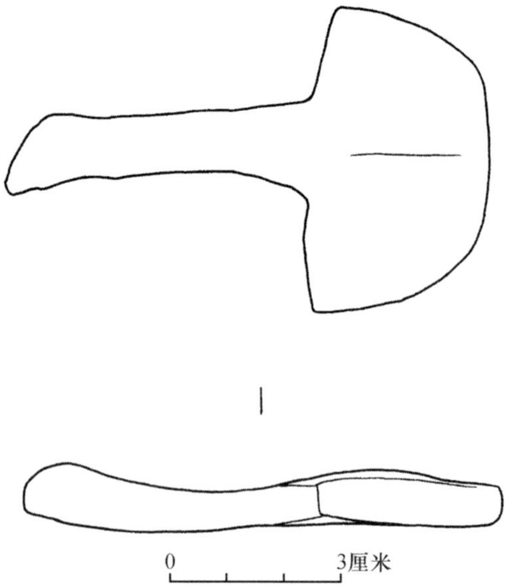

图六五　M86出土铁带钩
（M86：1）

墓室：长方形竖穴土坑，长260、宽190厘米。斜壁平底，两侧有生土二层台，宽30、高80厘米。墓底长190、宽66、墓口至墓底215厘米。填土为黄白花土。

葬具：有棺木朽痕，长175、宽66厘米。

葬式：人骨头向北，面向东，仰身屈肢，成年男性。

2. 随葬品

共1件，出自左侧股骨外。

铁带钩　1件，编号M86：1，钩体耜形，本部半圆形，中心凸出一道竖脊，钩颈横饰二道凸棱，纽钩残。长8.5、宽5.2厘米（图六五）。

三二、M87

1. 墓葬形制与结构

该墓位于墓地中东部，T0802西南部，开口于第2层下，距地表45厘米，墓葬形制为竖穴土坑墓，方向15°（图六六；彩版四，3）。

墓室：长方形竖穴土坑，长200、宽110厘米。斜壁平底，两侧有生土二层台，宽20、高70厘米。墓底长190、宽60、墓口至墓底160厘米。

葬具：有棺木朽痕，长180、宽60厘米。

葬式：人骨头向北，面向东，侧身屈肢，成年女性。

2. 随葬品

共2件，铜带钩出自右膝外侧，陶罐出自墓底东北角。

铜带钩　1件，编号M87：1，钩体耜形，本部半圆形，中心凸出三道脊呈“丫”字形，圆纽偏后，钩残。长6.5、宽3.2厘米（图六七，1；彩版五五）。

陶罐　1件，编号M87：2，泥质灰陶，侈口，叠唇，直领，鼓腹，圜底略内凹，肩有折棱，下腹拍印粗绳纹。高24.0、口径9.8、腹径22.0、高5.8厘米（图六七，2；彩版三九，2）。

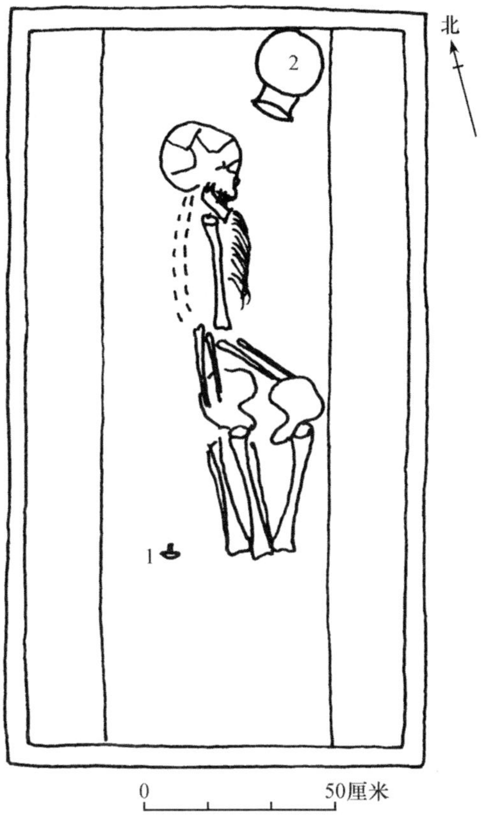

图六六 M87平面图
1. 铜带钩 2. 陶罐

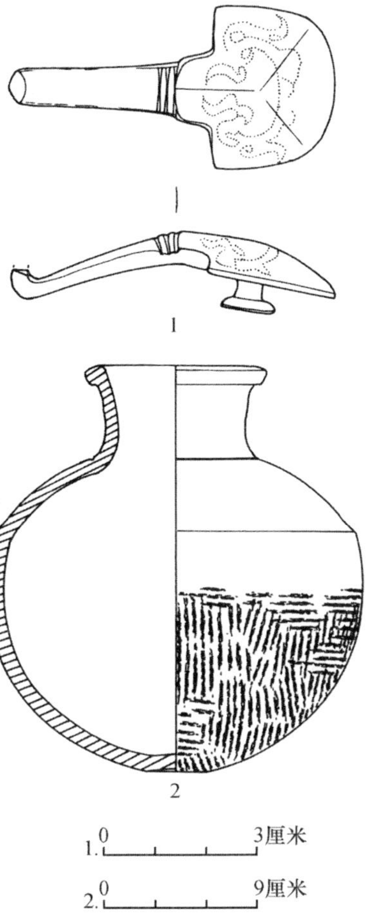

图六七 M87出土器物
1. 铜带钩（M87：1） 2. 陶罐（M87：2）

三三、M91

1. 墓葬形制与结构

该墓位于墓地中部，T0607东南，开口于第2层下，距地表40厘米，墓葬形制为竖穴土坑墓，方向10°（图六八）。

墓室：长方形竖穴土坑，长230、宽135～145厘米。直壁平底，四周有生土二层台，宽12～24、高73厘米。墓底长200、宽86、墓口至墓底143厘米。填土为黄白花土。

葬具：不清。

葬式：人骨头向北，面向上，仰身屈肢，成年男性。

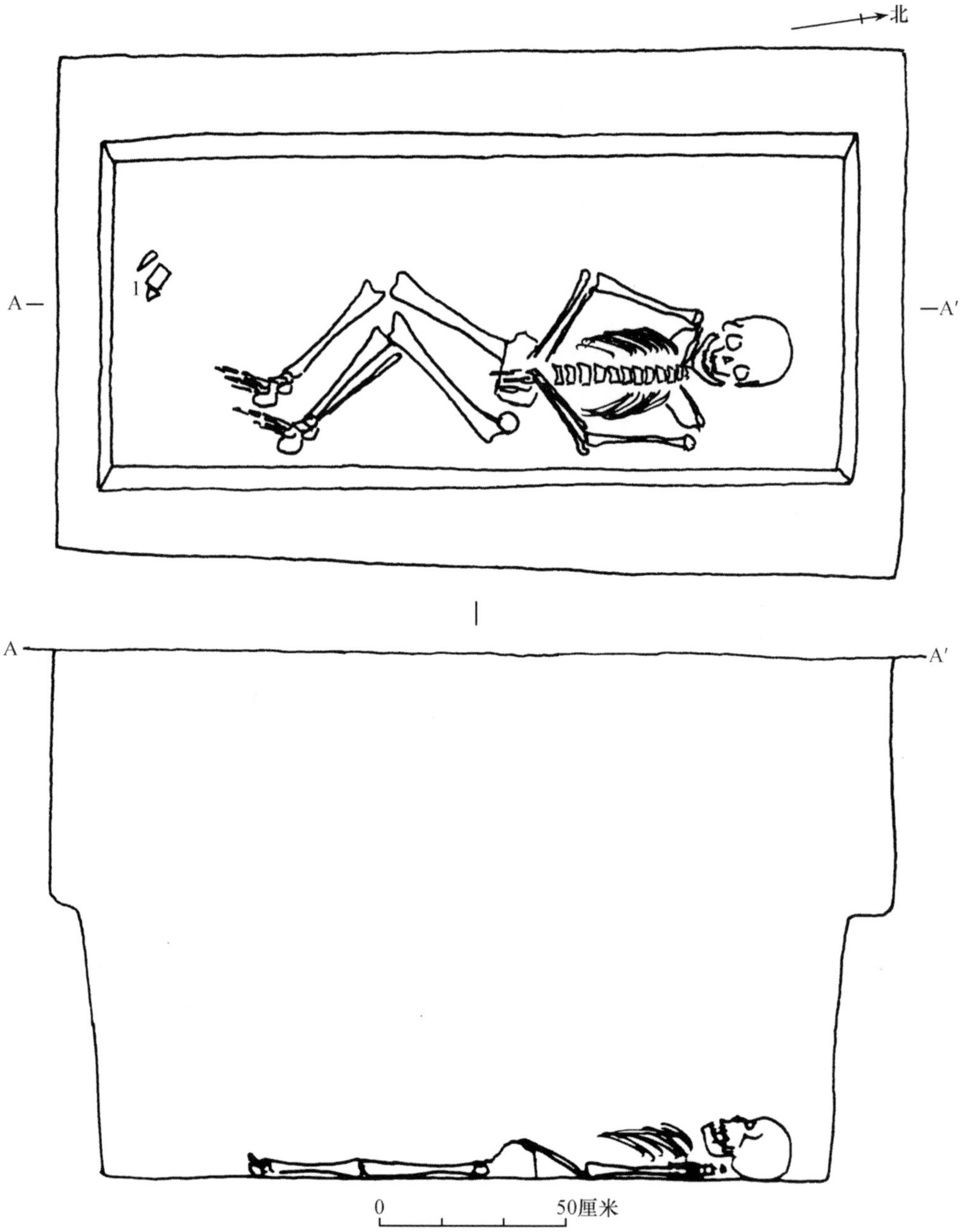

图六八　M91平、剖面图
1. 铁锛

2. 随葬品

共1件，出自墓底南端中部。

铁器　1件，编号M91：1，残锛，仅有刃部一段。残长8.0、刃宽3.4厘米。

三四、M92

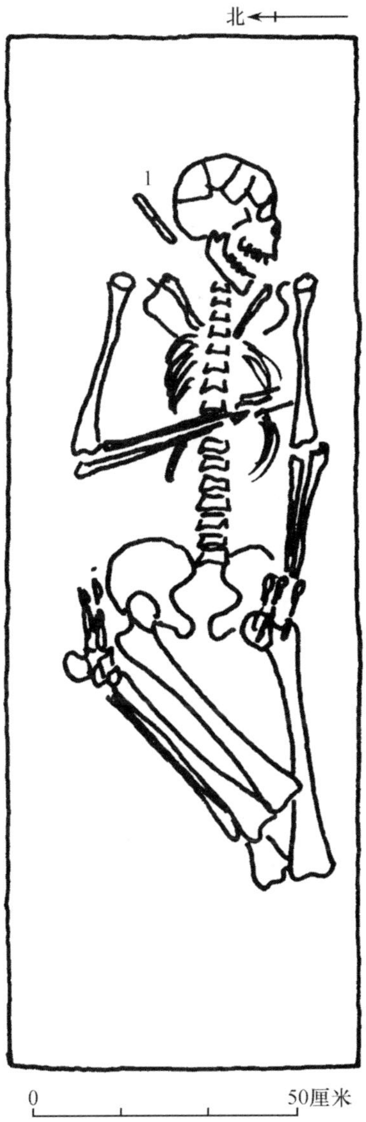

图六九　M92平面图
1. 铜带钩

1. 墓葬形制与结构

该墓位于墓地中部，T0607中东部，开口于第2层下，距地表30厘米，墓葬形制为竖穴土坑墓，方向90°（图六九；彩版四，4）。

墓室：竖穴土坑，坑口平面呈长方形，长195、宽66厘米。直壁平底，墓口至墓底60厘米。填土为黄白花土。

葬具：不清。

葬式：人骨头向东，面向上，仰身屈肢，成年男性。

2. 随葬品

共1件，出自人骨脑后处。

铜带钩　1件，编号M92：1，钩体近圆柱形，弧度小，本部齐尾，圆纽，纽前饰二道横凸棱纹，鸭首状钩。长9.0、径1.1厘米（图七〇；彩版六二，6）。

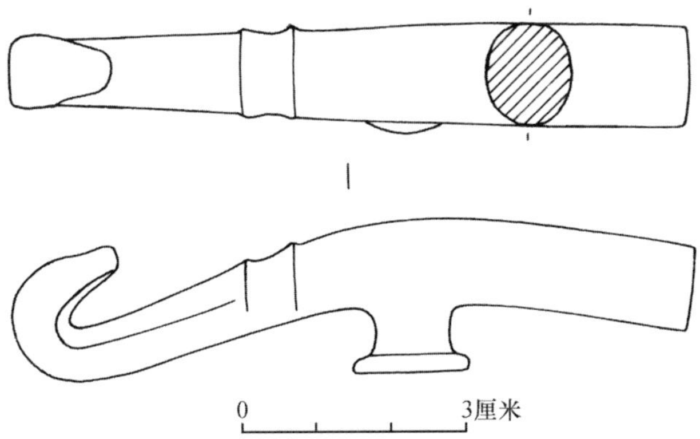

图七〇　M92出土铜带钩
（M92：1）

三五、M93

1. 墓葬形制与结构

该墓位于墓地中东部，T0707东南角，开口于第2层下，距地表50厘米，墓葬形制为竖穴土坑墓，方向10°（图七一）。

墓室：长方形竖穴土坑，长270、宽165～170厘米。斜壁平底，四周有生土二层台，宽15～25、高20厘米。墓底长196、宽84～80、墓口至墓底170厘米。填土为黄白花土。

葬具：有棺木朽痕，长170、宽60厘米。

葬式：人骨头向北，面向东，仰身直肢，成年女性。

2. 随葬品

共2件，均出自人骨左脚外侧。

图七一　M93平面图

1. 铜带钩　2. 铁带钩

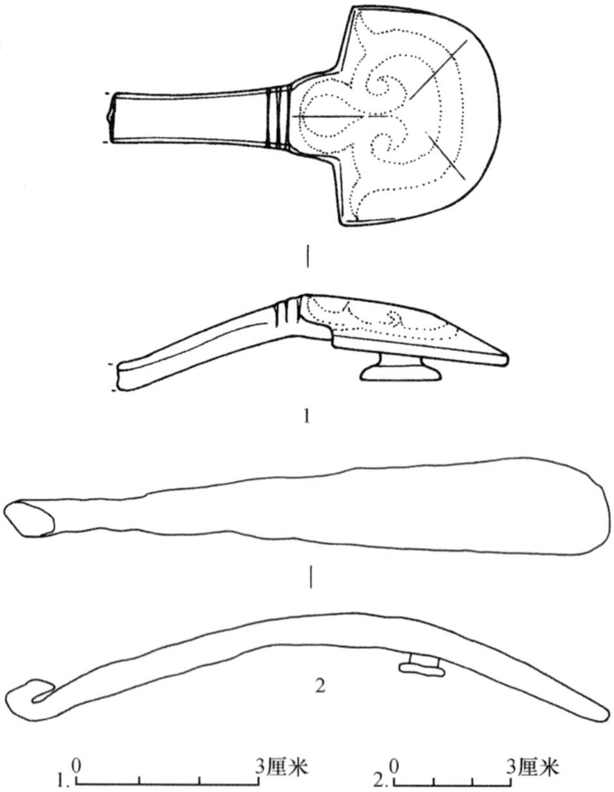

图七二　M93出土器物

1. 铜带钩（M93：1）　2. 铁带钩（M93：2）

铜带钩　1件，编号M93：1，钩体耜形，本部半圆形，中心凸出三道脊呈“丫”字形，圆纽偏后，钩残，正面有错银花纹。长6.5、宽3.5厘米（图七二，1；彩版五八，5）。

铁带钩　1件，编号M93：2，钩体扁平，内略弧，呈琵琶形，圆纽，钩残，正面浮雕错金花纹，因锈蚀，不甚清楚。长15.4、宽2.4厘米（图七二，2）。

三六、M94

1. 墓葬形制与结构

该墓位于墓地中东部，T0806东北部，开口于第2层下，距地表35厘米，墓葬形制为竖穴土坑墓，方向5°（图七三；彩版五，1）。

墓室：长方形竖穴土坑，长300、宽220厘米。斜壁平底，四周有熟土二层台，宽26～46、高30厘米。墓底长256、宽150、墓口至墓底260厘米。填土为黄白花土。

葬具：有棺木朽痕，长160、宽60、高30厘米。

葬式：人骨头向北，面向西，仰身直肢，成年男性。

2. 随葬品

共8件，均出自东侧二层台上。

铁镬　1件，编号M94：1，镬体平板近梯形，刃宽背窄，上中部纵穿长方形銎。銎口长3.0、宽1.8、深2.0厘米，镬长11.5、宽9.5～21.0、厚0.3厘米（图七四，1；彩版一〇〇，4）。

陶鼎　1件，编号M94：2，素面，泥质灰陶，敛口，子母口，近直腹，圜底，两侧对称附方穿大直耳，象腿足，覆钵形盖。高11.5、口径5.5、腹径18.7、盖高5.3厘米（图七四，2；彩版二八，6）。

陶壶　1件，编号M94：3，素面，泥质灰陶，平沿，弧颈，鼓腹，下腹斜收，平底，蘑菇状子口盖。通高23.8、壶高21.9、口径10.0～12.5、腹径18.0、底径9.5厘米（图七四，3；彩版三二，4）。

陶壶　1件，编号M94：4，素面，泥质灰陶，侈口，平沿，弧颈，鼓腹，璧形底，外微鼓饼形盖。通高16.2、弧高14.6、口径6.5～5.0、腹径10.5、底径6.0厘米（图七四，4；彩版三二，5）。

陶盘　1件，编号M94：5，泥质灰陶，残碎，不能复原。

陶匜　1件，编号M94：6，敞口，口平面呈桃形，后直，前有流，微鼓腹，折急收，平底，内圜底，长15.3、宽15.3、底径6.8、高5.0、深3.3厘米（图七四，5；彩版三一，3）。

图七三　M94平、剖面图

1. 铁镬　2. 陶鼎　3. 大陶壶　4. 小陶壶　5. 陶盘　6. 陶匜　7. 陶豆　8. 铜环

陶豆　1件，编号M94：7，泥质灰陶，敛口，子母口，近直腹，圜底，喇叭形高柄豆把，平纽短柄，浅覆钵形盖。高13.5、口径15.8、腹深7.0、柄高5.5、盖高8.0厘米（图七四，6；彩版二九，1）。

铜环　1件，编号M94：8，圆柱状环。外径2.4、内径1.4厘米（图七四，7；彩版九八，2）。

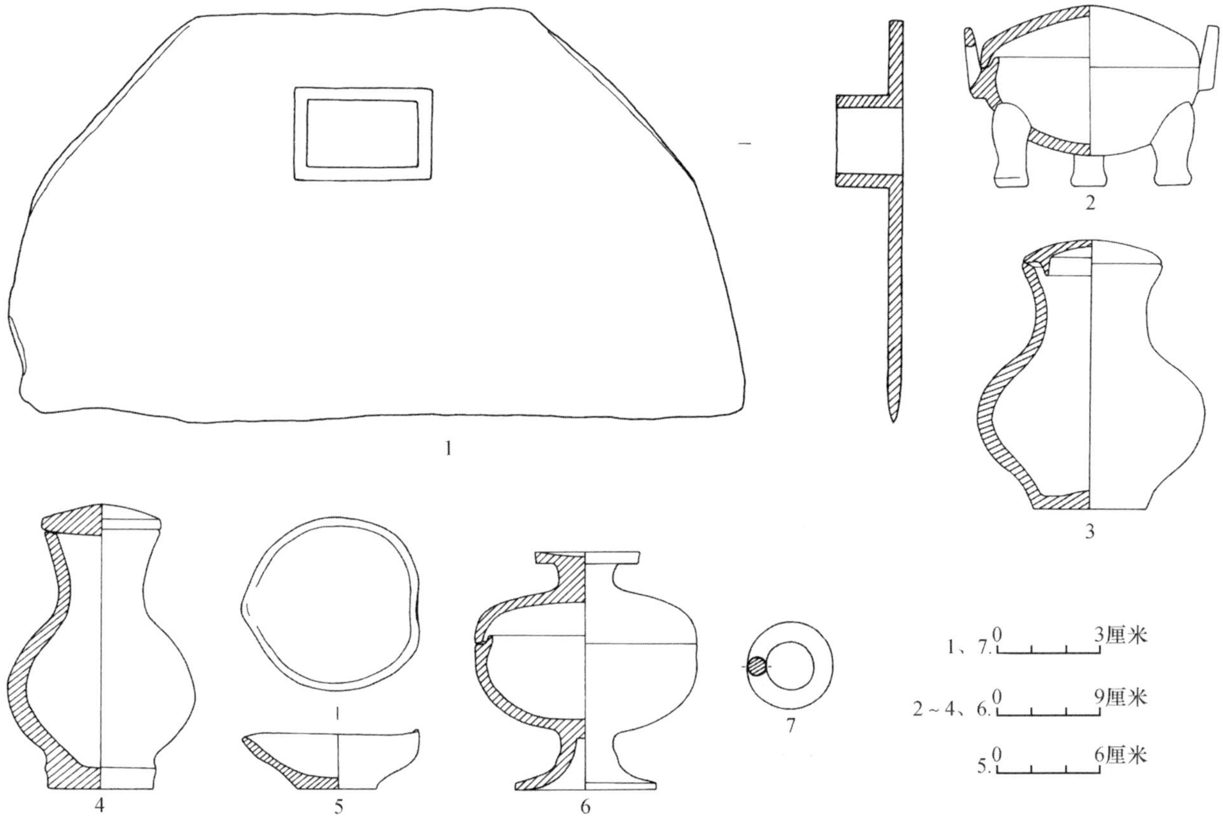

图七四　M94出土器物

1. 铁镬（M94：1）　2. 陶鼎（M94：2）　3. 大陶壶（M94：3）　4. 小陶壶（M94：4）
5. 陶匜（M94：6）　6. 陶豆（M94：7）　7. 铜环（M94：8）

三七、M95

1. 墓葬形制与结构

该墓位于墓地中东部，T0907西北角，开口于第2层下，距地表35厘米，墓葬形制为竖穴土坑墓，方向5°（图七五；彩版五，2）。

墓室：长方形竖穴土坑，长300、宽240厘米。直壁平底，四周有熟土二层台，宽15～53、高40厘米。墓口至墓底355厘米。填土为黄白花土。

葬具：有棺木朽痕，长188、宽76厘米。

葬式：人骨头向北，面向上，仰身屈肢，成年女性。

图七五　M95平、剖面图

1. 水晶环　2、3. 铜带钩　4. 大陶壶　5. 陶盘　6. 陶匜　7. 陶豆　8. 陶鼎　9. 小陶壶

2. 随葬品

共10件（彩版二四，2），陶器均出自东侧二层台，水晶环出自墓底左侧中部，铜带钩均出自人骨盆骨两侧。

水晶环　2件（彩版一〇一，2）。编号M95：1a，内外凸棱，截面呈六边形。外径6.6、内径4.8厘米。编号M95：1b，截面四边菱形，外边大，内边小。外径4.0、内径2.2厘米（图七六，1）。

铜带钩　2件。编号M95：2，钩体厚重，弧度稍大，琵琶形，圆尾圆纽，正面浮雕米字纹加乳钉纹，组合成兽面纹，镶嵌绿松石，鸭首状钩。长21.1、宽2.7厘米（图七六，3）。编号M95：3，钩体琵琶形，弧度稍大，本部圆尾，圆纽，钩残，正面浮雕菱形加圈点乳钉、十字纹，组成五组花纹图案。嵌绿松石（多已脱落），长15.7、宽2.7厘米（图七六，2；彩版八六，1、2）。

陶壶　1件，编号M95：4，泥质灰陶，平沿，弧颈，鼓腹，下腹斜收，平底，蘑菇状子口盖。通高27.0、壶高24.4、口径10.5～12.5、腹径20.0、底径9.3厘米（图七六，4；彩版三二，6）。

陶盘　1件，编号M95：5，泥质灰陶，敞口，撇沿，圆唇，微鼓斜腹，小平底。高5.0、口

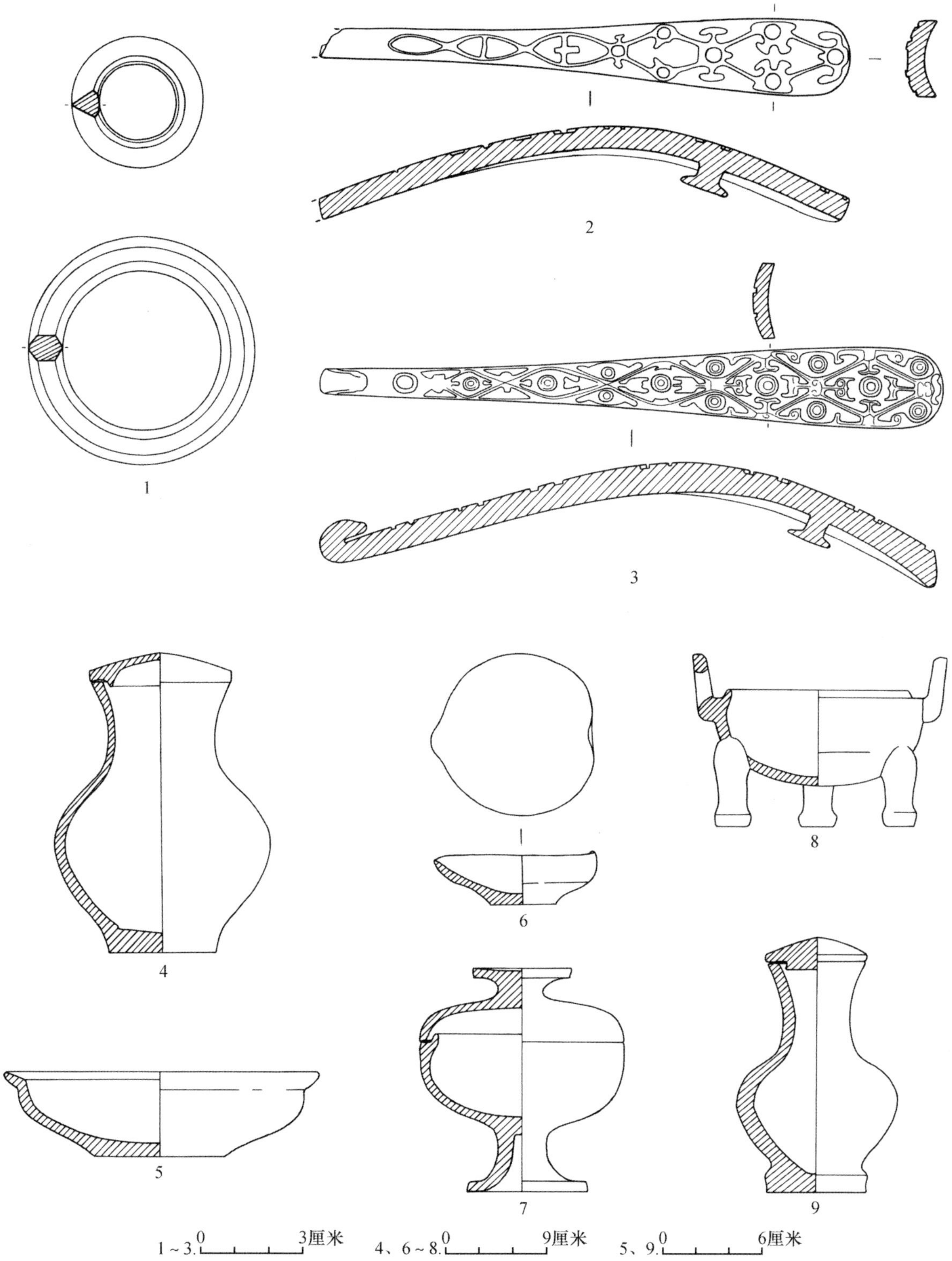

图七六 M95出土器物

1. 水晶环（M95∶1） 2、3. 铜带钩（M95∶3、M95∶2） 4. 大陶壶（M95∶4） 5. 陶盘（M95∶5）
6. 陶匜（M95∶6） 7. 陶豆（M95∶7） 8. 陶鼎（M95∶8） 9. 小陶壶（M95∶9）

径18.7、深3.5、底径7.8厘米（图七六，5；彩版三〇，2）。

陶匜　1件，编号M95：6，敞口，口平面呈桃形，后直，前有流，微鼓腹，折急收，平底，内圜底。长14.5、宽14.5、深2.9厘米（图七六，6；彩版三一，2）。

陶豆　1件，编号M95：7，泥质灰陶，敛口，子母口，近直腹，内圜底，喇叭形高柄豆把，平纽短柄，浅覆钵形盖。高15.1、口径14.2～14.7、腹深6.9、柄高6.5、盖高6.6厘米（图七六，7；彩版二九，2）。

陶鼎　1件，编号M95：8，泥质灰陶，子母口，近直腹，圜底，盖残，两侧对称附方穿大直耳，象腿足，覆钵形盖。口径15.3、腹径18.5、高12.5厘米（图七六，8；彩版二七，2）。

陶壶　1件，编号M95：9，泥质灰陶，侈口，平沿，长颈，鼓腹，璧形底，蘑菇状子口盖。口部残，通高15.0、壶高13.5、口径4.5～6.0、腹径9.0、底径5.8厘米（图七六，9；彩版三三，1）。

三八、M101

1. 墓葬形制与结构

该墓位于墓地东北，T0908北部，开口于第2层下，距地表60厘米，墓葬形制为竖穴土坑墓，方向10°（图七七）。

墓室：长方形竖穴土坑，长244、宽135～145厘米。斜壁平底，四周有生土二层

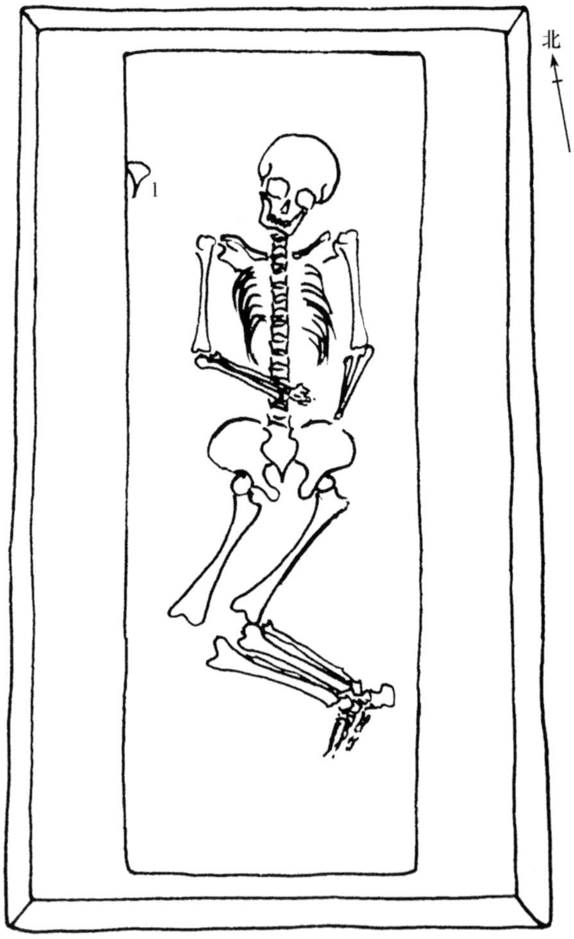

图七七　M101平面图
1. 铁带钩

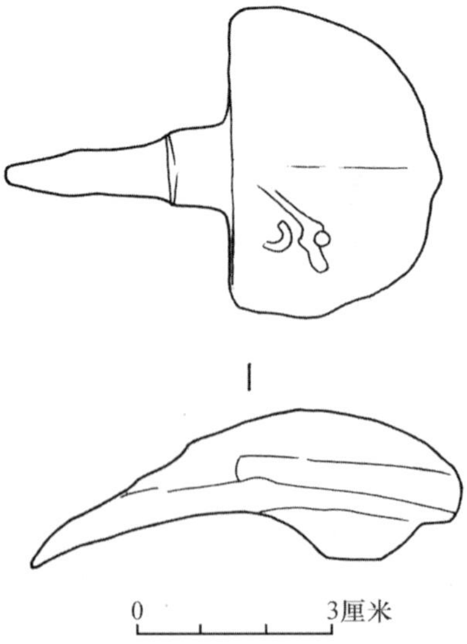

图七八　M101出土铁带钩
（M101：1）

台，宽15～30、高76厘米。墓底长230、宽78、墓口至墓底166厘米。填土为黄白花土。

葬具：不清。

葬式：人骨头向北，面向上，仰身屈肢，成年女性。

2. 随葬品

共1件，出自墓底西北部。

铁带钩　1件，编号M101：1，钩体呈耜形，本部半圆形，中心凸出一道竖脊，钩颈饰二道横凸棱，圆纽偏后，钩残，本部错金银花纹。长6.7、宽4.6厘米（图七八）。

三九、M102

1. 墓葬形制与结构

该墓位于墓地东北，T0908西北部，开口于第2层下，距地表46厘米，墓葬形制为竖穴土坑墓，方向12°（图七九）。

墓室：长方形竖穴土坑，长216、宽134厘米。斜壁平底，两侧有生土二层台，宽16～20、高65厘米。墓底长190、宽52、墓口至墓底130厘米。填土为黄白花土。

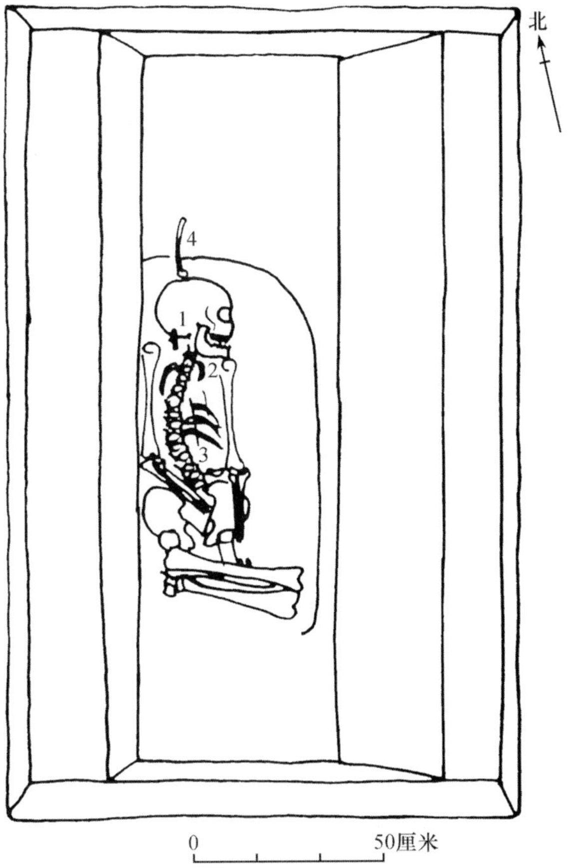

图七九　M102平面图

1～3. 铜镞　4. 铁削

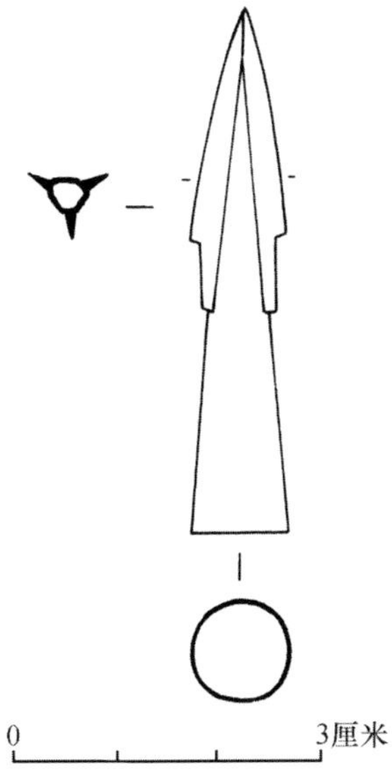

图八〇　M102出土铜镞

（M102：1）

葬具：不清。

葬式：人骨头向北，面向东，仰身屈肢，成年男性。

2. 随葬品

共4件，铁削出自人头骨顶部，3枚铜镞分别出自人骨后脑、颈部和左肘部。

铜镞　3枚，编号M102：1，3枚同样，三棱形，外有翼，圆形銎。长4.9厘米（图八〇；彩版九七，4）。

铁削　1件，编号M102：4，方环形首，背略弧，柄本一体，柄残，锋残。长10.9、宽1.8厘米。

四〇、M104

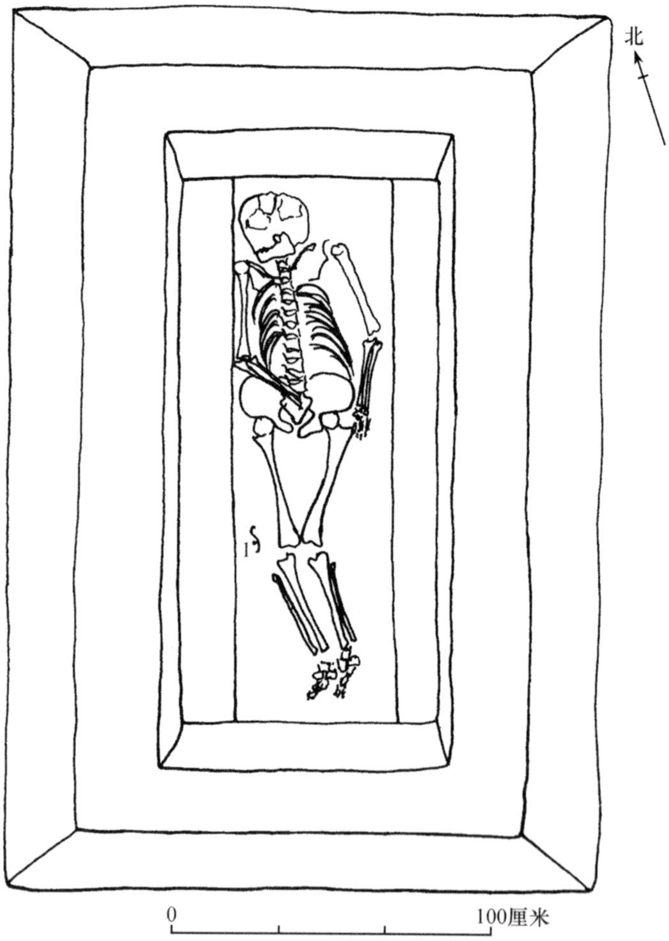

图八一　M104平面图
1. 铁带钩

1. 墓葬形制与结构

该墓位于墓地中北部，T0708东南角，开口于第2层下，距地表30厘米，墓葬形制为竖穴土坑墓，方向18°（图八一）。

墓室：长方形竖穴土坑，长276、宽186厘米。斜壁平底，四周有熟土二层台，宽20～26、高55厘米。墓底长240、宽140、墓口至墓底191厘米。填土为黄白花土。

葬具：有棺木朽痕，长170、宽50厘米。

葬式：人骨头向北，面向上，仰身屈肢，成年男性。

2. 随葬品

共1件，出自人骨右膝外。

铁带钩　1件，编号M104：1，碎

成三截，钩体截面呈三角形，内平外凸，内略弧，本部圆尾残，圆纽偏后，鸭首状钩。残长7.0、宽1.8厘米。

四一、M106

1. 墓葬形制与结构

该墓位于墓地中北，T0708北部，开口于第2层下，距地表35厘米，墓葬形制为竖穴土坑墓，方向10°（图八二）。

墓室：长方形竖穴土坑，长210、宽116厘米。两侧斜壁，四周有生土二层台，宽10～25、高45厘米。墓底长185、宽68、墓口至墓底110厘米。填土为黄白花土。

葬具：不清。

葬式：人骨头向北，面向东，仰身屈肢，成年男性。

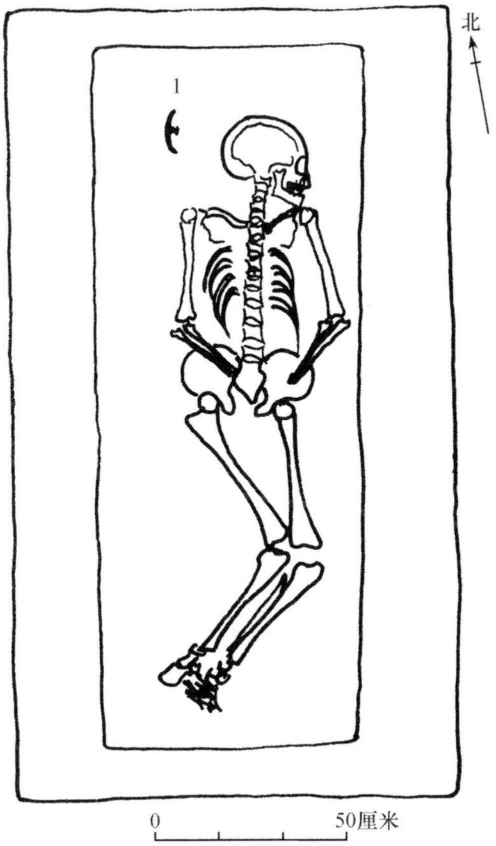

图八二　M106平面图
1. 铜带钩

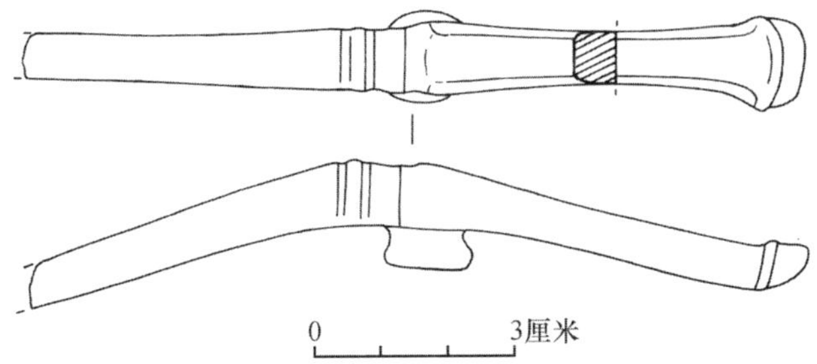

图八三　M106出土铜带钩
（M106：1）

2. 随葬品

共1件，出自墓底西北部。

铜带钩　1件，编号M106：1，钩体半圆柱竹节状，弧度小，本部圆尾双唇，圆纽，纽后饰二道横凹槽，钩残。长11.7、宽0.8厘米（图八三；彩版五一，3）。

四二、M108

1. 墓葬形制与结构

该墓位于墓地中北部，T0709中西部，开口于第2层下，距地表30厘米，墓葬形制为竖穴土坑墓，方向20°（图八四）。

墓室：长方形竖穴土坑，长180、宽100厘米。直壁平底，两侧有生土二层台，宽12～15、高39厘米。墓底长180、宽60、墓口至墓底129厘米。填土为黄白花土。

葬具：无。

葬式：人骨头向北，面向下，侧身屈肢，成年男性。

2. 随葬品

共1件，出自人骨架南部。

铁铲　1件，编号M108：1，椭圆形铲，弧刃，圆肩，长方形柄，长方形銎。通长10.3、宽9.0厘米，銎口长4.0、宽2.0厘米（图八五；彩版一〇〇，2）。

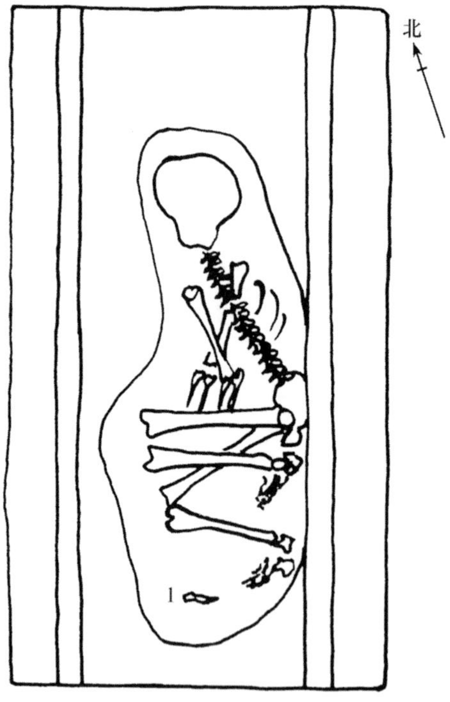

图八四　M108平面图
1. 铁铲

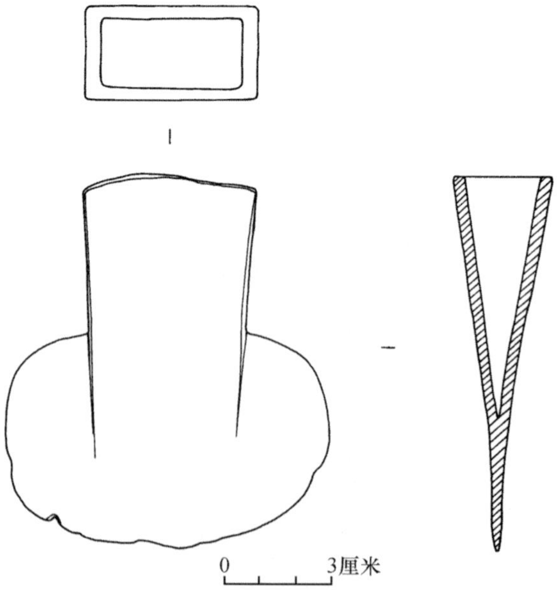

图八五　M108出土铁铲
（M108：1）

四三、M110

1. 墓葬形制与结构

该墓位于墓地中北部，T0709西北部，开口于第2层下，距地表30厘米，墓葬形制为竖穴土坑墓，方向10°（图八六）。

墓室：长方形竖穴土坑，长260、宽156厘米。斜壁平底，四周有生土二层台，宽30～40、高75厘米。墓底长180、宽60、墓口至墓底155厘米。填土为黄白花土。

葬具：有棺木朽痕，长180、宽60厘米。

葬式：人骨头向北，面向西，仰身直肢，成年男性。

2. 随葬品

共1件，出自人骨左肩胛骨下。

铜带钩　1件，编号M110：1，钩体耜形，本部半圆形，中心凸出一道竖脊，圆纽，纽前饰二道横凸棱，纽残。长6.1、宽3.4厘米（图八七；彩版五八，1）。

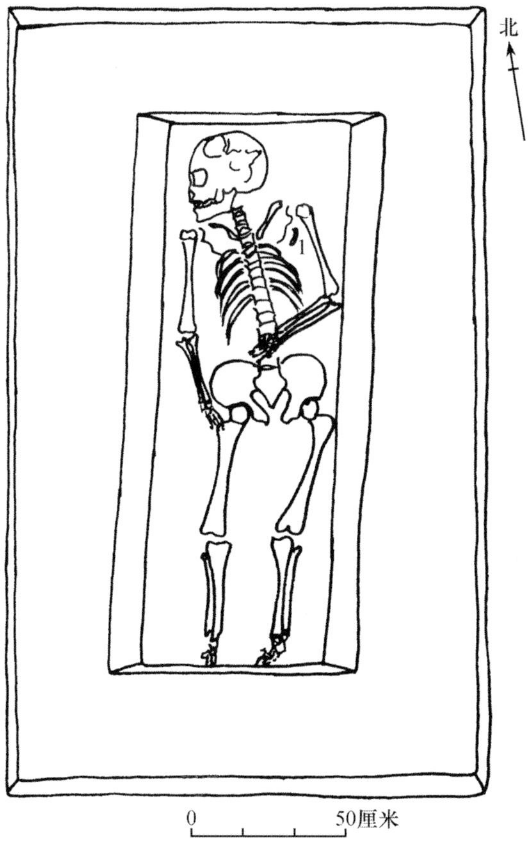

图八六　M110平面图

1. 铜带钩

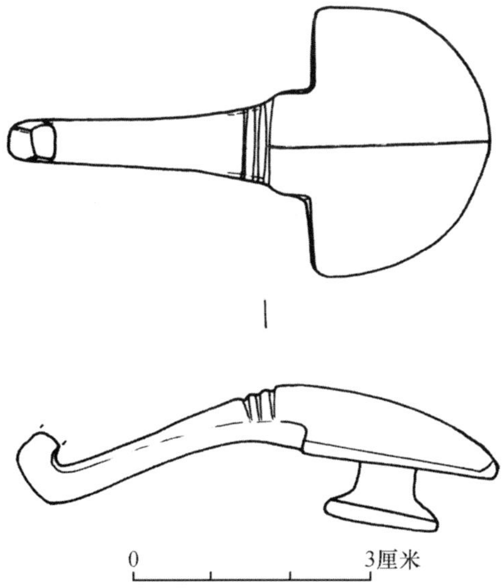

图八七　M110出土铜带钩

（M101：1）

四四、M111

1. 墓葬形制与结构

该墓位于墓地东北，T0809西北部，开口于第2层下，距地表35厘米，墓葬形制为竖穴土坑墓，方向95°（图八八）。

墓室：长方形竖穴土坑，长210、宽150厘米。斜壁平底，四周有生土二层台，宽25～32、高75厘米。墓底长190、宽84、墓口至墓底205厘米。填土为黄白花土。

葬具：不清。

葬式：人骨头向东，面向上，仰身屈肢，成年女性。

2. 随葬品

共3件，均出自人骨南侧。

铜带钩　2件。编号M111：1，钩体呈耜形，本部半圆形，中心一竖脊，刻斜方格，中间卷云纹，圆纽，钩残。残长4.7、宽2.8厘米（图八九，2；彩版五八，3）。编号M111：2，钩

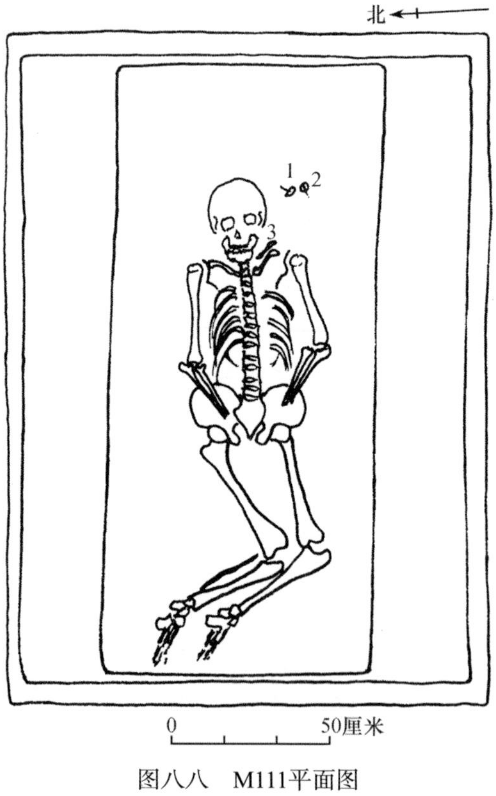

图八八　M111平面图

1、2. 铜带钩　3. 铁带钩

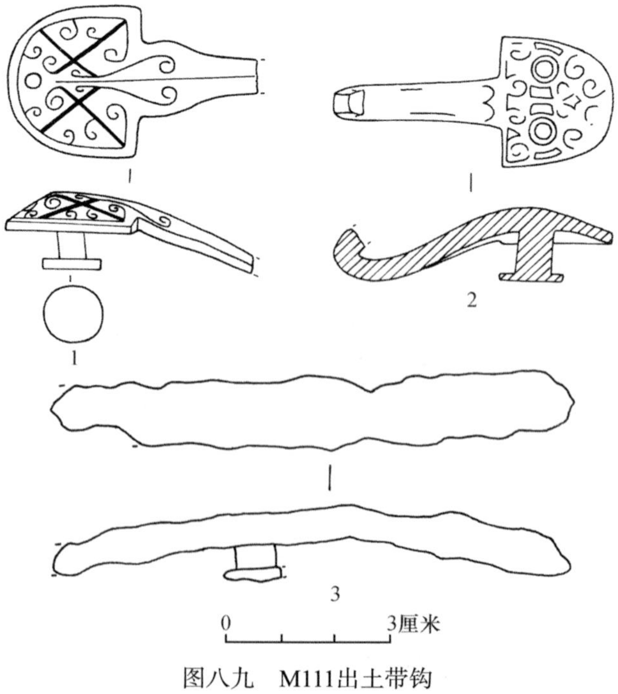

图八九　M111出土带钩

1、2. 铜带钩（M111：2、M111：1）　3. 铁带钩（M111：3）

体耜形，本部半圆形，中心凸出一竖脊，浮雕卷云纹、圈点纹，嵌绿松石，圆纽钩残，鸭首状钩。长5.2、宽2.4厘米（图八九，1；彩版五六）。

铁带钩　1件，编号M111∶3，钩体半圆柱形，瘦长，弧度较大，本部圆尾，圆纽，钩残。长9.4、径1.1厘米（图八九，3）。

四五、M112

1. 墓葬形制与结构

该墓位于墓地东北，T0809西北部，开口于第2层下，距地表30厘米，墓葬形制为竖穴土坑墓，方向97°（图九〇）。

墓室：长方形竖穴土坑，长280、宽180厘米。斜壁平底，四周有熟土二层台，宽30～35、高45厘米。墓底长260、宽150、墓口至墓底190厘米。填土为黄白花土。

葬具：有棺木朽痕，长180、宽56厘米。

葬式：人骨头向东，面向上，仰身屈肢，成年男性。

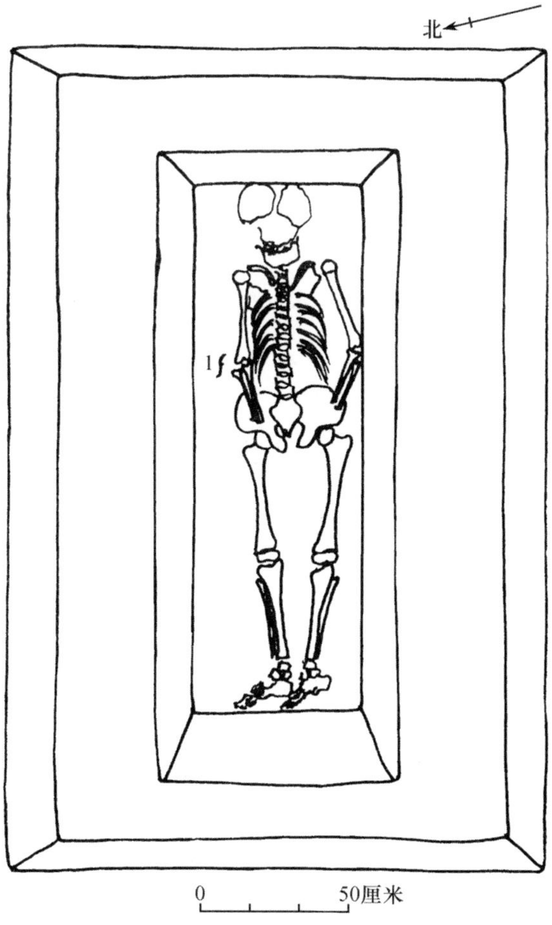

图九〇　M112平面图
1. 铁带钩

2. 随葬品

共1件，出自人骨右肘处。

铁带钩　1件，编号M112∶1，钩体截面呈三角形，内平外凸，内略弧，本部圆尾，圆纽偏后，纽钩均残，长3.2、宽1.3厘米（图九一）。

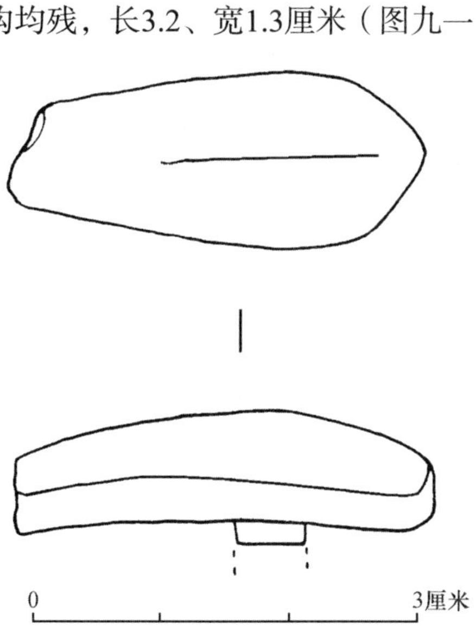

图九一　M112出土铁带钩
（M112∶1）

四六、M113

1. 墓葬形制与结构

该墓位于墓地东北，T0809东北部，开口于第2层下，距地表30厘米，墓葬形制为竖穴土坑墓，方向10°（图九二）。

墓室：长方形竖穴土坑，长210、宽120厘米。直壁平底，两侧有生土二层台，宽32、高60厘米。墓底长210、宽57、墓口至墓底95厘米。填土为黄白花土。

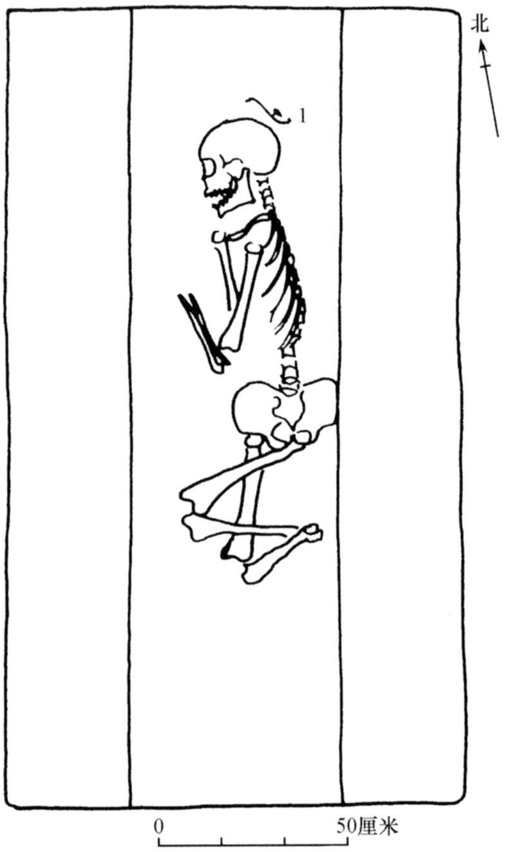

图九二　M113平面图

1. 铜带钩

葬具：不清。

葬式：人骨头向北，面向西，侧身屈肢，成年女性。

2. 随葬品

共1件，出自人头骨东北处。

铜带钩　1件，编号M113∶1，钩体近圆柱形，弧度小，本部齐尾，圆纽，鸭首状钩残，长11.6、径1.0厘米（图九三；彩版六三，1）。

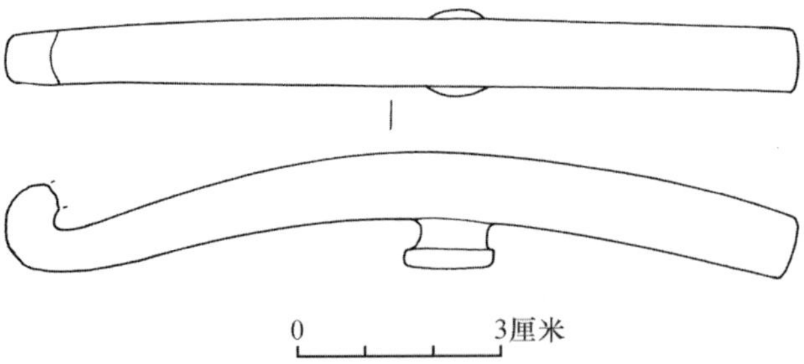

图九三　M113出土铜带钩

（M113∶1）

四七、M116

1. 墓葬形制与结构

该墓位于墓地东北，T0809东部，开口于第2层下，距地表30厘米，墓葬形制为竖穴土坑墓，方向105°，南部被M593打破（图九四）。

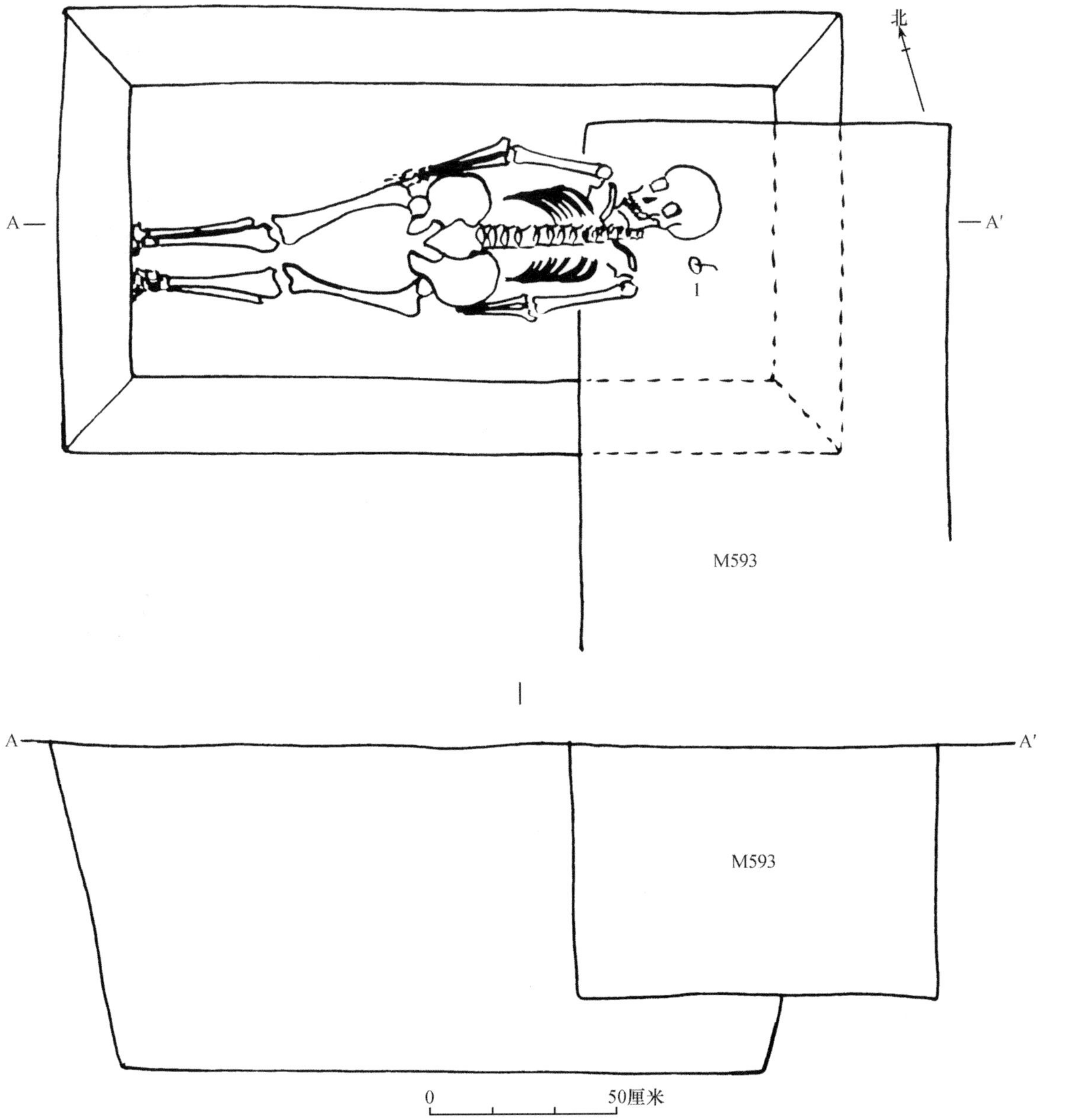

图九四 M116平、剖面图

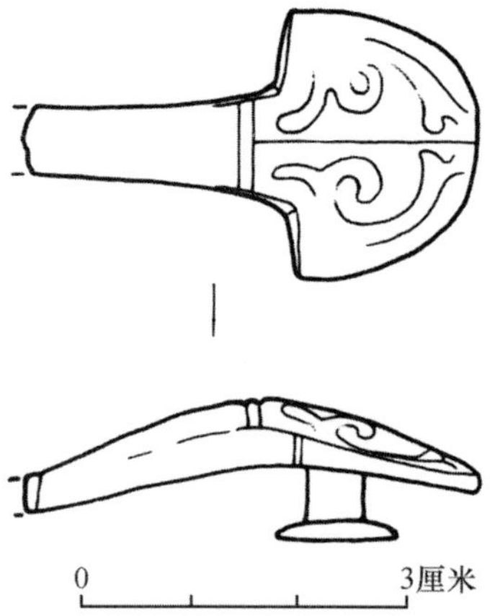

图九五　M116出土铜带钩
（M116：1）

墓室：长方形竖穴土坑，长210、宽120厘米，斜壁平底，墓底长176、宽82、墓口至墓底90厘米。填土为黄白花土。

葬具：不清。

葬式：人骨头向东，面向北，仰身直肢，成年男性。

2. 随葬品

共1件，出自人头骨左侧。

铜带钩　1件，编号M116：1，钩体耜形，本部半圆形，中心凸出一道竖脊，圆纽偏后，正面错银花纹。长4.4、宽2.3厘米（图九五；彩版五七）。

四八、M124

1. 墓葬形制与结构

该墓位于墓地东北，T0910中南部，开口于第2层下，距地表35厘米，墓葬形制为竖穴土坑墓，方向20°（图九六）。

墓室：长方形竖穴土坑，长196、宽110厘米。直壁平底，两侧有生土二层台，宽10、高70厘米。墓底长180、宽56、墓口至墓底140厘米。填土为黄白花土。

葬具：不清。

葬式：人骨头向北，面向东，仰身直肢，成年女性。

2. 随葬品

共3件，均出自人头骨两侧，骨簪出自头骨右侧脑后，其他出自左侧面前。

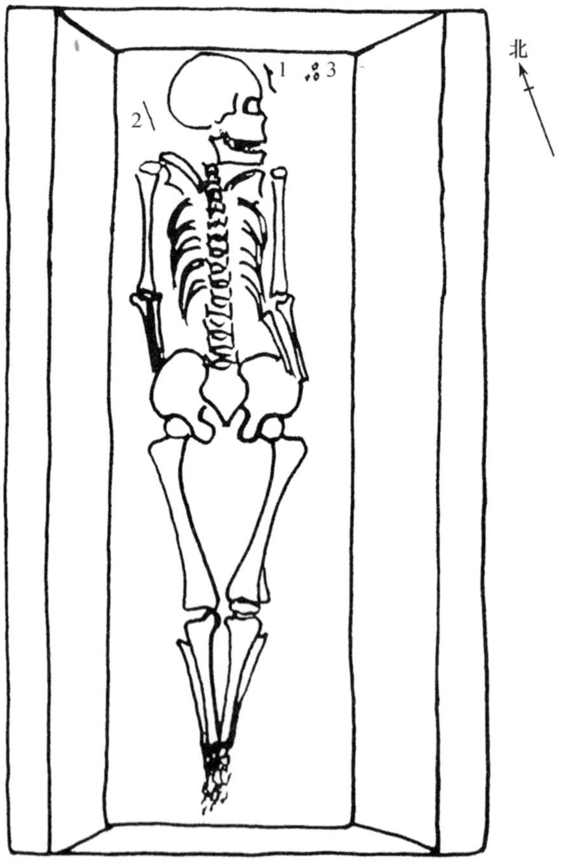

图九六　M124平面图
1. 铜带钩　2. 骨簪　3. 骨器

铜带钩　1件，编号M124：1，钩体半圆柱竹节状，弧度小，本部齐尾同宽，圆纽，纽前饰一宽横凹槽，向后顺饰二道细凹槽，鸭首状残。长4.8、宽1.0厘米（图九七，1；彩版五一，4）。

骨簪　1件，编号M124：2，簪体圆柱形，两端均残。残长8.0、径0.5厘米（图九七，2）。

骨器　1件，编号M124：3，圆柱形，柱身饰三组细弦纹与网纹组合图案，柱下有梯形圆座。通高3.6、柱径0.9厘米（图九七，3；彩版一〇二，1）。

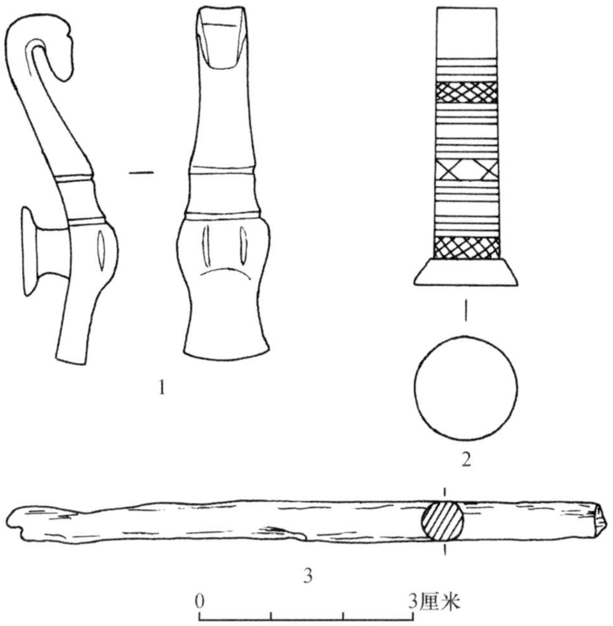

图九七　M124出土器物

1. 铜带钩（M124：1）　2. 骨簪（M124：2）　3. 骨器（M124：3）

四九、M125

1. 墓葬形制与结构

该墓位于墓地东北，T0910中南部，开口于第2层下，距地表35厘米，墓葬形制为竖穴土坑墓，方向20°（图九八）。

墓室：长方形竖穴土坑，长194、宽110厘米。直壁平底，两侧有生土二层台，宽16～20、高60厘米。墓底长194、宽74、墓口至墓底190厘米。填土为黄白花土。

葬具：不清。

葬式：人骨头向北，面向东，仰身屈肢，成年男性。

2. 随葬品

共2件，均出自人头骨左侧。

铜带钩　1件，编号M125：1，钩体半圆柱竹节状，弧度小，本部燕尾状，圆纽，纽前饰一道横凹槽，向后顺饰一凹槽，错银，钩残。长11.5、径1.0厘米（图九九，1；彩版五一，5）。

铜环　1件，编号M125：2，麻花柱状环。径2.7厘米（图九九，2；彩版九八，3）。

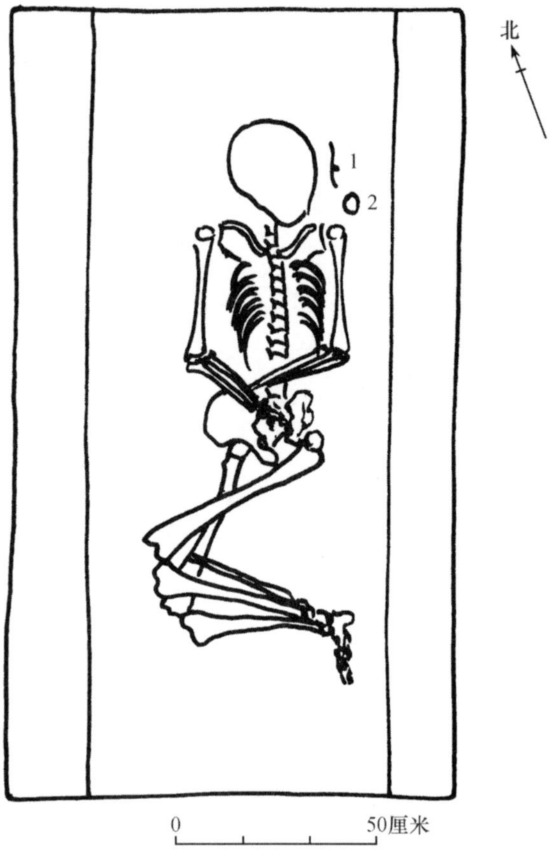

图九八　M125平面图
1. 铜带钩　2. 铜环

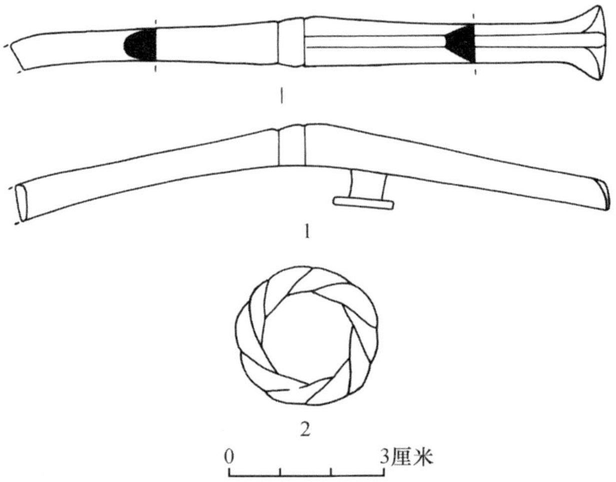

图九九　M125出土铜器
1. 铜带钩（M125∶1）　2. 铜环（M125∶2）

五〇、M126

1. 墓葬形制与结构

该墓位于墓地东北，T0810北部，开口于第2层下，距地表35厘米，墓葬形制为竖穴土坑墓，方向10°（图一〇〇；彩版五，3）。

墓室：长方形竖穴土坑，长280、宽186厘米。斜壁平底，周有熟土二层台，宽24～52、高20厘米。墓底长250、宽140、墓口至墓底225厘米。填土为黄白花土。

葬具：有棺木朽痕，长174、宽50厘米。

葬式：人骨头向北，面向上，仰身直肢，成年女性。

2. 随葬品

共7件（彩版二五，1），都是陶器，均泥质灰陶，出自东侧二层台上。

陶豆　1件，编号M126：1，子母口，斜鼓腹，内圜底，喇叭形高柄豆把。平纽短柄，浅覆钵形盖，上饰一周暗曲线纹。高14.2、口径15.8、腹深6.7、柄高7.0、盖高8.0厘米（图一〇一，1；彩版二九，3）。

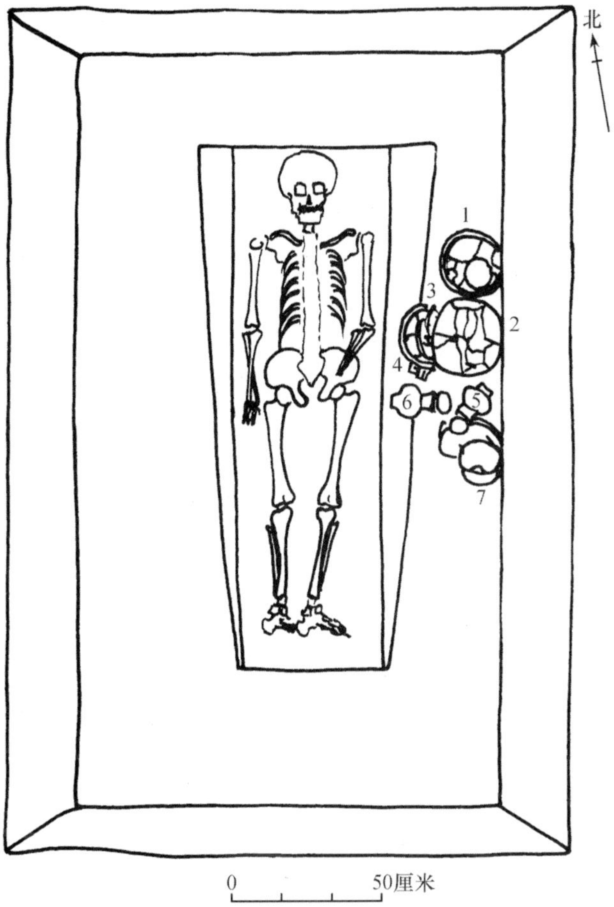

图一〇〇　M126平面图

1. 陶豆　2. 陶盘　3. 陶匜　4. 陶鼎　5、6. 小陶壶　7. 大陶壶

陶盘　1件，编号M126：2，敞口，撇沿，圆唇，微鼓腹，下急收，小平底，内圜底，残碎，不能复原。

陶匜　1件，编号M126：3，敞口，口面呈桃形，后内凹，前有流，斜腹平底，内圜底。长15.5、宽15.5、深5.0厘米（图一〇一，2；彩版三一，4）。

陶鼎　1件，编号M126：4，子母口，斜内收腹，圜底，两侧附方穿大直耳，象腿足，盖残。口径16.8、腹径20.4、高10.5厘米（图一〇一，3；彩版二七，5）。

小陶壶　2件。编号M126：5，侈口，平沿，弧颈，鼓腹，下腹斜收，平底，蘑菇状子口盖。通高15.2、壶高13.6、口径4.5～6.0、腹径10.3、底径5.0厘米（图一〇一，4；彩版三三，2）。编号M126：6，侈口，平沿，长颈，鼓腹，璧形底，蘑菇状饼形盖。通高16.6、壶高15.0、口径4.5～6.0、腹径10.4、底径4.2厘米（图一〇一，5；彩版三三，3）。

大陶壶　1件，编号M126：7，侈口，斜平沿，弧颈，鼓腹，假圈足，平底座，颈部饰一周卷云暗纹，肩部饰一周折线暗纹，口颈残。高23.4、腹径17.6、底径8.2厘米（图一〇一，6；彩版三三，4）。

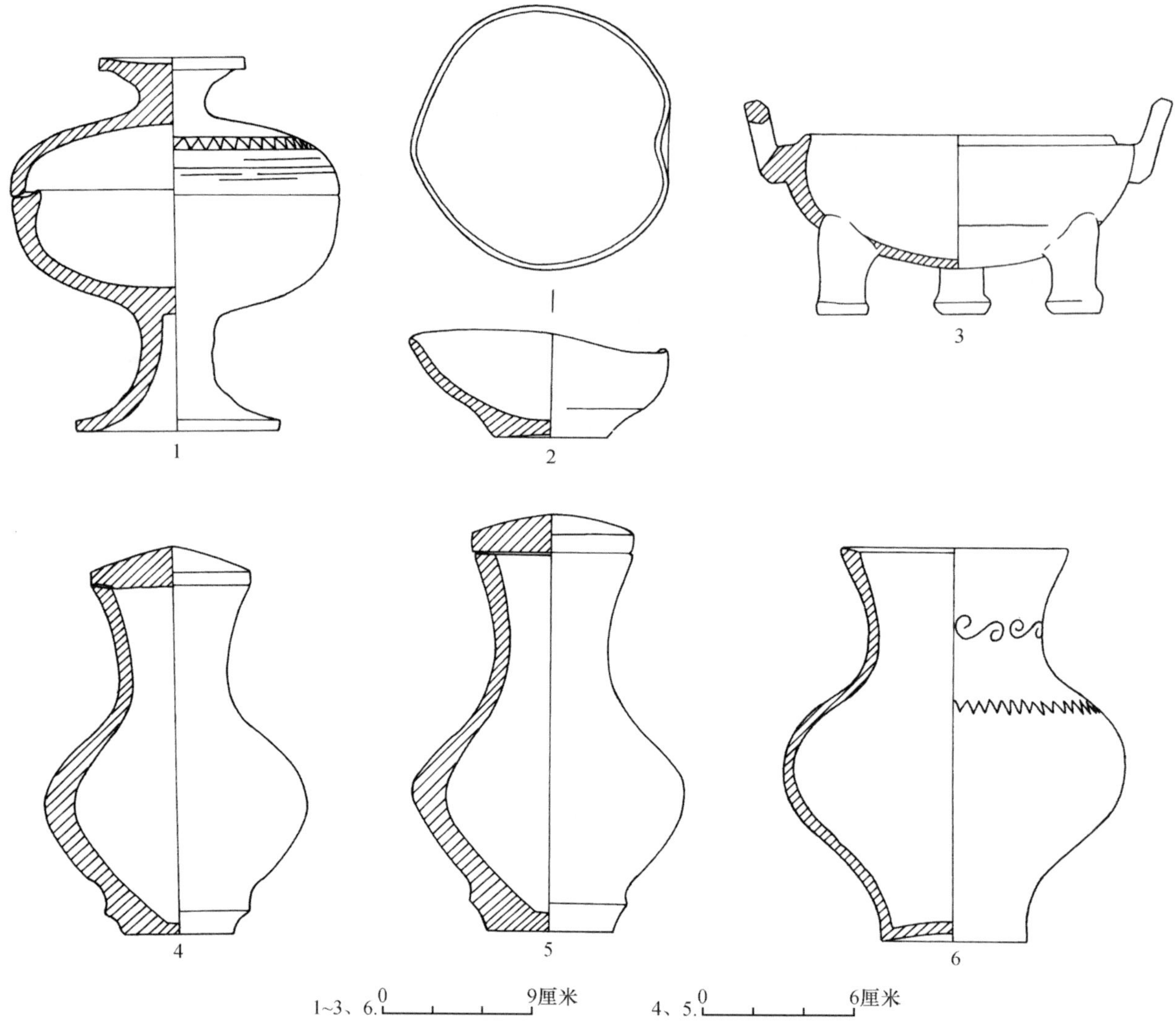

图一〇一　M126出土陶器

1. 陶豆（M126：1）　2. 陶匜（M126：3）　3. 陶鼎（M126：4）　4、5. 小陶壶（M126：5、M126：6）　6. 大陶壶（M127：7）

五一、M127

1. 墓葬形制与结构

该墓位于墓地东北，T0810西北部，开口于第2层下，距地表35厘米，墓葬形制为竖穴土坑墓，方向10°（图一〇二；彩版五，4）。

墓室：长方形竖穴土坑，长330、宽240厘米。斜壁平底，两侧有生土二层台，宽30～40、高110厘米。东二层台中间有龛，宽44、深50厘米。墓底长240、宽100、墓口至墓底270厘米。

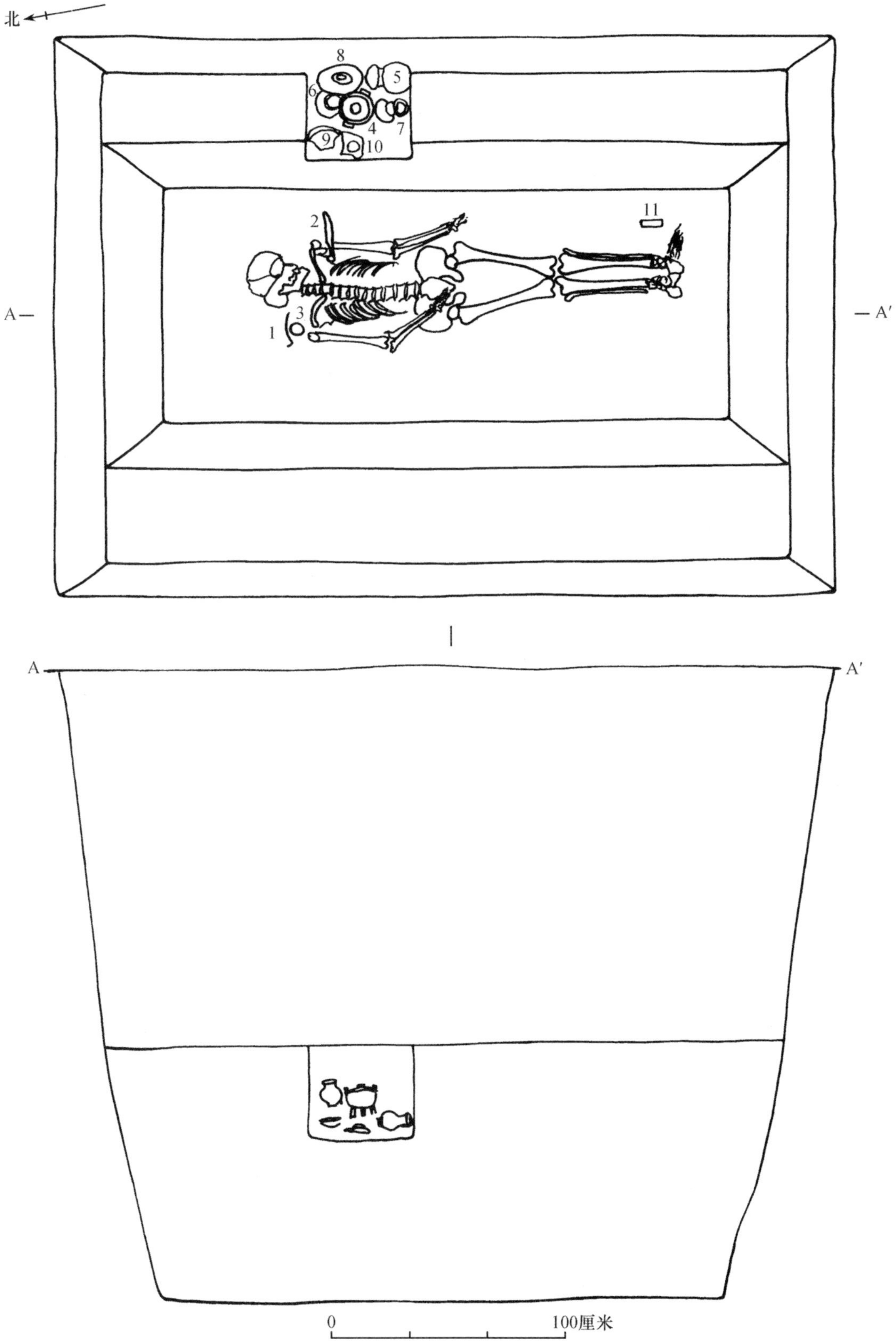

图一〇二　M127平、剖面图

1. 铜带钩　2. 铁刀　3. 蚌壳　4. 陶鼎　5. 陶壶　6、7. 小陶壶　8. 陶豆　9. 陶盘　10. 陶碗　11. 骨器

填土为黄土与白矸土搅和的花土。

葬具：有棺木朽痕，不甚清楚。

葬式：人骨头向北，面向东，仰身直肢，成年男性。

2. 随葬品

共11件（彩版二六，2），陶器均泥质灰陶，出自东侧壁龛内，铜带钩和蚌壳出自人头骨西侧，铁刀出自人骨左肩下。

铜带钩　1件，编号M127：1，钩体截面呈半圆形，内略弧，琵琶形，圆纽偏中部，本部圆尾，鸭首状钩。长13.3、径1.6厘米（图一〇三，1；彩版七七，5）。

铁刀　1件，编号M127：2，椭圆形环首，柄本一体（已断），刃薄背厚，锋残。长28.0厘米，残刀长17.8、宽3.0厘米，柄宽1.6厘米，环首长径4.0厘米（图一〇三，2；彩版九九，1）。

蚌壳　1件，编号M127：3，蛤蚌已残，顶有穿孔，面雕花纹，因粉化不甚清楚。长5.4、宽7.0厘米（图一〇三，3）。

陶鼎　1件，编号M127：4，敛口，子母口，深弧腹，圜底，两侧附方穿大直耳，象腿足，覆钵形盖残。高17.0、口径13.6、腹径17.0厘米（图一〇三，4；彩版二八，4）。

大陶壶　1件，编号M127：5，侈口，束颈，圆肩，圆鼓腹，腹下斜收，平底。颈部饰一周折线暗纹和红彩绘，弦纹肩部饰一周折线暗纹和红彩绘弦纹，腹部饰一周折线暗纹和红彩绘弦纹，伞盖形，盖部饰一周红彩绘纹，红彩绘纹已脱落不清。通高24.6、壶高22.5、口径11.4、腹径18.6、底径9.6厘米（图一〇三，5；彩版三四，3）。

小陶壶　2件，相同。编号M127：6，侈口，平沿，长束颈，鼓腹，腹下收，璧形底，微鼓饼形盖。通高14.5、壶高14.6、口径6.4、腹径9.8、底径4.5厘米（图一〇三，6；彩版三四，1）。编号M127：7，侈口，束颈，溜肩，鼓腹，腹下收，假圈足，平底微凹，覆伞状盖。通高12.0、口径5.5、腹径9.8、底径4.2厘米（图一〇三，7；彩版三四，2）。

陶豆　1件，编号M127：8，子母口，弧腹，豆盘较深，柄较细长，喇叭形圈足，覆豆形盖，素面，口径15.0、腹径17.3、底径10.0、通高19.0厘米（图一〇三，8；彩版三四，4）。

陶匜　1件，编号M127：10，敞口，口平面呈桃形，后内凹，前有流，微鼓腹，折急收，平底，内圜底，长16、底径6.2、高5.0厘米（图一〇三，10；彩版三〇，6）。

骨器　1件，编号M127：11，管状，已碎裂，残长6.8厘米（图一〇三，11）。

陶盘　1件，编号M127：9，侈口，平折沿，腹壁较直，腹下折斜收，平底微凹，口径19.5、底径6.3、高5.5厘米（图一〇三，9；彩版三〇，3）。

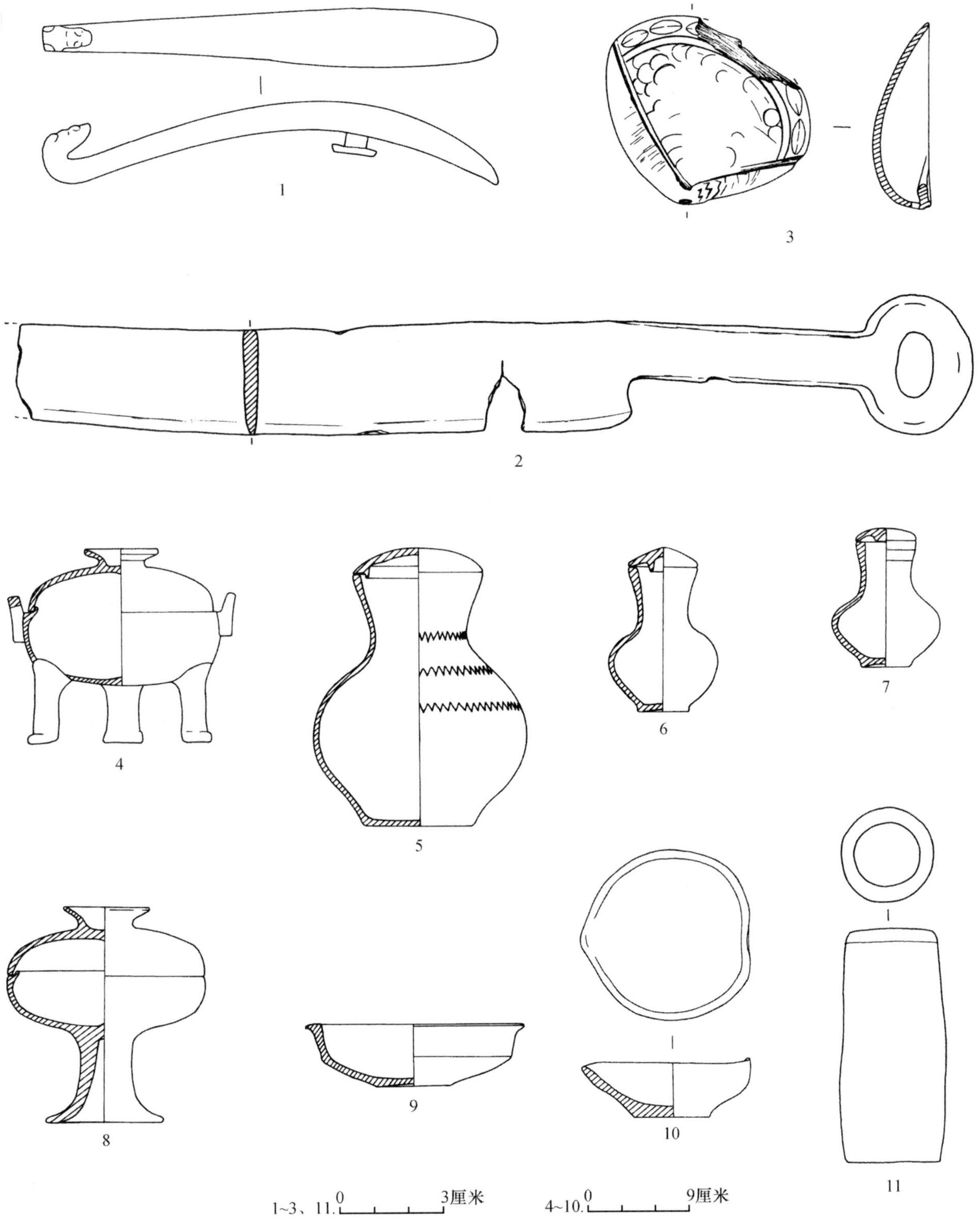

图一〇三　M127出土器物

1. 铜带钩（M127：1）　2. 铁刀（M127：2）　3. 蚌壳（M127：3）　4. 陶鼎（M127：4）　5. 陶壶（M127：5）　6、7. 小陶壶（M127：6、M127：7）　8. 陶豆（M127：8）　9. 陶盘（M127：9）　10. 陶匜（M127：10）　11. 骨器（M127：11）

五二、M129

1. 墓葬形制与结构

该墓位于墓地东北，T0710东北部，开口于第2层下，距地表45厘米，墓葬形制为竖穴土坑墓，方向20°（图一〇四）。

墓室：长方形竖穴土坑，长190、宽128厘米。直壁平底，两侧有生土二层台，宽14、高70厘米。墓底长170、宽46、墓口至墓底105厘米。填土为黄白花土。

葬具：有棺木朽痕，长170、宽46厘米。

葬式：人骨头向北，面向西，侧身屈肢，成年女性。

2. 随葬品

共1件，出自墓底北端。

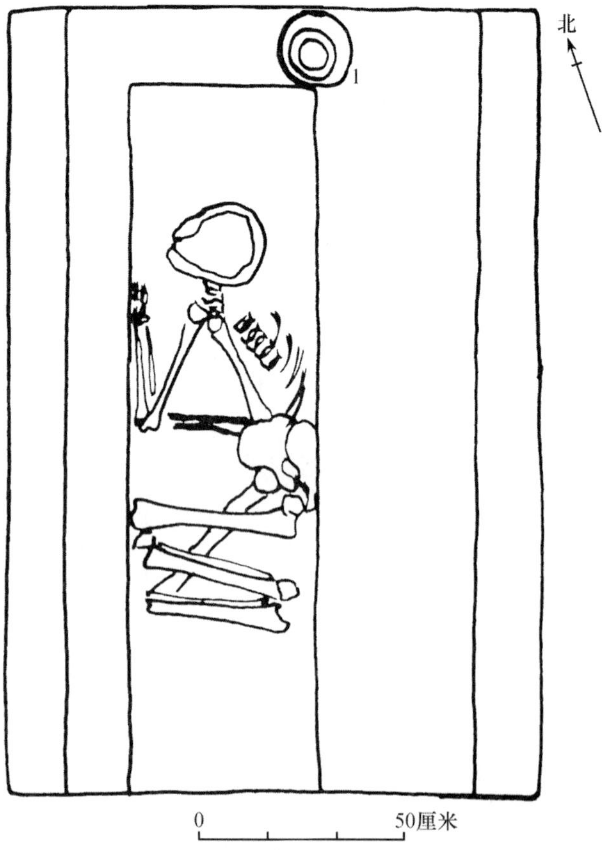

图一〇四　M129平面图

1. 陶罐

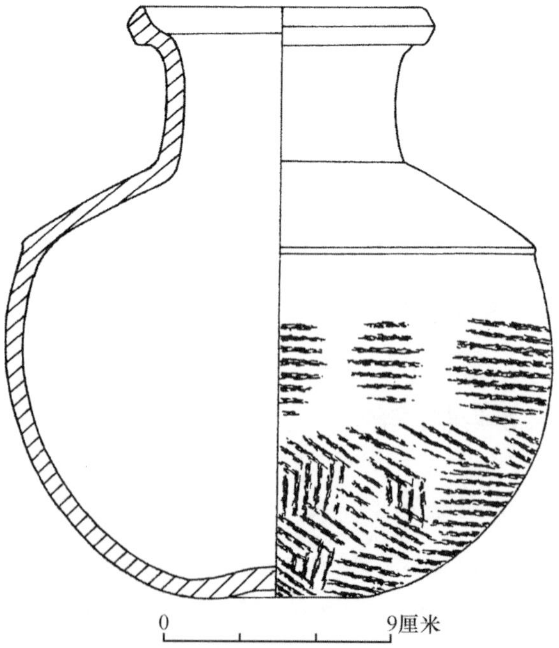

图一〇五　M129出土陶罐

（M129∶1）

陶罐　1件，编号M129：1，泥质灰陶，侈口，叠唇，直领，折肩鼓腹，圜底略内凹，下腹拍印粗绳纹，高23.8、口径10.8、腹径21.8、领高5.5厘米（图一〇五；彩版三九，3）。

五三、M130

1. 墓葬形制与结构

该墓位于墓地东北，T0710东北部，开口于第2层下，距地表40厘米，墓葬形制为竖穴土坑墓，方向5°（图一〇六）。

墓室：长方形竖穴土坑，长220、宽110厘米。直壁平底，两侧有生土二层台，宽30、高60厘米。墓底长180、宽50、墓口至墓底150厘米。填土为黄白花土。

葬具：不清。

葬式：人骨头向北，面向东，仰身屈肢，成年男性。

2. 随葬品

共1件，出自墓底中间靠西壁。

铁锛　1件，编号M130：1，残块。长3.0、宽3.4厘米。

图一〇六　M130平面图
1. 铁锛

五四、M134

1. 墓葬形制与结构

该墓位于墓地东北，T0811中部，开口于第2层下，距地表35厘米，墓葬形制为竖穴土坑

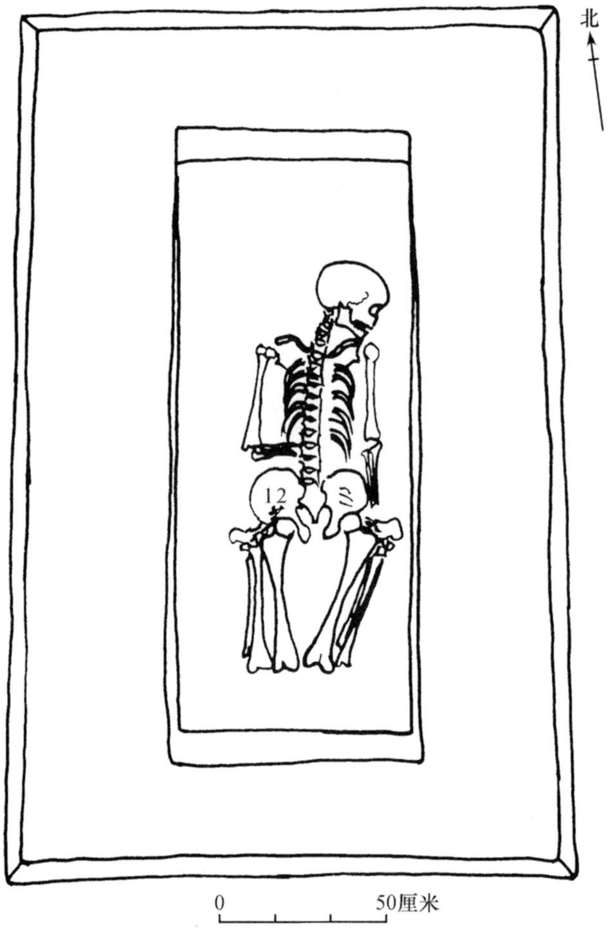

图一〇七　M134平面图
1. 铜带钩（残）　2. 铜镞

墓，方向5°（图一〇七；彩版六，1）。

墓室：长方形竖穴土坑，长260、宽160～170厘米。斜壁平底，四周有生土二层台，宽21～42、高55厘米。墓底长170、宽70、墓口至墓底125厘米。填土为黄白花土。

葬具：有棺木朽痕，长170、宽70厘米。

葬式：人骨头向北，面向东，仰身屈肢，成年男性。

2. 随葬品

共2件，出自人骨右侧盆骨上。

铜带钩　1件，编号M134：1，钩体呈半圆柱竹节状，弧度小，本部齐尾，燕尾状，圆纽，上饰二道横凹槽，钩残。长6.1、径0.8厘米（图一〇八，1；彩版五一，6）。

铜镞　1件，编号M134：2，三棱形，外有翼，镞体连接圆铁铤。总长8.9、镞长4.3厘米（图一〇八，2；彩版九七，5）。

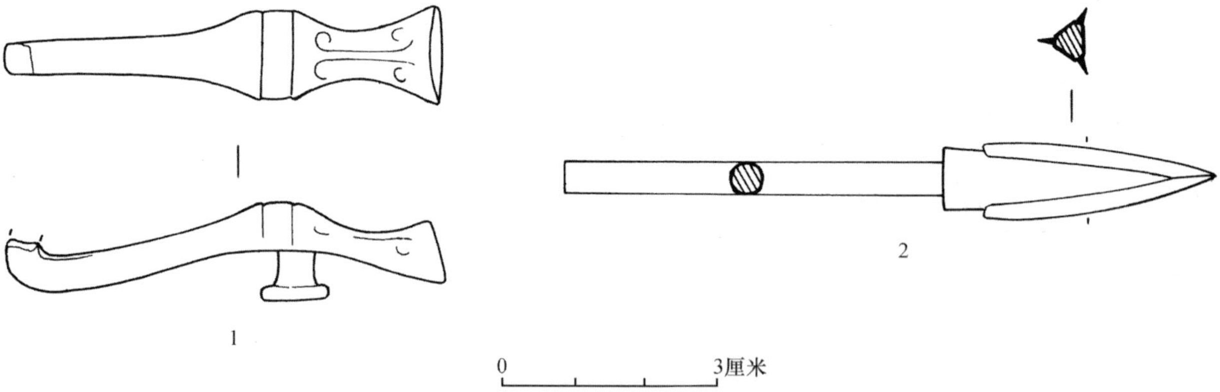

图一〇八　M134出土铜器
1. 铜带钩（M134：1）　2. 铜镞（M134：2）

五五、M135

1. 墓葬形制与结构

该墓位于墓地东北，T0811中东部，开口于第2层下，距地表45厘米，墓葬形制为竖穴土坑墓，方向5°（图一〇九；彩版六，2）。

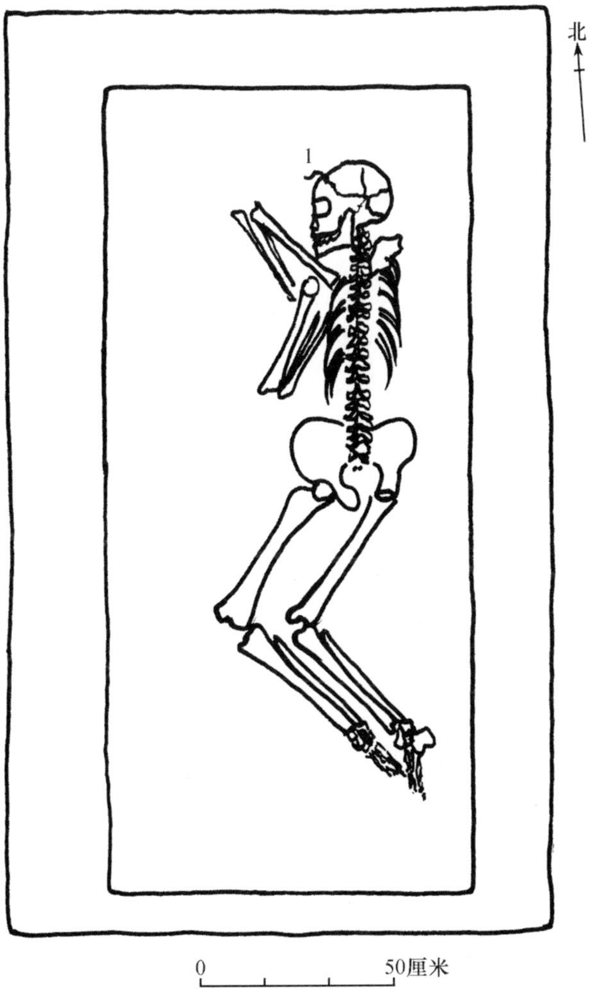

图一〇九 M135平面图
1. 铁带钩（残）

墓室：长方形竖穴土坑，长240、宽140厘米。直壁平底，四周有生土二层台，宽10～25、高65厘米。墓底长210、宽90、墓口至墓底130厘米。填土为黄白花土。

葬具：不清。

葬式：人骨头向北，面向西，俯身屈肢，成年女性。

2. 随葬品

共1件，出自人头骨右前处。

铁带钩 1件，编号M135∶1，钩体呈半圆柱形，瘦长，弧度较大，本部圆尾，圆纽，钩均残。长8.9、径1.2厘米（图一一〇）。

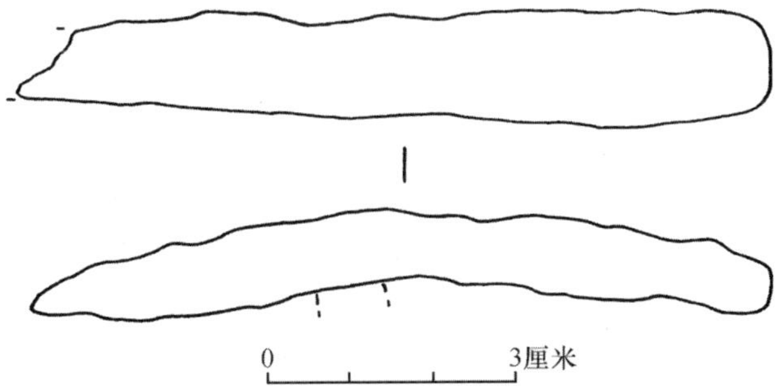

图一一〇 M135出土铁带钩
（M135∶1）

五六、M136

1. 墓葬形制与结构

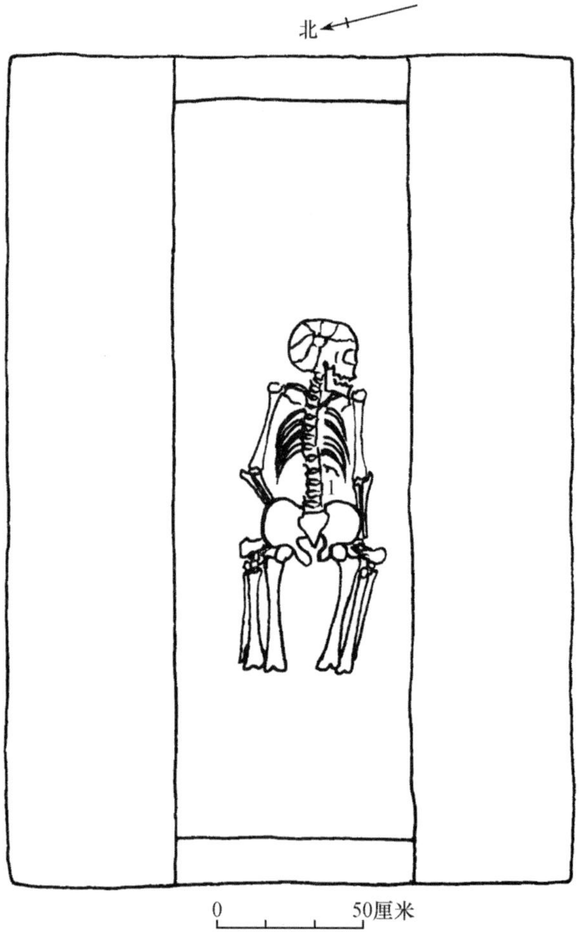

图一一一　M136平面图

1. 铜带钩

该墓位于墓地东北，T0911中西部，开口于第2层下，距地表30厘米，墓葬形制为竖穴土坑墓，方向104°（图一一一；彩版六，3）。

墓室：竖长方形竖穴土坑，长280、宽190厘米。直壁平底，两侧有生土二层台，宽55、高80厘米。墓底长250、宽80、墓口至墓底110厘米。填土为黄白花土。

葬具：不清。

葬式：人骨头向东，面向南，仰身屈肢，成年男性。

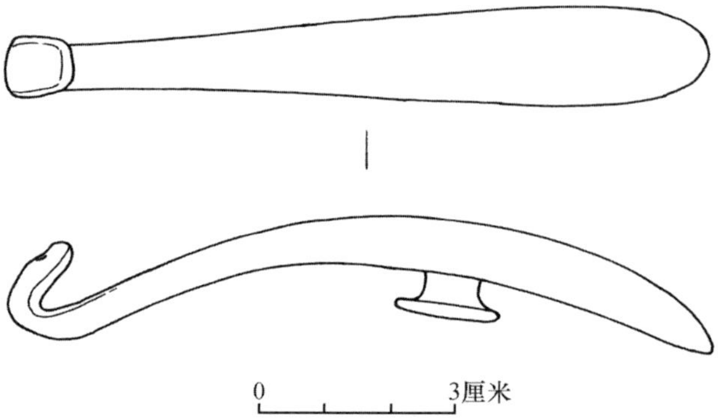

图一一二　M136出土铜带钩

（M136：1）

2. 随葬品

共1件，出自人骨中间腰部。

铜带钩　1件，编号M136：1，钩体截面呈半圆形，内略弧，圆纽偏中部，本部圆尾，鸭首状钩（错银）。长10.6、径1.3厘米（图一一二；彩版七七，6）。

五七、M137

1. 墓葬形制与结构

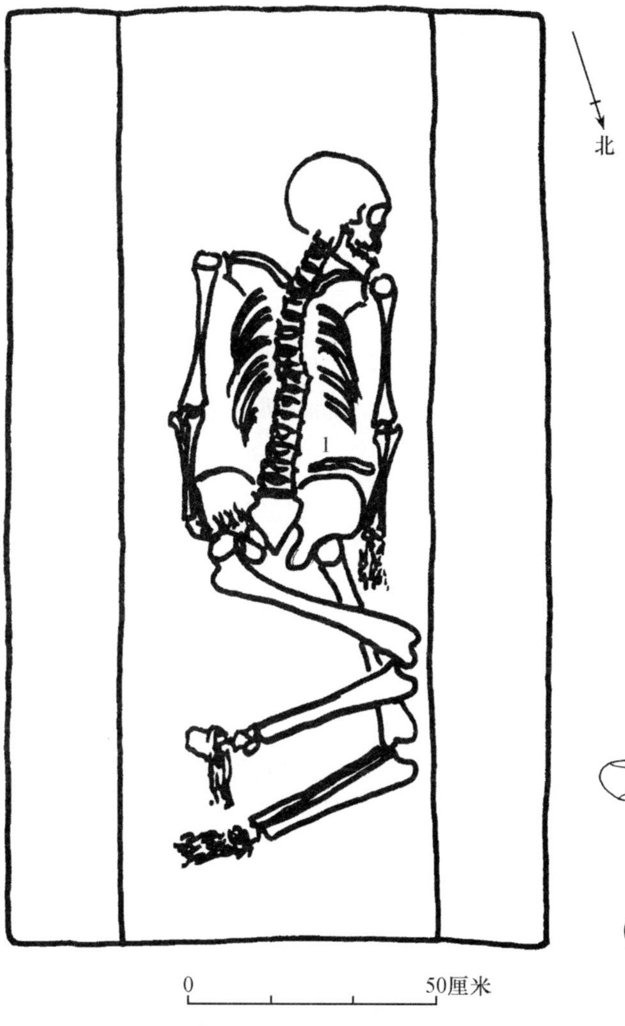

图一一三　M137平面图
1. 铁带钩（残）

该墓位于墓地东北，T0911西北部，开口于第2层下，距地表30厘米，墓葬形制为竖穴土坑墓，方向200°（图一一三）。

墓室：长方形竖穴土坑，长170、宽110厘米。直壁平底，两侧有生土二层台，宽23、高63厘米。墓底长170、宽64、墓口至墓底93厘米。填土为黄白花土。

葬具：不清。

葬式：人骨头向南，面向西，仰身屈肢，成年男性。

2. 随葬品

共1件，出自人骨左侧盆骨上部。

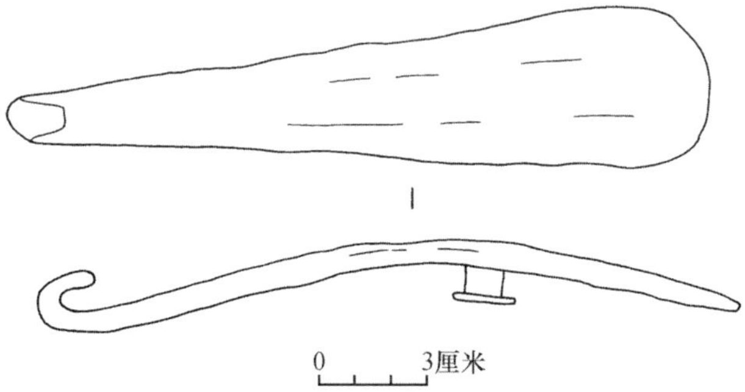

图一一四　M137出土铁带钩
（M137：1）

铁带钩　1件，编号M137：1，钩体扁平，内略弧，呈琵琶形，圆纽，首尾钮均残，正面有错金痕。长8.3、宽1.8厘米（图一一四）。

五八、M138

1. 墓葬形制与结构

该墓位于墓地东北，T0911中南部，开口于第2层下，距地表30厘米，墓葬形制为竖穴土坑墓，方向15°（图一一五）。

墓室：长方形竖穴土坑，长290、宽180厘米。斜壁平底，四周有生土二层台，宽25～42、高65厘米。墓底长210、宽96、墓口至墓底155厘米。填土为黄白花土。

葬具：有棺木朽痕，长150、宽40厘米。

葬式：人骨头向北，面向西，仰身屈肢，成年男性。

图一一五　M138平面图
1. 铁带钩（填土中）　2. 蚌壳

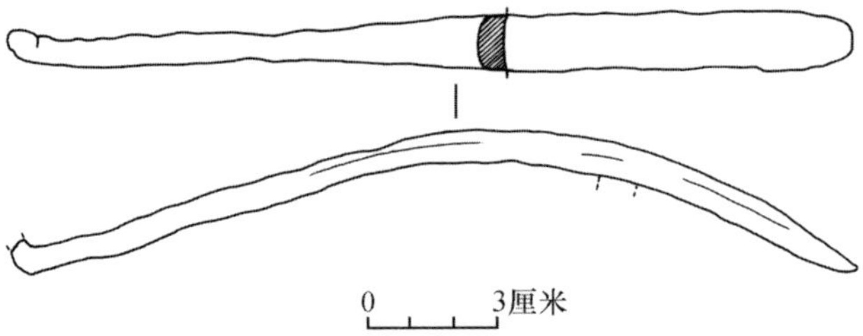

图一一六　M138出土铁带钩
铁带钩（M138：1）

2. 随葬品

共1件，出自填土中。

铁带钩　1件，编号M138：1，钩体呈半圆柱形，瘦长，弧度稍大，本部圆尾，圆纽，钩残，出于填土中。长19.2、径1.2厘米（图一一六）。

五九、M144

1. 墓葬形制与结构

该墓位于墓地东北，T1010西北部，开口于第2层下，距地表45厘米，墓葬形制为竖穴土坑墓，方向5°（图一一七）。

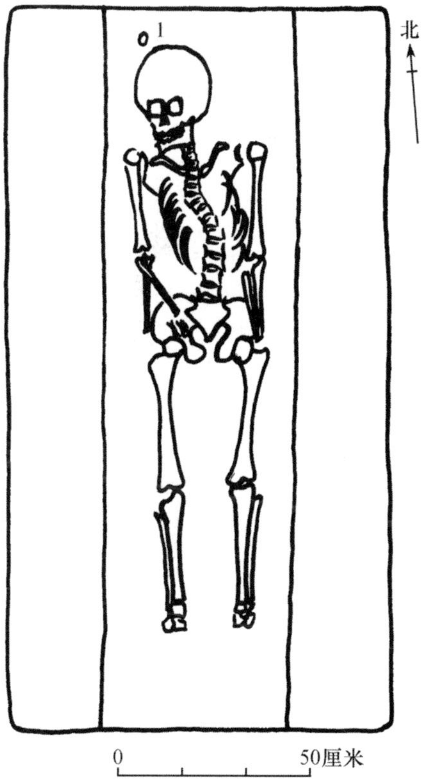

图一一七　M144平面图
1. 圆形骨器

墓室：长方形竖穴土坑，长190、宽100厘米。直壁平底，两侧有生土二层台，宽25、高40厘米。墓底长190、宽50、墓口至墓底105厘米。填土为黄白花土。

葬具：不清。

葬式：人骨头向北，面向南，仰身直肢，成年女性。

图一一八　M144出土圆形骨器
（M144：1）

2. 随葬品

共1件，出自人头骨西北处。

圆形骨器　1件，编号M144：1，圆形，截面呈梯形，中心有凹洞。径1.5～2.0、高（厚）0.5厘米，凹洞圜底径0.3、深0.4厘米（图一一八；彩版一〇二，3）。

六〇、M147

1. 墓葬形制与结构

该墓位于墓地东北，T1012西南部，开口于第2层下，距地表60厘米，墓葬形制为竖穴土坑墓，方向5°（图一一九；彩版七，2）。

墓室：长方形竖穴土坑，长180、宽104厘米。直壁平底，两侧有生土二层台，宽20、高30厘米。墓底长170、宽50、墓口至墓底65厘米。填土为黄白花土。

葬具：不清。

葬式：人骨头向北，面向西，仰身屈肢，成年男性。

2. 随葬品

共1件，出自人骨左肱骨内侧。

铜带钩　1件，编号M147：1，钩体呈半圆柱竹节状，弧度小，本部齐尾，燕尾状，圆纽，纽前饰二道横凹槽，向后顺饰一凹槽，钩残。长6.9、径1.1厘米（图一二〇；彩版五二，1）。

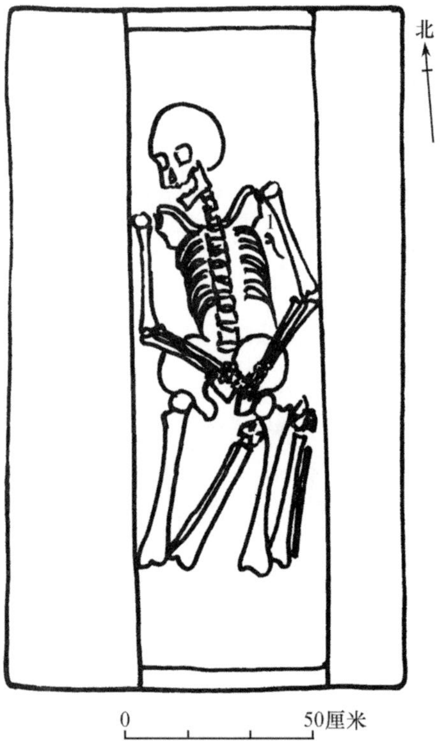

图一一九　M147平面图
1. 铜带钩（残）

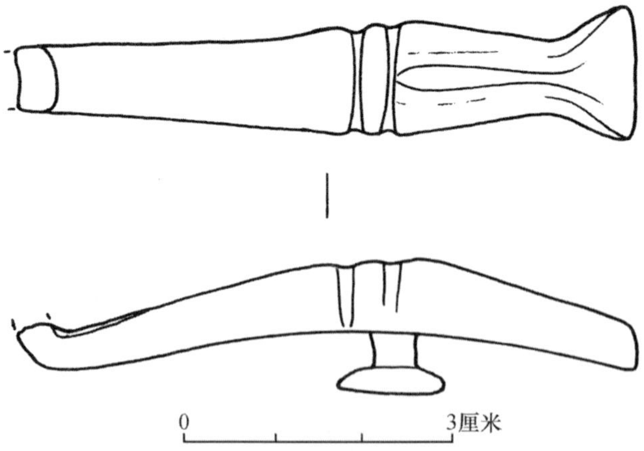

图一二〇　M147出土铜带钩
（M147：1）

六一、M149

1. 墓葬形制与结构

该墓位于墓地东北，T0912南部，与M148并列，开口于第2层下，距地表50厘米，墓葬形制为竖穴土坑墓，方向105°（图一二一；彩版七，3）。

墓室：竖穴土坑，坑口平面近长方形，长310～330、宽136～250厘米。斜壁平底，墓底有熟土二层台，宽24～34、高35厘米。墓底长260～270、宽140、墓口至墓底265厘米。填土为黄白花土。

葬具：有棺木朽痕，长210、宽70、高35厘米。

图一二一　M149平面图
1. 铁带钩

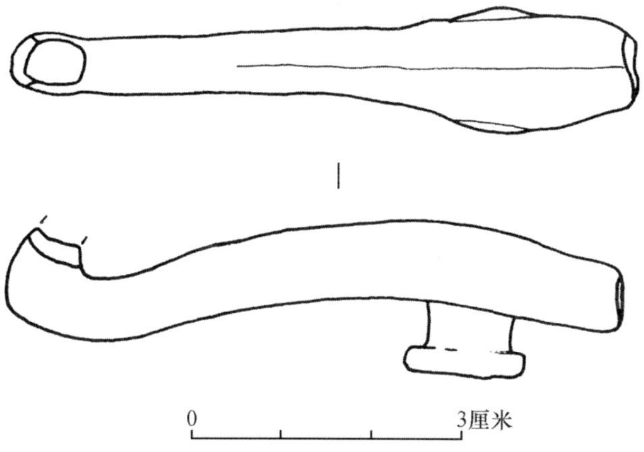

图一二二　M149出土铁带钩
（M149：1）

葬式：人骨架，头向东，面向北，侧身屈肢，成年女性。

2. 随葬品

共1件，出自人骨左小臂外侧。

铁带钩　1件，编号M149：1，钩体近圆柱形，弧度小，本部齐尾，圆纽偏后，尾钩均残，长6.9、径1.0厘米（图一二二）。

六二、M150

1. 墓葬形制与结构

该墓位于墓地东北，T0912东北部，开口于第2层下，距地表40厘米，墓葬形制为竖穴土坑墓，方向20°（图一二三；彩版七，4）。

墓室：长方形竖穴土坑，长206、宽104厘米。斜壁平底，两侧有生土二层台，宽20、高35厘米。墓底长190、宽50、墓口至墓底170厘米。填土为黄白花土。

葬具：有棺木朽痕，但不甚清楚。

葬式：人骨头向北，面向西，仰身屈肢，成年男性。

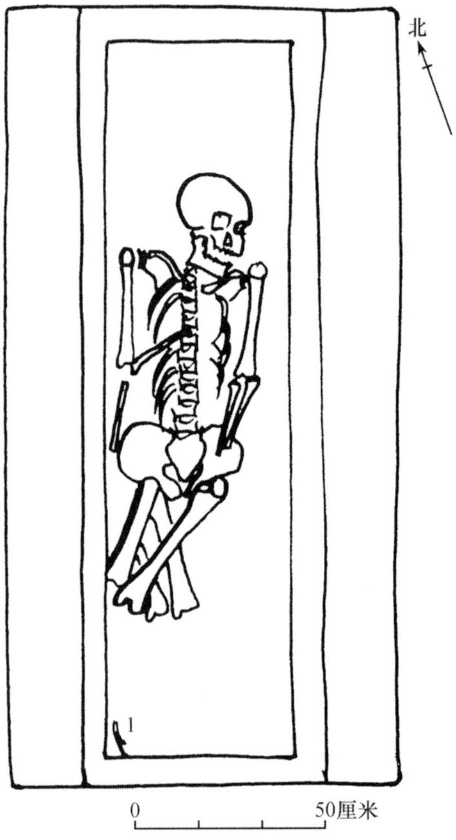

图一二三　M150平面图
1. 铜带钩（残）

2. 随葬品

共1件，出自墓底西南角。

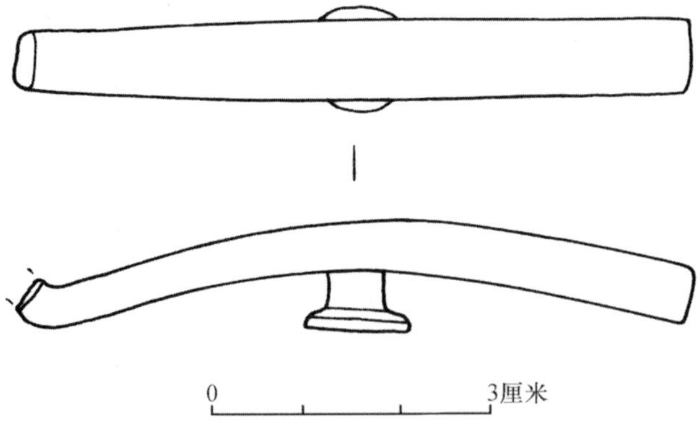

图一二四　M150出土铜带钩
（M150：1）

铜带钩　1件，编号M150：1，钩体呈半圆柱形，本部齐尾，圆纽，钩残。残长9.2、径0.9厘米（图一二四；彩版六三，2）。

六三、M153

1. 墓葬形制与结构

该墓位于墓地东北，T1013中南部，开口于第2层下，距地表65厘米，墓葬形制为竖穴土坑墓，方向10°（图一二五）。

墓室：长方形竖穴土坑，长200、宽104厘米。斜壁平底，四周有熟土二层台，宽10～16、高45厘米。墓底长190、宽70、墓口至墓底85厘米。填土为黄白花土。

葬具：不清。

葬式：人骨头向北，面向东，俯身屈肢，成年男性。

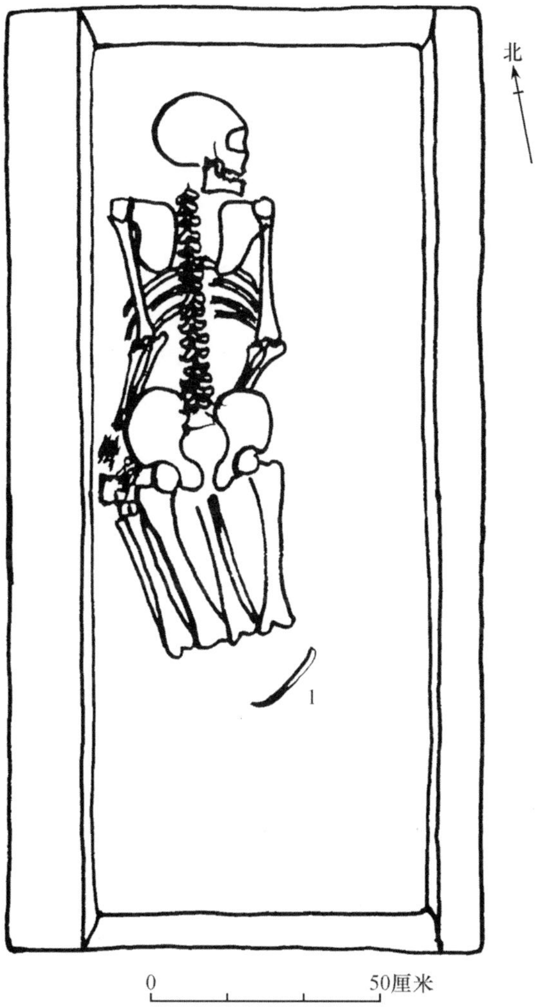

图一二五　M153平面图

1. 铁带钩（残）

2. 随葬品

共1件，出自人骨架南部。

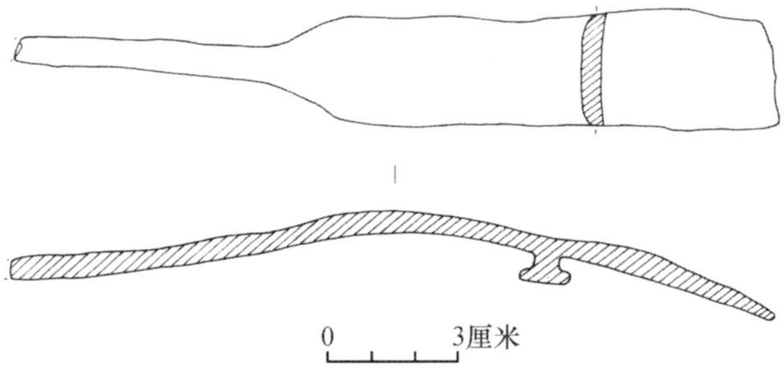

图一二六　M153出土铁带钩

（M153：1）

铁带钩　1件，编号M153：1，钩体呈扁平长方形，弧度大，接方柱形颈，似铲形，圆纽位于中部，钩残。长16.3、宽2.6厘米（图一二六）。

六四、M157

1. 墓葬形制与结构

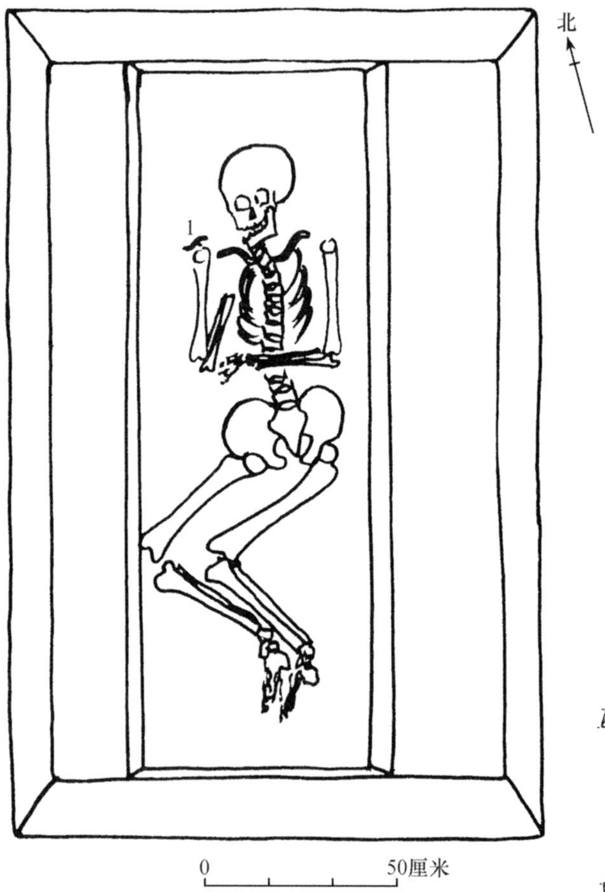

图一二七　M157平面图
1. 铁带钩（残）

该墓位于墓地东北，T0913东北部，开口于第2层下，距地表50厘米，墓葬形制为竖穴土坑墓，方向15°（图一二七）。

墓室：长方形竖穴土坑，长220、宽140厘米。斜壁平底，两侧有生土二层台，宽20～30、高60厘米。墓底长186、宽80、墓口至墓底140厘米。填土为黄白花土。

葬具：不清。

葬式：人骨头向北，面向西，仰身屈肢，成年男性。

2. 随葬品

共1件，出自人骨右肩处。

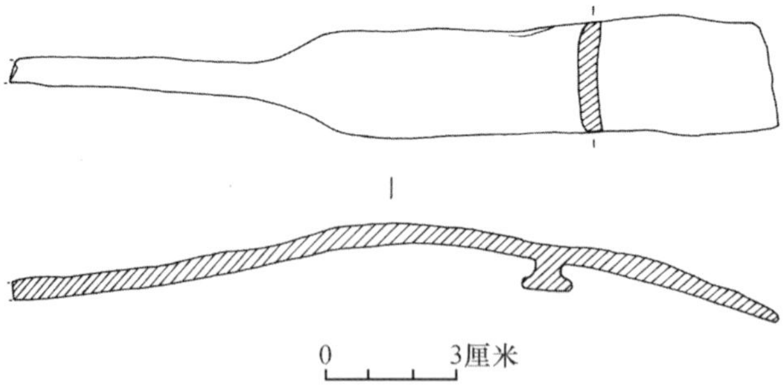

图一二八　M157出土铁带钩
（M157：1）

铁带钩　1件，编号M157：1，钩体呈扁平长方形，弧度稍大，接方柱形颈，似铲形，圆纽位于中部，钩残。长17.1、宽2.6厘米（图一二八）。

六五、M159

1. 墓葬形制与结构

该墓位于墓地东北，T0914内，开口于第2层下，距地表70厘米，墓葬形制为竖穴土坑墓，方向5°（图一二九；彩版八，1）。

墓室：长方形竖穴土坑，长226、宽120厘米。斜壁平底，底长200、宽100、墓口至墓底140厘米。填土为黄土与白矸土搅和的花土。

葬具：不清。

葬式：人骨头向北，面向西，仰身屈肢，成年女性。

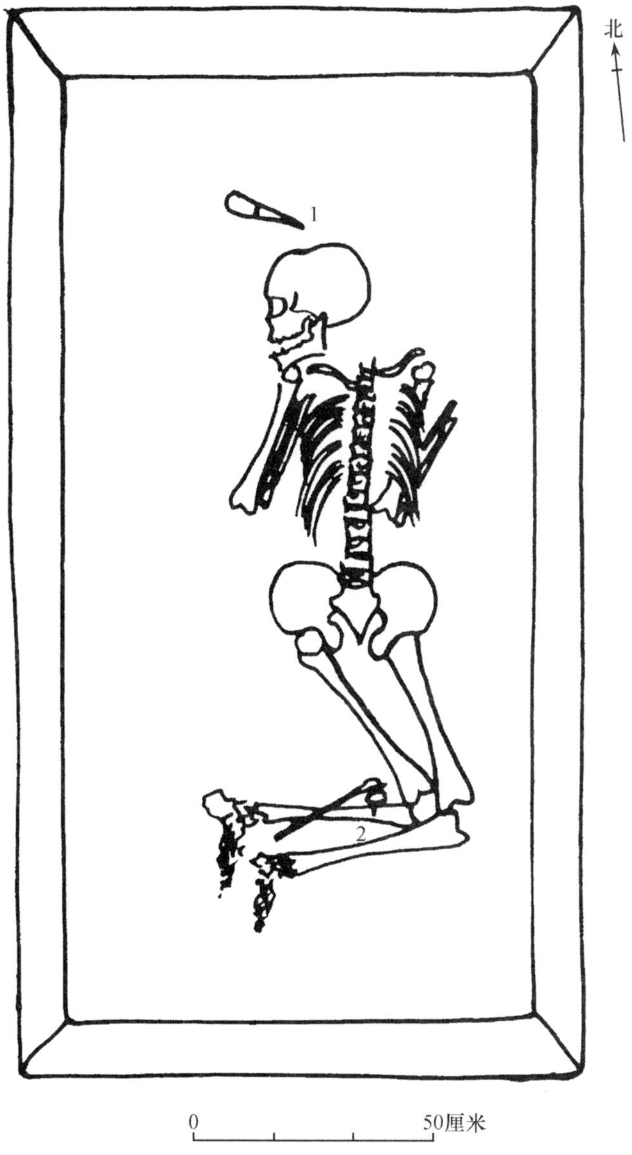

图一二九　M159平面图
1. 铜带钩　2. 铁带钩

2. 随葬品

共2件，铜带钩出自人头骨右前方，铁带钩出自右胫骨上。

铜带钩　1件，编号M159：1，钩体呈琵琶形，中间厚，两边薄，截面呈梯形，内略弧，圆纽，鸭首状钩残，正面浮雕菱形加圈点乳钉间蟠螭纹，组成四组图纹，错银，嵌绿松石。长15.5、宽2.7厘米（图一三〇，1；彩版八一，3）。

铁带钩　1件，编号M159：2，钩体呈耜形，本部半圆形，中心凸出一道竖脊，圆纽偏后，钩颈饰两道横凸棱纹，鸭首状钩，正面错金银花纹。长6.4、宽3.4厘米（图一三〇，2）。

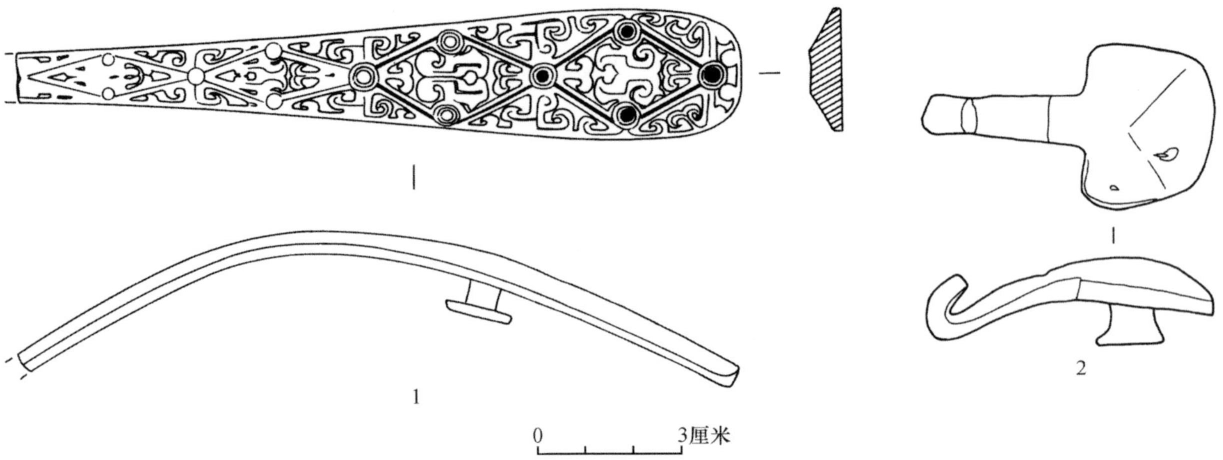

图一三〇　M159出土器物

1. 铜带钩（M159：1）　2. 铁带钩（M159：2）

六六、M162

1. 墓葬形制与结构

该墓位于墓地东北，T0914中西部，开口于第2层下，距地表85厘米，墓葬形制为竖穴土坑墓，方向358°（图一三一）。

墓室：长方形竖穴土坑，长230、宽126厘米。直壁平底，四周有生土二层台，宽10～16、高65厘米。墓底长180、宽84、墓口至墓底110厘米。填土为黄白花土。

葬具：不清。

葬式：人骨头向北，面向西，仰身屈肢，成年女性。

2. 随葬品

共2件，铁带钩出自人头骨东侧，铁铲出自墓底中部两侧。

铁带钩　1件，编号M162：1，钩体扁平，内凹，琵琶形，弧度大，正面顺饰两道凸棱，圆纽片中部，首尾残（正面浮雕花纹，锈蚀严重，不甚清楚）。长13.0、宽1.5厘米（图一三二，1）。

铁铲　1件，编号M162：2，仅有铲头，呈梯形，薄铁板，前宽后窄。残长17.0、宽5.2～10.0厘米（图一三二，2；彩版一〇〇，1）。

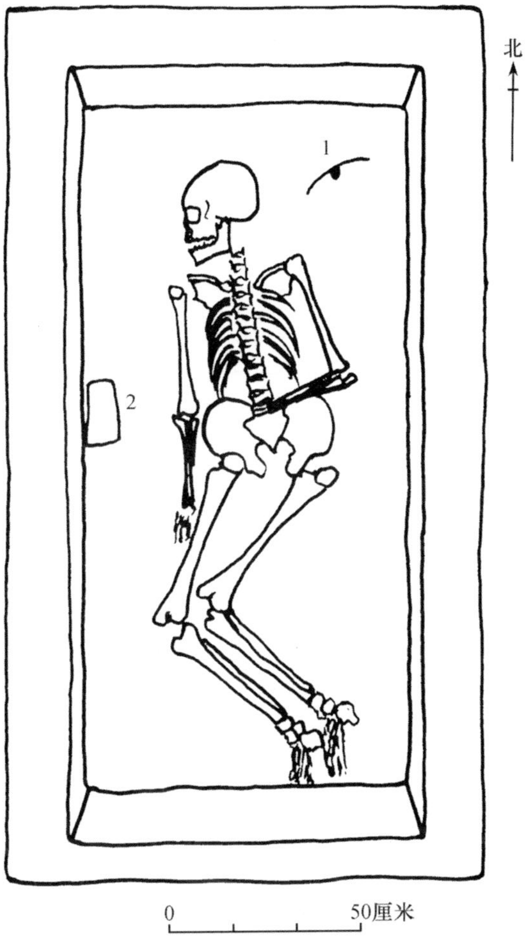

图一三一　M162平面图
1. 铁带钩（残）　2. 铁器（残）

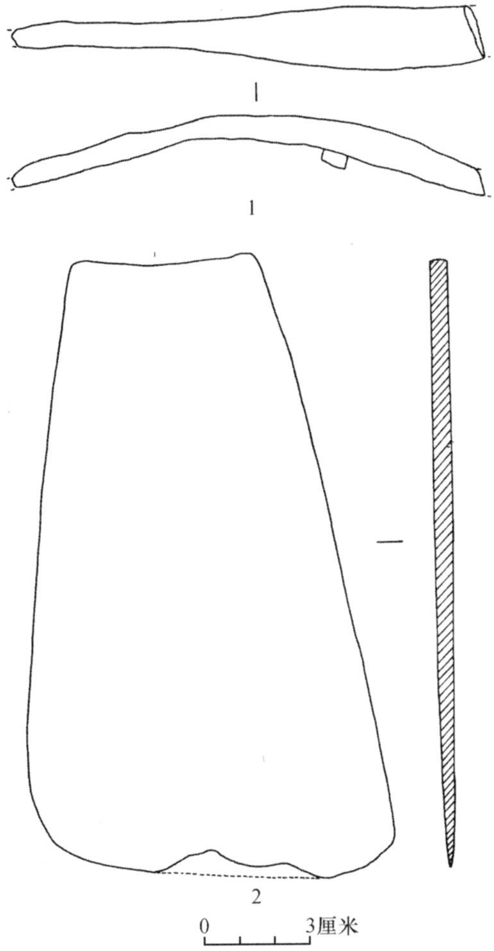

图一三二　M162出土铁器
1. 铁带钩（M162：1）　2. 铁铲（M162：2）

六七、M164

1. 墓葬形制与结构

该墓位于墓地东北，T0913中部，开口于第2层下，距地表60厘米，墓葬形制为竖穴土坑墓，方向20°（图一三三；彩版八，3）。

墓室：长方形竖穴土坑，长220、宽90厘米。直壁平底，四周有生土二层台，宽12～20、高14厘米。墓底长188、宽60、墓口至墓底90厘米。填土为黄白花土。

葬具：不清。

葬式：人骨头向北，面向东，仰身屈肢，为少年或儿童。

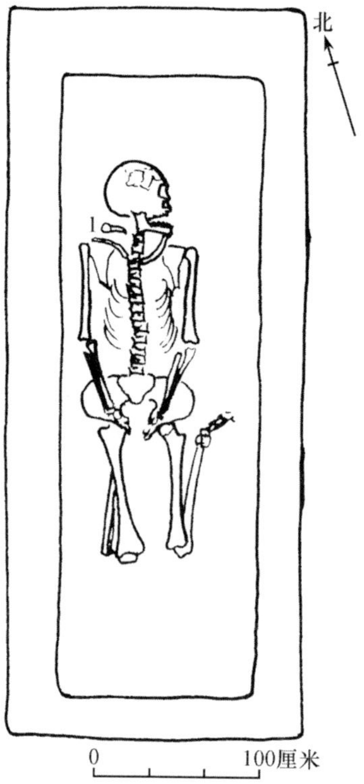

图一三三　M164平面图
1. 铜带钩

2. 随葬品

共1件，出自人骨右肩上。

铜带钩　1件，编号M164：1，钩体截面呈半圆形，内略弧，圆纽偏中部，本部圆尾，鸭首状钩，残断。长8.9、径1.2厘米（图一三四；彩版七八，1）。

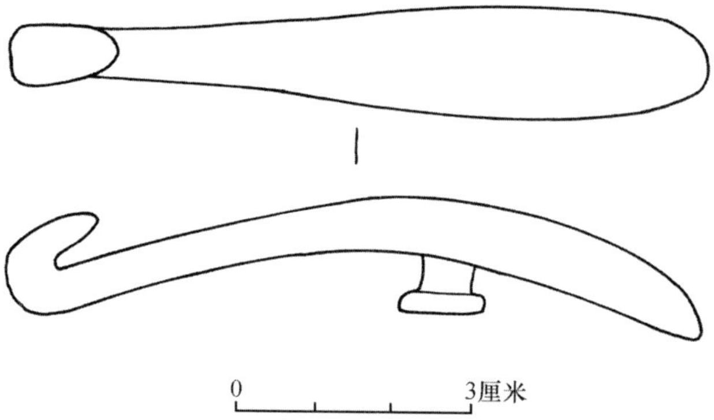

图一三四　M164出土铜带钩
（M164：1）

六八、M166

1. 墓葬形制与结构

该墓位于墓地东北，T0913西南部，开口于第2层下，距地表70厘米，墓葬形制为竖穴土坑墓，方向12°（图一三五）。

墓室：长方形竖穴土坑，长190、宽60厘米。直壁平底，墓口至墓底45厘米。填土为黄土与白矸土搅合的花土。

葬具：无。

葬式：人骨头向北，面向东，仰身直肢，少年儿童。

2. 随葬品

共1件，出自人骨两胫骨中间。

铁带钩 1件，编号M166：1，钩体截面呈三角形，内平外凸，内略弧，本部圆尾，圆纽偏后，纽钩均残。长4.4、宽1.0厘米（图一三六）。

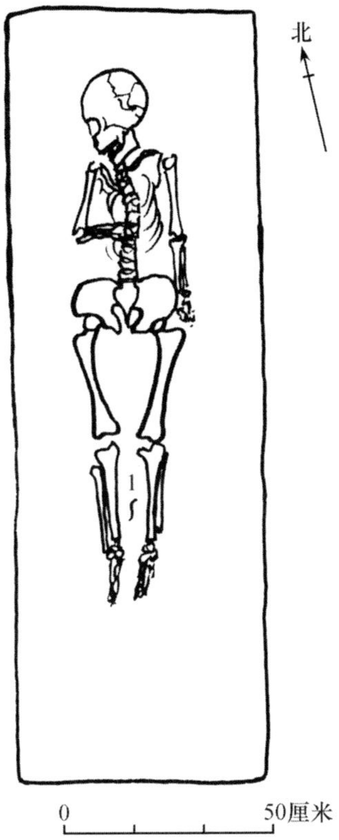

图一三五 M166平面图
1. 铁带钩（残）

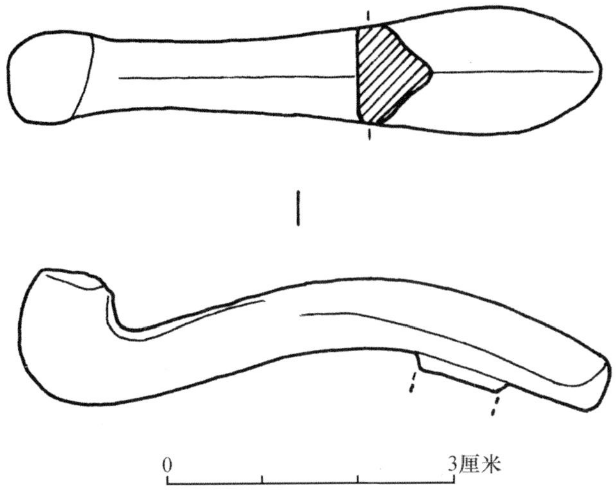

图一三六 M166出土铁带钩
（M166：1）

六九、M169

1. 墓葬形制与结构

该墓位于墓地北部，T0715中部，开口于第2层下，距地表60厘米，墓葬形制为竖穴土坑墓，方向8°（图一三七）。

墓室：长方形竖穴土坑，长200、宽88厘米。斜壁平底，两侧有生土二层台，宽9、高60厘米。墓底长200、宽70、墓口至墓底170厘米。填土为黄白花土。

葬具：不清。

葬式：人骨头向北，面向东，侧身屈肢，成年男性。

2. 随葬品

共1件，出自人骨左股骨外。

铜带钩　1件，编号M169：1，钩体呈琵琶形，稍厚，弧度稍大，圆纽，鸭首状钩断，正面浮雕蟠螭纹，嵌绿松石（多已脱落）。长11.3、径1.8厘米（图一三八；彩版七九，1）。

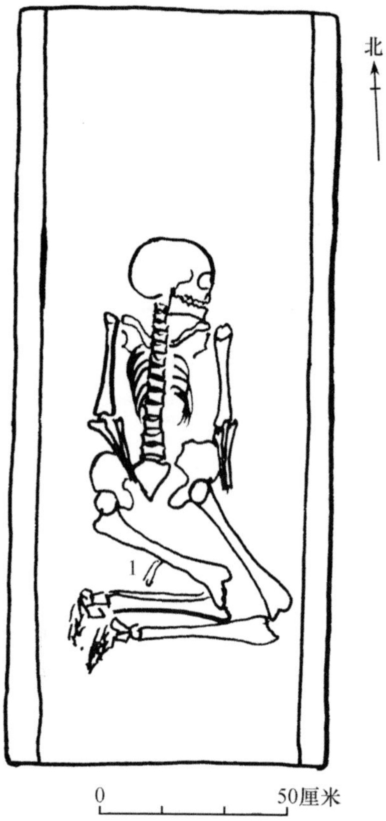

图一三七　M169平面图
1. 铜带钩

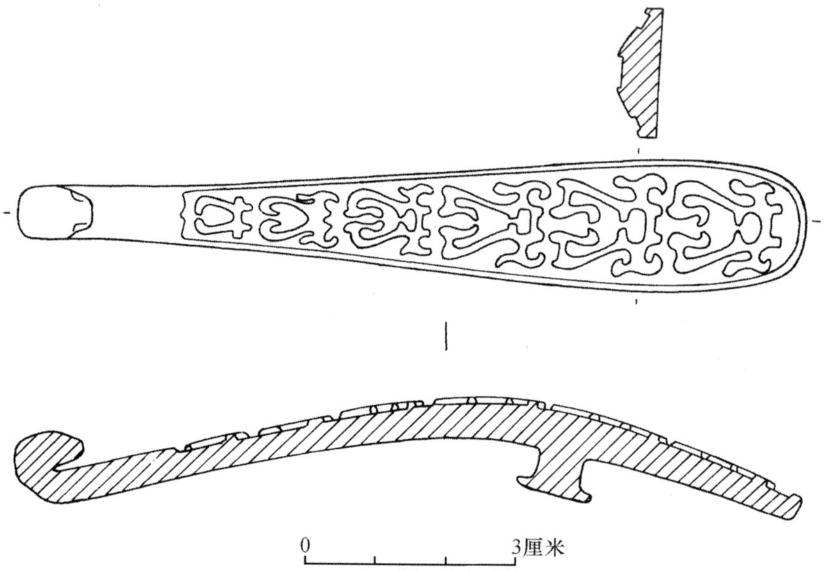

图一三八　M169出土铜带钩
（M169：1）

七〇、M170

1. 墓葬形制与结构

该墓位于墓地东北角，开口于第2层下，距地表60厘米，墓葬形制为竖穴土坑墓，方向15°（图一三九）。

墓室：长方形竖穴土坑，长200、宽110厘米。斜壁平底，两侧有生土二层台，宽20、高56厘米。墓底长190、宽50、墓口至墓底146厘米。

葬具：有棺木朽痕，但不清楚。

葬式：人骨架头向北，面向上，仰身屈肢，成年男性。

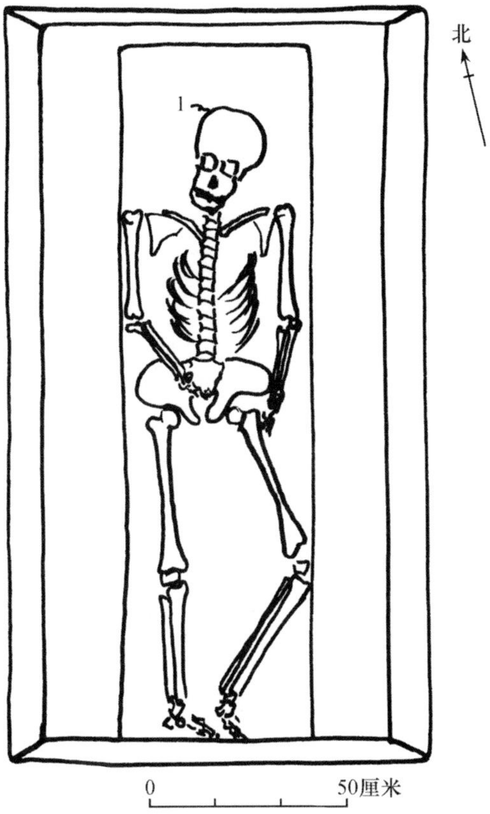

图一三九 M170平面图
1. 铁带钩（残）

2. 随葬品

共1件，出自人头骨右侧。

铁带钩 1件，编号M170：1，钩体近圆柱形，弧度小，本部齐尾残，圆纽偏后，钩残。长5.2、径1.0厘米（图一四〇）。

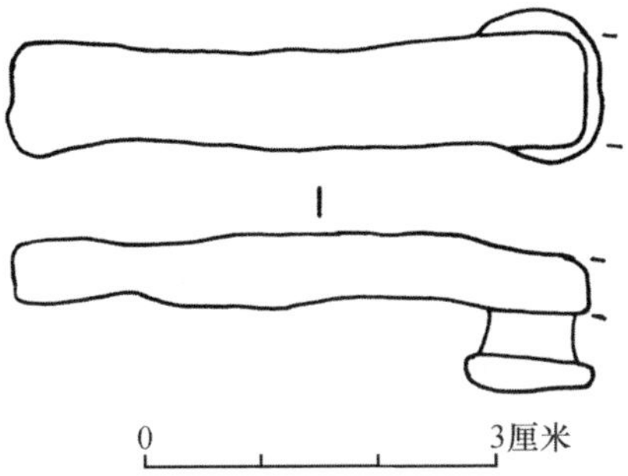

图一四〇 M170出土铁带钩
（M170：1）

七一、M173

1. 墓葬形制与结构

该墓位于墓地南部，开口于第2层下，距地表70厘米，墓葬形制为竖穴土坑墓，方向15°（图一四一）。

墓室：长方形竖穴土坑，长265、宽195厘米。斜壁平底，两侧有生土二层台，宽34、高85厘米。墓底长212、宽82、墓口至墓底225厘米。填土为黄白花土。

葬具：有棺木朽痕，长177、宽50厘米。

葬式：人骨头向北，面向西，仰身屈肢，成年男性。

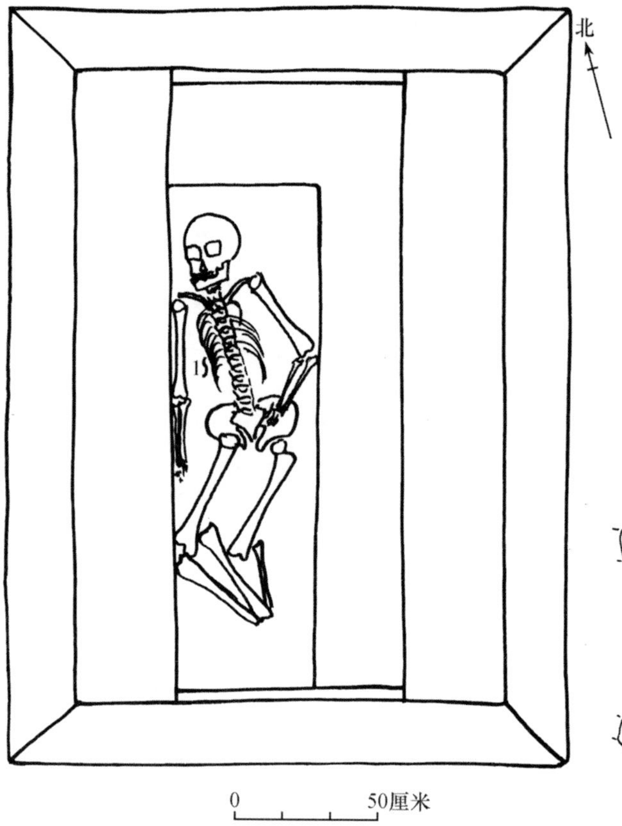

图一四一　M173平面图
1. 铜带钩（残）

2. 随葬品

共1件，出自人骨右肱骨内侧。

铜带钩　1件，编号M173：1，钩体截面呈半圆形，内略弧，本部圆尾，圆纽偏中部，钩残。长15.0、径1.5厘米（图一四二；彩版七八，2）。

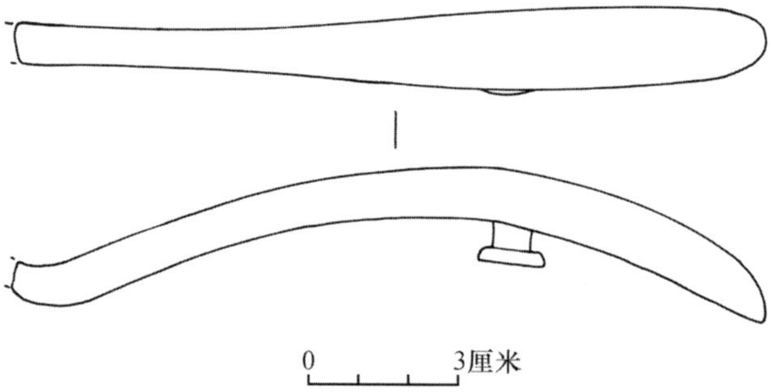

图一四二　M173出土铜带钩（M173：1）

七二、M177

1. 墓葬形制与结构

该墓位于墓地西南部，开口于第2层下，距地表80厘米，墓葬形制为竖穴土坑墓，方向5°（图一四三）。

墓室：长方形竖穴土坑，长190、宽120～130厘米。直壁平底，两侧有生土二层台，宽20、高70厘米。墓底长190、宽80～100、墓口至墓底150厘米。填土为黄白花土。

葬具：无。

葬式：未见人骨等。

2. 随葬品

共2件，陶罐出自墓底北端，铁带钩出自墓底西南角。

陶罐 1件，编号M177：1，泥质灰陶，侈口，圆唇，直领，球腹，圆底稍平，上腹饰竖细绳纹，横宽划纹，下腹拍印粗细纹。高25.6、口径12.0、腹径23.1、领高6.0厘米（图一四四，1；彩版三九，5）。

铁带钩 1件，编号M177：2，钩体扁平，内略弧，呈琵琶形，圆纽，钩残（正面有浮雕乳钉痕）。长14.2、宽2.7厘米（图一四四，2）。

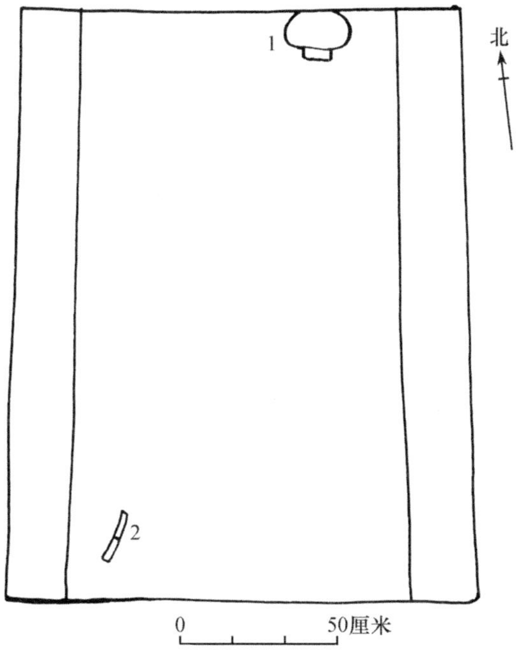

图一四三 M177平面图
1. 陶罐 2. 铁带钩

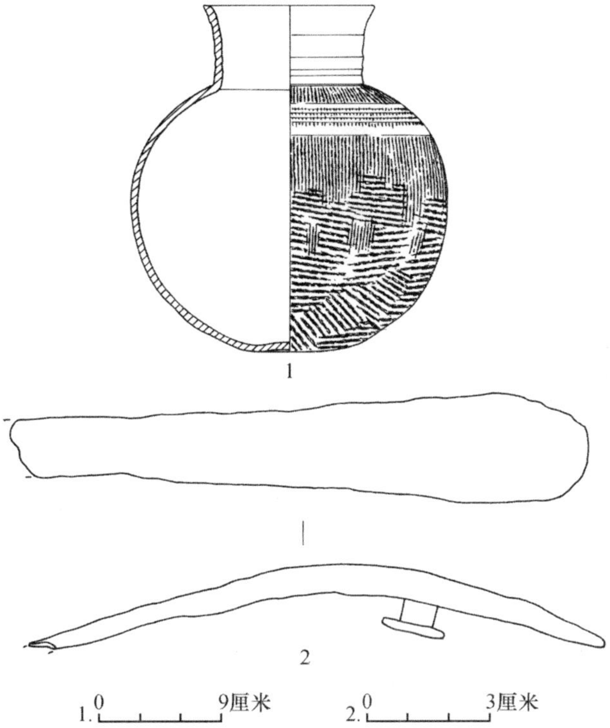

图一四四 M177出土器物
1. 陶罐（M177：1） 2. 铁带钩（M177：2）

七三、M178

1. 墓葬形制与结构

该墓位于墓地西南部，开口于第2层下，距地表30厘米，墓葬形制为竖穴土坑墓，方向5°（图一四五）。

墓室：长方形竖穴土坑，长200、宽117厘米。斜壁平底，两侧有生土二层台，宽18、高65厘米。墓底长190、宽68、墓口至墓底160厘米。填土为黄白花土。

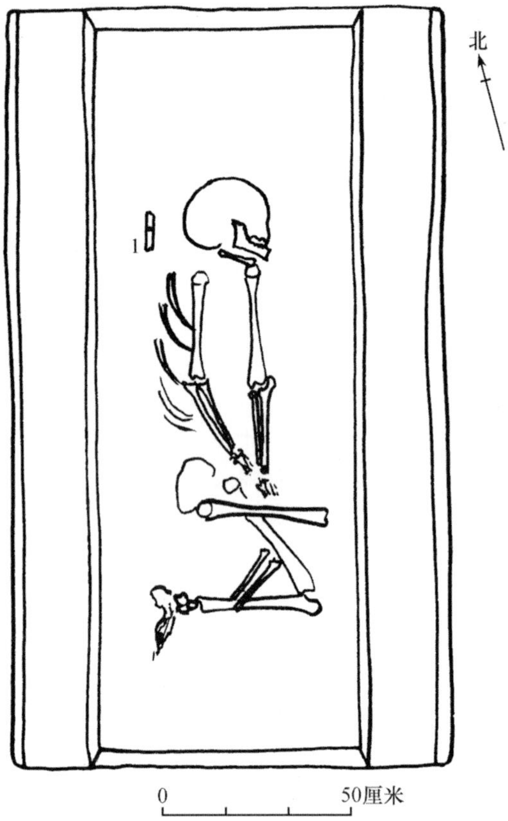

图一四五　M178平面图
1. 铜带钩（残）

葬具：无。

葬式：人骨头向北，面向上，侧身屈肢，成年男性。

2. 随葬品

共1件，出自人头骨西侧。

铜带钩　1件，编号M178：1，钩体呈半圆柱形，弧度小，本部齐尾，圆纽，钩残。长9.2、径0.7厘米（图一四六；彩版六三，3）。

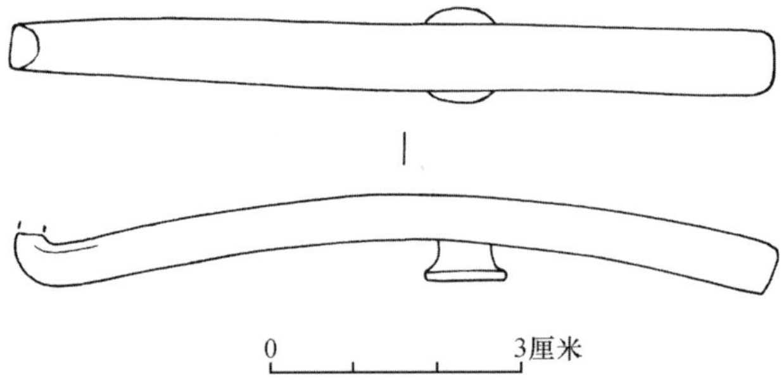

图一四六　M178出土铜带钩
（M178：1）

七四、M179

1. 墓葬形制与结构

该墓位于墓地西南部，开口于第2层下，距地表80厘米，墓葬形制为竖穴土坑墓，方向10°（图一四七）。

墓室：长方形竖穴土坑，长240、宽120厘米。斜壁平底，两侧有生土二层台，宽18～20、高70厘米。墓底有二道横凹槽，宽16、深4～7厘米。墓底长200、宽68、墓口至墓底110厘米。填土为黄白花土。

葬具：有棺痕，腐朽严重，模糊不清。

葬式：人骨头向北，面向西，仰身屈肢，成年女性。

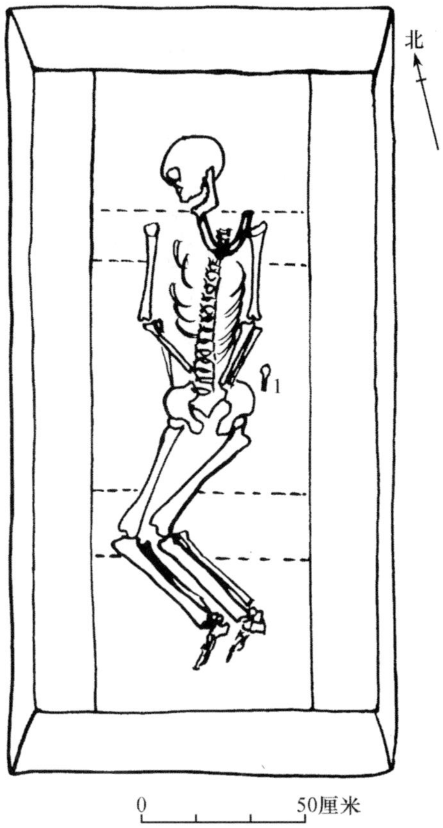

图一四七　M179平面图
1. 铁带钩

2. 随葬品

共1件，出自人骨左侧腰部。

铁带钩　1件，编号M179：1，钩体截面呈三角形，内平外凸，内略弧，本部圆尾，圆纽偏后首尾纽均残。长3.5、宽1.5厘米（图一四八）。

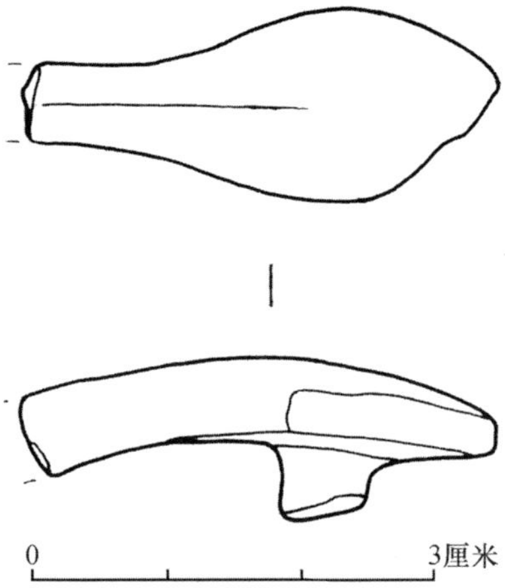

图一四八　M179出土铁带钩
（M179：1）

七五、M181

1. 墓葬形制与结构

该墓位于墓地西南部，开口于第2层下，距地表50厘米，墓葬形制为竖穴土坑墓，方向5°（图一四九）。

墓室：长方形竖穴土坑，长210、宽120厘米。直壁平底，两侧有生土二层台，宽22～26、高60厘米。墓底长210、宽72、墓口至墓底135厘米。填土为黄白花土。

葬具：不清。

葬式：人骨头向北，面向东，仰身屈肢，成年女性。

图一四九　M181平面图
1. 铜带钩

2. 随葬品

共1件，出自人骨左侧腰部。

铜带钩　1件，编号M181：1，钩体扁平，呈琵琶形，中间稍厚，内略弧，圆纽，钩残，正面雕三行竖长方格加圈点纹，嵌绿松石。长16.0、宽2.0厘米（图一五〇；彩版七九，2）。

七六、M183

1. 墓葬形制与结构

该墓位于墓地西南部，开口于第2层下，距地表80厘米，墓葬形制为竖穴土坑墓，方向10°（图一五一）。

墓室：长方形竖穴土坑，长250、宽160厘米。斜壁平底，两侧有生土二层台，宽16～20、高80厘米。墓底长190、宽80、墓口至墓底190厘米。填土为黄白花土。

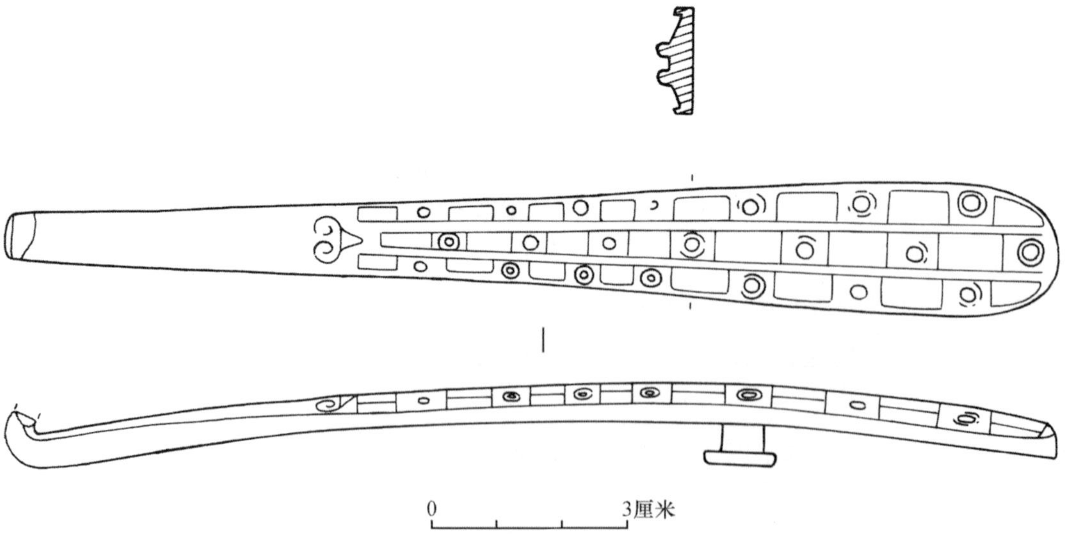

图一五〇　M181出土铜带钩
铜带钩（M181：1）

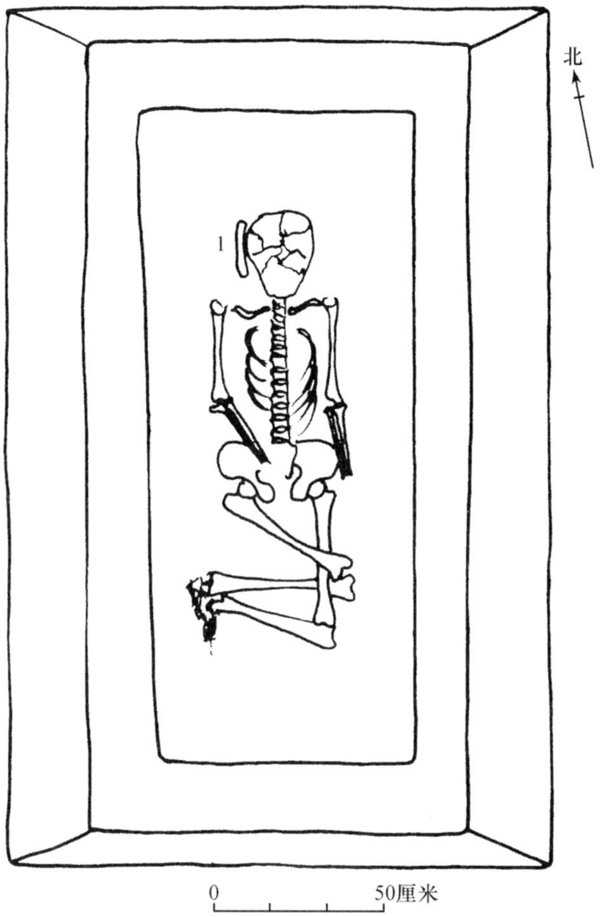

图一五一 M183平面图
1. 铜带钩

葬具：不清。

葬式：人骨头向北，面向上，仰身屈肢，成年男性。

2. 随葬品

共1件，出自人骨西侧。

铜带钩 1件，编号M183：1，钩体扁平，长条状，弧度小，齐尾圆纽，正面分三段各饰六道凸棱，鸭首状钩残。长14.7、宽1.2厘米（图一五二；彩版六三，4）。

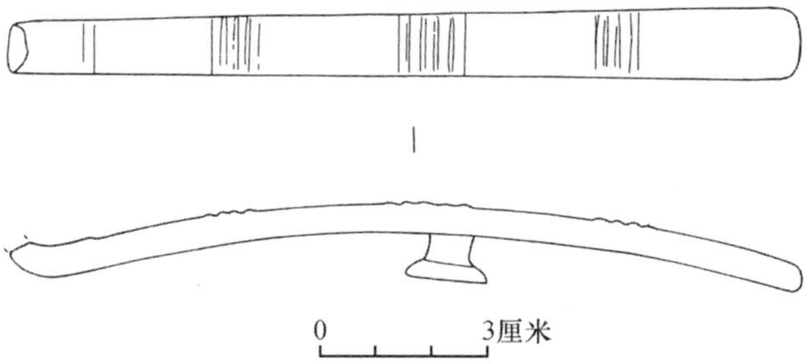

图一五二 M183出土铜带钩
（M183：1）

七七、M185

1. 墓葬形制与结构

该墓位于墓地西南部，开口于第2层下，距地表100厘米，墓葬形制为竖穴土坑墓，方向16°（图一五三）。

墓室：长方形竖穴土坑，长215、宽130厘米。直壁平底，两侧有生土二层台，宽26、高100厘米。墓底长195、宽76、墓口至墓底130厘米。填土为黄白花土。

葬具：不清。

葬式：人骨头向北，面向东，仰身屈肢，成年男性。

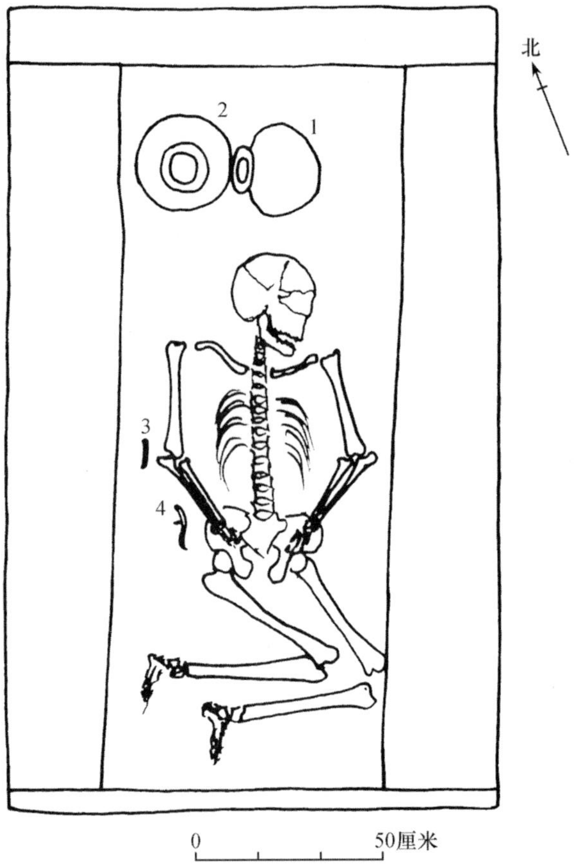

图一五三　M185平面图
1、2. 陶罐　3、4. 铜带钩

2. 随葬品

共4件，陶器出自墓底西北角，铜带钩出自中部人骨架西侧。

陶罐　2件。编号M185：1，泥质灰陶，侈口，叠唇，直领，球腹，圜底略内凹，上腹饰竖细绳纹，横宽划纹，下腹拍印粗绳纹。高23.8、腹颈22.0、口径11.5、领高5.5厘米（图一五四，1；彩版四〇，1）。编号M185：2，泥质灰陶，侈口，叠唇，直领，折肩，鼓腹，圜底略内凹，下腹拍印粗绳纹。高26.0、腹颈23.3、口径10.5、领高6.5厘米（图一五四，2；彩版四〇，2）。

铜带钩　2件，编号M185：3，钩体截面呈半圆形，内略弧，本部圆尾，圆纽偏中部，鸭首状钩，正面错银花纹。长5.3、径1.0厘米（图一五四，3；彩版七二）。

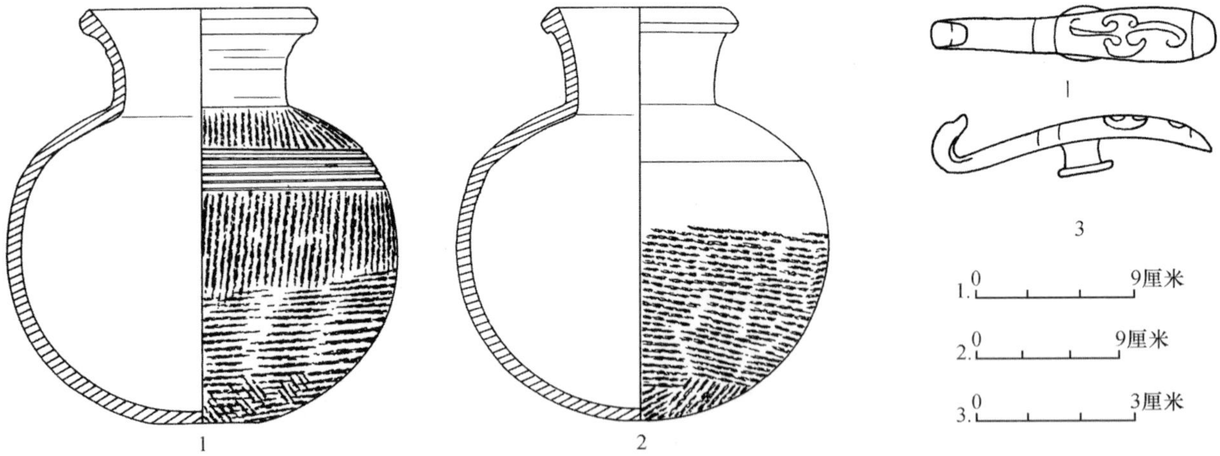

图一五四　M185出土器物
1、2. 陶罐（M185：1、M185：2）　3. 铜带钩（M185：3）

七八、M190

1. 墓葬形制与结构

该墓位于墓地南部，开口于第2层下，距地表85厘米，墓葬形制为竖穴土坑墓，方向15°（图一五五）。

墓室：长方形竖穴土坑，长260、宽166～187厘米。斜壁平底，墓底长230、宽150、墓口至墓底145厘米。填土为黄白花土。

葬具：有棺木朽痕，长190、宽90～100厘米。

葬式：人骨架头向北，仅下肢，仰身直肢，性别不清。

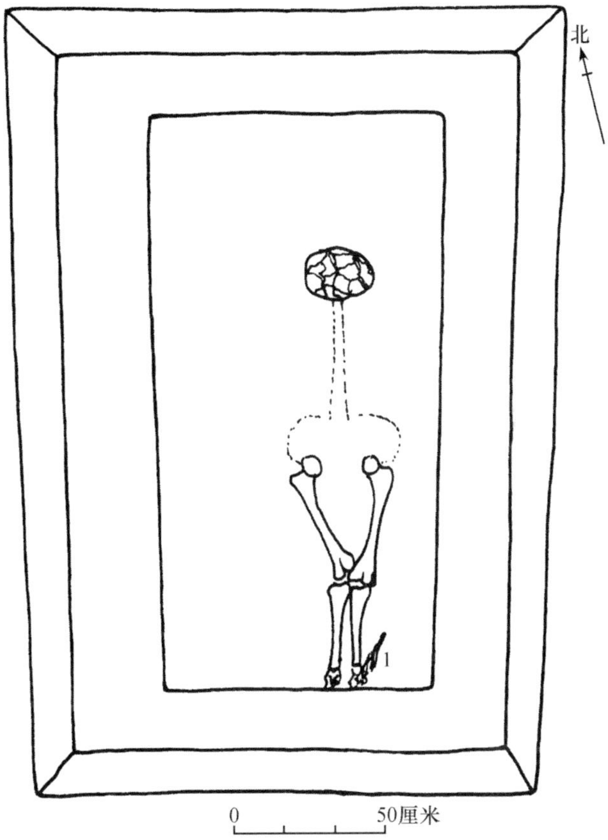

图一五五　M190平面图
1. 铜带钩

2. 随葬品

共1件，出自人骨左脚处。

铜带钩　1件，编号M190：1，钩体扁平，长条状，中间顺饰三道凹槽，错金花纹，两端浮雕兽面纹，圆纽偏中部，钩残。长14.4、宽2.0、兽面宽2.3厘米（图一五六；彩版八八，3、4）。

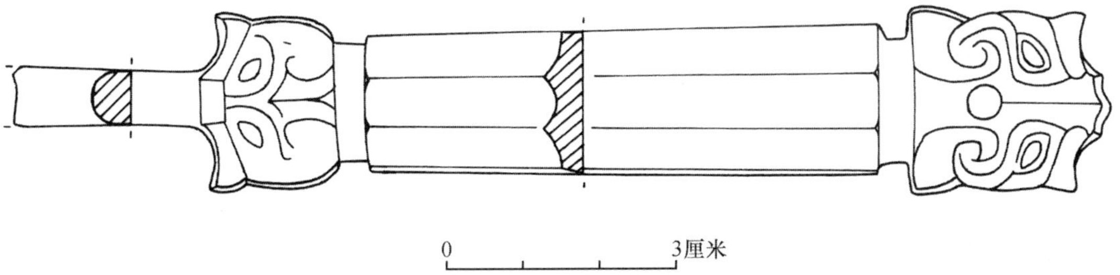

图一五六　M190出土铜带钩
（M190：1）

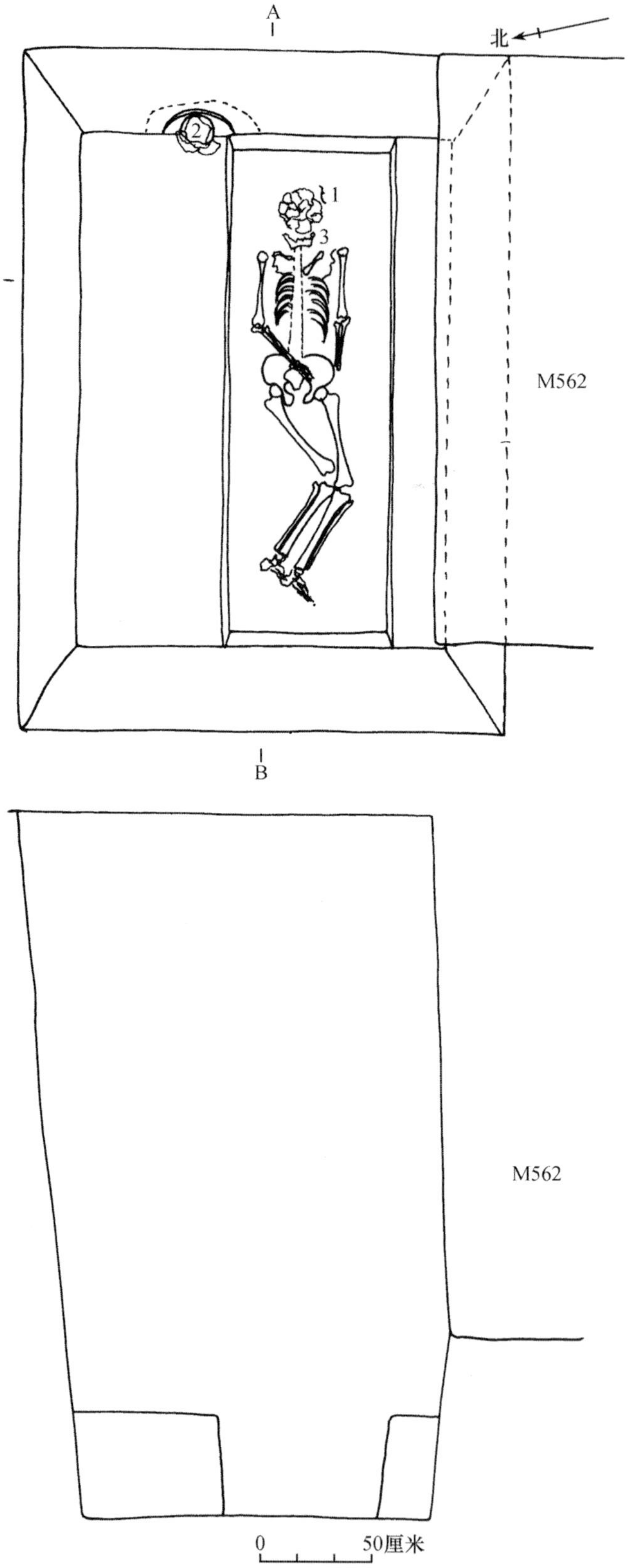

图一五七　M192平、剖面图
1. 铜带钩　2. 陶罐　3. 水晶环

七九、M192

1. 墓葬形制与结构

该墓位于墓地南部，开口于第2层下，距地表50厘米，墓葬形制为竖穴土坑墓，方向105°，南部被M562打破（图一五七）。

墓室：长方形竖穴土坑，长300、宽215厘米。斜壁平底，两侧有熟土二层台，宽24～64、高45厘米。东壁下部中有壁龛，宽50、高50、进深15厘米。墓底长225、宽165、墓口至墓底310厘米。填土为黄白花土。

葬具：有棺木朽痕，长212、宽70厘米。

葬式：人骨头向东，面向上，仰身屈肢，成年男性。

2. 随葬品

共3件，陶罐出自东壁龛内，铜带钩和水晶环出自人头骨右侧。

铜带钩　1件，编号M192：1，钩体截面呈半圆形，内略弧，琵琶形，圆纽偏中部，钩残。长9.0、径1.2厘米（图一五八，1；彩版七八，3）。

陶罐　1件，编号M192：2，泥质灰陶，侈口，平沿，圆唇，直领，球腹，圜平底，肩饰三道宽划纹，上腹饰竖细绳纹，三道宽划纹，下腹拍印粗绳纹。高26.5、腹径29.2、口径16.6、领高4.5厘米（图一五八，2；彩版三九，4）。

水晶环　1件，编号M192：3，截面六

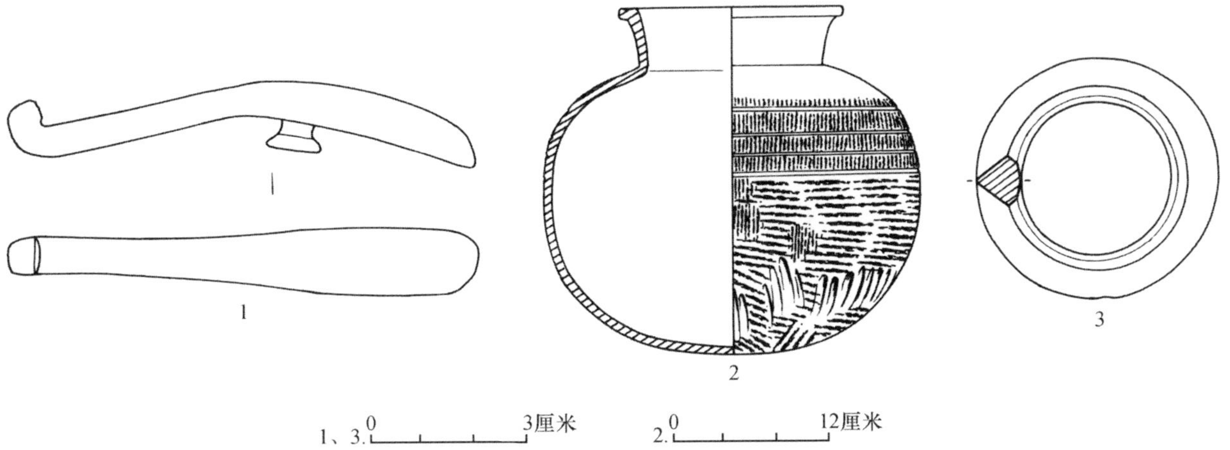

图一五八　M192出土器物
1. 铜带钩（M192：1）　2. 陶罐（M192：2）　3. 水晶环（M192：3）

边形，外大三角形，残断。外径4.5、内径2.8厘米（图一五八，3；彩版一〇一，3）。

八〇、M199

1. 墓葬形制与结构

该墓位于墓地南部，开口于第2层下，距地表90厘米，墓葬形制为竖穴土坑墓，方向20°（图一五九）。

墓室：长方形竖穴土坑，长240、宽148厘米。斜壁平底，两侧有生土二层台，宽24～30、高80厘米。墓底长230、宽76～84、墓口至墓底170厘米。填土为黄白花土。

葬具：不甚清楚。

葬式：人骨朽，头向北，面向东，仰身屈肢，成年男性。

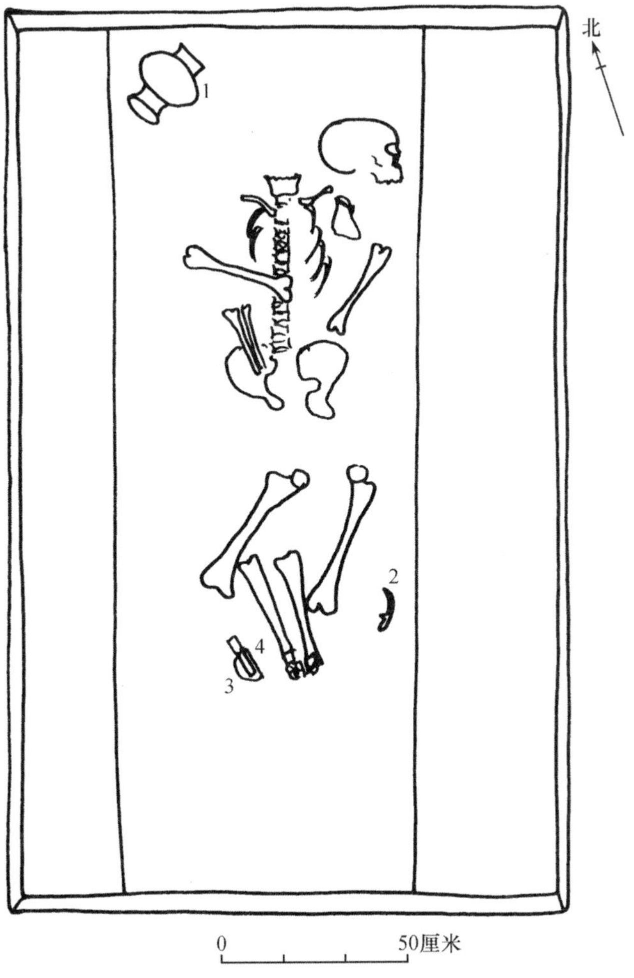

图一五九　M199出土平面图
1. 陶壶（残）　2. 铜带钩（残）　3. 骨器　4. 铜镜（残）

2. 随葬品

共4件，陶壶出自墓底西北角，铜带钩出自人骨左肱骨外侧，铜镜和骨器出自人骨

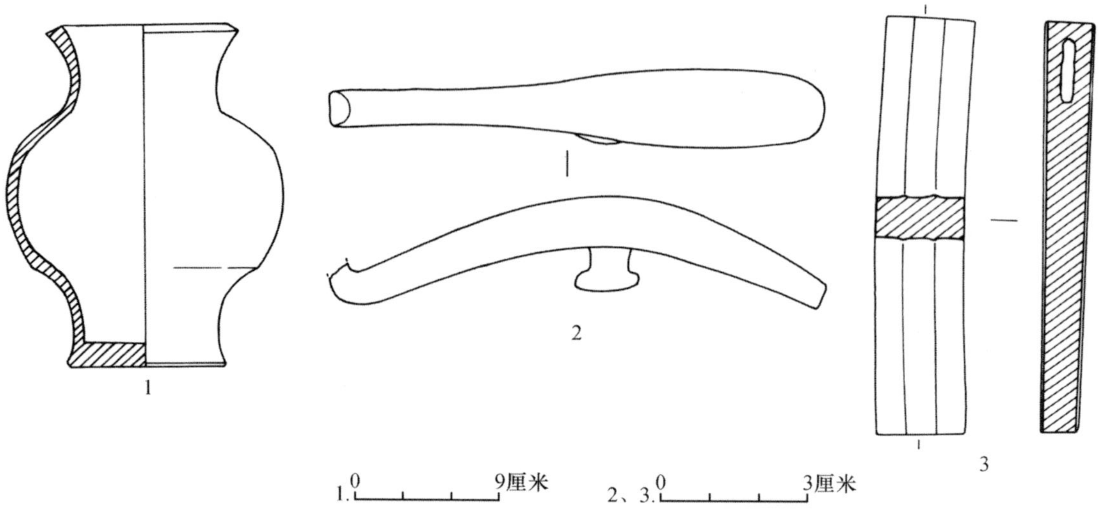

图一六〇　M199出土器物

1. 陶壶（M199∶1）　2. 铜带钩（M199∶2）　3. 骨器（M199∶3）

右胫骨外侧。

陶壶　1件，编号M199∶1，泥质灰陶，平沿，盘口，口残，长颈，鼓腹，下腹斜收，直下，平底，肩腹部饰三道凸棱纹。高21.2、口径10.2～12.4、腹径17.5、底径9.5～10.5厘米（图一六〇，1；彩版三三，5）。

铜带钩　1件，编号M199∶2，钩体截面呈半圆形，内略弧，本部圆尾，圆纽偏中部，钩残。长10.1、径1.5厘米（图一六〇，2；彩版七八，4）。

骨器　1件，编号M199∶3，长条形，略弧，两面各顺饰两条凸棱成三道凹槽，一端有长方形穿。骨器长8.6、宽1.8、厚0.6～0.8，穿长1.0、宽0.3厘米（图一六〇，3；彩版一〇二，4）。

铜镜　1件，编号M199∶4，素面，体薄，小桥形纽，破残。直径8.3厘米（彩版九二，1）。

八一、M200

1. 墓葬形制与结构

该墓位于墓地南部，开口于第2层下，距地表80厘米，墓葬形制为竖穴土坑墓，方向30°（图一六一）。

墓室：长方形竖穴土坑，长280、宽190厘米。斜壁平底，两侧有熟土二层台，宽30、高40厘米。北壁下部有壁龛，宽58、高35、进深42厘米。墓底长260、宽140、墓口至墓底225厘米。填土为黄土与白矸土搅和的花土。

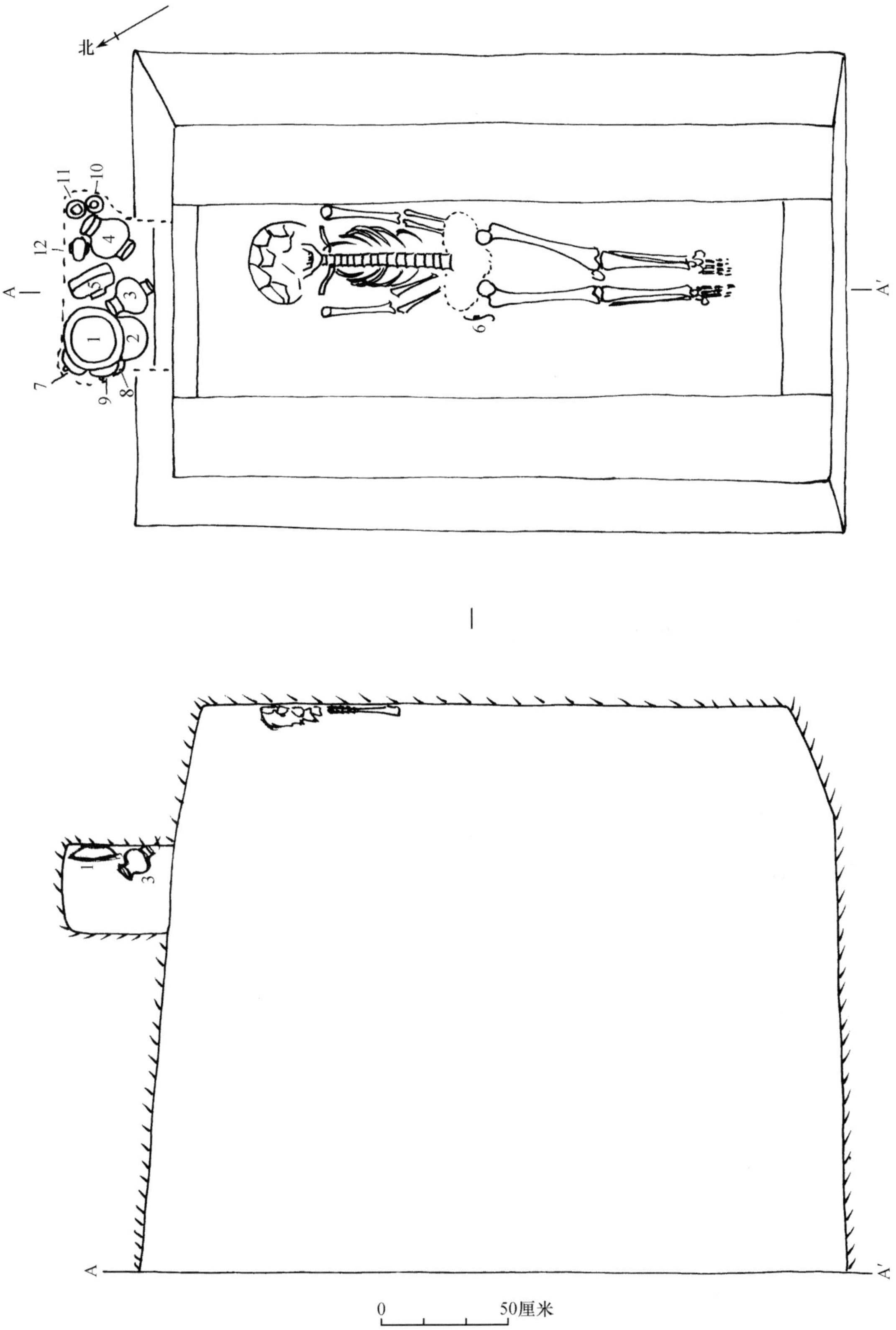

图一六一 M200平、剖面图

1. 陶盘 2、5. 陶盒 3、4. 陶壶 6. 铜带钩 7、9. 陶鼎 8. 陶匜 10、11. 小陶壶 12. 陶耳杯

葬具：有棺木朽痕，长230、宽75厘米。

葬式：人骨头向北，面向西，仰身直肢，成年男性。

2. 随葬品

共12件（彩版二五，2），陶器均泥质灰陶，出自北壁龛内，铜带钩出自人骨右侧盆骨外。

陶盘　1件，编号M200：1，敞口，平沿，圆唇，斜直腹，内近平底，中心略凹，外侈口圈足。高8.3、口径27.7、腹深5.6、足高2.7、足径11.5～13.5厘米（图一六二，11；彩版三〇，4）。

陶盒　2件，形制相同，均为子母口，微鼓腹，上腹饰两周瓦楞纹，假圈足底，内圜底，覆钵形盖。编号M200：2，高9.0、口径17.3、腹深8.0、足径8.5、足高0.8、盖高6.7厘米（图一六二，2；彩版二八，1）。编号M200：5，高9.0、口径18.5、腹径21.8、深7.7、足径8.5、足高1.0、盖高6.1厘米（图一六二，1；彩版二八，2）。

陶壶　2件，形制相同，侈口，平沿，弧颈，鼓腹，假圈足，平底座蘑菇状子口盖。编号M200：3、M200：4，通高19.2、壶高17.3、口径9.4～10.8、腹径15.0、底径8.3、盖高3.7厘米（图一六二，5、6；彩版三四，5）。

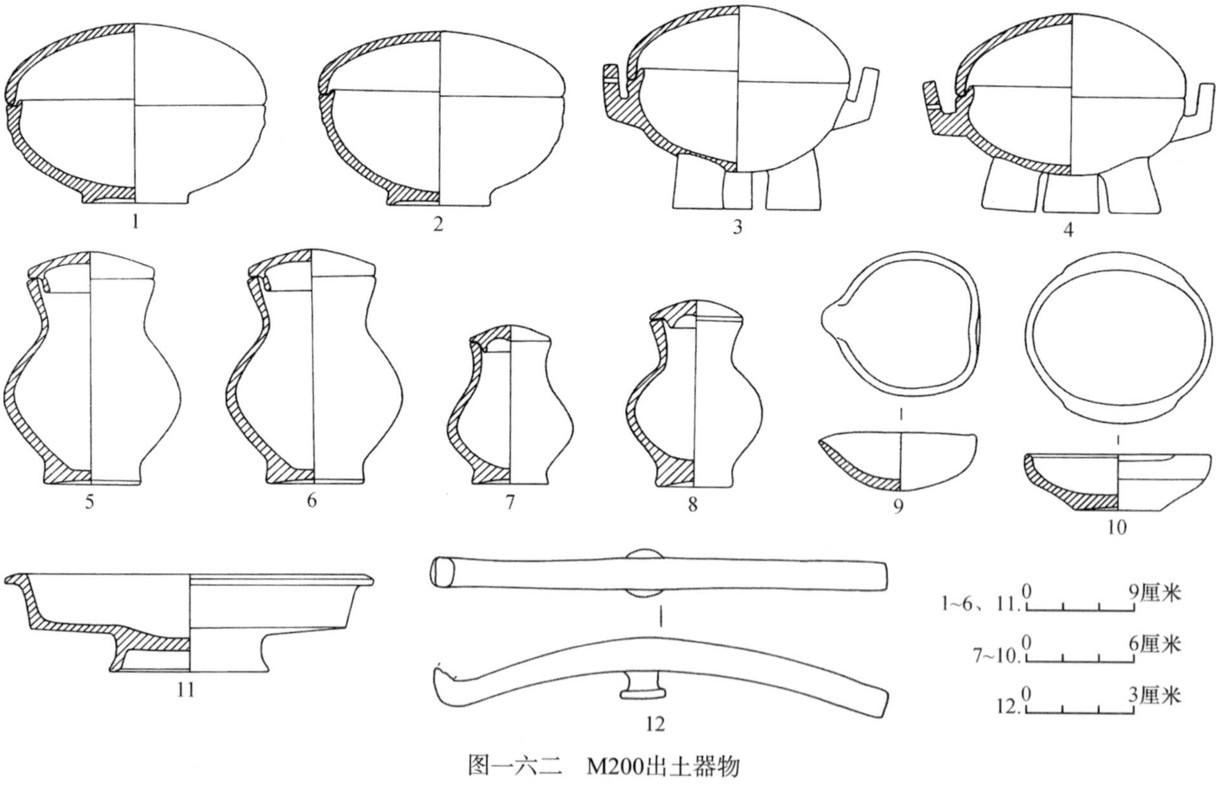

图一六二　M200出土器物

1、2. 陶盒（M200：5、M200：2）　3、4. 陶鼎（M200：9、M200：7）　5、6. 陶壶（M200：3、M200：4）　7、8. 小陶壶（M200：10、M200：11）　9. 陶匜（M200：8）　10. 陶耳杯（M200：12）　11. 陶盘（M200：1）　12. 铜带钩（M200：6）

铜带钩 1件，编号M200：6，钩体近圆柱形，弧度小，本部齐尾，圆纽，鸭首状够钩残。长12.7、径0.9厘米（图一六二，12；彩版六三，6）。

陶鼎 2件，形制相同，均为子母口，斜内收腹，圜底，两侧附方直小耳，耳内仅有一小圆孔穿，覆钵形盖，筒状腿。编号M200：7，高11.0、口径15.5、腹径18.7、盖高6.5厘米（图一六二，4；彩版二七，4）。编号M200：9，高10.7、口径15.5、腹径18.9、盖高6.7厘米（图一六二，3；彩版二七，3）。

陶匜 1件，编号M200：8，敞口，口平面呈桃形，后内凹，前有流，微鼓腹，圆底。长8.7、宽8.0、深2.3厘米（图一六二，9；彩版三一，6）。

小陶壶 2件，形制相同且同于M200：4。编号M200：10，通高8.8、壶高7.8、口径2.4～4.5、腹径6.9、底径4.0厘米（图一六二，7；彩版三四，6）。编号M200：11，通高10.3、壶高9.0、口径3.9～5.0、腹径7.5、底径4.4厘米（图一六二，8；彩版三五，1）。

陶耳杯 1件，编号M200：12，敞口，椭圆形，平耳折腹，小平底。长9.3、宽7.3、深2.2厘米，平底长4.8、宽3.5厘米（图一六二，10；彩版二八，5）。

八二、M205

1. 墓葬形制与结构

该墓位于墓地西南，开口于第2层下，距地表55厘米，墓葬形制为竖穴土坑墓，方向10°（图一六三）。

墓室：长方形竖穴土坑，长210、宽110厘米。直壁平底，两侧有生土二层台，宽15、高40厘米。墓底长210、宽80、墓口至墓底106厘米。填土为黄白花土。

葬具：不清。

葬式：人骨头向北，面向东，仰身直肢，成年女性。

2. 随葬品

共3件，陶器出自墓底北端，铜带钩出自人骨架胸部。

铜带钩 1件，编号M205：1，钩体呈琵琶形，中间稍厚，内略弧，本部圆尾，圆纽，鸭首状钩断，正面顺饰一凹槽，内雕乳钉纹。长13.3、宽1.8厘米（图一六四，1；彩版八四，1）。

陶罐 1件，编号M205：2，泥质灰陶，侈口，叠唇，直领，球腹，圜底稍内凹，上腹饰竖细绳纹，横宽划纹，下腹拍印粗绳纹。高26.4、腹径24.0、领高6.3厘米（图一六四，2；彩版四〇，3）。

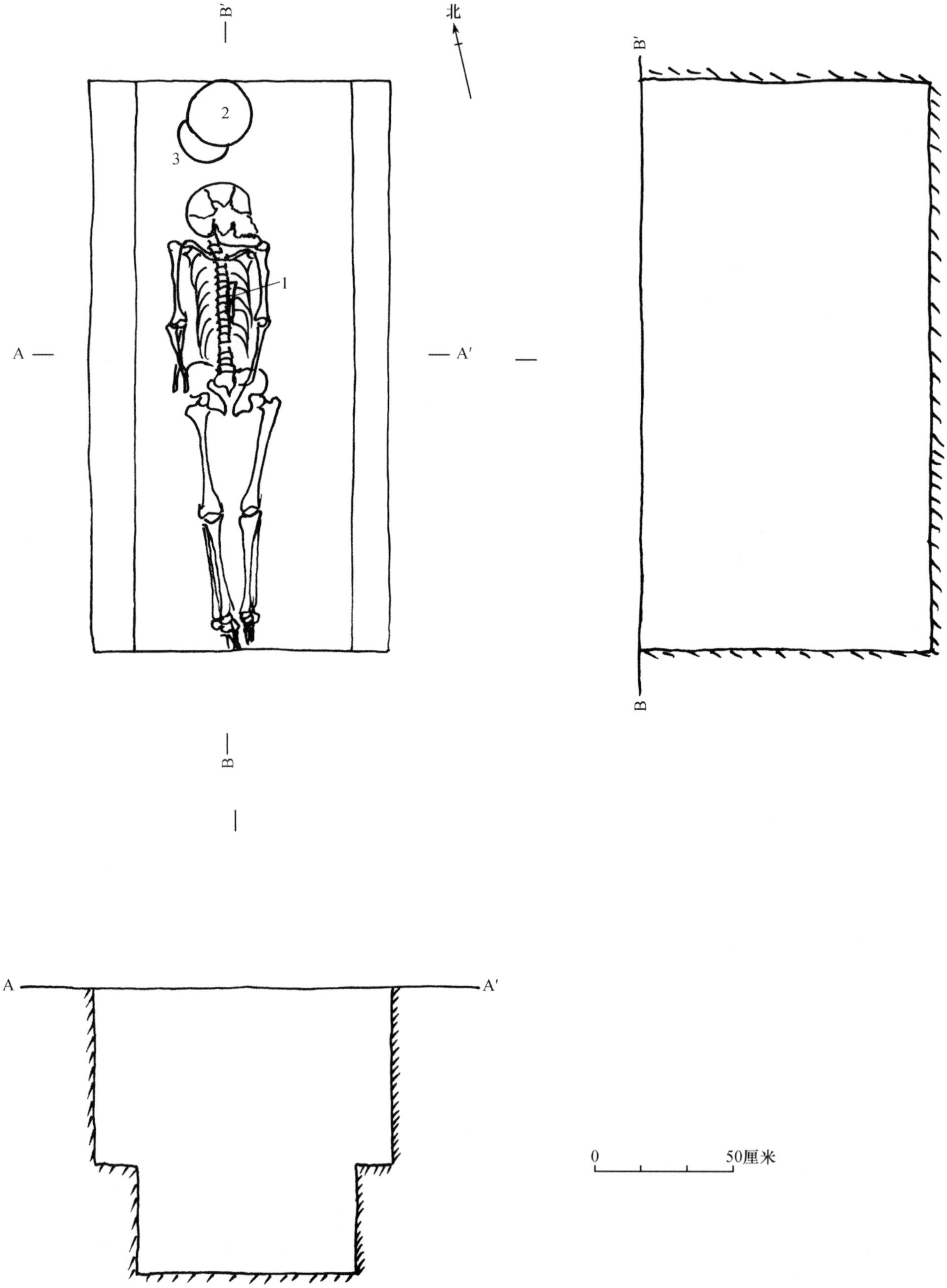

图一六三　M205平、剖面图
1. 铜带钩　2. 陶罐　3. 陶碗

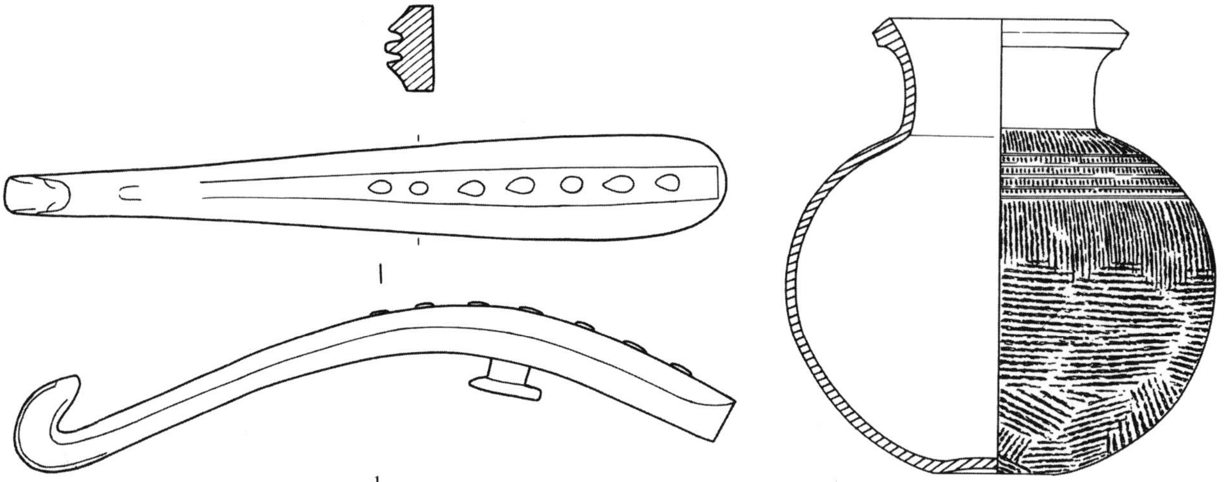

1　2

1.0　3厘米　2.0　9厘米

图一六四　M205出土器物

1. 铜带钩（M205：1）　2. 陶罐（M205：2）

陶碗　1件，编号M205：3，残碎，不能复原。

八三、M208

1. 墓葬形制与结构

该墓位于墓地西南部，开口于第2层下，距地表60厘米，墓葬形制为竖穴土坑墓，方向10°（图一六五）。

墓室：长方形竖穴土坑，长285、宽190厘米。斜壁平底，四周有熟土二层台，宽20～30、高70厘米。墓底长200、宽84、墓口至墓底200厘米。填土为黄白花土。

葬具：有棺木朽痕，长200、宽100厘米。

葬式：人骨头向北，面向上，仰身直肢，性别不清。

2. 随葬品

共1件，出自人骨右胫骨上。

铁带钩　1件，编号M208：1，钩体扁平，长条形，本部残，圆纽位于中部，鸭首状钩。长13.2、宽1.3厘米（图一六六）。

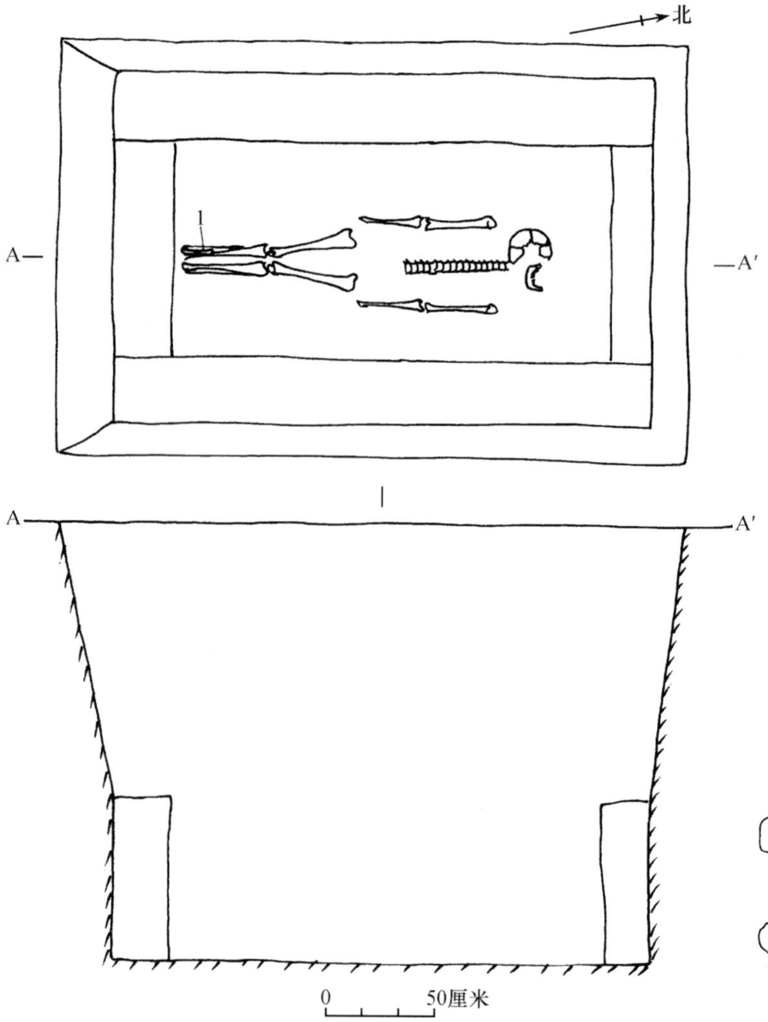

图一六五　M208平、剖面图
1. 铁带钩

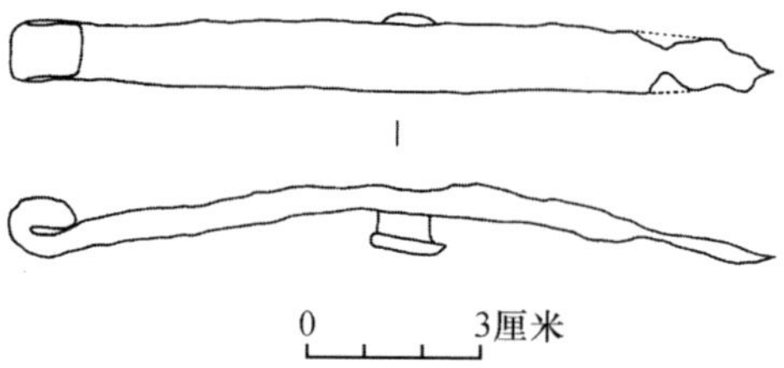

图一六六　M208出土铁带钩
（M208：1）

八四、M210

1. 墓葬形制与结构

该墓位于墓地西南部，开口于第2层下，距地表60厘米，墓葬形制为竖穴土坑墓，方向10°（图一六七）。

墓室：长方形竖穴土坑，长200、宽110厘米。直壁平底，两侧有生土二层台，宽20～25、高50厘米。墓底长200、宽85、墓口至墓底80厘米。填土为黄白花土。

葬具：不清。

葬式：人骨头向北，面向东，仰身屈肢，成年男性。

2. 随葬品

共1件，出自人头骨西部。

铜镜　1件，编号M210：1，素面体薄，小桥形纽，残（彩版九三，5）。

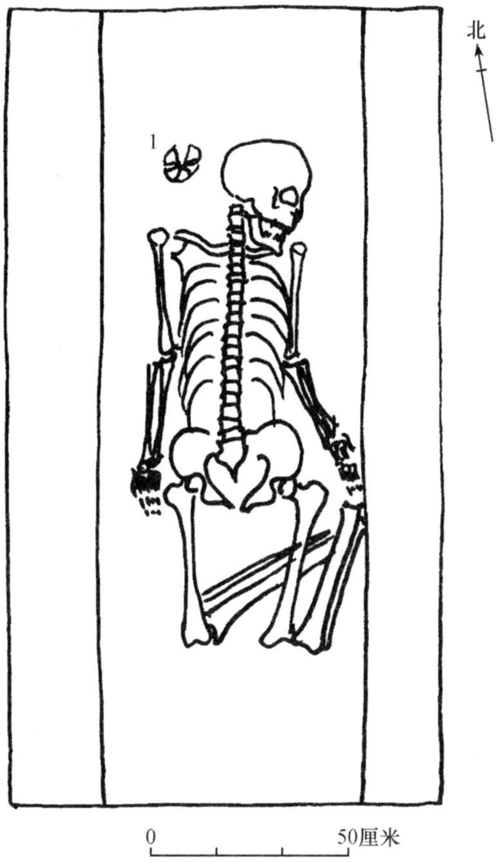

图一六七　M210平面图
1. 铜镜

八五、M217

1. 墓葬形制与结构

该墓位于墓地南部，开口于第2层下，距地表80厘米，墓葬形制为竖穴土坑墓，方向15°（图一六八）。

墓室：长方形竖穴土坑，长225、宽140厘米。直壁平底，两侧有生土二层台，宽25～40、高70厘米。墓底有两道横凹槽，宽6～18、深6～8厘米。墓底长225、宽64、墓口至墓底80厘米。填土为黄白花土。

葬具：不清。

葬式：人骨头向北，面向上，仰身屈肢，成年男性。

2. 随葬品

共3件，陶器均出自墓底东北角，铁带钩出自人头骨西侧。

陶罐　1件，编号M217：1，泥质灰陶，残碎，不能复原。

铁带钩　1件，编号M217：2，钩体扁平，内略弧，呈琵琶形，圆纽，残，长10.8、宽2.4厘米（图一六九，1）。

陶碗　1件，编号M217：3，泥质灰陶，敞口，微敛，钵形，璧形底，稍内凹，内圜底，口径15.7～14.1、深5.3、底径7.0、高0.5厘米（图一六九，2；彩版四七，5）。

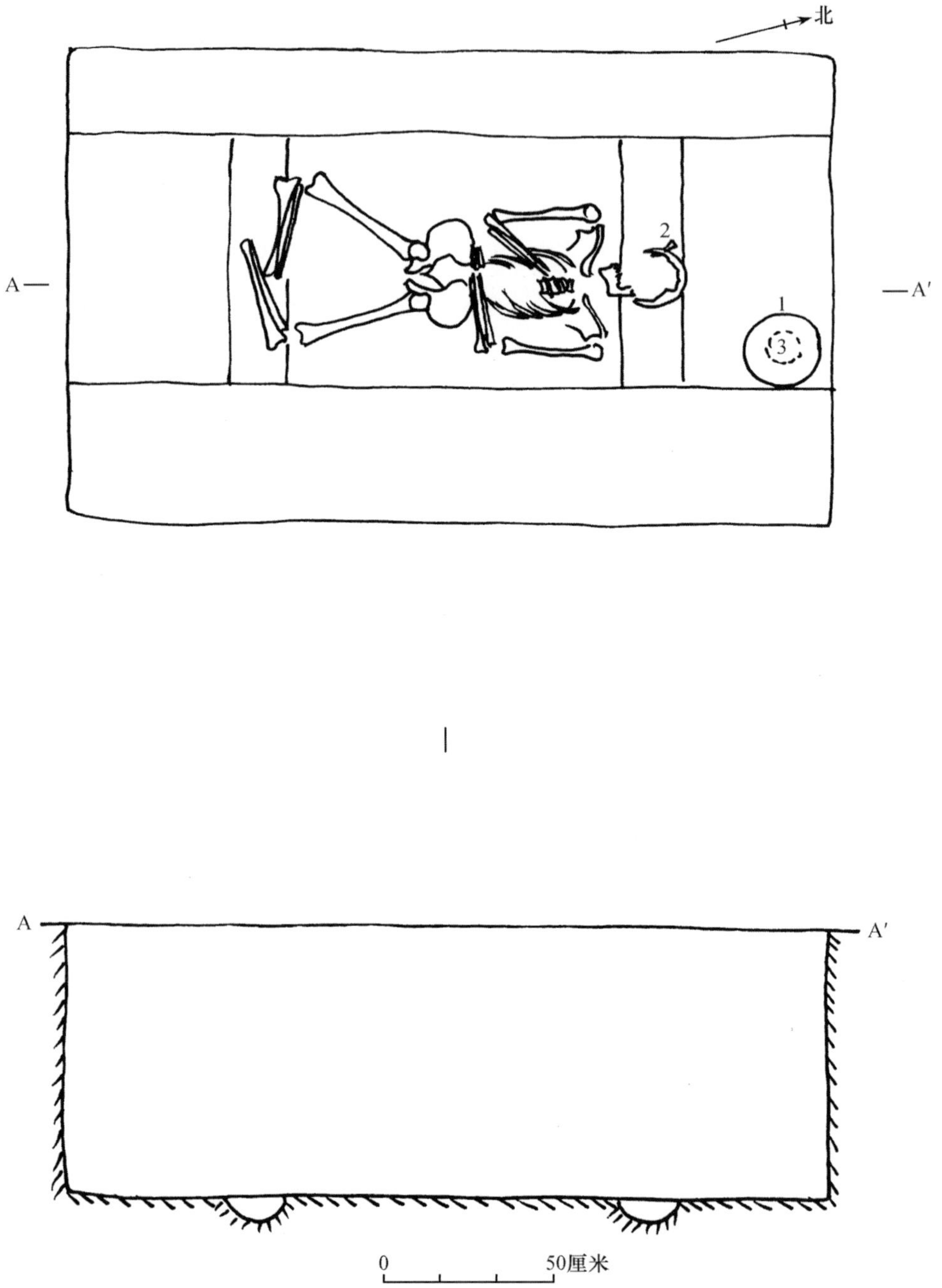

图一六八　M217平、剖面图

1. 陶罐　2. 铁带钩　3. 陶碗

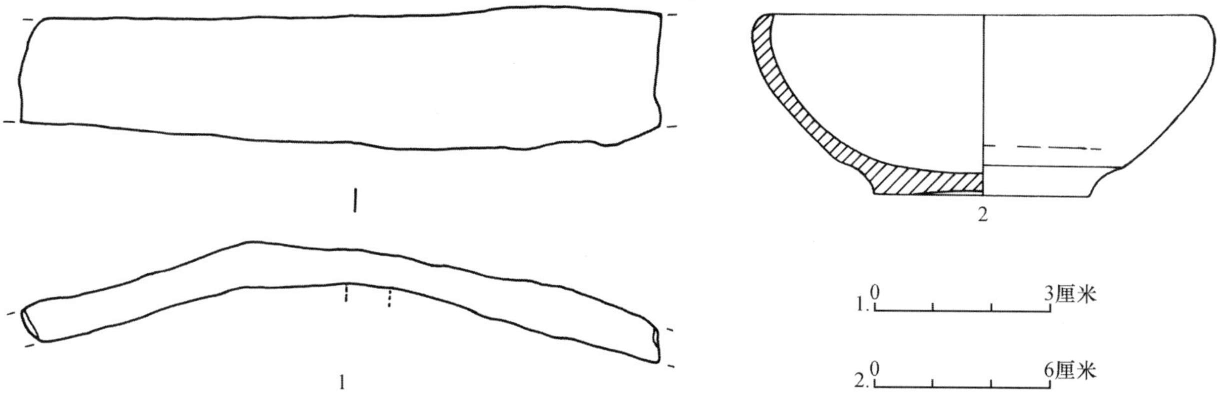

图一六九　M217出土器物

1. 铁带钩（M217：2）　2. 陶碗（M217：3）

八六、M219

1. 墓葬形制与结构

该墓位于墓地南部，开口于第2层下，距地表50厘米，墓葬形制为竖穴土坑墓，方向15°（图一七〇）。

墓室：长方形竖穴土坑，长215、宽133厘米。直壁平底，两侧有生土二层台，宽30、高80厘米。墓底长215、宽72、墓口至墓底120厘米。填土为黄白花土。

葬具：不清。

葬式：人骨架朽，仅见四肢骨，从整体看，头向北，仰身屈肢。

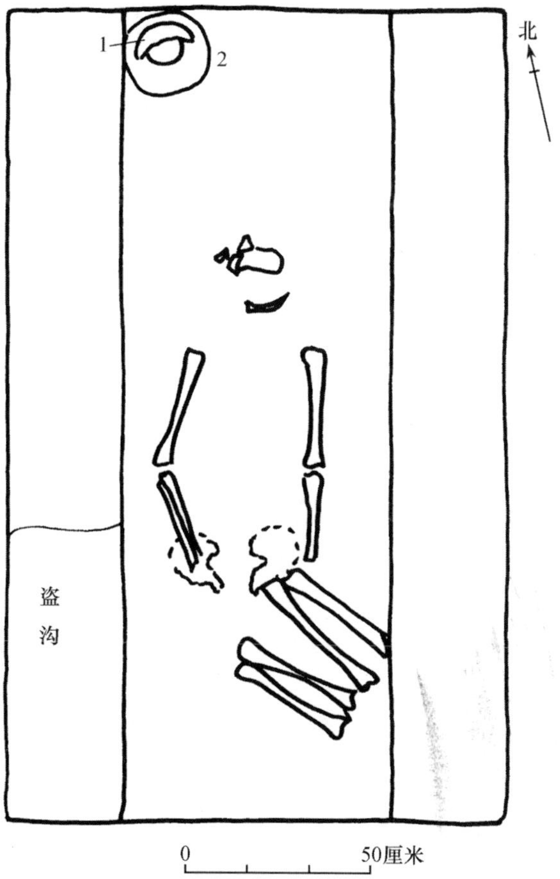

图一七〇　M219平面图

1. 陶碗　2. 陶罐

2. 随葬品

共2件，均出自墓底西北角。

陶罐　1件，编号M219：1，泥质灰陶，侈口，叠唇，直领，折肩，鼓腹，圜底，略内凹，下腹拍印粗绳纹，口、颈残。高22.5、腹径22.0厘米（图一七一）。

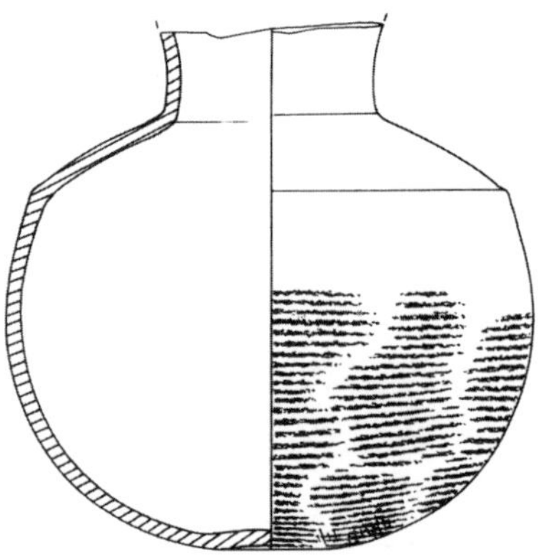

图一七一　M219出土陶罐
（M219：1）

陶碗　1件，编号M219：2，泥质灰陶，残碎不能复原。

八七、M222

1. 墓葬形制与结构

该墓位于墓地南部，开口于第2层下，距地表50厘米，墓葬形制为竖穴土坑墓，方向10°（图一七二）。

墓室：长方形竖穴土坑，长246、宽140～150厘米。斜壁平底，两侧有生土二层台，宽28、高70厘米。墓底长214、宽80、墓口至墓底150厘米。填土为黄白花土。

葬具：无。

葬式：人骨朽，仅见四肢骨，头向北，面向上，仰身屈肢，成年男性。

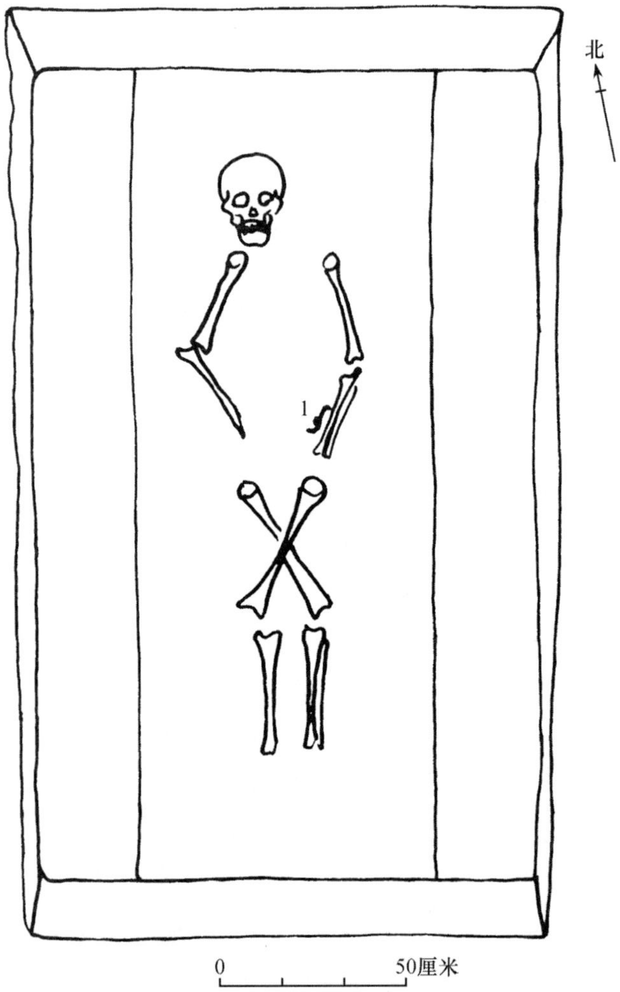

图一七二　M222平面图
1. 铜带钩

2. 随葬品

共1件，出自人骨左侧尺骨内侧。

铜带钩　1件，编号M222：1，钩体呈半圆柱形，本部齐尾，弧度小，圆纽，钩残。长9.5、径1.1厘米（图一七三；彩版六三，5）。

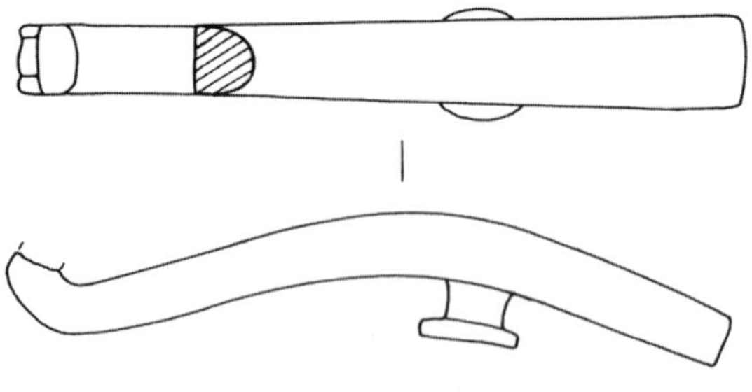

图一七三　M222出土铜带钩
（M222：1）

八八、M223

1. 墓葬形制与结构

该墓位于墓地南部，开口于第2层下，距地表70厘米，墓葬形制为竖穴土坑墓，方向10°（图一七四）。

墓室：长方形竖穴土坑，长250、宽175厘米。直壁平底，两侧有生土二层台，宽50、高70厘米。墓底长250、宽74、墓口至墓底140厘米。填土为黄白花土。

葬具：不甚清楚。

葬式：人骨朽，头向北，仰身直肢。

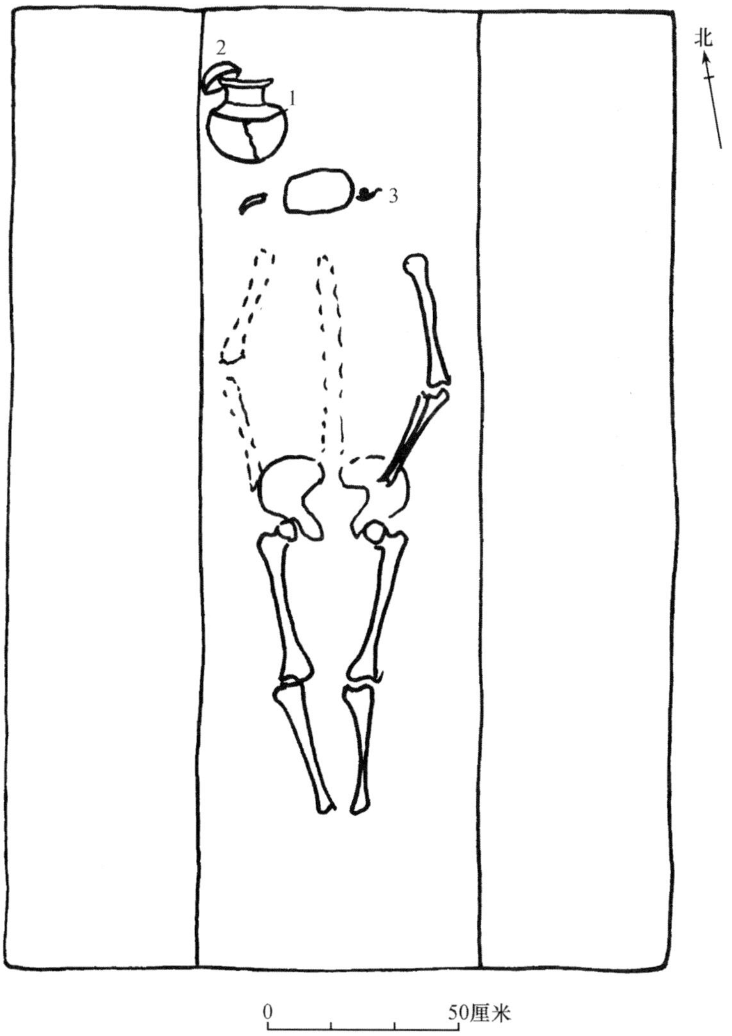

图一七四　M223平面图

1. 陶壶　2. 陶碗　3. 铜带钩

2. 随葬品

共3件（彩版四六，5），陶器出自墓底西北部，铜带钩出自人头骨东侧。

陶罐　1件，编号M223：1，泥质灰陶，侈口，叠唇，直领，折肩，鼓腹，圜底，略内凹，下腹拍印粗绳纹，高22.4、口径10.3、腹径20.8、领高5.5厘米（图一七五，1；彩版四六，5）。

陶碗　1件，编号M223：2，泥质灰陶，敛口，钵形，璧形底，稍内凹，口径13.3～15.0、深5.7、底径6.5、高0.3厘米（图一七五，2；彩版四六，5）。

铜带钩　1件，编号M223：3，钩体截面呈半圆形，内略弧，圆纽偏中部，本部圆尾，钩残，残长5.0、径1.1厘米（图一七五，3；彩版八〇，1）。

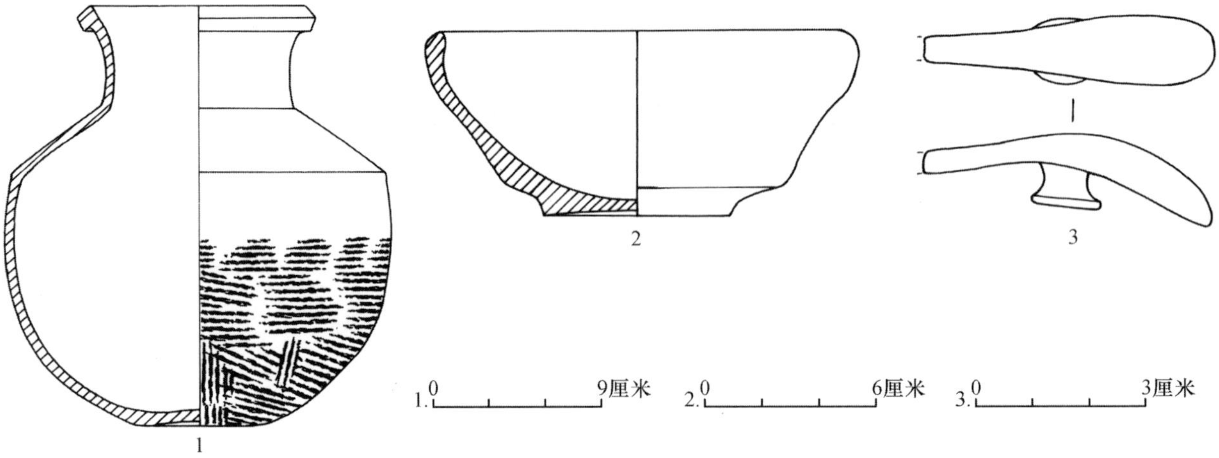

图一七五　M223出土器物

1. 陶罐（M223：1）　2. 陶碗（M223：2）　3. 铜带钩（M223：3）

八九、M224

1. 墓葬形制与结构

该墓位于墓地南部，开口于第2层下，距地表60厘米，墓葬形制为竖穴土坑墓，方向15°（图一七六）。

墓室：长方形竖穴土坑，长230、宽150厘米。直壁平底，两侧有生土二层台，宽32、高80厘米。北壁有龛，宽30、高25、进深20厘米。墓底长230、宽76、墓口至墓底230厘米。填土为黄白花土。

葬具：不清楚。

葬式：骨架朽，仅见四肢骨，头向北，面向西，仰身屈肢，成年男性。

2. 随葬品

共1件，出自北端壁龛内。

陶壶　1件，编号M224：1，泥质灰陶。侈口，斜平沿，弧颈，鼓腹，假圈足，平底座，蘑菇状子口盖。通高22.2、壶高19.9、口径10～11.8、腹径16.3、底径9.5厘米（图一七七；彩版三五，2）。

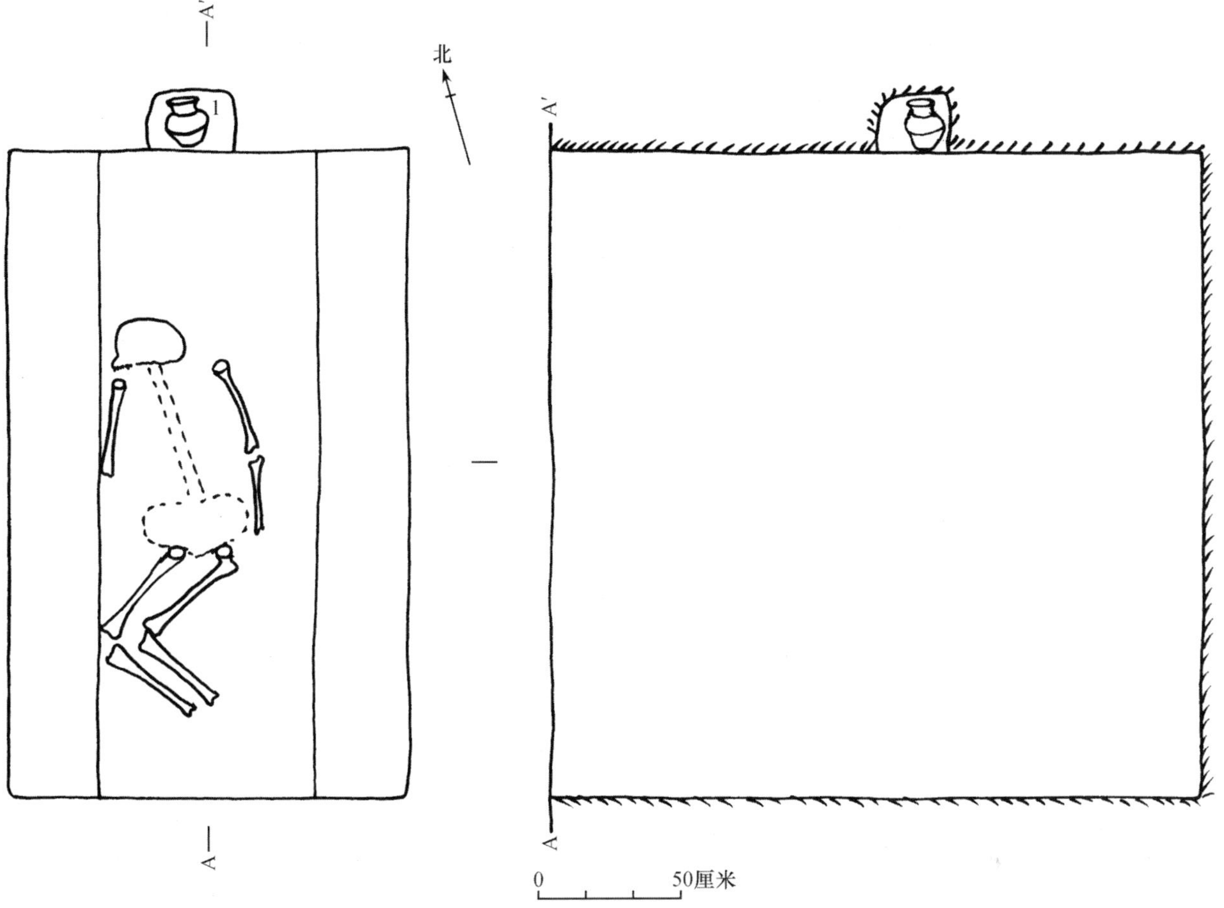

图一七六　M224平、剖面图
1. 陶壶

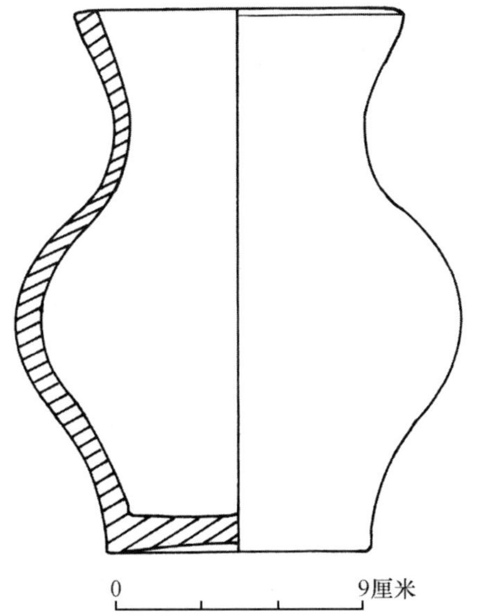

图一七七　M224出土陶壶
（M224：1）

九〇、M225

1. 墓葬形制与结构

该墓位于墓地南部，开口于第2层下，距地表90厘米，墓葬形制为竖穴土坑墓，方向280°（图一七八）。

墓室：长方形竖穴土坑，长240、宽190厘米。斜壁平底，周围有熟土二层台，宽26～30、高60厘米。墓底长210、宽140、墓口至墓底245厘米。填土为黄白花土。

葬具：有棺木朽痕，但不甚清楚。

葬式：人骨头向西，面向南，仰身屈肢，成年男性。

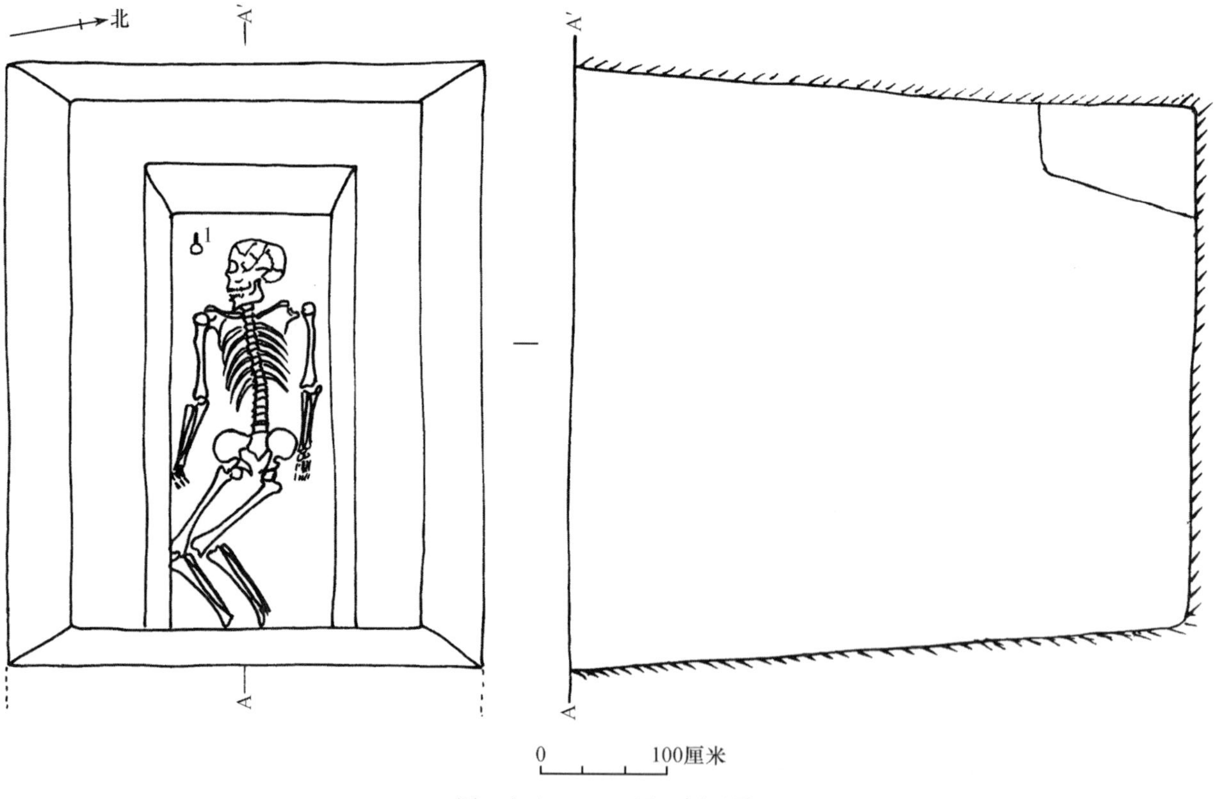

图一七八　M225平、剖面图

1. 铜带钩

2. 随葬品

共1件，出自墓底西南部。

铜带钩　1件，编号M225：1，钩体呈耜形，本部半圆形，中心凸出一竖脊，圆纽，纽前饰两道横凸棱，钩残。长5.0、宽3.2厘米（图一七九；彩版五九，1）。

九一、M227

1. 墓葬形制与结构

该墓位于墓地中南，T0505中部，开口于第2层下，距地表40厘米，墓葬形制为竖穴土坑墓，方向15°（图一八〇）。

墓室：长方形竖穴土坑，长370、宽260厘米。斜壁平底，四周有熟土二层台，宽38～50、高60厘米。墓底长330、宽235～245、墓口至墓底220厘米。填土为黄白花土。

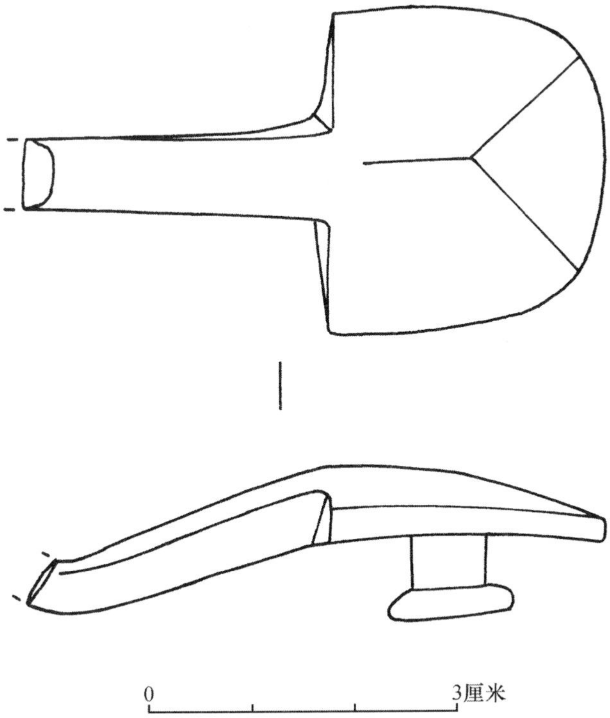

图一七九　M225出土铜带钩
（M225：1）

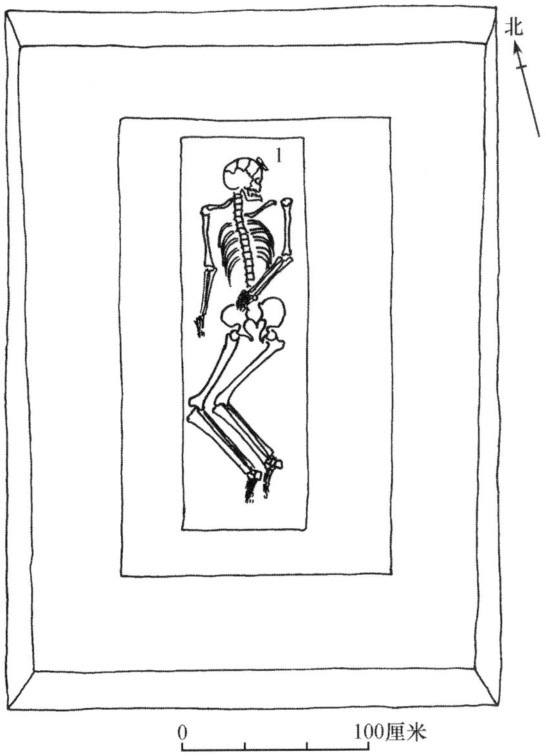

图一八〇　M227平面图
1. 铁带钩

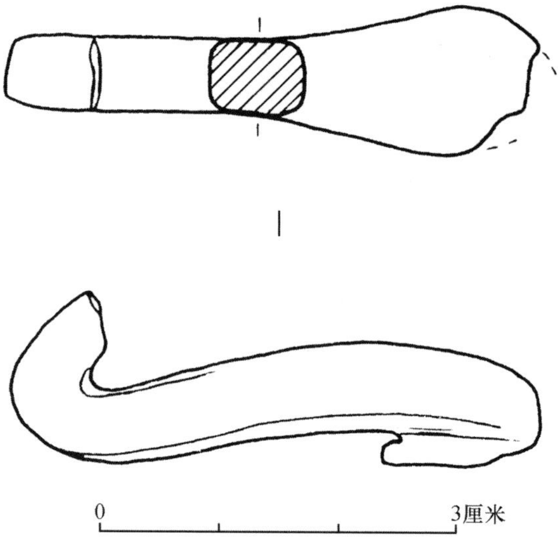

图一八一　M227出土铁带钩
（M227：1）

葬具：有棺木朽痕，长210、宽66厘米。

葬式：人骨头向北，面向东，仰身屈肢，成年男性。

2. 随葬品

共1件，出自人头骨左上边。

铁带钩　1件，编号M227：1，钩体截面呈三角形，内平外凸，内略弧，本部圆尾，圆纽偏后，首尾均残。长4.4、宽1.0厘米（图一八一）。

九二、M234

1. 墓葬形制与结构

该墓位于墓地西南部，开口于第2层下，距地表70厘米，墓葬形制为竖穴土坑墓，方向10°（图一八二）。

墓室：长方形竖穴土坑，长180、宽100厘米。直壁平底，两侧有生土二层台，宽15～30、高60厘米。墓底长180、宽60、墓口至墓底130厘米。填土为黄白花土。

葬具：有棺木朽痕，长180、宽60厘米。

葬式：人骨头向北，面向东，仰身屈肢，成年女性。

2. 随葬品

共2件，出自人头骨左前部。

小陶壶　1件，编号M234：1，泥质灰陶。平沿，直颈，鼓腹，假圈足，平底座，口沿残。高6.6、腹径7.2、底径3.2厘米（图一八三，1）。

铜带钩　1件，编号M234：2，钩体半圆柱竹节状，弧度小，本部齐尾，燕尾状，圆纽，纽前饰一道横凹槽，向

图一八二　M234平面图
1. 小陶壶　2. 铜带钩

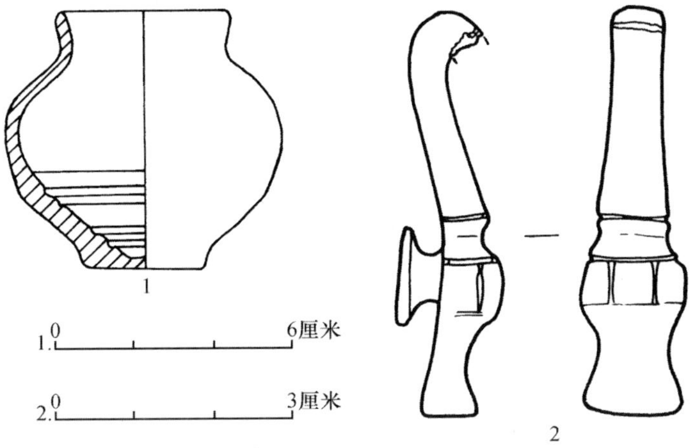

图一八三　M234出土器物

1. 小陶壶（M234：1）　2. 铜带钩（M234：2）

后顺饰二道细凹槽，钩残。长5.2、径1.0厘米（图一八三，2；彩版五二，2）。

九三、M239

1. 墓葬形制与结构

该墓位于墓地西南，T0301东北角，开口于第2层下，距地表65厘米，墓葬形制为竖穴土坑墓，方向14°（图一八四）。

墓室：长方形竖穴土坑，长340、宽296厘米。斜壁平底，两侧有生土二层台，宽40、高55厘米。墓底长287、宽146、墓口至墓底265厘米。填土为黄白花土。

葬具：有棺木朽痕，长184、宽70厘米。

葬式：人骨头向北，面向东，仰身屈肢，成年男性。

2. 随葬品

共1件，出自人骨右脚外侧。

铜带钩　1件，编号M239：1，钩体呈琵琶形，厚重，内略弧；正面浮雕菱形加卷云纹，间蟠螭纹，组成三组图纹，错金银，嵌绿松石；侧面雕卷云纹，错银；圆纽，纽面饰卷云纹，鸭首状钩。长12.8、径2.0厘米（图一八五；彩版七五）。

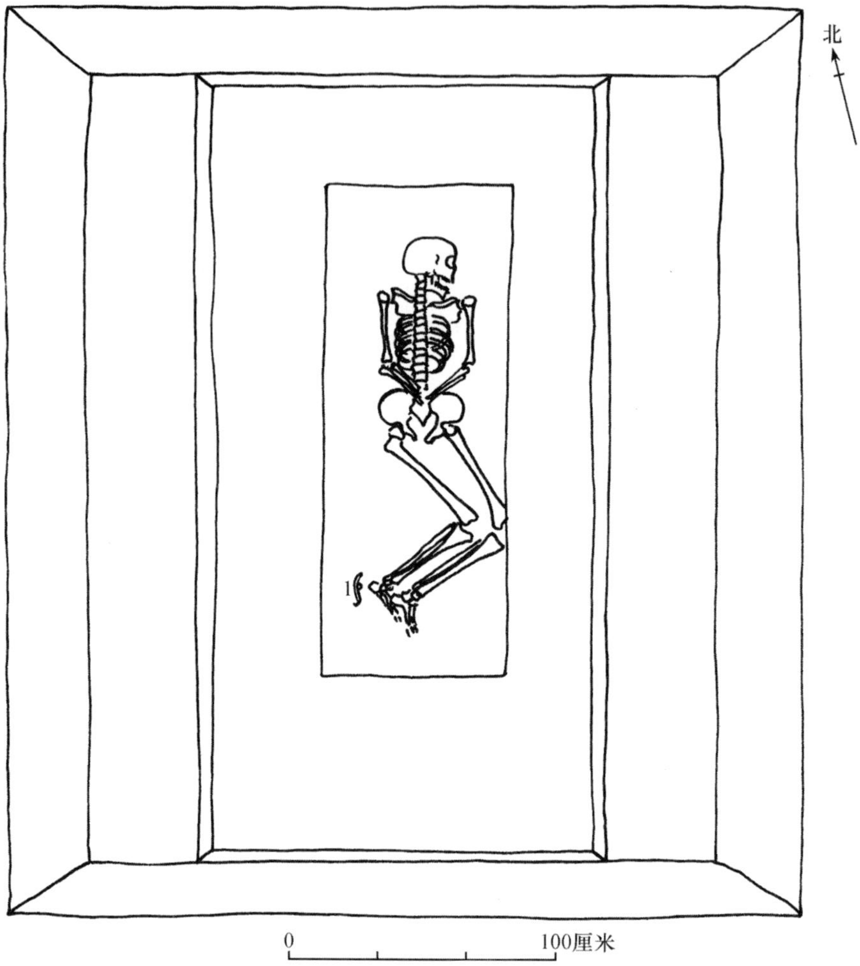

图一八四　M239平面图
1. 铜带钩

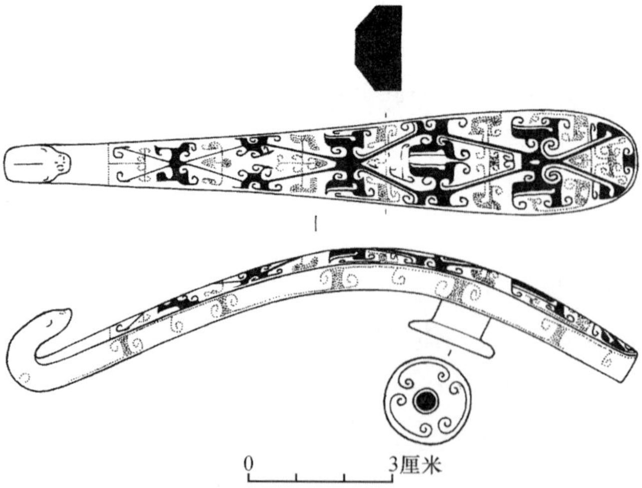

图一八五　M239出土铜带钩
（M239：1）

九四、M240

1. 墓葬形制与结构

该墓位于墓地西南，T0301东部，开口于第2层下，距地表55厘米，墓葬形制为竖穴土坑墓，方向110°（图一八六）。

墓室：长方形竖穴土坑，长198、宽116厘米。斜壁平底，两侧有生土二层台，宽18～20、高50厘米。墓底长176、宽50、墓口至墓底145厘米。填土为黄白花土。

葬具：不清。

葬式：人骨头向东，面向北，仰身屈肢，成年男性。

2. 随葬品

共1件，出自人头骨前边。

铜带钩　1件，编号M240：1，钩体呈耜形，本部半圆形，中心凸出三道脊呈“丫”字形，圆纽，钩残。长7.1、宽3.6厘米（图一八七；彩版五八，2）。

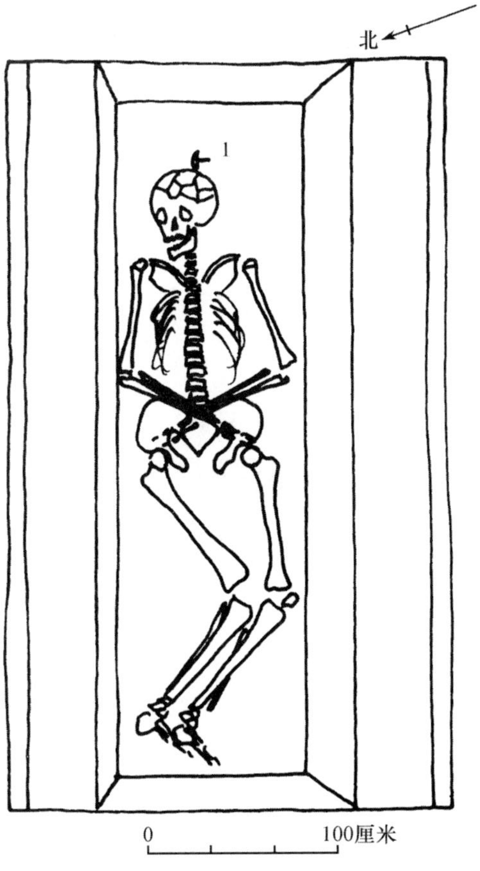

图一八六　M240平面图
1. 铜带钩

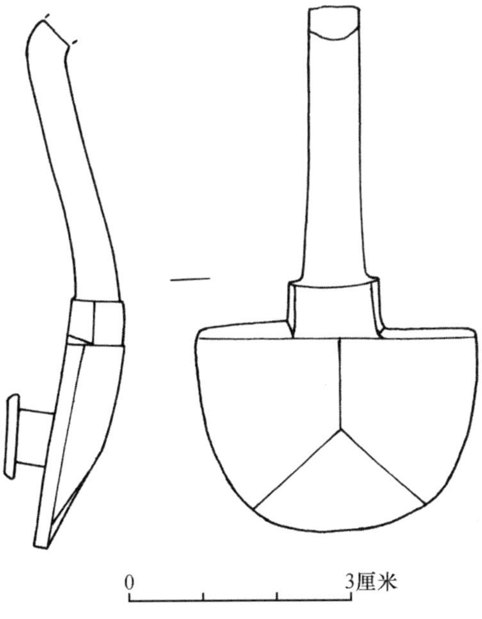

图一八七　M240出土铜带钩
（M240：1）

九五、M242

1. 墓葬形制与结构

该墓位于墓地中南部，T0501西南，开口于第2层下，距地表70厘米，墓葬形制为竖穴土坑墓，方向20°（图一八八）。

墓室：长方形竖穴土坑，长190、宽70～85厘米。直壁平底，南端有生土二层台，宽40、高50厘米。墓底长150、宽70～85、墓口至墓底120厘米。填土为黄白花土。

葬具：不清。

葬式：人骨头向北，面向东，仰身直肢，成年女性。

2. 随葬品

共1件，出自人骨右小臂处。

陶罐　1件，编号M242：1，泥质灰陶，侈口，方唇，小平沿，直领，削肩，鼓腹，平底，上腹饰竖绳纹、横宽划纹。高27.0、口径12.0、腹径20.3、底径15.5厘米（图一八九；彩版四〇，5）。

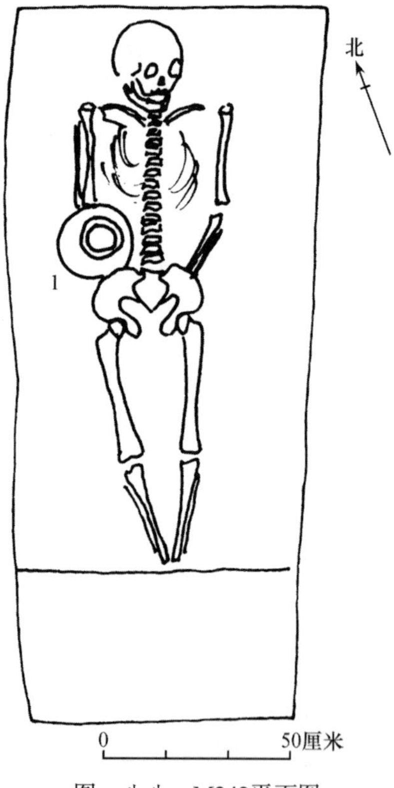

图一八八　M242平面图

1. 陶罐

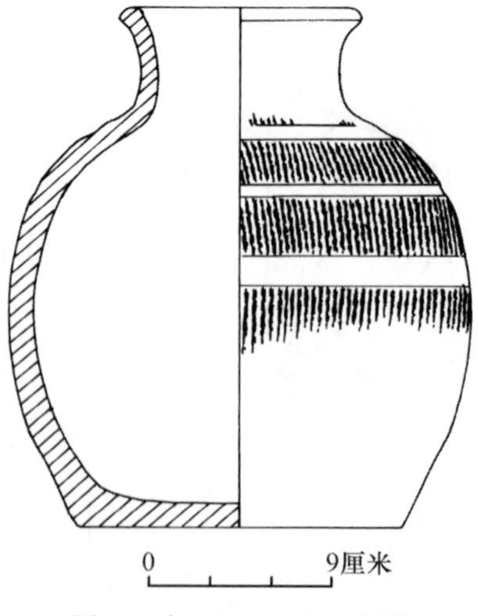

图一八九　M242出土陶罐

（M242：1）

九六、M243

1. 墓葬形制与结构

该墓位于墓地南中部，T0501东南部，开口于第2层下，距地表90厘米，墓葬形制为竖穴土坑墓，方向5°（图一九〇）。

墓室：长方形竖穴土坑，长230、宽130厘米。斜壁平底，两侧有生土二层台，宽20～30、高45厘米。墓底长180、宽60、墓口至墓底95厘米。填土为黄白花土。

葬具：不清。

葬式：人骨头向北，面向西，仰身直肢，成年男性。

图一九〇　M243平面图
1. 铁带钩

2. 随葬品

共1件，出自人头骨东侧。

铁带钩　1件，编号M243：1，钩体呈扁平长方形，钩体截面呈三角形，内平外凸，内略弧，本部尖尾，圆纽，钩残。长6.0、宽1.4厘米（图一九一）。

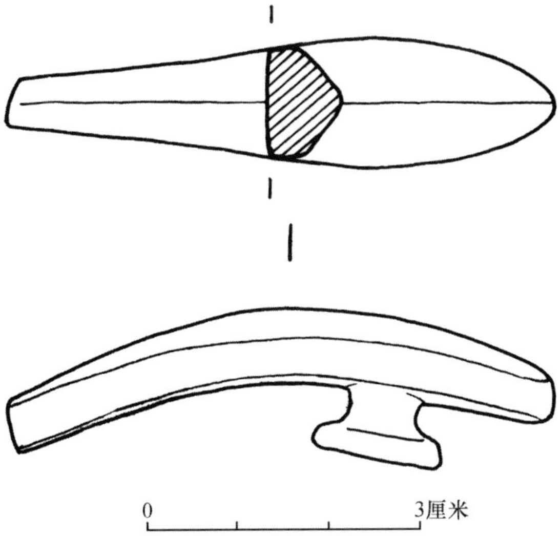

图一九一　M243出土铁带钩
（M243：1）

九七、M244

1. 墓葬形制与结构

该墓位于墓地南中部，T0501东南角，开口于第2层下，距地表120厘米，墓葬形制为竖穴土坑墓，方向190°（图一九二）。

墓室：长方形竖穴土坑，长185、宽60厘米。直壁平底，墓口至墓底45厘米。填土为黄白花土。

葬具：不清。

葬式：人骨头向南，面向上，仰身屈肢，成年男性。

2. 随葬品

共1件，出自人头骨左侧面部。

铁带钩　1件，编号M244：1，钩体近圆柱形，弧度小，本部齐尾残，圆纽近尾部，鸭首状钩。长5.7、径1.0厘米（图一九三）。

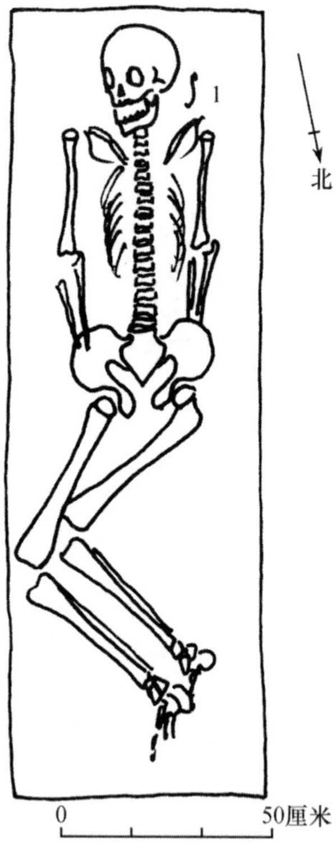

图一九二　M244平面图

1. 铁带钩

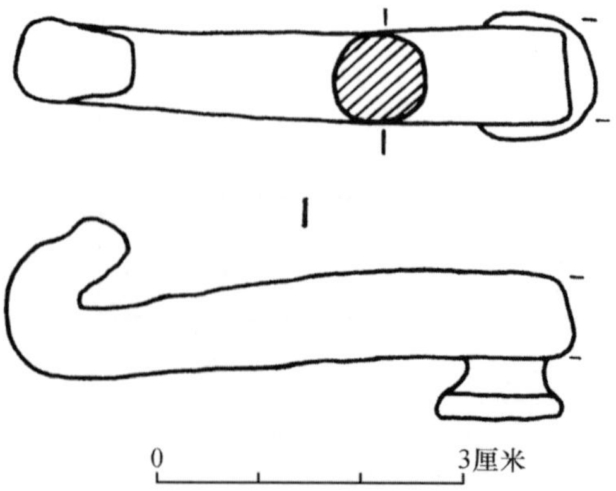

图一九三　M244出土铁带钩

（M244：1）

九八、M250

1. 墓葬形制与结构

该墓位于墓地西南，T0401北部，开口于第2层下，距地表80厘米，墓葬形制为竖穴土坑墓，方向21°（图一九四）。

墓室：长方形竖穴土坑，长206、宽112厘米。两端斜壁平底，有生土二层台，宽30、高40厘米。墓底长180、宽50、墓口至墓底70厘米。填土为黄白花土。

葬具：有棺木朽痕，长180、宽52厘米。

葬式：人骨头向北，面向西，仰身屈肢，成年男性。

2. 随葬品

共1件，出自人骨右侧盆骨外。

图一九四　M250平面图

1. 铜线

铜钱　1枚，编号M250：1，圜钱，圆孔，无郭，正面铸“垣”字，钱上附有编织物。径4.0厘米（图一九五；彩版九〇，2、4）。

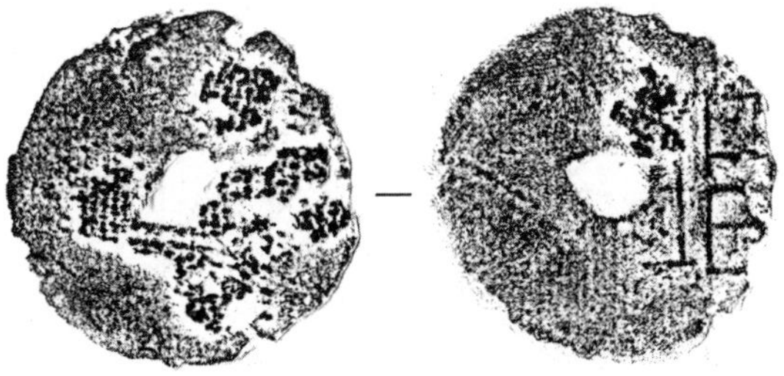

图一九五　M250出土铜钱

（M250：1）

九九、M252

1. 墓葬形制与结构

该墓位于墓地南中部，T0502西南部，开口于第2层下，距地表55厘米，墓葬形制为竖穴土坑墓，方向15°（图一九六）。

墓室：长方形竖穴土坑，长266、宽170厘米。斜壁平底，四周有生土二层台，宽20～25、高80厘米。墓底长202、宽104、墓口至墓底175厘米。填土为黄白花土。

葬具：有棺，已朽，不甚清楚。

葬式：人骨头向北，面向西，仰身屈肢，成年男性。

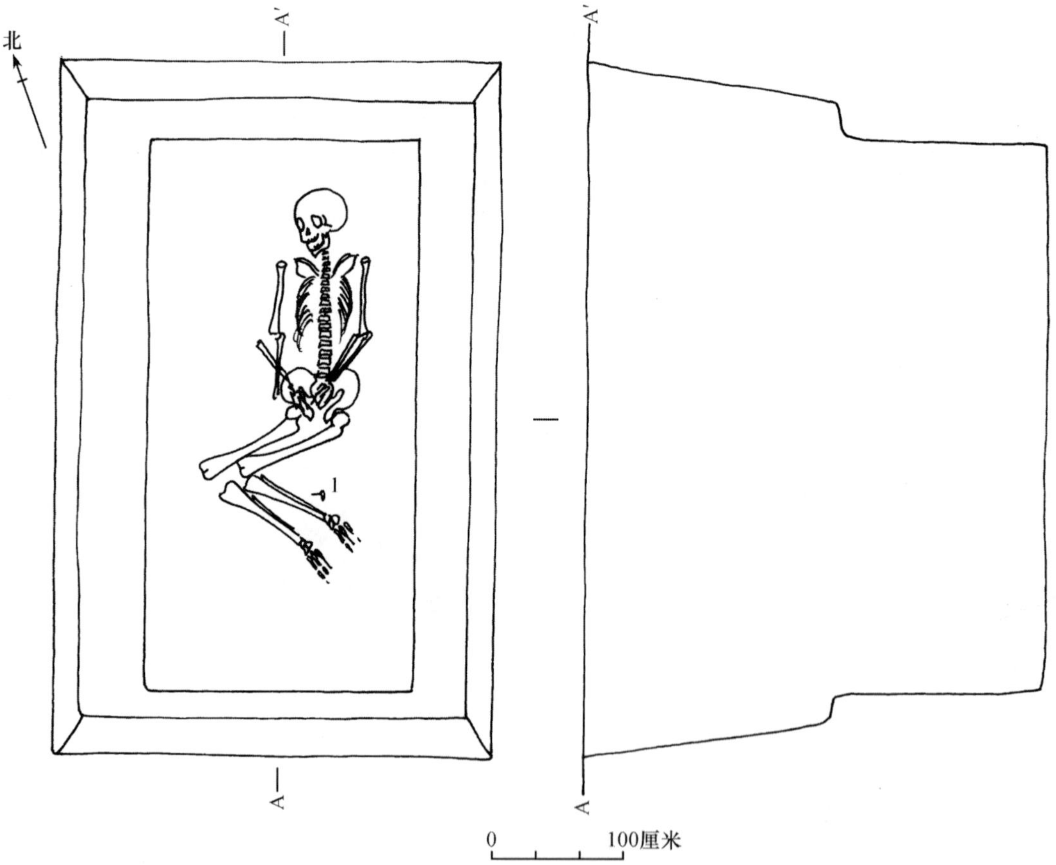

图一九六　M252平、剖面图

1. 铜带钩

2. 随葬品

共1件，出自人骨左胫骨外。

铜带钩　1件，编号M252：1，钩体呈耜形，本部圆形，中心凸出一道竖脊，圆纽钩残。长4.9、宽3.0厘米（图一九七；彩版六〇，1）。

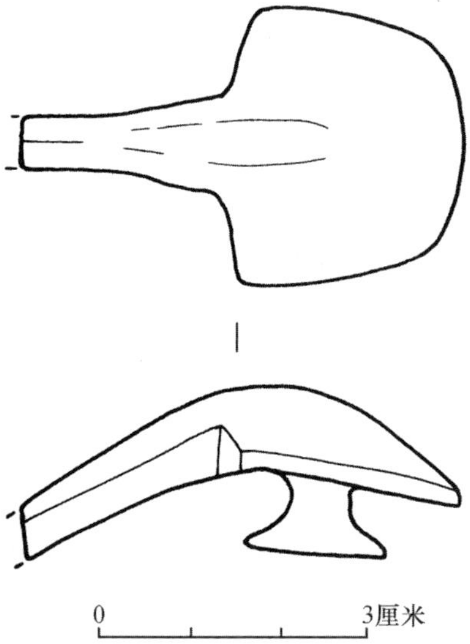

图一九七　M252出土铜带钩（M252：1）

一〇〇、M253

1. 墓葬形制与结构

该墓位于墓地中南部，T0502中部，开口于第2层下，距地表90厘米，墓葬形制为竖穴土坑墓，方向12°（图一九八）。

墓室：长方形竖穴土坑，长180、宽60厘米。直壁平底，墓口至墓底52厘米。填土为黄白花土。

葬具：有棺木朽痕，长180、宽60、高10厘米。

葬式：人骨头向北，面向西，仰身屈肢，成年男性。

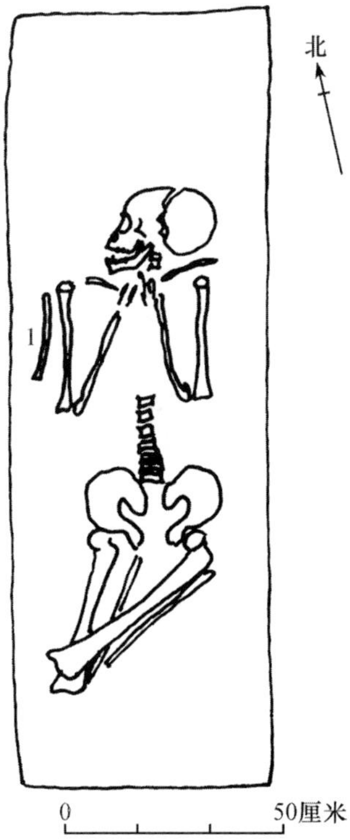

图一九八　M253平面图
1. 铁带钩

2. 随葬品

共1件，出自人骨左肱骨外侧。

铁带钩　1件，编号M253：1，钩体扁平，内凹，弧度大，呈琵琶形，正面顺饰二道凸棱，圆纽偏中部，鸭首状钩，正面浮雕错金银，嵌绿松石，因锈蚀，不甚清楚，多脱落。长20.4、宽2.6厘米（图一九九）。

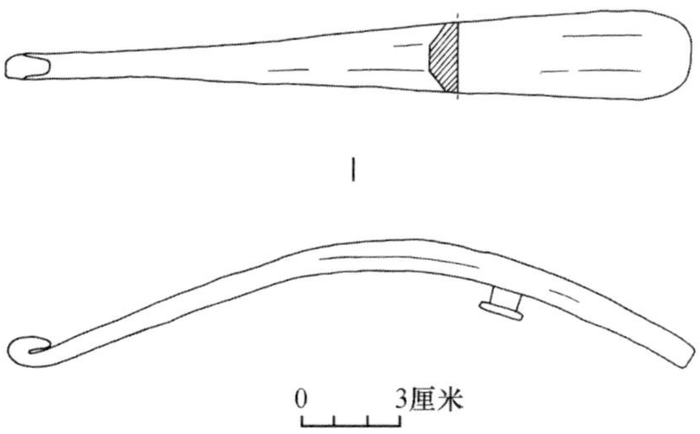

图一九九　M253出土铁带钩（M253：1）

一〇一、M254

1. 墓葬形制与结构

该墓位于墓地中南部，T0502东北，开口于第2层下，距地表95厘米，墓葬形制为竖穴土坑墓，方向5°（图二〇〇）。

墓室：长方形竖穴土坑，长230、宽150厘米。斜壁平底，周有生土二层台，宽12～28、高70厘米。墓底长200、宽70、墓口至墓底150厘米。填土为黄白花土。

葬具：有棺木朽痕，长200、宽70、高15厘米。

葬式：人骨头向北，面向西，仰身直肢，女性少年。

2. 随葬品

共1件，出自人头骨西侧。

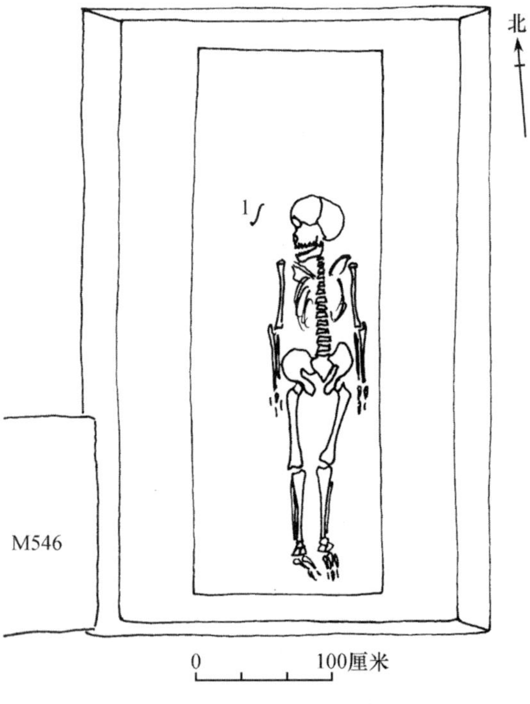

图二〇〇　M254平面图
1. 铁带钩

铁带钩　1件，编号M254：1，钩体截面呈三角形，内平外凸，内略弧，本部圆尾，稍残，圆纽偏后，鸭首状钩。长4.2、宽1.3厘米（图二〇一）。

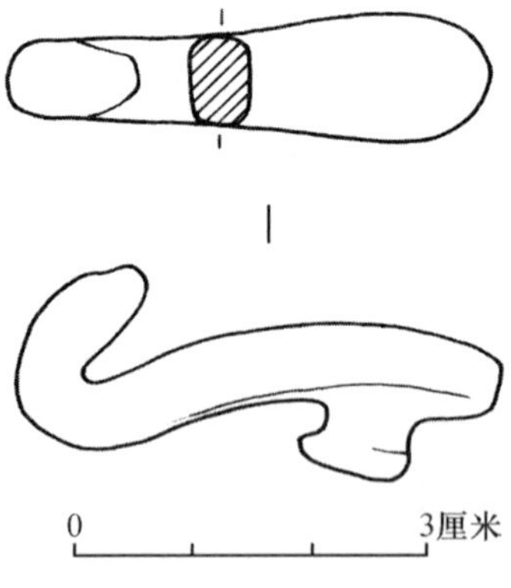

图二〇一　M254出土铁带钩
（M254：1）

一〇二、M255

1. 墓葬形制与结构

该墓位于墓地南中部，T0502北部，开口于第2层下，距地表75厘米，墓葬形制为竖穴土坑墓，方向15°（图二〇二）。

墓室：长方形竖穴土坑，长256、宽165厘米。斜壁平底，四周有生土二层台，宽23～48、高35厘米。墓底长186、宽70、墓口至墓底95厘米。填土为黄白花土。

葬具：不甚清楚。

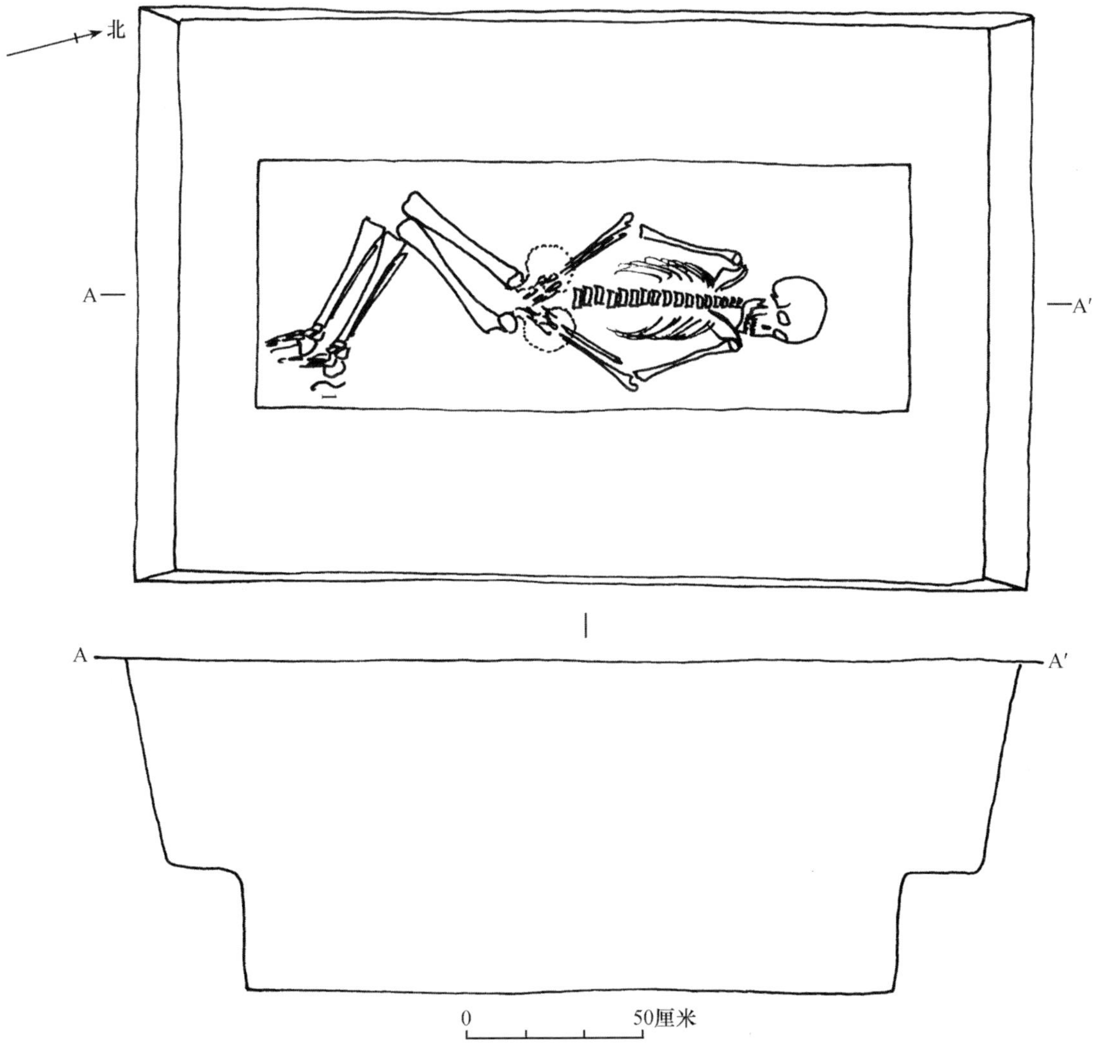

图二〇二　M255平、剖面图

1. 铁带钩

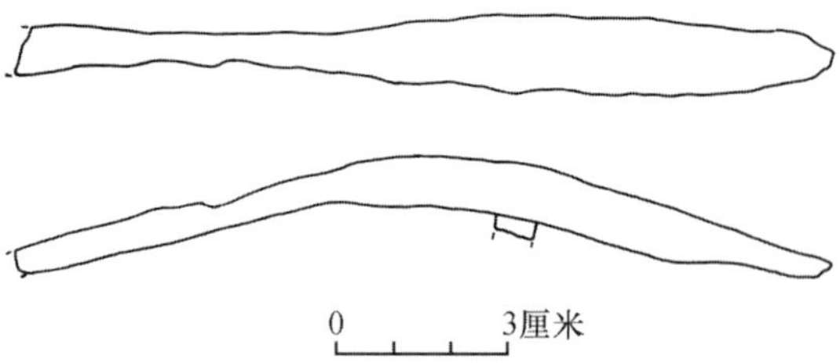

图二〇三　M255出土铁带钩
（M255：1）

葬式：人骨头向北，面向东，仰身屈肢，成年男性。

2. 随葬品

共1件，出自人骨左脚外侧。

铁带钩　1件，编号M255：1，钩体呈半圆柱形，瘦长，弧度较大，本部圆尾，圆纽，钩残。长14.0、径1.2厘米（图二〇三）。

一〇三、M257

1. 墓葬形制与结构

该墓位于墓地西南，T0403东南角，开口于第2层下，距地表55厘米，墓葬形制为竖穴土坑墓，方向12°（图二〇四）。

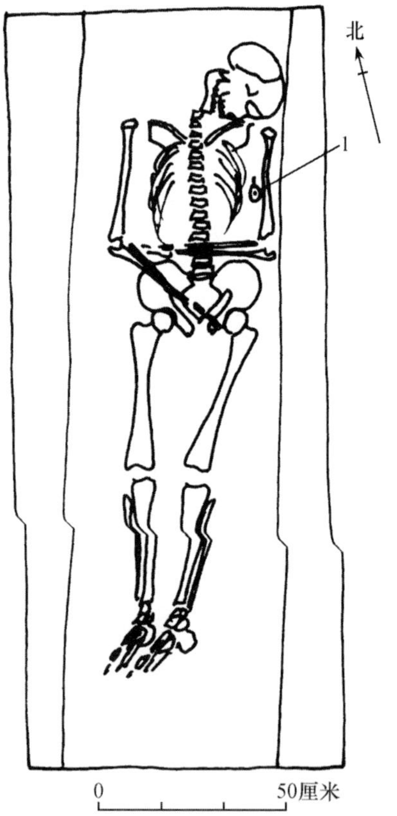

图二〇四　M257平面图
1. 铜带钩

墓室：长方形竖穴土坑，长200、宽84厘米。直壁平底，墓口至墓底100厘米。填土为黄白花土。

葬具：有棺木朽痕，长200、宽56厘米。

葬式：人骨头向北，面向南，仰身直肢，成年男性。

2. 随葬品

共1件，出自人骨左肱骨内侧。

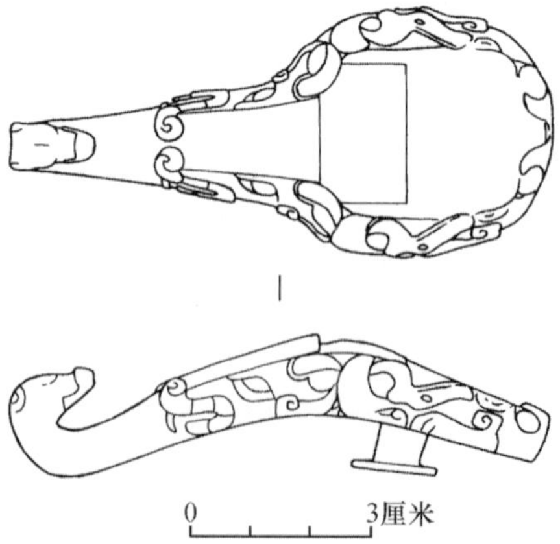

图二〇五　M257出土铜带钩
（M257：1）

铜带钩　1件，编号M257：1，钩体近圆形，扁平且厚，正面平滑，仅刻一方格，周边镂雕夔纹，圆纽，鸭首状钩。长8.7、径3.9厘米（图二〇五）。

一〇四、M258

1. 墓葬形制与结构

该墓位于墓地西南，T0403东北部，开口于第2层下，距地表50厘米，墓葬形制为竖穴土坑墓，方向10°（图二〇六）。

墓室：长方形竖穴土坑，长232、宽144厘米。斜壁平底，两侧有生土二层台，宽25～40、高55厘米。墓底长208、宽66、墓口至墓底105厘米。填土为黄白花土。

葬具：不甚清楚。

葬式：人骨头向北，面向东，仰身直肢，成年男性。

2. 随葬品

共1件，出自墓底西北角。

陶罐　1件，编号M258：1，泥质灰陶，口颈残，球腹，圜底，稍内凹，上腹饰竖细绳纹间细弦纹，下腹饰斜细绳纹。残高22.5、腹径24.3厘米（图二〇七）。

一〇五、M260

1. 墓葬形制与结构

该墓位于墓地西南，T0403南部，开口于第2层下，距地表50厘米，墓葬形制为竖穴土坑墓，方向5°（图二〇八）。

墓室：长方形竖穴土坑，长200、宽130厘米。斜壁平底，两侧有生土二层台，宽15、高55厘米。墓底长180、宽70、墓口至墓底155厘米。填土为黄白花土。

葬具：有棺木朽痕，长180、宽70厘米。

葬式：人骨头向北，面向西，仰身屈肢，成年男性。

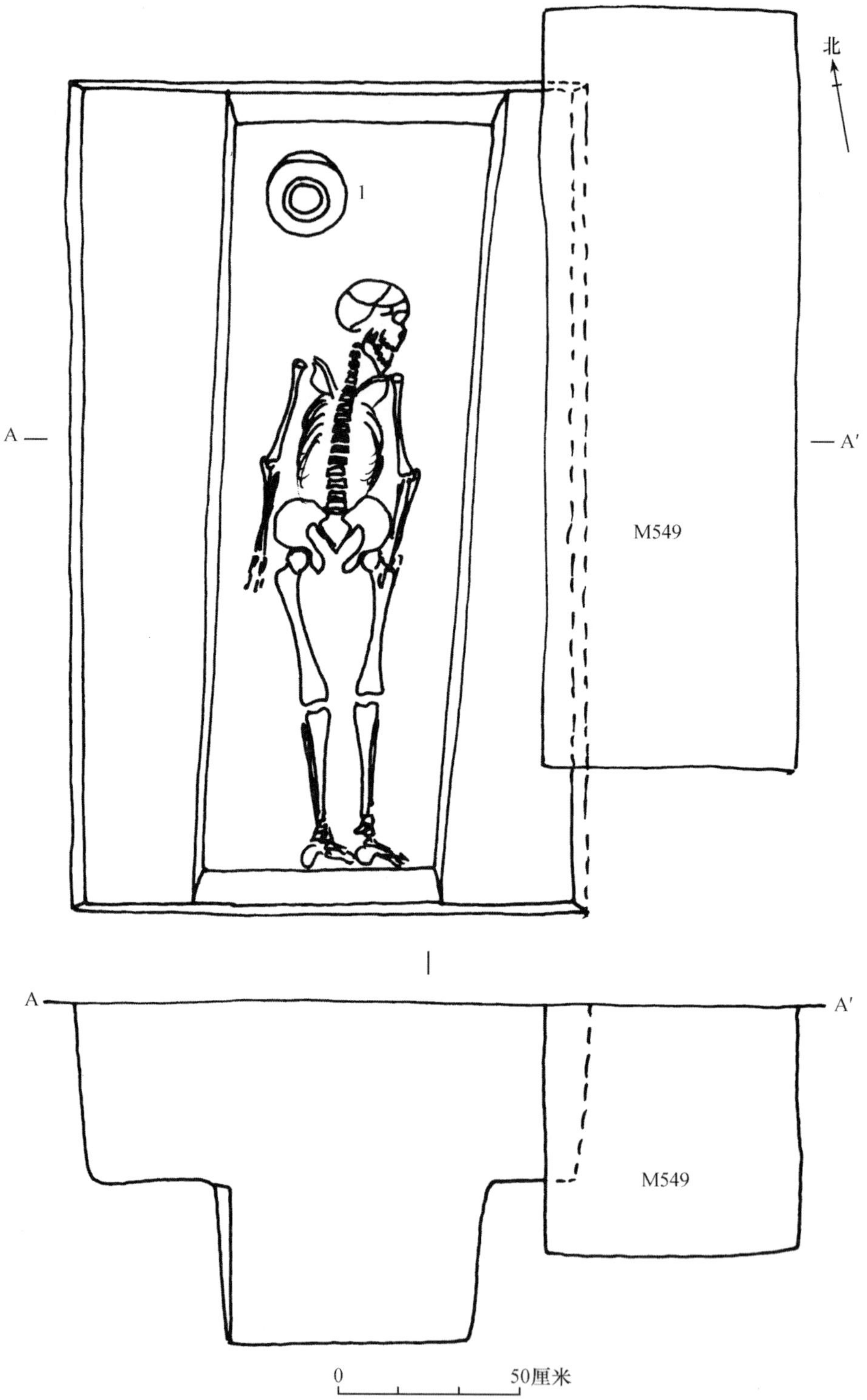

图二〇六　M258平、剖面图

1. 陶罐

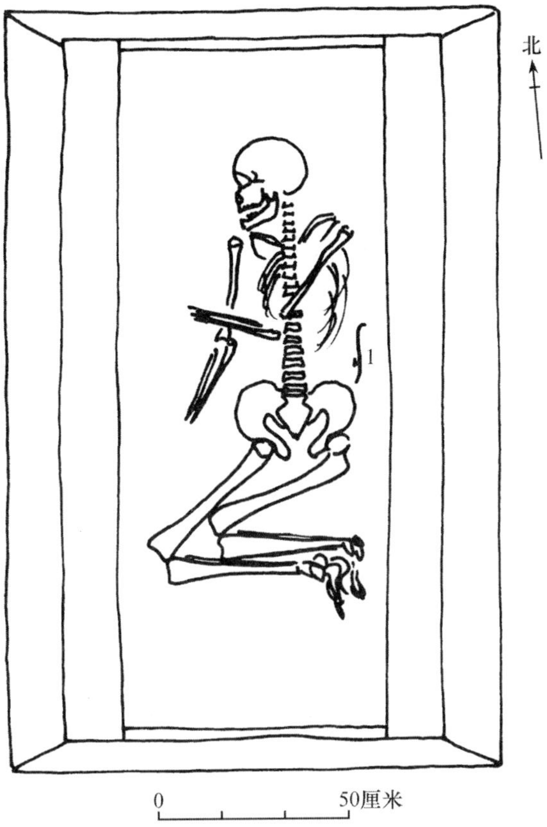

图二〇八　M260平面图
1. 铁带钩

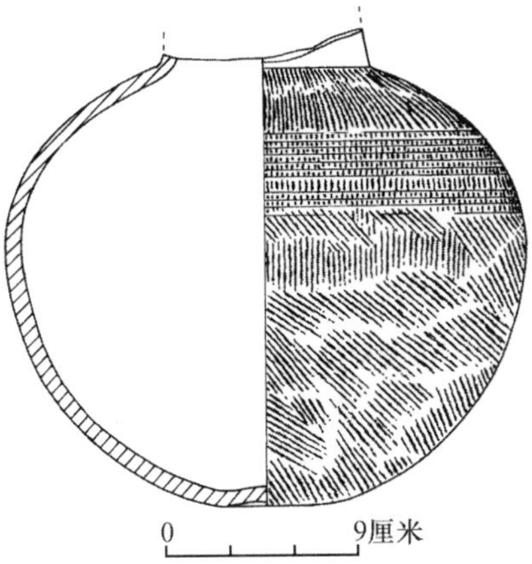

图二〇七　M258出土陶罐
（M258：1）

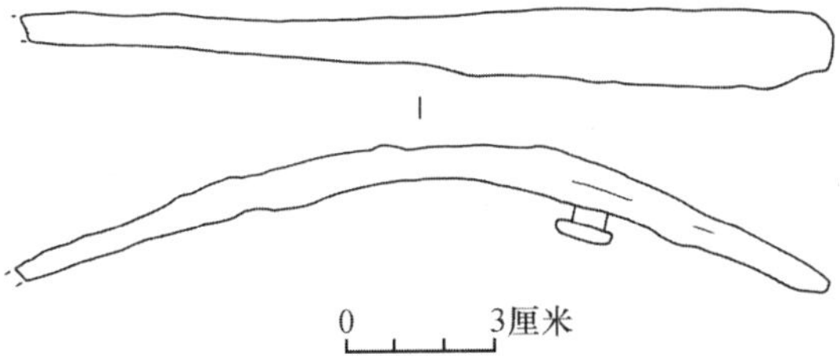

图二〇九　M260出土铁带钩
（M260：1）

2. 随葬品

共1件，出自人骨腰部东侧。

铁带钩　1件，编号M260：1，钩体呈半圆柱形，弧度较大，圆纽偏中部，本部圆尾，钩残。长18.2、径1.6厘米（图二〇九）。

一〇六、M261

1. 墓葬形制与结构

该墓位于墓地西南，T0303东部，开口于第2层下，距地表55厘米，墓葬形制为竖穴土坑墓，方向5°（图二一〇）。

图二一〇　M261平面图
1. 铜带钩

墓室：长方形竖穴土坑，长254、宽160厘米。斜壁平底，四周有生土二层台，宽16～22、高70厘米。墓底长200、宽80、墓口至墓底155厘米。填土为黄白花土。

葬具：有棺木朽痕，长154、宽60厘米。

葬式：人骨头向北，面向西，仰身屈肢，成年男性。

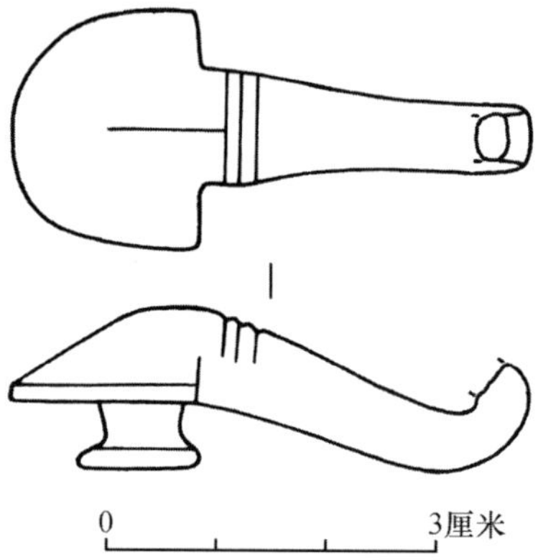

图二一一　M261出土铜带钩
（M261：1）

2. 随葬品

共1件，出自人骨脚部。

铜带钩　1件，编号M261：1，钩体呈耜形，本部半圆形，中心凸出一竖脊，圆纽，纽前饰二道横凸棱，钩残。长4.7、径2.1厘米（图二一一；彩版五九，2、3）。

一〇七、M262

1. 墓葬形制与结构

该墓位于墓地西南，T0303中北部，开口于第2层下，距地表50厘米，墓葬形制为竖穴土坑墓，方向10°（图二一二）。

墓室：长方形竖穴土坑，长190、宽96厘米。直壁平底，两侧有生土二层台，宽20～28、高50厘米。墓底长180、宽50、墓口至墓底110厘米。填土为黄白花土。

葬具：不清。

葬式：人骨头向北，面向东，仰身直肢，成年男性。

2. 随葬品

共1件，出自人头骨西侧。

铁削　1件，编号M262：1，方环形首，背略弧，柄本一体，锋、柄均残。长12.1、宽1.1厘米（图二一三；彩版九九，3）。

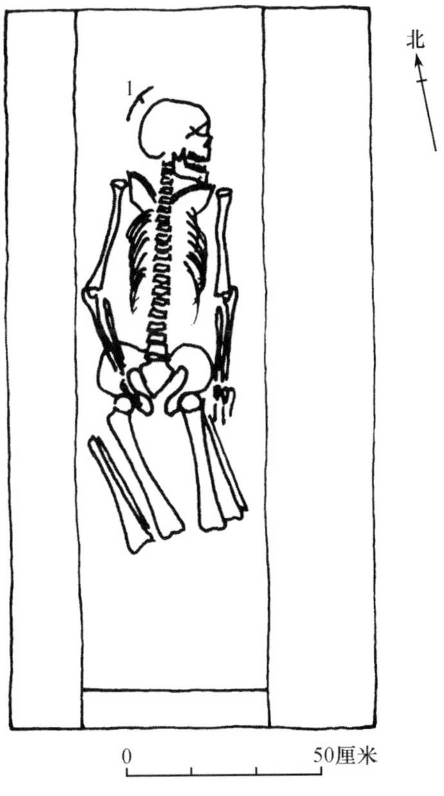

图二一二　M262平面图

1. 铁带钩

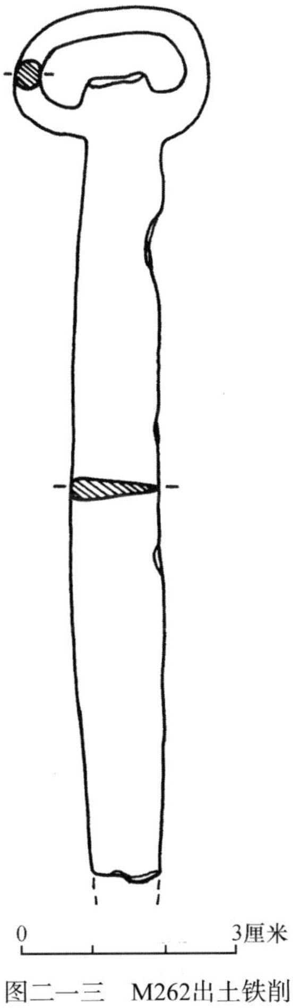

图二一三　M262出土铁削

（M262：1）

一〇八、M263

1. 墓葬形制与结构

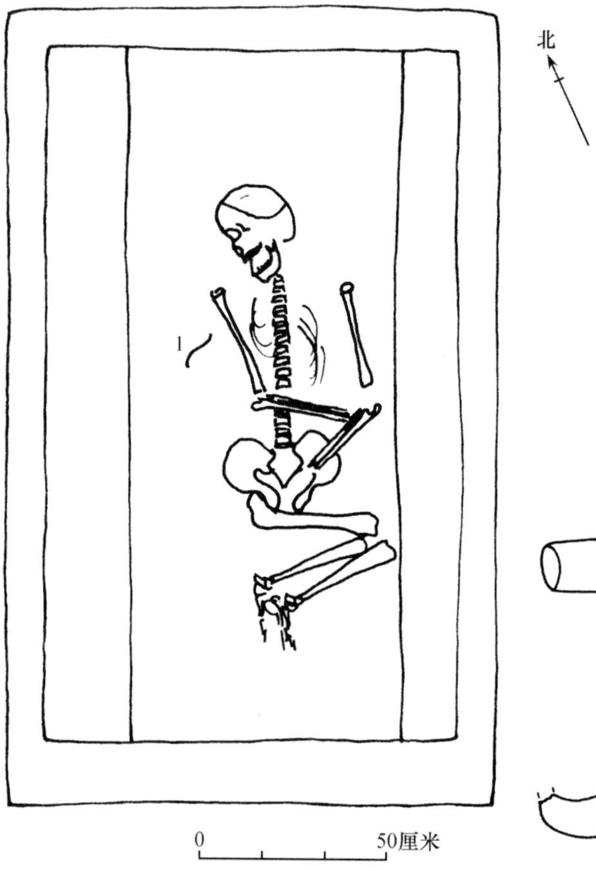

图二一四　M263平面图
1. 铜带钩

该墓位于墓地西南，T0303东南部，开口于第2层下，距地表60厘米，墓葬形制为竖穴土坑墓，方向30°（图二一四）。

墓室：长方形竖穴土坑，长210、宽130厘米。斜壁平底，两侧有生土二层台，宽15～20、高70厘米。墓底长180、宽75、墓口至墓底155厘米。填土为黄白花土。

葬具：有棺木朽痕，长180、宽75厘米。

葬式：人骨头向北，面向西，仰身屈肢，成年女性。

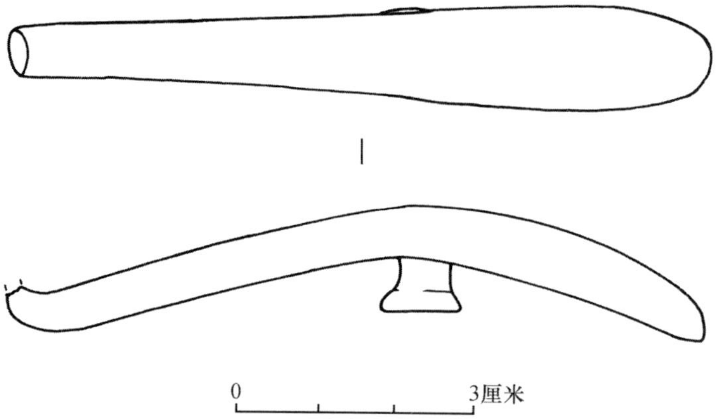

图二一五　M263出土铜带钩
（M263：1）

2. 随葬品

共1件，出自人骨右肱骨外侧。

铜带钩　1件，编号M263：1，钩体截面呈半圆形，内略弧，本部圆尾，圆纽偏中部，鸭首状钩残。长8.0、径1.2厘米（图二一五；彩版七九，3）。

一〇九、M264

1. 墓葬形制与结构

该墓位于墓地西南，T0302中部，开口于第2层下，距地表70厘米，墓葬形制为竖穴土坑墓，方向117°（图二一六）。

墓室：长方形竖穴土坑，长184、宽74厘米。斜壁平底，墓底长178、宽70、墓口至墓底50厘米。填土为黄白花土。

葬具：不清。

葬式：人骨头向东，面向北，仰身屈肢，成年男性。

2. 随葬品

共1件，出自人骨右脚外侧。

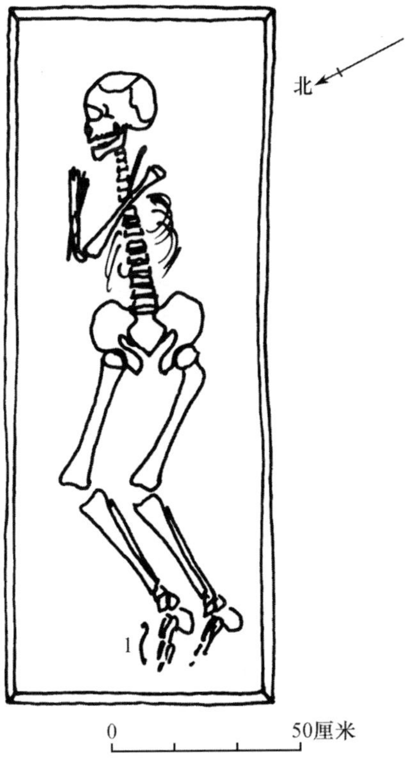

图二一六　M264平面图

1. 铜带钩

铜带钩　1件，编号M264：1，钩体近圆柱形，弧度小，本部齐尾，圆纽，鸭首状钩。长11.5、径0.6～0.9厘米（图二一七；彩版六四，5）。

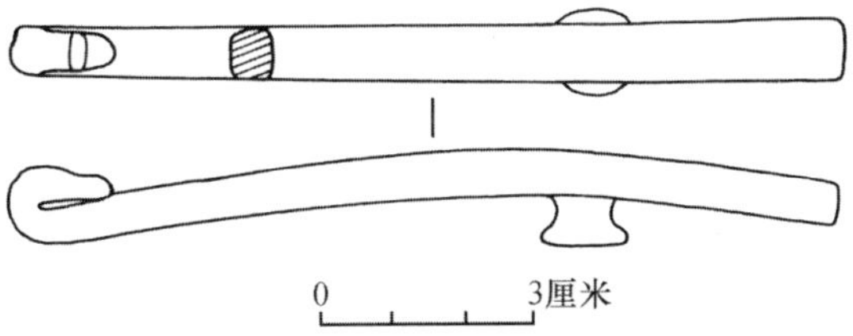

图二一七　M264出土铜带钩
（M264：1）

一一〇、M265

1. 墓葬形制与结构

该墓位于墓地西南，T0302东北部，开口于第2层下，距地表60厘米，墓葬形制为竖穴土坑墓，方向5°（图二一八）。

墓室：长方形竖穴土坑，长230、宽130厘米。斜壁平底，两侧有生土二层台，宽15～18、高70厘米。墓底长180、宽80、墓口至墓底145厘米。填土为黄白花土。

葬具：不清。

葬式：人骨头向北，面向上，仰身屈肢，成年男性。

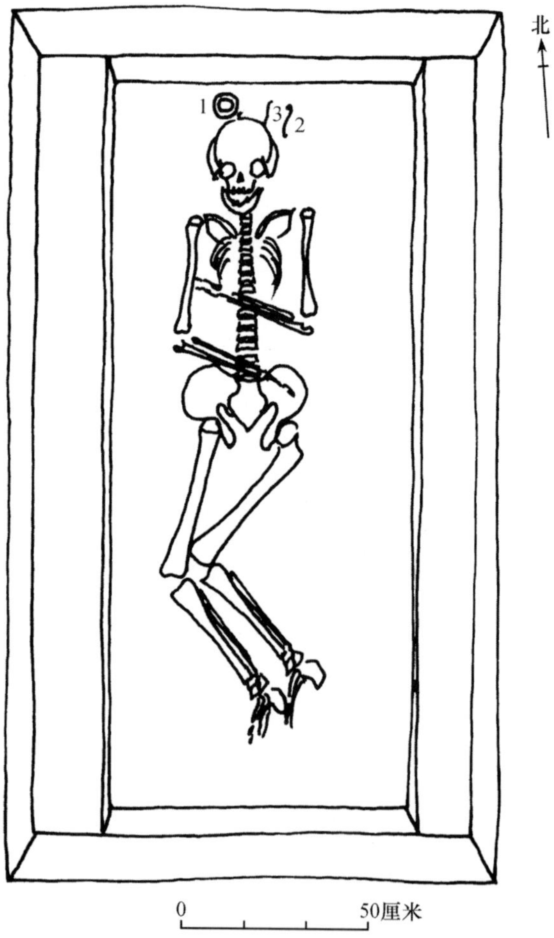

图二一八　M265平面图

1. 水晶环　2、3. 铜带钩

2. 随葬品

共2件，均出自人头骨前。

水晶环　1件，编号M265：1，环体截面六边形，外边大三角形，外径4.5、内径2.2厘

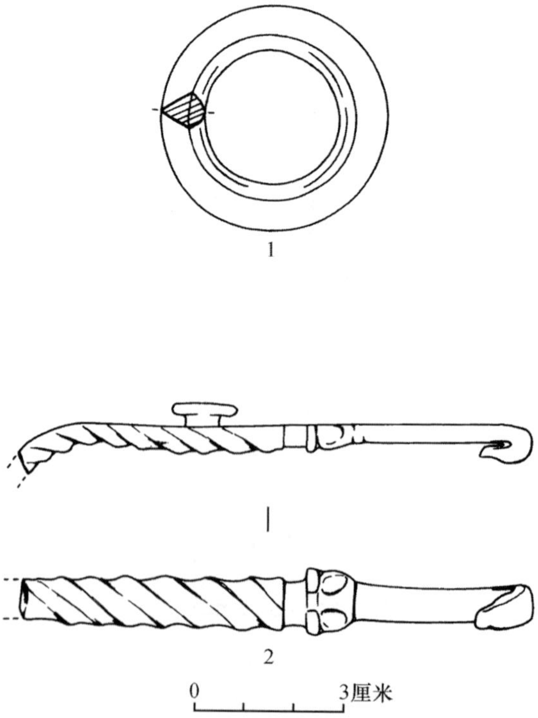

图二一九　M265出土器物

1. 水晶环（M265：1）　2. 铜带钩（M265：2）

米（图二一九，1；彩版一〇一，4）。

铜带钩　1件，编号M265：2，钩体腐蚀严重，长条状，本部呈龟头形，圆纽，钩断，钩体饰斜凸棱纹。残长7.2、宽1.1厘米（图二一九，2；彩版六四，2）。

一一一、M269

1. 墓葬形制与结构

该墓位于墓地西南，T0303西部，开口于第2层下，距地表50厘米，墓葬形制为竖穴土坑墓，方向5°（图二二〇）。

墓室：长方形竖穴土坑，长220、宽120厘米。直壁平底，四周有生土二层台，宽15～26、高60厘米。墓底长190、宽70、墓口至墓底130厘米。填土为黄白花土。

葬具：不清。

葬式：人骨头向北，面向东，仰身屈肢，成年男性。

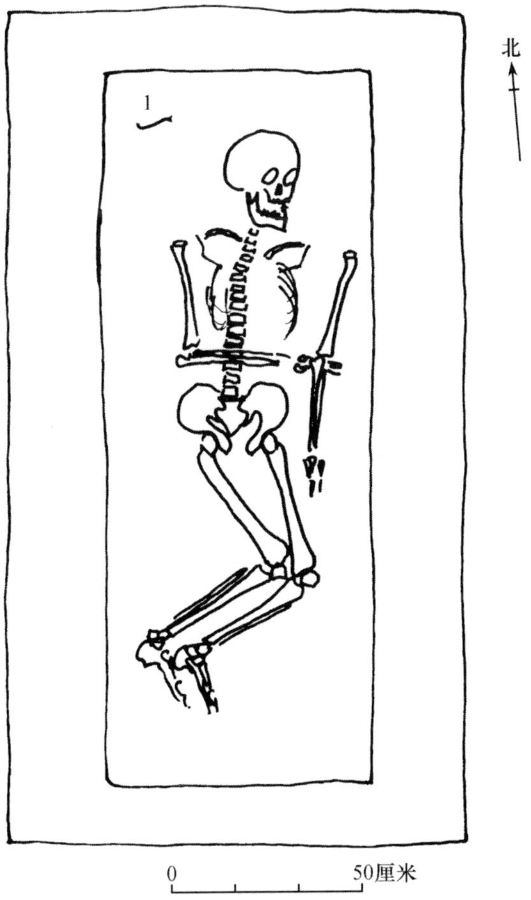

图二二〇　M269平面图

1. 铁带钩

2. 随葬品

共1件，出自墓底西北部。

铁带钩　1件，编号M269：1，钩体截面呈三角形，内平外凸，内略弧，本部圆尾，圆纽偏后，钩残。长5.2、宽1.0厘米（图二二一）。

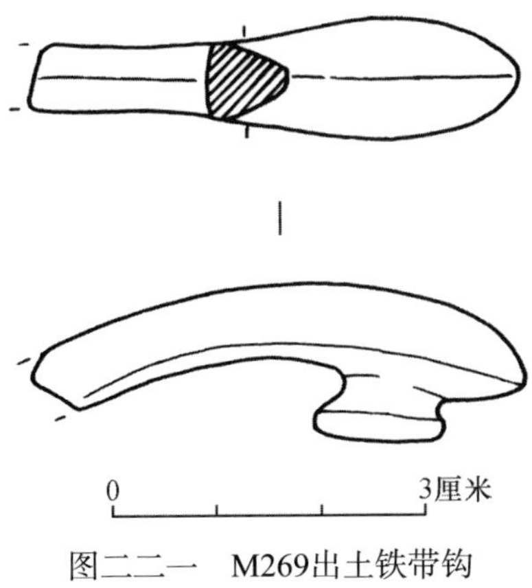

图二二一　M269出土铁带钩

（M269：1）

一一二、M272

1. 墓葬形制与结构

该墓位于墓地南中部，T0504东北部，开口于第2层下，距地表75厘米，墓葬形制为竖穴土坑墓，方向5°（图二二二）。

墓室：长方形竖穴土坑，长214、宽114厘米。斜壁平底，三面有生土二层台，宽14～25、高45厘米。墓底长168、宽44、墓口至墓底101厘米。填土为黄白花土。

葬具：有棺木朽痕，长160、宽45厘米。

葬式：人骨头向北，面向西，仰身屈肢，成年男性。

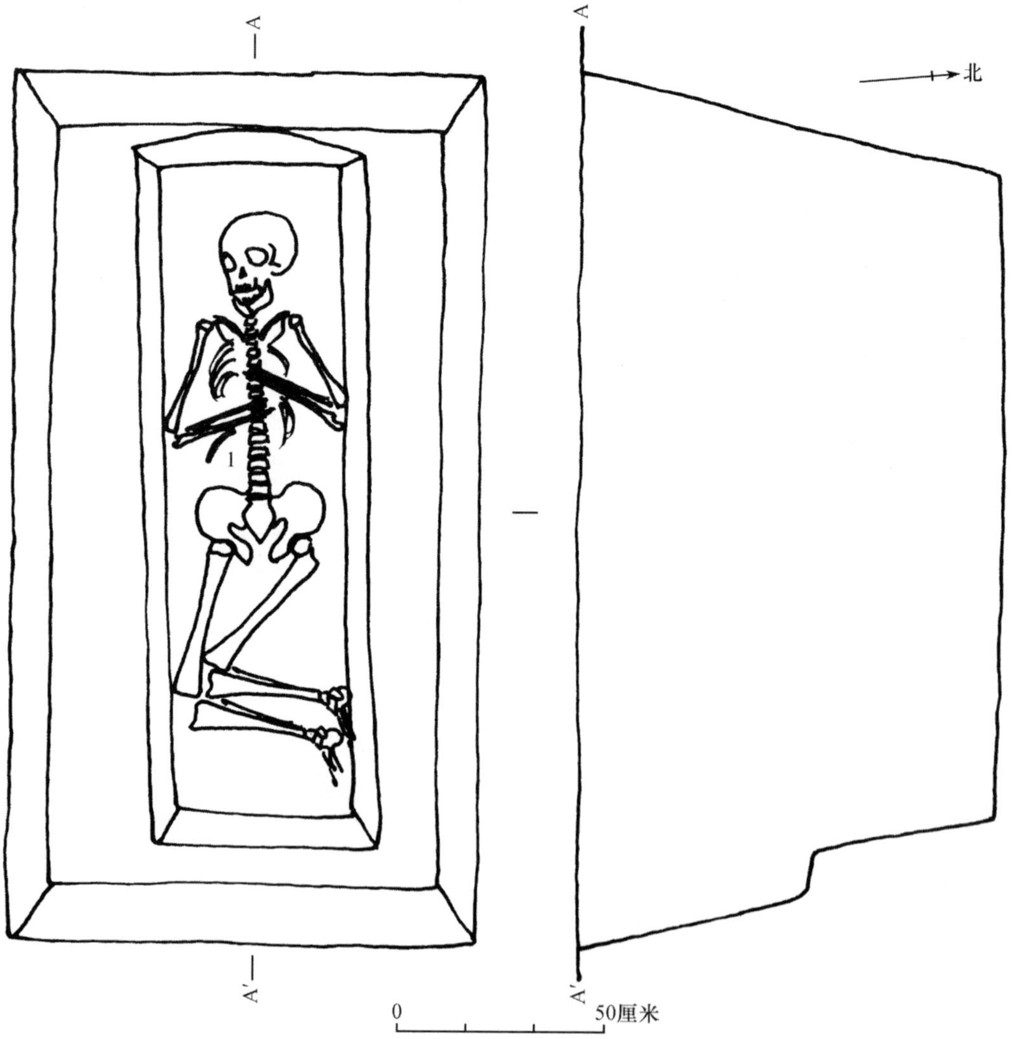

图二二二　M272平、剖面图

1. 铁带钩

2. 随葬品

共1件，出自人骨右侧腰部。

铁带钩　1件，编号M272：1，钩体扁平，内凹，弧度大，琵琶形，正面顺饰二道凸棱，圆纽偏中部，鸭首状钩。长14.6、宽1.7厘米（图二二三）。

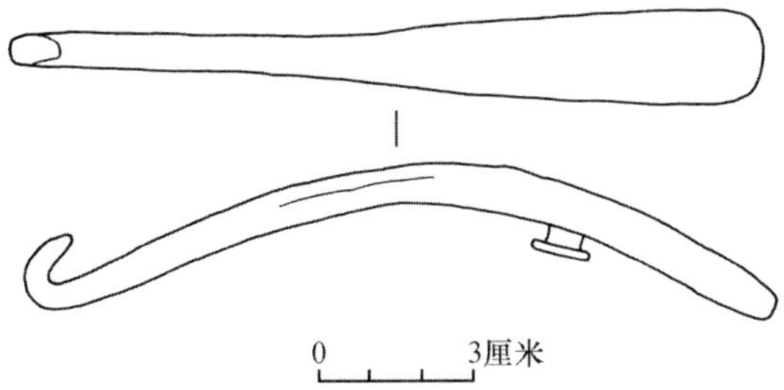

图二二三　M272出土铁带钩
（M272：1）

一一三、M276

1. 墓葬形制与结构

该墓位于墓地中部，T0505北部，开口于第2层下，距地表50厘米，墓葬形制为竖穴土坑墓，方向25°（图二二四）。

墓室：长方形竖穴土坑，长195、宽122厘米。直壁平底，两侧有生土二层台，宽25、高80厘米。墓底长190、宽72、墓口至墓底192厘米。填土为黄白花土。

葬具：不清。

葬式：人骨头向北，面向东，仰身屈肢，成年男性。

2. 随葬品

共1件，出自人骨右脚外。

铜带钩　1件，编号M276：1，钩体截面呈半圆形，内略弧，本部圆尾，圆纽偏中部，钩残。长9.2、径1.2厘米（图二二五；彩版八〇，2）。

一一四、M277

1. 墓葬形制与结构

该墓位于墓地中部，T0505北部，开口于第2层下，距地表75厘米，墓葬形制为竖穴土坑墓，方向5°（图二二六）。

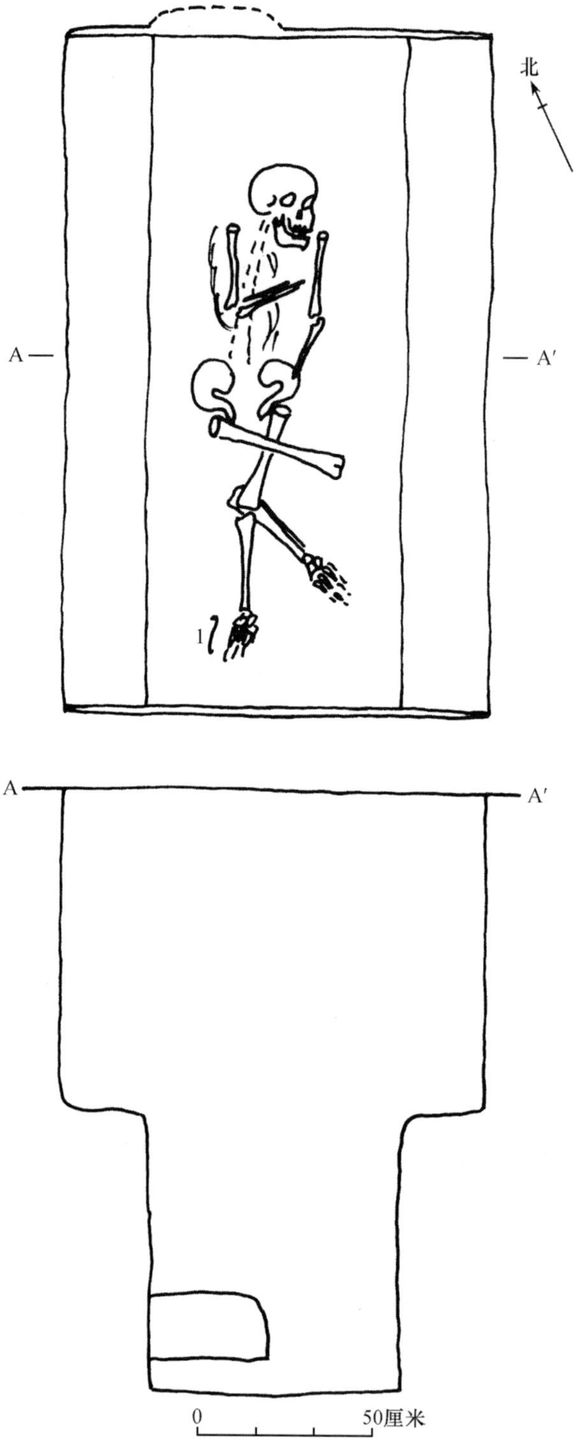

图二二四　M276平、剖面图

1. 铜带钩

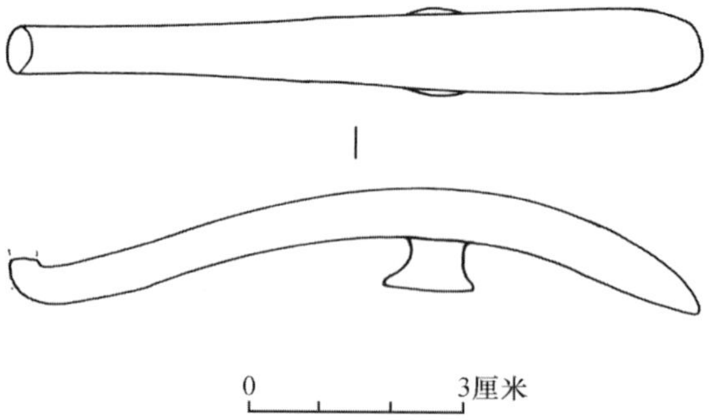

图二二五　M276出土铜带钩

（M276：1）

图二二六　M277平面图

1. 陶罐　2. 陶碗

墓室：长方形竖穴土坑，长254、宽102厘米。斜壁平底，三面有生土二层台，宽11～20、高23厘米。墓底长210、宽60、墓口至墓底98厘米。填土为黄白花土。

葬具：不甚清楚。

葬式：人骨头向北，面向东，仰身屈肢，成年男性。

2. 随葬品

共2件，出自墓底北部头骨前。

陶罐　1件，编号M277：1，泥质灰陶，侈口，叠唇，直领，球腹，圜底，稍内凹，上腹饰三道弦纹，下腹饰粗绳纹。高25.5、口径12.3、腹径24.2、领高5.5厘米（图二二七，2；彩版四〇，4）。

陶碗　1件，编号M277：2，泥质灰陶，敛口，钵形，平底内凹。口径13.0、深5.2、底径6.3厘米（图二二七，1；彩版四七，6）。

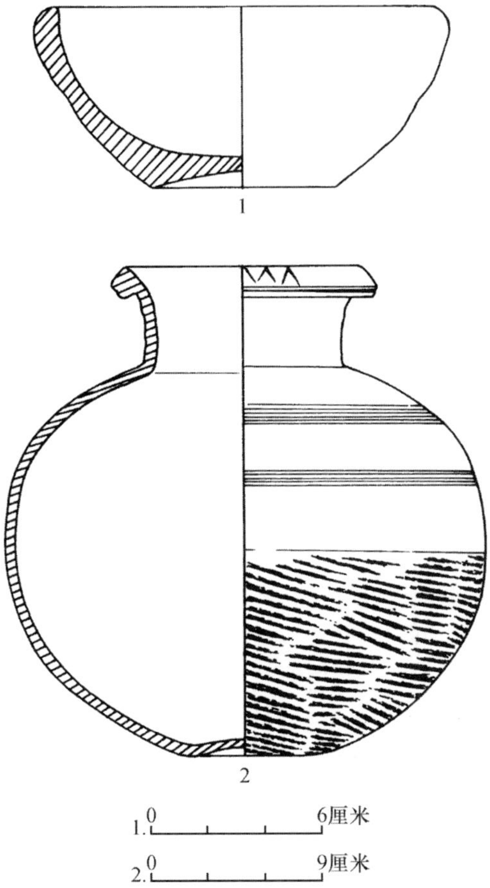

图二二七　M277出土陶器
1. 陶碗（M277：2）　2. 陶罐（M277：1）

一一五、M279

1. 墓葬形制与结构

该墓位于墓地中部，T0505东南角，开口于第2层下，距地表65厘米，墓葬形制为竖穴土坑墓，方向12°（图二二八）。

墓室：长方形竖穴土坑，长180、宽80厘米。斜壁平底，墓底长170、宽80、墓口至墓底80厘米。填土为黄白花土。

葬具：不清。

葬式：人骨头向北，面向东，仰身屈肢，成年男性。

2. 随葬品

共1件，出自人骨左侧腰部。

铁带钩　1件，编号M279∶1，钩体近正方柱形，弧度大，本部齐尾，圆纽位于中部，钩残，已变形弯曲。长21.0、宽0.8厘米（图二二九）。

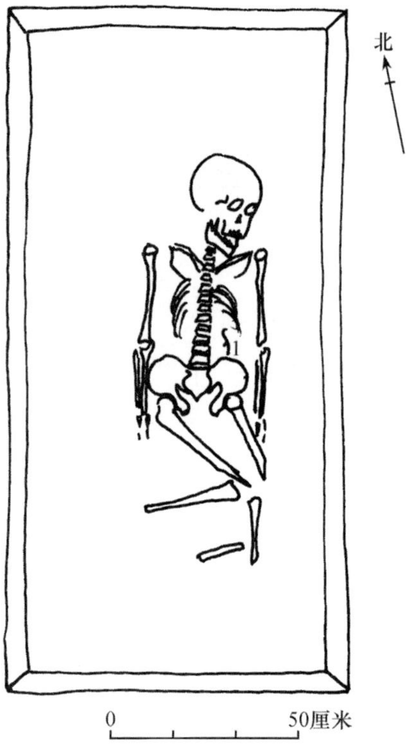

图二二八　M279平面图
1. 铁带钩

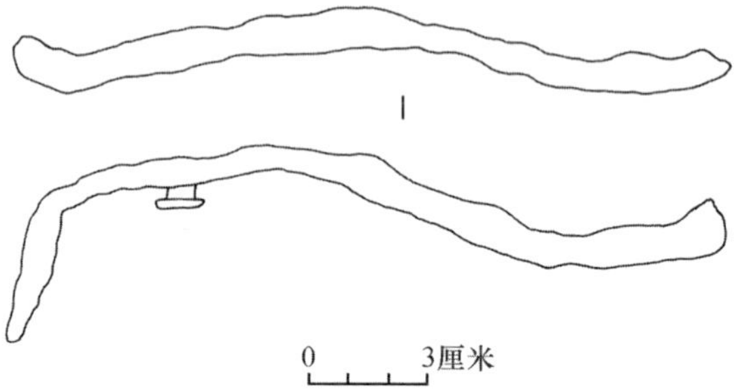

图二二九　M279出土铁带钩
（M279∶1）

一一六、M280

1. 墓葬形制与结构

该墓位于墓地中部，T0505中部，开口于第2层下，距地表55厘米，墓葬形制为竖穴土坑墓，方向12°（图二三〇）。

墓室：长方形竖穴土坑，长220、宽144厘米。斜壁平底，两侧有生土二层台，宽20～30、高60厘米。墓底长190、宽70、墓口至墓底140厘米。填土为黄白花土。

葬具：不甚清楚。

葬式：人骨头向北，面向西，仰身屈肢，成年男性。

2. 随葬品

共1件，出自人骨右膝南。

0　50厘米

图二三〇　M280平面图

1. 铜带钩

铜带钩　1件，编号M280：1，钩体呈耜形，本部半圆形，中心凸出一道竖脊，错银花纹，圆纽偏后，钩残。长5.8、宽3.4厘米（图二三一；彩版五九，4、5）。

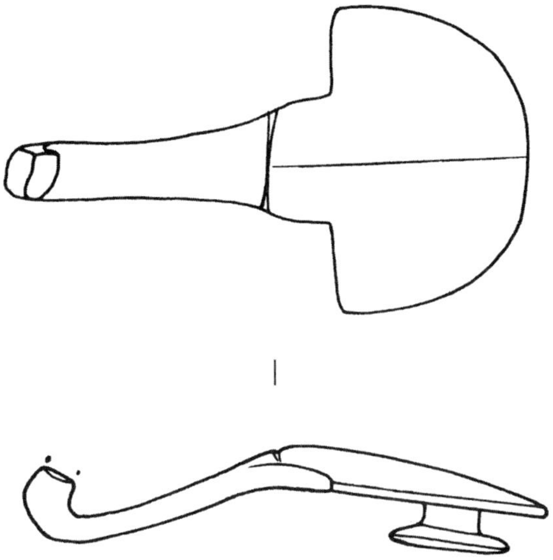

0　3厘米

图二三一　M280出土铜带钩

（M280：1）

一一七、M282

1. 墓葬形制与结构

该墓位于墓地西南，T0403东南部，开口于第2层下，距地表80厘米，墓葬形制为竖穴土坑墓，方向17°（图二三二；彩版八，4）。

墓室：长方形竖穴土坑，长200、宽100厘米。直壁平底，两侧有生土二层台，宽15～20、高50厘米。墓底长200、宽65、墓口至墓底90厘米。填土为黄白花土。

葬具：不清。

葬式：人骨头向北，面向西，仰身屈肢，成年男性。

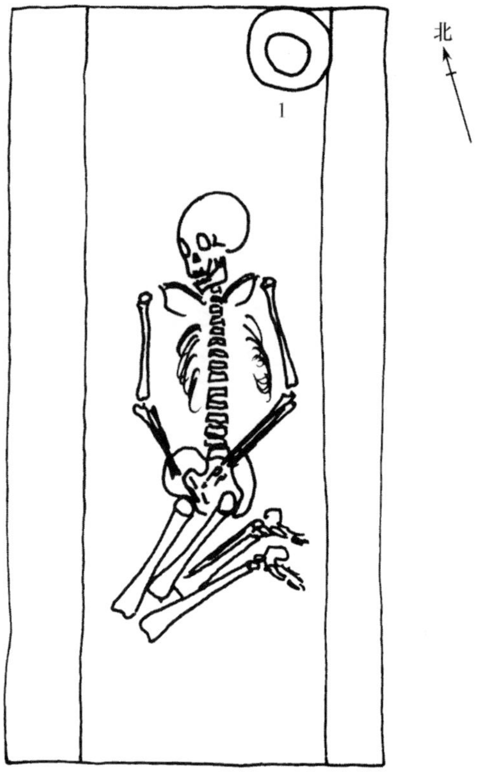

0　50厘米

图二三二　M282平面图

1. 陶壶

2. 随葬品

共1件，出自墓底东北角。

陶壶　1件，编号M282：1，泥质灰陶，残，侈口，斜平沿，弧颈，鼓腹，假圈足平底座，口残，足残，肩部有一周暗曲线纹。高17.0、腹径17.0厘米（图二三三；彩版三五，3）。

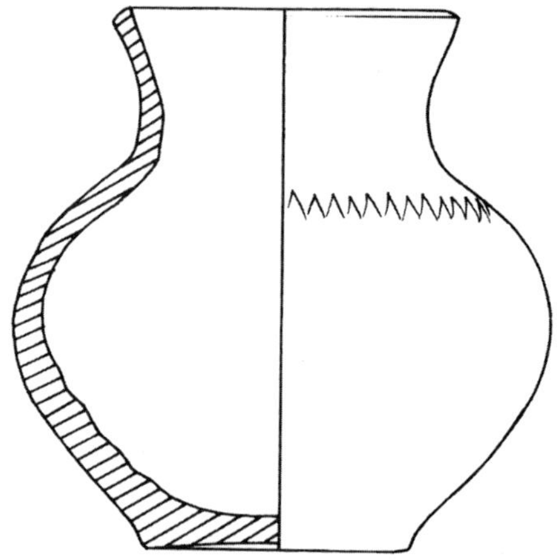

0　9厘米

图二三三　M282出土陶壶

（M282：1）

一一八、M285

1. 墓葬形制与结构

该墓位于墓地中部，T0505西部，开口于第2层下，距地表55厘米，墓葬形制为竖穴土坑墓，方向5°（图二三四）。

墓室：长方形竖穴土坑，长198、宽130厘米。直壁平底，两侧有生土二层台，宽29、高59厘米。墓底长198、宽72、墓口至墓底157厘米。填土为黄白花土。

葬具：不甚清楚。

葬式：人骨头向北，面向东，仰身屈肢，成年男性。

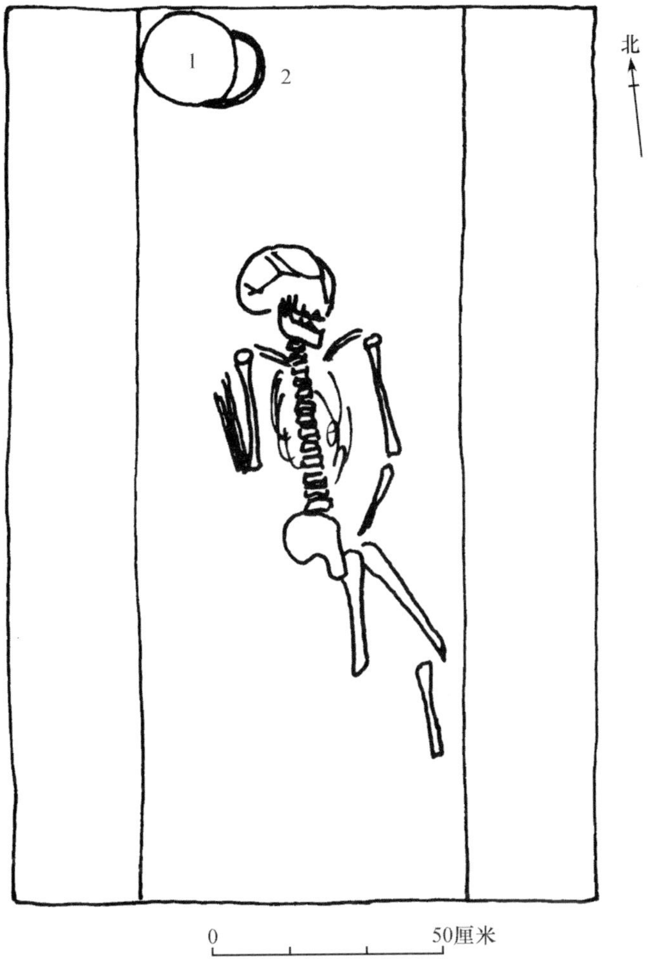

图二三四 M285平面图
1. 陶罐 2. 陶碗

2. 随葬品

共2件，均出自墓底西北角。

陶罐 1件，编号M285：1，泥质灰陶，侈口，叠唇，直领，球腹，圜底，稍内凹，上腹饰竖细绳纹，横宽划纹，下腹拍印粗绳纹。高24.5、口径11.0、腹径22.1、领高6.0厘米（图二三五，1；彩版四一，1）。

陶碗 1件，编号M285：2，泥质灰陶，敛口，钵形，壁形底，稍内凹，内圜底。口径17.9～19.5、深7.1、底径7.8、高0.5厘米（图二三五，2；彩版四八，1）。

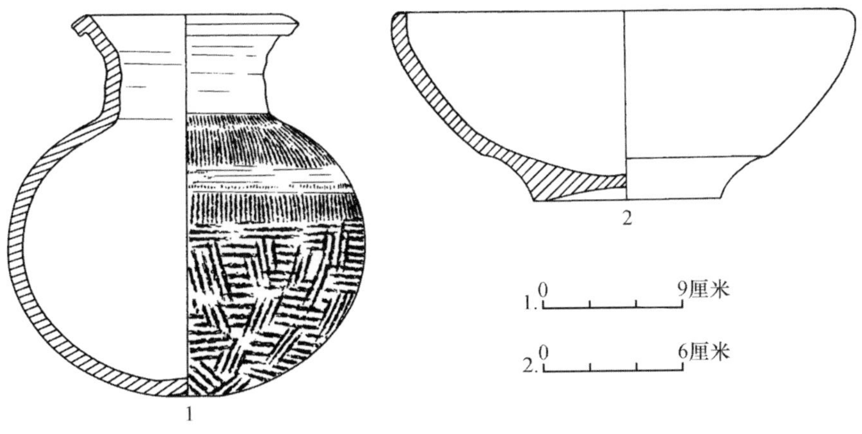

图二三五 M285出土陶器
1. 陶罐（M285：1） 2. 陶碗（M285：2）

一一九、M288

1. 墓葬形制与结构

该墓位于墓地西南，T0404北部，开口于第2层下，距地表55厘米，墓葬形制为竖穴土坑墓，方向10°（图二三六）。

墓室：长方形竖穴土坑，长180、宽80厘米。直壁平底，墓口至墓底75厘米。填土为黄白花土。

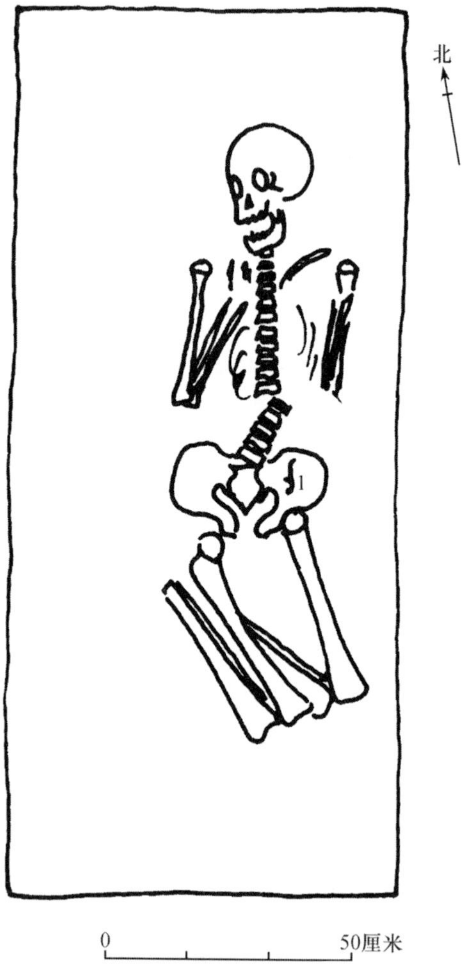

图二三六　M288平面图

1. 铜带钩

葬具：不清。

葬式：人骨头向北，面向西，仰身屈肢，成年男性。

2. 随葬品

共1件，出自人骨左盆骨上。

铜带钩　1件，编号M288：1，钩体近圆柱形，弧度小，本部齐尾，圆纽，鸭首状钩残。长8.4、径0.6～0.8厘米（图二三七；彩版六四，3）。

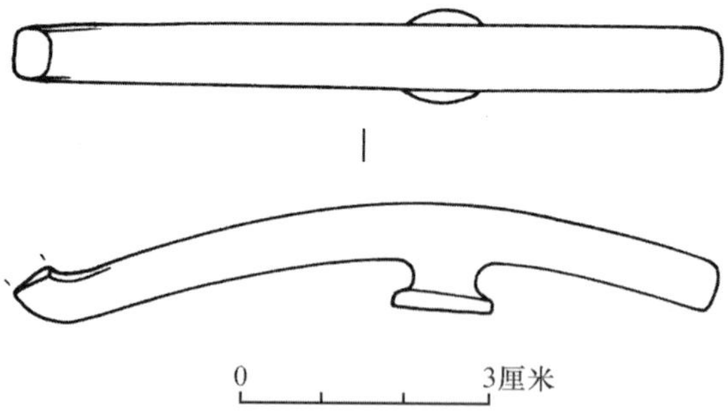

图二三七　M288出土铜带钩

（M288：1）

一二〇、M292

1. 墓葬形制与结构

该墓位于墓地中部，T0406东侧，开口于第2层下，距地表50厘米，墓葬形制为竖穴土坑墓，方向20°（图二三八）。

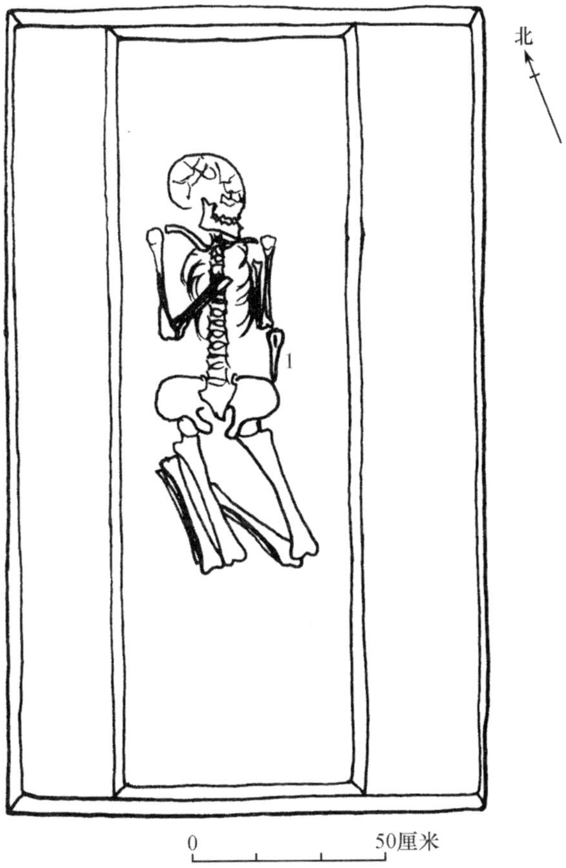

图二三八　M292平面图

1. 铁带钩（残）

墓室：长方形竖穴土坑，长214、宽125厘米。斜壁平底，两侧有生土二层台，宽24～30、高60厘米。墓底长200、宽60、墓口至墓底160厘米。填土为黄白花土。

葬具：有棺木朽痕，长200、宽60厘米。

葬式：人骨头向北，面向东，仰身屈肢，成年男性。

2. 随葬品

共1件，出自人骨腰部左侧。

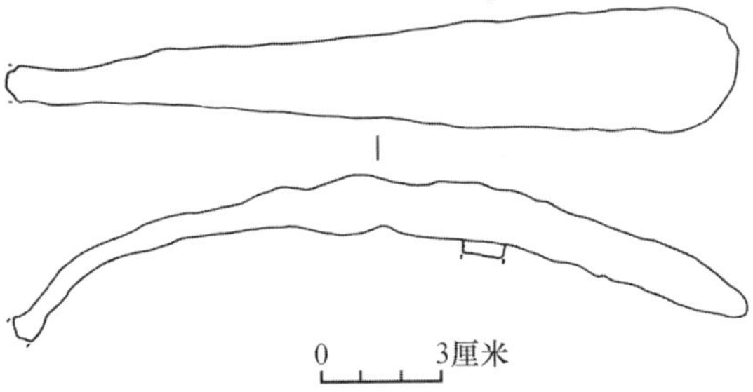

图二三九　M292出土铁带钩

（M292：1）

铁带钩　1件，编号M292：1，钩体扁平，弧度大，呈琵琶形，圆纽，钩残，长18.1、宽3.0厘米（图二三九）。

一二一、M297

1. 墓葬形制与结构

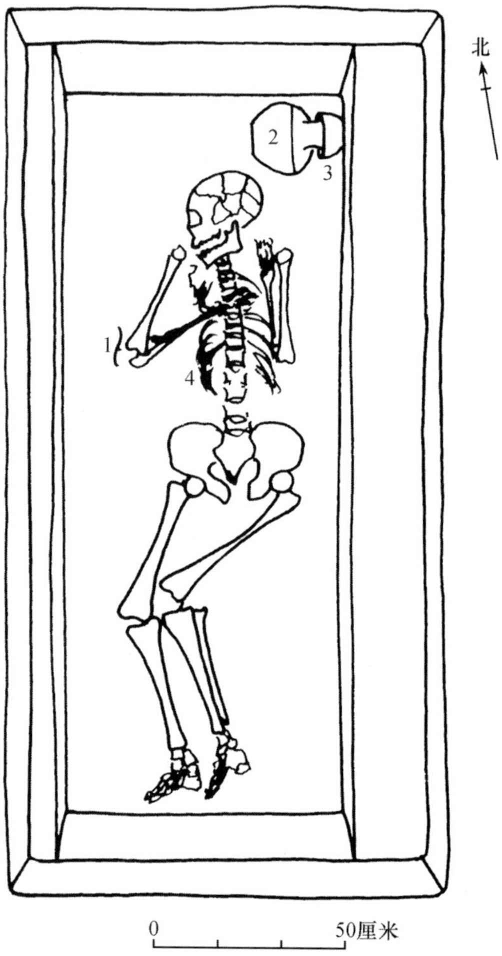

图二四〇　M297平面图

1. 铜带钩（残）　2. 陶罐（残）　3. 陶碗（残）　4. 铁削

该墓位于墓地西中部，T0305东北部，开口于第2层下，距地表56厘米，墓葬形制为竖穴土坑墓，方向10°（图二四〇）。

墓室：长方形竖穴土坑，长234、宽116厘米。斜壁平底，两侧有生土二层台，宽7～19、高55厘米。墓底长190、宽74、墓口至墓底130厘米。填土为黄白花土。

葬具：不甚清楚。

葬式：人骨头向北，面向西，仰身屈肢，成年男性。

2. 随葬品

共4件，2件陶器均出自墓底东北角，铜带钩出自人骨右肘处，铁削出自右侧腰部。

铜带钩　1件，编号M297：1，钩体截面呈半圆形，内略弧，圆纽偏后近本部，本部圆尾，钩残。长7.1、宽1.1厘米（图二四一，1；彩版八〇，3）。

陶罐　1件，编号M297：2，泥质灰陶，侈口，叠唇，直领，折肩，鼓腹，圜底稍内凹，下腹拍印粗绳纹。高23.9、口径9.5、腹径21.7、领高5.6厘米（图二四一，2；彩版四一，2）。

陶碗　1件，编号M297：3，泥质灰陶，残碎，不能复原。

铁削　1件，编号M297：4，仅余中间两段，残柄长3.0厘米，断刃长4.8、宽1.0厘米。

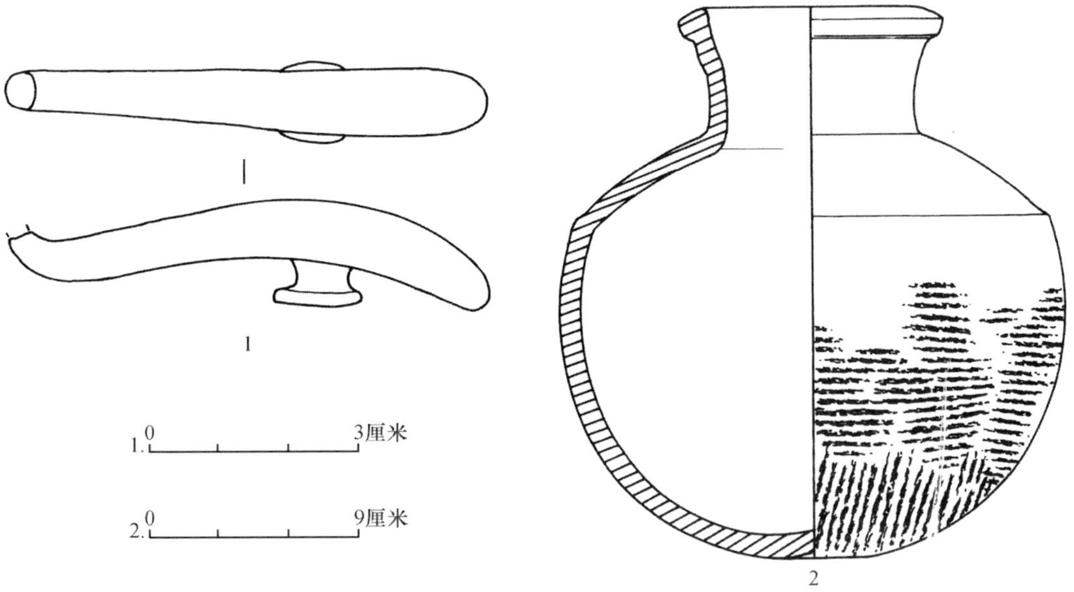

图二四一　M297出土器物
1. 铜带钩（M297：1）　2. 陶罐（M297：2）

一二二、M298

1. 墓葬形制与结构

该墓位于墓地中西部，T0305东部，开口于第2层下，距地表45厘米，墓葬形制为竖穴土坑墓，方向7°（图二四二）。

墓室：长方形竖穴土坑，长210、宽120厘米。斜壁平底，两侧有生土二层台，宽18～20、高65厘米。墓底长186、宽60、墓口至墓底175厘米。填土为黄白花土。

葬具：不清。

葬式：人骨头向北，面向上，仰身屈肢，成年男性。

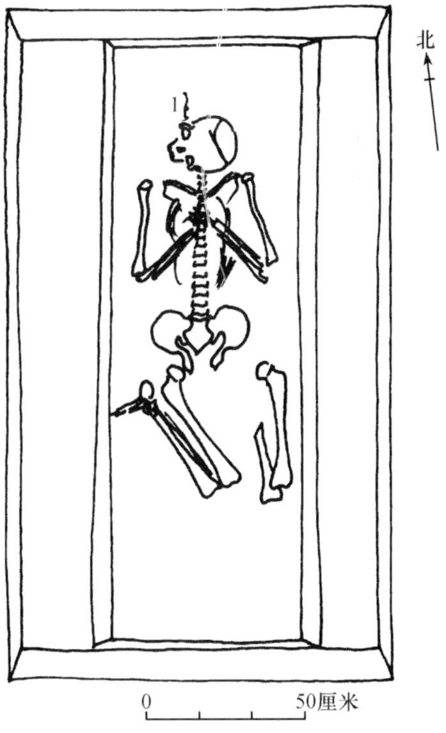

图二四二　M298平面图
1. 铜带钩

2. 随葬品

共1件，出自人头骨前。

铜带钩　1件，编号M298：1，钩体截面呈半圆形，

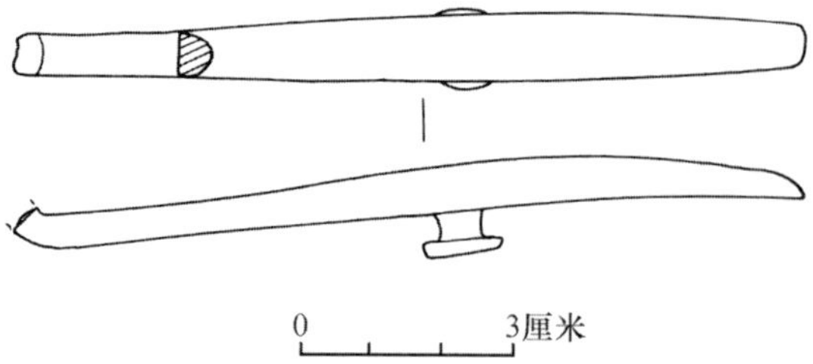

图二四三　M298出土铜带钩
（M298：1）

内略弧，本部圆尾，圆纽偏中部，钩残。长10.1、径1.6厘米（图二四三；彩版五二，3）。

一二三、M301

1. 墓葬形制与结构

该墓位于墓地中西部，T0305西南部，开口于第2层下，距地表55厘米，墓葬形制为竖穴土坑墓，方向15°（图二四四）。

墓室：长方形竖穴土坑，长180、宽60厘米。斜壁平底，墓底长170、宽40、墓口墓底95厘米。填土为黄白花土。

葬具：不清。

葬式：人骨头向北，面向上，仰身屈肢，成年男性。

2. 随葬品

共1件，出自人头骨西侧，紧靠西壁。

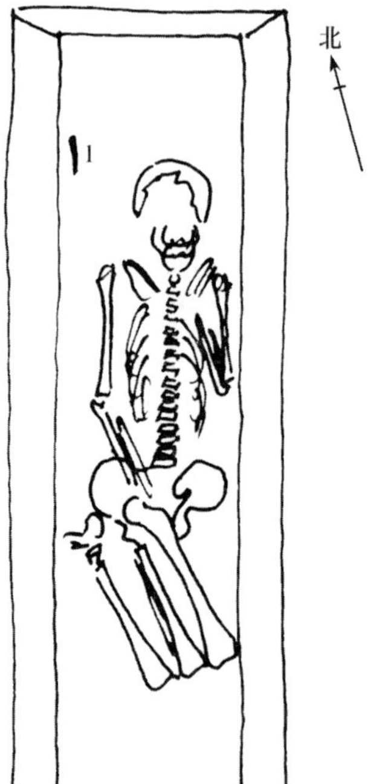

图二四四　M301平面图
1. 铜带钩

铜带钩　1件，编号M301：1，钩体截面呈半圆形，内略弧，本部圆尾，圆纽偏后近本部，钩残。长6.9、径1.8厘米（图二四五；彩版五二，4）。

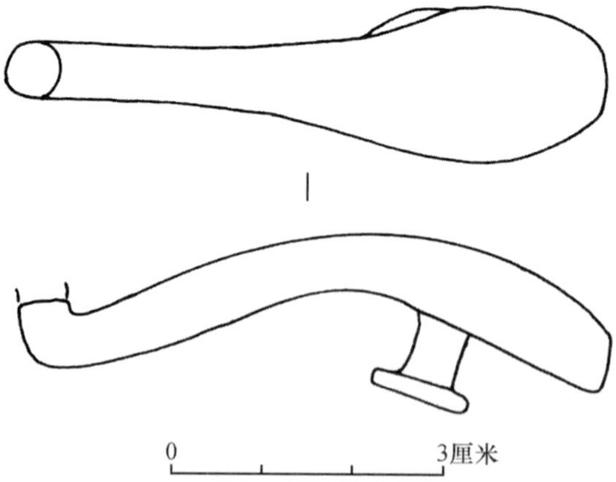

图二四五　M301出土铜带钩
（M301：1）

一二四、M308

1. 墓葬形制与结构

该墓位于墓地中西部，T0405中部，开口于第2层下，距地表40厘米，墓葬形制为竖穴土坑墓，方向5°，南部被M303打破（图二四六）。

墓室：长方形竖穴土坑，被M303打破，残长60～180、宽100厘米。直壁平底，东侧有生土二层台，宽16、高60厘米。墓底长60～180、宽70、墓口至墓底135厘米。填土为黄白花土。

葬具：不清。

葬式：未见骨架。

2. 随葬品

共2件，出自墓底西北部。

陶壶 1件，编号M308：1，泥质灰陶，侈口，斜平沿，弧颈，鼓腹，假圈足平底座，肩部饰一周暗曲线纹，颈肩部饰鱼形纹（可能为陶文）。高20.5、口径11.0、腹径16.6、底径9.8厘米（图二四七；彩版三五，4、5）。

陶碗 1件，编号M308：2，泥质灰陶，残碎，不能复原。

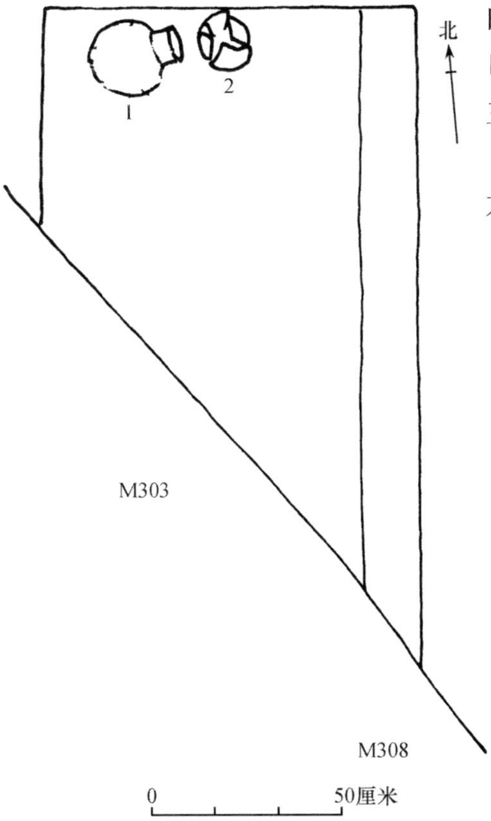

图二四六 M308平面图

1. 陶壶（残） 2. 陶碗（残）

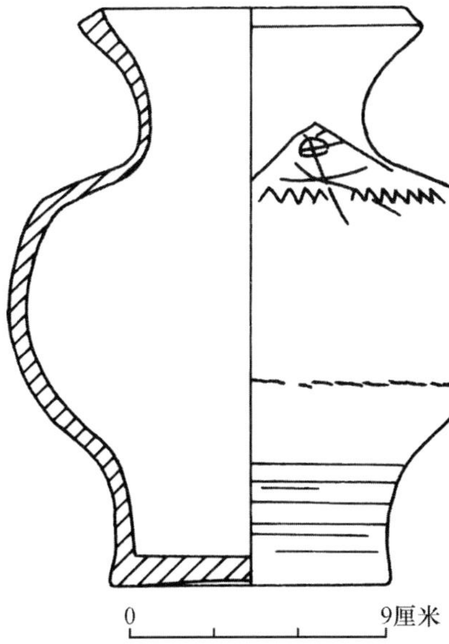

图二四七 M308出土陶壶

（M308：1）

一二五、M309

1. 墓葬形制与结构

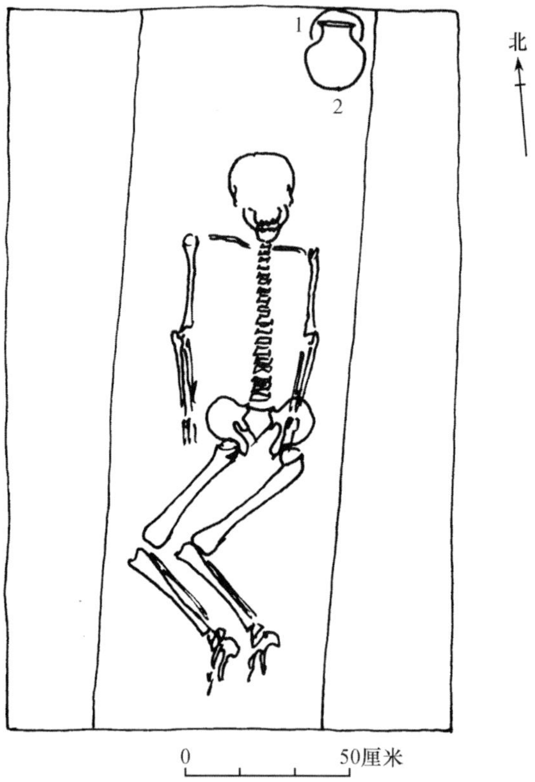

图二四八　M309平面图
1. 陶碗　2. 陶罐

该墓位于墓地中西部，T0205东北角，开口于第2层下，距地表50厘米，墓葬形制为竖穴土坑墓，方向5°（图二四八）。

墓室：长方形竖穴土坑，长220、宽135厘米。直壁平底，两侧有生土二层台，宽25～30、高80厘米。墓底长220、宽70、墓口至墓底175厘米。填土为黄白花土。

葬具：不清。

葬式：人骨头向北，面向上，仰身屈肢，成年男性。

2. 随葬品

共2件，均出自墓底东北角。

陶碗　1件，编号M309：1，泥质灰陶，敛口，钵形，壁形底稍内凹，内圜底。口径13.6～15.8、深5.2、底径6.5、高0.6厘米（图二四九，1；彩版四八，2）。

陶罐　1件，编号M309：2，泥质灰陶，侈口，叠唇，直领，球腹，圜底稍内凹，上腹饰竖细绳纹，横宽划纹，下腹拍印粗绳纹。高24.8、口径11.8、腹径22.6、领高7.0厘米（图二四九，2；彩版四一，5）。

一二六、M314

1. 墓葬形制与结构

该墓位于墓地中西部，T0205西北部，开口于第2层下，距地表50厘米，墓葬形制为竖穴土

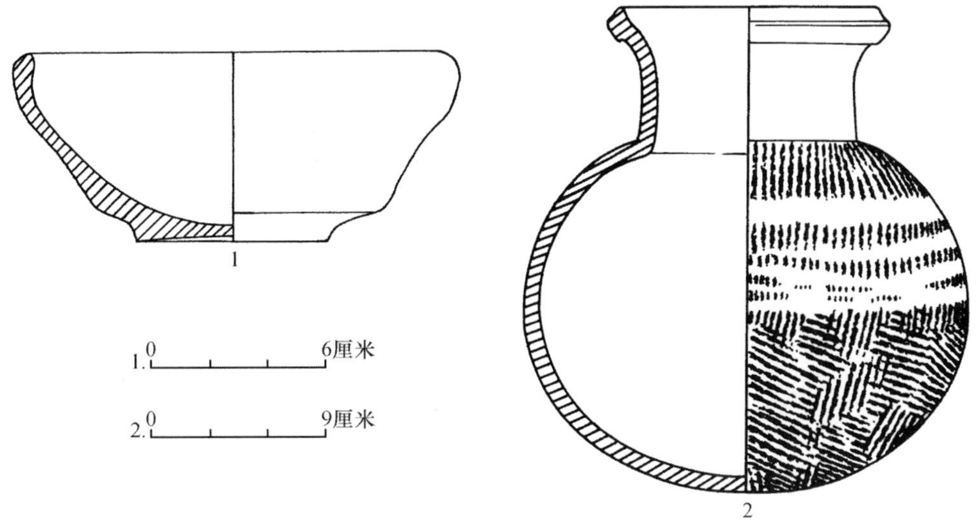

图二四九　M309出土陶器
1. 陶碗（M309：1）　2. 陶罐（M309：2）

坑墓，方向10°（图二五〇）。

墓室：长方形竖穴土坑，长220、宽120厘米。直壁平底，两侧有生土二层台，宽25、高75厘米。墓底长220、宽70、墓口至墓底200厘米。填土为黄白花土。

葬具：不清。

葬式：人骨头向北，面向东，仰身直肢，成年男性。

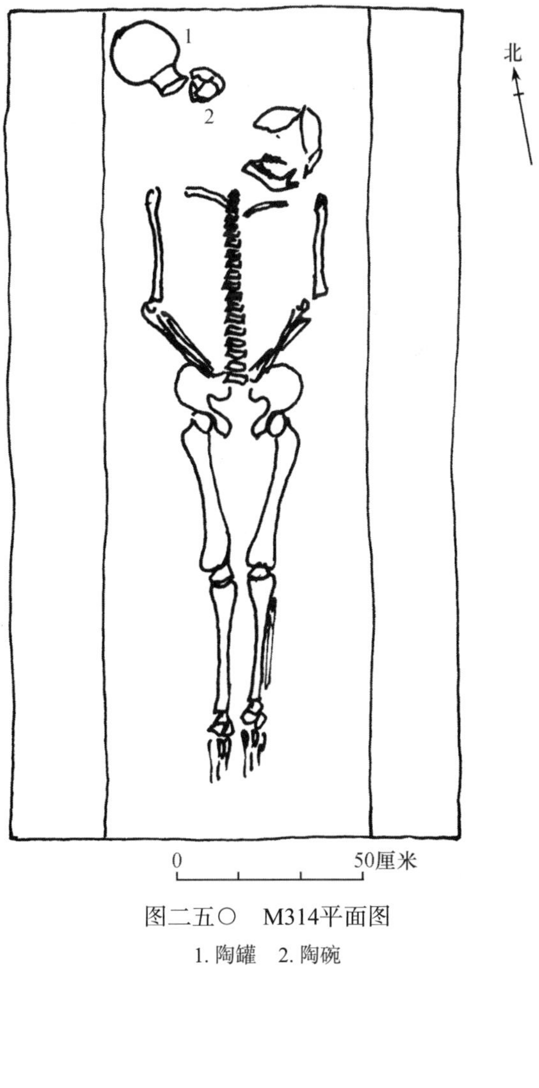

图二五〇　M314平面图
1. 陶罐　2. 陶碗

2. 随葬品

共2件，均出自墓底西北部。

陶罐　1件，编号M314：1，泥质灰陶，侈口，叠唇，直领，折肩，鼓腹，圜底稍内凹，下腹拍印粗绳纹，高24.1、口径11.0、腹径22.5、领高5.4厘米（图二五一；彩版四一，6）。

陶碗　1件，编号M314：2，泥质灰陶，残碎，不能复原。

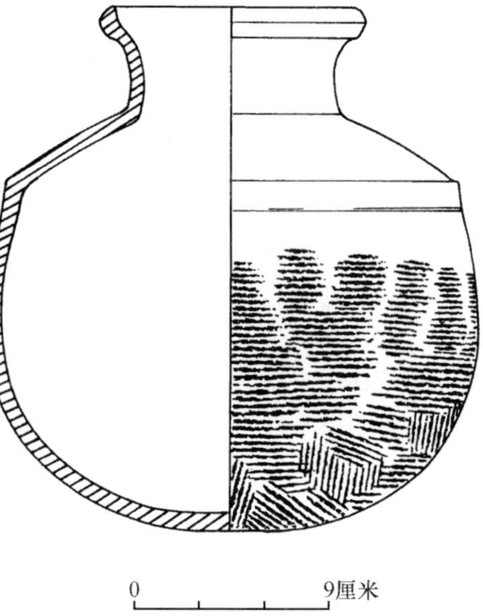

图二五一　M314出土陶罐
（M314：1）

一二七、M315

1. 墓葬形制与结构

该墓位于墓地中西部，T0205西部，开口于第2层下，距地表40厘米，墓葬形制为竖穴土坑墓，方向5°（图二五二）。

墓室：长方形竖穴土坑，长190、宽120厘米。直壁平底，两侧有生土二层台，宽25、高65厘米。墓底长190、宽50、墓口至墓底130厘米。填土为黄白花土。

葬具：不清。

葬式：人骨头向北，面向西，仰身屈肢，成年男性。

2. 随葬品

共2件，均出自墓底西北角。

陶碗　1件，编号M315：1，泥质灰陶，敛口，钵形，壁形底稍内凹，内圜底。口径14.0～15.7、深5.4、底径6.0、高0.3厘米（图二五三，1；彩版四八，3）。

陶罐　1件，编号M315：2，泥质灰陶，侈口，斜平沿，弧颈，鼓腹，假圈足平底座，颈下有对称两个圆孔，口残。高16.6、腹径18.7、底径11.5厘米（图二五三，2；彩版三六，1）。

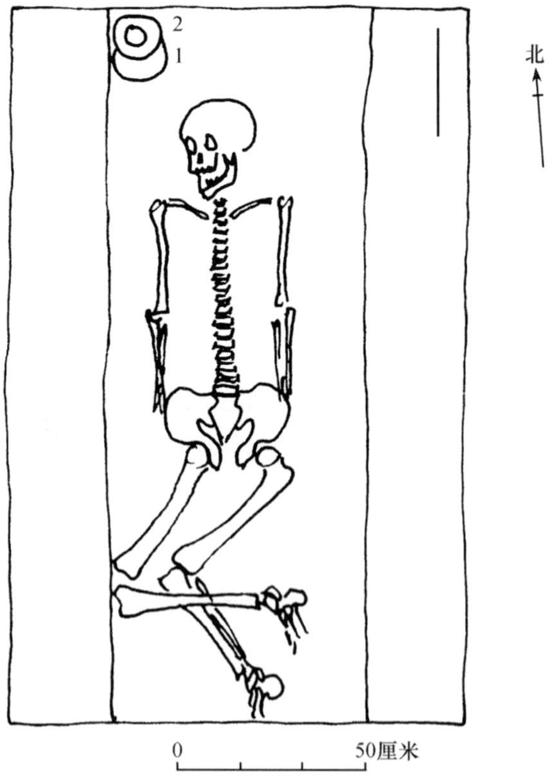

图二五二　M315平面图
1. 陶碗　2. 陶罐

一二八、M320

1. 墓葬形制与结构

该墓位于墓地中西部，T0105北部，开口于第

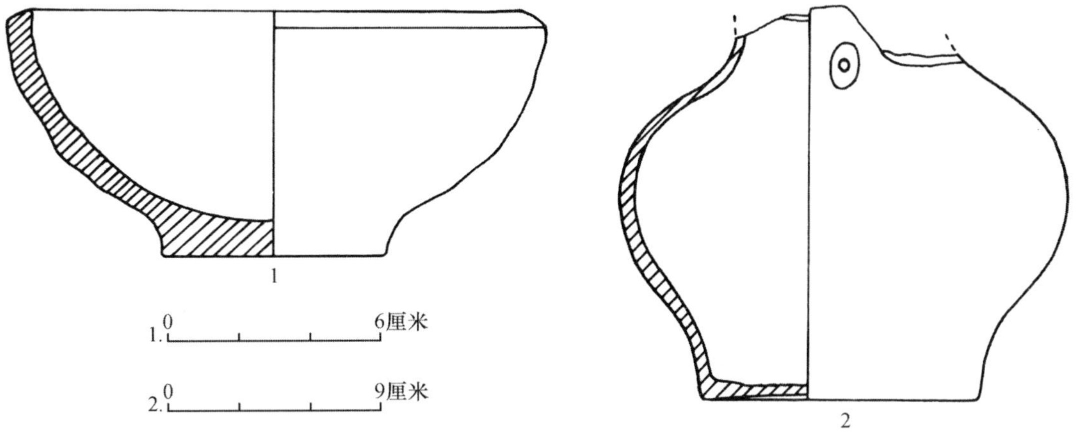

图二五三　M315出土陶器

1. 陶碗（M315：1）　2. 陶罐（M315：2）

2层下，距地表40厘米，墓葬形制为竖穴土坑墓，方向15°（图二五四）。

墓室：长方形竖穴土坑，长220、宽140厘米。直壁平底，两侧有生土二层台，宽25、高66厘米。墓底长220、宽90、墓口至墓底150厘米。填土为黄白花土。

葬具：不清。

葬式：人骨头向北，面向西，仰身屈肢，成年男性。

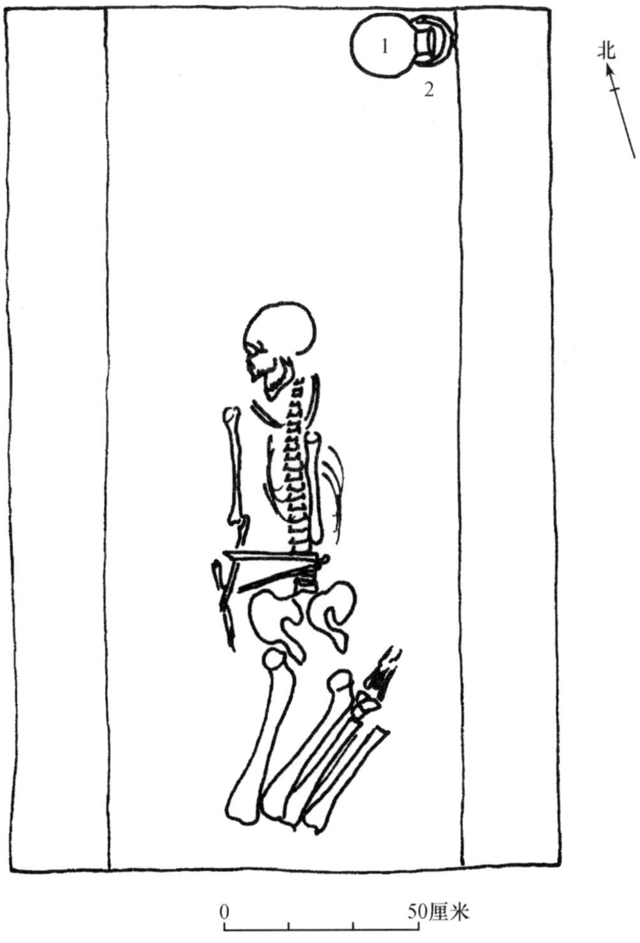

图二五四　M320平面图

1. 陶罐　2. 陶碗

2. 随葬品

共2件，均在墓底东北角。

陶罐　1件，编号M320：1，泥质灰陶，侈口，叠唇，直领，折肩，鼓腹，圜底稍内凹，下腹拍印粗绳纹。高22.7、口径10.0、腹径20.8、领高4.8厘米（图二五五，1；彩版四二，1）。

陶碗　1件，编号M320：2，泥质灰陶，敛口，钵形，壁形底稍内凹，内圜底。口径14.0～16.0、深6.2、底径7.0、高0.5厘米（图二五五，2；彩版四八，4）。

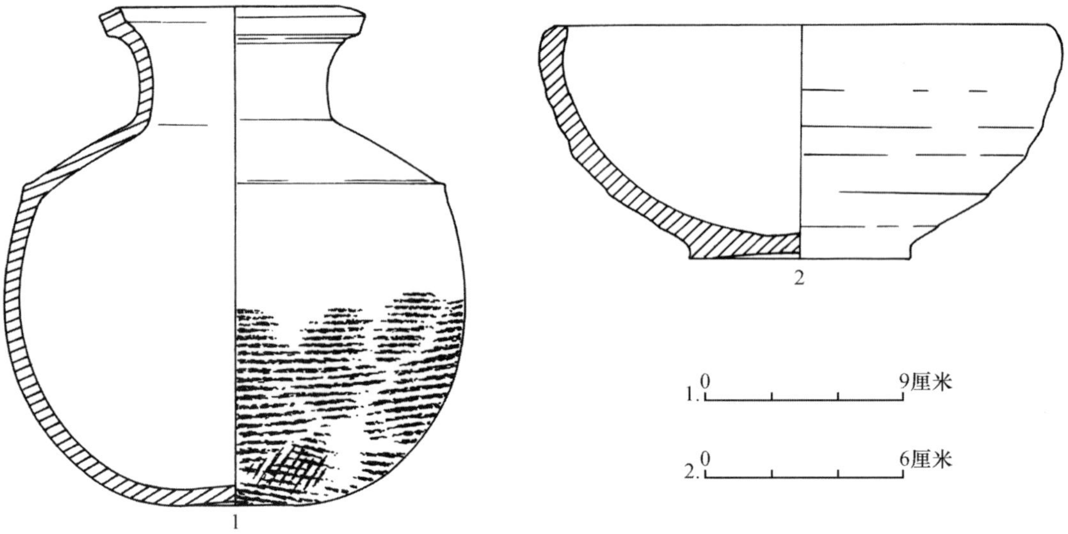

图二五五　M320出土陶器

1. 陶罐（M320∶1）　2. 陶碗（M320∶2）

一二九、M324

图二五六　M324平面图

1. 铜带钩

1. 墓葬形制与结构

该墓位于墓地中西部，T0106北部，开口于第2层下，距地表40厘米，墓葬形制为竖穴土坑墓，方向15°（图二五六）。

墓室：长方形竖穴土坑，长335、宽250厘米。斜壁平底，三面有熟土二层台，宽40～50、高60厘米。墓底长280、宽190、墓口至墓底260厘米。填土为黄白花土。

葬具：有棺木朽痕，长240、宽90厘米。

葬式：人骨头向北，面向东，仰身直肢，成年男性。

2. 随葬品

共1件，出自人骨左侧腰部。

铜带钩 1件，编号M324：1，钩体扁平，内略弧，呈琵琶形，正面顺饰二道凸棱，圆纽，钩残。长11.0、宽2.2厘米（图二五七；彩版八〇，4）。

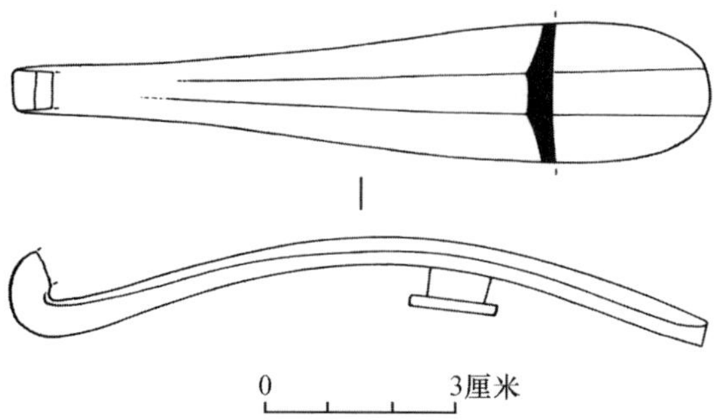

图二五七 M324出土铜带钩
（M324：1）

一三〇、M325

1. 墓葬形制与结构

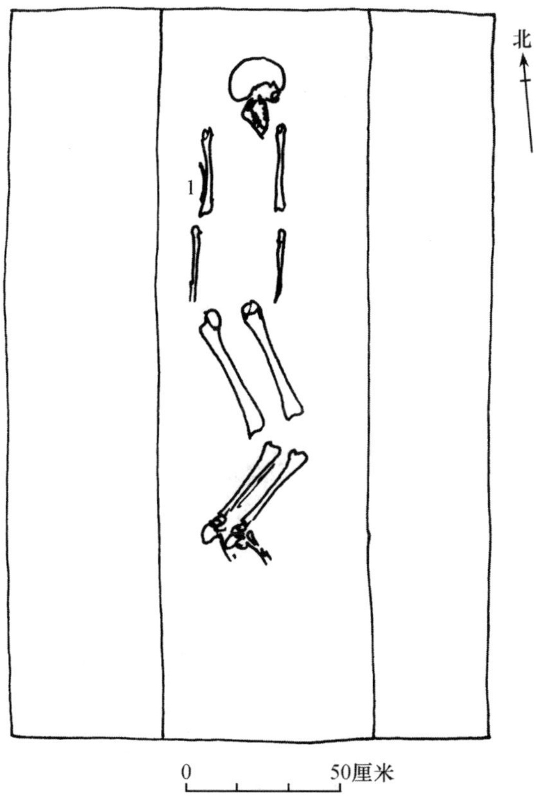

图二五八 M325平面图
1. 铜带钩

该墓位于墓地中西部，T0106东部，开口于第2层下，距地表40厘米，墓葬形制为竖穴土坑墓，方向5°（图二五八）。

墓室：长方形竖穴土坑，长240、宽160厘米。直壁平底，两侧有生土二层台，宽38～50、高80厘米。墓底长240、宽70、墓口至墓底170厘米。填土为黄白花土。

葬具：不清。

葬式：人骨头向北，面向东，仰身屈肢，成年男性。

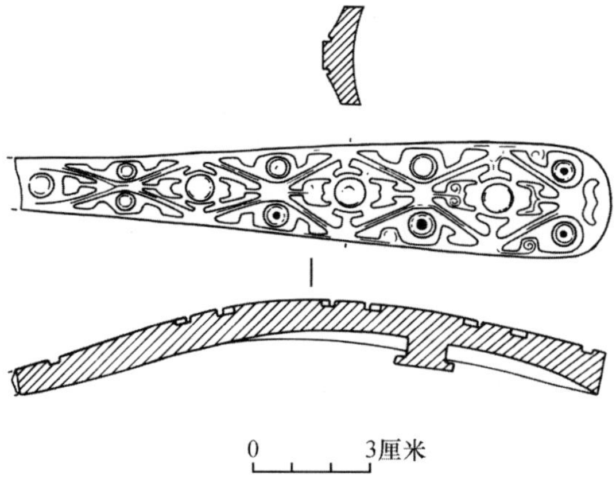

图二五九 M325出土铜带钩
（M325：1）

2. 随葬品

共1件，出自人骨右肱骨外。

铜带钩 1件，编号M325：1，钩体呈琵琶形，弧度大，中间厚，截面呈梯形，本部圆尾，圆纽，钩残，正面雕菱形加圈点乳钉间T形、U形纹组成五组图纹，错银，嵌绿松石。长17.5、宽2.8厘米（图二五九；彩版八一，4）。

一三一、M326

1. 墓葬形制与结构

该墓位于墓地中西部，T0106中部，开口于第2层下，距地表35厘米，墓葬形制为竖穴土坑墓，方向190°（图二六〇）。

墓室：长方形竖穴土坑，长190、宽60厘米。直壁平底，西侧有洞室，长220、宽35、洞高50厘米，墓口至墓底80厘米。填土为黄白花土。

葬具：不清。

葬式：人骨头向南，面向上，仰身直肢，成年男性。

2. 随葬品

未见随葬品。

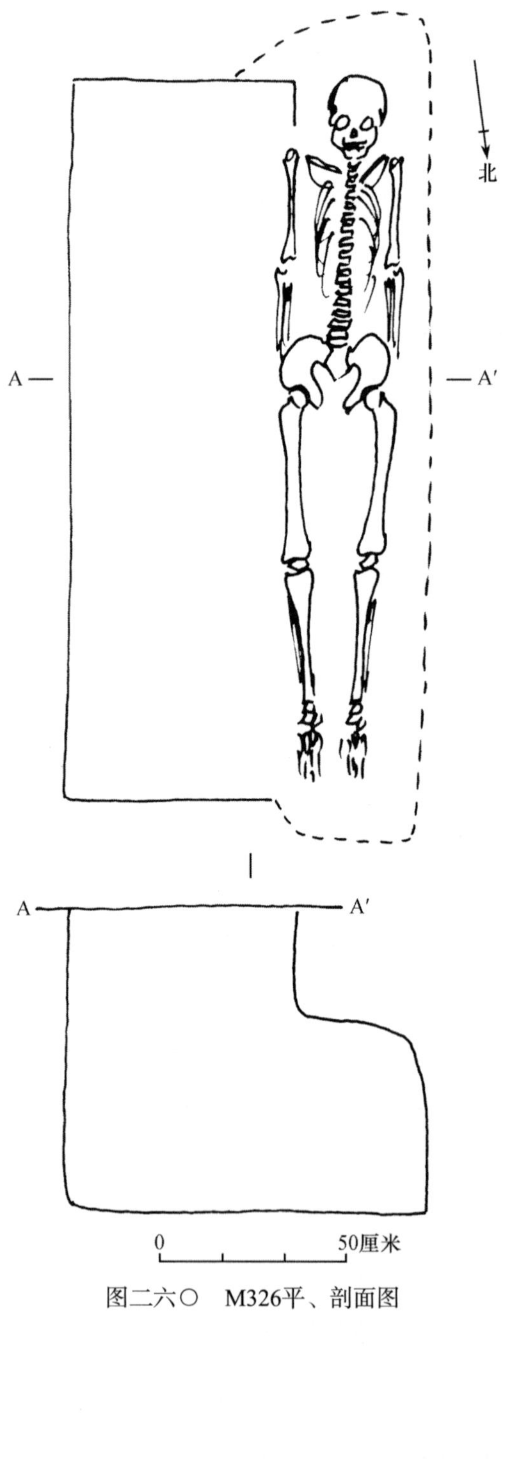

图二六〇　M326平、剖面图

一三二、M328

1. 墓葬形制与结构

该墓位于墓地中西部，T0106东南部，开口于第2层下，距地表40厘米，墓葬形制为竖穴土坑墓，方向10°（图二六一）。

墓室：长方形竖穴土坑，长200、宽100厘米。直壁平底，两侧有生土二层台，宽15、高25厘米。墓底长200、宽70、墓口至墓底85厘米。填土为黄白花土。

葬具：不清。

葬式：人骨头向北，面向西，仰身屈肢，成年女性。

2. 随葬品

共2件，出自墓底西北角。

陶壶　1件，编号M328：1，泥质灰陶，侈口，斜平沿，弧颈，鼓腹，假圈足平底座。高20.6、口径9.7～11.4、腹径18.3、底径10.5厘米（图二六二，1；彩版三六，2）。

陶碗　1件，编号M328：2，泥质灰陶，敛口，钵形，璧形底稍内凹，内圜底。口径16.7～18.4、深7.1、底径6.8、高0.4厘米（图二六二，2）。

一三三、M333

1. 墓葬形制与结构

该墓位于墓地中西部，T0306西北部，开口于第2层下，距地表45厘米，墓葬形制为竖穴土坑墓，方向4°（图二六三）。

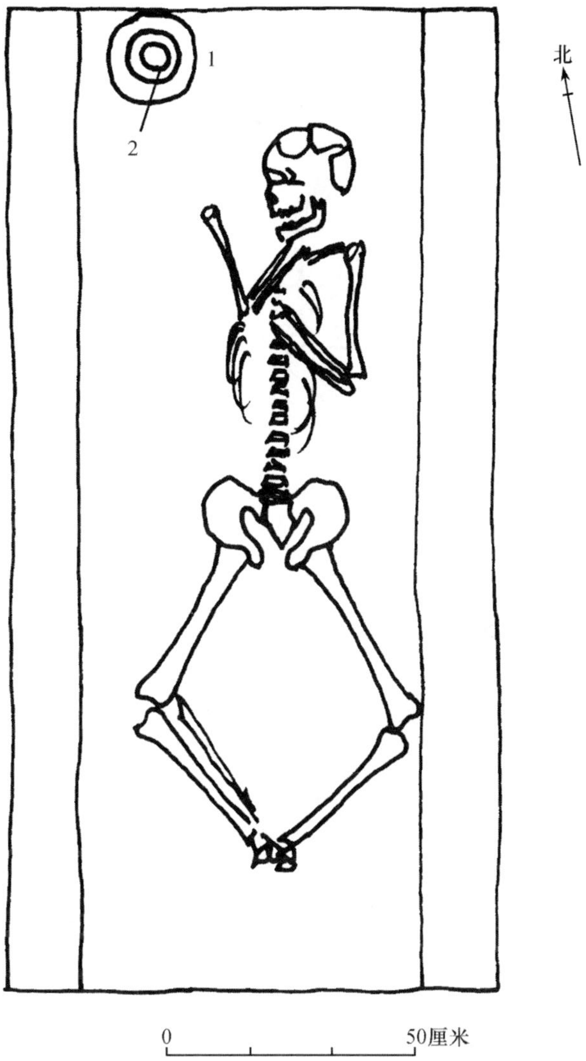

图二六一　M328平面图

1. 陶壶　2. 陶碗

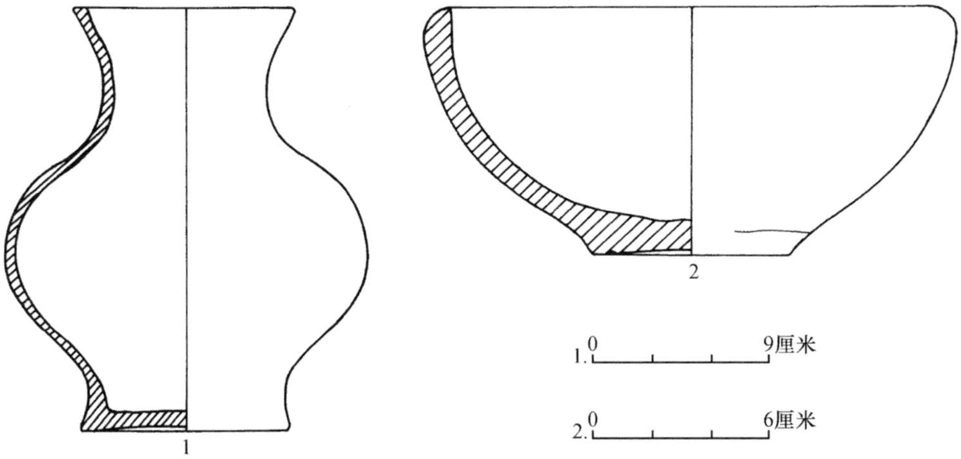

图二六二　M328出土陶器

1. 陶壶（M328：1）　2. 陶碗（M328：2）

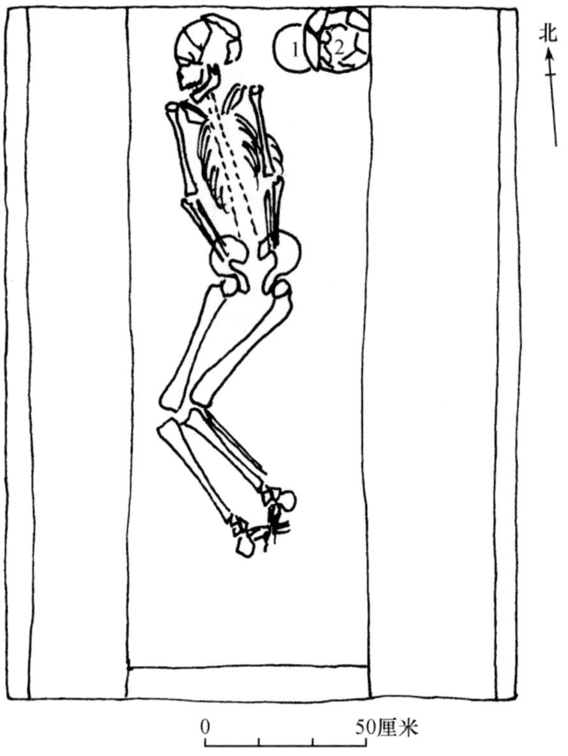

图二六三　M333平面图

1. 陶碗　2. 陶罐

墓室：长方形竖穴土坑，长210、宽156厘米。斜壁平底，两侧有生土二层台，宽30～40、高80厘米。墓底长200、宽74、墓口至墓底160厘米。填土为黄白花土。

葬具：有棺椁痕，不甚清楚。

葬式：人骨头向北，面向西，仰身屈肢，成年男性。

2. 随葬品

共2件，均出自墓底东北部。

陶碗　1件，编号M333：1，泥质灰陶，敛口，钵形，璧形底稍内凹，内圜底。口径13.1～15.1、深5.9、底径6.5、高0.4厘米（图二六四，1）。

陶罐　1件，编号M333：2，泥质灰陶，侈口，叠唇，直领，鼓腹，圜底稍内凹，肩有折棱，下腹拍印粗绳纹，高24.3、口径10.6、腹径23.6、领高5.8厘米（图二六四，2；彩版四一，4）。

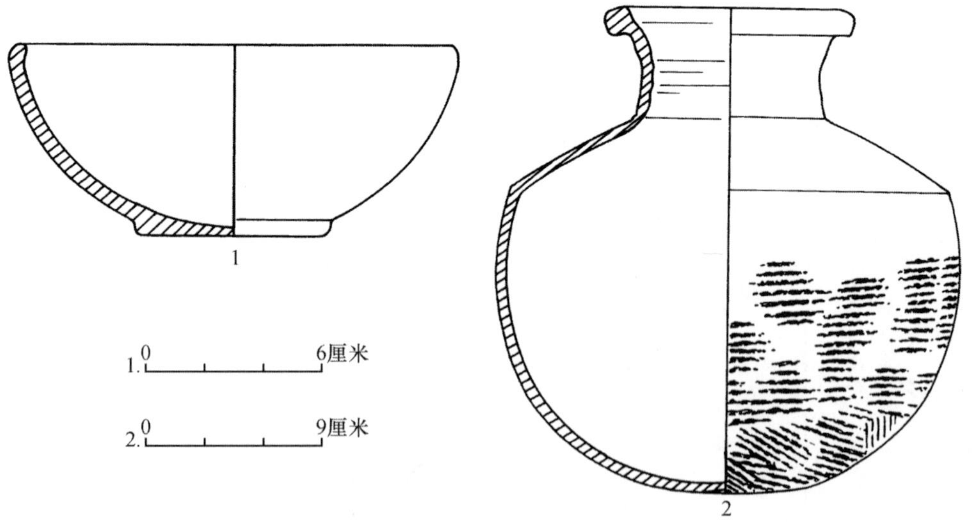

图二六四　M333出土陶器

1. 陶碗（M333：1）　2. 陶罐（M333：2）

一三四、M334

1. 墓葬形制与结构

该墓位于墓地中西部，T0306中部偏西，开口于第2层下，距地表35厘米，墓葬形制为竖穴土坑墓，方向105°（图二六五）。

墓室：长方形竖穴土坑，长268、宽168厘米。斜壁平底，两侧有生土二层台，宽12～24、高70厘米。墓底长240、宽120、墓口至墓底180厘米。填土为黄白花土。

葬具：有棺木朽痕，长200、宽50～60厘米。

葬式：人头骨向东，面向南，仰身直肢，成年男性。

2. 随葬品

共4件，铜带钩出自人骨右胫骨外侧，铜镜、八棱画笔均出自人头骨南侧。

图二六五　M334平面图

1. 铜带钩　2. 铜镜　3. 八棱画笔

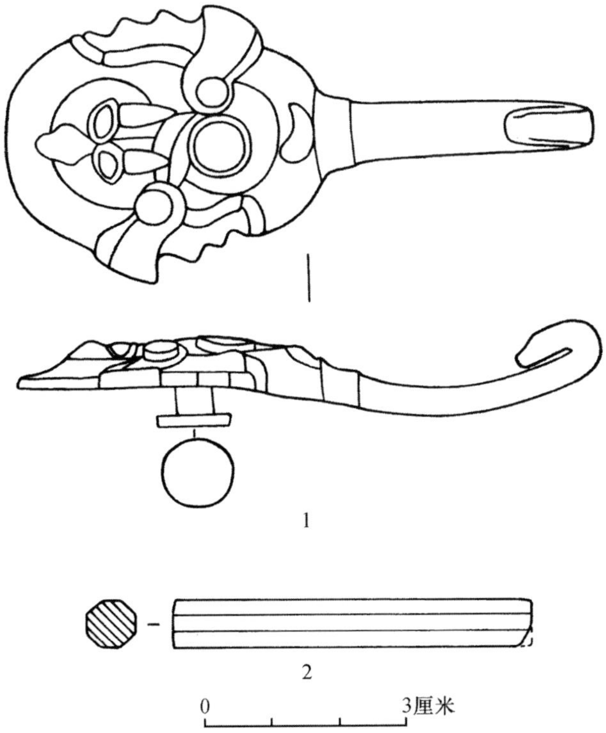

图二六六　M334出土器物

1. 铜带钩（M334：1）　2. 八棱画笔（M334：3）

铜带钩　1件，编号M334：1，钩体近圆形，扁平，内略凹，兽面浮雕，圆纽，鸭首状钩。长8.3厘米，兽面长4.5、宽4.0厘米（图二六六，1；彩版八八，1）。

铜镜　1件，M334：2，素面，体薄，小桥形纽，残块较小（彩版九三，6）。

八棱画笔　2件，相同，编号M334：3，八棱柱形，砂质，蓝色。高5.3、径0.7厘米（图二六六，2；彩版一〇二，6）。

一三五、M335

1. 墓葬形制与结构

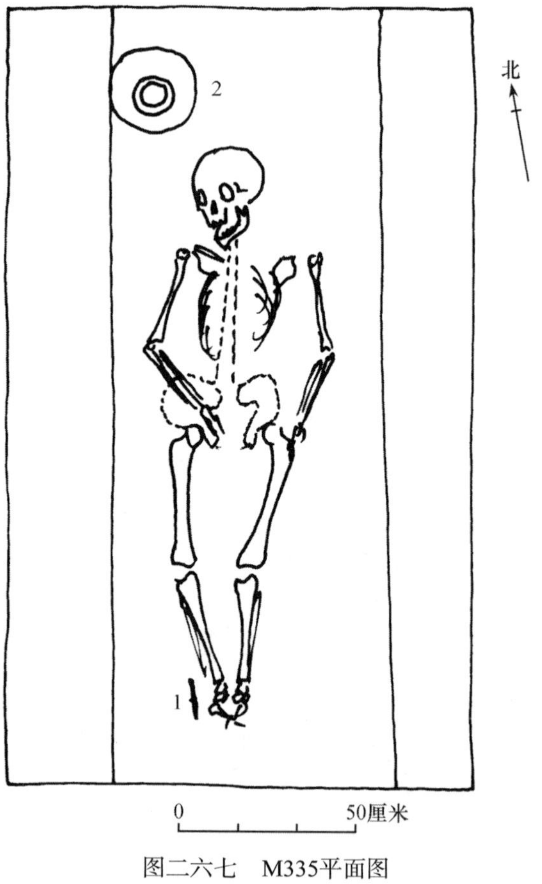

图二六七　M335平面图

1. 铜带钩　2. 陶罐

该墓位于墓地中西部，T0307南部，开口于第2层下，距地表25厘米，墓葬形制为竖穴土坑墓，方向10°（图二六七）。

墓室：长方形竖穴土坑，长220、宽132厘米。直壁平底，两侧有生土二层台，宽22～30、高75厘米。墓底长220、宽78、墓口至墓底180厘米。填土为黄白花土。

葬具：有棺痕，不甚清楚。

葬式：人骨头向北，面向西，仰身直肢，成年男性。

2. 随葬品

共2件，铜带钩出自人骨右侧脚外，陶罐出自墓底西北部。

铜带钩　1件，编号M335：1，钩体扁平，内略弧，呈琵琶形，正面浮雕菱形加圈点乳钉间蟠螭纹，错银，由于磨损图文不甚清楚，圆纽，钩残。长12.6、宽2.5厘米（图二六八，1；彩版七九，4）。

陶罐　1件，编号M335：2，泥质灰陶，侈口，叠唇，直领，鼓腹，圜底，稍内凹，肩有折棱，下腹拍印粗绳纹。高23.5、口径11.6、腹径2.06、领高6.4厘米（图二六八，2；彩版四二，2）。

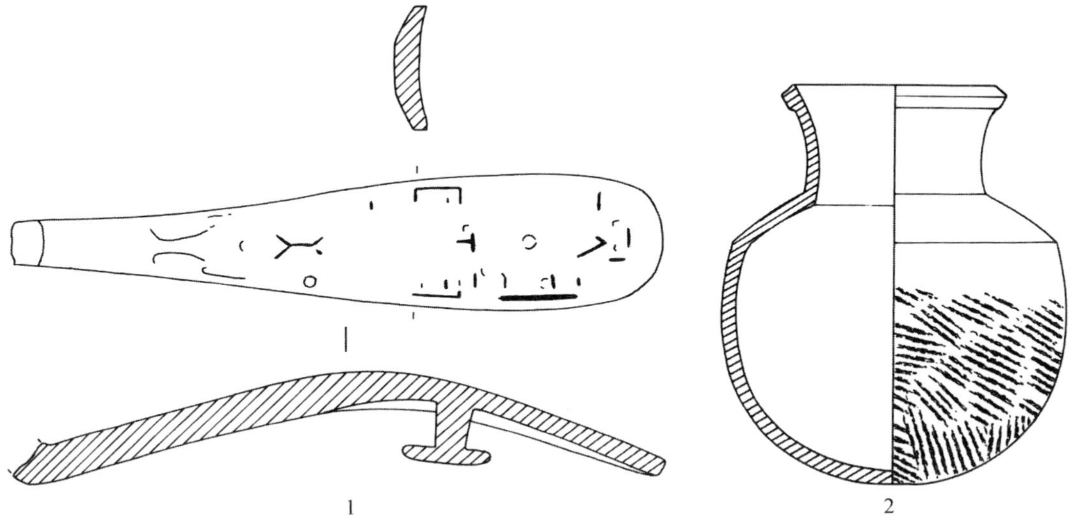

图二六八　M335出土器物

1. 铜带钩（M335：1）　2. 陶罐（M335：2）

一三六、M336

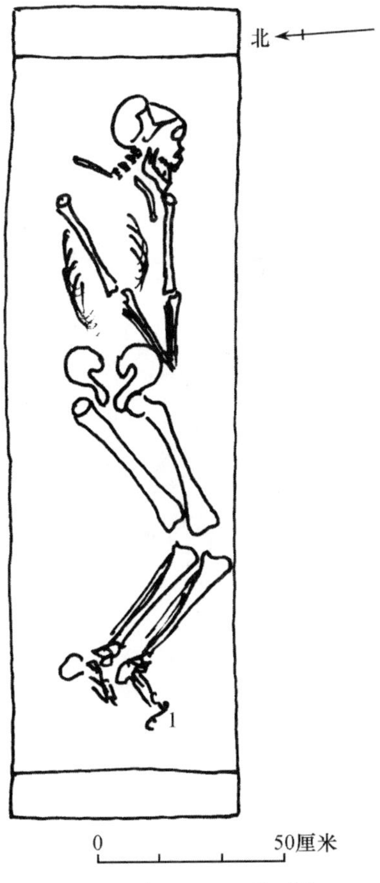

图二六九　M336平面图

1. 铁带钩

1. 墓葬形制与结构

该墓位于墓地中西部，T0306西北，开口于第2层下，距地表45厘米，墓葬形制为竖穴土坑墓，方向95°（图二六九）。

墓室：长方形竖穴土坑，长214、宽60厘米。两端斜壁平底，墓底长190、宽60、墓口至墓底110厘米。填土为黄白花土。

葬具：不清。

葬式：人骨头向东，面向南，侧身屈肢，成年男性。

2. 随葬品

共1件，出自人骨左脚处。

铁带钩　1件，编号M336：1，钩体截面呈三角形，内平外凸，内略弧，本部圆尾，圆纽偏后，鸭首状钩稍残。长4.7、宽1.3厘米（图二七〇）。

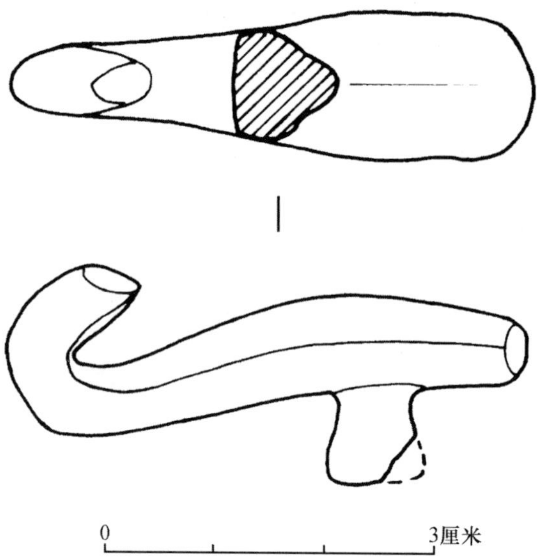

图二七〇　M336出土铁带钩
（M336：1）

一三七、M337

1. 墓葬形制与结构

该墓位于墓地中部偏南，T0603西北，开口于第2层下，距地表90厘米，墓葬形制为竖穴土坑墓，方向12°（图二七一）。

墓室：长方形竖穴土坑，长170、宽80厘米。直壁平底，两侧有生土二层台，宽14～15、高45厘米。墓底长150、宽53、墓口至墓底105厘米。填土为黄白花土。

葬具：不清。

葬式：人骨头向北，面向东，仰身直肢，成年男性。

2. 随葬品

共1件，出自人骨左胫骨内侧。

铜带钩　1件，编号M337：1，钩体呈琵琶形，正面中间顺饰两条凸棱，圆纽，扁平钩断。长6.1、宽2.5厘米（图二七二；彩版八〇，5）。

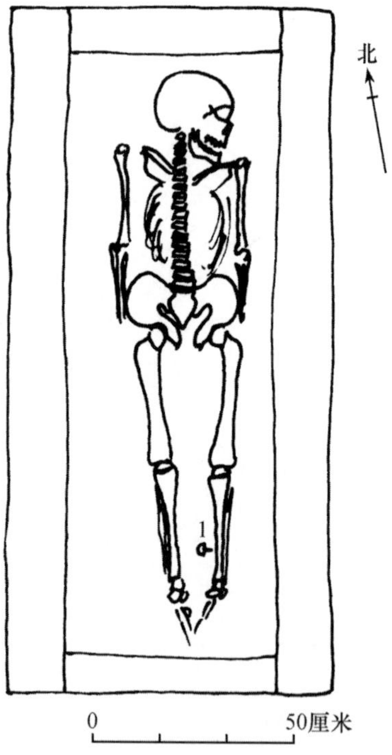

图二七一　M337平面图
1. 铜带钩

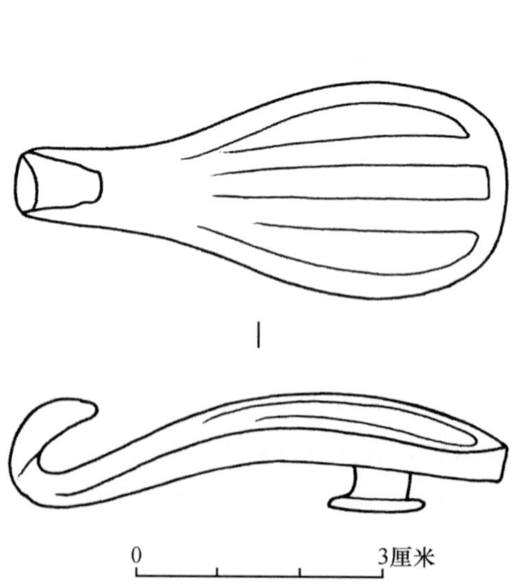

图二七二　M337出土铜带钩
（M337：1）

一三八、M338

1. 墓葬形制与结构

该墓位于墓地中部偏南，T0604西南角，开口于第2层下，距地表80厘米，墓葬形制为竖穴土坑墓，方向5°（图二七三）。

墓室：长方形竖穴土坑，长260、宽120厘米。直壁平底，两侧有生土二层台，宽26、高55厘米。墓底长180、宽60、墓口至墓底115厘米。填土为黄白花土。

葬具：有棺已朽。

葬式：人骨头向北，面向东，仰身直肢，成年男性。

2. 随葬品

共1件，出自墓底西北部。

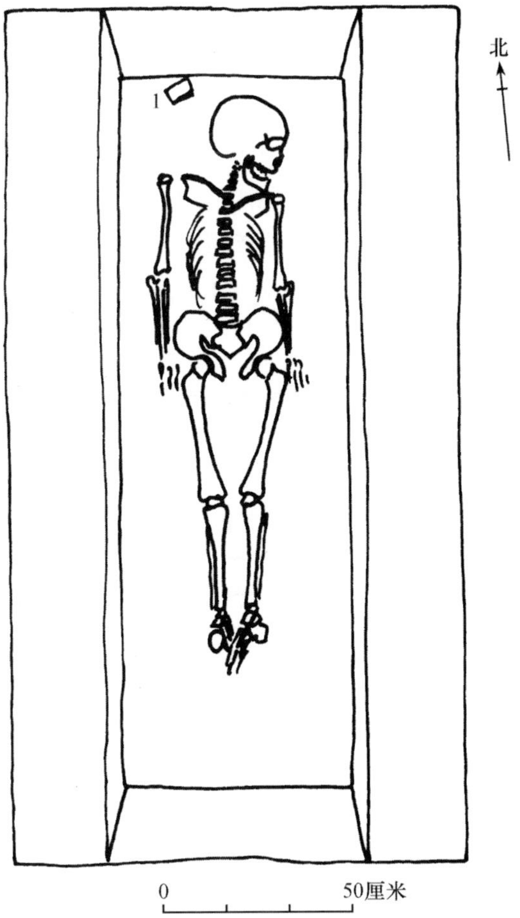

图二七三 M338平面图

1. 铁锛

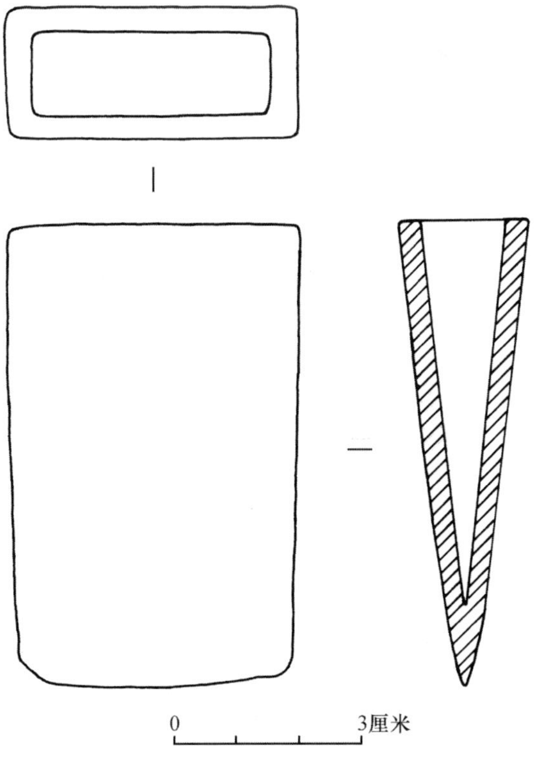

图二七四 M338出土铁锛

（M338：1）

铁锛　1件，编号M338：1，锛体近长方形，侧面三角形，长方形銎，刃略弧，长7.3、刃宽4.4厘米。銎口长4.0、宽1.4厘米（图二七四）。

一三九、M339

1. 墓葬形制与结构

该墓位于墓地中部偏南，T0504南部，开口于第2层下，距地表45厘米，墓葬形制为竖穴土坑墓，方向10°（图二七五）。

墓室：长方形竖穴土坑，长336、宽250厘米。斜壁平底，两侧有生土二层台，宽30～50、高60厘米。墓底长260、宽90、墓口至墓底300厘米。填土为黄白花土。

葬具：有棺木朽痕，长170、宽66厘米。

葬式：人骨头向北，面向西，仰身屈肢，成年男性。

2. 随葬品

共1件，出自人头骨东侧。

铜带钩　1件，编号M339：1，钩体呈扁平琵琶形，中间稍厚，内略弧，圆纽，正面雕三行竖长方格纹，嵌绿松石，钩残。长12.3、宽2.0厘米（图二七六；彩版七一，1）。

图二七五　M339平面图

1. 铜带钩

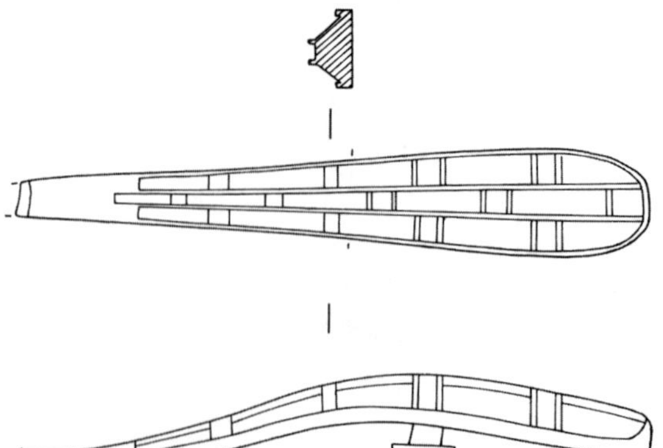

图二七六　M339出土铜带钩

（M339：1）

一四〇、M344

1. 墓葬形制与结构

该墓位于墓地中南部，T0404南部，开口于第2层下，距地表45厘米，墓葬形制为竖穴土坑墓，方向95°（图二七七）。

墓室：长方形竖穴土坑，长290、宽210厘米。斜壁，北壁90厘米下有一生土台，宽35厘米。墓底两侧有熟土二层台，宽30、高70厘米。墓底长222、宽125、墓口至墓底215厘米。填土为黄白花土。

葬具：有棺木朽痕，长180、宽60厘米。

葬式：人骨头向东，面向南，仰身屈肢，成年男性。

2. 随葬品

共5件，水晶环、铁削出自人头骨上，铜带钩出自人骨左肱骨外。

水晶环 3件，均残破（图二七八，1；彩版一〇一，1）。编号M344：1a，环体，白色透明，截面六边形，外大三角形，外径7.5、内径5.1厘米（图二七八，1）。编号M344：1b，形制同上，外径4.7、内径2.8厘米（图二七八，2）。编号M344：1c，形制同上，外径5.2、内径3.2厘米（图二七八，3）。

铜带钩 1件，编号M344：2，钩体呈琵琶形，钩端窄，另一端渐宽，后端圆精，钩身微曲，面上浮雕，眼鼻口额构成的兽面纹共五组，眼鼻口镶嵌金银其他花纹凹处镶嵌绿松石，背面有一圆纽。长22.0、宽1.0～3.5厘米（图二七八，2；彩版八二，4）。

铁削 1件，编号M344：3，方形环首，背略弧，柄本一体，环首残。柄长5.0、削长9.7、宽1.0厘米。

图二七七 M344平面图
1. 玉环（水晶环，从外到里大、中、小）
2. 铜带钩 3. 铁削

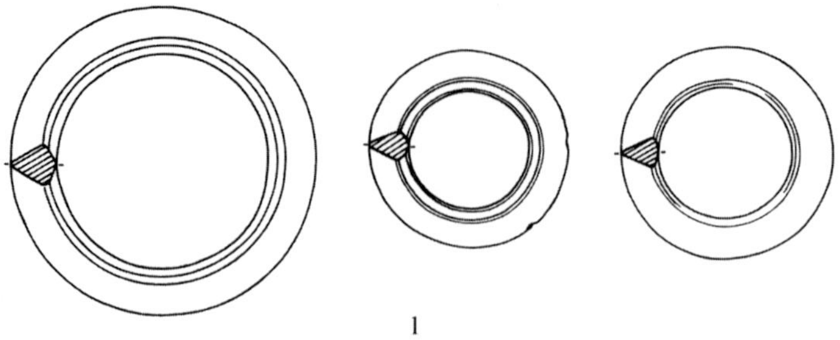
1

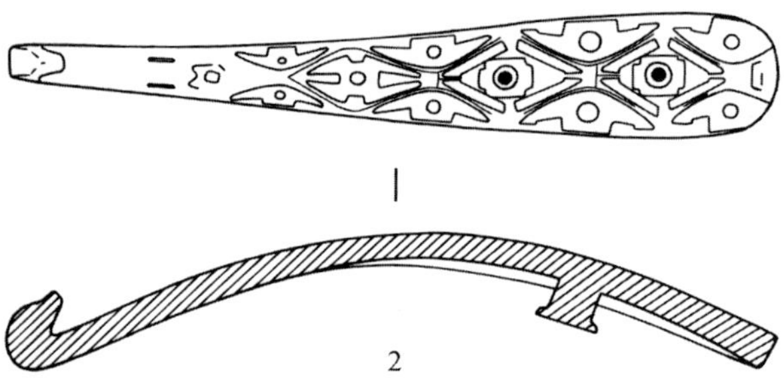
2

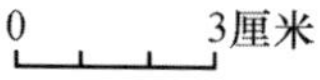

图二七八　M344出土器物

1. 玉环（M344：1a、M344：1b、M344：1c）　2. 铜带钩（M344：2）

一四一、M345

1. 墓葬形制与结构

该墓位于墓地西南，T0304中部，开口于第2层下，距地表40厘米，墓葬形制为竖穴土坑墓，方向10°（图二七九）。

墓室：长方形竖穴土坑，长210、宽130厘米。直壁平底，三面有生土二层台，宽10～26、高54厘米。墓底长200、宽80、墓口至墓底164厘米。填土为黄白花土。

葬具：有棺木朽痕，长200、宽80厘米。

葬式：人骨头向北，面向西，仰身屈肢，成年男性。

2. 随葬品

共1件，出自人头骨北部。

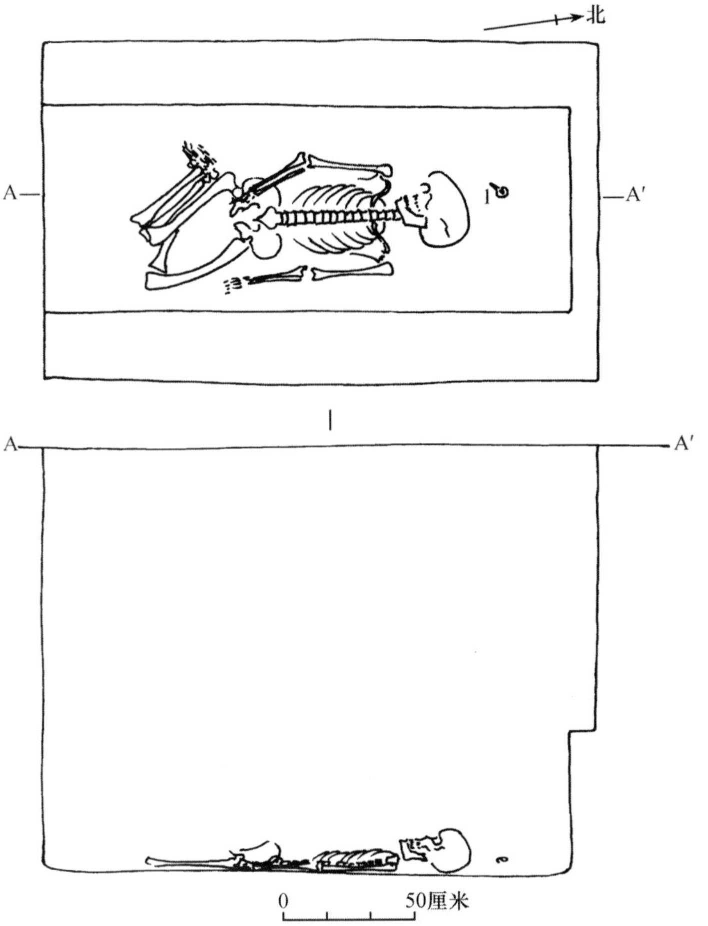

图二七九　M345平、剖面图
1. 铜带钩

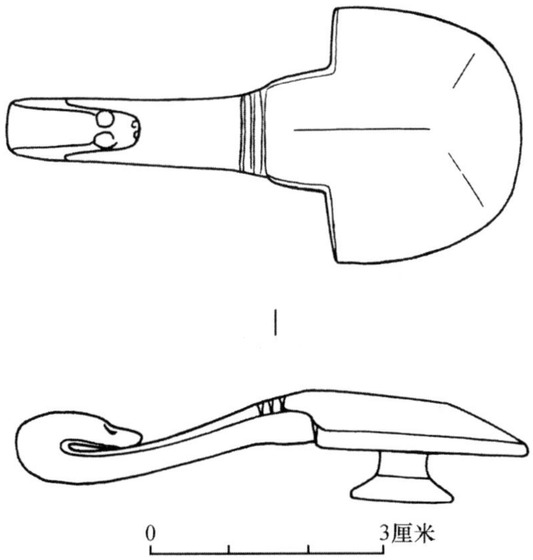

图二八〇　M345出土铜带钩
（M345：1）

铜带钩　1件，编号M345：1，钩体呈耜形，本部半圆形，中心凸出三道脊，呈“丫”字形，圆纽偏后，纽前饰二道横凸棱，鸭首状钩。长6.6、宽4.3厘米（图二八〇；彩版六〇，5）。

一四二、M346

1. 墓葬形制与结构

该墓位于墓地西南，T0304西北部，开口于第2层下，距地表50厘米，墓葬形制为竖穴土坑墓，方向100°（图二八一）。

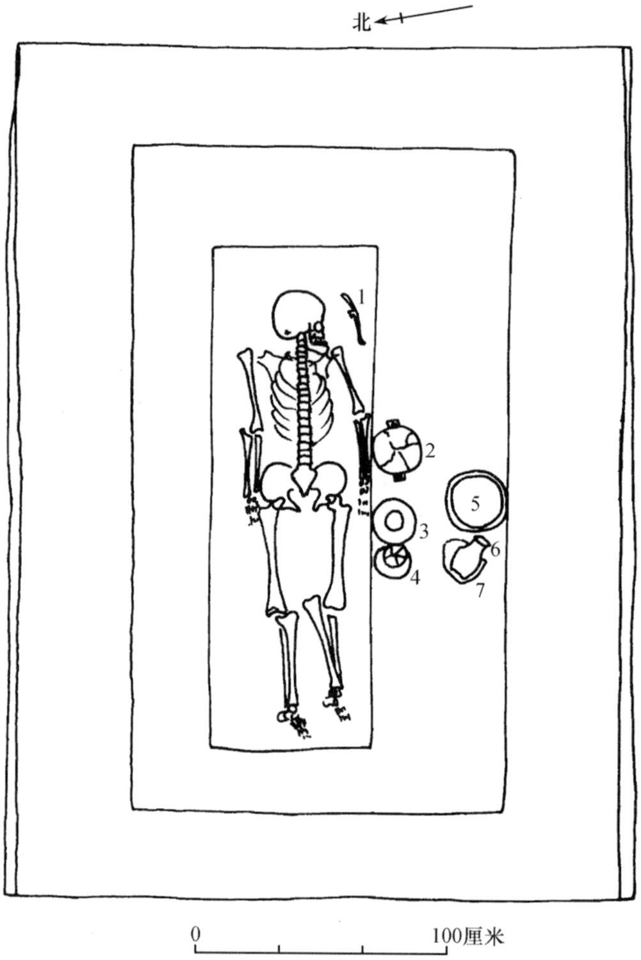

图二八一　M346平面图
1. 铜带钩　2. 陶鼎　3. 陶豆　4、6. 陶壶　5. 陶盘　7. 陶匜

墓室：长方形竖穴土坑，长340、宽250～260厘米。直壁平底，四周有双层生土台，上层宽35～45、高100厘米，下层宽25～53、高20厘米。墓底长200、宽65、墓口至墓底312厘米。填土为黄白花土。

葬具：有棺木朽痕，长200、宽65、残高10厘米。

葬式：人骨头向东，面向南，仰身直肢，成年男性。

2. 随葬品

共7件（彩版二六，1），铜带钩出自人头骨东部，陶器出自东侧二层台上，陶器均为泥质灰陶。

铜带钩　1件，编号M346：1，钩体扁平，弧度较大，琵琶形，正面雕蟠螭纹，错金嵌绿松石。长21.5、宽3.4厘米（图二八二，1）。

陶鼎　1件，编号M346：2，子母口，深弧腹，圜底，圆柱形腿，两侧附方穿大直耳。高11.3、口径15.5、腹径18.4.厘米（图二八二，2；彩版二七，6）。

陶豆　1件，编号M346：3，泥质灰陶，敛口，子母口，近直腹，圜底，喇叭形高柄豆把，平纽短柄，浅覆钵形盖。高21、口径17.1、底径11.7、腹深6.3、柄高9、盖高7.1厘米（图二八二，3；彩版二九，4）。

陶壶　2件，形制形同，平沿，弧颈，鼓腹，下腹斜收，平底，蘑菇状子口盖。编号M346：6，通高17.0、壶高15.8、口径4.5～6.0、腹径10.5、底径5.0厘米（图二八二，4；彩版三六，4）。编号M346：4，壶高17.7、口径8.3～10.0、腹径14.5、底径8.0厘米（图二八二，6；彩版三六，3）。

陶盘　1件，编号M346：5，平沿方唇，敞口，斜直腹，折急收，小平底，内圜底。高6.2、口径19.7、深5.6厘米（图二八二，5；彩版三〇，5）。

陶匜　1件，编号M346：7，敞口，口平面呈桃形，后直，前有流，微鼓腹，折急收，平底，内圜底。长15.5、宽13.5、深5.3厘米（图二八二，7；彩版三一，5）。

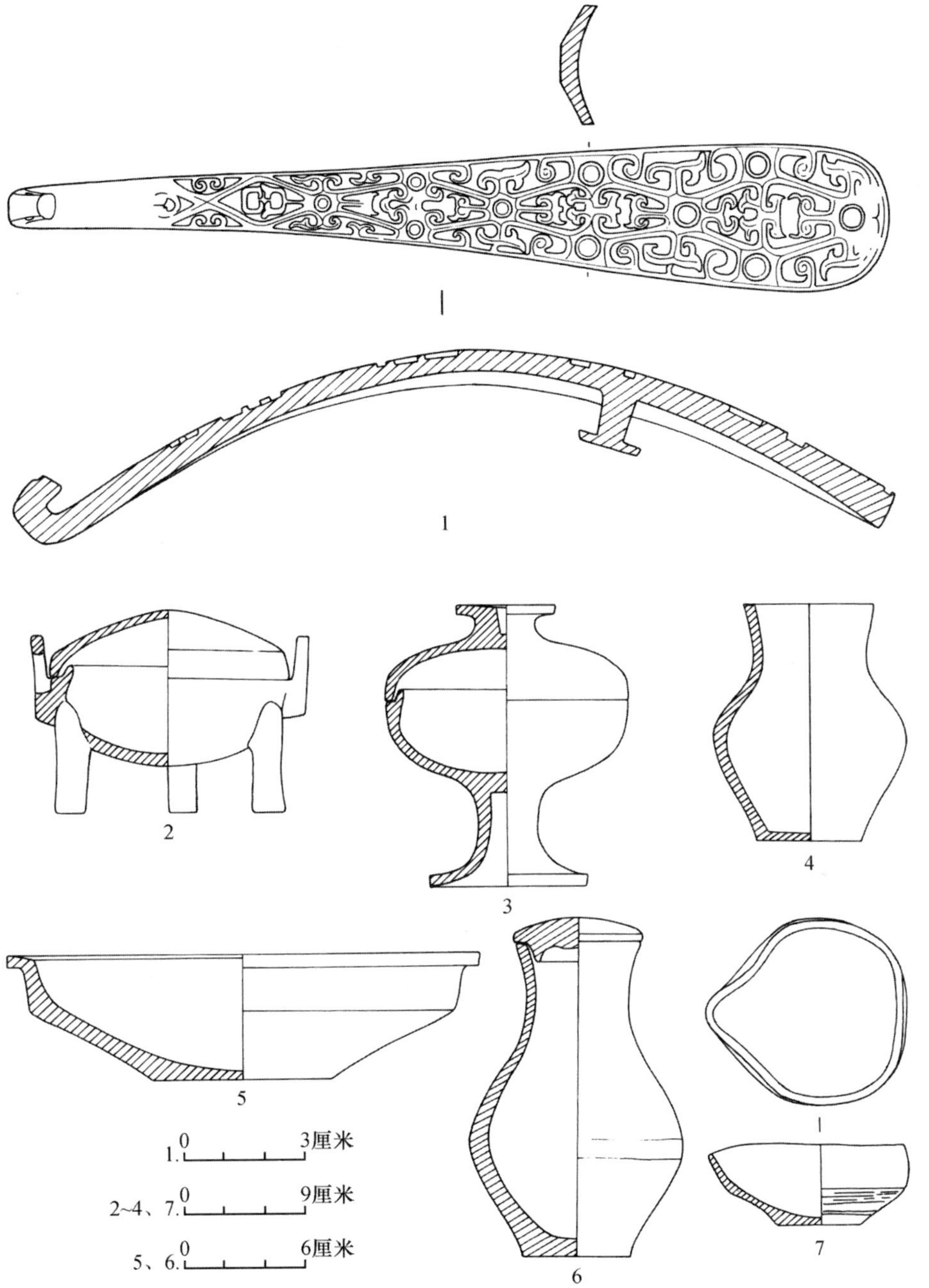

图二八二　M346出土器物

1. 铜带钩（M346：1）　2. 陶鼎（M346：2）　3. 陶豆（M346：3）　4、6. 陶壶（M346：6、M346：4）
5. 陶盘（M346：5）　7. 陶匜（M346：7）

一四三、M347

1. 墓葬形制与结构

该墓位于墓地西南，T0304西部，开口于第2层下，距地表65厘米，墓葬形制为竖穴土坑墓，方向0°（图二八三）。

墓室：长方形竖穴土坑，长240、宽140厘米。直壁平底，两侧有生土二层台，宽32～38、高50厘米。墓底长240、宽66、墓口至墓底150厘米。填土为黄白花土。

葬具：有棺木朽痕，长240、宽66、残高10厘米。

葬式：人骨头向北，面向西，仰身屈肢，成年男性。

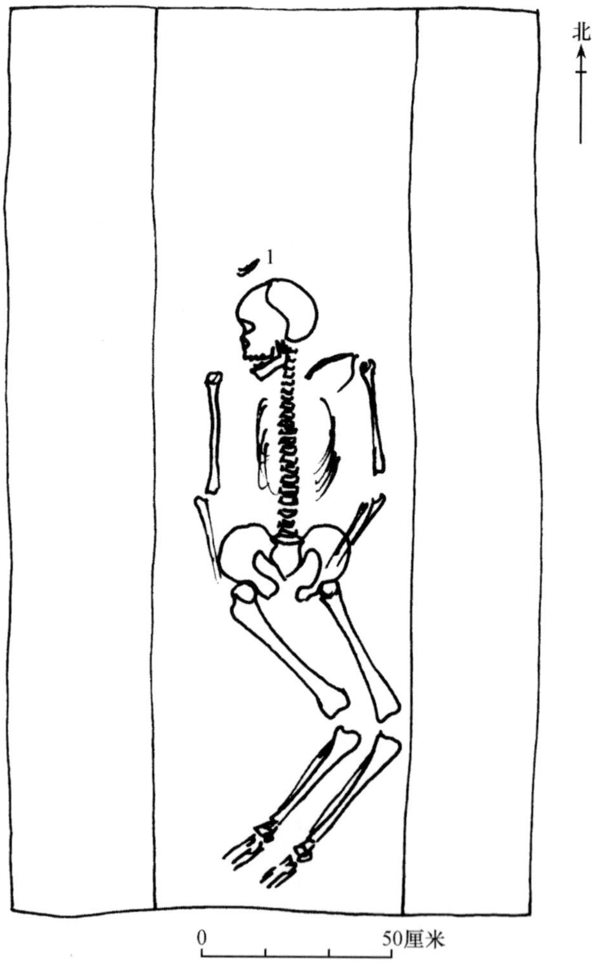

图二八三　M347平面图

1. 铜带钩

2. 随葬品

共1件，出自人头骨北部。

铜带钩　1件，编号M347：1，钩体截面呈半圆形，内略弧，本部圆尾，圆纽偏后近本部，后部残。长5.4、径1.2厘米（图二八四；彩版八〇，6）。

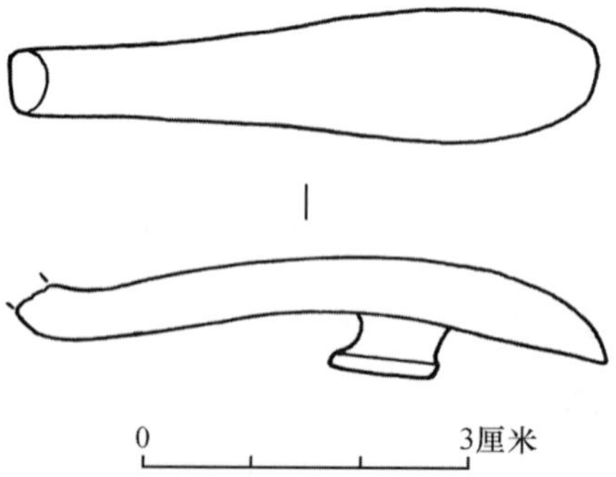

图二八四　M347出土铜带钩

（M347：1）

一四四、M349

1. 墓葬形制与结构

该墓位于墓地西南，T0303北部，开口于第2层下，距地表55厘米，墓葬形制为竖穴土坑墓，方向15°（图二八五）。

墓室：长方形竖穴土坑，长230、宽140厘米。直壁平底，两侧有熟土二层台，宽20～30、高25厘米。墓口至墓底155厘米。填土为黄白花土。

葬具：有棺木朽痕，长220、宽74厘米。

葬式：人骨头向北，面向东，仰身直肢，成年男性。

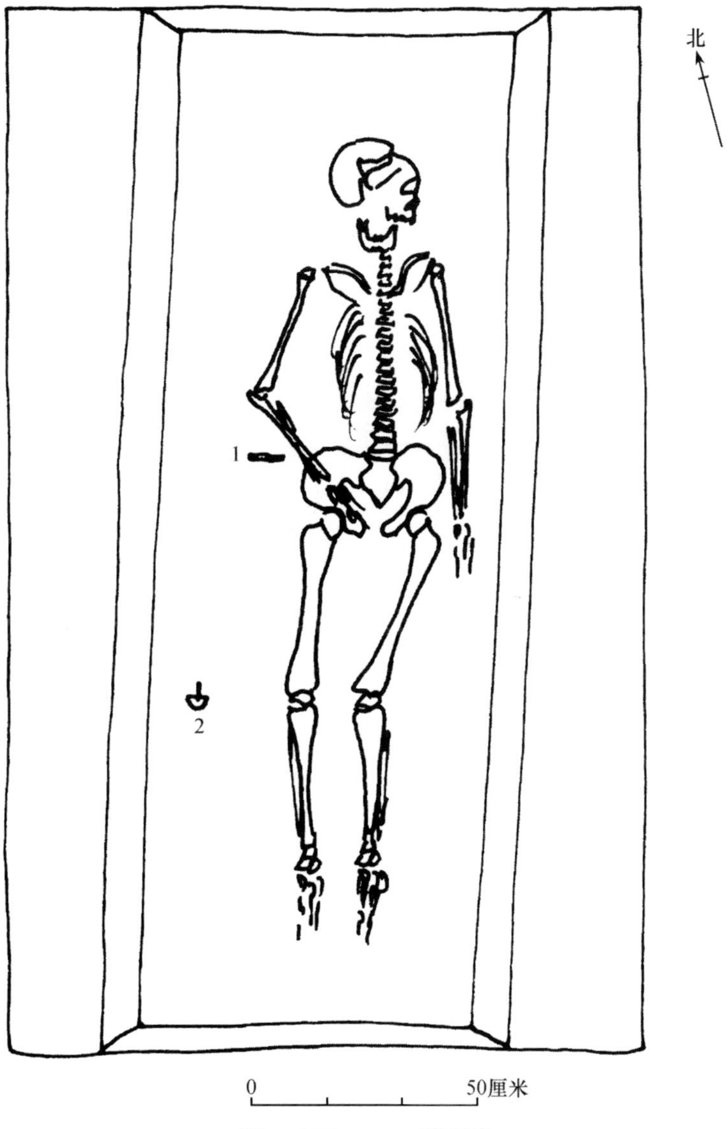

图二八五　M349平面图
1. 铜带钩　2. 铁带钩

2. 随葬品

共2件，均出自人骨架右侧。

铜带钩　1件，编号M349：1，钩体半圆柱竹节状，弧度小，本部齐尾，圆纽，纽前饰二道横凸棱，向后顺饰一凹槽，内浮雕一小瓶，鸭首状钩。长5.8、径1.3厘米（图二八六，1；彩版五二，5）。

铁带钩　1件，编号M349：2，钩体呈耜形，本部半圆形，中心凸出一竖脊，错金银花纹，钩颈饰二道横凸棱，圆纽偏后，鸭首状钩。长8.6、宽4.9厘米（图二八六，2）。

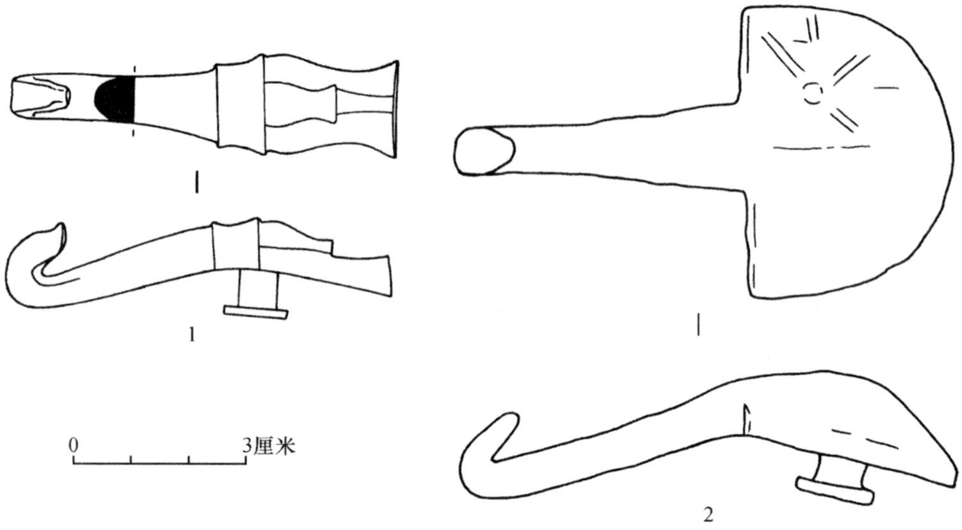

图二八六　M349出土器物
1. 铜带钩（M349：1）　2. 铁带钩（M349：2）

一四五、M356

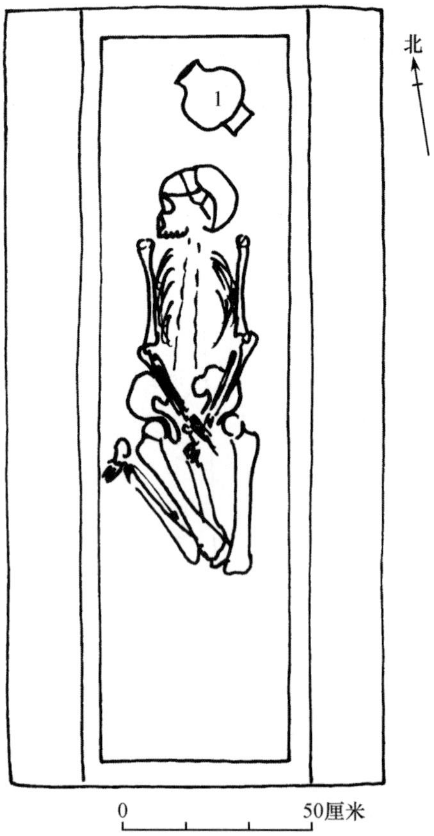

图二八七　M356平面图
1. 陶壶

1. 墓葬形制与结构

该墓位于墓地西南，T0303北部，开口于第2层下，距地表45厘米，墓葬形制为竖穴土坑墓，方向7°（图二八七）。

墓室：长方形竖穴土坑，长205、宽100厘米。两端斜壁平底，两侧有生土二层台，宽20、高40厘米。墓底长182、宽50、墓口至墓底80厘米。填土为黄白花土。

葬具：不甚清楚。

葬式：人骨头向北，面向西，仰身屈肢，成年男性。

2. 随葬品

共1件，出自墓底北部。

陶壶　1件，编号M356：1，泥质灰陶，侈口，斜平沿，弧颈，鼓腹，假圈足平底座，口部残。高21.0、口径9.5～11.7、腹径18.0、底径10.0厘米（图二八八；彩版三七，1）。

一四六、M358

1. 墓葬形制与结构

该墓位于墓地西南，T0202西北角，开口于第2层下，距地表70厘米，墓葬形制为竖穴土坑墓，方向175°（图二八九）。

墓室：长方形竖穴土坑，长210、宽90厘米。直壁平底，东侧有生土二层台，宽26、高45厘米。墓底长210、宽64、墓口至墓底75厘米。填土为黄白花土。

葬具：不清。

葬式：人骨头向南，面向上，仰身屈肢，成年男性。

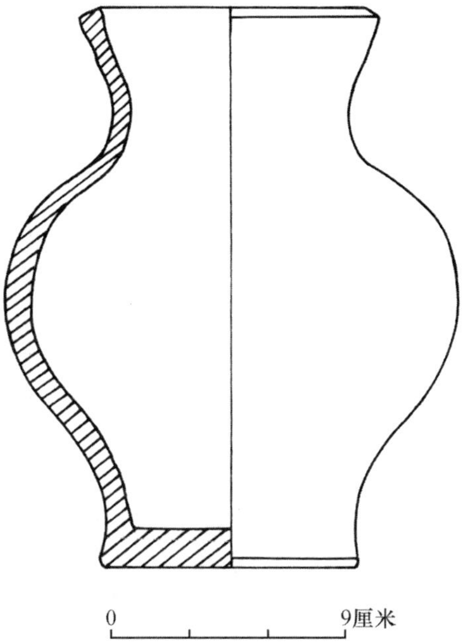

图二八八　M356出土陶壶

（M356：1）

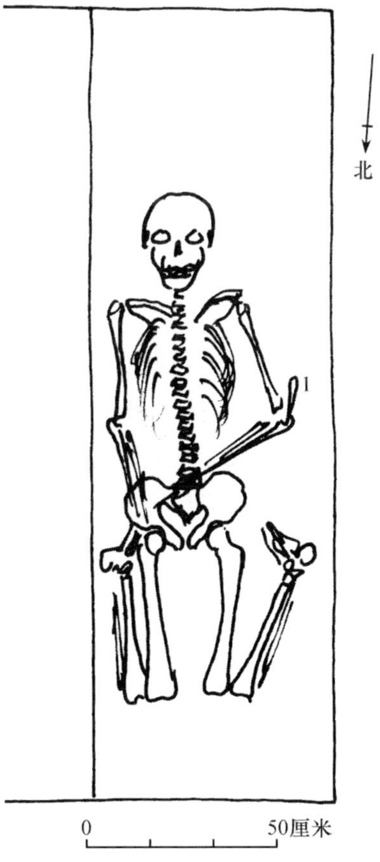

图二八九　M358平面图

1. 铜带钩

2. 随葬品

共1件，出自人骨左肘处。

铜带钩　1件，编号M358：1，钩体截面呈半圆形，内略弧，本部圆尾，圆纽偏后近本部，钩断，正面雕刻两组菱形和回形组合的细弦花纹，错银。长8.5、径1.9厘米（图二九○；彩版七四）。

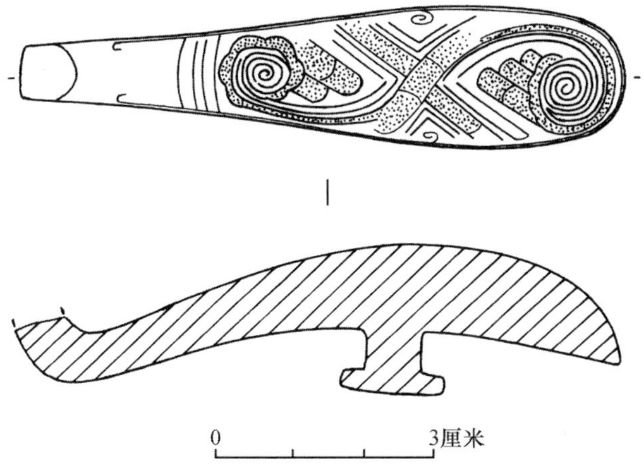

图二九○　M358出土铜带钩

（M358：1）

一四七、M362

1. 墓葬形制与结构

该墓位于墓地西南，T0203北部，开口于第2层下，距地表50厘米，墓葬形制为竖穴土坑墓，方向5°（图二九一）。

墓室：长方形竖穴土坑，长210、宽130厘米。斜壁平底，两侧有生土二层台，宽30、高50厘米。墓底长196、宽70、墓口至墓底170厘米。填土为黄白花土。

葬具：有棺木朽痕，长195、宽70厘米。

葬式：人骨头向北，面向上，仰身直肢，成年女性。

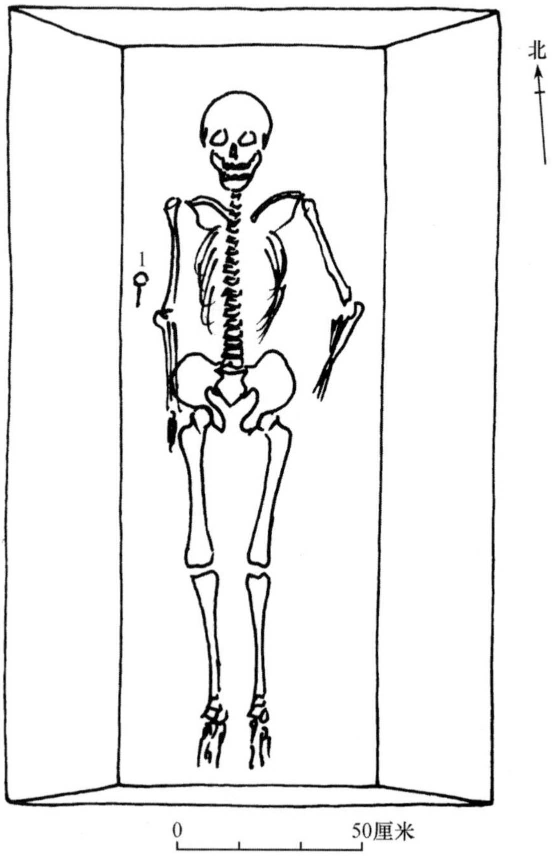

图二九一　M362平面图
1. 铁带钩

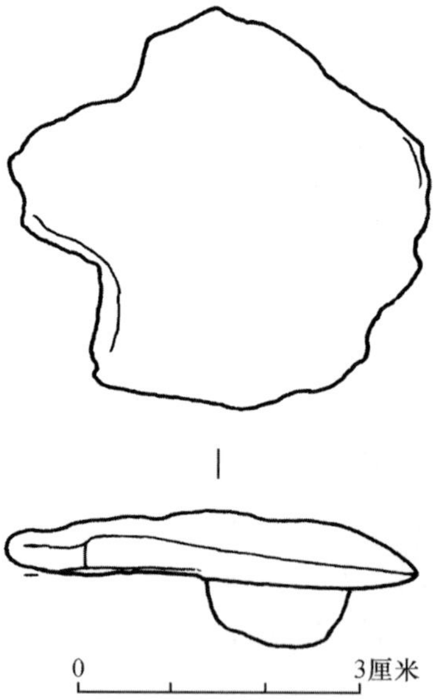

图二九二　M362出土铁带钩
（M362：1）

2. 随葬品

共1件，出自人骨右肱骨处。

铁带钩　1件，编号M362：1，钩体呈耜形，仅有本部，半圆形一侧稍残，圆纽残，颈残。长4.5、宽4.4厘米（图二九二）。

一四八、M367

1. 墓葬形制与结构

该墓位于墓地西南，T0204西部，开口于第2层下，距地表50厘米，墓葬形制为竖穴土坑墓，方向5°（图二九三）。

墓室：长方形竖穴土坑，长195、宽115～130厘米。直壁平底，两侧有生土二层台，宽26～36、高60厘米。墓底长195、宽56、墓口至墓底110厘米。填土为黄白花土。

葬具：不清。

葬式：人骨头向北，面向上，仰身直肢，成年男性。

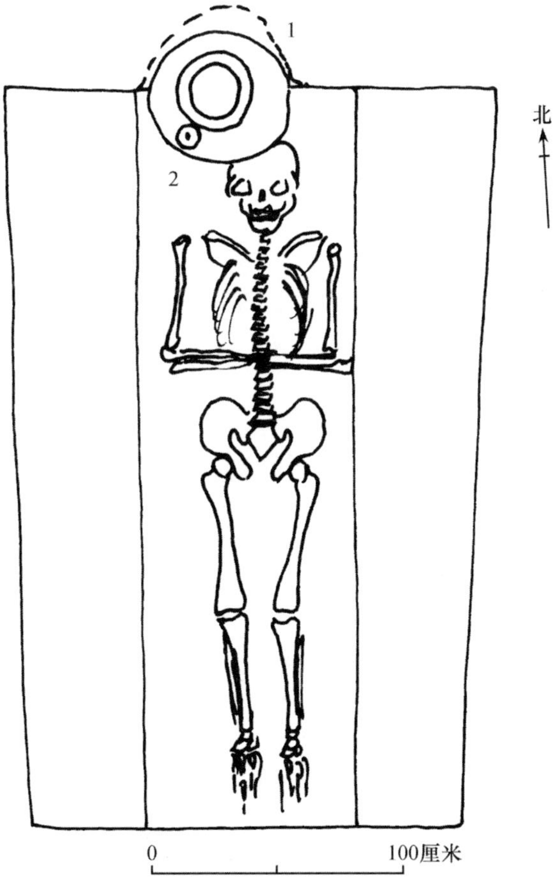

图二九三　M367平面图

1. 陶罐　2. 陶豆座

2. 随葬品

陶罐　1件，出自墓北部填土中。编号M367：1，泥质灰陶，侈口，圆沿，束颈，斜折肩，鼓腹，圜底，最大腹在下部，肩部似有方形印记，上部饰竖细绳纹横划线，下部拍印粗绳纹。高29.2、口径20.0、腹径35.8厘米（图二九四；彩版四六，3）。

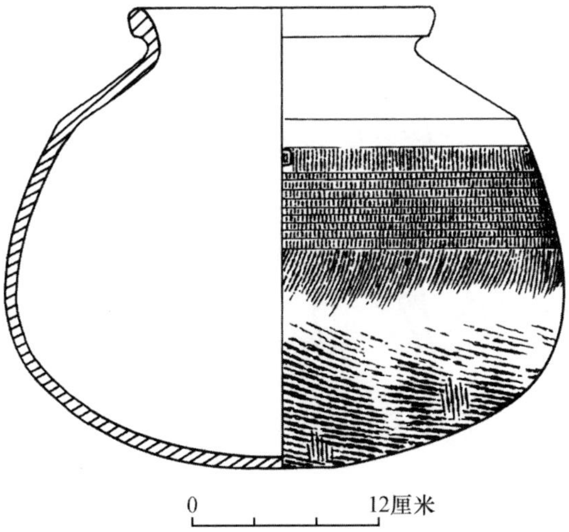

图二九四　M367出土陶罐

（M367：1）

一四九、M372

1. 墓葬形制与结构

该墓位于墓地西南，T0104北部，开口于第2层下，距地表50厘米，墓葬形制为竖穴土坑墓，方向5°（图二九五）。

墓室：长方形竖穴土坑，长210、宽120厘米。直壁平底，两侧有生土二层台，宽20、高30厘米。墓底长210、宽80、墓口至墓底65厘米。填土为黄白花土。

葬具：不清。

葬式：人骨头向北，面向西，仰身屈肢，成年男性。

2. 随葬品

共1件，出自墓底西南部。

铁带钩　1件，编号M372∶1，钩体呈耜形，本部半圆形，中心凸出一竖脊，钩颈饰二道横凸棱，圆纽偏后，鸭首状钩。长8.2、宽5.0厘米（图二九六）。

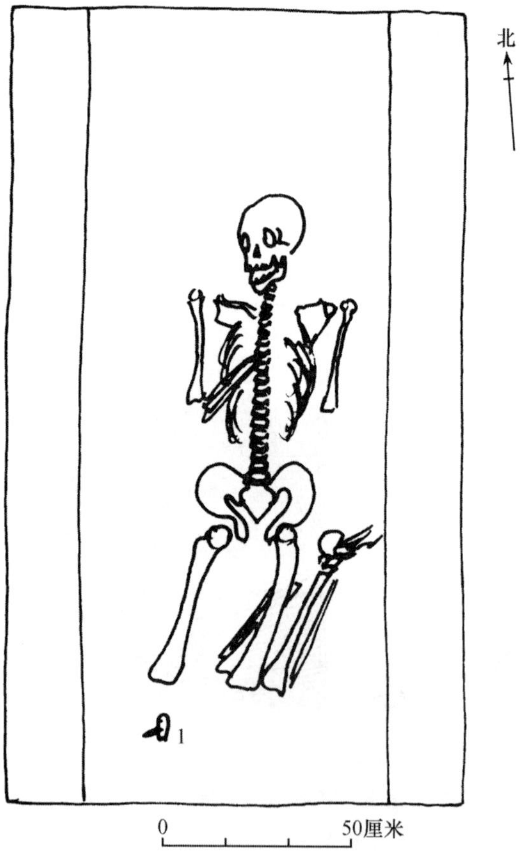

图二九五　M372平面图
1. 铁带钩

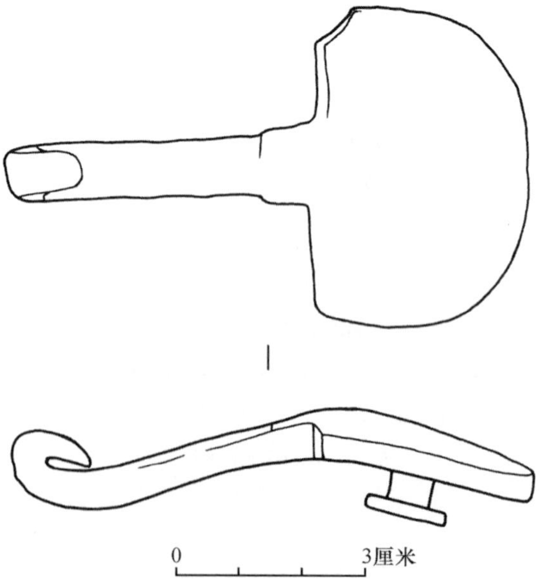

图二九六　M372出土铁带钩
（M372∶1）

一五〇、M379

1. 墓葬形制与结构

该墓位于墓地中西部，T0406西北部，开口于第2层下，距地表100厘米，墓葬形制为竖穴土坑墓，方向20°（图二九七）。

墓室：长方形竖穴土坑，长195、宽120厘米。直壁平底，两侧有生土二层台，宽25、高65厘米。墓底长195、宽70、墓口至墓底145厘米。填土为黄白花土。

葬具：不清。

葬式：人骨头向北，面向东，仰身屈肢，成年男性。

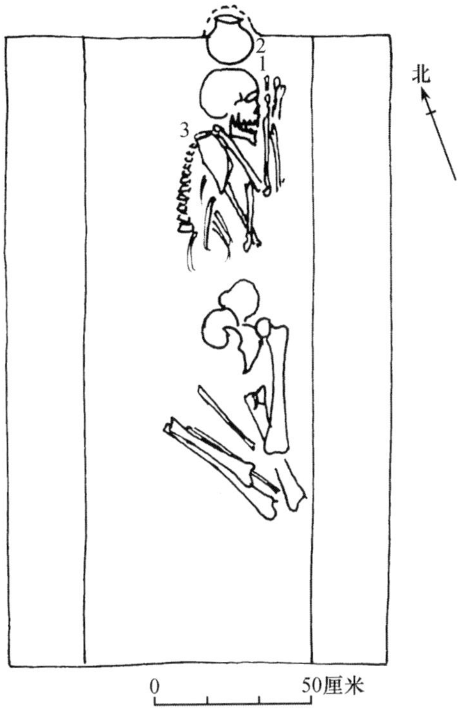

图二九七　M379平面图

1. 铜带钩　2. 陶罐　3. 陶碗

2. 随葬品

共3件，均出自墓底北部。

铜带钩　1件，编号M379：1，蝌蚪形，圆纽，鸭首状钩。长3.4、宽1.4厘米（图二九八，1；彩版八九，2）。

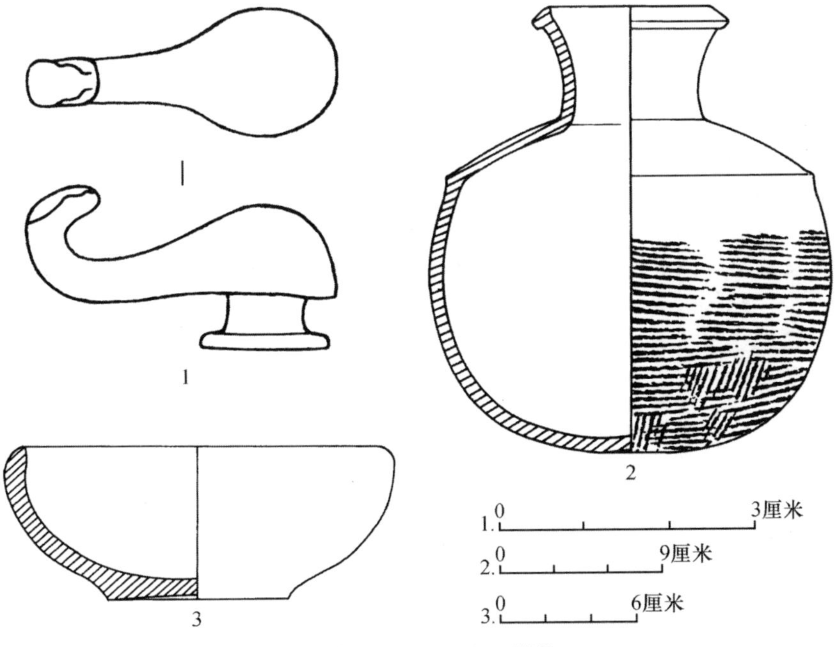

图二九八　M379出土器物

1. 铜带钩（M379：1）　2. 陶罐（M379：2）　3. 陶碗（M379：3）

陶罐　1件，编号M379：2，泥质灰陶，侈口，叠唇，直领，鼓腹，圜底稍内凹，肩有折棱，下腹拍印粗绳纹，口部残。高24.4、口径10.5、腹径22.5、领高6.3厘米（图二九八，2；彩版四六，4）。

陶碗　1件，编号M379：3，泥质灰陶，敛口，钵形，壁形底稍内凹，内圜底。口径15.3～17.2、深5.6、底径8.0、高0.3厘米（图二九八，3；彩版四六，4）。

一五一、M383

1. 墓葬形制与结构

该墓位于墓地中西部，T0407东部，开口于第2层下，距地表80厘米，墓葬形制为竖穴土坑墓，方向35°，东边被M384打破（图二九九）。

墓室：长方形竖穴土坑，长200、宽110厘米。斜壁平底，两侧有生土二层台，宽16～30、高60厘米。墓底长200、宽60～70、墓口至墓底126厘米。填土为黄白花土。

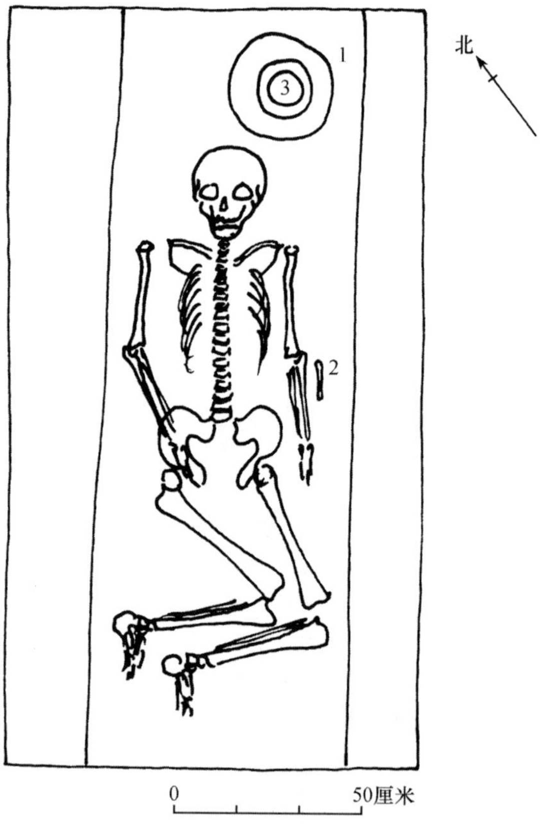

图二九九　M383平面图
1. 陶罐　2. 铜带钩　3. 陶碗

葬具：不清。

葬式：人骨头向北，面向上，仰身屈肢，成年男性。

2. 随葬品

共3件，陶器出自墓底东北部，铜带钩出自左肘处。

陶罐　1件，编号M383：1，泥质灰陶，侈口，叠唇，直领，球腹，圜底，稍内凹，上腹饰竖细绳纹，横宽划纹，下腹拍印粗绳纹。口颈残。高25.2、腹径24.3厘米（图三〇〇，1）。

铜带钩　1件，编号M383：2，钩体截面呈半圆形，内略弧，本部圆尾，圆纽偏后近本部，钩残。长5.0、径1.5厘米（图三〇〇，2；彩版五二，6）。

陶碗　1件，编号M383：3，泥质灰陶，残碎，不能复原。

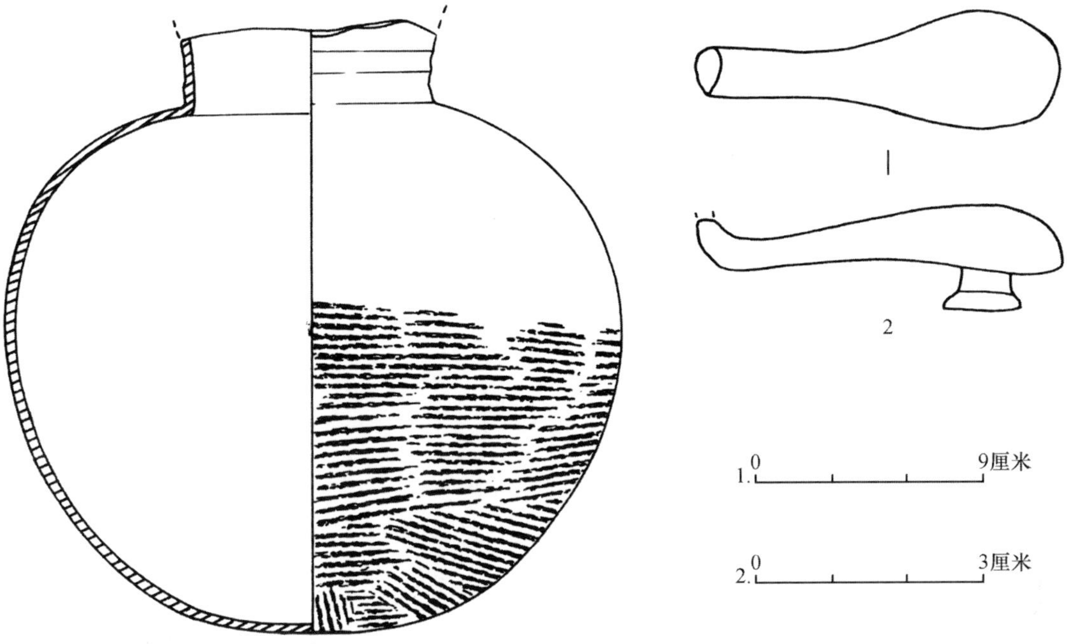

图三〇〇　M383出土器物
1. 陶罐（M383：1）　2. 铜带钩（M383：2）

一五二、M384

1. 墓葬形制与结构

该墓位于墓地中西部，T0407东部，开口于第2层下，距地表55厘米，墓葬形制为竖穴土坑墓，方向20°（图三〇一）。

墓室：长方形竖穴土坑，长210、宽130厘米。斜壁平底，两侧有生土二层台，宽6～20、高70厘米。墓底长200、宽66、墓口至墓底160厘米。填土为黄白花土。

葬具：不清。

葬式：人骨头向北，面向东，仰身直肢，成年男性。

2. 随葬品

共2件，均出自墓底北部。

陶罐　1件，编号M384：1，泥质灰陶，侈口，圆沿，直领，鼓腹，圜底，稍内凹，肩有折棱，下腹拍印粗绳纹。高25.7、口径10.0、腹径23.0、领高6.2厘米（图三〇二；彩版四二，3）。

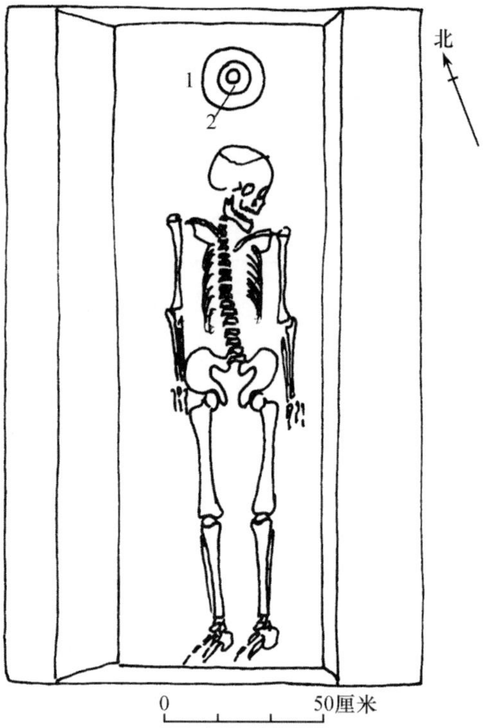

图三〇一　M384平面图

1. 陶罐　2. 陶碗

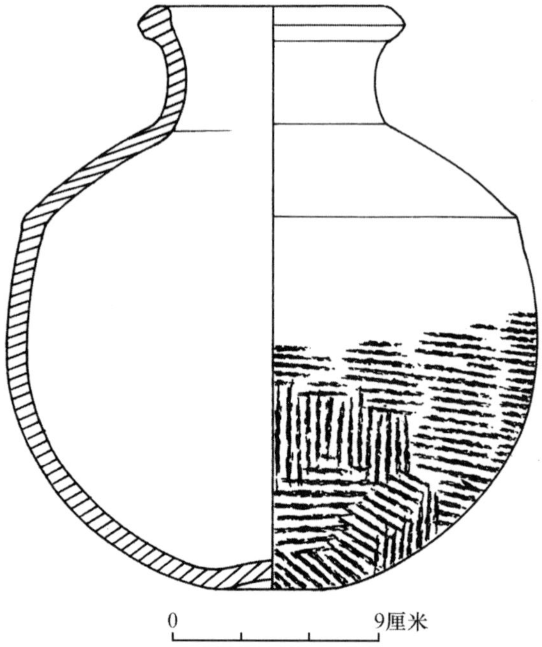

图三〇二　M384出土陶罐

（M384：1）

陶碗　1件，编号M384：2，泥质灰陶，残碎，不能复原。

一五三、M387

1. 墓葬形制与结构

该墓位于墓地中部，T0607南部，开口于第2层下，距地表100厘米，墓葬形制为竖穴土坑墓，方向90°（图三〇三）。

墓室：长方形竖穴土坑，长180、宽120厘米。斜壁平底，墓底长160、宽70、墓口至墓底120厘米。填土为黄白花土。

葬具：不清。

葬式：人骨头向东，面向上，仰身屈肢，成年男性。

2. 随葬品

共1件，出自人头骨东南处。

铜带钩　1件，编号M387：1，钩体半圆柱竹节状，弧度小，本部齐尾，燕尾状，圆纽，上饰二道横凹槽，钩残。长7.5、宽0.9厘米（图三〇四；彩版五三，1）。

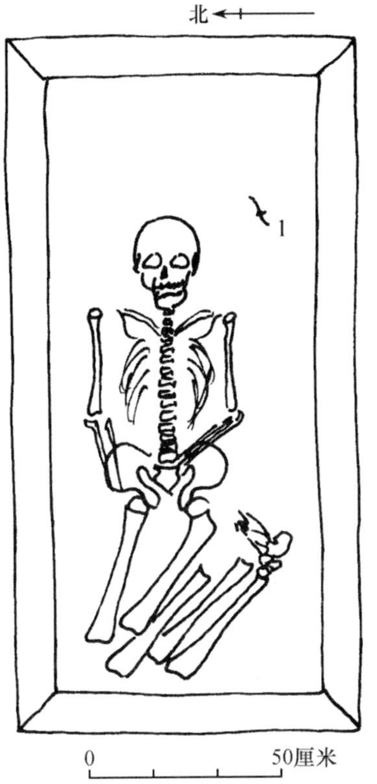

图三〇三　M387平面图
1. 铜带钩

一五四、M388

1. 墓葬形制与结构

该墓位于墓地中部，T0607西部，开口于第2层下，距地表110厘米，墓葬形制为竖穴土坑墓，方向10°（图三〇五；彩版九，2）。

墓室：长方形竖穴土坑，长210、宽134厘米。直壁平底，两侧有生土二层台，宽25～30、高70厘米。两端自二层台以下各向外斜侈，进深30厘米。墓底长240、宽78、墓口至墓底160厘米。填土为黄白花土。

葬具：不清。

葬式：人骨头向北，面向西，仰身直肢，成年男性。

2. 随葬品

共2件，陶罐出自墓底西北角，铜带钩出自人骨左手上。

陶罐　1件，编号M388：1，泥质灰陶，侈口，叠唇，直领，鼓腹，圜底，稍内凹，肩有折棱，下腹拍印粗绳纹。高24.5、口径10.3、腹径24、领高5.8厘米（图三〇六，1；彩版四二，4）。

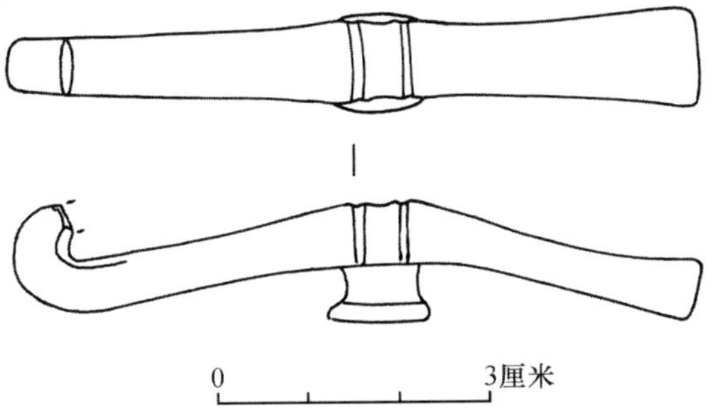

图三〇四　M387出土铜带钩
（M387：1）

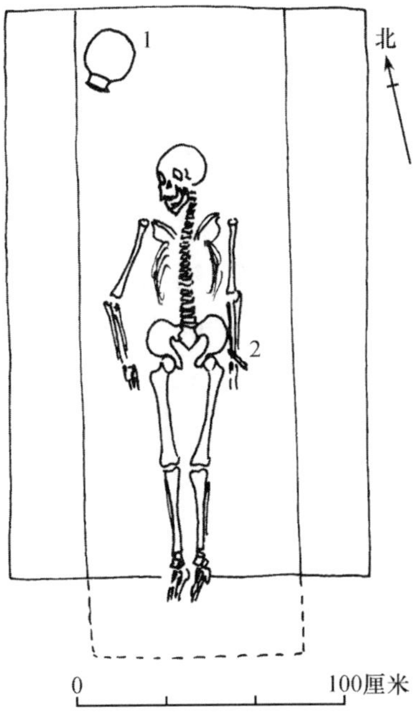

图三〇五　M388平面图
1. 陶罐　2. 铜带钩

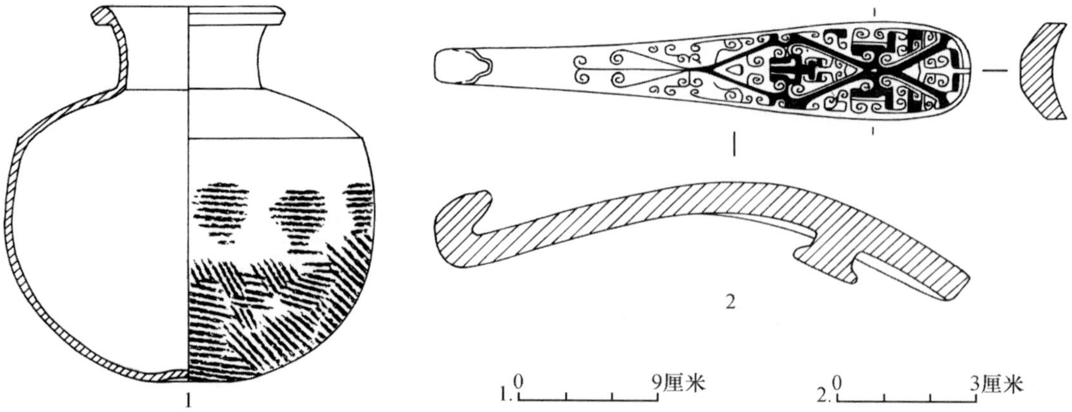

图三〇六　M388出土器物
1. 陶罐（M388：1）　2. 铜带钩（M388：2）

铜带钩　1件，编号M388：2，钩体呈琵琶形，厚重，内略弧，圆纽，鸭首状钩，正面雕菱形加卷云纹间蟠螭纹，组成两组图纹，错金银。长11.5、宽2.0厘米（图三〇六，2；彩版七六）。

一五五、M390

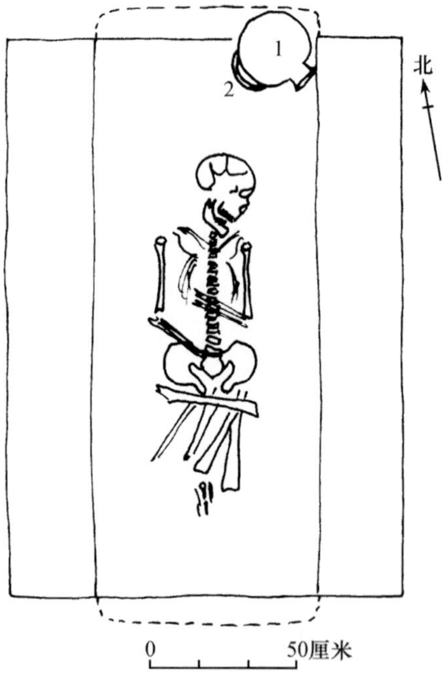

图三〇七　M390平面图
1. 陶罐　2. 陶碗

1. 墓葬形制与结构

该墓位于墓地中部，T0506东北部，开口于第2层下，距地表100厘米，墓葬形制为竖穴土坑墓，方向10°（图三〇七；彩版九，3）。

墓室：长方形竖穴土坑，长190、宽135厘米。直壁平底，两侧有生土二层台，宽30、高84厘米。两端自二层台以下各向外扩挖10厘米。墓底长210、宽74、墓口至墓底170厘米。填土为黄白花土。

葬具：不清。

葬式：人骨头向北，面向东，仰身屈肢，少年儿童。

2. 随葬品

共2件，均出自墓底东北角。

陶罐　1件，编号M390：1，泥质灰陶，侈口，叠

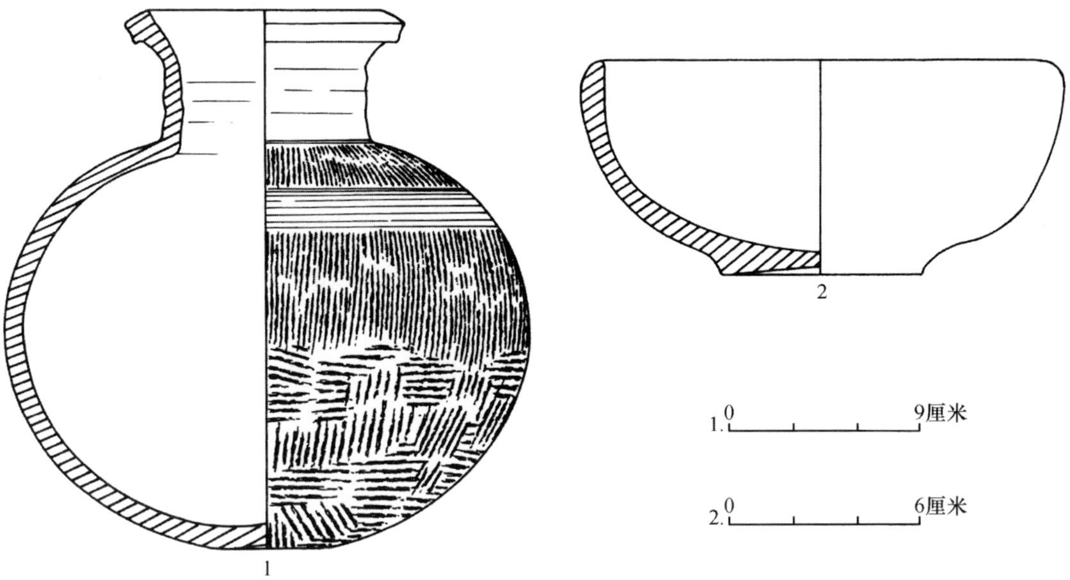

图三〇八 M390出土陶器

1. 陶罐（M390：1） 2. 陶碗（M390：2）

唇，直领，球腹，圜底稍内凹，上腹饰竖细绳纹，横宽划纹，下腹拍印粗绳纹。高25、口径11.7、腹径24.1、领高6.3厘米（图三〇八，1；彩版四二，5）。

陶碗 1件，编号M390：2，泥质灰陶，敛口，钵形，璧形底稍内凹，内圜底。口径13.2～14.8、深5.5、底径6.5、高0.4厘米（图三〇八，2；彩版四八，5）。

一五六、M391

1. 墓葬形制与结构

该墓位于墓地西北，T0409西北部，开口于第2层下，距地表70厘米，墓葬形制为竖穴土坑墓，方向20°（图三〇九）。

墓室：长方形竖穴土坑，长200、宽110厘米。斜壁平底，两侧有生土二层台，宽15、高44厘米。墓底长190、宽70、墓口至墓底110厘米。填土为黄白花土。

葬具：不清。

葬式：人骨头向北，面向上，仰身直肢，成年男性。

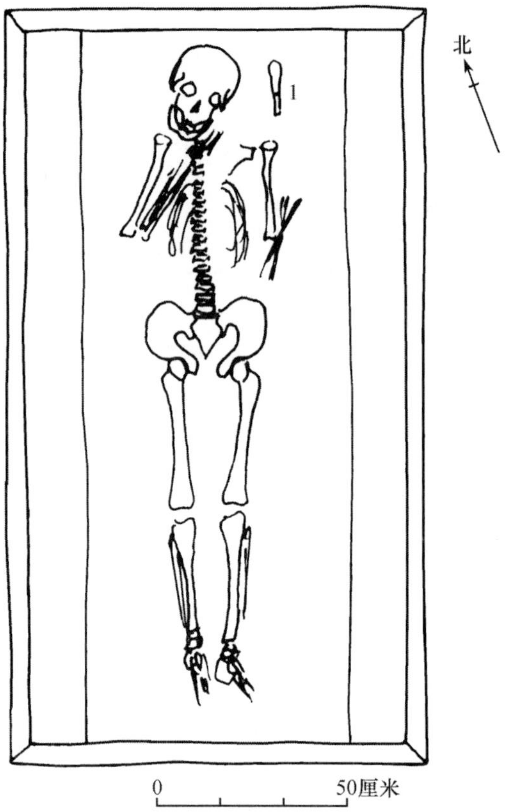

图三〇九　M391平面图
1. 铁带钩

2. 随葬品

共1件，出自人头骨东侧。

铁带钩　1件，编号M391∶1，钩体呈琵琶形，弧度大，正面错金，圆纽，鸭首状钩。长19.2、宽4.7厘米（图三一〇）。

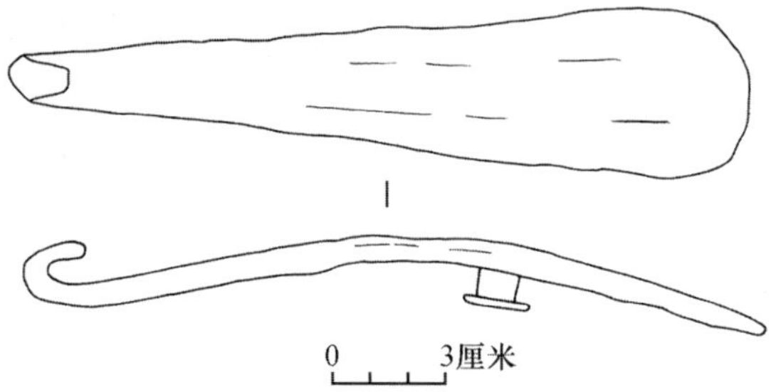

图三一〇　M391出土铁带钩
（M391∶1）

一五七、M394

1. 墓葬形制与结构

该墓位于墓地中北部，T0508中部，开口于第2层下，距地表100厘米，墓葬形制为竖穴土坑墓，方向5°（图三一一；彩版九，4）。

墓室：长方形竖穴土坑，长190、宽90厘米。直壁平底，两侧有生土二层台，宽15～18、高30厘米。墓底长190、宽56、墓口至墓底50厘米。填土为黄白花土。

葬具：不清。

葬式：人骨头向北，面向东，仰身屈肢，成年男性。

2. 随葬品

共1件，出自墓底北部。

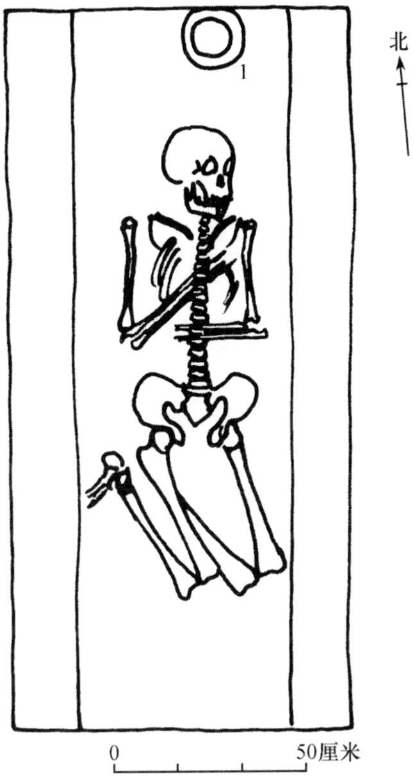

图三一一 M394平面图
1. 陶壶

陶壶 1件，编号M394：1，泥质灰陶，口颈残，鼓腹，假圈足平底座，肩部饰二道凸棱。残高20.4、腹径17.3、底径9.5厘米（图三一二；彩版三七，2）。

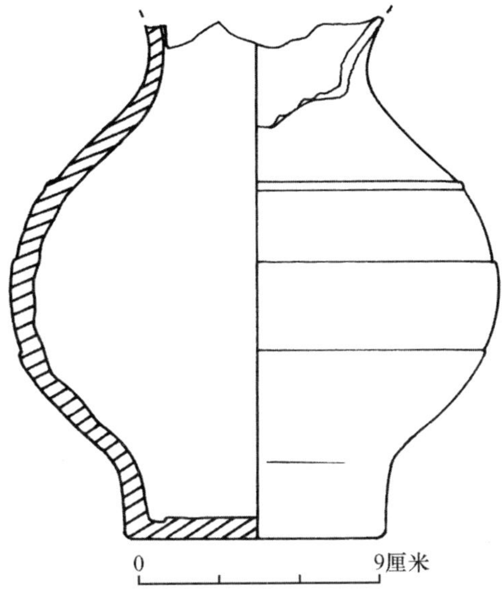

图三一二 M394出土陶壶
（M394：1）

一五八、M395

1. 墓葬形制与结构

该墓位于墓地中北部，T0508北部，开口于第2层下，距地表80厘米，墓葬形制为竖穴土坑墓，方向5°（图三一三；彩版一〇，1）。

墓室：长方形竖穴土坑，长210、宽120～130厘米。直壁平底，两侧有生土二层台，宽25、高40厘米。墓底长210、宽70～78、墓口至墓底110厘米。填土为黄白花土。

葬具：不清。

葬式：人骨头向北，面向西，仰身直肢，成年女性。

2. 随葬品

共2件，铜镜出自人骨左胫骨外，铜带钩出自人骨右尺骨外。

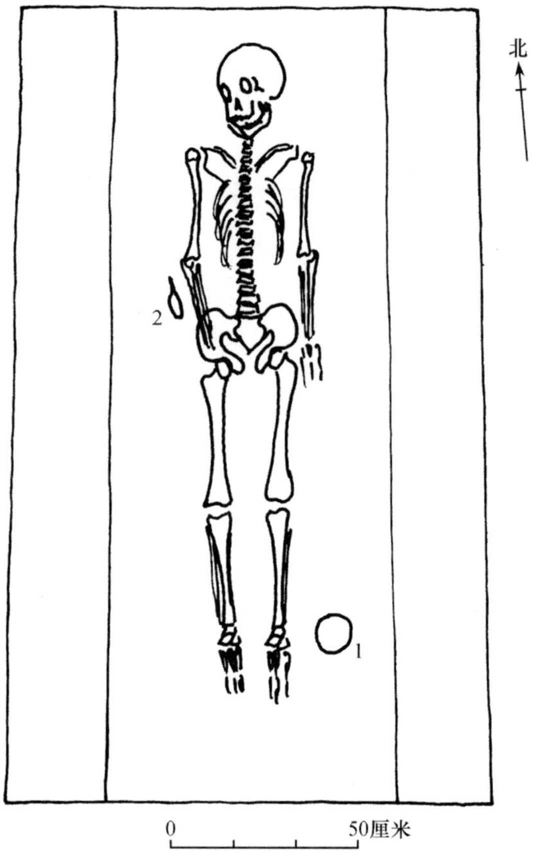

图三一三　M395平面图
1. 铜镜　2. 铜带钩

铜镜　1件，编号M395：1，素面体薄，小桥形纽，破残（彩版九二，2）。

铜带钩　1件，编号M395：2，钩体近圆形，扁平，内略凹，兽面浮雕，圆纽，鸭首状钩残。长9.7厘米，兽面长5.0、宽4.6厘米（图三一四；彩版八七，3）。

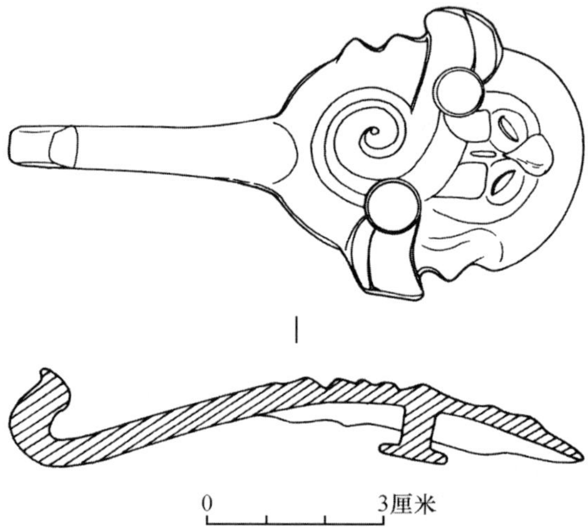

图三一四　M395出土铜带钩
（M395：2）

一五九、M397

1. 墓葬形制与结构

该墓位于墓地中北部，T0508东部，开口于第2层下，距地表90厘米，墓葬形制为竖穴土坑墓，方向5°（图三一五）。

墓室：长方形竖穴土坑，长210、宽100厘米。直壁平底，两侧有生土二层台，宽8～10、高20厘米。墓底长190、宽62、墓口至墓底140厘米。填土为黄白花土。

葬具：不清。

葬式：棺椁不清，人骨头向北，面向上，仰身直肢，少年儿童。

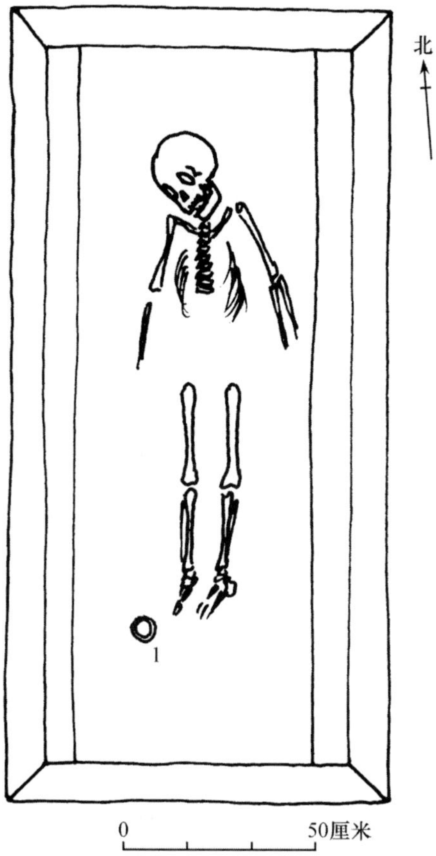

图三一五　M397平面图
1. 小陶碗

2. 随葬品

共1件，出自墓底西南部。

小陶碗　1件，编号M397：1，泥质灰陶，敛口，圆沿，斜腹平底，内圜底。口径3.7、腹径6.0、底径3.0、深2.2厘米（图三一六）。

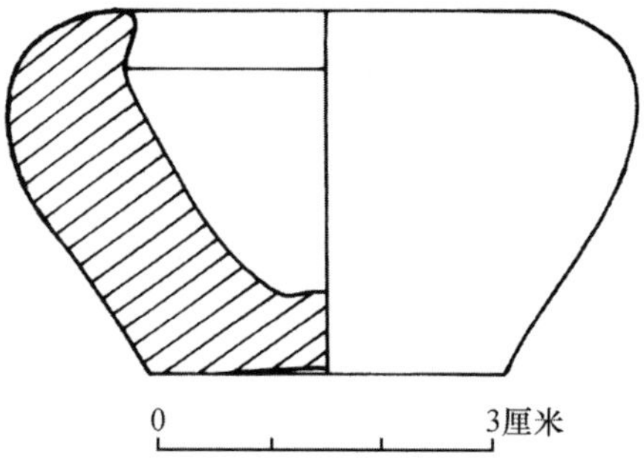

图三一六　M397出土小陶碗
（M397：1）

一六〇、M399

1. 墓葬形制与结构

该墓位于墓地中北部，T0509西南部，开口于二层下，距地表70厘米，墓葬形制为竖穴土坑墓，方向5°（图三一七）。

墓室：长方形竖穴土坑，长220、宽150厘米。斜壁平底，两侧有生土二层台，宽30、高75厘米。墓底长210、宽80、墓口至墓底185厘米。填土为黄白花土。

葬具：不清。

葬式：人骨头向北，面向东，仰身屈肢，成年女性。

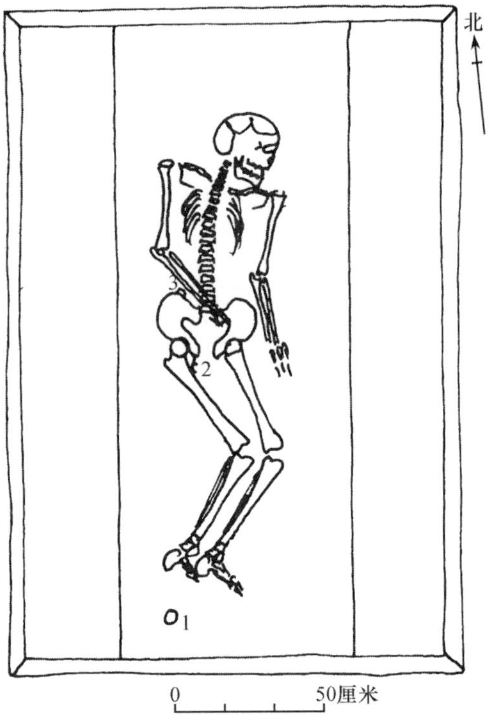

图三一七　M399平面图
1. 铜钱　2. 铜带钩　3. 铜桥形饰

2. 随葬品

共10件，铜钱出自人骨南部右脚下，铜带钩出自右股骨内侧，铜桥形饰出自右侧腰部。

铜钱　4枚，编号M399：1，圜钱，圆穿无郭，正面铸“垣”字。径4.0厘米（图三一八，1；彩版九〇，3、5）。

铜带钩　1件，编号M399：2，钩体三棱形，本部尖尾，椭圆纽，钩残。长6.0、宽0.5厘米（图三一八，2；彩版八九，4）。

铜桥形饰　5件，编号M399：3，质薄，一面周缘凸起，顶端内有半圆形穿，一面饰卷云纹，跨度大，均残（图三一八，3；彩版九五，5）。

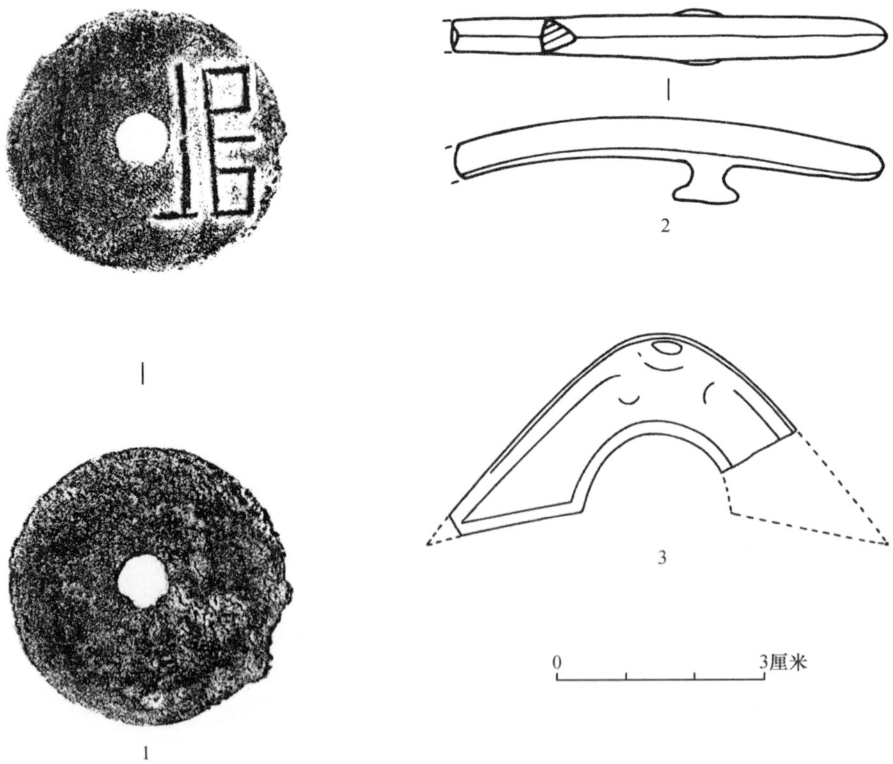

图三一八　M399出土铜器
1. 铜钱（M399：1）　2. 铜带钩（M399：2）　3. 铜桥形饰（M399：3）

一六一、M403

1. 墓葬形制与结构

该墓位于墓地中西部，T0408东南部，开口于第2层下，距地表80厘米，墓葬形制为竖穴土坑墓，方向85°（图三一九）。

墓室：长方形竖穴土坑，长280、宽180～200厘米。斜壁平底，两侧有生土二层台，宽10～18、高30厘米。四周有熟土二层台，宽25～35、高30厘米。墓底长260、宽170、墓口至墓底180厘米。填土为黄白花土。

葬具：有棺木朽痕，长210、宽80厘米。

葬式：人骨头向东，面向南，仰身屈肢，成年女性。

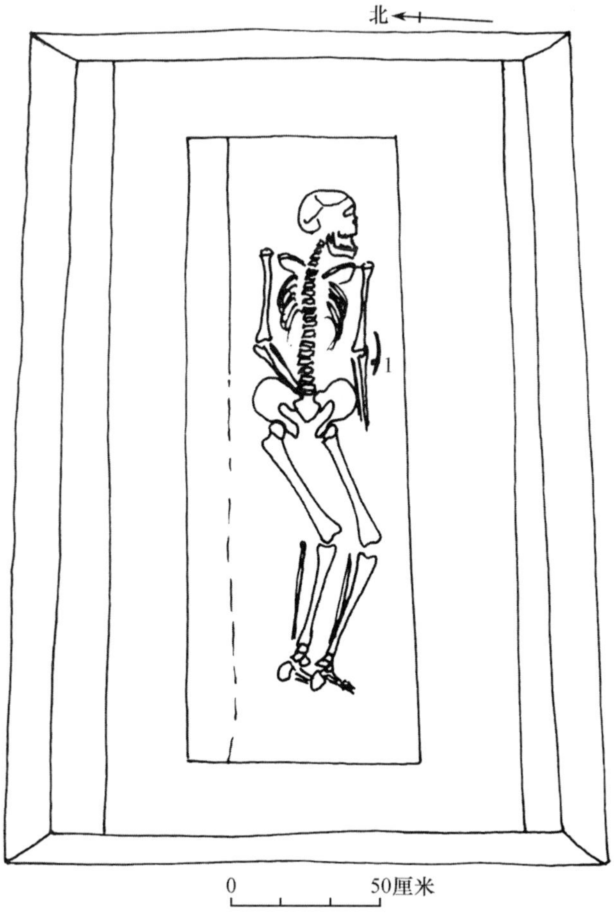

图三一九　M403平面图

1. 铁带钩

2. 随葬品

共1件，出自人骨左肘外。

铁带钩　1件，编号M403：1，钩体长方形扁平，弧度大，本部齐尾，接方柱形颈，呈一铲形，圆纽位于中部，鸭首状钩（正面似有浮雕，因锈蚀严重看不清楚），长19.3、径2.8厘米（图三二〇）。

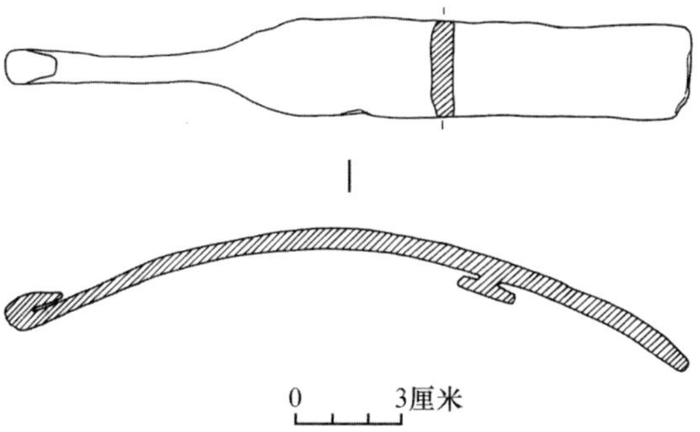

图三二〇　M403出土铁带钩

（M403：1）

一六二、M407

1. 墓葬形制与结构

该墓位于墓地中西部，T0307北部，开口于第2层下，距地表65厘米，墓葬形制为竖穴土坑墓，方向190°（图三二一）。

墓室：长方形竖穴土坑，长350、宽290厘米。斜壁平底，两侧有生土二层台，宽20～50、高56厘米。墓底长250、宽140、墓口至墓底276厘米。填土为黄白花土。

葬具：有棺木朽痕，长195、宽70厘米。

葬式：人骨头向南，面向东，仰身屈肢，成年男性。

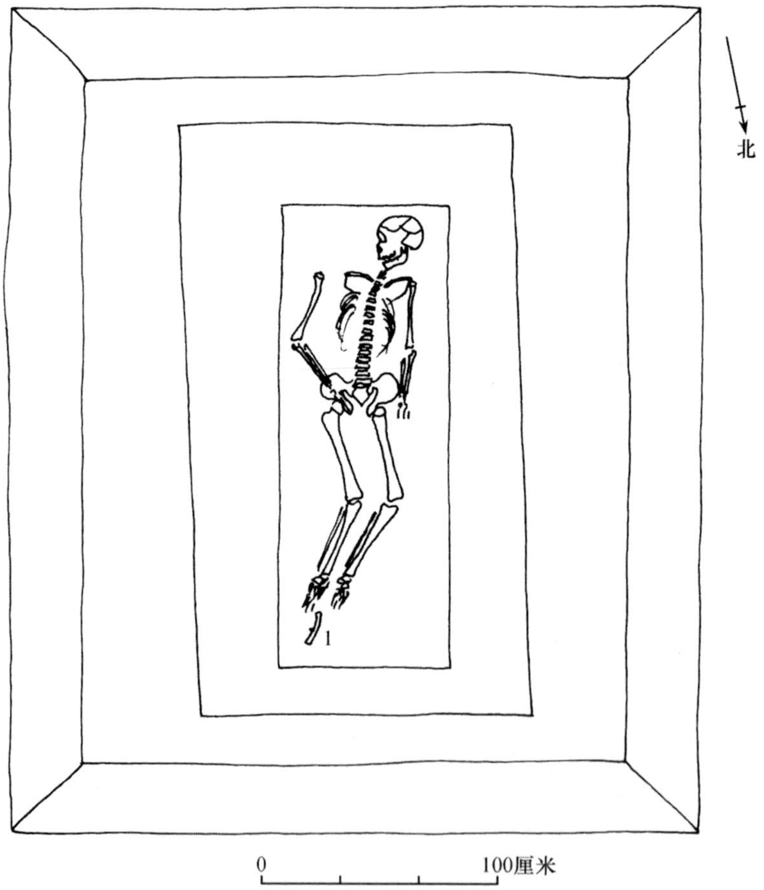

图三二一　M407平面图

1. 铜带钩

2. 随葬品

共1件，出自人骨右脚北部。

铜带钩 1件，编号M407：1，钩体呈琵琶形，厚重，内略弧，圆纽，鸭首状钩，正面和侧面浮雕云雷纹间三角纹，错金银，嵌绿松石。长11.4、宽1.8厘米（图三二二；彩版六八，1）。

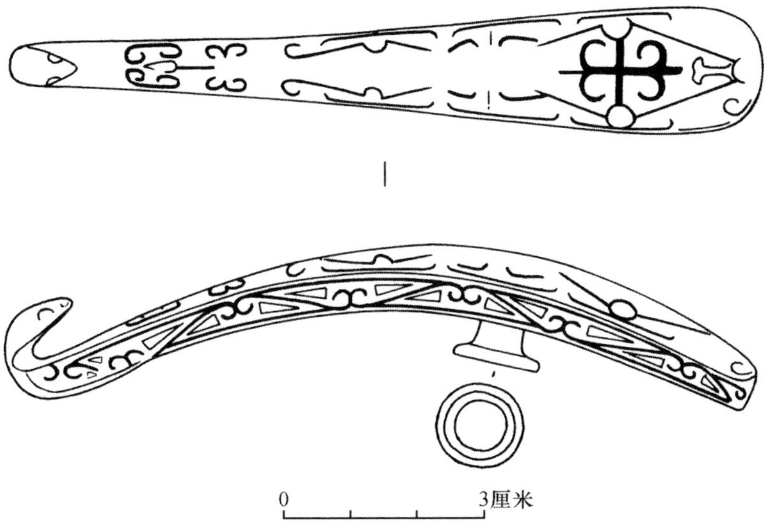

图三二二 M407出土铜带钩
（M407：1）

一六三、M411

1. 墓葬形制与结构

该墓位于墓地西北，T0108南部，开口于第2层下，距地表60厘米，墓葬形制为竖穴土坑墓，方向5°（图三二三）。

墓室：长方形竖穴土坑，长280、宽196厘米。直壁平底，四周有生土二层台，宽30～46、高50厘米。墓底长210、宽60、墓口至墓底230厘米。填土为黄白花土。

葬具：有棺木朽痕，长210、宽60厘米。

葬式：人骨头向北，面向西，仰身屈肢，成年女性。

图三二三　M411平面图

1、2. 铜带钩　3. 铜桥形饰

2. 随葬品

共8件，2件铜带钩出自人骨腰部和右胸部，6件铜桥形饰出自人骨右肩外靠墓壁处。

铜带钩　2件，编号M411：1，钩体呈耜形，本部半圆形，中有一心形平台雕十字形花纹，嵌绿松石（已脱落），圆纽，鸭首状钩。长5.3、宽2.6厘米（图三二四，2；彩版五八，4）。编号M411：2，钩体呈琵琶形，内略弧，中间厚，截面近梯形，圆纽鸭首状钩断，正面雕菱形、圈点云雷花纹，组成四组图纹，错银，嵌绿松石。长22.0、宽3.9厘米（图三二四，1；彩版八一，5、6）。

铜桥形饰　6件，编号M411：3，质薄，一面周缘凸起，顶端内有半圆形穿，一面饰卷云纹，跨度大。高4.9、长10.9厘米（图三二四，3；彩版九六，1、2）。

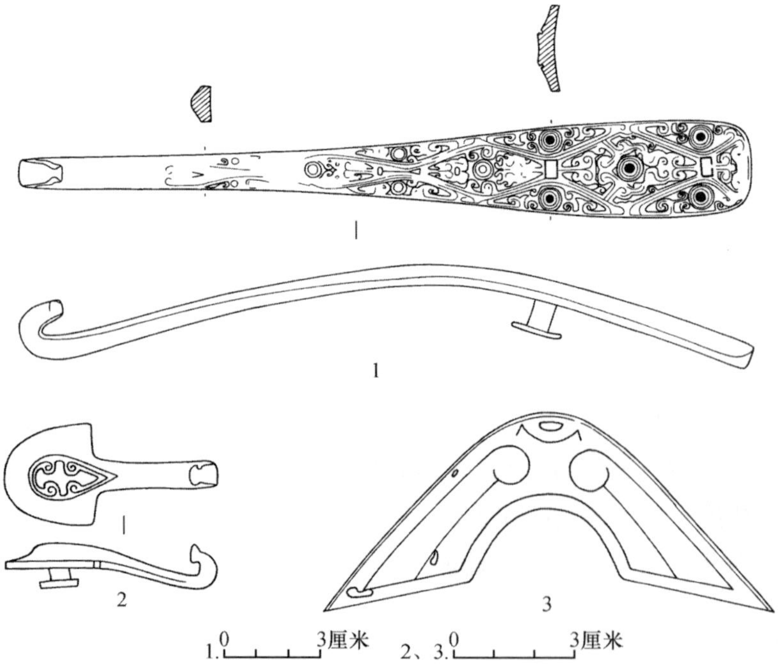

图三二四　M411出土铜器

1、2. 铜带钩（M411：2、M411：1）　3. 铜桥形饰（M411：3）

一六四、M413

1. 墓葬形制与结构

该墓位于墓地中西部，T0108西部，开口于第2层下，距地表55厘米，墓葬形制为竖穴土坑墓，方向10°（图三二五）。

墓室：长方形竖穴土坑，长240、宽180厘米。斜壁平底，两侧有生土二层台，宽20～28、高90厘米。墓底长230、宽84、墓口至墓底230厘米。填土为黄白花土。

葬具：有棺木朽痕，长204、宽64厘米。

葬式：人骨头向北，面向西，仰身屈肢，成年男性。

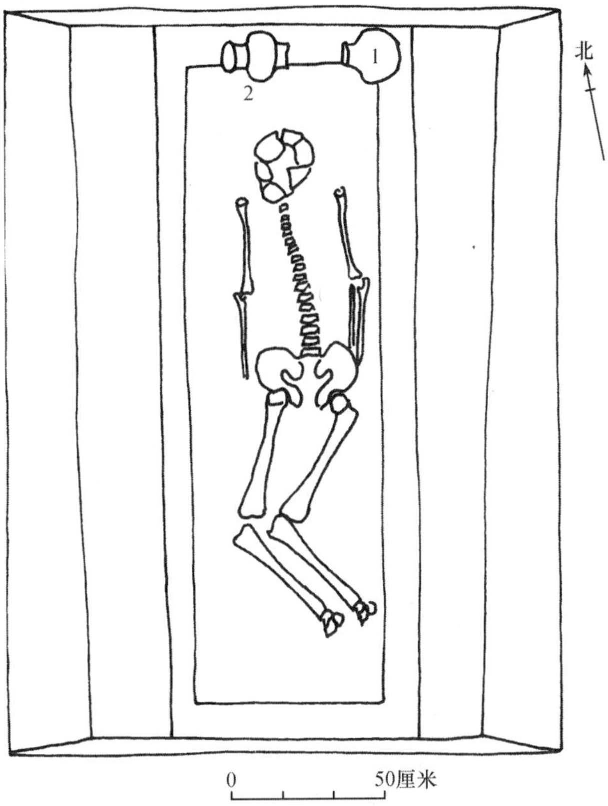

图三二五　M413平面图
1. 陶罐　2. 陶壶

2. 随葬品

共2件，出自墓底北端。

陶罐　1件，编号M413：1，泥质灰陶，侈口，叠唇，直领，鼓腹，圜底，稍内凹，肩有折棱，下腹拍印粗绳纹。高26.7、口径12.5、腹径23.5、领高6.0厘米（图三二六，1；彩版四二，6）。

陶壶　1件，编号M413：2，泥质灰陶，侈口，圆沿，弧颈，鼓腹，假圈足平底座，口残。高20.6、口径13.0、腹径18.2、底径9.0厘米（图三二六，2；彩版三七，3）。

一六五、M414

1. 墓葬形制与结构

该墓位于墓地中西部，T0309西南部，开口于第2层下，距地表50厘米，墓葬形制为竖穴土

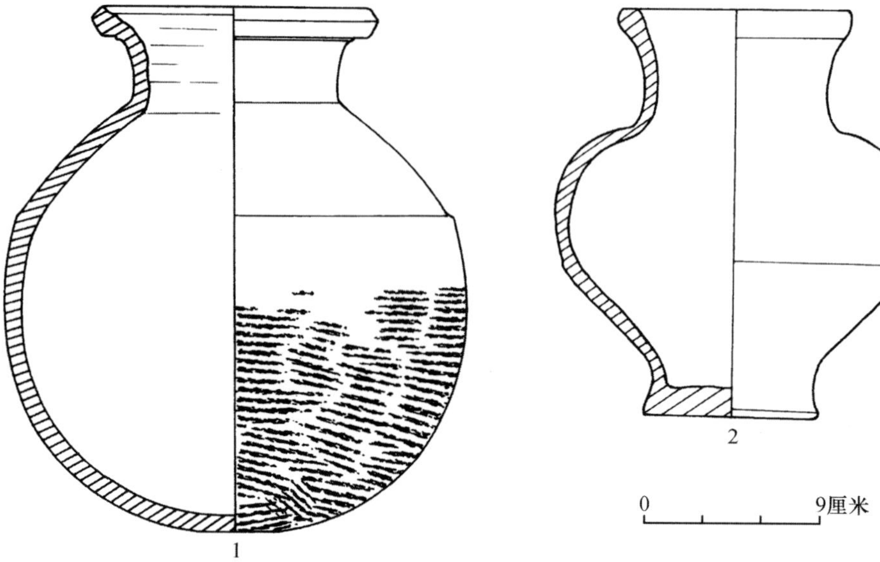

图三二六　M413出土陶器

1. 陶罐（M413：1）　2. 陶壶（M413：2）

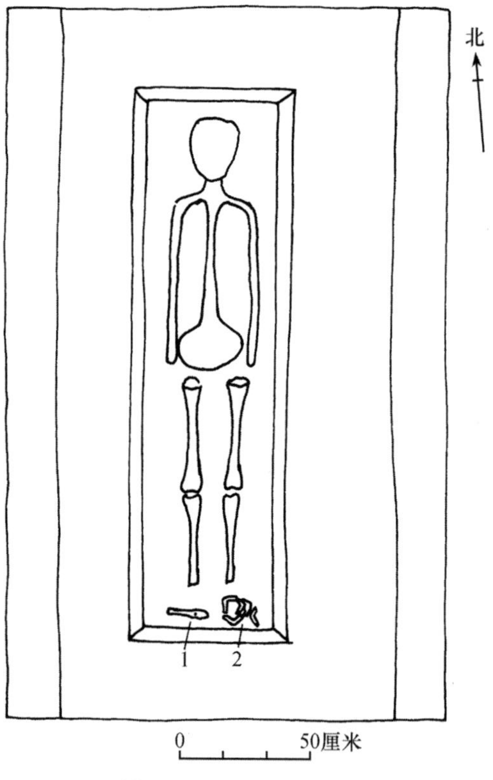

图三二七　M414平面图

1. 铜带钩　2. 铜桥形饰

坑墓，方向5°（图三二七）。

墓室：长方形竖穴土坑，长250、宽170厘米。直壁平底，两侧有生土二层台，宽20、高80厘米。底四周有熟土二层台，宽30～45、高20厘米。墓底长250、宽130、墓口至墓底170厘米。填土为黄白花土。

葬具：有棺木朽痕，长180、宽60厘米。

葬式：人骨头向北，面向上，仰身直肢，成年女性。

2. 随葬品

共6件，均出自棺内人骨右脚下。

铜带钩　1件，编号M414：1，钩体厚重，呈琵琶形，弧度大，圆纽，鸭首状钩断，正面浮雕菱形加卷云纹，间圈点乳钉、T形、U形纹组成五组图纹，嵌绿松石（多脱落），错金银。长21.1、宽2.7厘米（图三二八，1；彩版七〇）。

铜桥形饰　5件，均质薄（彩版九六，4）。编号M414：2a，2件，一面缘凸起，顶端内有半圆形穿，一面饰卷云纹，跨度大。高4.9、长10.9厘米（彩版九六，5）。编号M414：2b，2

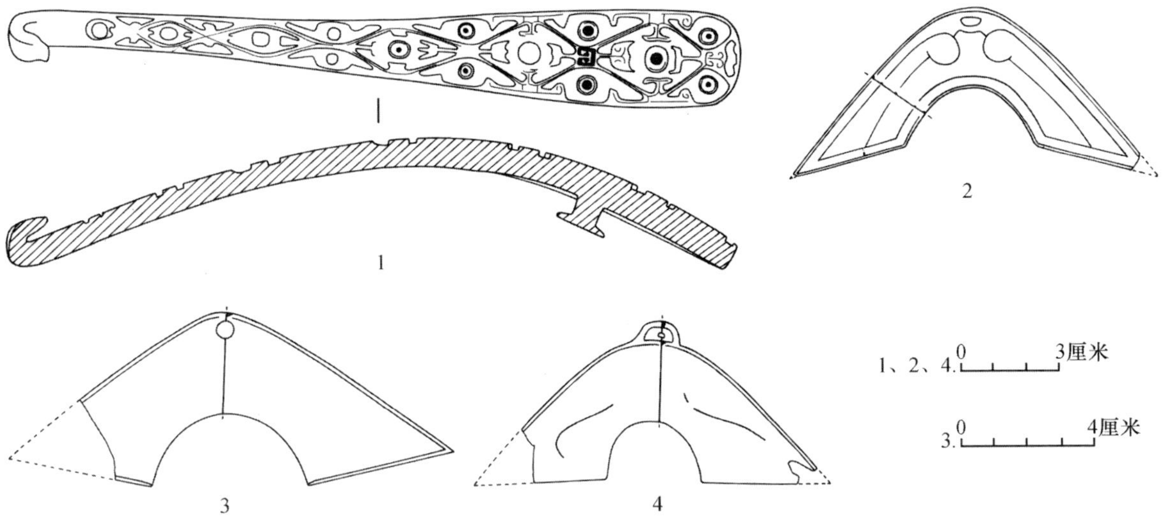

图三二八 M414出土铜器
1. 铜带钩（M414：1） 2～4. 铜桥形饰（M414：2）

件，周缘凸起稍高，内角突出，顶端内有圆形穿，素面。高4.0、长8.7厘米（彩版九六，7）。编号M414：2c，1件，顶端有半圆形纽，一面饰卷云纹，跨度小。高4.7、残长8.2厘米（图三二八，2～4；彩版九六，6）。

一六六、M415

1. 墓葬形制与结构

该墓位于墓地西北，T0108北部，开口于第2层下，距地表80厘米，墓葬形制为竖穴土坑墓，方向105°（图三二九）。

墓室：长方形竖穴土坑，长300、宽240厘米。斜壁平底，四周有生土二层台，宽26～60、高96厘米。墓底长200、宽100、墓口至墓底210厘米。填土为黄白花土。

葬具：有棺木朽痕，长200、宽100、残高20厘米。

葬式：人骨头向东，面向上，仰身屈肢，成年男性。

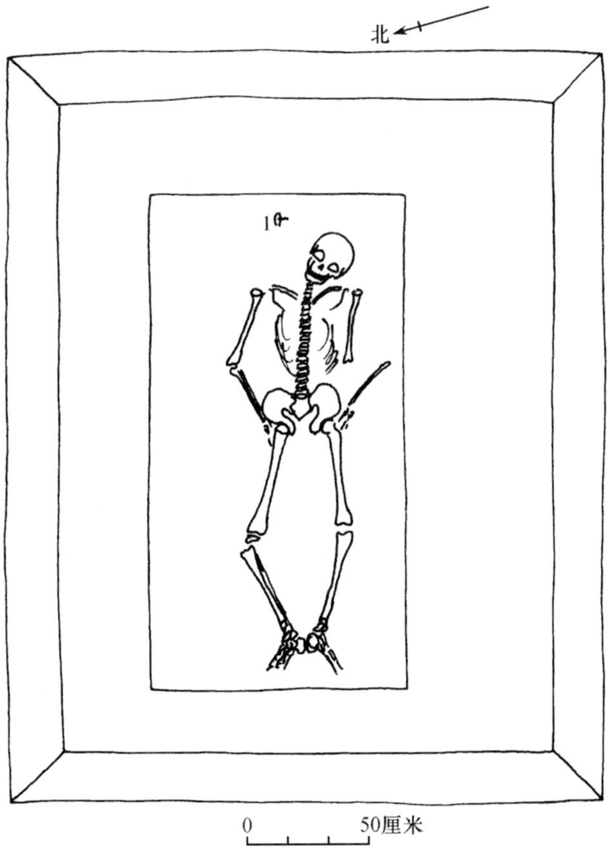

图三二九 M415平面图
1. 铜带钩

2. 随葬品

共1件，出自墓底东部。

铜带钩　1件，编号M415：1，钩体厚重，琵琶形，弧度大，圆纽，钩残，正面浮雕菱形加圈点乳钉间蟠螭纹，组成五组图纹，嵌绿松石（多脱落），错银。长20.8、宽2.7厘米（图三三〇；彩版八四，3）。

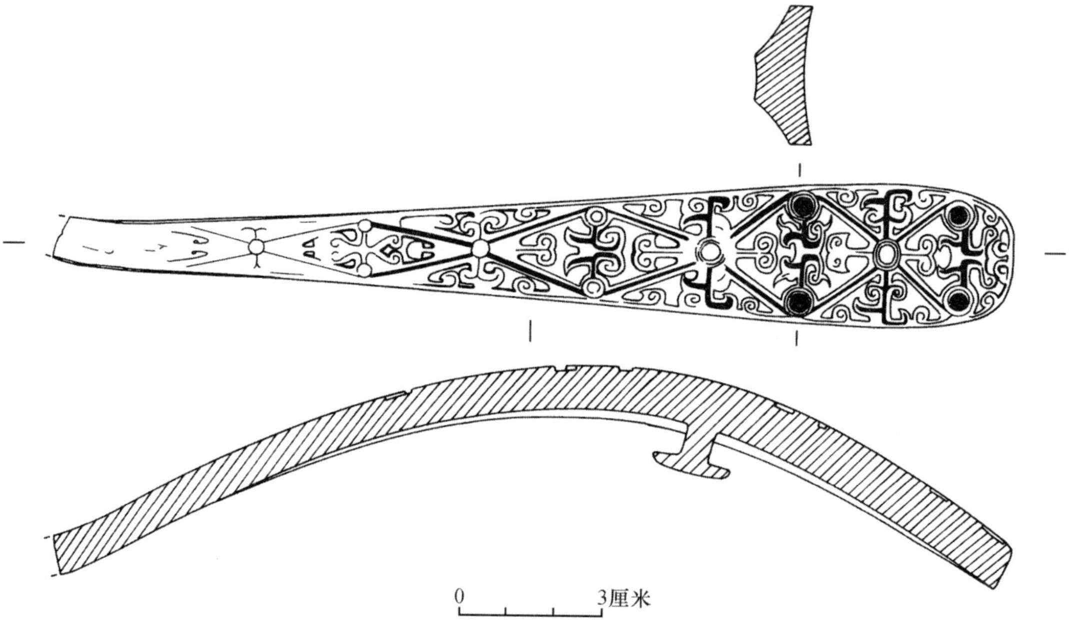

图三三〇　M415出土铜带钩
（M415：1）

一六七、M417

1. 墓葬形制与结构

该墓位于墓地西北，T0109中西部，开口于第2层下，距地表100厘米，墓葬形制为竖穴土坑墓，方向15°（图三三一）。

墓室：长方形竖穴土坑，长200、宽130厘米。直壁平底，两侧有生土二层台，宽27～28、高54厘米。墓底长200、宽75、墓口至墓底120厘米。填土为黄白花土。

葬具：不清。

葬式：人骨头向北，面向东，仰身屈肢，成年男性。

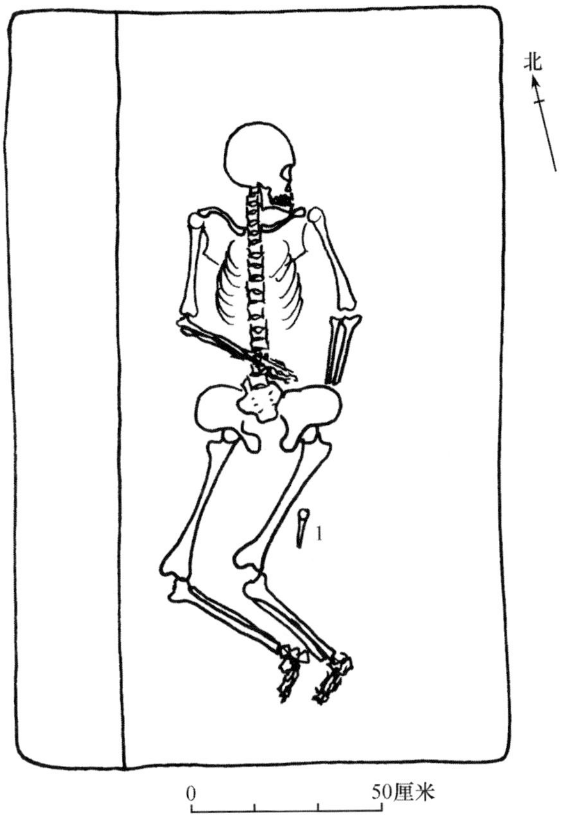

图三三一　M417平面图
1. 铜带钩

2. 随葬品

共1件，出自人骨左侧股骨外。

铜带钩　1件，编号M417：1，钩体截面呈半圆形，内略弧，本部圆尾，圆纽偏中部，鸭首状钩残。长8.3、径1.1厘米（图三三二；彩版八一，1）。

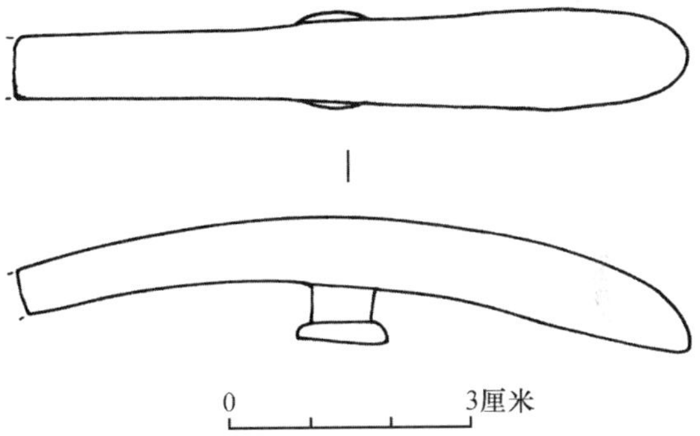

图三三二　M417出土铜带钩
（M417：1）

一六八、M421

1. 墓葬形制与结构

该墓位于墓地西北，T0110北部，开口于第2层下，距地表60厘米，墓葬形制为竖穴土坑墓，方向15°（图三三三；彩版一〇，3）。

墓室：长方形竖穴土坑，长240、宽130～150厘米。直壁平底，两侧有生土二层台，宽30～40、高100厘米。墓底长240、宽80～90、墓口至墓底190厘米。填土为黄白花土。

葬具：有棺木朽痕，不甚清楚。

葬式：人骨头向北，面向东，仰身屈肢，成年女性。

2. 随葬品

共1件，出自墓底西北部。

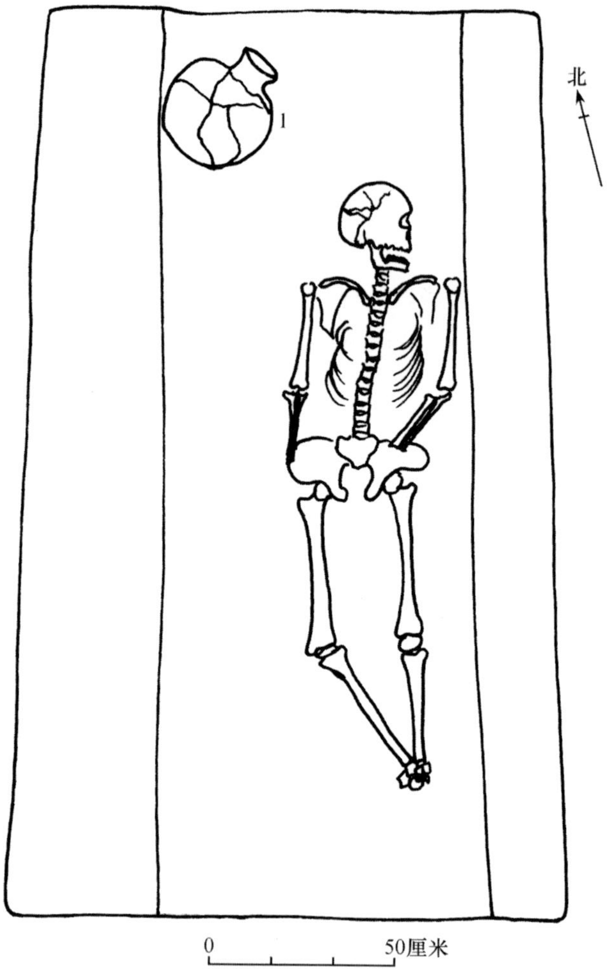

图三三三　M421平面图

1. 陶罐（残）

陶罐　1件，编号M421∶1，泥质灰陶，侈口，叠唇，直领，球腹，圜底稍内凹，上腹饰三周细划纹，下腹拍印粗绳纹。高27.6、口径12.2、腹径26.2、领高6.2厘米（图三三四；彩版四三，1）。

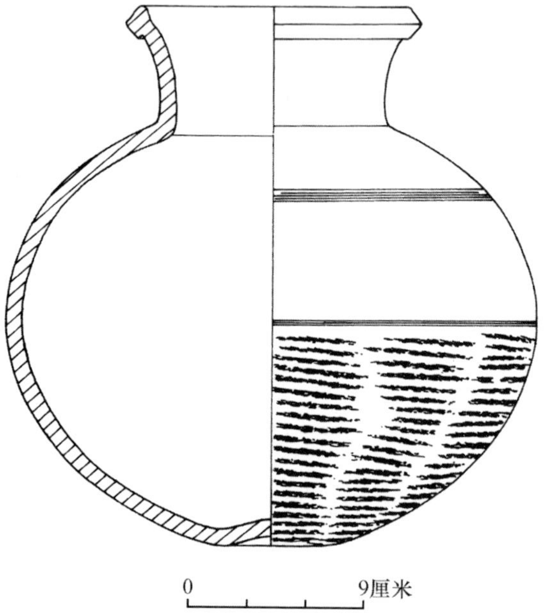

图三三四　M421出土陶罐

（M421∶1）

一六九、M423

1. 墓葬形制与结构

该墓位于墓地西北，T0209西北角，开口于第2层下，距地表55厘米，墓葬形制为竖穴土坑墓，方向15°（图三三五；彩版一〇，4）。

墓室：长方形竖穴土坑，长270、宽180厘米。斜壁平底，四周有熟土二层台，宽25～40、高25厘米。墓底长250、宽130、墓口至墓底175厘米。填土为黄白花土。

葬具：有棺木朽痕，长185、宽60厘米。

葬式：人骨头向北，面向西，仰身直肢，男性少年。

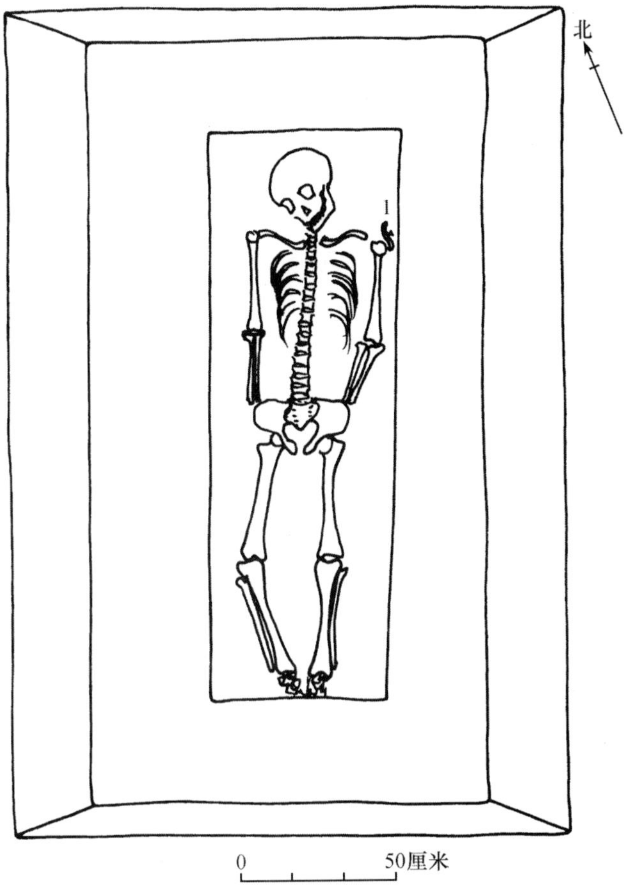

图三三五 M423平面图
1. 铜带钩

2. 随葬品

共1件，出自人骨左肩处。

铜带钩 1件，编号M423：1，钩体截面呈半圆形，内略弧，本部圆尾，圆纽偏后近本部，钩残。长5.9、径1.1厘米（图三三六；彩版八一，2）。

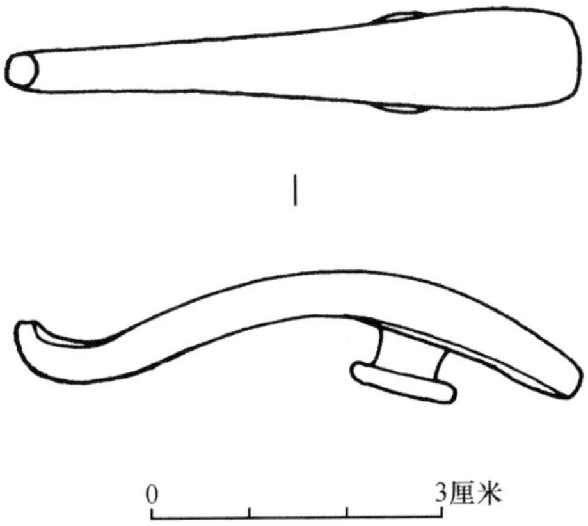

图三三六 M423出土铜带钩
（M423：1）

一七〇、M430

1. 墓葬形制与结构

该墓位于墓地中西部，T0308西部，开口于第2层下，距地表55厘米，墓葬形制为竖穴土坑墓，方向10°（图三三七；彩版一一，3）。

墓室：长方形竖穴土坑，长306、宽240厘米。斜壁平底，四周有熟土二层台，宽20～50、高40厘米。墓底长240、宽160、墓口至墓底255厘米。填土为黄白花土。

葬具：有棺木朽痕，长205、宽56厘米。

葬式：人骨头向北，面向西，仰身屈肢，成年男性。

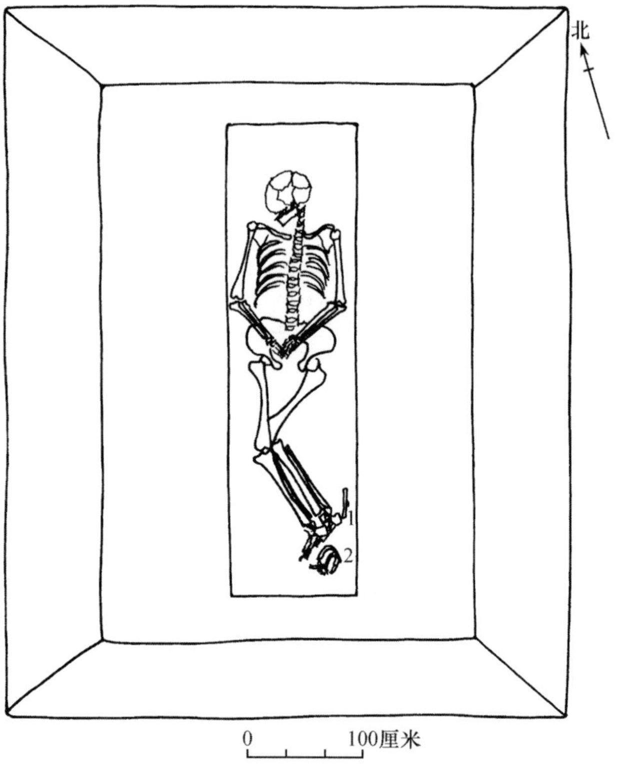

图三三七　M430平面图

1. 铜带钩（残）　2. 铜桥形饰（残）

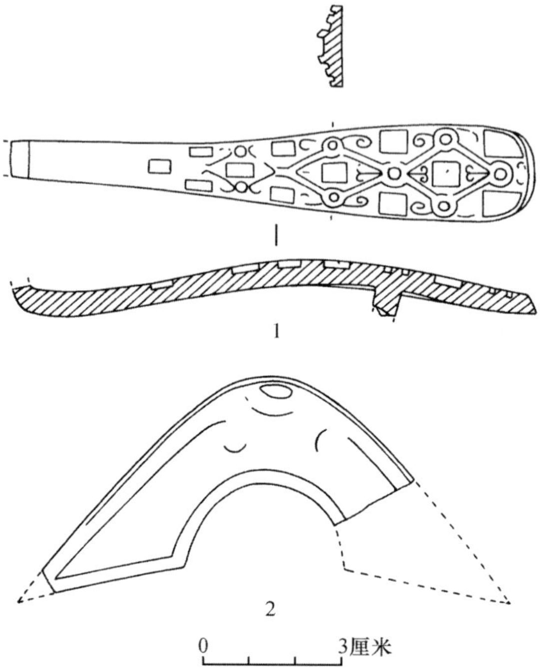

图三三八　M430出土铜器

1. 铜带钩（M430∶1）　2. 铜桥形饰（M430∶2）

2. 随葬品

共5件，出自棺内人骨双脚处。

铜带钩　1件，编号M430∶1，钩体扁平，琵琶形，内略弧，圆纽钩残，正面浮雕三行竖方格间菱形乳钉纹，嵌绿松石，多脱落，钩残。长9.4、宽2.0厘米（图三三八，1；彩版八五，3、4）。

铜桥形饰　4件，编号M430∶2，质薄，一面周缘凸起，顶端内有半圆形穿，一面施卷云纹，跨度大，多残。高4.5、长9.7厘米（图三三八，2；彩版九四，2）。

一七一、M431

1. 墓葬形制与结构

该墓位于中西部，T0308西部，开口于第2层下，距地表55厘米，墓葬形制为竖穴土坑墓，方向10°（图三三九；彩版一一，4）。

墓室：长方形竖穴土坑，长210、宽120厘米。直壁平底，两侧有生土二层台，宽15～25、高60厘米。墓底长210、宽80、墓口至墓底110厘米。填土为黄白花土。

葬具：不清。

葬式：人骨头向北，面向西，仰身屈肢，成年女性。

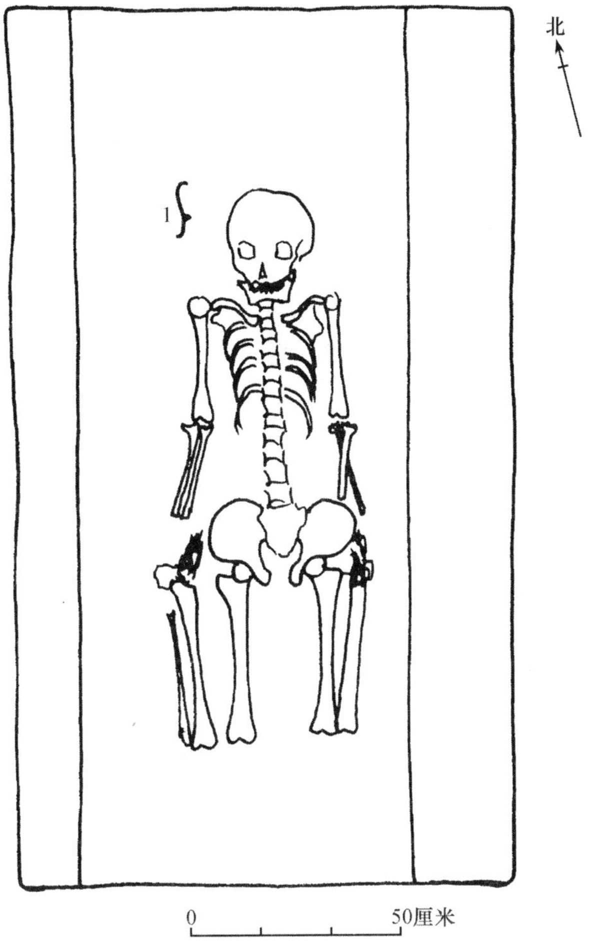

图三三九　M431平面图

1. 铜带钩

2. 随葬品

共1件，出自人头骨西侧。

铜带钩　1件，编号M431：1，钩体近圆柱形，弧度小，本部齐尾，圆纽偏中部，鸭首状钩，钩体两侧镶银线边框，上部雕刻菱形纹、卷云纹、羽状间带星点纹，组成两组对称花纹，错银，嵌绿松石。长13.3、径1.0厘米（图三四〇；彩版六四，4）。

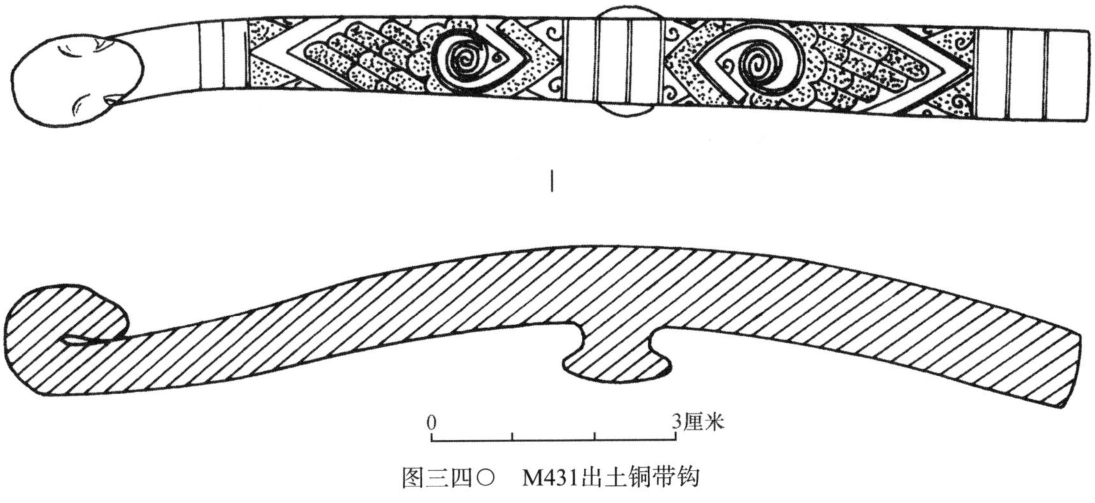

图三四〇　M431出土铜带钩

（M431：1）

一七二、M432

1. 墓葬形制与结构

该墓位于墓地中西部，T0308北部，开口于第2层下，距地表50厘米，墓葬形制为竖穴土坑墓，方向5°（图三四一；彩版一二，1）。

墓室：长方形竖穴土坑，长210、宽120厘米。直壁平底，两侧有生土二层台，宽25、高60厘米。墓底长210、宽70、墓口至墓底136厘米。填土为黄白花土。

葬具：不清。

葬式：人骨头向北，面向东，仰身直肢，成年男性。

2. 随葬品

共1件，出自墓底北端。

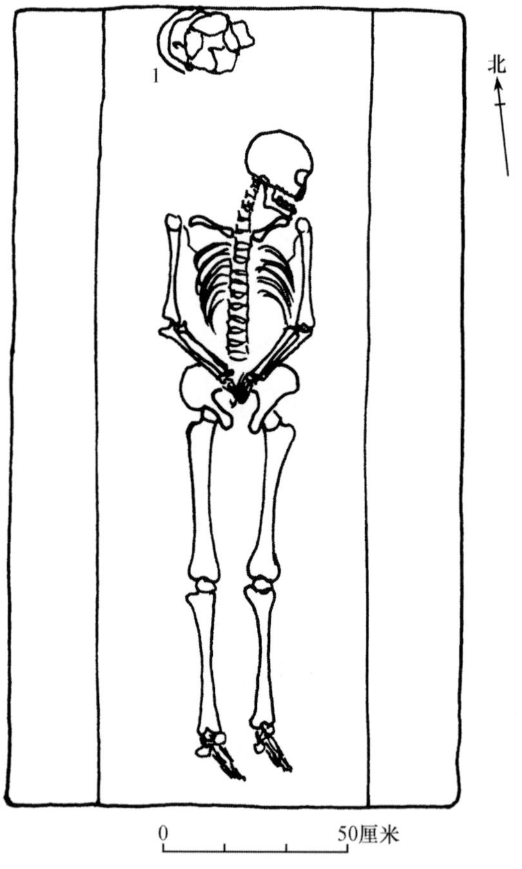

图三四一　M432平面图

1. 陶罐（残）

陶罐　1件，编号M432：1，泥质灰陶，侈口，叠唇，直领，球腹，圜底，稍内凹，肩饰三道宽划纹，上腹饰细绳纹，下腹拍印粗绳纹，破残。高23.3、口径11.2、腹径24.6、领高5.2厘米（图三四二；彩版四三，2）。

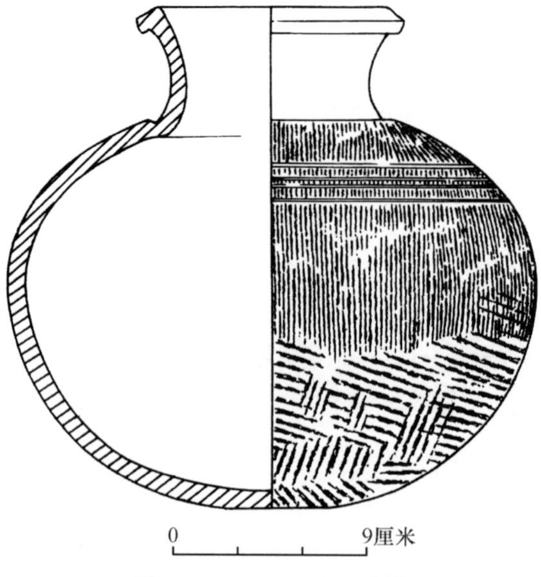

图三四二　M432出土陶罐

（M432：1）

一七三、M435

1. 墓葬形制与结构

该墓位于墓地西北，T0409西南部，开口于第2层下，距地表70厘米，墓葬形制为竖穴土坑墓，方向10°（图三四三；彩版一二，2）。

墓室：长方形竖穴土坑，长190、宽130厘米。直壁平底，两侧有生土二层台，宽26～28、高54厘米。墓底长190、宽76、墓口至墓底114厘米。填土为黄白花土。

葬具：不清。

葬式：人骨头向北，面向西，仰身直肢，成年男性。

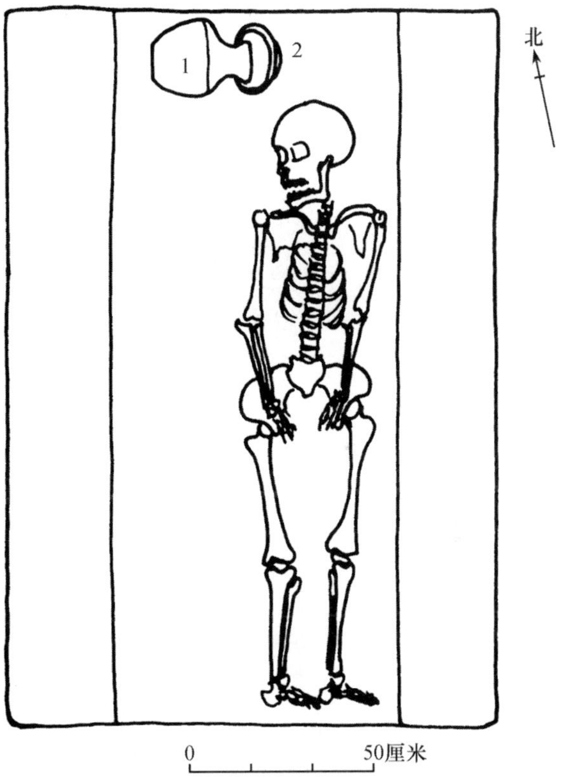

图三四三 M435平面图
1. 陶罐 2. 陶碗

2. 随葬品

共2件，出自墓底西北部。

陶罐 1件，编号M435：1，泥质灰陶，侈口，叠唇，直领，鼓腹，圜底，稍内凹，肩有折棱，下腹拍印粗绳纹。高23.8、口径9.9、腹径22.2、领高5.7厘米（图三四四，1；彩版四四，1）。

陶碗 1件，编号M435：2，泥质灰陶，敛口，钵形，璧形底，稍内凹。口径15.2～13.5、深5.1、底径6.4、高0.3厘米（图三四四，2）。

一七四、M437

1. 墓葬形制与结构

位于墓地中西部T0408北部，开口于第3层下，距地表80厘米。墓葬形制为竖穴土坑墓，方向10°（图三四五；彩版一二，3）。

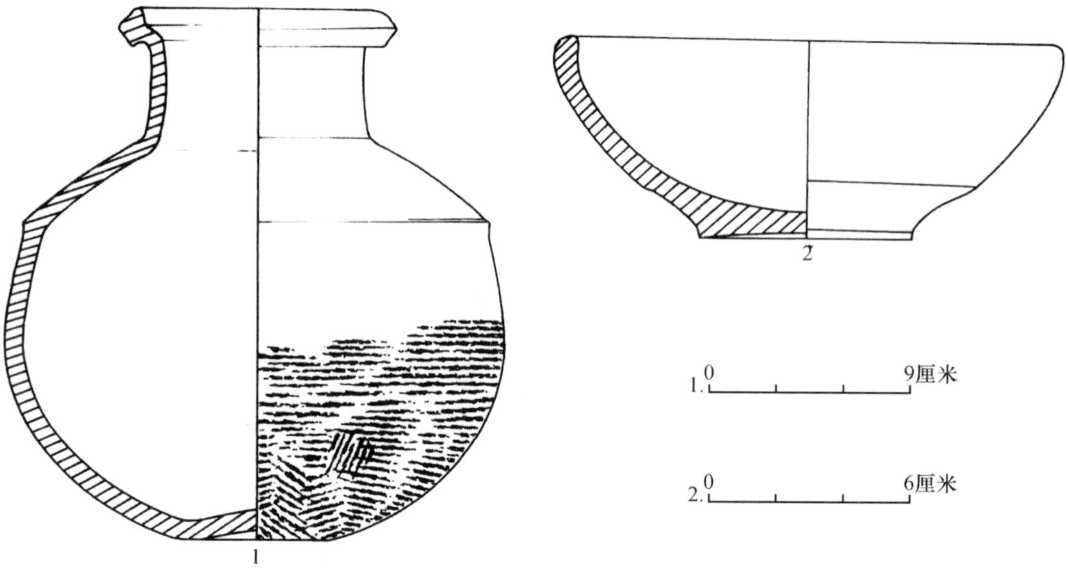

图三四四　M435出土陶器
1. 陶罐（M435：1）　2. 陶碗（M435：2）

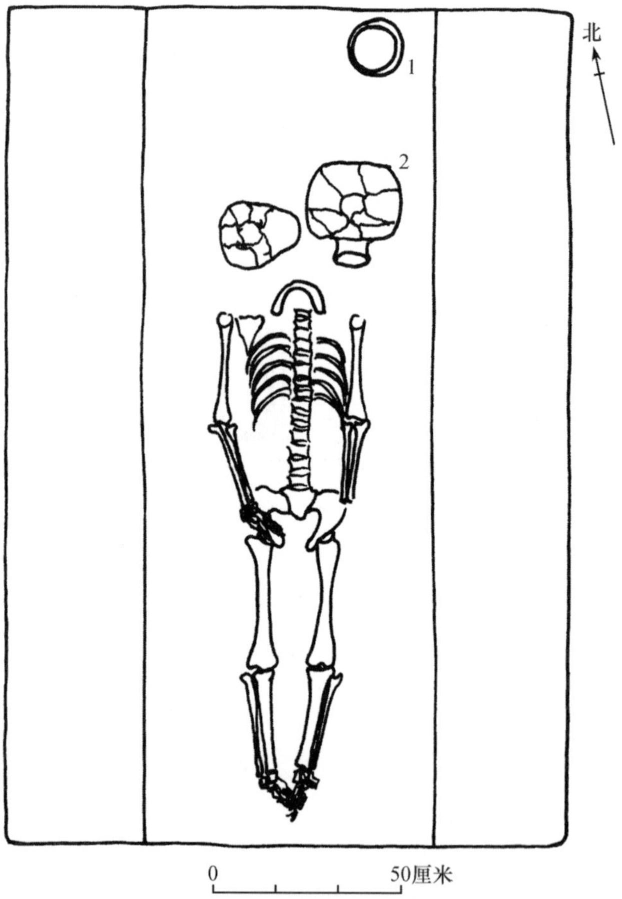

图三四五　M437平面图
1. 陶碗　2. 陶罐

墓室：竖穴土坑，坑口平面为长方形，长220、宽150厘米。直壁平底，两侧有生土二层台，宽36、高70厘米。墓底长220、宽78、墓口至墓底160厘米。填土为黄白花土。

葬具：不清。

葬式：人骨架头向北，面向东，仰身直肢，成年女性。

2. 随葬品

共2件，出自墓底东北部，均泥质灰陶。

陶碗　1件，编号M437：1，敛口，钵体，璧形底，内圜底。口径13.1～15.1、深5.9、底径5.7、高0.6厘米（图三四六，1；彩版四六，2）。

陶罐　1件，编号M437：2，侈口，叠唇，直领，球腹，圜底稍内凹，上腹饰竖细绳纹，横宽划纹，下腹拍印粗绳纹。高

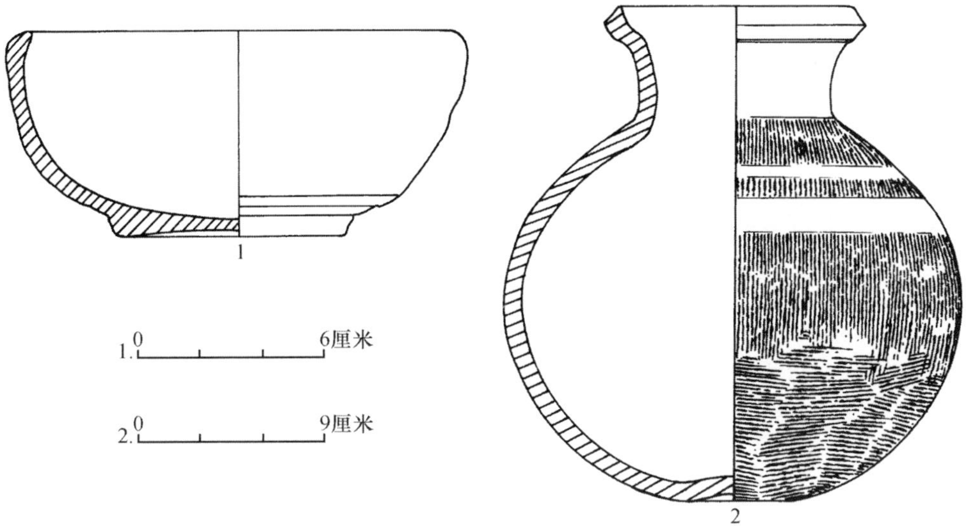

图三四六　M437出土陶器
1. 陶碗（M437：1）　2. 陶罐（M437：2）

23.3、口径10.7、腹径21.8、领高5.5厘米（图三四六，2；彩版四六，2）。

一七五、M438

1. 墓葬形制与结构

该墓位于墓地中西部，T0409西部，开口于第2层下，距地表70厘米，墓葬形制为竖穴土坑墓，方向20°（图三四七）。

墓室：长方形竖穴土坑，长200、宽130厘米。直壁平底，两侧有生土二层台，宽25～30、高60厘米。墓底长200、宽76、墓口至墓底110厘米。填土为黄白花土。

葬具：不清。

葬式：人骨头向北，面向西，仰身屈肢，成年女性。

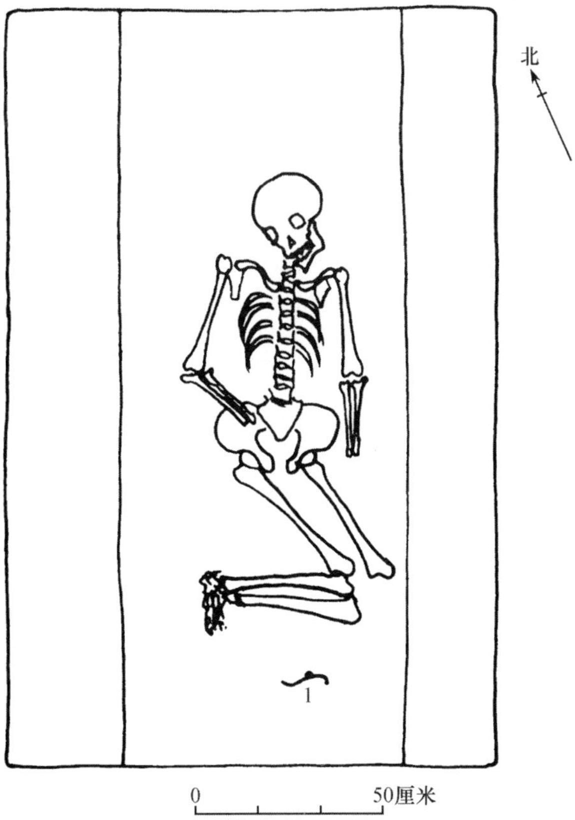

图三四七　M438平面图
1. 铁带钩（残）

2. 随葬品

共1件，出自墓底南部。

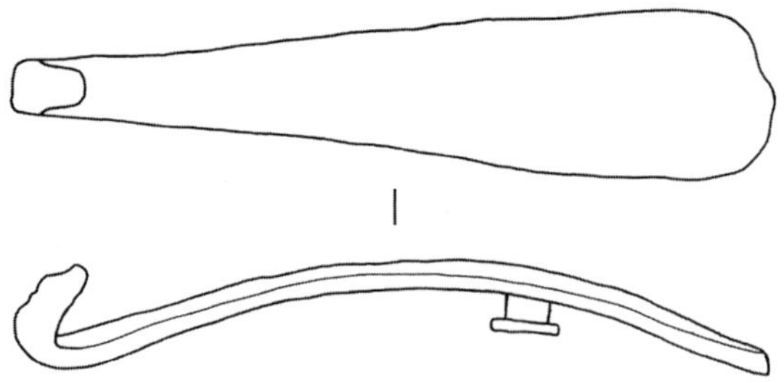

图三四八　M438出土铁带钩
（M438：1）

铁带钩　1件，编号M438：1，钩体扁平，呈琵琶形，弧度稍大，圆纽，鸭首状钩，正面有浮雕痕迹。长15.1、宽3.3厘米（图三四八）。

一七六、M440

1. 墓葬形制与结构

该墓位于墓地中北部，T0410西部，开口于第2层下，距地表65厘米，墓葬形制为竖穴土坑墓，方向15°（图三四九；彩版一二，4）。

墓室：长方形竖穴土坑，长185、宽98厘米。直壁平底，两侧有生土二层台，宽10、高50厘米。墓底长185、宽70～78、墓口至墓底115厘米。填土为黄白花土。

葬具：不清。

葬式：人骨头向北，面向西，仰身屈肢，成年女性。

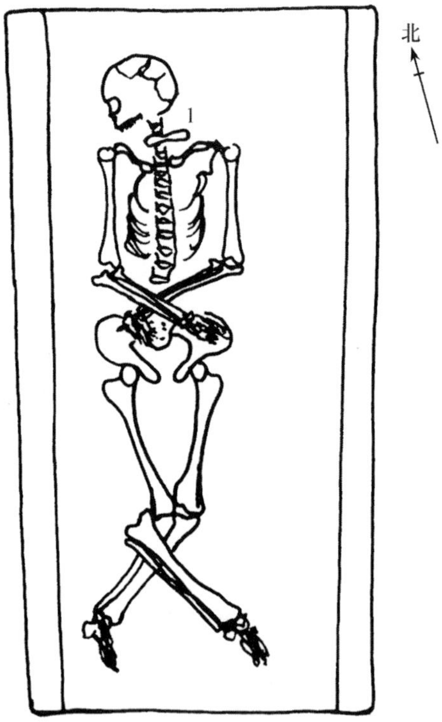

图三四九　M440平面图
1. 铜带钩（残）

2. 随葬品

共1件，出自人骨颈部。

铜带钩　1件，编号M440：1，钩体猴形，两脚腾云，右手握空拳横于腰部，左臂上举勾手成钩（钩断），圆纽位于中部。长11.0、宽2.5～3.7厘米（图三五〇；彩版五〇）。

一七七、M442

1. 墓葬形制与结构

该墓位于墓地中北部，T0509西北部，开口于第2层下，距地表70厘米，墓葬形制为竖穴土坑墓，方向10°（图三五一；彩版一三，1）。

墓室：长方形竖穴土坑，长190、宽110厘米。直壁平底，两侧有生土二层台，宽16、高70

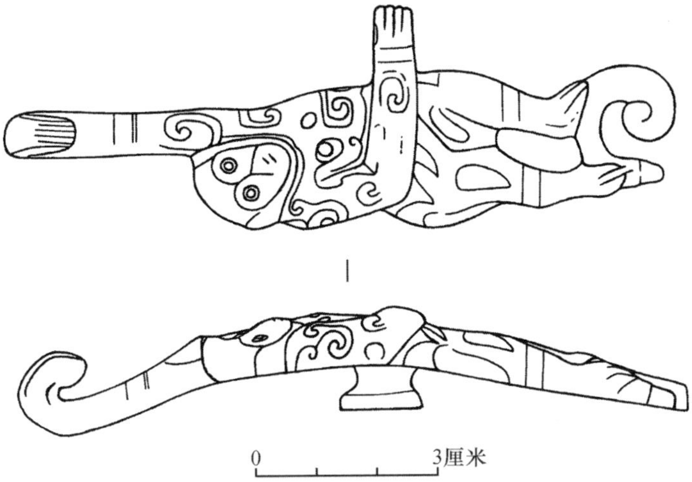

图三五〇　M440出土铜带钩
（M440：1）

厘米。墓底长190、宽78、墓口至墓底170厘米。填土为黄白花土。

葬具：不清。

葬式：人骨头向北，面向东，仰身屈肢，成年男性。

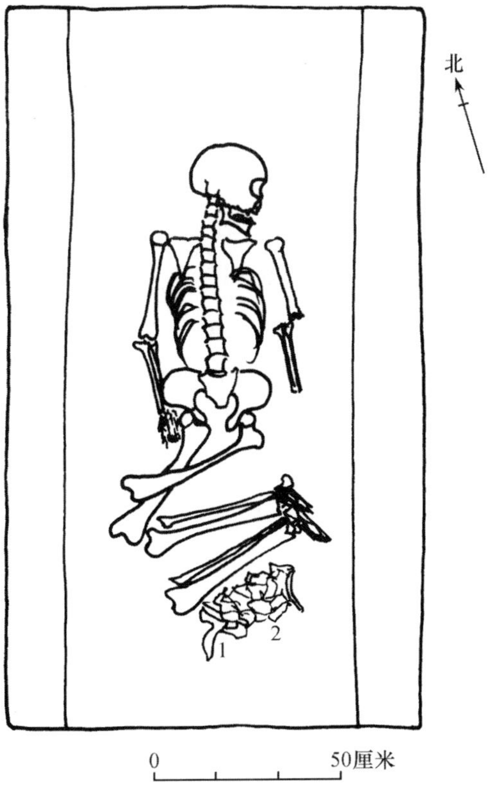

图三五一　M442平面图
1. 铜桥形饰　2. 料珠（碎）

2. 随葬品

共18件，出自人骨胫骨南。

铜桥形饰　17件，编号M442：1，质薄，一面周缘凸起，顶端内有半圆形穿，一面饰卷云纹，跨度大，多残。高4.4、长9.4厘米（图三五二；彩版九四，1、3；彩版九五，4）。

料珠　1枚，编号M442：2，砂质，球形，体表饰黑、白、绿圈点花纹，残碎严重。

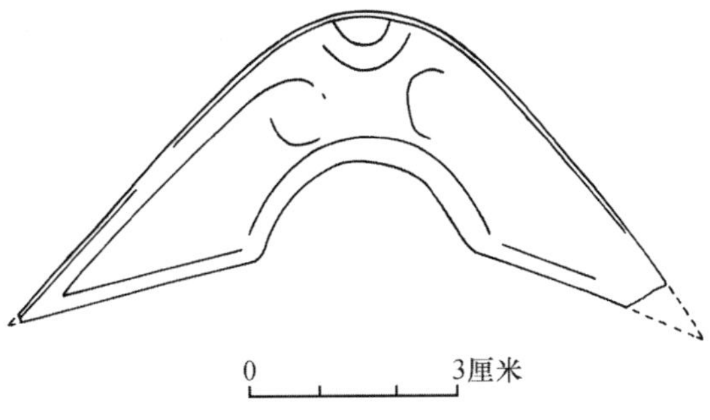

图三五二　M442出土铜桥形饰
（M442：1）

一七八、M444

1. 墓葬形制与结构

该墓位于墓地中北部，T0509东中部，开口于第2层下，距地表70厘米，墓葬形制为竖穴土坑墓，方向15°（图三五三；彩版一三，2）。

墓室：长方形竖穴土坑，长206、宽130厘米。直壁平底，两侧有生土二层台，宽20、高80厘米。墓底长206、宽90、墓口至墓底190厘米。填土为黄白花土。

葬具：不清。

葬式：人骨头向北，面向西，仰身屈肢，成年男性。

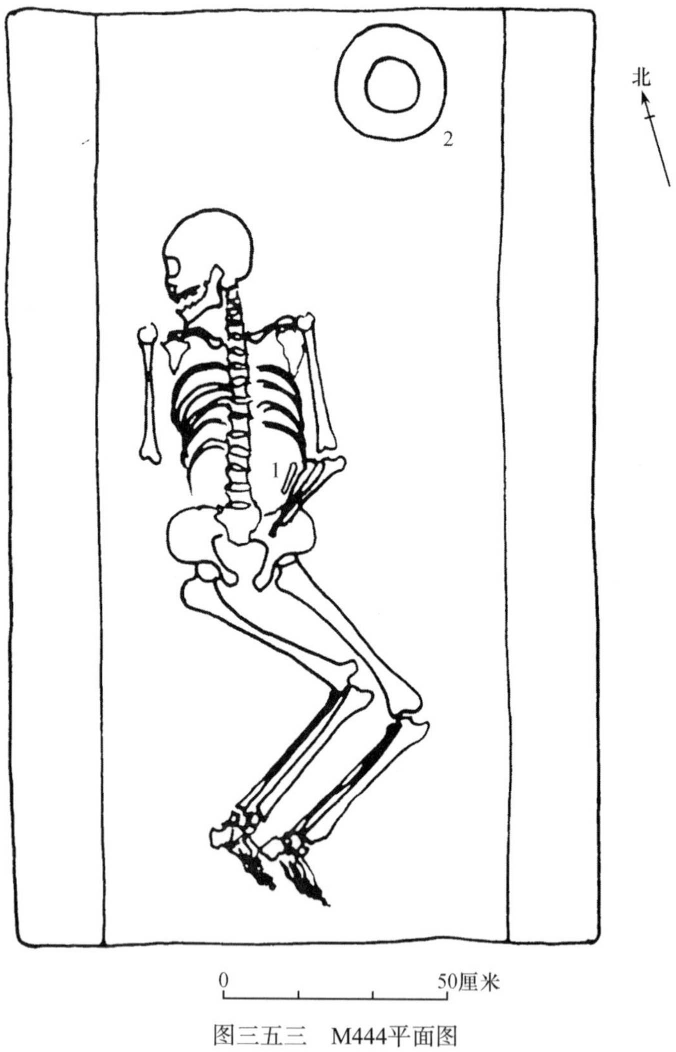

图三五三　M444平面图
1. 铜带钩　2. 陶罐

2. 随葬品

共2件，铜带钩出自人骨左肘处，陶罐出自墓底东北部。

铜带钩　1件，编号M444：1，钩体呈琵琶形，内略弧，正面雕长方形、梯形、三角形组合图纹，嵌绿松石（已脱落），本部齐尾，圆纽，钩残。长5.8、宽1.0厘米（图三五四，2；彩版七九，5）。

陶罐　1件，编号M444：2，侈口，微敛，小斜领，折肩，微鼓腹，圜底，素面。高15.89、口径11～12.7、腹径23.2厘米（图三五四，1；彩版四六，1）。

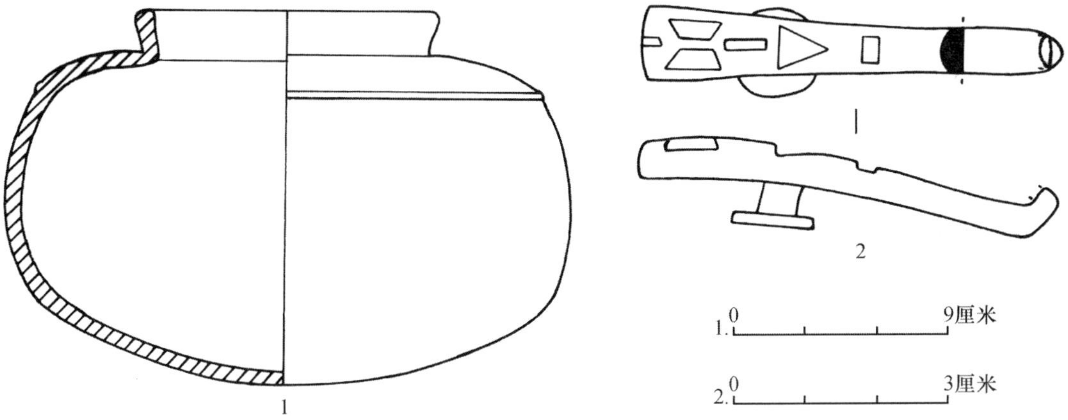

图三五四　M444出土器物
1. 陶罐（M444：2）　2. 铜带钩（M444：1）

一七九、M445

1. 墓葬形制与结构

该墓位于墓地中北部，T0509东边，开口于第2层下，距地表90厘米，墓葬形制为竖穴土坑墓，方向5°（图三五五；彩版一三，3）。

墓室：长方形竖穴土坑，长180、宽100～110厘米。斜壁平底，底长180、宽76～80、墓口至墓底130厘米。墓底有二道横凹槽，宽20～30、墓口至墓底10厘米。填土为黄白花土。

葬具：有棺痕，不甚清楚。

葬式：人骨头向北，面向东，仰身屈肢，成年男性。

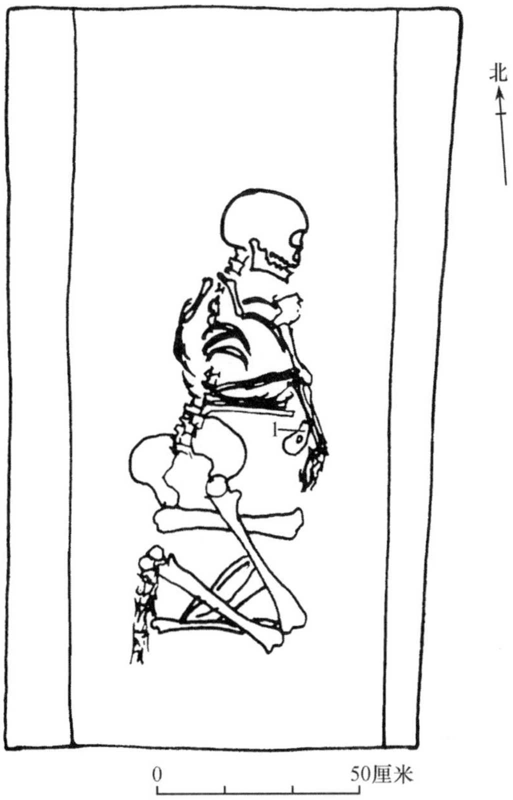

图三五五　M445平面图
1. 铁带钩

2. 随葬品

共1件，出自于人骨左侧掌骨下。

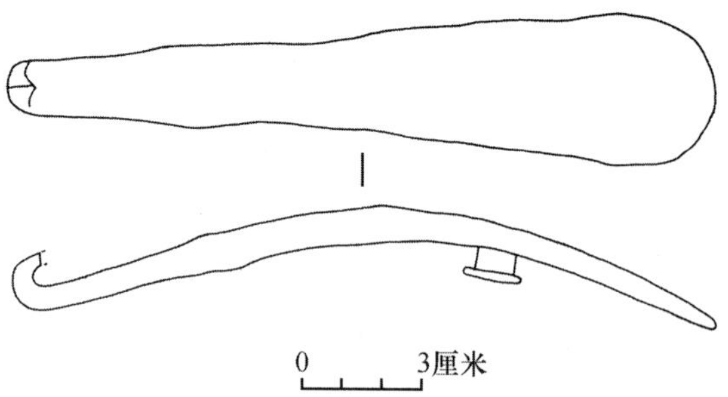

图三五六　M445出土铁带钩
（M445：1）

铁带钩　1件，编号M445：1，钩体扁平，呈琵琶形，弧度稍大，圆纽，钩残。长17.1、宽3.4厘米（图三五六）。

一八〇、M448

1. 墓葬形制与结构

该墓位于墓地中北部，T0609西部，开口于第2层下，距地表100厘米，墓葬形制为竖穴土坑墓，方向10°（图三五七）。

墓室：长方形竖穴土坑，长300、宽210厘米。直壁平底，四周有熟土二层台，宽45～65、高20、墓口至墓底270厘米。填土为黄白花土。

葬具：有棺木朽痕，长190、宽80～90厘米。

葬式：人骨头向北，面向西，仰身屈肢，成年男性。

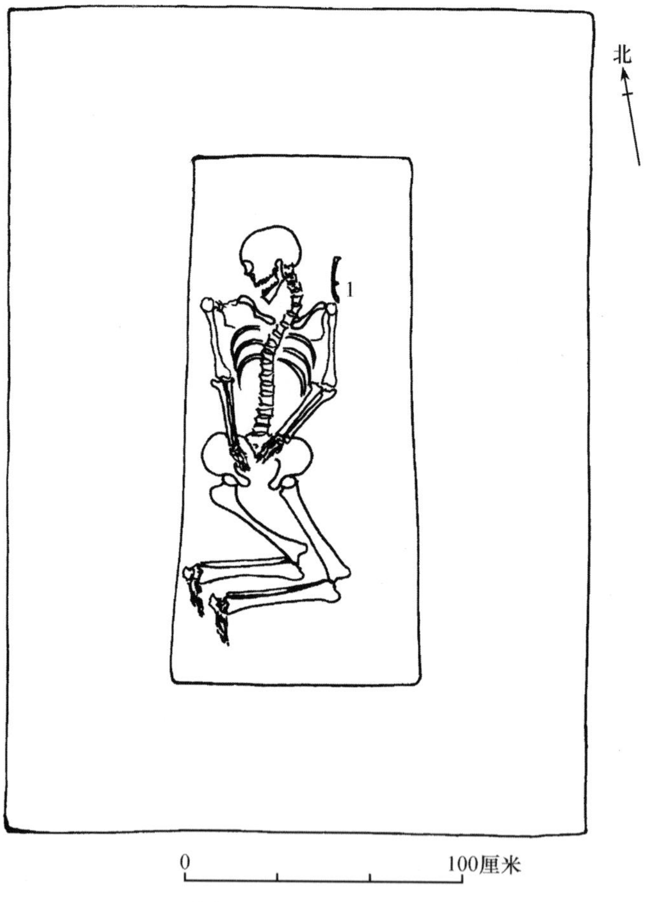

图三五七　M448平面图
1. 铜带钩

2. 随葬品

共1件，出自人骨左肩上部。

铜带钩　1件，编号M448：1，钩体厚重，呈琵琶形，弧度稍大，圆纽钩残，正面浮雕菱形间圈点乳钉、T形、U形纹，组成五组图纹，嵌绿松石（多脱落），错银。长17.4、宽2.5厘米（图三五八；彩版七九，6）。

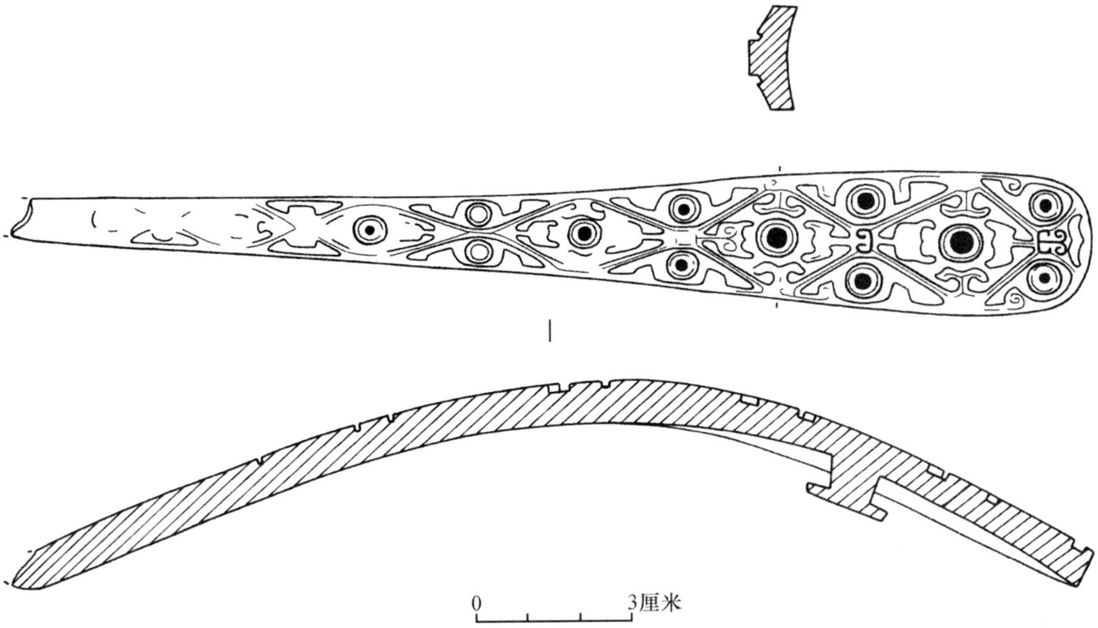

图三五八　M448出土铜带钩
（M448：1）

一八一、M451

图三五九　M451平面图
1. 铜带钩

1. 墓葬形制与结构

该墓位于墓地中北部，T0610西南部，开口于第2层下，距地表100厘米，墓葬形制为竖穴土坑墓，方向5°（图三五九）。

墓室：长方形竖穴土坑，长200、宽92厘米。斜壁平底，两侧有生土二层台，宽12～16、高30厘米。墓底长188、宽84、墓口至墓底110厘米。填土为黄白花土。

葬具：不清。

葬式：人骨头向北，面向上，仰身屈肢，成年女性。

2. 随葬品

共1件，出自人头骨西部。

铜带钩　1件，编号M451：1，钩体截面呈半圆形，

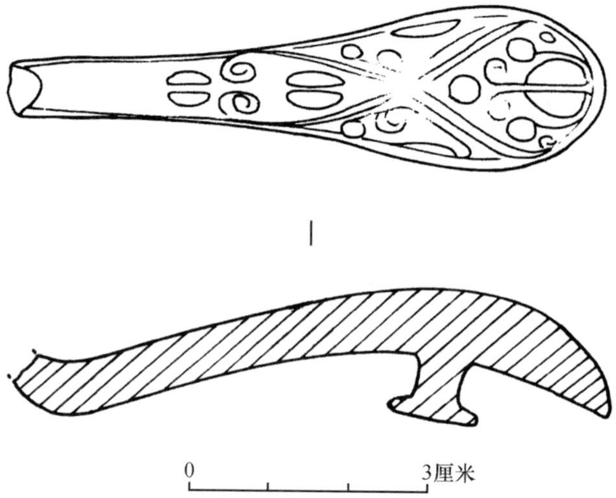

图三六〇　M451出土铜带钩
（M451：1）

内略弧，本部圆尾，圆纽偏后近本部，钩残，正面浮雕菱形、卷云、圈点纹，错银，嵌绿松石。长7.6、径2.0厘米（图三六〇；彩版七三）。

一八二、M453

1. 墓葬形制与结构

该墓位于墓地中北部，T0510东南，开口于第2层下，距地表70厘米，墓葬形制为竖穴土坑墓，方向10°（图三六一；彩版一三，4）。

墓室：长方形竖穴土坑，长190、宽120厘米。斜壁平底，两侧有生土二层台，宽10～30、高15厘米。墓底长180、宽60、墓口至墓底100厘米。填土为黄白花土。

葬具：不清。

葬式：人骨头向北，面向上，仰身直肢，成年女性。

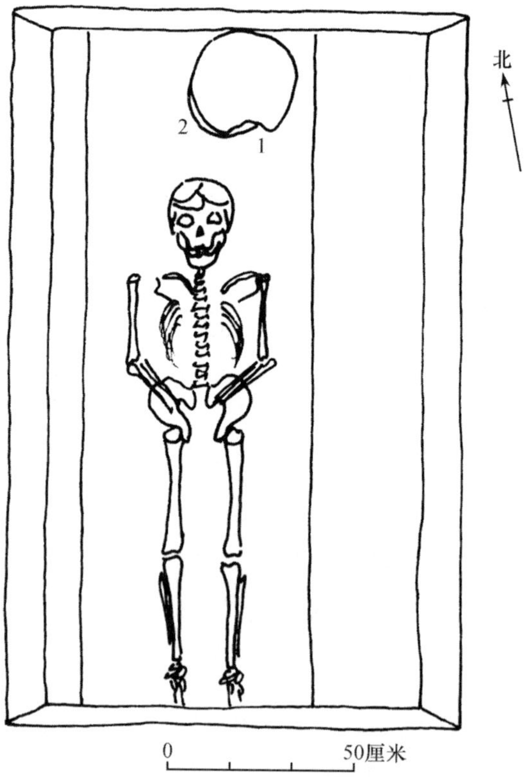

图三六一　M453平面图
1. 陶罐　2. 陶碗

2. 随葬品

共2件，出自墓底北部。

陶罐　1件，编号M453：1，泥质灰陶，侈口，斜沿，尖唇，弧颈，鼓腹，下斜收平底，上腹饰竖细绳纹，二道横宽划纹，颈下肩部饰一鱼形纹（可能为陶文）。高23.0、口径15.0、腹径21.0、底径15.5厘米（图三六二；彩版四三）。

陶碗　1件，编号M453：2，泥质灰陶，残碎，不能复原。

一八三、M454

1. 墓葬形制与结构

该墓位于墓地中北部，T0509东北部，开口于第2层下，距地表90厘米，墓葬形制为竖穴土坑墓，方向0°（图三六三；彩版一四，1）。

墓室：长方形竖穴土坑，长240、宽140厘米。直壁平底，四周有熟土二层台，宽10～30、高30厘米

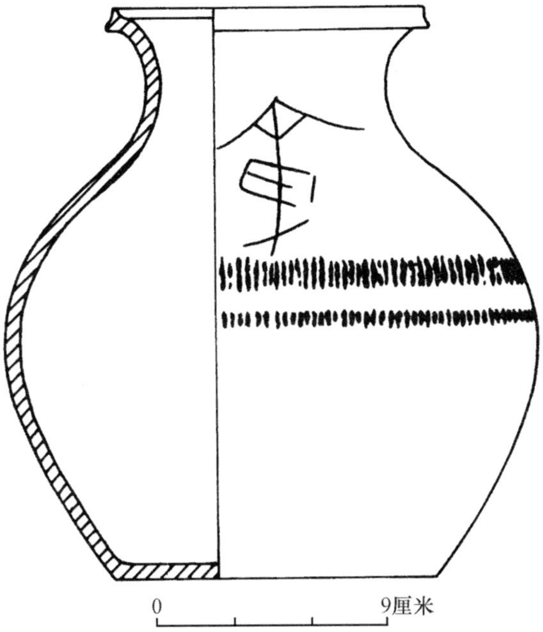

图三六二 M453出土陶罐

（M453：1）

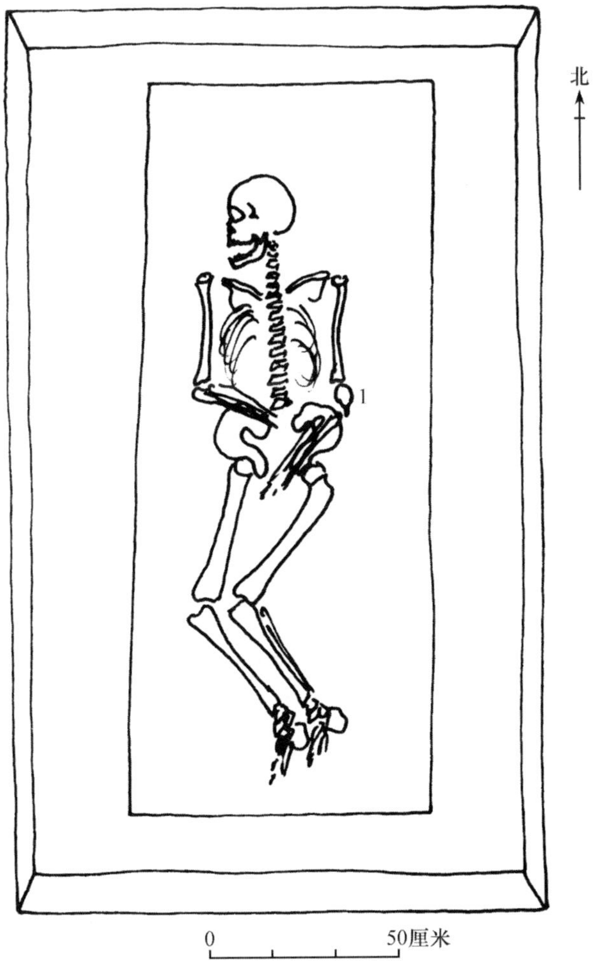

图三六三 M454平面图

1. 铜带钩

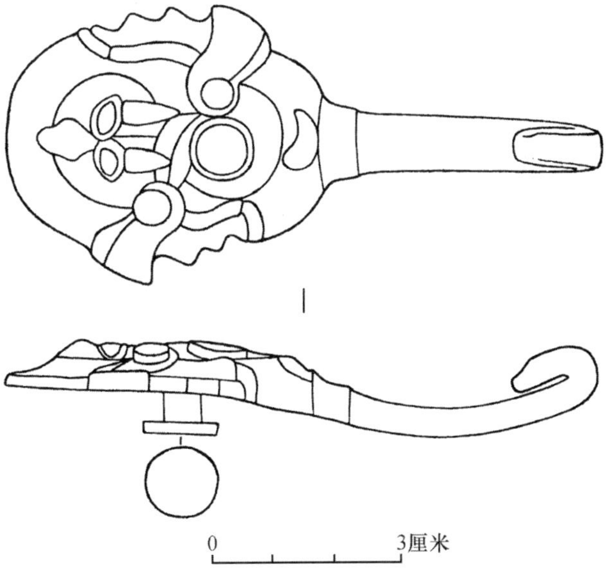

图三六四 M454出土铜带钩

（M454：1）

米。墓底长220、宽120、墓口至墓底180厘米。填土为黄白花土。

葬具：有棺木朽痕，长195、宽75～80厘米。

葬式：人骨头向北，面向西，仰身屈肢，成年女性。

2. 随葬品

共1件，出自人骨左肘上。

铜带钩　1件，编号M454：1，钩体近圆形扁平，内略凹，兽面浮雕，正背错金，圆纽，鸭首状钩残。长9.11厘米，兽面长4.6、宽4.0厘米（图三六四；彩版八七，1）。

一八四、M456

1. 墓葬形制与结构

该墓位于墓地北中部，T0510东部，开口于第2层下，距地表70厘米，墓葬形制为竖穴土坑墓，方向10°（图三六五；彩版一四，2）。

墓室：长方形竖穴土坑，长235、宽120厘米。斜壁平底，两侧有生土二层台，宽20、高40厘米。墓底长225、宽60、墓口至墓底136厘米。填土为黄白花土。

葬具：不清。

葬式：人骨头向北，面向上，仰身屈肢，成年男性。

2. 随葬品

共2件，出自墓底西北部。

陶碗　1件，编号M456：1，泥质灰陶，敛口，钵形，璧形底内凹，内圜底。口径13.0、深5.0、底径5.5、高0.3厘米（图三六六，1；彩版四八，6）。

陶罐　1件，编号M456：2，泥质灰陶，侈口，叠唇，直领，鼓腹，圜底稍内凹，肩有折棱，下腹拍印粗绳纹。高24.7、口径11.0、腹径23.3、领高5.5厘米（图三六六，2；彩版四四，2）。

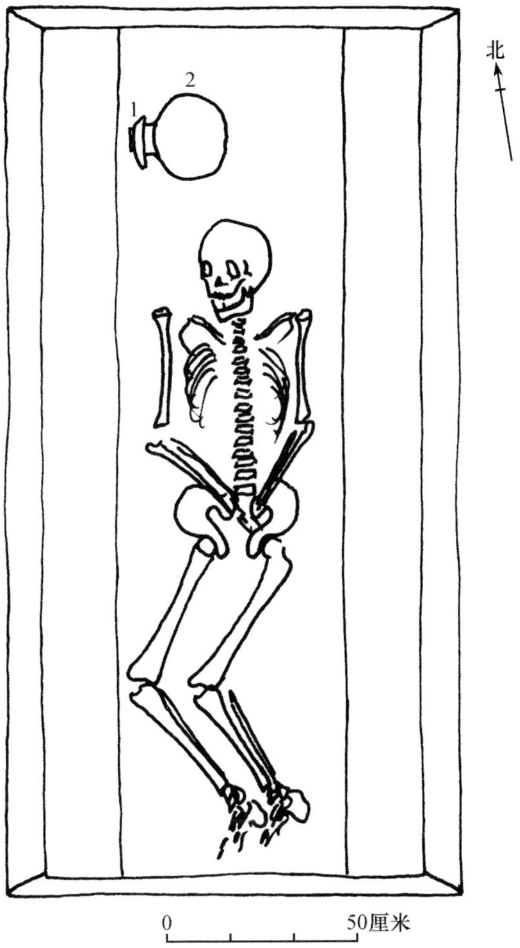

图三六五　M456平面图
1. 陶碗　2. 陶罐

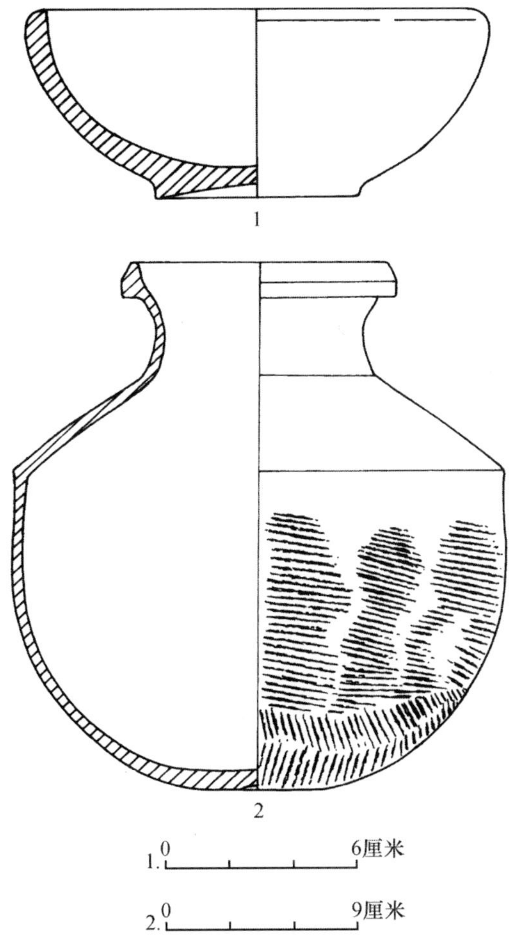

图三六六　M456出土陶器
1. 陶碗（M456：1）　2. 陶罐（M456：2）

一八五、M459

1. 墓葬形制与结构

该墓位于墓地北中部，T0510北部，开口于第2层下，距地表85厘米，墓葬形制为竖穴土坑墓，方向5°（图三六七）。

墓室：长方形竖穴土坑，长220、宽125厘米。直壁平底，两侧有生土二层台，宽30～36、高65厘米。墓底长206、宽60、墓口至墓底160厘米。填土为黄白花土。

葬具：不清。

葬式：人骨头向北，面向东，仰身屈肢，成年女性。

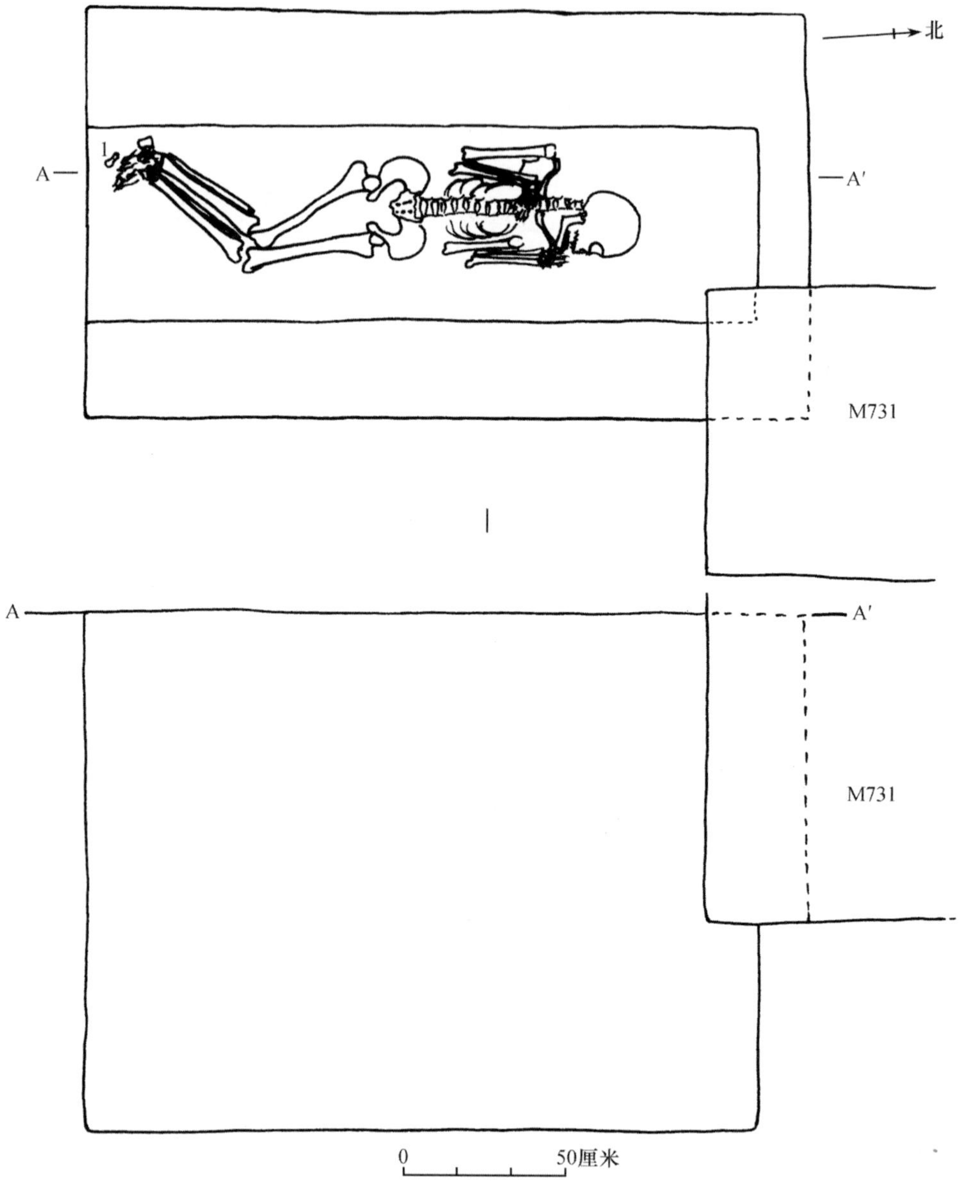

图三六七　M459平、剖面图
1. 铜带钩

2. 随葬品

共1件，出自墓底西南人骨脚下。

铜带钩　1件，编号M459：1，钩体耜形，本部半圆形，中心凸出一道竖脊，圆纽，纽前饰二道横凸棱，钩残。长5.8、宽2.5厘米（图三六八；彩版六〇，2）。

一八六、M468

1. 墓葬形制与结构

该墓位于墓地西北部，T0410西部，开口于第2层下，距地表70厘米，墓葬形制为竖穴土坑墓，方向100°（图三六九）。

墓室：长方形竖穴土坑，长260、宽170～180厘米。直壁平底，四周有熟土二层台，宽25～50、高26厘米。墓口至墓底130厘米。填土为黄白花土。

葬具：有棺木朽痕，长195、宽90厘米。

葬式：人骨头向东，面向上，仰身直肢，成年男性。

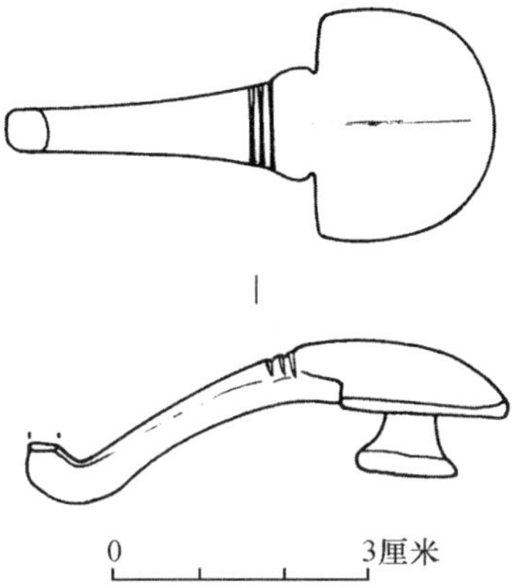

图三六八　M459出土铜带钩
（M459：1）

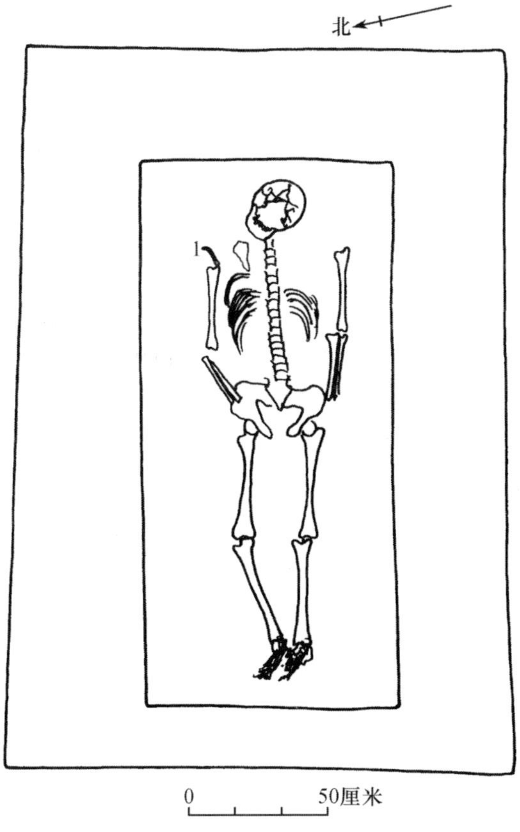

图三六九　M468平面图
1. 铜带钩

2. 随葬品

共1件，出自人骨右肩上。

铜带钩　1件，编号M468：1，钩体半圆柱竹节状，弧度小，本部齐尾，燕尾状，圆纽，上饰二道横凹槽，钩残。长6.1、径0.8厘米（图三七〇；彩版五三，2）。

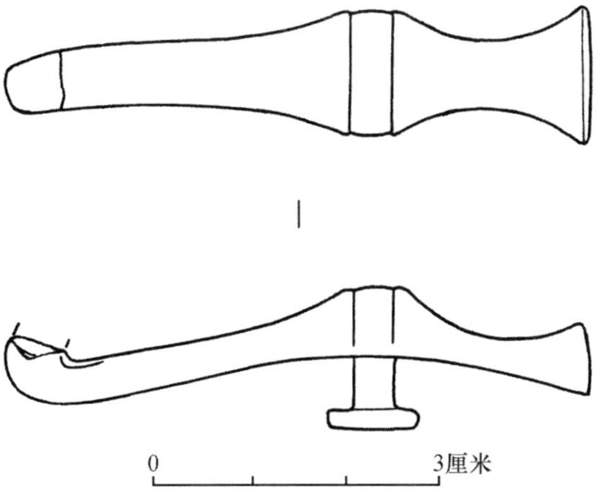

图三七〇　M468出土铜带钩
（M468：1）

一八七、M469

1. 墓葬形制与结构

该墓位于墓地西北，T0410西部，开口于第2层下，距地表70厘米，墓葬形制为竖穴土坑墓，方向10°（图三七一）。

墓室长方形竖穴土坑，长230、宽145厘米。直壁平底，两侧有生土二层台，宽38、高65厘米。墓底长230、宽70、墓口至墓底135厘米。填土为黄白花土。

葬具：不清。

葬式：人骨头向北，面向西，仰身屈肢，成年男性。

2. 随葬品

共2件，出自人头骨北部。

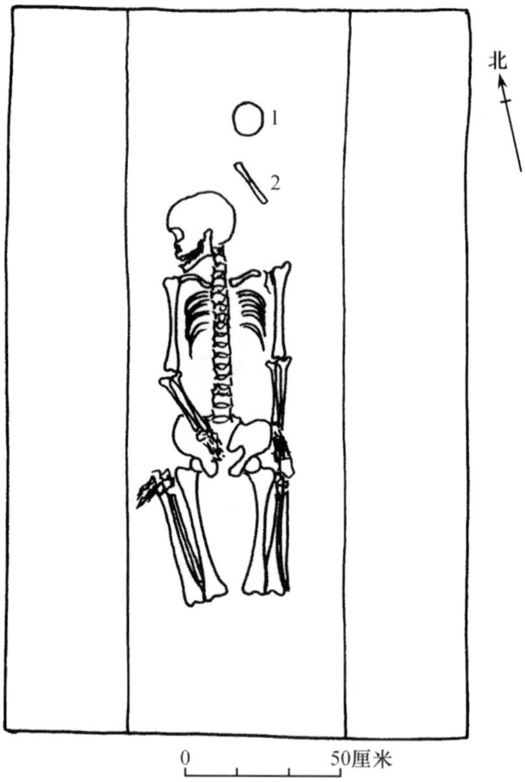

图三七一　M469平面图

1. 铜镜（残）　2. 铜带钩

铜镜　1件，编号M469：1，素面，体薄，小桥形纽，残（彩版九二，5）。

铜带钩　1件，编号M469：2，钩体呈长条状，截面半圆形，本部圆尾，微翘，圆纽，钩残，表面错银花纹。长12.3、宽0.7厘米（图三七二；彩版六七，1）。

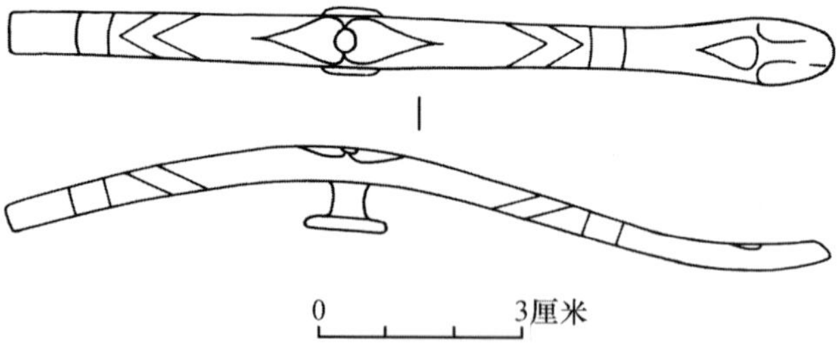

图三七二　M469出土铜带钩

（M469：2）

一八八、M470

1. 墓葬形制与结构

该墓位于墓地西北，T0311南部，开口于第2层下，距地表76厘米，墓葬形制为竖穴土坑墓，方向5°（图三七三；彩版一四，3）。

墓室：长方形竖穴土坑，长186、宽90厘米。直壁平底，西侧有生土二层台，宽18、高22厘米。墓底长186、宽72、墓口至墓底70厘米。填土为黄白花土。

葬具：不清。

葬式：人骨头向北，面向东，仰身屈肢，成年男性。

2. 随葬品

共1件，出自人骨脚的南部。

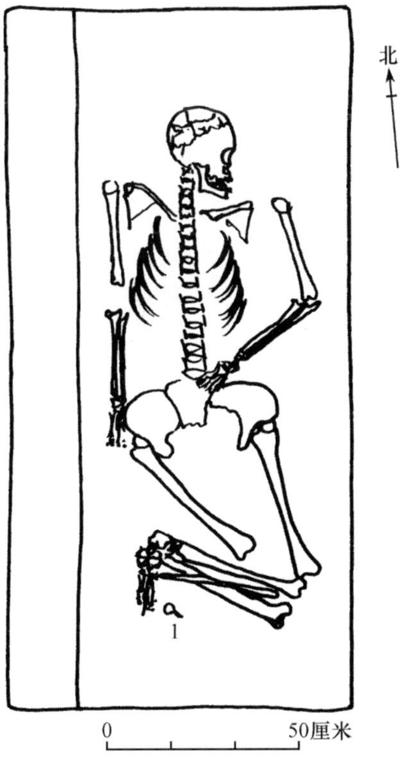

图三七三　M470平面图

1. 铜带钩（残）

铜带钩　1件，编号M470：1，钩体扁平，长条状，弧度小，本部齐尾，圆纽，钩残，面上错银花纹，嵌绿松石，长14.2、宽1.5厘米（图三七四；彩版六四，5）。

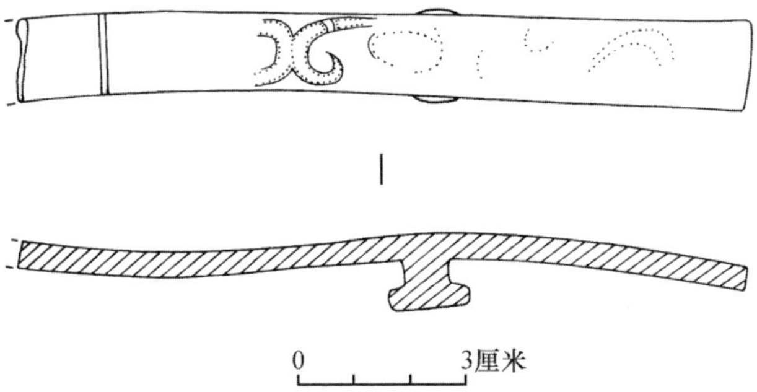

图三七四　M470出土铜带钩

（M470：1）

一八九、M471

1. 墓葬形制与结构

该墓位于墓地西北，T0311西南部，开口于第2层下，距地表80厘米，墓葬形制为竖穴土坑墓，方向0°（图三七五；彩版一四，4）。

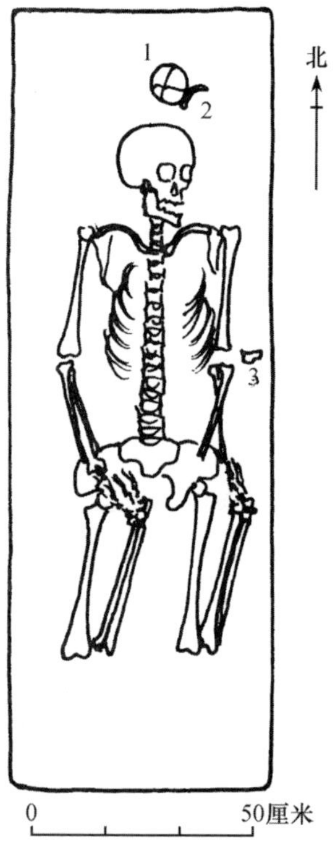

图三七五　M471平面图
1. 铜镜　2. 铜带钩　3. 陶纺轮

墓室：长方形竖穴土坑，长180、宽60厘米。直壁平底，墓口至墓底70厘米。填土为黄白花土。

葬具：不清。

葬式：人骨头向北，面向东，仰身屈肢，成年女性。

2. 随葬品

共3件，铜镜、铜带钩出自人头骨北部，陶纺轮出自人骨左肘处。

铜镜　1件，编号M471：1，素面体薄，小桥形纽。残径7.2厘米（彩版九二，4）。

铜带钩　1件，编号M471：2，钩体琵琶形，正面中间顺饰两条凸棱，圆纽，钩残。残长7.4、宽3.0厘米（图三七六，1；彩版八二，5）。

陶纺轮　1件，编号M471：3，泥质灰陶，下平上凸锥形，面饰细弦纹。径5.3、中孔径1.2、高2.0厘米（图三七六，2）。

一九〇、M473

1. 墓葬形制与结构

该墓位于墓地西北，T0410中部，开口于第2层下，距地表70厘米，墓葬形制为竖穴土坑墓，方向10°（图三七七）。

墓室：长方形竖穴土坑，长200、宽120厘米。斜壁平底，两侧有生土二层台，宽16～20、高55厘米。墓底长190、宽60、墓口至墓底130厘米。填土为黄白花土。

葬具：不清。

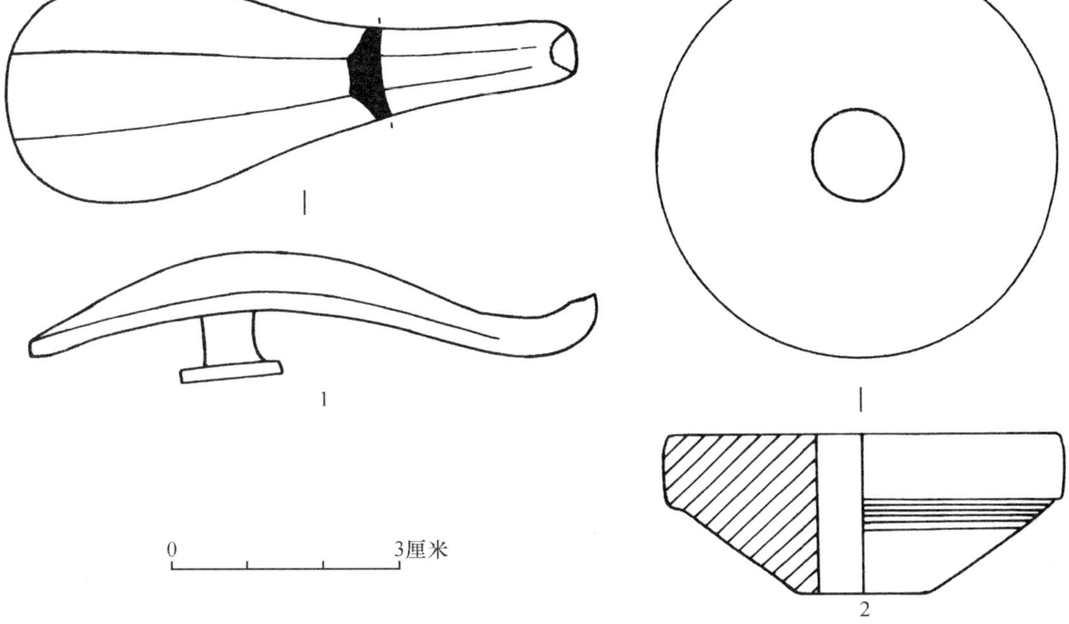

图三七六　M471出土器物
1. 铜带钩（M471：2）　2. 陶纺轮（M471：3）

葬式：人骨头向北，面向东，仰身屈肢，成年女性。

2. 随葬品

共2件，均出自人头骨东北部。

铜镜　1件，编号M473：1，素面，体薄，小桥形纽，径7.4厘米（彩版九二，3）。

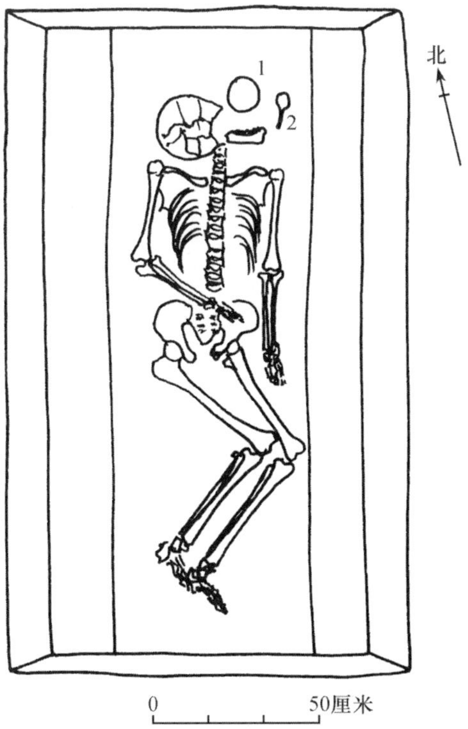

图三七七　M473平面图
1. 铜镜　2. 铜带钩

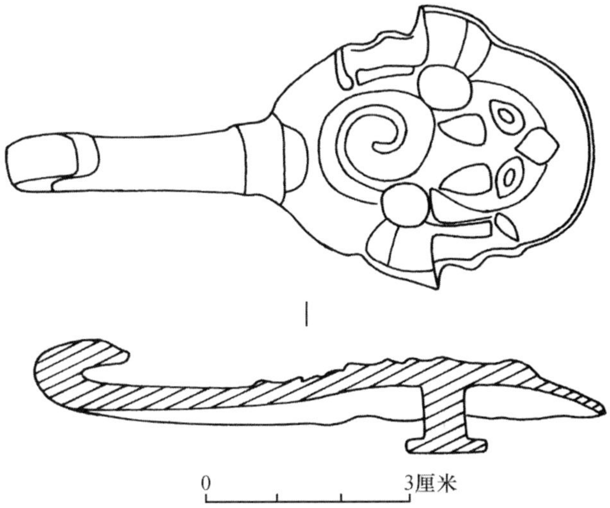

图三七八　M473出土铜带钩
（M473：1）

铜带钩　1件，编号M473：2，钩体近圆形，扁平内略凹，兽面浮雕，圆纽，鸭首状钩，正面错金。长8.7厘米，兽面长4.8、宽4.0厘米（图三七八；彩版八八，1）。

一九一、M479

1. 墓葬形制与结构

该墓位于墓地西北，T0311东边，开口于第2层下，距地表100厘米，墓葬形制为竖穴土坑墓，方向5°（图三七九；彩版一五，1）。

墓室：长方形竖穴土坑，长240、宽260～276厘米。直壁平底，四周有生土二层台，宽20～45、高70厘米。南北向中间一隔梁成两个棺室，隔梁宽50厘米，东室墓口至墓底130厘米，西室墓口至墓底140厘米。填土为黄白花土。

葬具：不清。

葬式：人骨头向北，面向东，仰身屈肢，东室成年女性，西室成年男性。

2. 随葬品

未见随葬品。

一九二、M482

1. 墓葬形制与结构

该墓位于墓地西北，T0411东部，开口于第2层下，距地表100厘米，墓葬形制为竖穴土坑墓，方向5°（图三八〇；彩版一五，2）。

墓室：长方形竖穴土坑，长210、宽120厘米。直壁平底，两侧有生土二层台，宽22、高70厘米。墓底长210、宽76、墓口至墓底140厘米。填土为黄白花土。

葬具：不清。

葬式：人骨头向北，面向东，仰身直肢，成年男性。

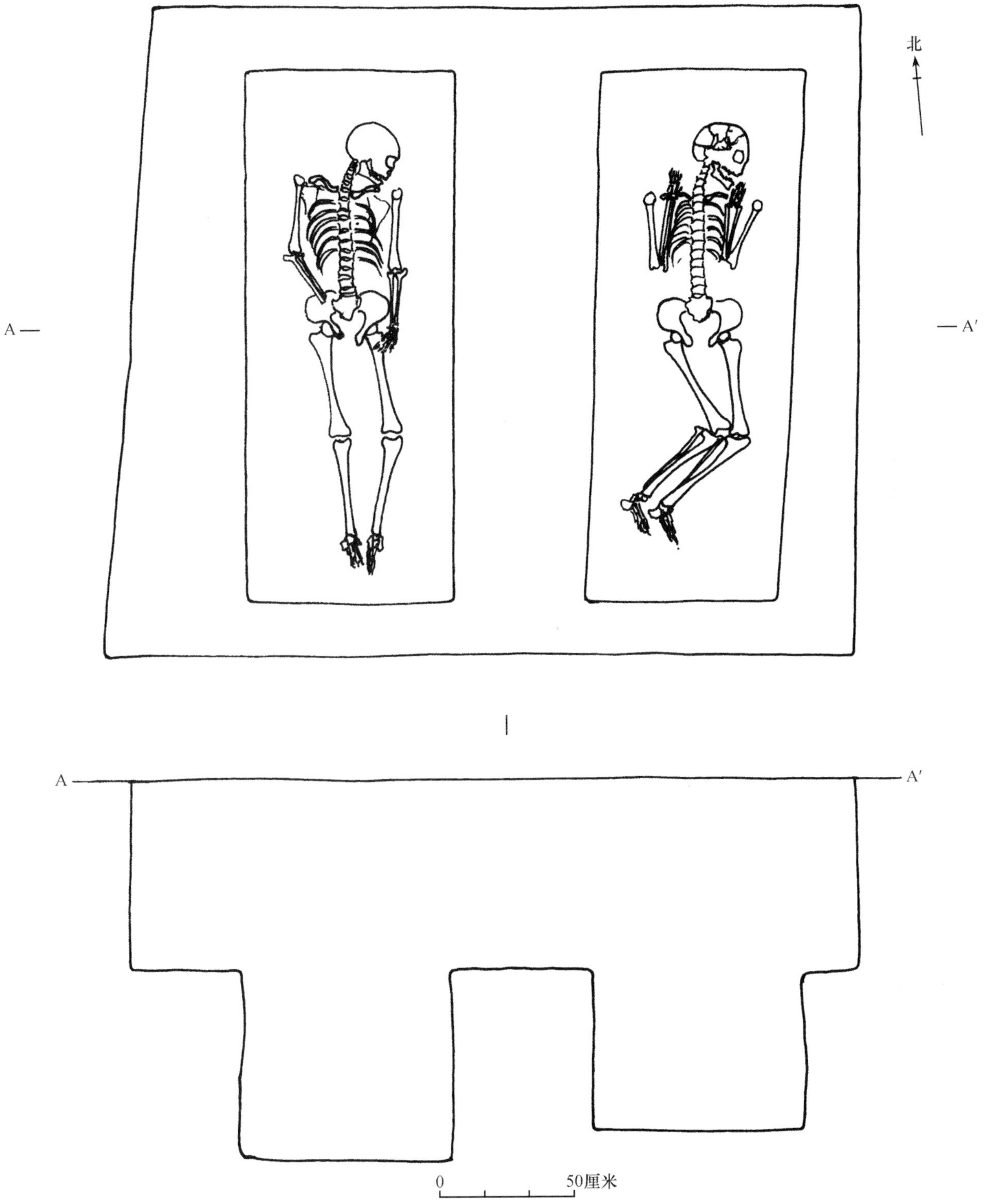

图三七九 M479平、剖面图

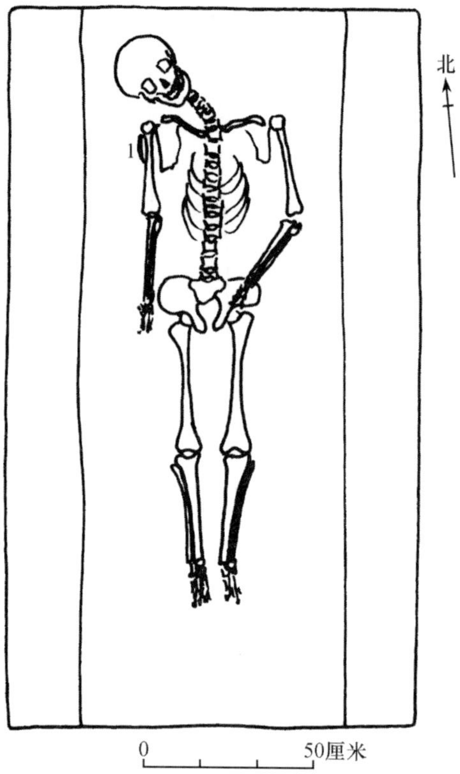

图三八〇　M482平面图
1. 铜带钩

2. 随葬品

共1件，出自人骨右肩处。

铜带钩　1件，编号M482：1，钩体呈琵琶形，稍厚，弧度稍大，中间厚，截面呈梯形，圆纽，鸭首状钩，正面雕蟠螭纹，嵌绿松石（多脱落）。长16.1、宽2.3厘米（图三八一；彩版八四，4）。

一九三、M483

1. 墓葬形制与结构

该墓位于墓地西北，T0411东北部，开口于第2层下，距地表60厘米，墓葬形制为竖穴土坑墓，方向5°（图三八二；彩版一五，3）。

墓室：长方形竖穴土坑，长210、宽114厘米。直壁平底，四周有生土二层台，南北二台宽10厘米，东二台宽28厘米，西二台宽22、高30厘米。墓底长190、宽70、墓口至墓底110厘米。填土为黄白花土。

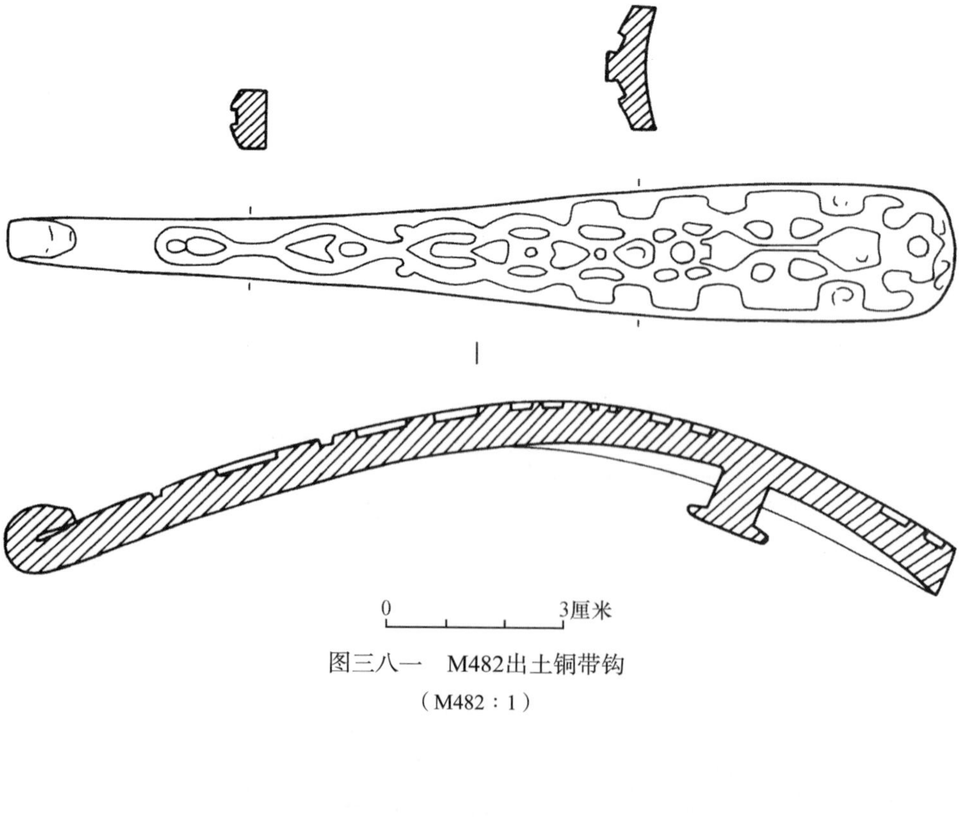

图三八一　M482出土铜带钩
（M482：1）

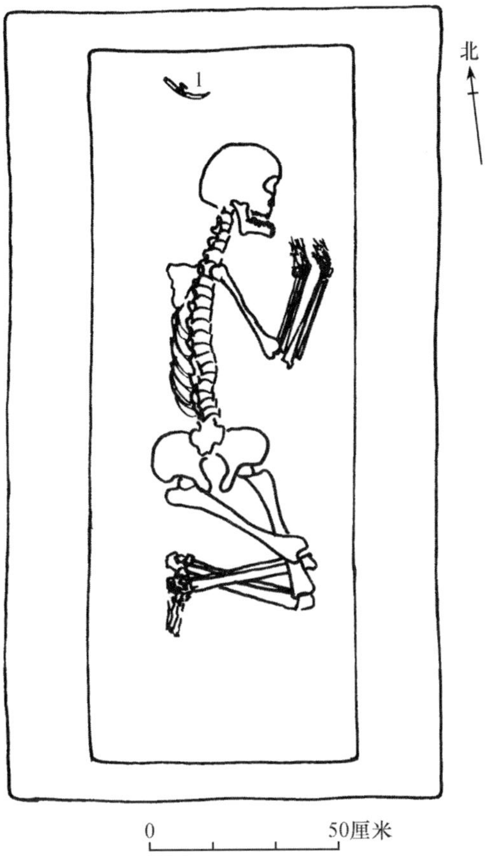

图三八二 M483平面图
1. 铜带钩

葬具：有棺木朽痕，长190、宽70、残高20厘米。

葬式：人骨头向北，面向东，侧身屈肢，成年女性。

2. 随葬品

共1件，出自墓底北部。

铜带钩 1件，编号M483：1，钩体半圆柱竹节状，弧度小，本部齐尾，燕尾状，圆纽，上饰二道横凹槽，钩残，错银花纹。长11.5、宽1.0厘米（图三八三；彩版五三，3）。

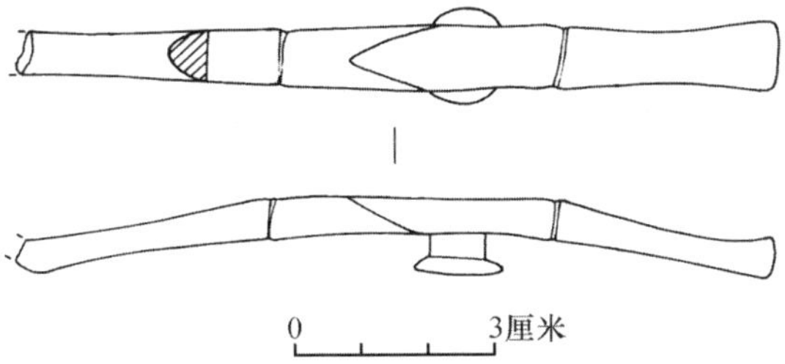

图三八三 M483出土铜带钩
（M483：1）

一九四、M486

1. 墓葬形制与结构

该墓位于墓地北中部，T0511中南部，开口于第2层下，距地表105厘米，墓葬形制为竖穴土坑墓，方向20°（图三八四；彩版一五，4）。

墓室：长方形竖穴土坑，长190、宽80厘米，直壁平底，两侧有生土二层台，宽12、高20厘米。墓底长190、宽58、墓口至墓底74厘米。填土为黄白花土。

葬具：有棺木朽痕，长190、宽60、残高20厘米。

葬式：人骨头向北，面向西，仰身屈肢，成年男性。

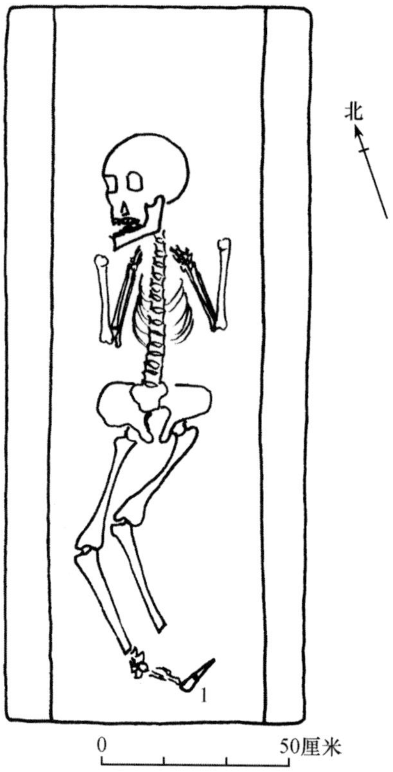

图三八四　M486平面图
1. 铜带钩（残）

2. 随葬品

共1件，出自墓底南部人骨脚下。

铜带钩　1件，编号M486：1，钩体扁平，内略弧，呈琵琶形，正面顺饰二道凸棱，圆首圆纽，钩残。长13.2、宽3.0厘米（图三八五；彩版七七，1）。

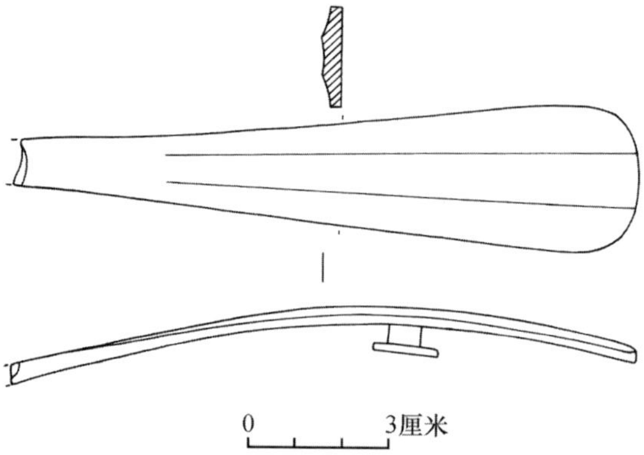

图三八五　M486出土铜带钩
（M486：1）

一九五、M490

1. 墓葬形制与结构

该墓位于墓地北中部，T0510西北，开口于第2层下，距地表100厘米，墓葬形制为竖穴土坑墓，方向115°（图三八六）。

墓室：长方形竖穴土坑，长200、宽100厘米。直壁平底，两侧有生土二层台，宽15、高50厘米。墓底长200、宽70、墓口至墓底130厘米。填土为黄白花土。

葬具：不清。

葬式：人骨头向东，面向北，仰身屈肢，成年男性。

2. 随葬品

共1件，出自墓底西北角。

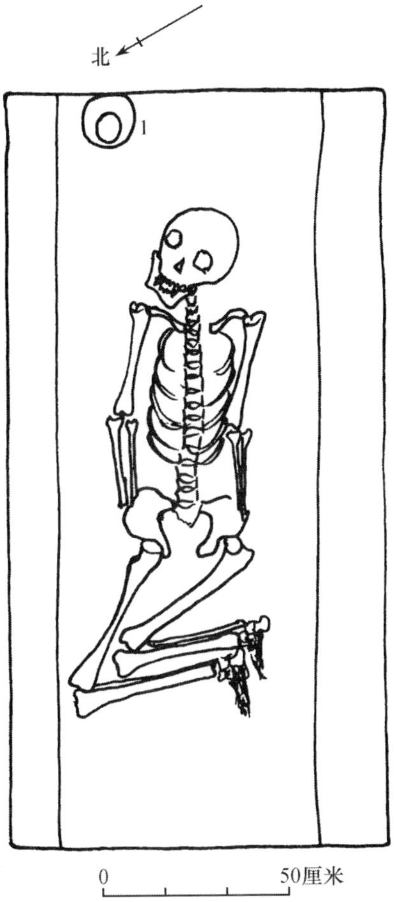

图三八六　M490平面图
1. 陶壶

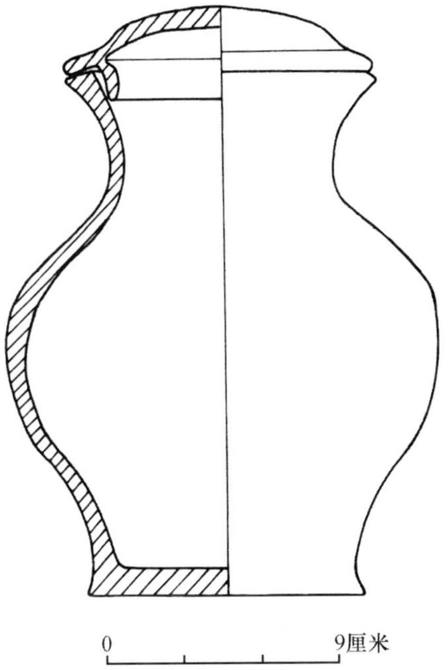

图三八七　M490出土陶壶
（M490：1）

陶壶　1件，编号M490：1，泥质灰陶，侈口，斜平沿，弧颈，鼓腹，假圈足平底座。高19.7、口径9.5～12.0、腹径16.8、底径10.3厘米（图三八七；彩版三七，4）。

一九六、M493

1. 墓葬形制与结构

该墓位于墓地北中部，T0511东北，开口于第2层下，距地表100厘米，墓葬形制为竖穴土坑墓，方向190°（图三八八）。

墓室：长方形竖穴土坑，长200、宽106厘米。斜壁平底，两侧有双层二层台，上层宽10、高30厘米，下层宽15、高6厘米。墓底长190、宽44、墓口至墓底140厘米。填土为黄白花土。

葬具：有棺木朽痕，长180、宽40厘米。

葬式：人骨头向南，面向东，仰身直肢，少年儿童。

2. 随葬品

共2件，出自人骨右肩上边。

铜环　2件（彩版九八，4），编号M493：1，截面呈圆形，外径3.3厘米（图三八九，2）。编号M493：2，扁平六边形柱环，残，外径3.4厘米（图三八九，1）。

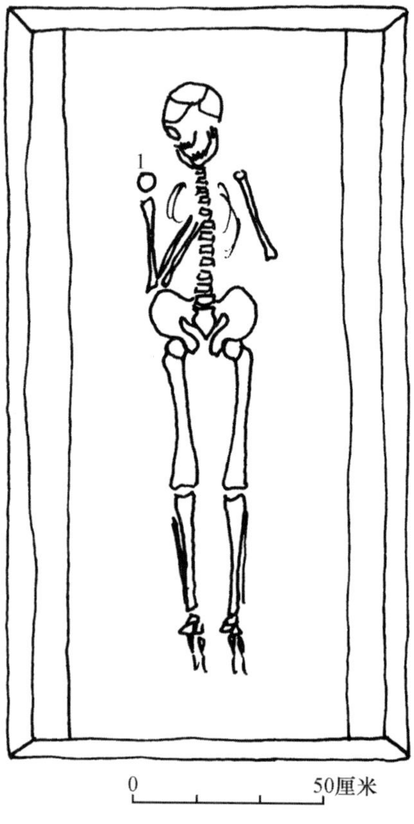

图三八八　M493平面图

1. 铜环

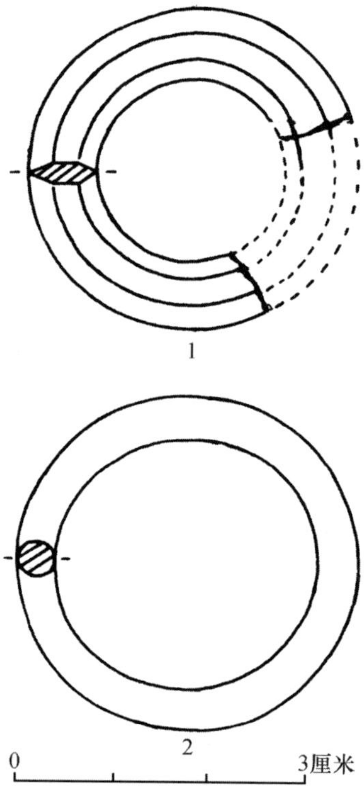

图三八九　M493出土铜环

1. M493：2　2. M493：1

一九七、M504

1. 墓葬形制与结构

该墓位于墓地西北，T0312西南，开口于第2层下，距地表120厘米，墓葬形制为竖穴土坑墓，方向0°（图三九〇）。

墓室：长方形竖穴土坑，长270、宽190厘米。斜壁平底，四周有熟土二层台，宽30～50、高50厘米。墓底长250、宽180、墓口至墓底150厘米。填土为黄白花土。

葬具：有棺木朽痕，长220、宽80厘米。

葬式：人骨头向北，面向西，仰身屈肢，成年女性。

2. 随葬品

共1件，出自人头骨西北部。

铜带钩　1件，编号M504：1，钩体呈琵琶形，中间厚，截面呈梯形，内略弧，圆纽，钩残，正面雕菱形加圈点乳钉间云雷纹，组成四组图纹，错金，嵌绿松石。长13.0、宽1.9厘米（图三九一；彩版八五，1、2）。

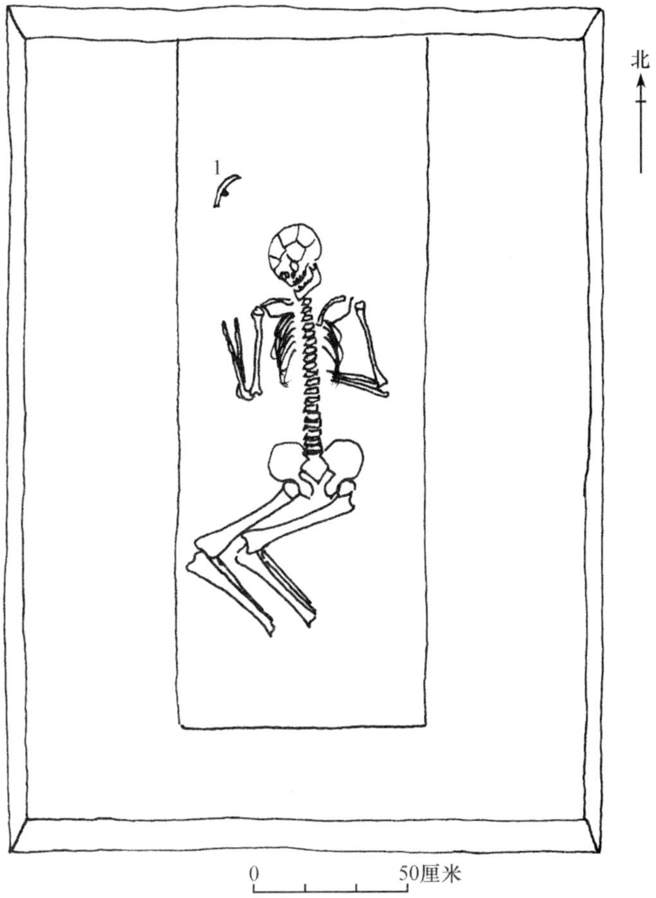

图三九〇　M504平面图
1. 铜带钩

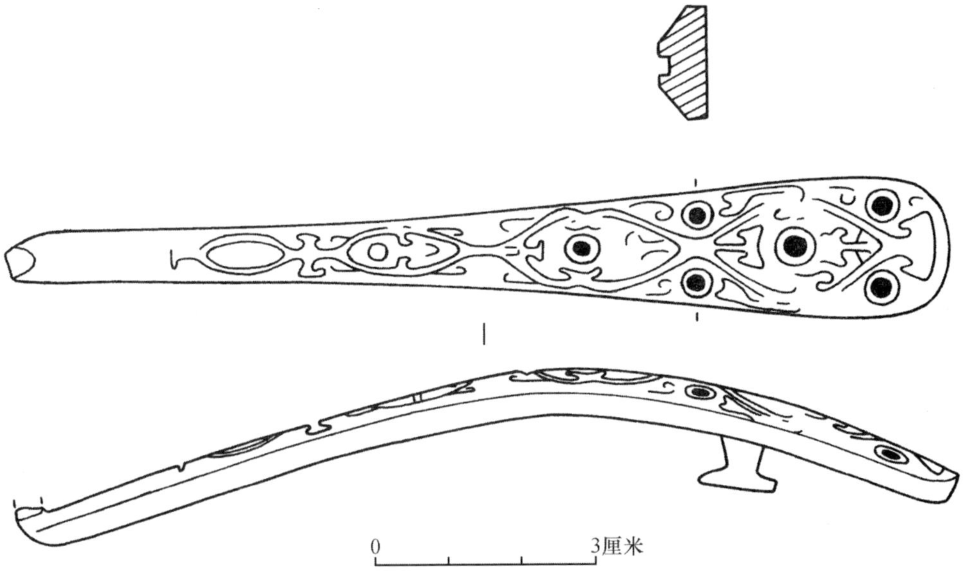

图三九一　M504出土铜带钩
（M504：1）

一九八、M505

1. 墓葬形制与结构

该墓位于墓地西北，T0212西部，开口于第2层下，距地表130厘米，墓葬形制为竖穴土坑墓，方向5°（图三九二）。

墓室：长方形竖穴土坑，长220、宽80～70厘米，直壁平底，墓口至墓底40厘米。填土为黄白花土。

葬具：有棺痕，但不甚清楚。

葬式：人骨头向北，面向东，仰身屈肢，成年男性。

2. 随葬品

共1件，出自墓底西北角。

陶罐　1件，编号M505：1，泥质灰陶，侈口，叠唇，直领，鼓腹，肩有折棱，下腹残。高22.7、口径10.4、腹径23.1、领高5.8厘米（图三九三）。

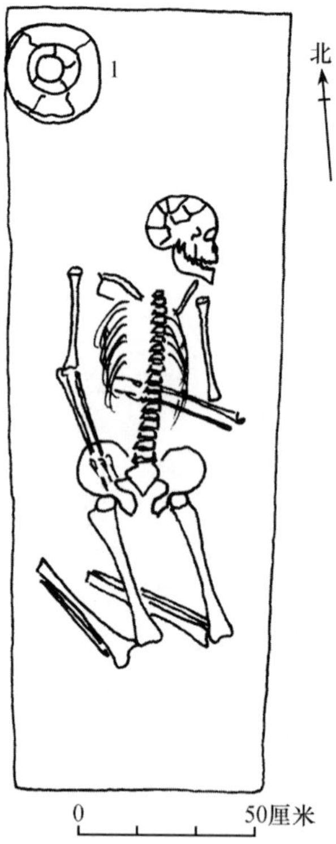

图三九二　M505平面图

1. 陶罐

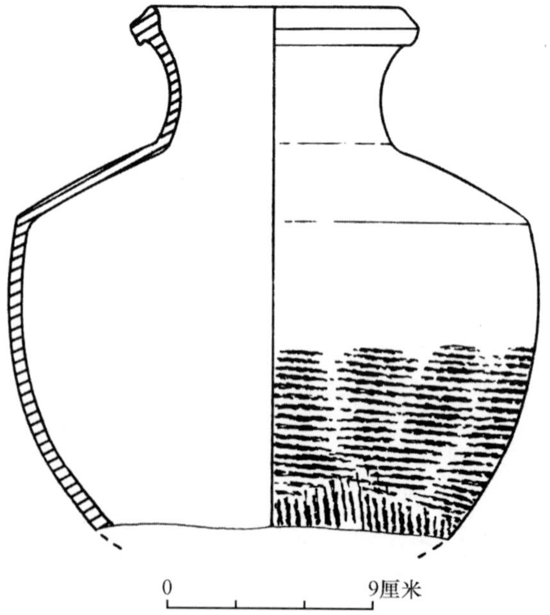

图三九三　M505出土陶罐

（M505：1）

一九九、M507

1. 墓葬形制与结构

该墓位于墓地西北，T0312北部，开口于第2层下，距地表110厘米，墓葬形制为竖穴土坑墓，方向5°（图三九四）。

墓室：长方形竖穴土坑，长290、宽200厘米。斜壁平底，三面有熟土二层台，宽30～50、高50厘米。墓底长250、宽160、墓口至墓底150厘米。填土为黄白花土。

葬具：有棺木朽痕，长220、宽70厘米。

葬式：人骨头向北，面向上，仰身屈肢，性别不清。

2. 随葬品

共1件，出自人骨右肩处。

铜带钩　1件，编号M507：1，钩体呈琵琶形，中间厚，截面呈梯形，内略弧，圆纽，钩残，正面雕三行竖长方格间菱形、云雷纹，组成三组图案，错银，嵌绿松石。长10.5、宽2.0厘米（图三九五；彩版八六，3、4）。

图三九四　M507平面图
1. 铜带钩

二〇〇、M508

1. 墓葬形制与结构

该墓位于墓地西北部，开口于第2层下，距地表90厘米，墓葬形制为竖穴土坑墓，方向3°（图三九六）。

墓室：长方形竖穴土坑，长190、宽100厘米。直壁平底，两侧有生土二层台，宽10～20、高50厘米。墓底长190、宽70、墓口至墓底70厘米，墓底有三道横凹槽，宽20、深6厘米。填土为黄白花土。

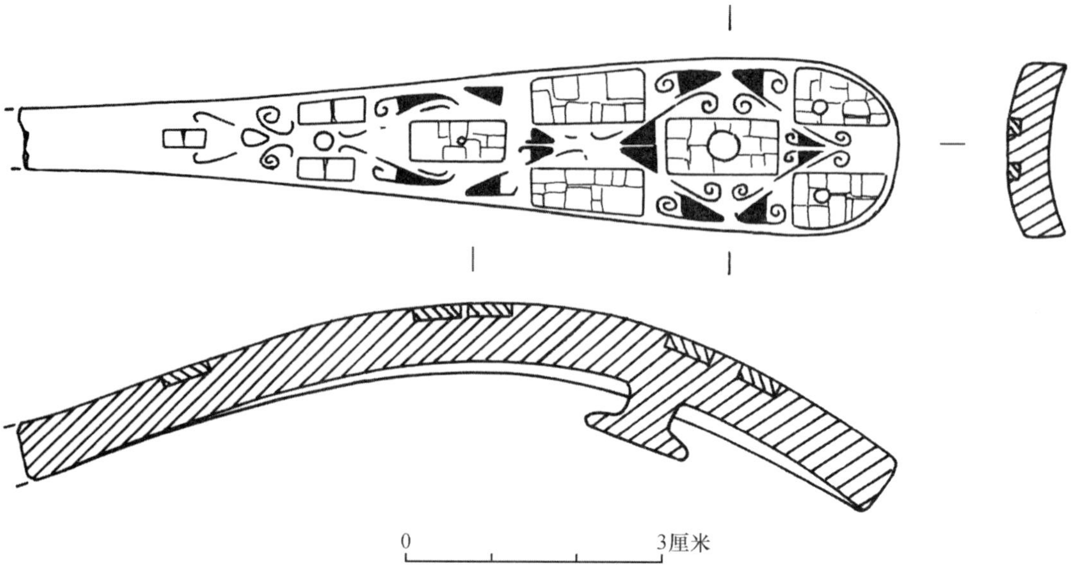

图三九五　M507出土铜带钩
（M507：1）

葬具：有棺，不甚清楚。

葬式：人骨头向北，面向西，侧身屈肢，成年女性。

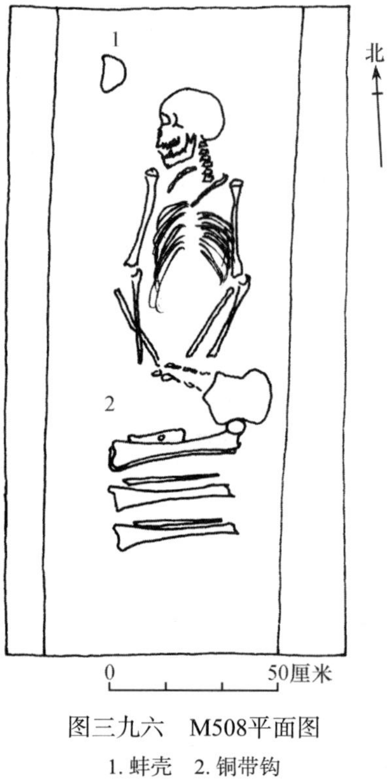

图三九六　M508平面图
1. 蚌壳　2. 铜带钩

2. 随葬品

共2件，蚌壳出自墓底西北部，铜带钩出自股骨外侧。

蚌壳　1块，编号M508：1，扇形，白色，残碎。

铜带钩　1件，编号M508：2，钩体扁平，长条状，弧度小，正面分三段，每段饰六道横凸棱，圆纽，本部齐尾，钩残，错银花纹。长16.0、宽1.0厘米（图三九七；彩版六四，6）。

二〇一、M509

1. 墓葬形制与结构

该墓位于墓地西北部，开口于第2层下，距地表110厘米，墓葬形制为竖穴土坑墓，方向100°（图三九八）。

墓室：长方形竖穴土坑，长345、宽220厘米。斜壁平底，三面有熟土二层台，宽30～50、高50厘米。墓底长296、宽180、墓口至墓底200厘米。填土为黄白花土。

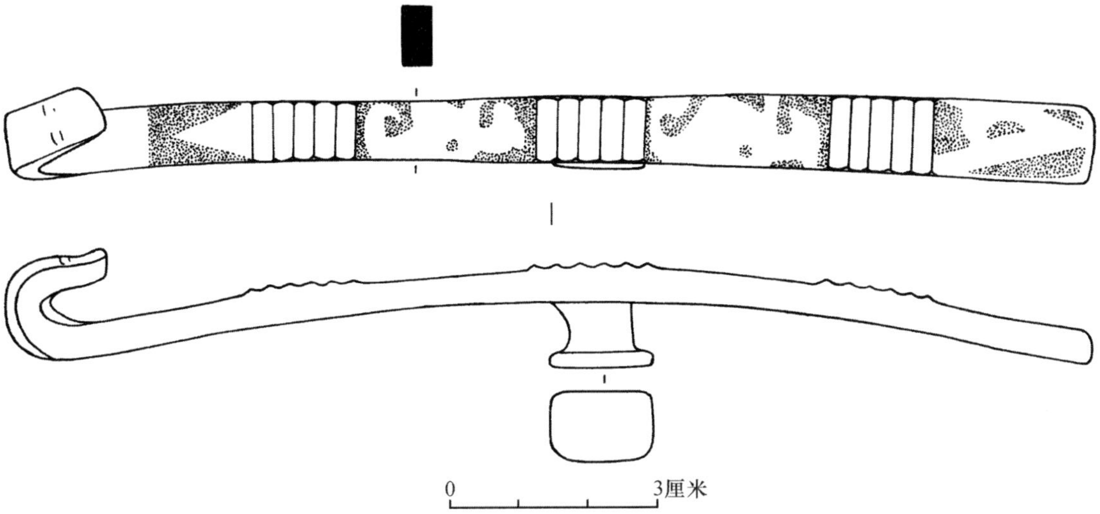

图三九七　M508出土铜带钩
（M508：2）

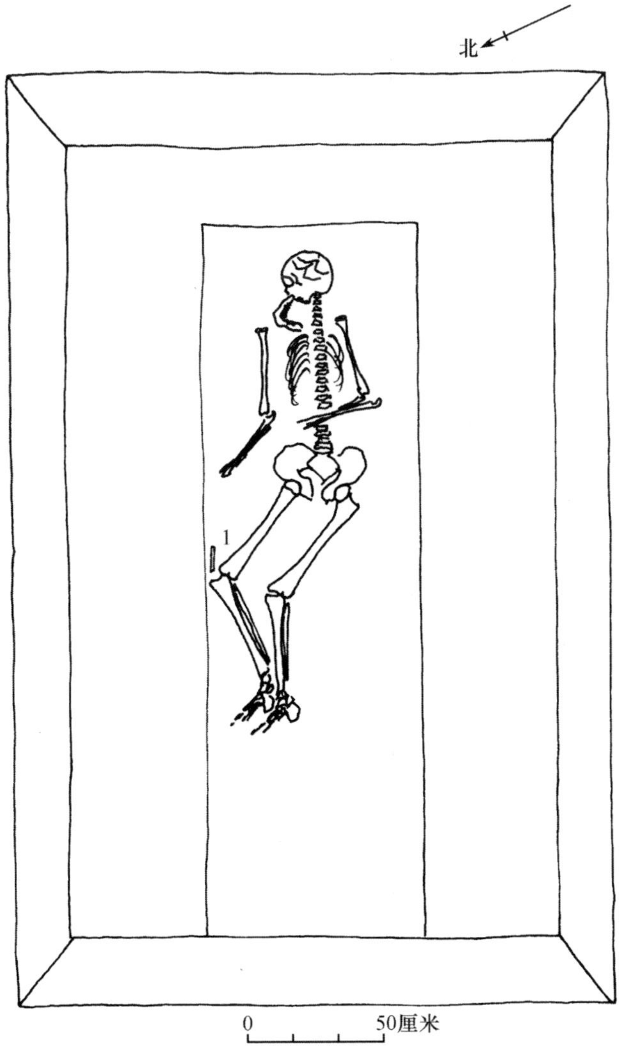

图三九八　M509平面图
1. 铜带钩

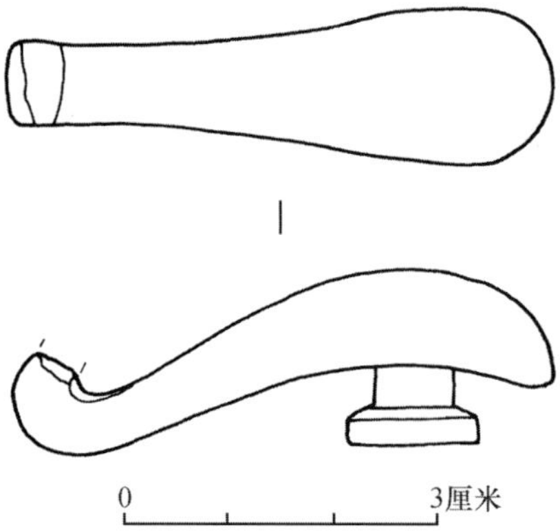

图三九九　M509出土铜带钩
（M509：1）

葬具：有棺木朽痕，长265、宽80厘米。

葬式：人骨头向东，面向北，仰身屈肢，成年男性。

2. 随葬品

共1件，出自人骨右膝处。

铜带钩　1件，编号M509：1，钩体呈半圆形，内略弧，圆纽偏后近本部，扁平钩残，长5.2、径1.4厘米（图三九九；彩版五三，5）。

二〇二、M510

1. 墓葬形制与结构

该墓位于墓地西北部，开口于第2层下，距地表100厘米，墓葬形制为竖穴土坑墓，方向15°（图四〇〇；彩版一六，2）。

墓室：长方形竖穴土坑，长190、宽64厘米，直壁平底，墓口至墓底70厘米。填土为黄白花土。

葬具：不清。

葬式：人骨头向北，面向上，仰身屈肢，成年男性。

2. 随葬品

共1件，出自人头骨西侧。

铜带钩　1件，编号M510：1，钩体厚重，呈琵琶形，弧度较大，圆纽，钩残，正面雕米字纹间乳钉圈点纹，组成四组图纹，嵌绿松石（多已脱落），错金银。长18.0、宽2.7厘米（图四〇一；彩版七七，2）。

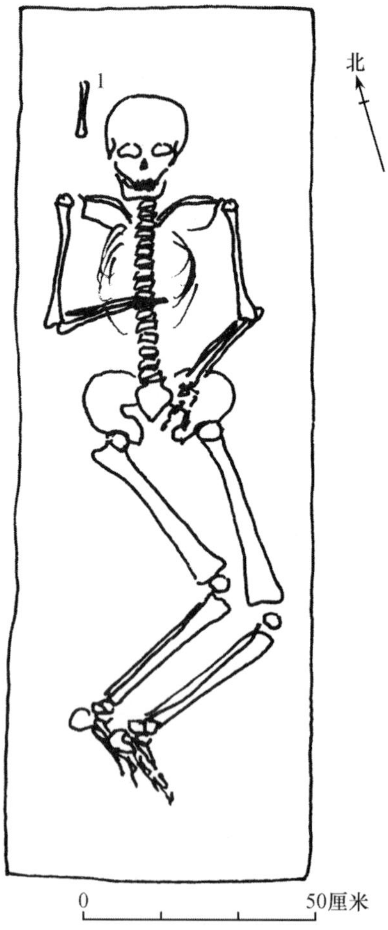

图四〇〇　M510平面图
1. 铜带钩

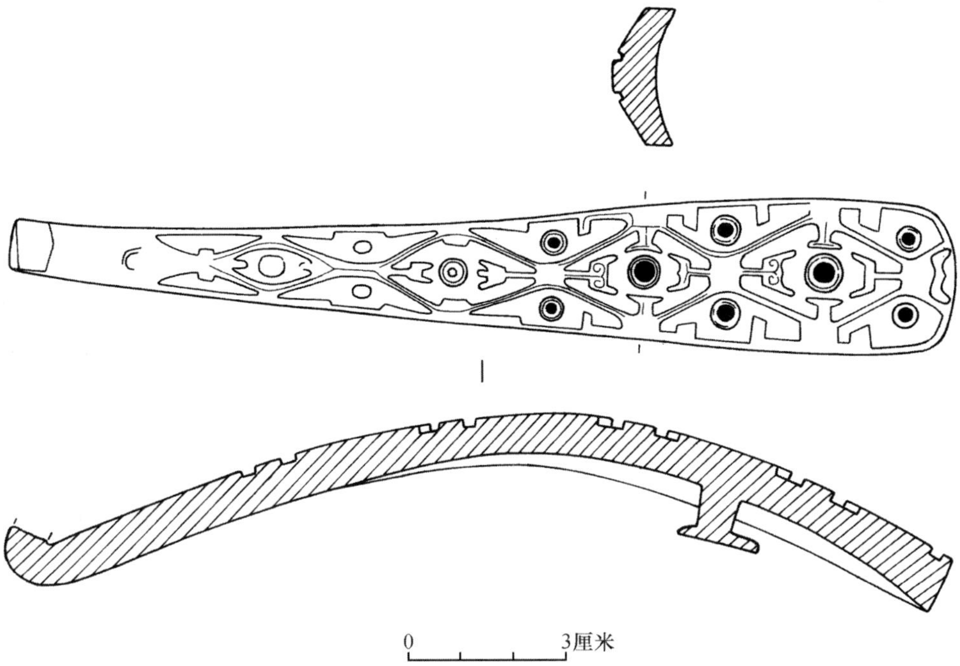

图四〇一　M510出土铜带钩
（M510：1）

二〇三、M511

1. 墓葬形制与结构

该墓位于墓地西北部，开口于第2层下，距地表100厘米，墓葬形制为竖穴土坑墓，方向35°（图四〇二；彩版一六，1）。

墓室：长方形竖穴土坑，长210、宽80厘米。斜壁平底，墓底长200、宽70、墓口至墓底70厘米。填土为黄白花土。

葬具：不清。

葬式：人骨头向北，面向西，仰身屈肢，成年女性。

2. 随葬品

共3件，陶器出自墓底西北部，铜带钩出自人骨右侧腰部。

陶罐　1件，编号M511：1，泥质灰陶，侈口，叠唇，直领，鼓腹，圜底稍内凹，肩有折棱，下腹拍印粗绳纹。高25.2、口径11.0、腹径23.2、领高5.5厘米（图四〇三，1）。

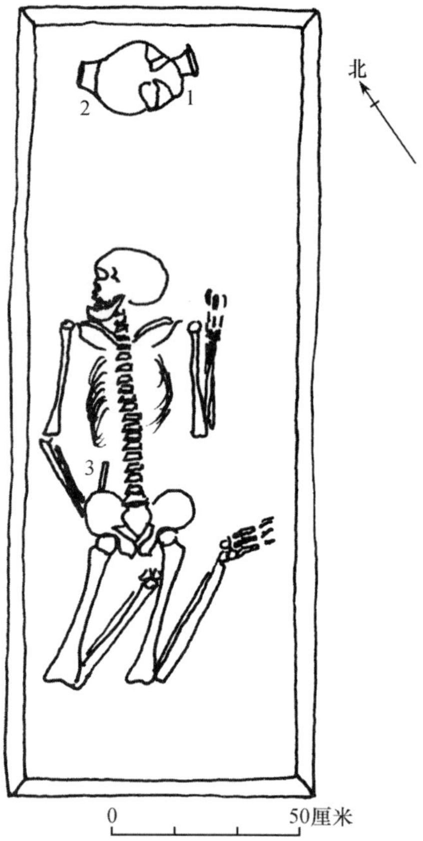

图四〇二　M511平面图
1. 陶罐　2. 陶碗　3. 铜带钩

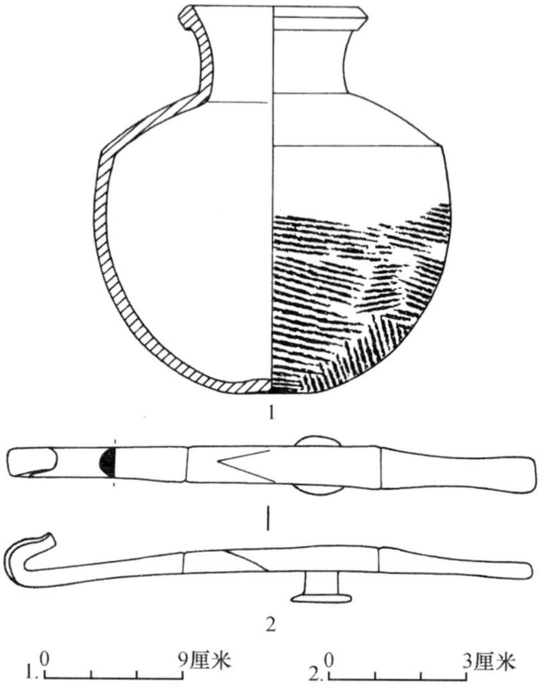

图四〇三　M511出土器物
1. 陶罐（M511：1）　2. 铜带钩（M511：3）

陶碗　1件，编号M511：2，泥质灰陶，敛口，钵形，壁形底稍内凹，内圜底。口径17.3～19.0、深6.5、底径8.0、高0.7厘米。

铜带钩　1件，编号M511：3，钩体半圆柱竹节状，弧度小，本部齐尾，圆纽，纽前后各饰一道横凹槽，鸭首状钩，错银花纹。长11.3、宽1.0厘米（图四〇三，2；彩版五三，4）。

二〇四、M512

1. 墓葬形制与结构

该墓位于墓地西北部，开口于第2层下，距地表90厘米，墓葬形制为竖穴土坑墓，方向0°（图四〇四）。

墓室：梯形竖穴土坑，长190、宽164～184厘米。斜壁平底，四周有生土二层台，宽5～25、高60厘米。墓底长170、宽60～86、墓口至墓底110厘米。填土为黄白花土。

葬具：有棺木朽痕，长170、宽60、残高40厘米。

葬式：人骨头向北，面向东，仰身屈肢，成年男性。

2. 随葬品

共1件，出自人头骨西侧。

铜带钩　1件，编号M512：1，钩体耜形，本部半圆形，圆纽，纽前饰二道横凸棱，钩残。长6.2、宽2.9厘米（图四〇五；彩版六〇，3）。

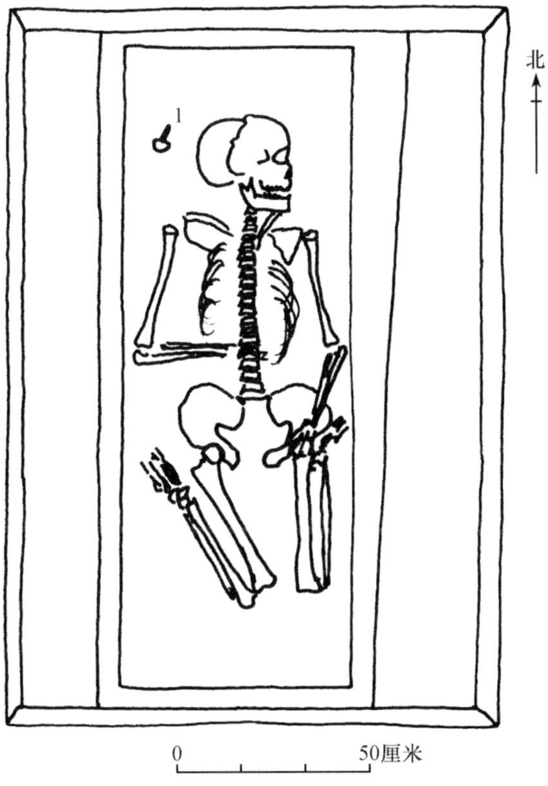

图四〇四　M512平面图

1. 铜带钩

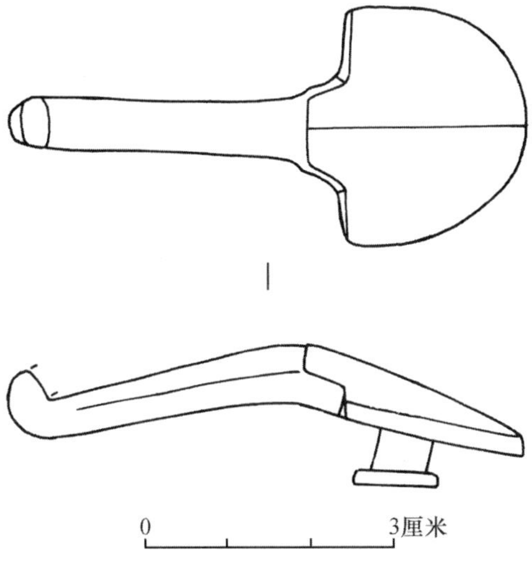

图四〇五　M512出土铜带钩

（M512：1）

二〇五、M513

1. 墓葬形制与结构

该墓位于墓地西北部，开口于第2层下，距地表80厘米，墓葬形制为竖穴土坑墓，方向0°（图四〇六）。

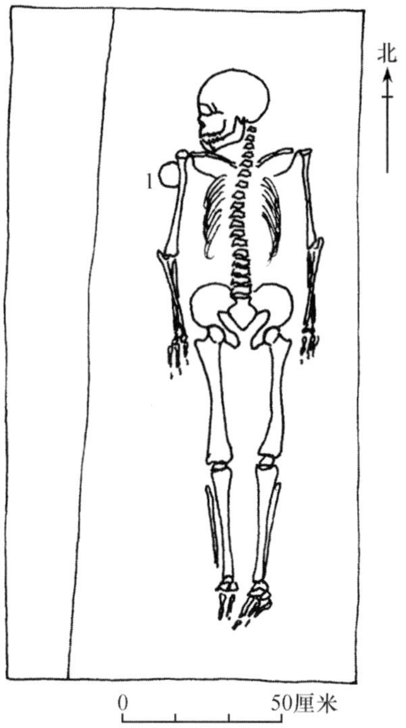

图四〇六　M513平面图
1. 铜镜

墓室：长方形竖穴土坑，长210、宽110厘米。直壁平底，两侧有生土二层台，宽20～30、高50厘米。墓底长210、宽80～90、墓口至墓底80厘米。填土为黄白花土。

葬具：不清。

葬式：人骨头向北，面向西，仰身直肢，成年男性。

2. 随葬品

共1件，出自人骨右肩处。

铜镜　1件，编号M513：1，素面，稍厚，半球形纽内穿铜环。残留仅1/4，残径5厘米（彩版九三，4）。

二〇六、M514

1. 墓葬形制与结构

该墓位于墓地西北部，开口于第2层下，距地表70厘米，墓葬形制为竖穴土坑墓，方向15°（图四〇七；彩版一六，3）。

墓室：梯形竖穴土坑，长256、宽164～184厘米。直壁平底，四周有生土二层台，北台宽24厘米，东台宽50厘米，南台宽36厘米，西台宽24厘米，二层台均高40厘米，墓口至墓底150厘米。填土为黄白花土。

葬具：有棺痕，长180、宽72～86厘米。

葬式：人骨头向北，面向东，侧身屈肢，成年男性。

2. 随葬品

共1件，出自人头骨后。

铜带钩　1件，编号M514：1，钩体扁平，琵琶形，内略弧，正面顺饰二道凸棱，浮雕三行竖长方格间菱形、云雷纹，组成两组图纹，错银，嵌绿松石，圆纽，钩残。长8.8、宽1.9厘米（图四〇八；彩版八四，5）。

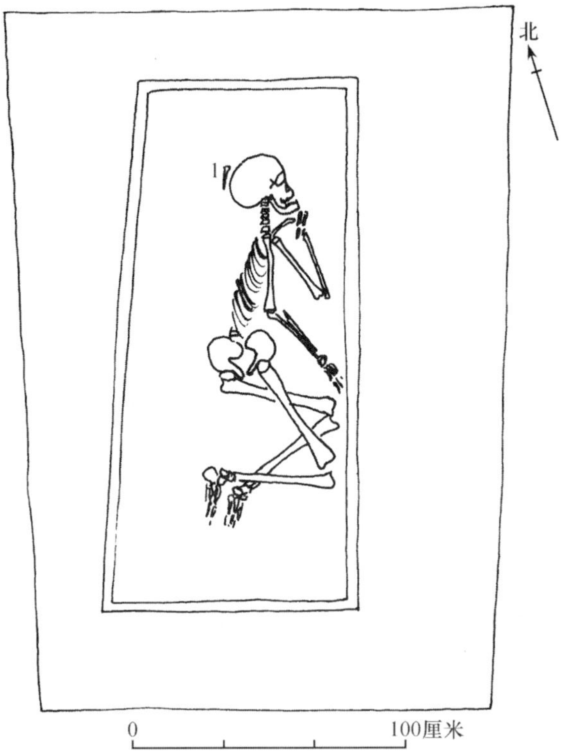

图四〇七　M514平面图
1. 铜带钩

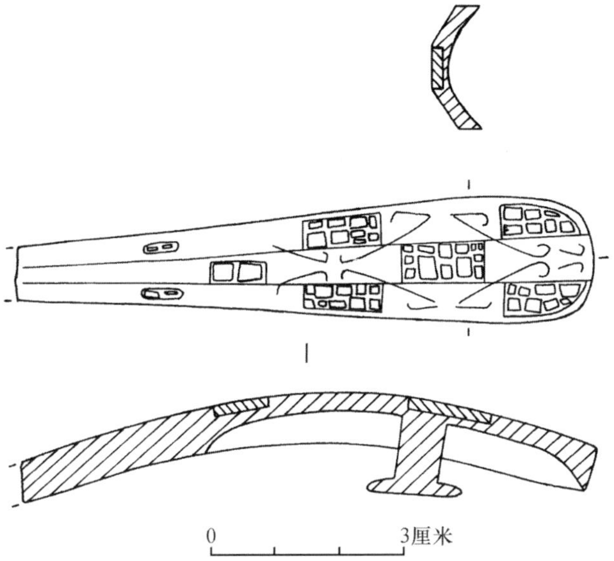

图四〇八　M514出土铜带钩
（M514：1）

二〇七、M515

1. 墓葬形制与结构

该墓位于墓地西北部，T0409西部，开口于第2层下，距地表80厘米，墓葬形制为竖穴土坑墓，方向10°（图四〇九）。

墓室：长方形竖穴土坑，长230、宽140厘米。斜壁平底，四周有生土二层台，宽10～26、高60厘米。墓底长190、宽68、墓口至墓底130厘米。填土为黄白花土。

葬具：不清。

葬式：人骨头向北，面向西，仰身屈肢，成年女性。

2. 随葬品

共1件，出自人骨右肘处。

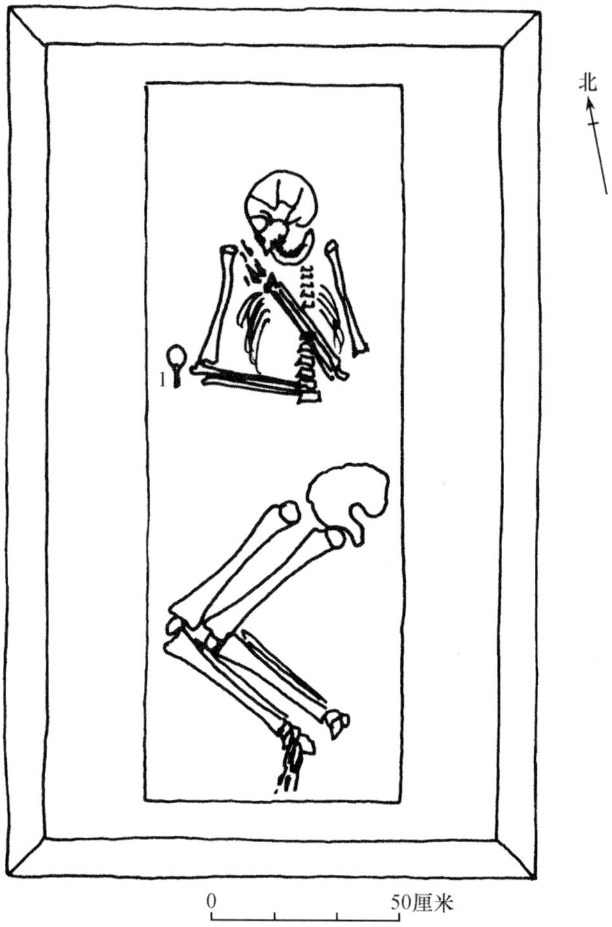

图四〇九　M515平面图
1. 铜带钩

铜带钩　1件，编号M515∶1，钩体呈耜形，本部半圆形，中心凸出一竖脊，圆纽，纽前饰二道横凸棱，鸭首状钩。长5.0、宽2.7厘米（图四一〇；彩版六〇，4）。

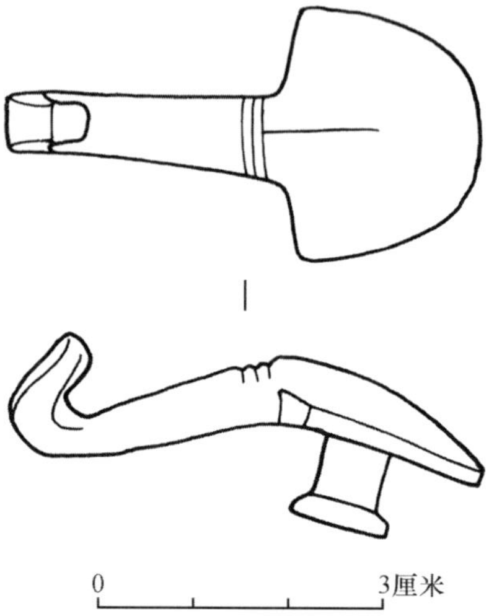

图四一〇　M515出土铜带钩
（M515∶1）

二〇八、M516

1. 墓葬形制与结构

该墓位于墓地西北部，T0409西部，开口于第2层下，距地表80厘米，墓葬形制为竖穴土坑墓，方向20°（图四一一）。

墓室：长方形竖穴土坑，长200、宽110厘米。直壁平底，两侧有生土二层台，宽20～30、高60厘米。墓底长200、宽70、墓口至墓底160厘米。填土为黄白花土。

葬具：不清。

葬式：人骨头向北，面向下，仰身屈肢，成年女性。

图四一一　M516平面图
1. 陶罐

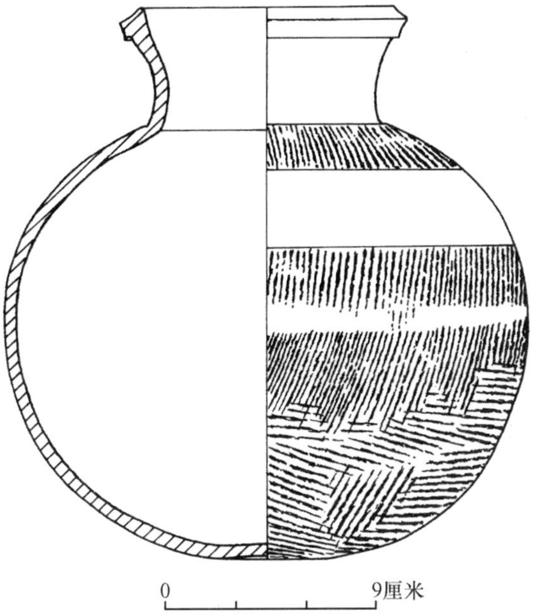

图四一二　M516出土陶罐
（M516：1）

2. 随葬品

共1件，出自墓底北部。

陶罐　1件，编号M516：1，泥质灰陶，侈口，叠唇，直领，球腹，圜底，稍内凹，上腹饰竖细绳纹，横宽划纹，下腹拍印粗绳纹。高23.7、口径11.0、腹径21.6、领高6.3厘米（图四一二；彩版四四，3）。

二〇九、M520

1. 墓葬形制与结构

该墓位于墓地北中部，开口于第2层下，距地表140厘米，墓葬形制为竖穴土坑墓，方向10°（图四一三）。

墓室：长方形竖穴土坑，长290、宽200厘米，斜壁平底，四周有熟土二层台，宽25～40、高40厘米，墓底长270、宽170、墓口至墓底220厘米。填土为黄白花土。

葬具：有棺椁朽痕，椁长220、宽100～115厘米，棺长190、宽70～80厘米。

葬式：人骨头向北，面向上，仰身直肢，成年男性。

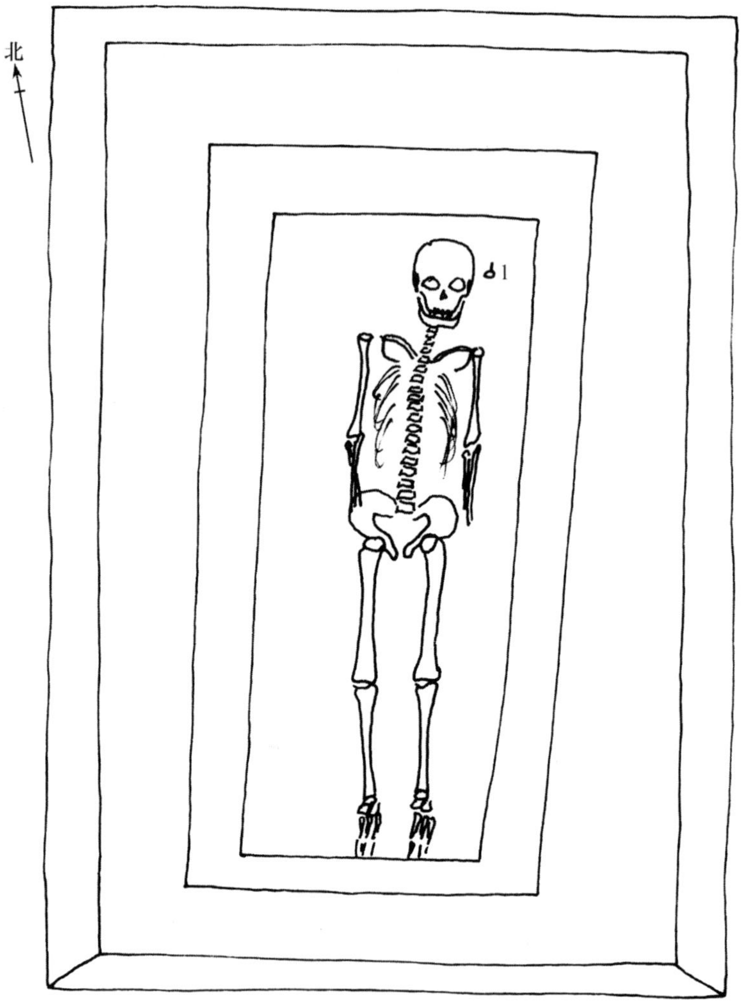

0　50厘米

图四一三　M520平面图

1. 铁带钩

2. 随葬品

共1件，出自人头骨东侧。

铁带钩　1件，编号M520：1，钩体呈耜形，本部半圆形，中心凸出一竖脊，圆纽偏后，钩颈饰二道横凸棱，钩残。长4.1、宽2.5厘米（图四一四）。

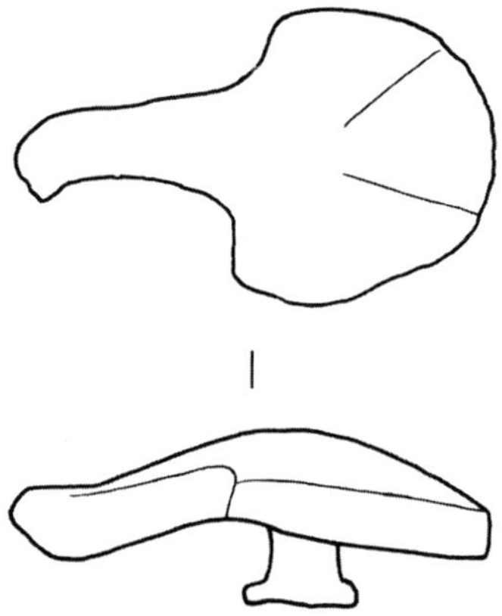

0　3厘米

图四一四　M520出土铁带钩

（M520：1）

二一〇、M521

1. 墓葬形制与结构

该墓位于墓地北部，开口于第2层下，距地表140厘米，墓葬形制为竖穴土坑墓，方向25°（图四一五）。

墓室：长方形竖穴土坑，长210、宽130厘米。直壁平底，两侧有生土二层台，宽30、高50厘米。墓底长210、宽70、墓口至墓底100厘米。填土为黄白花土。

葬具：不清。

葬式：人骨头向北，面向西，仰身屈肢，成年男性。

2. 随葬品

共1件，出自人头骨东侧。

铜带钩　1件，编号M521：1，钩体截面呈半圆形，内略弧，本部圆尾，圆纽偏后近本部，钩残，长4.9、径1.5厘米（图四一六；彩版五三，6）。

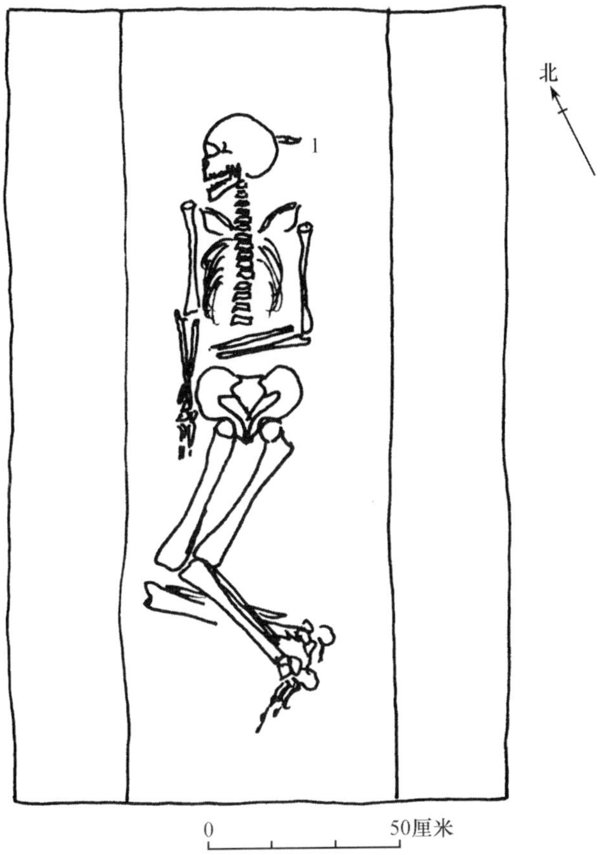

图四一五　M521平面图
1. 铜带钩

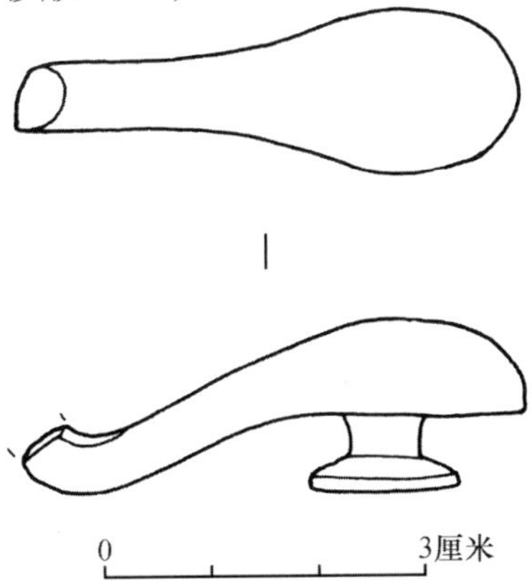

图四一六　M521出土铜带钩
（M521：1）

二一一、M523

1. 墓葬形制与结构

该墓位于墓地北西部，开口于第2层下，距地表100厘米，墓葬形制为竖穴土坑墓，方向5°（图四一七）。

墓室：长方形竖穴土坑，长270、宽120～190厘米。斜壁平底，四周有熟土二层台，宽30～45、高30厘米。墓底长250、宽170、墓口至墓底156厘米。填土为黄白花土。

葬具：有棺木朽痕，长190、宽70～75厘米。

葬式：人骨头向北，面向东，仰身屈肢，成年男性。

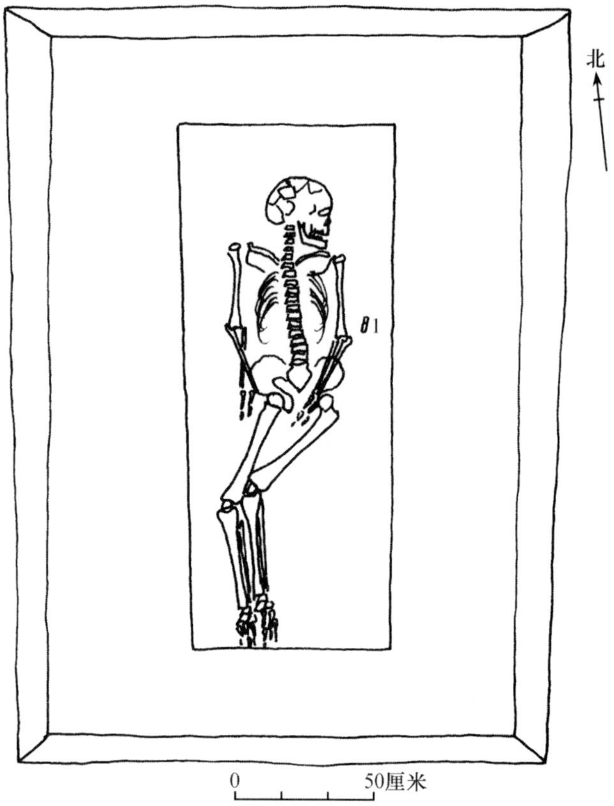

图四一七　M523平面图
1. 铁带钩

2. 随葬品

共1件，出自人骨左肘处。

铁带钩　1件，编号M523：1，钩体呈耜形，本部半圆形，中心凸出一竖脊，错金银花纹，圆纽偏后，首尾均残，长5.0、宽3.5厘米（图四一八）。

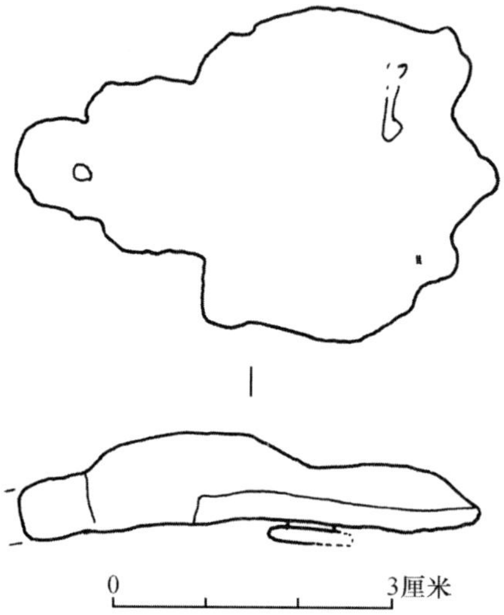

图四一八　M523出土铁带钩
（M523：1）

二一二、M526

1. 墓葬形制与结构

该墓位于墓地北中部，开口于第2层下，距地表120厘米，墓葬形制为竖穴土坑墓，方向10°（图四一九；彩版一六，4）。

墓室：长方形竖穴土坑，长250、宽130厘米。直壁平底，四周有熟土二层台，宽30、高20厘米。墓底长190、宽70、墓口至墓底95厘米。填土为黄白花土。

葬具：有棺木朽痕，长190、宽70厘米。

葬式：人骨头向北，面向东，仰身屈肢，成年男性。

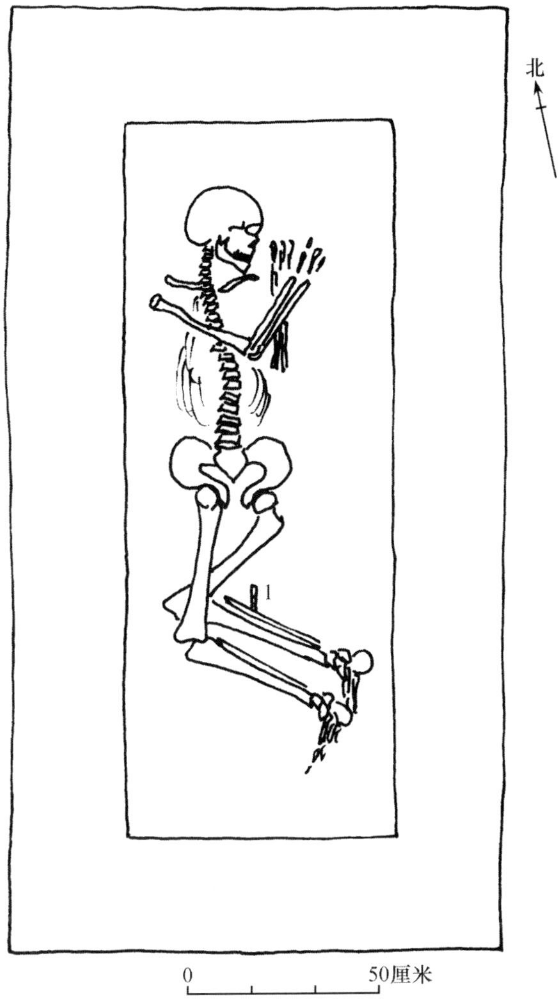

图四一九 M526平面图
1. 铜带钩

2. 随葬品

共1件，出自人骨左胫骨外。

铜带钩 1件，编号M526：1，钩体厚重，呈琵琶形，弧度大，圆纽，钩残，正面雕米字纹加乳钉圈点纹，组成四组图纹，嵌绿松石（多已脱落），错银。长21.2、宽2.8厘米（图四二〇；彩版八二，3）。

二一三、M528

1. 墓葬形制与结构

该墓位于墓地北中部，开口于第2层下，距地表120厘米，墓葬形制为竖穴土坑墓，方向10°（图四二一）。

墓室：长方形竖穴土坑，长200、宽100厘米。直壁平底，两侧有生土二层台，宽22、高30厘米。墓底

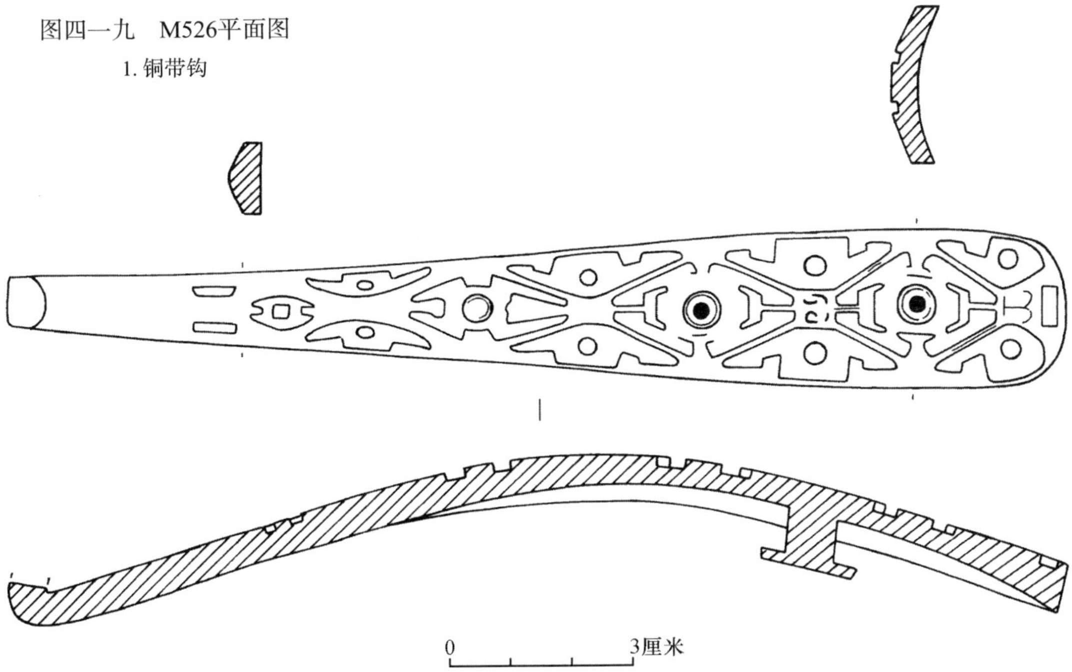

图四二〇 M526出土铜带钩
（M526：1）

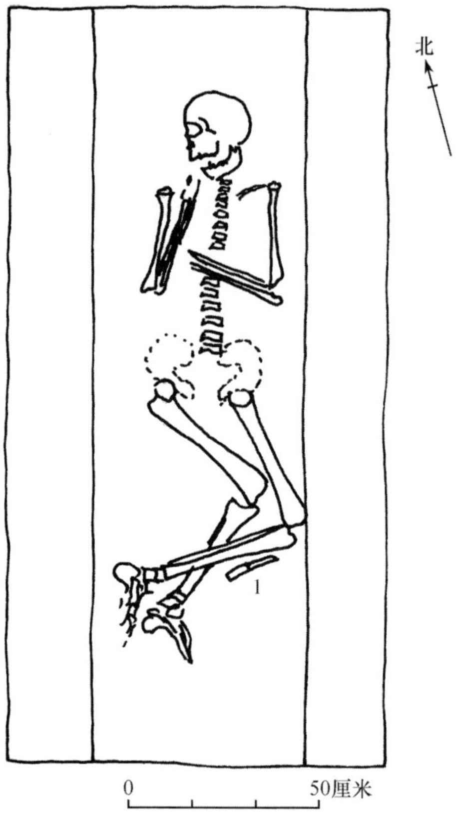

图四二一　M528平面图
1. 铁带钩

长200、宽56、墓口至墓底90厘米。填土为黄白花土。

葬具：不清。

葬式：人骨头向北，面向西，仰身屈肢，成年女性。

2. 随葬品

共1件，出自人骨左胫骨外。

铁带钩　1件，编号M528：1，钩体长方形扁平，弧度稍大，接方柱形颈，似铲形，圆纽位于中部，鸭首状钩。长19.5、宽2.0厘米（图四二二）。

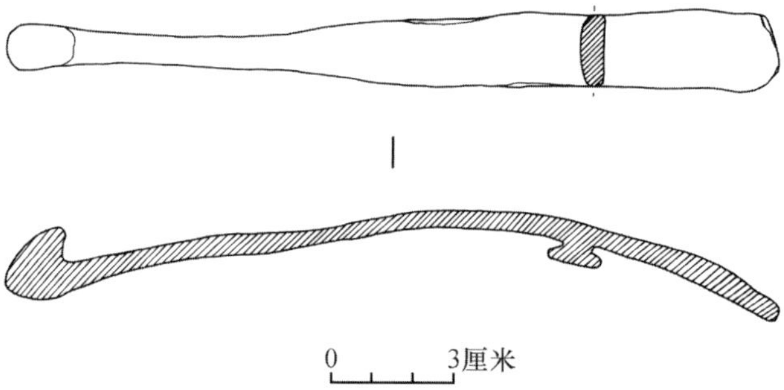

图四二二　M528出土铁带钩
（M528：1）

二一四、M530

1. 墓葬形制与结构

该墓位于墓地北中部，T0409西部，开口于第2层下，距地表110厘米，墓葬形制为竖穴土坑墓，方向5°（图四二三）。

墓室：长方形竖穴土坑，长310、宽210～230厘米。斜壁平底，四周有熟土二层台，宽30～55、高20厘米。墓底长260、宽150～160、墓口至墓底260厘米。填土为黄白花土。

葬具：有棺痕，长190、宽65～70厘米。

葬式：人骨头向北，面向西，仰身直肢，成年男性。

2. 随葬品

共2件，出自人骨左肱骨外。

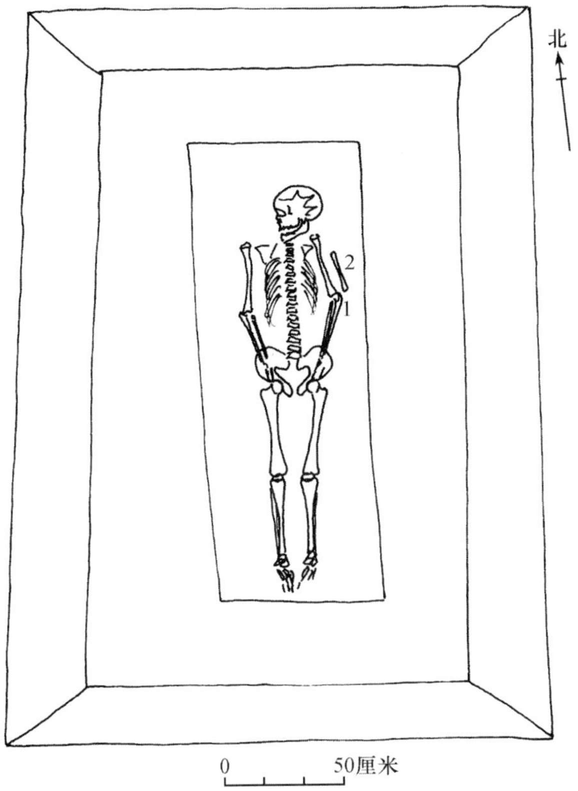

图四二三　M530平面图
1. 水晶环　2. 铁带钩

水晶环　1件，编号M530：1，环体上下平（截面六边形，外大三角形），残破。外径3.6、内径1.9厘米（图四二四，1；彩版一〇一，5）。

铁带钩　1件，编号M530：2，钩体呈琵琶形，内略凹，弧度大，本部圆尾，正面顺饰二道凸棱，圆纽偏中部，首尾残（正面浮雕花纹，因锈蚀，不甚清楚）。长19.2、宽2.0厘米（图四二四，2）。

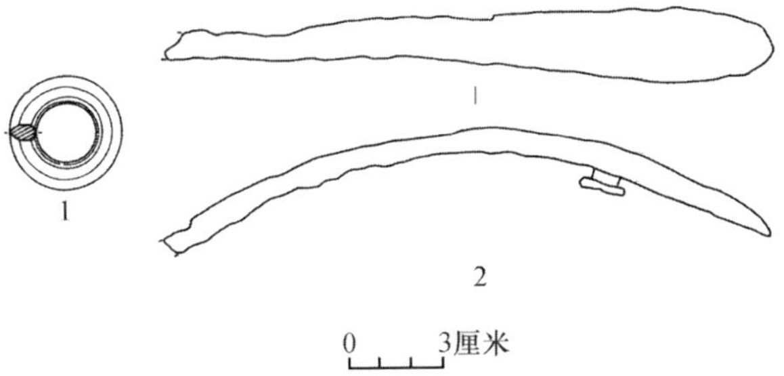

图四二四　M530出土器物
1. 水晶环（M530：1）　2. 铁带钩（M530：2）

二一五、M531

1. 墓葬形制与结构

该墓位于墓地北中部，开口于第2层下，距地表100厘米，墓葬形制为竖穴土坑墓，方向5°（图四二五）。

墓室：长方形竖穴土坑，长220、宽120厘米。直壁平底，两侧有生土二层台，宽20～24、高50厘米。墓底长220、宽76、墓口至墓底110厘米。填土为黄白花土。

葬具：棺椁不清。

葬式：人骨头向北，面向西，仰身屈肢，成年男性。

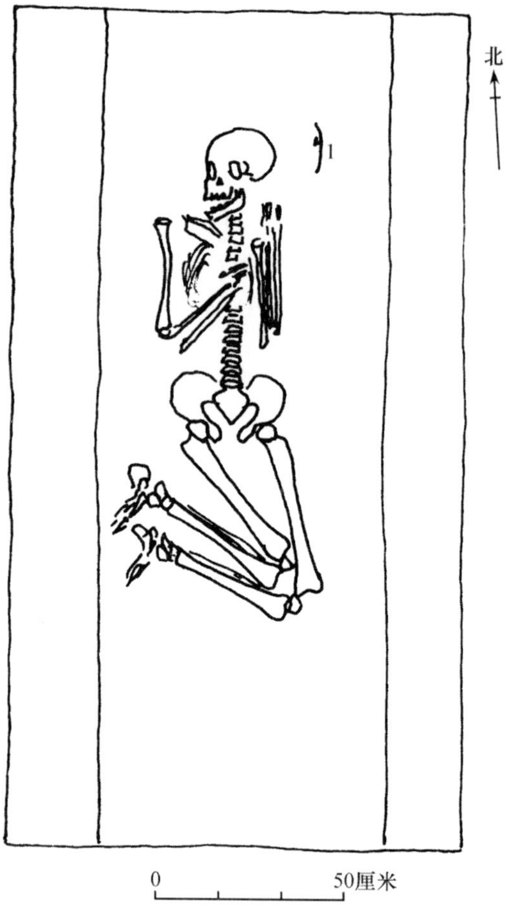

图四二五　M531平面图

1. 铜带钩

2. 随葬品

共1件，出自人头骨东部。

铜带钩　1件，编号M531：1，钩体截面呈半圆形，内略弧，本部圆尾，圆纽偏中部，后部残错银。长8.9、径1.2厘米（图四二六；彩版八二，6）。

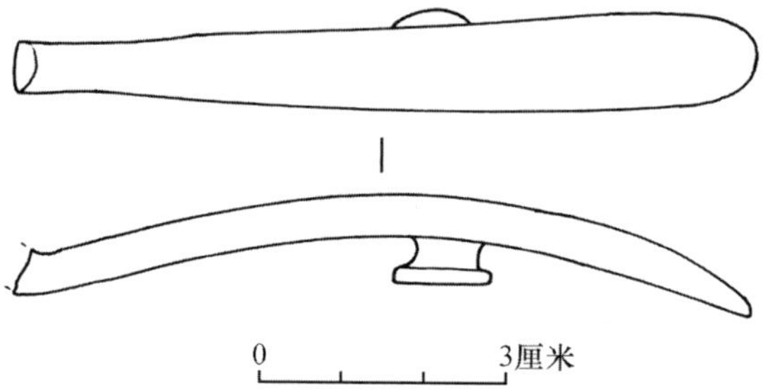

图四二六　M531出土铜带钩

（M531：1）

二一六、M534

1. 墓葬形制与结构

该墓位于墓地南部，开口于第2层下，距地表90厘米，墓葬形制为竖穴土坑墓，方向15°（图四二七）。

墓室：长方形竖穴土坑，长270、宽200厘米。斜壁平底，四周有熟土二层台，宽30、高53厘米。墓底长250、宽140、墓口至墓底243厘米。填土为黄白花土。

葬具：有棺痕，长220、宽70厘米。

葬式：人骨头向北，面向上，仰身屈肢，成年男性。

2. 随葬品

共3件，铜带钩出自股骨间膝盖处，铜环出自右胫骨外。

铜带钩　2件。编号M534：1，钩体呈琵琶形，瘦长，弧度较大，正面饰一宽凸棱，圆纽，鸭首状钩，长8.8、径0.8厘米（图四二八，1；彩版八三，1）。编号M534：2，钩体近圆柱形，弧度小，本部齐尾，圆纽，钩残。长8.8、径0.8厘米（图四二八，2；彩版六五，1）。

铜环　1件，编号M534：3，圆柱状环，径2.3厘米（图四二八，3；彩版九八，5）。

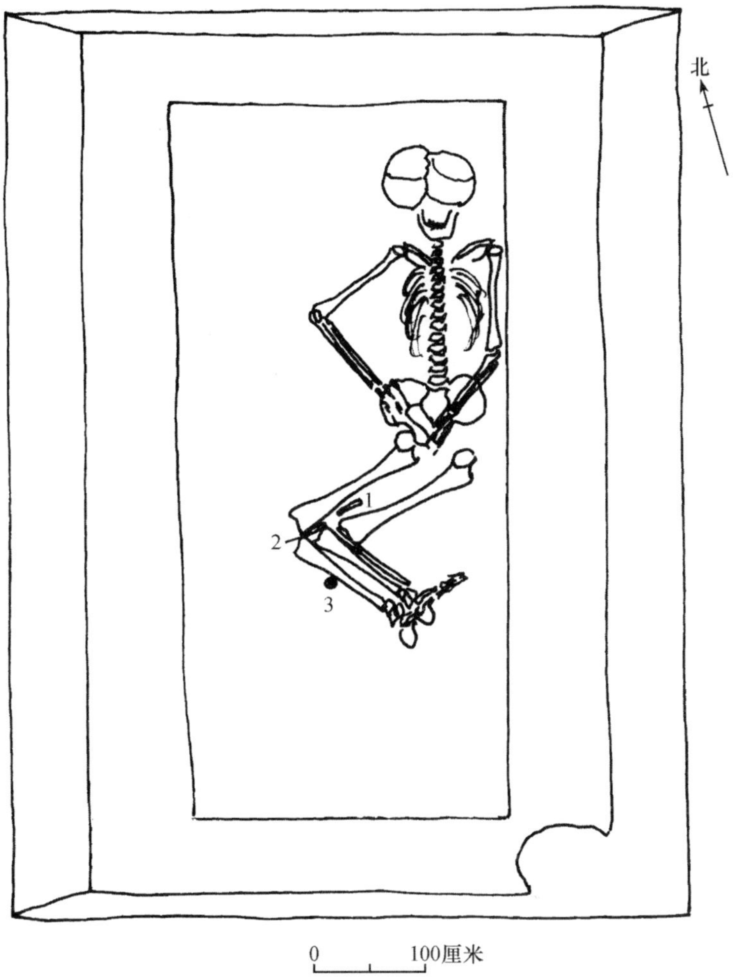

图四二七　M534平面图
1、2. 铜带钩　3. 铜环

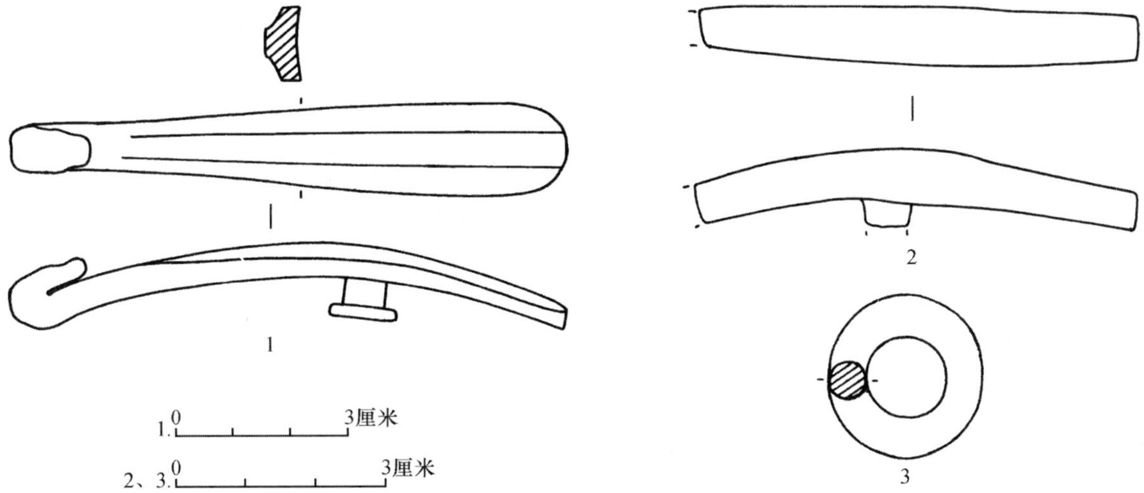

图四二八　M534出土铜器
1、2. 铜带钩（M534：1、M534：2）　3. 铜环（M534：3）

二一七、M539

1. 墓葬形制与结构

该墓位于墓地西南，T0405西南角，开口于第2层下，距地表50厘米，墓葬形制为竖穴土坑墓，方向5°（图四二九）。

墓室：长方形竖穴土坑，长244、宽145、墓口至墓底150厘米。直壁平底，四周有生土二层台，宽30～35、高50厘米。墓底长185、宽80、墓口至墓底150厘米。

葬具：不甚清楚。

葬式：人骨架头向北，面向西，仰身直肢，成年男性。

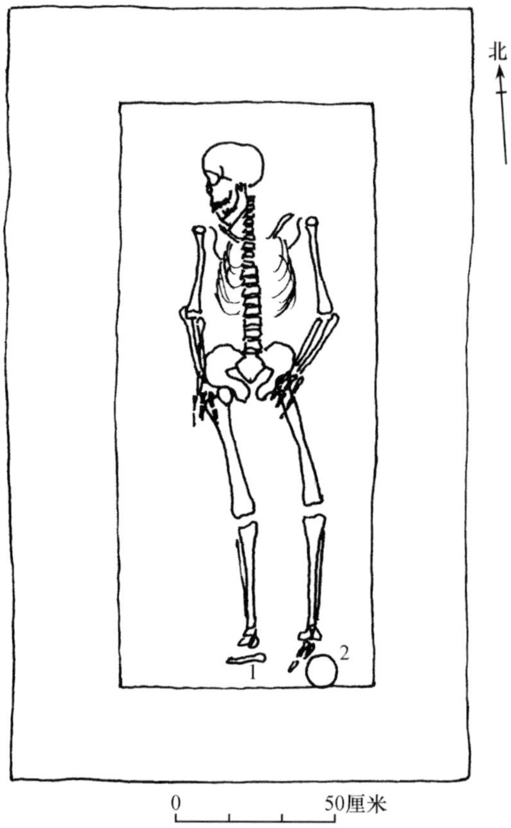

图四二九　M539平面图

1. 铜带钩　2. 铜镜

2. 随葬品

共2件，出自墓底人骨两脚下。

铜带钩　1件，编号M539：1，钩体扁平，长条

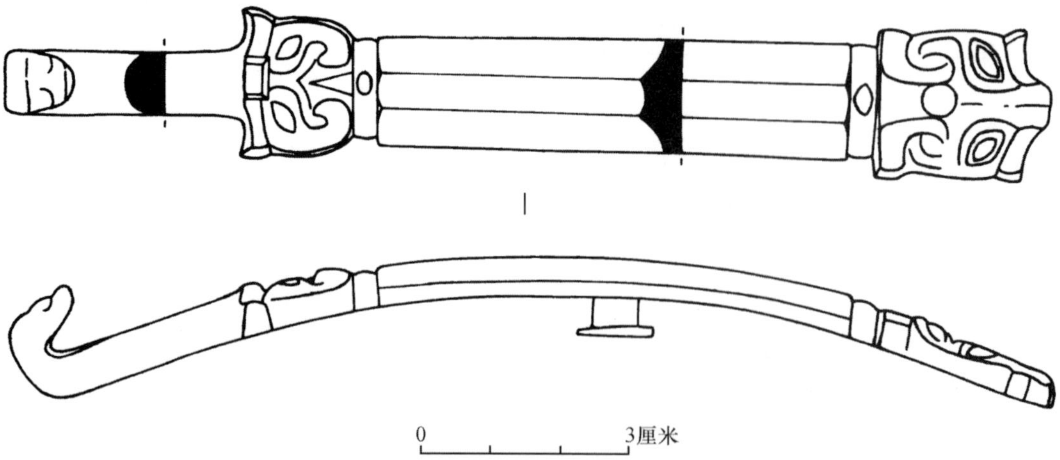

图四三〇　M539出土铜带钩

（M539：1）

状，中间顺饰三道凹槽，错金银花纹，两端浮雕兽面纹，圆纽偏中间，鸭首状钩。长15.2、宽1.8厘米，兽面宽2.0厘米（图四三〇；彩版八八，5）。

铜镜　1件，编号M539：2，素面，体薄，小桥形纽。径7.5、厚0.1厘米（彩版九二，6）。

二一八、M542

1. 墓葬形制与结构

该墓位于墓地中南部，T0502中部，开口于第2层下，距地表95厘米，墓葬形制为竖穴土坑墓，方向7°（图四三一）。

墓室：长方形竖穴土坑，长230、宽65厘米。直壁平底，墓口至墓底70厘米。填土为黄白花土。

葬具：不清。

葬式：人骨头向北，面向东，侧身屈肢，成年男性。

2. 随葬品

共2件，铜带钩出自人头骨东侧，铜环出自人骨脚部。

铜带钩　1件，编号M542：1，钩体近圆柱形，弧度小，本部齐尾，圆纽，鸭首状钩。长10.5、径1.1厘米（图四三二，1；彩版六五，2）。

铜环　1件，编号M542：2，圆柱状环。径2.5厘米（图四三二，2；彩版九八，6）。

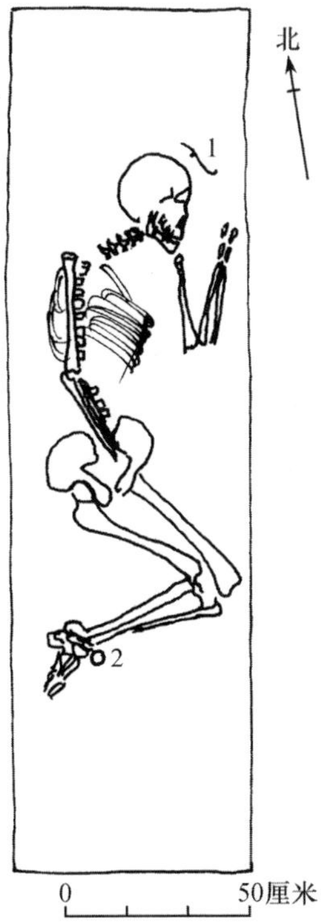

图四三一　M542平面图
1. 铜带钩　2. 铜环

二一九、M543

1. 墓葬形制与结构

该墓位于墓地中南部，T0502中部，开口于第2层下，距地表95厘米，墓葬形制为竖穴土坑墓，方向15°（图四三三）。

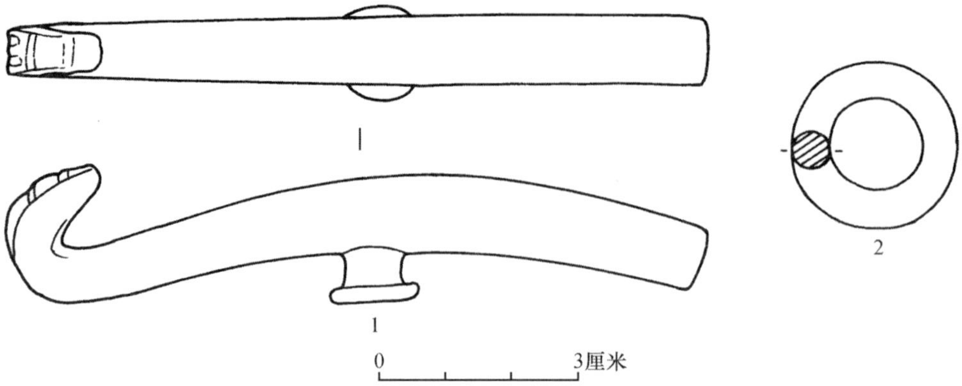

图四三二　M542出土铜器

1. 铜带钩（M542：1）　2. 铜环（M542：2）

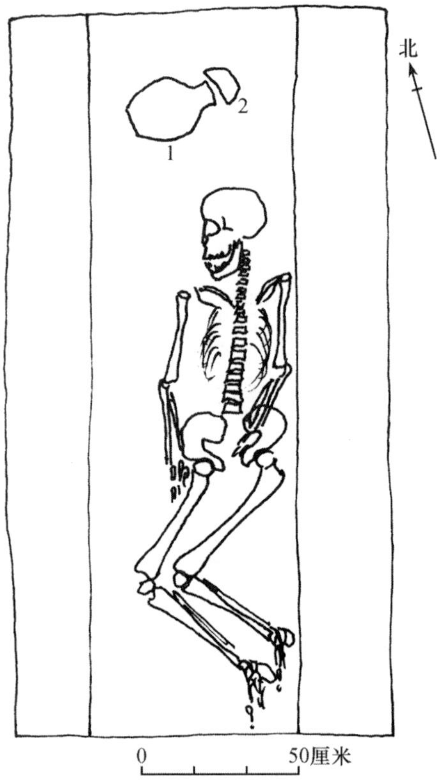

图四三三　M543平面图

1. 陶罐　2. 陶碗

墓室：长方形竖穴土坑，长230、宽120厘米。直壁平底，两侧有生土二层台，宽25～30、高50厘米。墓底长230、宽65、墓口至墓底100厘米。填土为黄白花土。

葬具：不清。

葬式：人骨头向北，面向西，仰身屈肢，成年男性。

2. 随葬品

共2件，出自墓底北部。

陶罐　1件，编号M543：1，泥质灰陶，侈口，叠唇，直领，球腹，圜底稍内凹，上腹饰竖细绳纹，横宽划纹，下腹拍印粗绳纹。高24.7、口径11.3、腹径23.2、领高6.0厘米（图四三四，1；彩版四四，4）。

陶碗　1件，编号M543：2，泥质灰陶，敛口，钵形，璧形底稍内凹，内圜底。口径12.6～13.6、深5.0、底径5.5、高0.4厘米（图四三四，2；彩版四九，1）。

二二〇、M546

1. 墓葬形制与结构

该墓位于墓地南部，T0502东部，开口于第2层下，距地表95厘米，墓葬形制为竖穴土坑

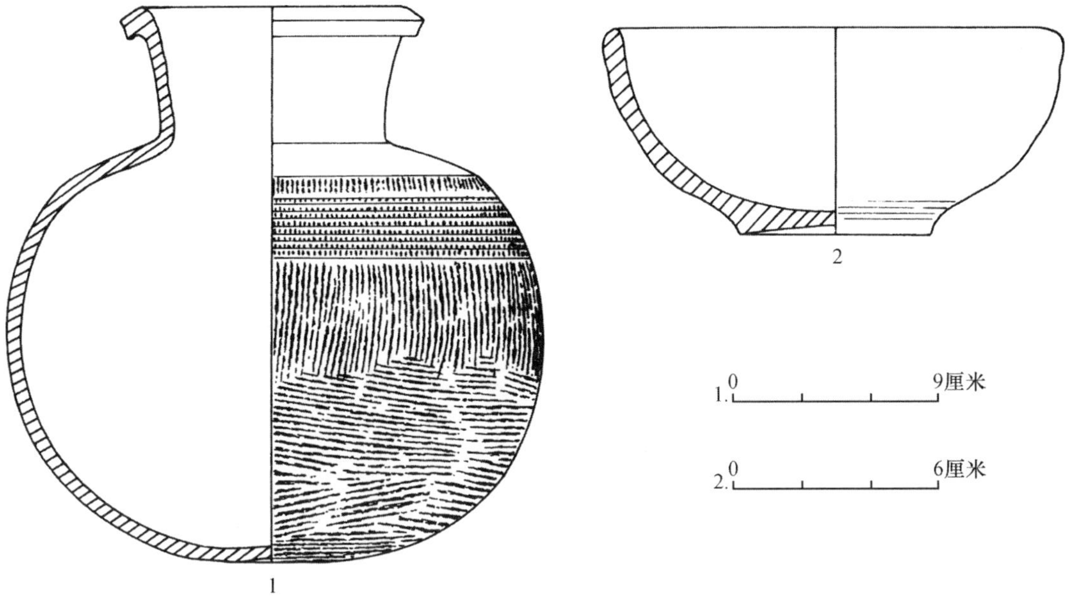

图四三四　M543出土陶器

1. 陶罐（M543：1）　2. 陶碗（M543：2）

墓，方向10°（图四三五）。

墓室：长方形竖穴土坑，长175、宽60厘米。直壁平底，墓底有两道横凹槽，宽10～14、深6、墓口至墓底60厘米。填土为黄白花土。

葬具：有棺木朽痕，但不清楚。

葬式：人骨头向北，面向东，仰身屈肢，成年男性。

2. 随葬品

共1件，出自人骨右肱骨下。

铁带钩　1件，编号M546：1，钩体扁平，内略弧，呈琵琶形，圆尾，圆纽，鸭首状钩稍残，正面有浮雕乳钉痕。长12.8、宽3.0厘米（图四三六）。

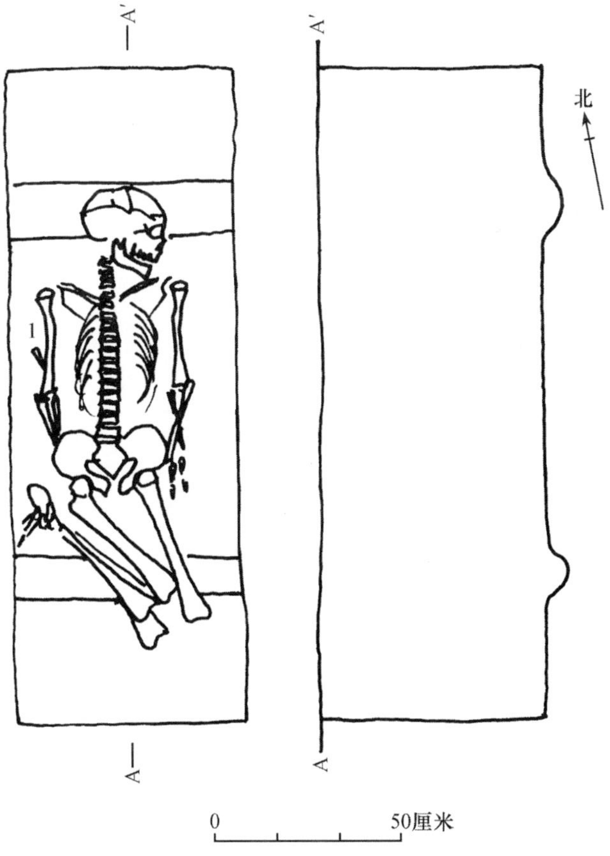

图四三五　M546平、剖面图

1. 铁带钩

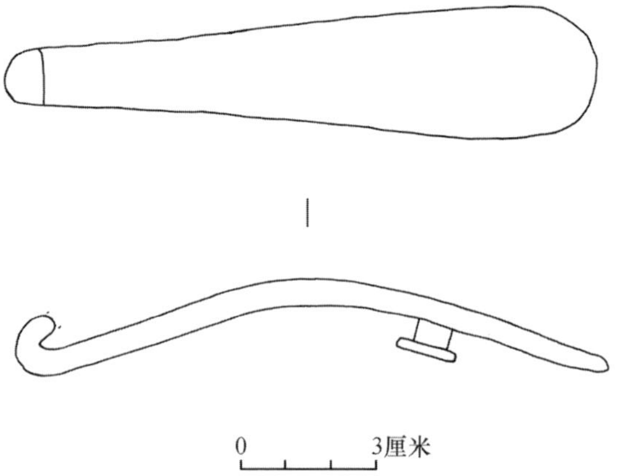

图四三六　M546出土铁带钩
（M546：1）

二二一、M550

1. 墓葬形制与结构

该墓位于墓地南中部，T0504东北角，开口于第2层下，距地表50厘米，墓葬形制为竖穴土坑墓，方向15°（图四三七）。

墓室：长方形竖穴土坑，长225、宽125厘米。斜壁平底，两侧有生土二层台，宽15、高65厘米。墓底长190、宽65、墓口至墓底195厘米。填土为黄白花土。

葬具：有棺木朽痕，长190、宽65厘米。

葬式：人骨头向北，面向西，仰身屈肢，成年男性。

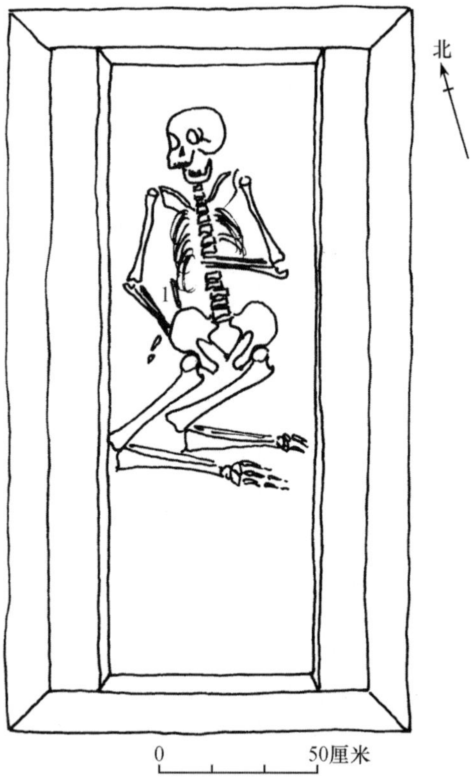

图四三七　M550平面图
1. 铜带钩

2. 随葬品

共1件，出自人骨右侧腰部。

铜带钩　1件，编号M550：1，钩体截面呈半圆形，内略弧，圆纽偏中部，本部圆尾，鸭首状钩残，错金。长8.0、径1.0厘米（图四三八；彩版六七，2）。

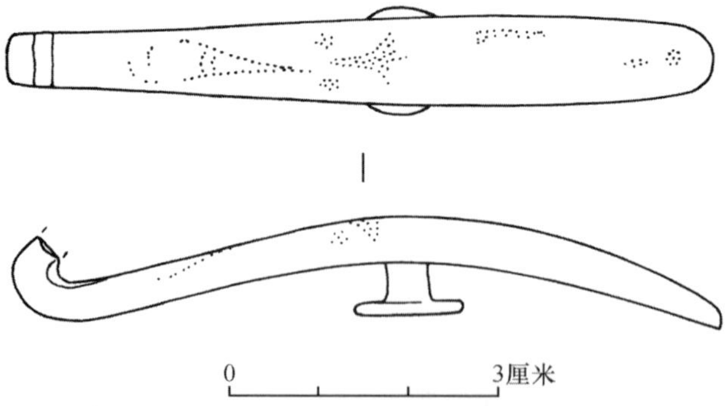

图四三八　M550出土铜带钩
（M550：1）

二二二、M557

1. 墓葬形制与结构

该墓位于墓地南中部，T0501东部，开口于第2层下，距地表90厘米，墓葬形制为竖穴土坑墓，方向10°（图四三九；彩版一七，1）。

墓室长方形竖穴土坑，长190、宽80厘米。直壁平底，两侧有生土二层台，宽10～20、高50厘米。墓底长160、宽50、墓口至墓底100厘米。填土为黄白花土。

葬具：不清。

葬式：人骨头向北，面向东，仰身屈肢，成年女性。

2. 随葬品

共1件，出自人骨右肩处。

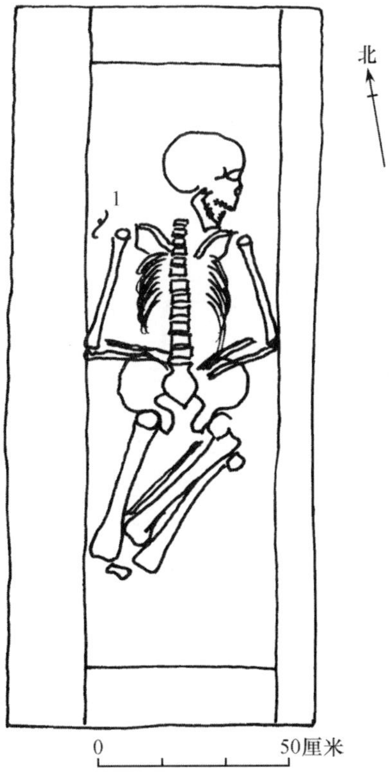

图四三九 M557平面图
1. 铜带钩

铜带钩 1件，编号M557：1，钩体蝎子背钩状，圆纽，本部圆尾微翘，钩残。长3.8、宽1.4厘米（图四四〇；彩版八七，4）。

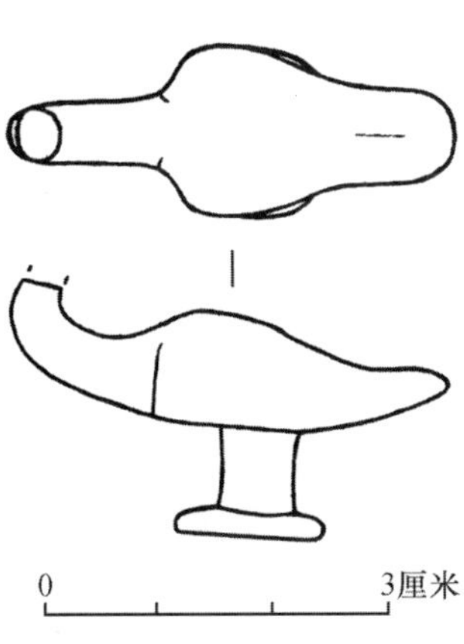

图四四〇 M557出土铜带钩
（M557：1）

二二三、M558

1. 墓葬形制与结构

该墓位于墓地中部，T0505北部，开口于第2层下，距地表70厘米，墓葬形制为竖穴土坑墓，方向355°，南部被M277打破（图四四一；彩版一七，2）。

墓室：长方形竖穴土坑，长150、宽80厘米。直壁平底，两侧有生土二层台，宽10～20、高40厘米。墓底长150、宽50、墓口至墓底85厘米。填土为黄白花土。

葬具：不清。

葬式：人骨头向北，面向西，仰身直肢，成年女性。

2. 随葬品

共1件，出自人头骨西北侧。

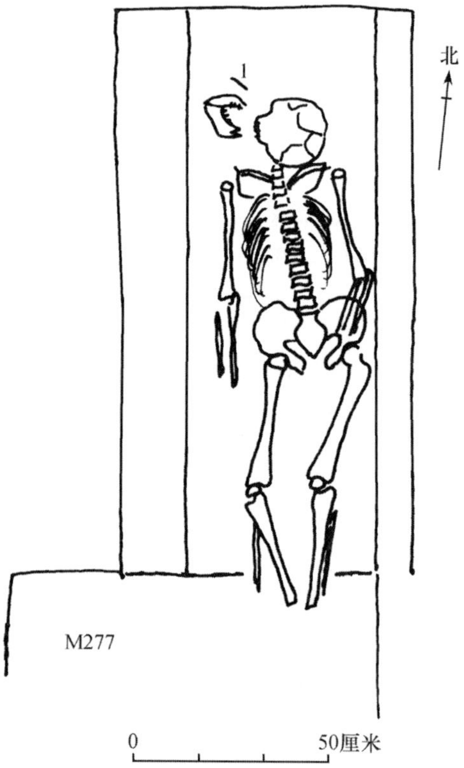

图四四一　M558平面图

1. 铜带钩

铜带钩　1件，编号M558：1，钩体半圆柱竹节状，弧度小，本部齐尾，燕尾状，圆纽，纽前饰二道横凸棱间一宽凹槽，向后顺饰一凹槽，钩残。长5.1、宽0.9厘米（图四四二；彩版八九，1）。

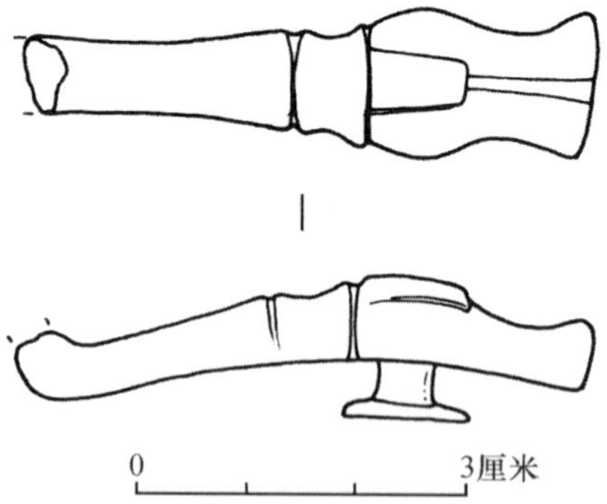

图四四二　M558出土铜带钩

（M558：1）

二二四、M561

1. 墓葬形制与结构

该墓位于墓地西南，T0304东部，开口于第2层下，距地表40厘米，墓葬形制为竖穴土坑墓，方向10°（图四四三）。

墓室：长方形竖穴土坑，长175、宽80厘米。直壁平底，两侧有生土二层台，宽10、高10厘米。墓底长175、宽60、墓口至墓底74厘米。填土为黄白花土。

葬具：不清。

葬式：人骨头向北，面向西，仰身屈肢，成年男性。

2. 随葬品

共1件，出自人骨左脚处。

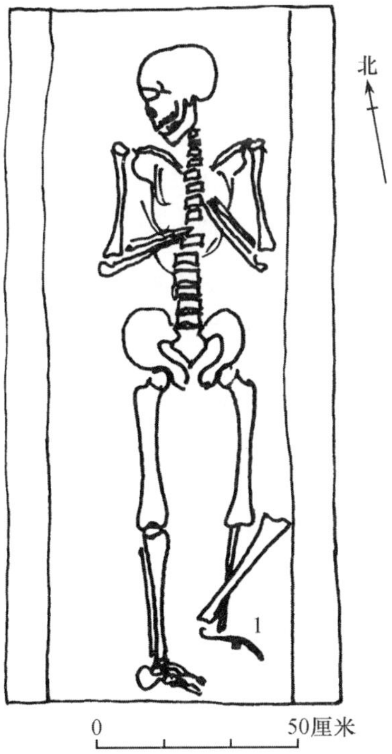

图四四三　M561平面图
1. 铁带钩

铁带钩　1件，编号M561：1，钩体半圆柱形，瘦长，弧度较大，本部圆尾，圆纽，钩残。残长15.7、径1.2厘米（图四四四）。

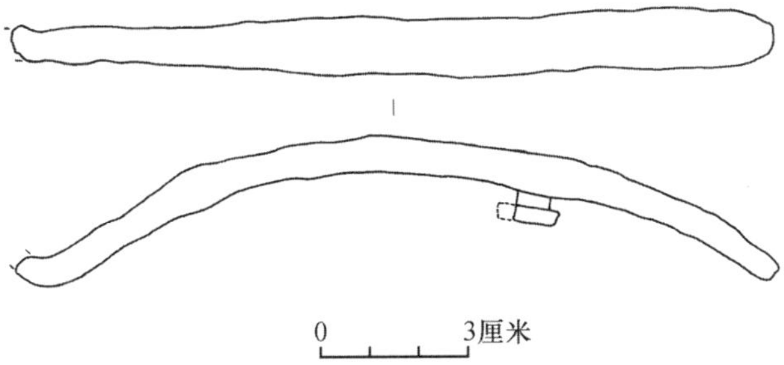

图四四四　M561出土铁带钩
（M561：1）

二二五、M562

1. 墓葬形制与结构

该墓位于墓地南部，开口于第2层下，距地表50厘米，墓葬形制为竖穴土坑墓，方向113°（图四四五）。

墓室：长方形竖穴土坑，长260、宽165厘米。斜壁平底，四周有熟土二层台，宽10、高50厘米。墓底长240、宽125、墓口至墓底230厘米。填土为黄白花土。

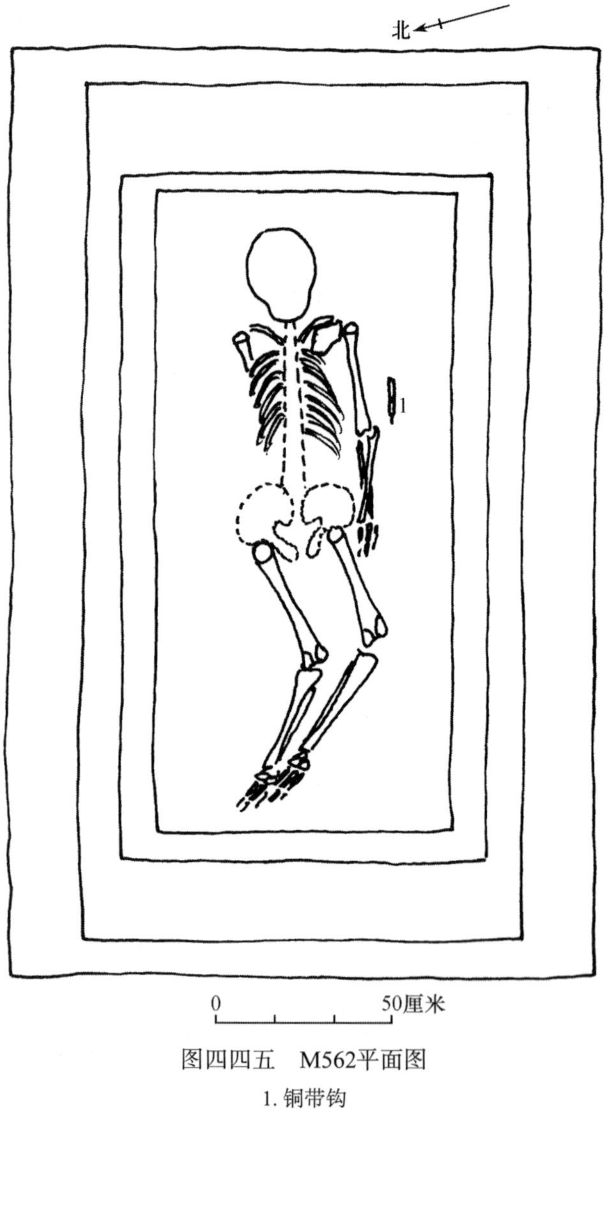

图四四五　M562平面图

1. 铜带钩

葬具：有棺木朽痕，长180、宽56厘米。

葬式：人骨头向东，俯身直肢，成年男性。

2. 随葬品

共1件，出自人骨左肱骨外。

铜带钩　1件，编号M562：1，钩体扁平，长条状，中间顺饰三道凹槽，两端浮雕兽面花纹，圆纽偏中间，钩残，钩体较薄，中间断。长13.6、宽1.6厘米，兽面宽2.0厘米（图四四六；彩版八八，6）。

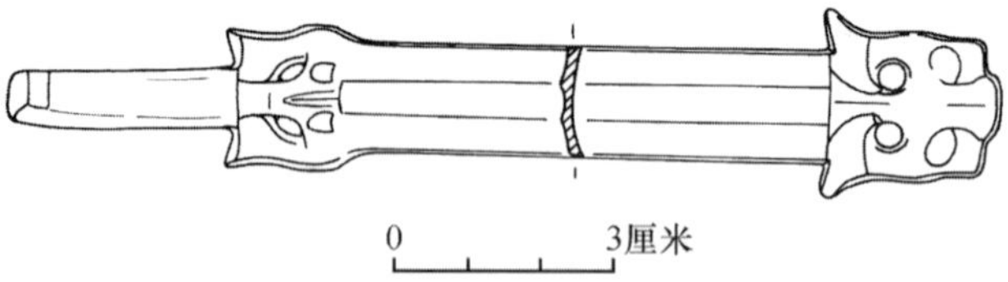

图四四六　M562出土铜带钩

（M562：1）

二二六、M568

1. 墓葬形制与结构

该墓位于墓地中部，T0501东北部，开口于第2层下，距地表80厘米，墓葬形制为竖穴土坑墓，方向5°（图四四七）。

墓室：长方形竖穴土坑，长190、宽60厘米。直壁平底，墓口至墓底50厘米。填土为黄白花土。

葬具：不清。

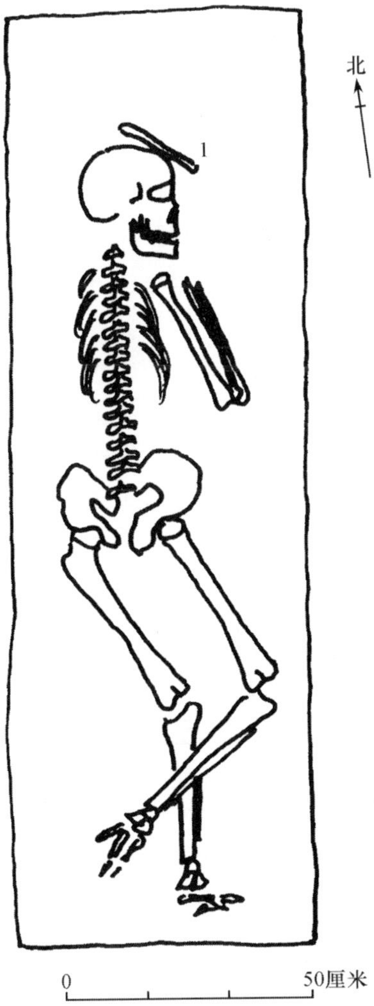

图四四七　M568平面图

1. 铁带钩

葬式：人骨头向北，面向东，俯身屈肢，成年男性。

2. 随葬品

共1件，出自人头顶部。

铁带钩　1件，编号M568：1，钩体近圆柱形，弧度大，本部齐尾，圆纽近中部，钩残。长17.6、径1.2厘米（图四四八）。

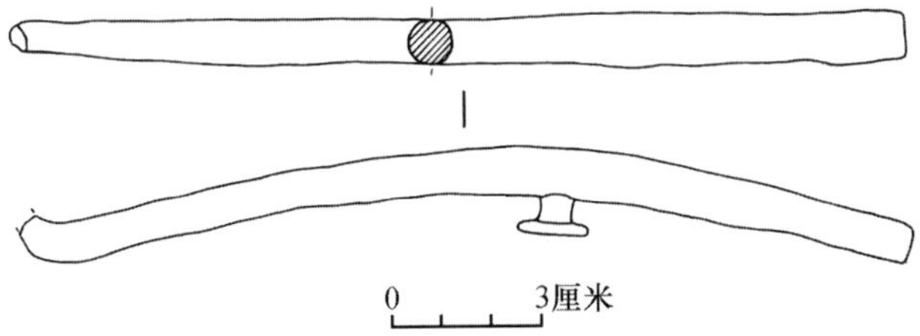

图四四八　M568出土铁带钩

（M568：1）

二二七、M570

1. 墓葬形制与结构

该墓位于墓地北中部，T0710南部，开口于第2层下，距地表40厘米，墓葬形制为竖穴土坑墓，方向5°（图四四九）。

墓室：长方形竖穴土坑，长210、宽64厘米。直壁平底，墓口至墓底60厘米。填土为黄白花土。

葬具：不清。

葬式：人骨头向北，面向东，仰身屈肢，成年男性。

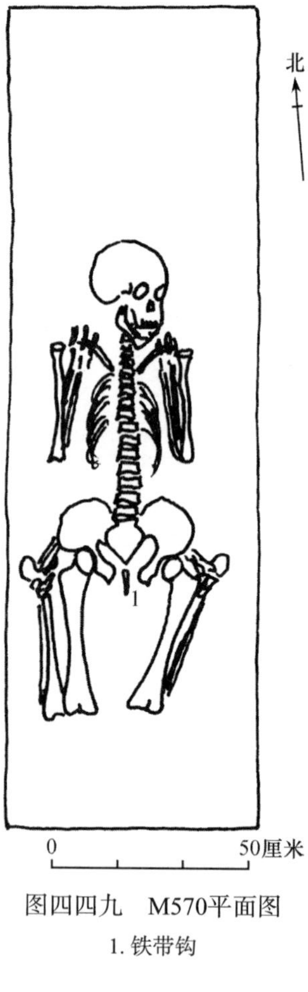

图四四九　M570平面图

1. 铁带钩

2. 随葬品

共1件，出自人骨骶骨处。

铁带钩　1件，编号M570：1，钩体近圆柱形，弧度小，本部齐尾，圆纽近中部，首尾残。长4.0、径1.0厘米（图四五〇）。

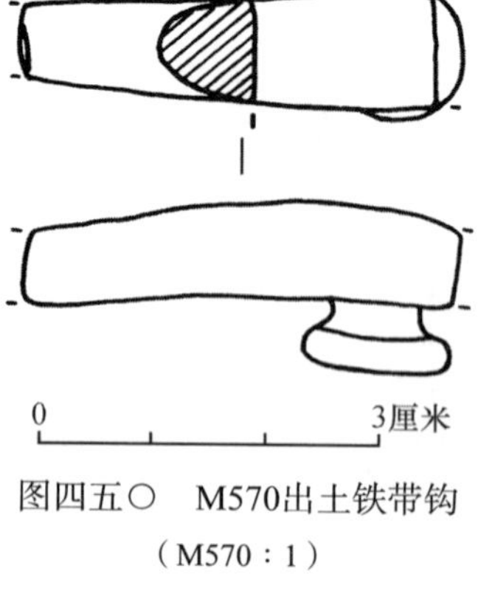

图四五〇　M570出土铁带钩

（M570：1）

二二八、M571

1. 墓葬形制与结构

该墓位于墓地中东部，T0806西南角，开口于第2层下，距地表40厘米，墓葬形制为竖穴土坑墓，方向10°（图四五一；彩版一七，3）。

墓室：长方形竖穴土坑，长210、宽110厘米。斜壁平底，四周有生土二层台，宽10～22、高60厘米。墓底长190、宽64、墓口至墓底140厘米。填土为黄白花土。

葬具：不清。

葬式：人骨头向北，面向上，仰身直肢，成年女性。

2. 随葬品

共5件，出自人骨右胫骨外。

铜布币　5枚，编号M517：1，叠放在一起，平首，折肩，平足，正面铸“公”字。高4.8、宽2.9厘米（图四五二；彩版九一）。

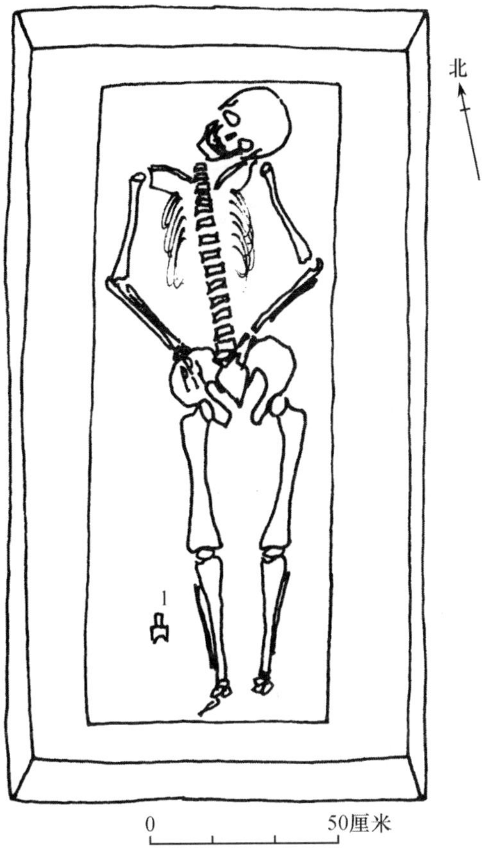

图四五一　M571平面图

1. 布币

二二九、M572

1. 墓葬形制与结构

该墓位于墓地中东部，T0907西部，开口于第2层下，距地表45厘米，墓葬形制为竖穴土坑墓，方向195°（图四五三；彩版一七，4）。

墓室：长方形竖穴土坑，长210、宽110厘米。直壁平底，两侧有生土二层台，宽16～24、高55厘米。墓底长200、宽64、墓口至墓底110厘米。填土为黄白花土。

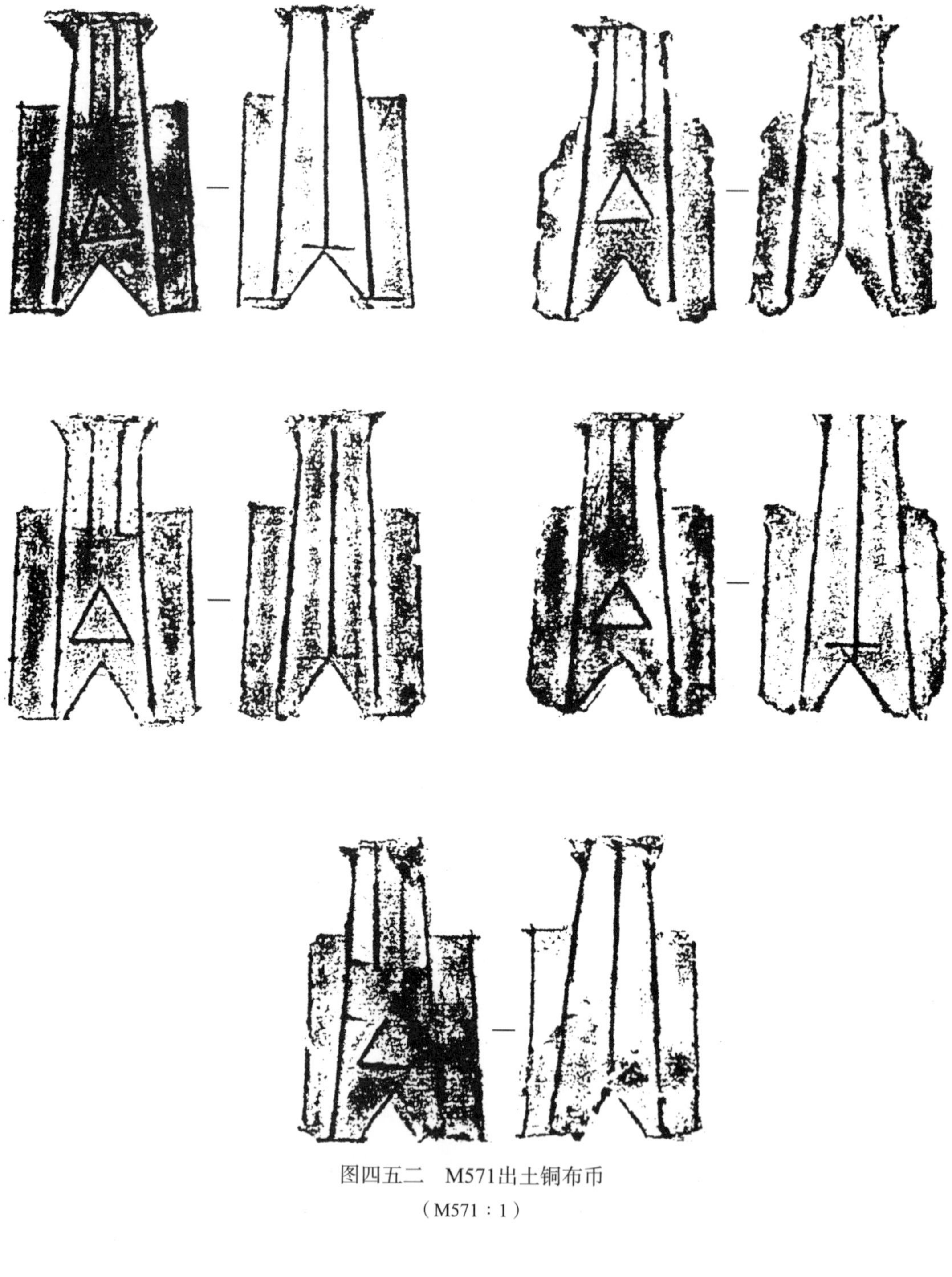

图四五二　M571出土铜布币
（M571：1）

葬具：不清。

葬式：人骨头向南，面向西，仰身屈肢，成年男性。

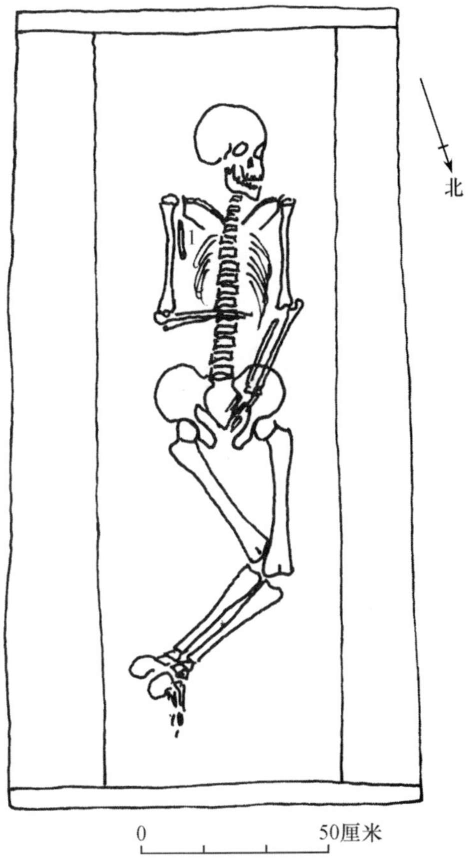

图四五三　M572平面图

1. 铜带钩

2. 随葬品

共1件，出自人骨右肱骨内侧。

铜带钩　1件，编号M572∶1，钩体呈琵琶形，厚重，内略弧，圆纽，钩残，正面雕菱形加云雷纹间蟠螭纹，组成两组图纹，错金银，嵌绿松石。侧面雕云雷纹，错银。长11.4、宽1.9厘米（图四五四；彩版六八，1）。

二三〇、M575

1. 墓葬形制与结构

该墓位于墓地中东部，T0907东南部，开口于第2层下，距地表45厘米，墓葬形制为竖穴土坑墓，方向25°（图四五五）。

墓室：长方形竖穴土坑，残长170、宽60厘米。直壁平底，墓口至墓底65厘米。填土为黄白花土。

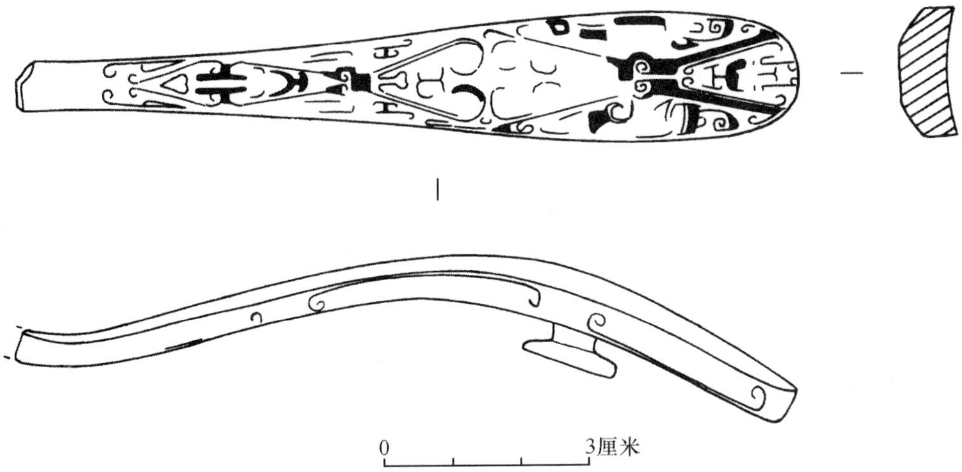

图四五四　M572出土铜带钩

（M572∶1）

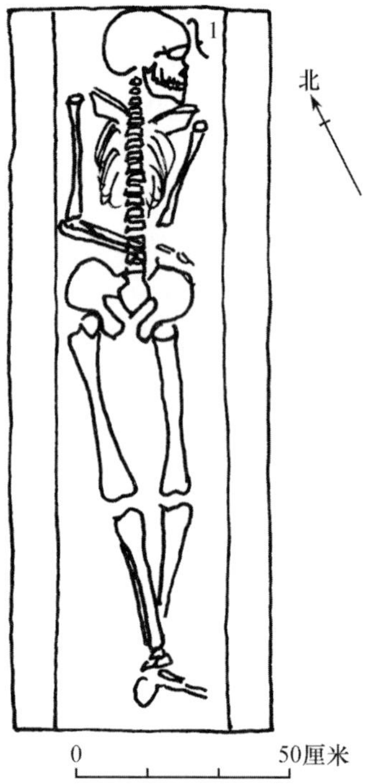

图四五五　M575平面图
1. 铜带钩

葬具：不清。

葬式：人骨头向北，面向东，仰身直肢，成年男性。

2. 随葬品

共1件，出自人头骨额前。

铜带钩　1件，编号M575：1，钩体截面呈半圆形，内略弧，圆纽偏中部，本部圆尾，鸭首状钩。长11.5、径0.8～1.0厘米（图四五六；彩版六五，3）。

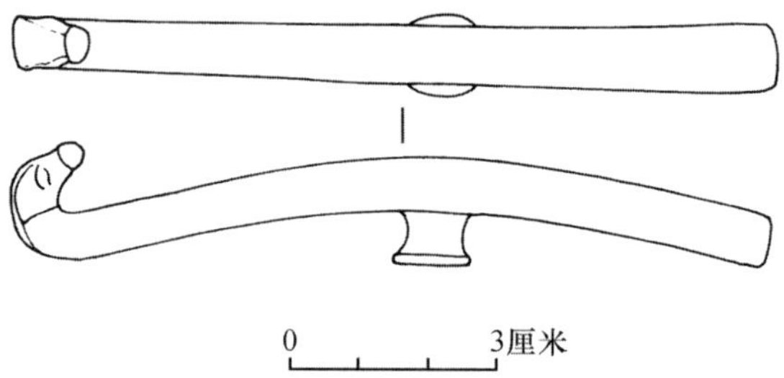

图四五六　M575出土铜带钩
（M575：1）

二三一、M577

1. 墓葬形制与结构

该墓位于墓地北端偏东，M170西侧，开口于第2层下，距地表70厘米，墓葬形制为竖穴土坑墓，方向15°（图四五七）。

墓室：长方形竖穴土坑，长190、宽68厘米。直壁平底，墓口至墓底45厘米。填土为黄白花土。

葬具：不清。

葬式：人骨头向北，面向西，侧身屈肢，成年男性。

2. 随葬品

共1件，出自人头骨西部。

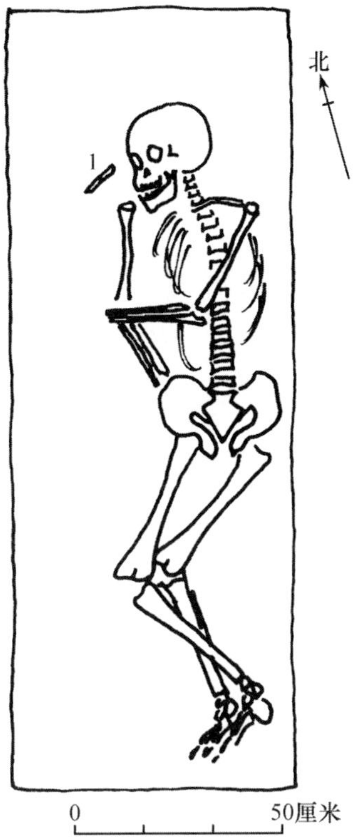

图四五七　M577平面图
1. 铜带钩

铜带钩　1件，编号M577：1，钩体截面呈半圆形，内略弧，圆纽偏后近本部，本部圆尾，钩残。长5.9、径1.4厘米（图四五八；彩版五四，1）。

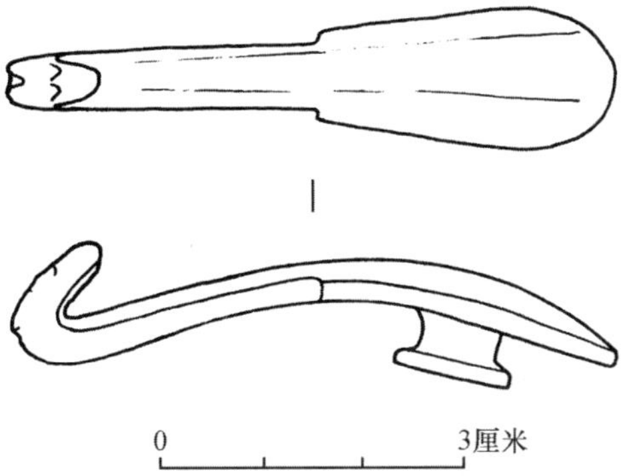

图四五八　M577出土铜带钩
（M577：1）

二三二、M578

1. 墓葬形制与结构

该墓位于墓地北端偏东部，M170西侧，开口于第2层下，距地表70厘米，墓葬形制为竖穴土坑墓，方向15°（图四五九；彩版一八，1）。

墓室：长方形竖穴土坑，长200、宽106厘米。直壁平底，两侧有生土二层台，宽10～20、高70厘米。墓底长200、宽60、墓口至墓底90厘米。填土为黄白花土。

葬具：不清。

葬式：人骨头向北，面向西，仰身屈肢，成年男性。

2. 随葬品

共2件，铁带钩出自南部右胫骨外，陶罐出自墓底东北部。

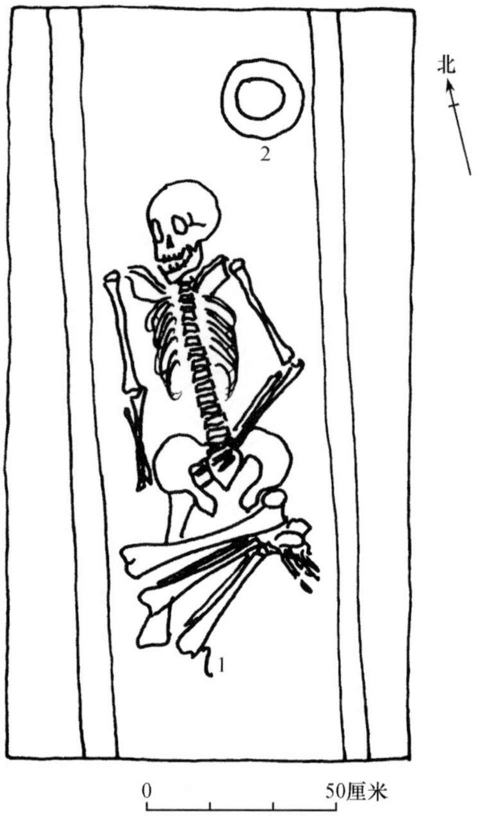

图四五九　M578平面图
1. 铁带钩　2. 陶罐

铁带钩　1件，编号M578：1，钩体截面呈三角形，内平外凸，内略弧，本部圆尾，圆纽偏后残，钩残。长6.9、宽1.3厘米（图四六〇，1）。

陶罐　1件，编号M578：2，泥质灰陶，敞口，平沿，直领，球服，圜底稍内凹，颈部一侧有双孔，对面残。高16.2、口径12.7、腹径21.7、领高1.5厘米（图四六〇，2；彩版四四，5）。

二三三、M579

1. 墓葬形制与结构

该墓位于墓地北端偏东部，M170西侧，开口于第2层下，距地表80厘米，墓葬形制为竖穴土坑墓，方向30°（图四六一）。

墓室：长方形竖穴土坑，长180、宽80厘米。直壁平底，两侧有生土二层台，宽10、高46厘米。墓底长180、宽60、墓口至墓底110厘米。填土为黄白花土。

葬具：不清。

葬式：人骨头向北，面向上，仰身屈肢，成年女性。

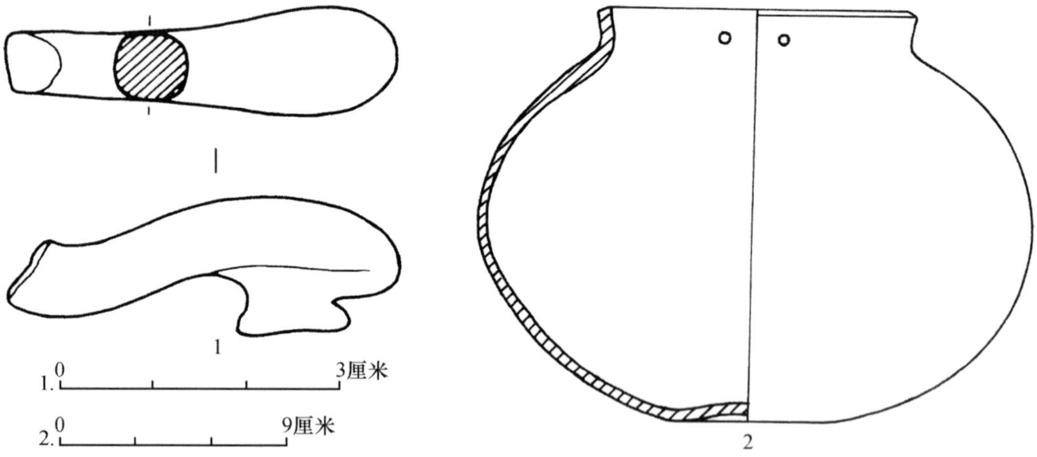

图四六〇　M578出土器物
1. 铁带钩（M578：1）　2. 陶罐（M578：2）

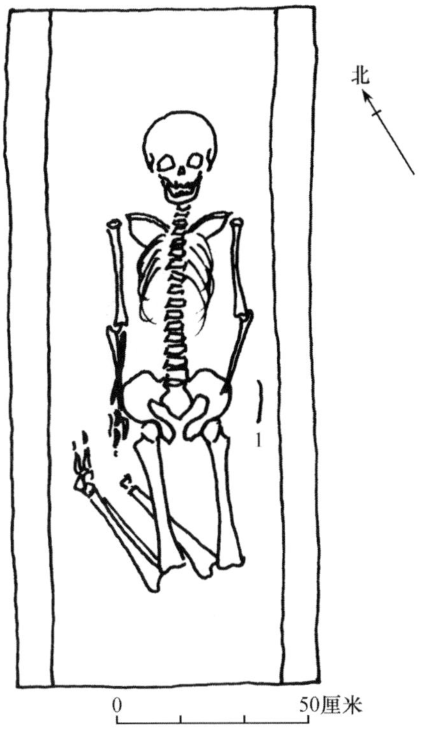

图四六一 M579平面图
1. 铁带钩

2. 随葬品

共1件，出自人骨左手外。

铁带钩 1件，编号M579：1，钩体呈半圆柱形，瘦长，弧度稍大，本部圆尾，圆纽，钩残，弯曲变形。长15.0、径1.3厘米（图四六二）。

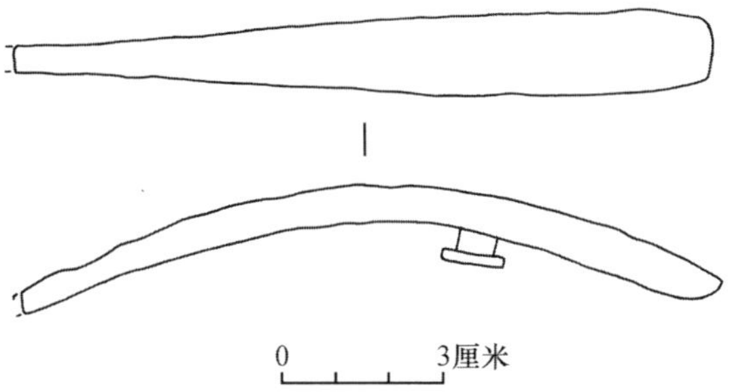

图四六二 M579出土铁带钩
（M579：1）

二三四、M581

1. 墓葬形制与结构

该墓位于墓地北中部，T0711西北部，开口于第2层下，距地表30厘米，墓葬形制为竖穴土坑墓，方向30°（图四六三；彩版一八，2）。

墓室：长方形竖穴土坑，长220、宽130厘米。直壁平底，两侧有生土二层台，宽21～26、高60厘米。墓底长220、宽60、墓口至墓底110厘米。墓底北端有龛，宽60、高30、进深10厘米。填土为黄白花土。

葬具：不甚清楚。

葬式：人骨头向北，面向西北，侧身屈肢，成年女性。

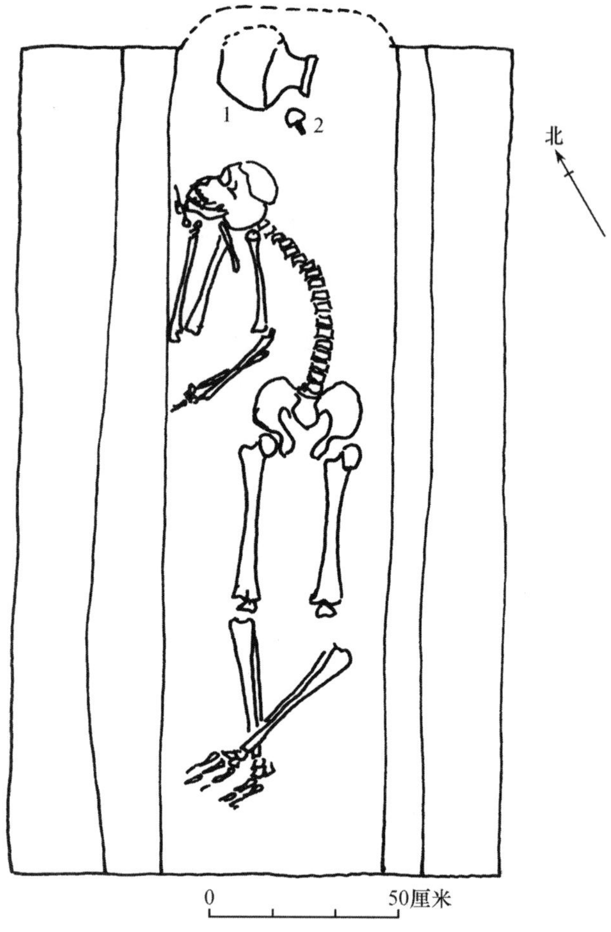

图四六三　M581平面图
1. 陶罐　2. 铜带钩

2. 随葬品

共2件，出自墓底北部。

陶罐　1件，编号M581：1，泥质灰陶，侈口，叠唇，直领，鼓腹，圜底，稍内凹，肩有折棱，下腹拍印粗绳纹。高24.5、口径10.0、腹径22.5、领高5.8厘米（图四六四，1；彩版四五，1）。

铜带钩　1件，编号M581：2，钩体呈耜形，本部半圆形，中心凸出一道竖脊，圆纽前饰二道横凸棱，纽残。长6.9、宽3.5厘米（图四六四，2；彩版六一，2）。

二三五、M584

1. 墓葬形制与结构

该墓位于墓地中东部，T0907北部，开口于第2层下，距地表50厘米，墓葬形制为竖穴土坑

图四六四　M581出土器物
1. 陶罐（M581：1）　2. 铜带钩（M581：2）

墓，方向5°（图四六五）。

墓室：长方形竖穴土坑，长180、宽70厘米。直壁平底，西侧有生土二层台，东侧有熟土二层台，宽14、高30厘米。墓底长180、宽44、墓口至墓底60厘米。填土为黄白花土。

葬具：不清。

葬式：人骨头向北，面向东，侧身屈肢，性别不详。

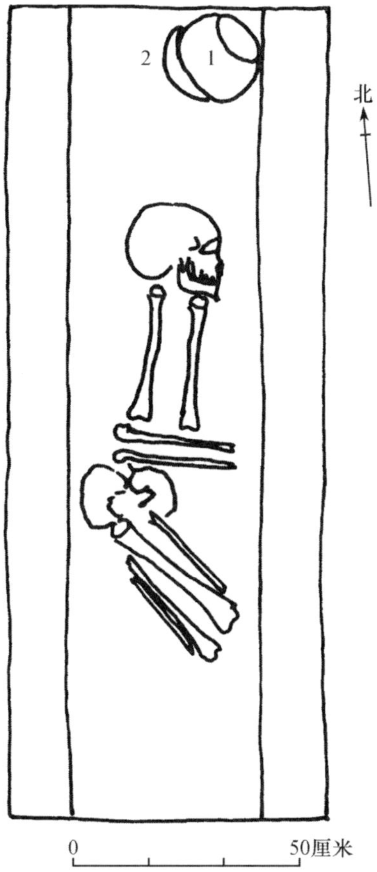

图四六五 M584平面图

1. 陶罐 2. 陶碗

2. 随葬品

共2件，均出自墓底东北角。

陶罐 1件，编号M584：1，泥质灰陶，侈口，叠唇，直领，鼓腹，圜底稍内凹，肩有折棱，下腹拍印粗绳纹。高21.6、口径10.0、腹径20.2、领高5.0厘米（图四六六，1；彩版四五，2）。

陶碗 1件，编号M584：2，泥质灰陶，敛口，钵形，璧形底稍内凹，内圜底。口径14.0～15.8、深5.5、底径6.0、高0.3厘米（图四六六，2；彩版四九，2）。

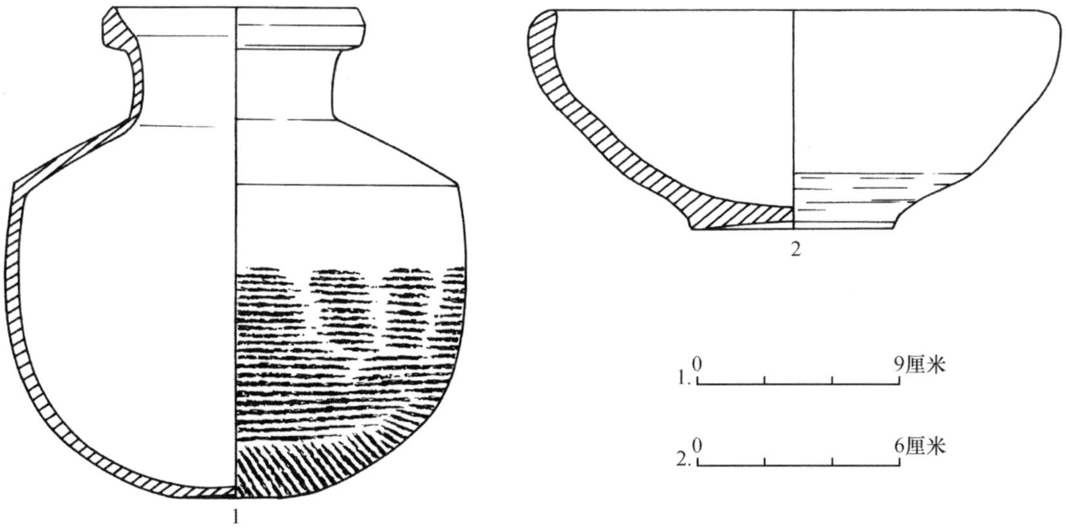

图四六六 M584出土陶器

1. 陶罐（M584：1） 2. 陶碗（M584：2）

二三六、M585

1. 墓葬形制与结构

该墓位于墓地东部，T0907东北部，开口于第2层下，距地表60厘米，墓葬形制为竖穴土坑墓，方向5°，西部被M584打破（图四六七）。

墓室：长方形竖穴土坑，长200、宽110厘米。直壁平底，两侧有生土二层台，宽20、高50厘米。墓底长200、宽70、墓口至墓底110厘米。填土为黄白花土。

葬具：不清。

葬式：人骨头向北，面向东，仰身屈肢，成年男性。

2. 随葬品

共1件，出自人头骨东北处。

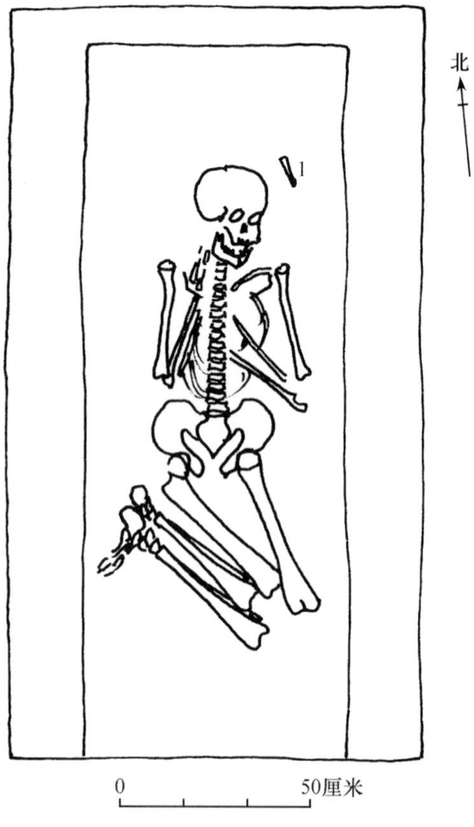

图四六七　M585平面图
1. 铜带钩

铜带钩　1件，编号M585：1，钩体截面呈半圆形，内略弧，圆纽偏后近本部，本部圆尾，钩残。长8.5、宽1.9厘米（图四六八；彩版八三，2）。

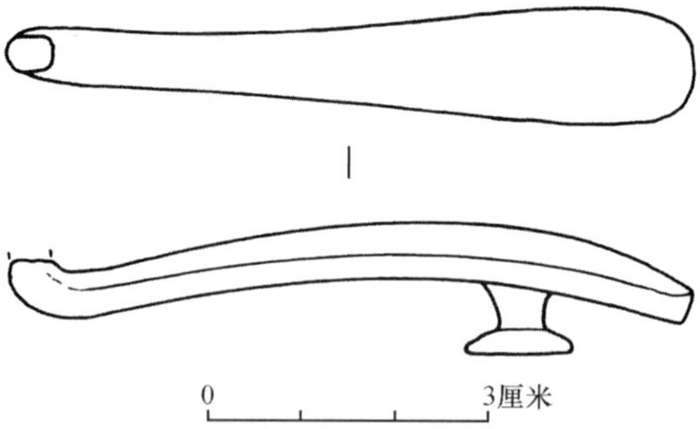

图四六八　M585出土铜带钩
（M585：1）

二三七、M588

1. 墓葬形制与结构

该墓位于墓地中东部，T0908西部，开口于第2层下，距地表55厘米，墓葬形制为竖穴土坑墓，方向15°（图四六九）。

墓室：长方形竖穴土坑，长180、宽70厘米。直壁平底，墓口至墓底40厘米。填土为黄白花土。

葬具：不清。

葬式：人骨头向北，面向东，仰身屈肢，成年女性。

2. 随葬品

共1件，出自人骨左肩胛骨处。

铜带钩　1件，编号M588：1，钩体呈耜形，本部半圆形，中心凸出一竖脊，圆纽，纽前饰二道横凸棱，前部残，仅剩本部。长3.7、宽2.8厘米（图四七〇；彩版六一，1）。

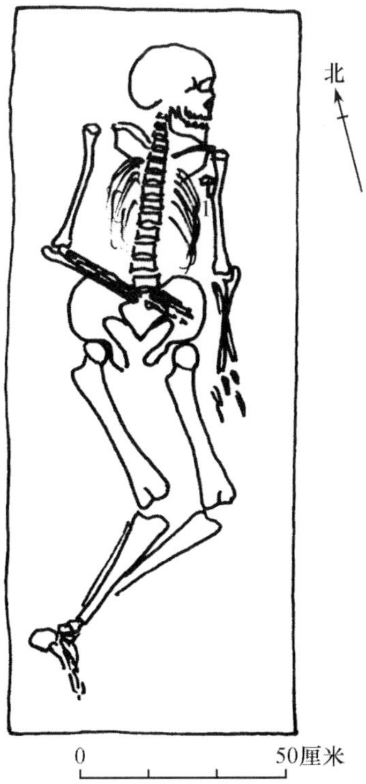

图四六九　M588平面图
1. 铜带钩

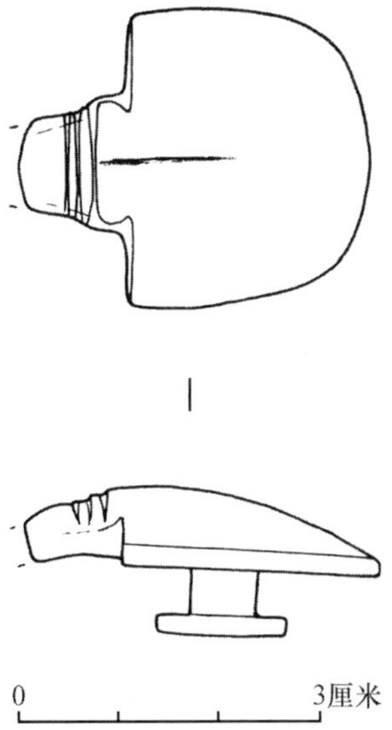

图四七〇　M588出土铜带钩
（M588：1）

二三八、M593

1. 墓葬形制与结构

该墓位于墓地东北，T0809东部，开口于第2层下，距地表40厘米，墓葬形制为竖穴土坑墓，方向15°（图四七一）。

墓室：长方形竖穴土坑，长220、宽100厘米。直壁平底，四周有生土二层台，宽5-15-20-30、高60厘米。墓底长185、宽65、墓口至墓底105厘米。填土为黄白花土。

葬具：不清。

葬式：人骨头向北，面向东，俯身屈肢，成年男性。

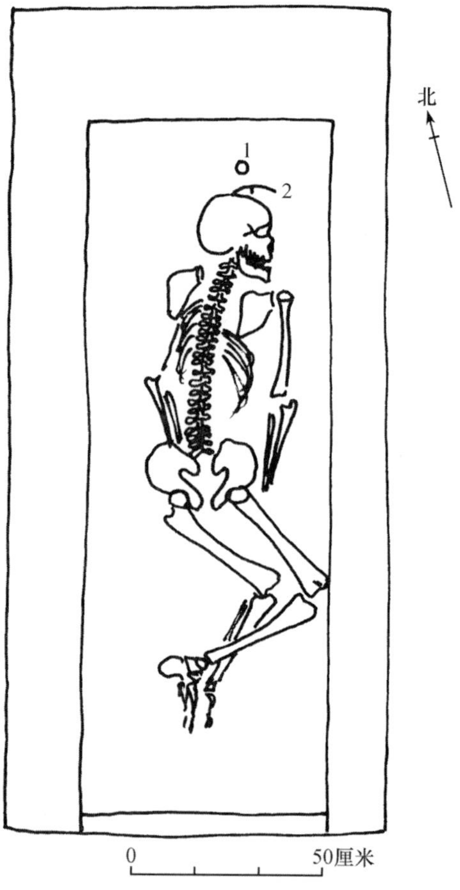

图四七一　M593平面图
1. 铜环　2. 铁带钩

2. 随葬品

共2件，出自人头顶处。

铜环　1件，编号M593：1，圆柱状环，径2.5厘米（图四七二，1；彩版九七，3）。

铁带钩　1件，编号M593：2，钩体近圆柱形，弧度稍大，本部齐尾，圆纽近中部，钩残。残长14.4、径1.3厘米（图四七二，2）。

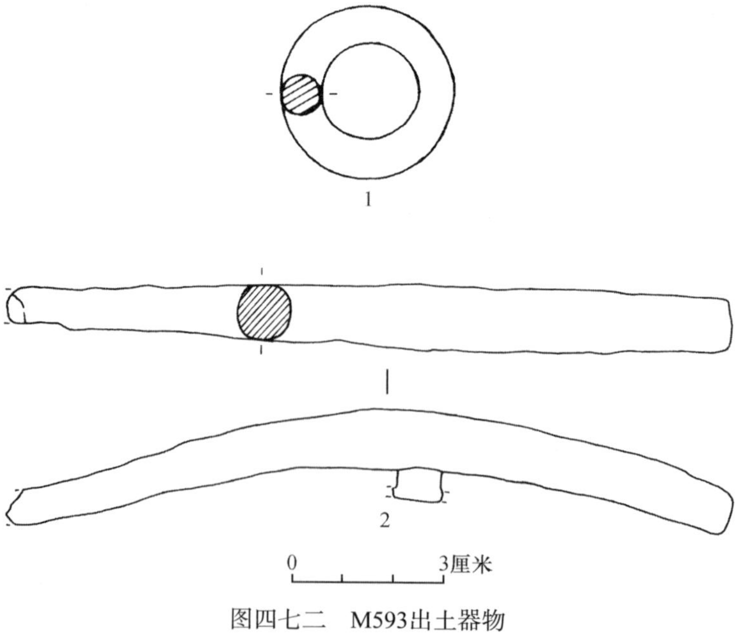

图四七二　M593出土器物
1. 铜环（M593：1）　2. 铁带钩（M293：2）

二三九、M595

1. 墓葬形制与结构

该墓位于墓地东北，T1009中西部，开口于第2层下，距地表45厘米，墓葬形制为竖穴土坑墓，方向15°（图四七三）。

墓室：长方形竖穴土坑，长180、宽65～75厘米。直壁平底，墓口至墓底65厘米。填土为黄白花土。

葬具：不清。

葬式：人骨头向北，面向上，仰身屈肢，成年女性。

2. 随葬品

共1件，出自人骨右侧盆骨外。

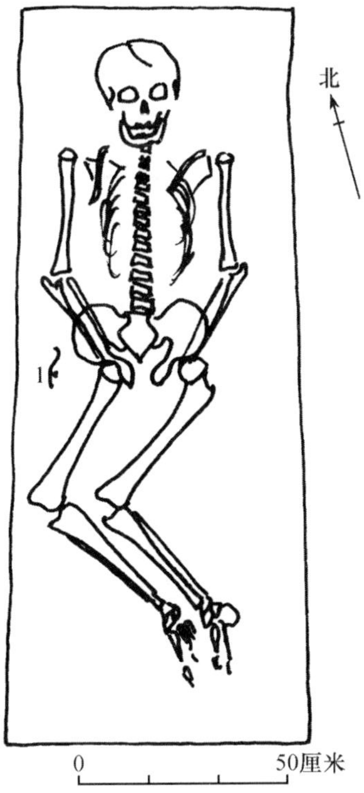

图四七三 M595平面图
1. 铜带钩

铜带钩 1件，编号M595：1，钩钩体截面呈半圆形，内略弧，本部圆尾，圆纽偏后近本部，扁平钩。长6.4、径1.2厘米（图四七四；彩版五四，2）。

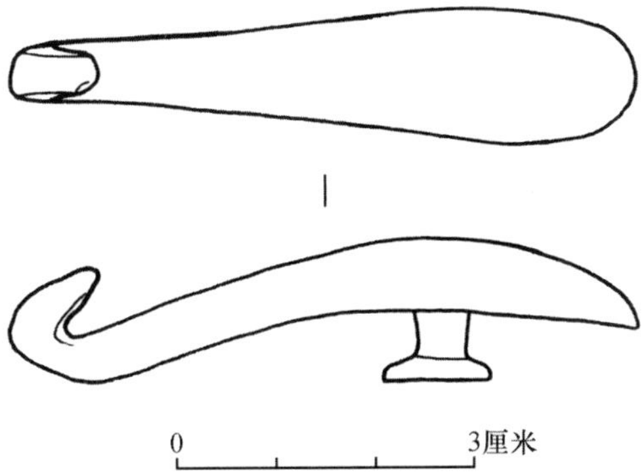

图四七四 M595出土铜带钩
（M595：1）

二四〇、M598

1. 墓葬形制与结构

该墓位于墓地东北，T0909北中部，开口于第2层下，距地表40厘米，墓葬形制为竖穴土坑墓，方向5°（图四七五；彩版一八，3）。

墓室：长方形竖穴土坑，长190、宽100～106厘米。直壁平底，两侧有生土二层台，宽20、高60厘米。墓底长190、宽60、墓口至墓底110厘米。填土为黄白花土。

葬具：不清。

葬式：人骨头向北，面向东，仰身屈肢，成年女性。

2. 随葬品

共1件，出自人骨右肩上部。

铜带钩　1件，编号M598∶1，钩体半圆柱形，弧度小，本部齐尾，圆纽，鸭首状钩。长7.5、径1.0厘米（图四七六；彩版六五，4）。

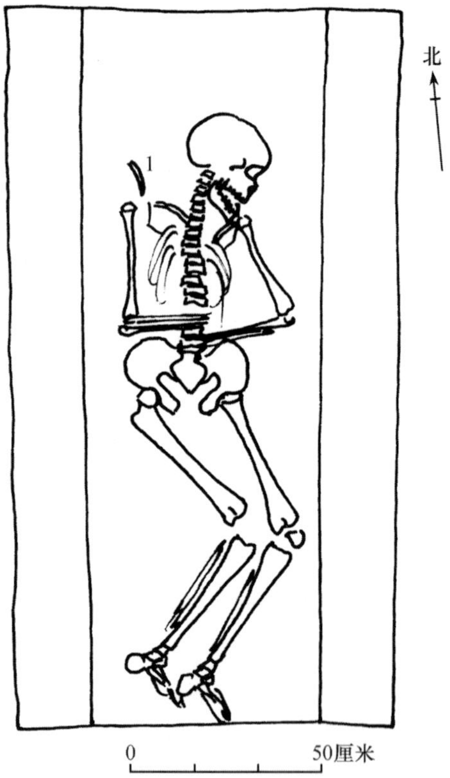

图四七五　M598平面图

1. 铜带钩

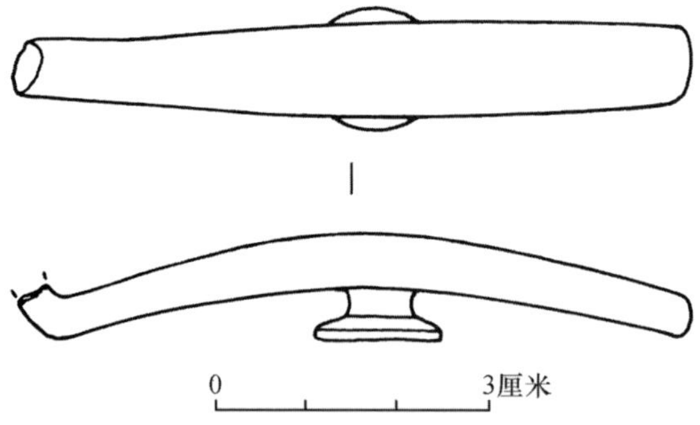

图四七六　M598出土铜带钩

（M598∶1）

二四一、M599

1. 墓葬形制与结构

该墓位于墓地东北，T0909西北部，开口于第2层下，距地表30厘米，墓葬形制为竖穴土坑墓，方向15°（图四七七）。

墓室：长方形竖穴土坑，长185、宽100厘米。直壁平底，东侧有生土二层台，宽20厘米，西侧为熟土二层台，宽30、高55厘米。墓底长185、宽50、墓口至墓底100厘米。填土为黄白花土。

葬具：不清。

葬式：人骨头向北，面向东，仰身屈肢，成年女性。

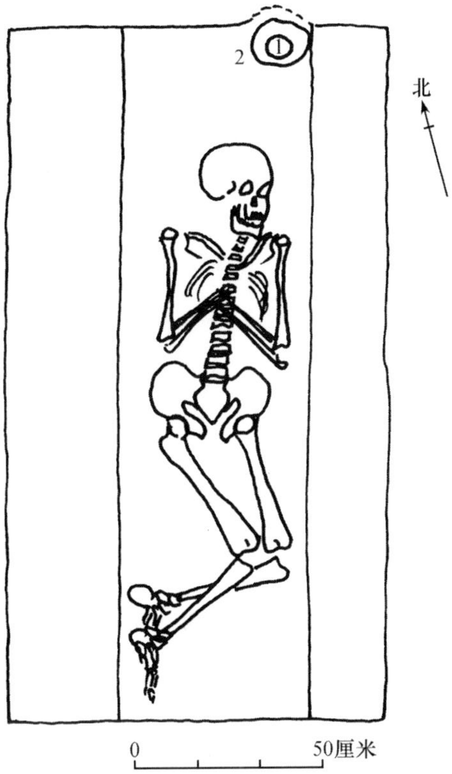

图四七七 M599平面图

1. 陶碗 2. 陶壶

2. 随葬品

共2件，均出自墓底东北角。

陶碗 1件，编号M599：1，泥质灰陶，敛口，钵

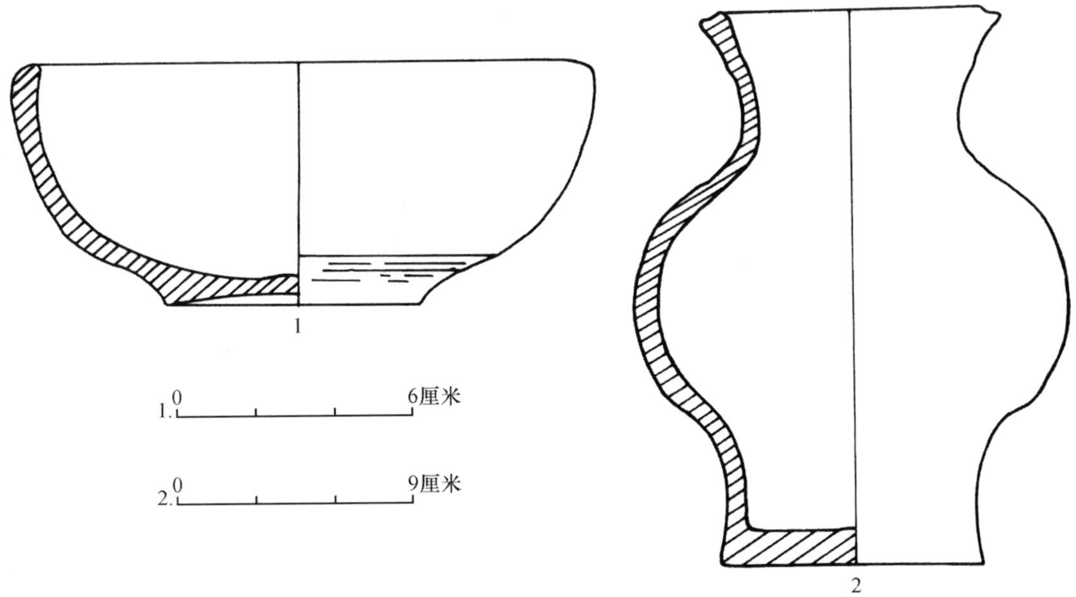

图四七八 M599出土陶器

1. 陶碗（M599：1） 2. 陶壶（M599：2）

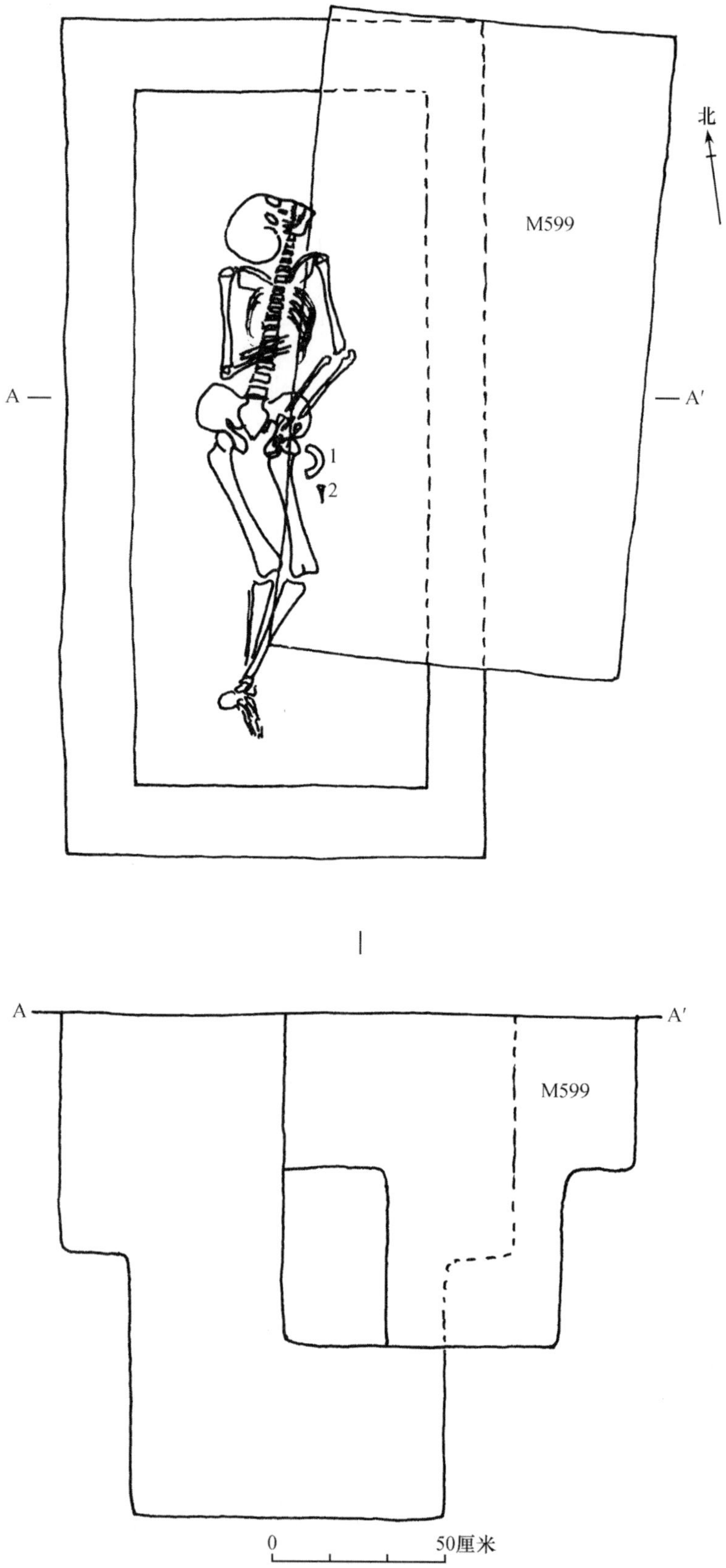

图四七九　M600平、剖面图
1. 铜桥形饰　2. 铁带钩

形，璧形底稍内凹，内圜底。口径13.2～14.7、深5.1、底径6.4、高0.4厘米（图四七八，1；彩版四九，3）。

陶壶　1件，编号M599：2，侈口，平沿，弧颈，鼓腹，下斜收直下，平底。高21.4、口径11.7、腹径17.0、底径10.2厘米（图四七八，2）。

二四二、M600

1. 墓葬形制与结构

该墓位于墓地东北，T0909西北部，开口于第2层下，距地表30厘米，墓葬形制为竖穴土坑墓，方向10°，东部被M599打破（图四七九）。

墓室：长方形竖穴土坑，长240、宽120厘米。直壁平底四周有生土二层台，宽16～20、高75厘米。墓底长200、宽90、墓口至墓底145厘米。填土为黄白花土。

葬具：不清。

葬式：人骨头向北，面向东，仰身屈肢，成年男性。

2. 随葬品

共4件，均出自人骨左侧盆骨外。

铜桥形饰　3件，编号

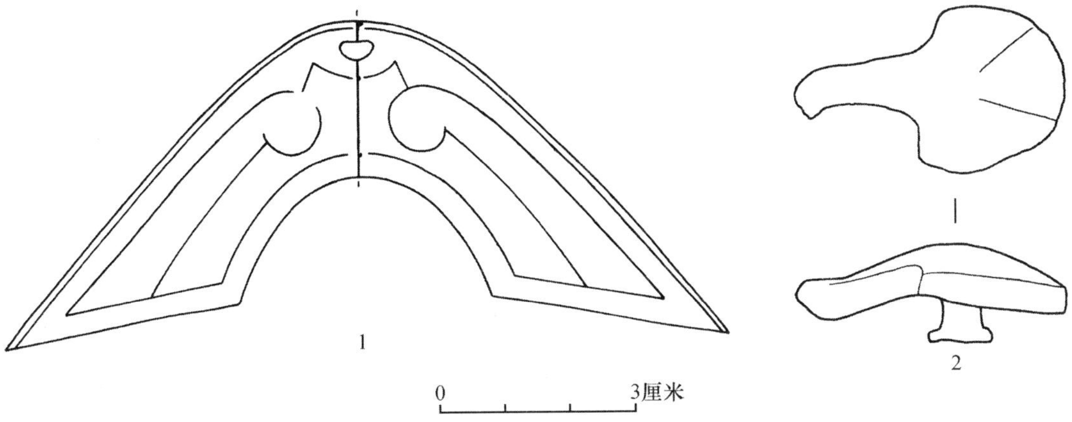

图四八〇　M600出土器物

1. 铜桥形饰（M600：1）　2. 铁带钩（M600：2）

M600：1，质薄，一面周缘凸起，顶端内有半圆形穿，一面饰卷云纹，跨度大，残。高4.5、长9.5厘米（图四八〇，1；彩版九五，1）。

铁带钩　1件，编号M600：2，钩体耜形，本部半圆形，中心凸出一竖脊，颈残，纽残。长3.5、宽2.5厘米（图四八〇，2）。

二四三、M604

1. 墓葬形制与结构

该墓位于墓地东北，T0910中西部，开口于第2层下，距地表35厘米，墓葬形制为竖穴土坑墓，方向355°（图四八一）。

墓室：长方形竖穴土坑，长200、宽80厘米。直壁平底，墓口至墓底85厘米。填土为黄白花土。

葬具：不清。

葬式：人骨头向北，面向上，仰身屈肢，成年男性。

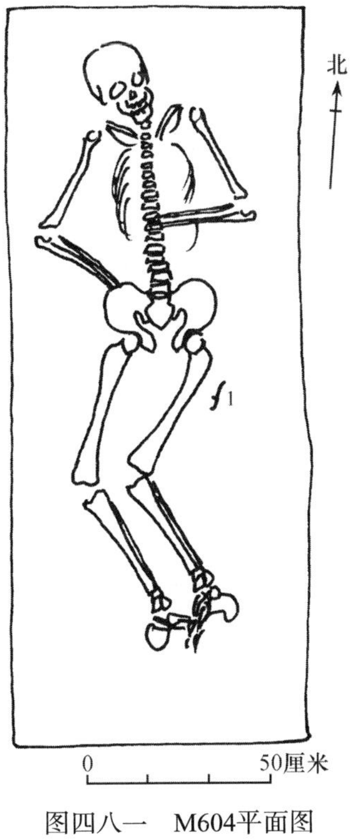

图四八一　M604平面图

1. 铜带钩

2. 随葬品

共1件，出自人骨左股骨外。

铜带钩　1件，编号M604：1，钩体呈三角形，内平外凸，内略弧，本部圆尾，圆纽偏后，钩残。长4.7、宽1.3厘米（图四八二）。

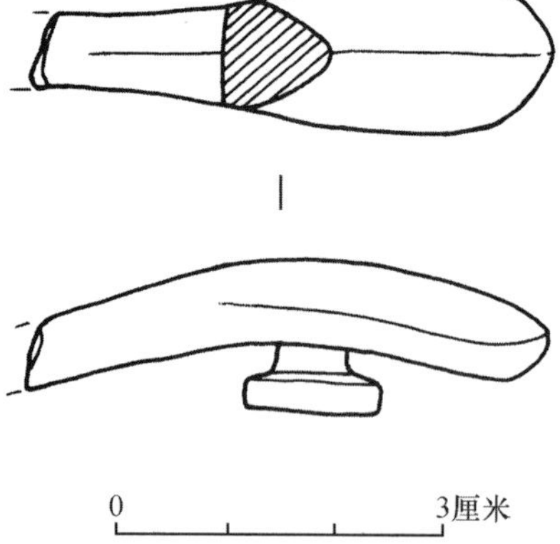

图四八二　M604出土铜带钩
（M604：1）

二四四、M605

1. 墓葬形制与结构

该墓位于墓地东北，T0910西部，开口于第2层下，距地表40厘米，墓葬形制为竖穴土坑墓，方向190°（图四八三；彩版一八，4）。

墓室：长方形竖穴土坑，长190、宽100厘米。斜壁平底，四周有生土二层台，宽12、高60厘米。墓底长180、宽60、墓口至墓底130厘米。填土为黄白花土。

葬具：有棺木朽痕，长150、宽45厘米。

葬式：人骨头向南，面向东，仰身屈肢，成年女性。

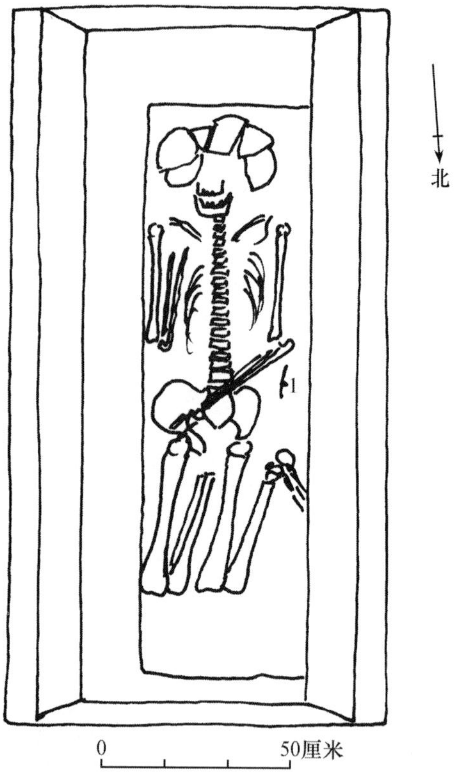

图四八三　M605平面图
1. 铜带钩

2. 随葬品

共1件，出自人骨左肘处。

铜带钩　1件，编号M605：1，钩体扁平，长条状，弧度小，正面顺饰四道凸棱，本部龟头形，圆纽，钩残，错银花纹。长10.6、宽0.8厘米（图四八四；彩版六五，5）。

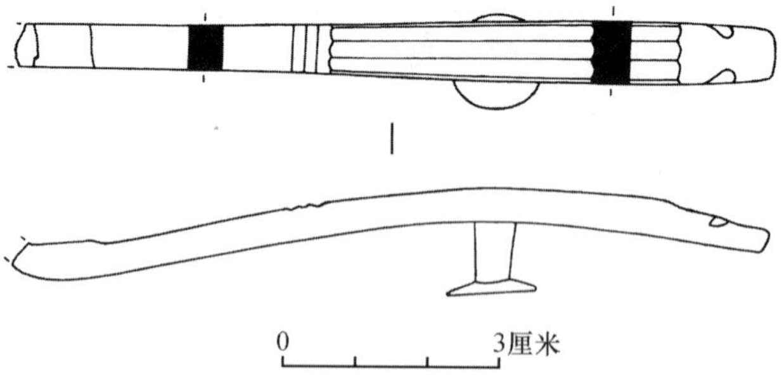

图四八四　M605出土铜带钩
（M605：1）

二四五、M608

1. 墓葬形制与结构

该墓位于墓地东北，T0910北部，开口于第2层下，距地表35厘米，墓葬形制为竖穴土坑墓，方向10°（图四八五；彩版一九，1）。

墓室：长方形竖穴土坑，长200、宽100～110厘米。直壁平底，两侧有生土二层台，宽20、高45厘米。墓底长200、宽60～70、墓口至墓底75厘米。填土为黄白花土。

葬具：不清。

葬式：人骨头向北，面向东，仰身屈肢，成年男性。

2. 随葬品

共1件，出自墓底西北角。

陶罐　1件，编号M608：1，侈口，叠唇，直领，鼓腹，圜底，残，肩有折棱，下腹拍印粗绳纹。残高22.3、腹径22.6、残口径9.5、领高5.8厘米（图四八六；彩版四五，3）。

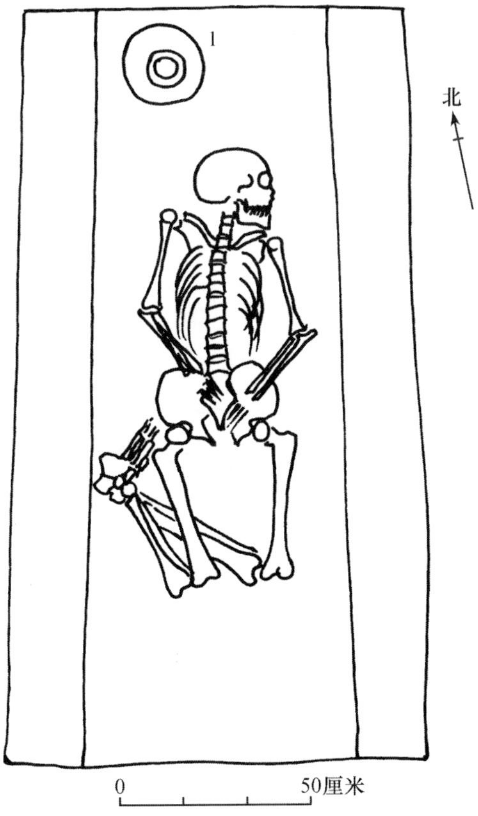

图四八五　M608平面图
1. 陶罐

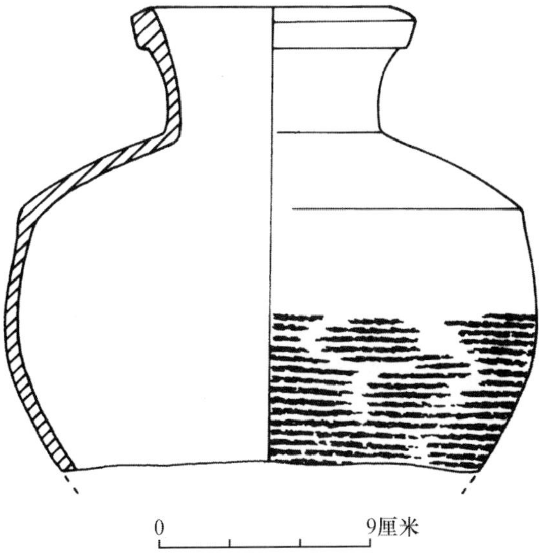

图四八六　M608出土陶罐
（M608：1）

二四六、M612

1. 墓葬形制与结构

该墓位于墓地东北，T0811西部，开口于第2层下，距地表45厘米，墓葬形制为竖穴土坑墓，方向15°，东侧北M611打破（图四八七；彩版一九，2）。

墓室：长方形竖穴土坑，长230、宽140厘米。直壁平底，四周有生土二层台，宽10～26、高75厘米。墓底长190、宽74、墓口至墓底165厘米。填土为黄白花土。

葬具：有棺已朽，不甚清楚。

葬式：人骨头向北，面向上，仰身屈肢，成年男性。

2. 随葬品

共1件，出自南部人骨右胫骨外。

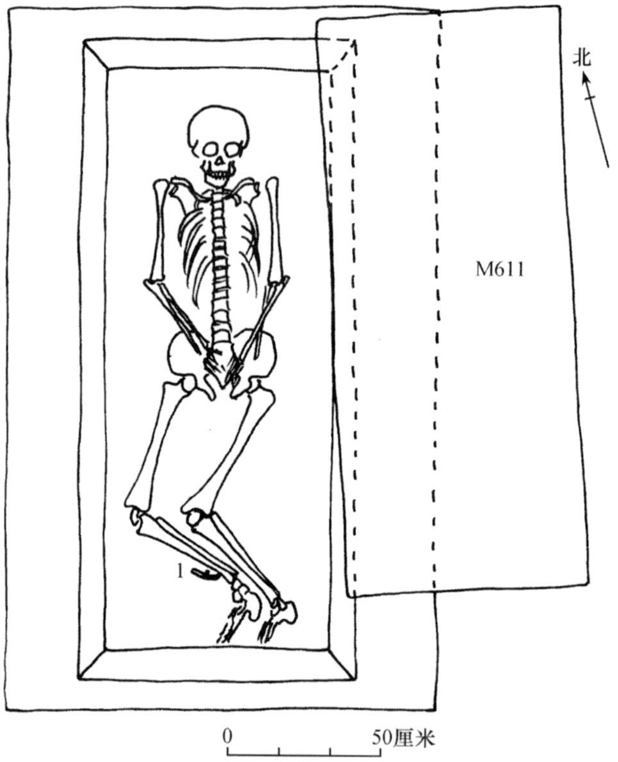

图四八七　M612平面图
1. 铜带钩

铜带钩　1件，编号M612：1，钩体呈琵琶形，中间厚，截面呈梯形，内略弧，圆纽，钩残，正面雕菱形加云雷纹间蟠螭纹，组成一组图纹，错金银，嵌绿松石。长8.6、宽1.6厘米（图四八八；彩版六九，1）。

二四七、M616

1. 墓葬形制与结构

该墓位于墓地东北，T0811北部，开口于第2层下，距地表50厘米，墓葬形制为竖穴土坑墓，方向95°（图四八九；彩版一九，3）。

墓室：长方形竖穴土坑，长180、宽100厘米。直壁平底，两侧有生土二层台，宽15、高45厘米。墓底长180、宽70、墓口至墓

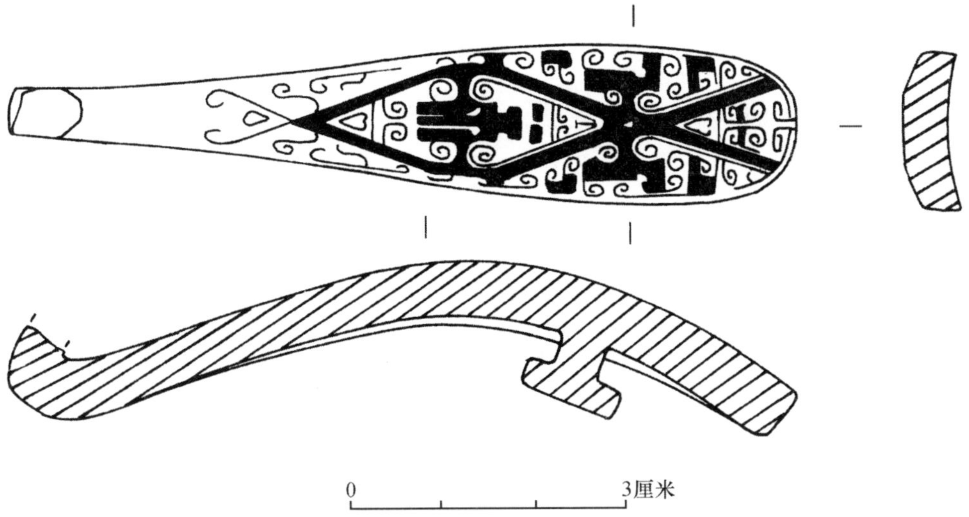

图四八八　M612出土铜带钩
（M612：1）

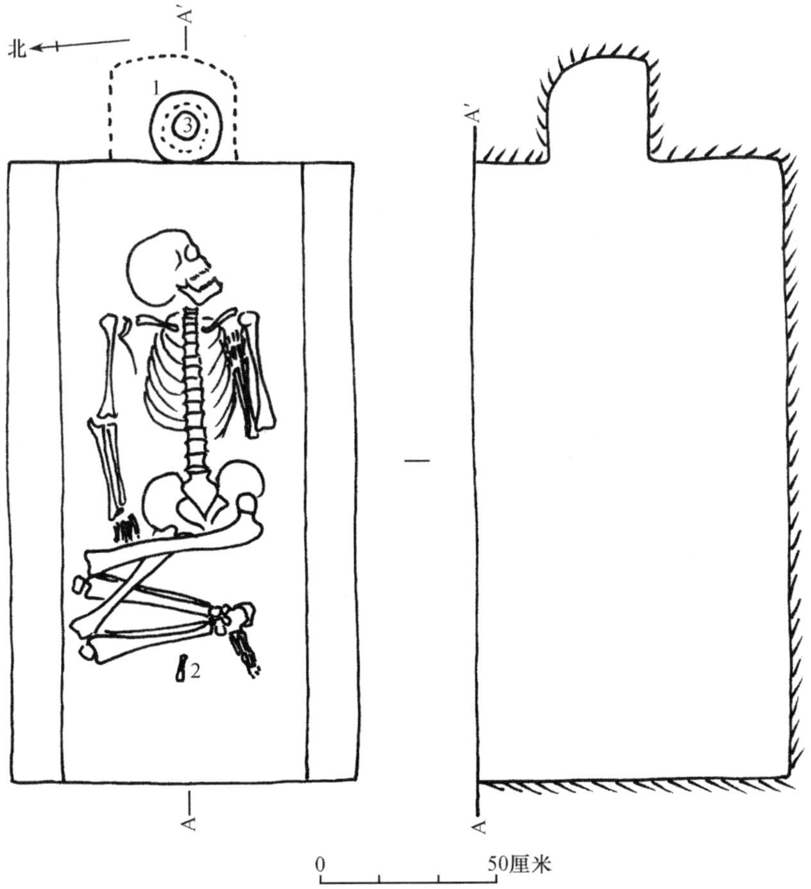

图四八九　M616平、剖面图
1. 陶罐　2. 铜带钩　3. 陶碗

底90厘米。填土为黄白花土。

葬具：不清。

葬式：人骨头向东，面西南，仰身屈肢，成年女性。

2. 随葬品

共3件，2件陶器出自东壁龛内，铜带钩出自人骨右胫骨外。

陶罐　1件，编号M616：1，泥质灰陶，侈口，叠唇，直领，鼓腹，圜底，稍内凹，肩有折棱，下腹拍印粗绳纹。高24.5、口径11.0、腹径23.0、领高6.2厘米（图四九〇，1；彩版四五，4）。

铜带钩　1件，编号M616：2，钩体截面呈半圆形，内略弧，本部圆尾，圆纽偏后近本部，钩残。长4.5、径1.2厘米（图四九〇，2；彩版五四，3）。

陶碗　1件，编号M616：3，泥质灰陶，残。

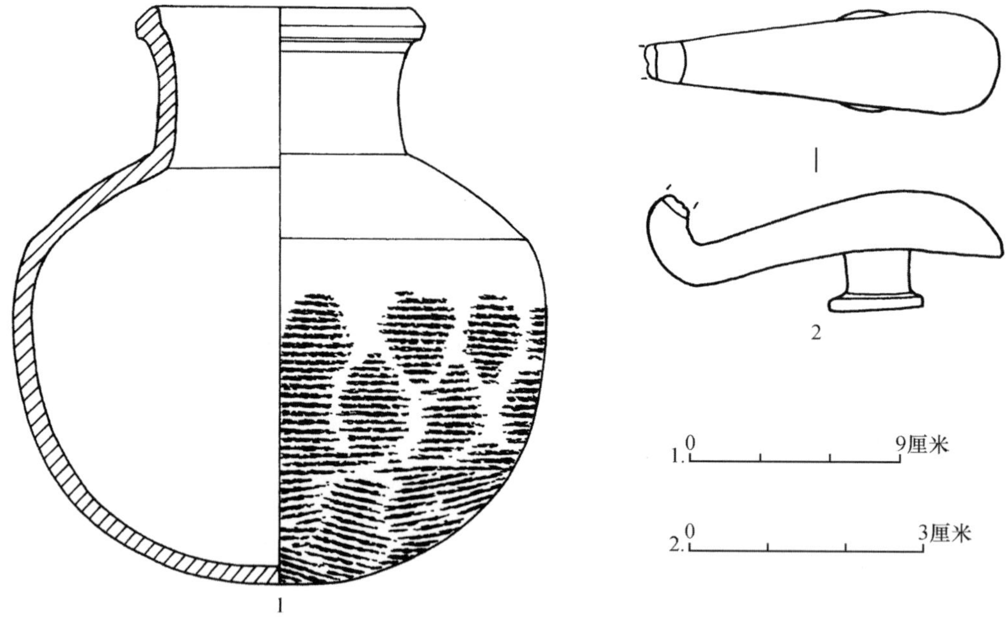

图四九〇　M616出土器物

1. 陶罐（M616：1）　2. 铜带钩（M616：2）

二四八、M617

1. 墓葬形制与结构

该墓位于墓地东北，T0811东北角，开口于第2层下，距地表35厘米，墓葬形制为竖穴土坑

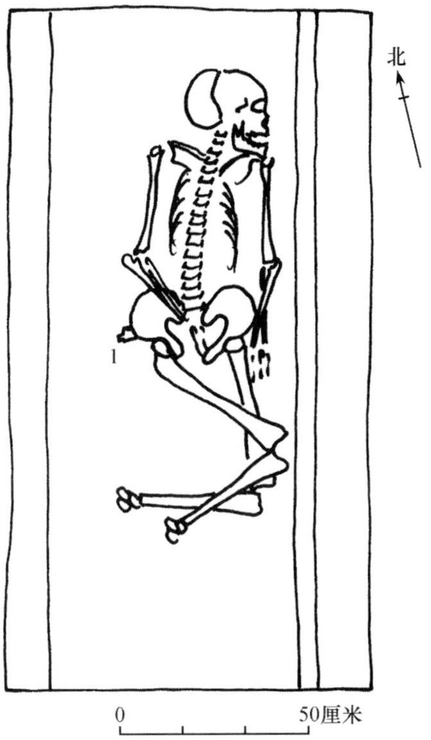

图四九一　M617平面图
1. 石带钩

墓，方向15°（图四九一）。

墓室：长方形竖穴土坑，长180、宽96厘米。直壁平底，东侧有生土二层台，宽15、高55厘米。墓底长180、宽65、墓口至墓底145厘米。填土为黄白花土。

葬具：不清。

葬式：人骨头向北，面向东，仰身屈肢，成年女性。

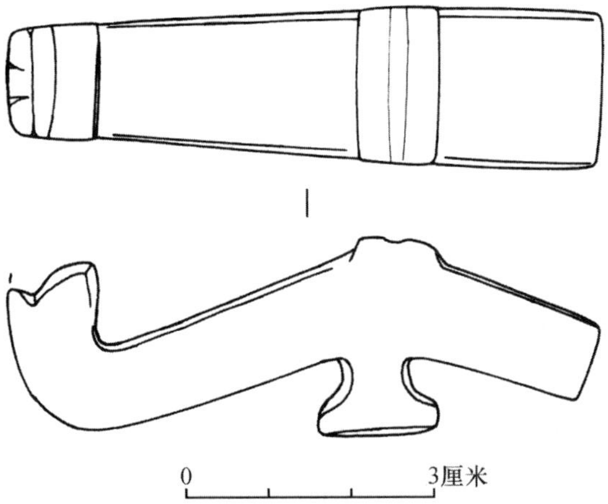

图四九二　M617出土石带钩
（M617：1）

2. 随葬品

共1件，出自人骨右侧盆骨下。

石带钩　1件，编号M617：1，钩体为白色石质，仿虎形，钩身为方形，微曲，钩首较窄，尾端较宽，面上有一长方形图纹，背面有一圆纽，钩残。长7.2、宽1.1～1.8厘米（图四九二；彩版八九，5）。

二四九、M618

1. 墓葬形制与结构

该墓位于墓地中部，T0606西南角，开口于第2层下，距地表100厘米，墓葬形制为竖穴土坑墓，方向275°（图四九三）。

墓室：长方形竖穴土坑，长210、宽110厘米。直壁平底，两侧有熟土二层台，宽20～30、高60厘米。墓口至墓底135厘米。填土为黄白花土。

葬具：有棺木朽痕，长220、宽50厘米。

葬式：人骨头向西，面向南，仰身屈肢，成年男性。

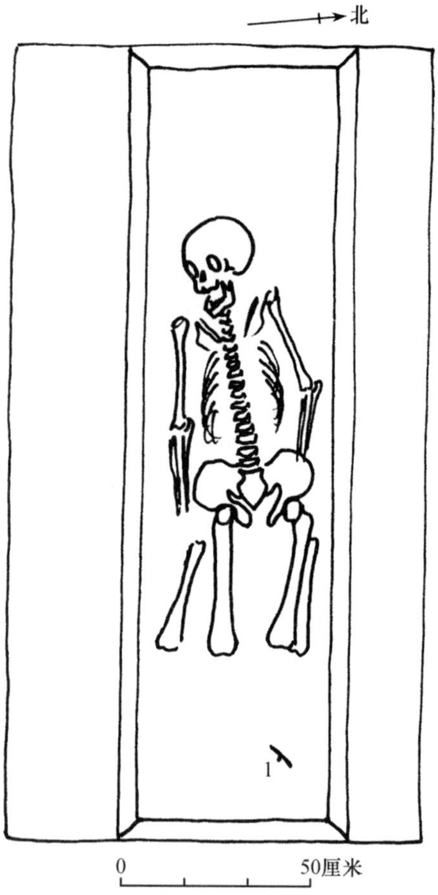

图四九三　M618平面图

1. 铜带钩

2. 随葬品

共1件，出自墓底东部。

铜带钩　1件，编号M618：1，钩体扁平，长条状，弧度小，本部齐尾，圆纽，正面分三段，各饰三道横凹槽，钩残，有错银痕迹。长7.6、宽1.0厘米（图四九四；彩版六五，6）。

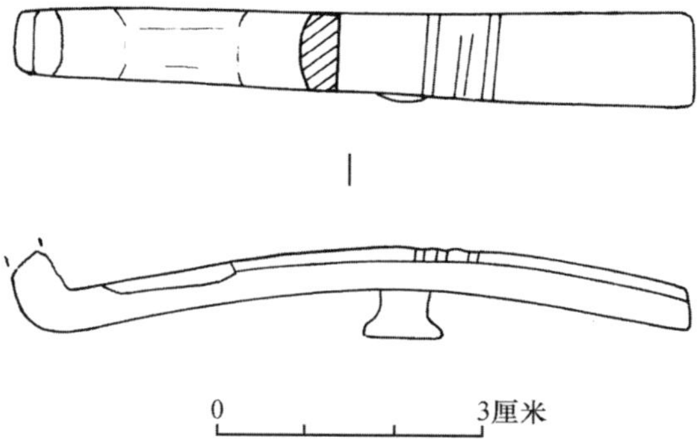

图四九四　M618出土铜带钩

（M618：1）

二五〇、M619

1. 墓葬形制与结构

该墓位于墓地中部，T0606西南，开口于第2层下，距地表95厘米，墓葬形制为竖穴土坑墓，方向5°，南部被M618打破（图四九五）。

墓室：长方形竖穴土坑，长210、宽130厘米。直壁平底，两侧有熟土二层台，宽24～32、高10厘米。墓底长180、宽130、墓口至墓底200厘米。填土为黄白花土。

葬具：不清。

葬式：人骨头向北，面向西，仰身屈肢，成年男性。

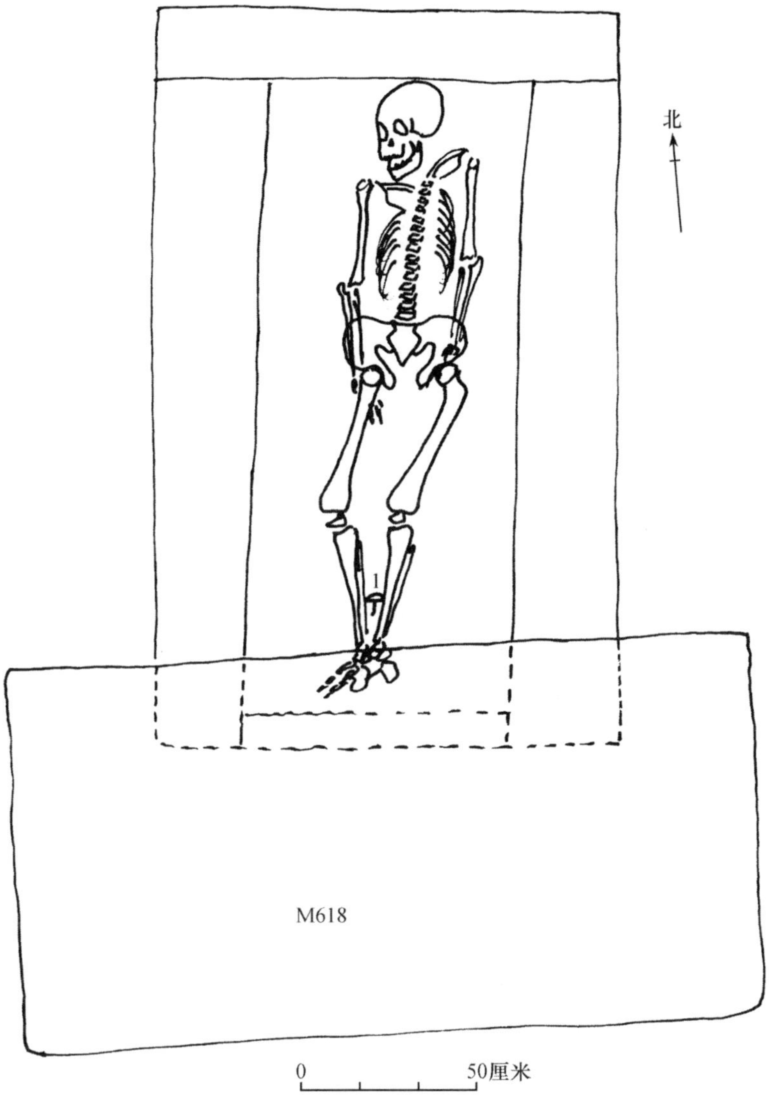

图四九五　M619平面图
1. 铜带钩

2. 随葬品

共1件，出自南部人骨两胫骨中间。

铜带钩　1件，编号M619：1，残，钩体耜形，本部半圆形，中心凸出三道脊，呈“丫”字形，圆纽偏后，钩稍残。长7.1、宽3.5厘米（图四九六；彩版六一，3）。

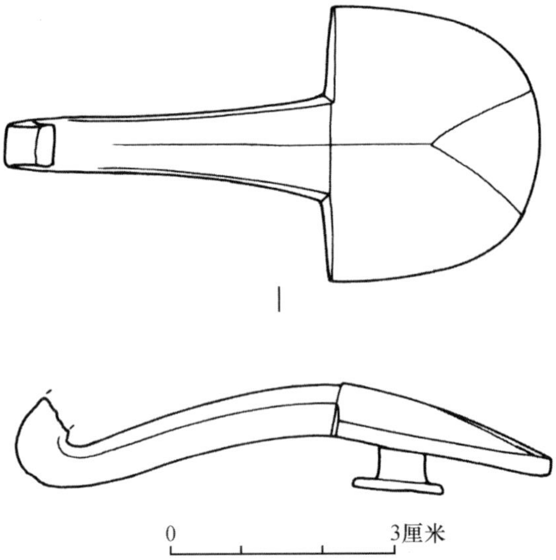

图四九六　M619出土铜带钩
（M619：1）

二五一、M621

1. 墓葬形制与结构

该墓位于墓地中部，T0605西北部，开口于第2层下，距地表95厘米，墓葬形制为竖穴土坑墓，方向5°（图四九七）。

墓室：长方形竖穴土坑，长210、宽116厘米。直壁平底，四周有生土二层台，宽15～22、高30厘米。墓底长160、宽60、墓口至墓底120厘米。填土为黄白花土。

葬具：不清。

葬式：人骨头向北，面向东，仰身屈肢，成年男性。

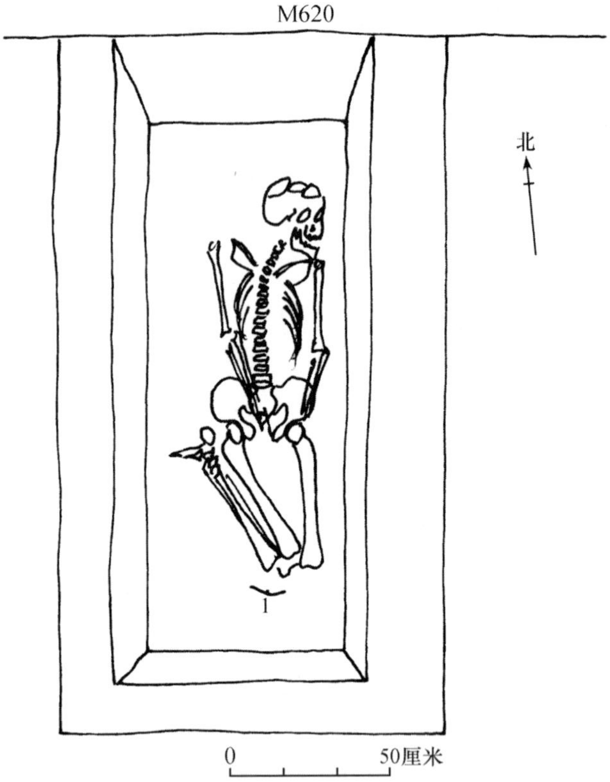

图四九七　M621平面图
1. 铁带钩

2. 随葬品

共1件，出自南部人骨膝外。

铁带钩　1件，编号M621：1，钩体扁平，弧度大，接方柱形颈，呈铲形，圆组位于中部，鸭首状钩。长10、宽1.4厘米（图四九八）。

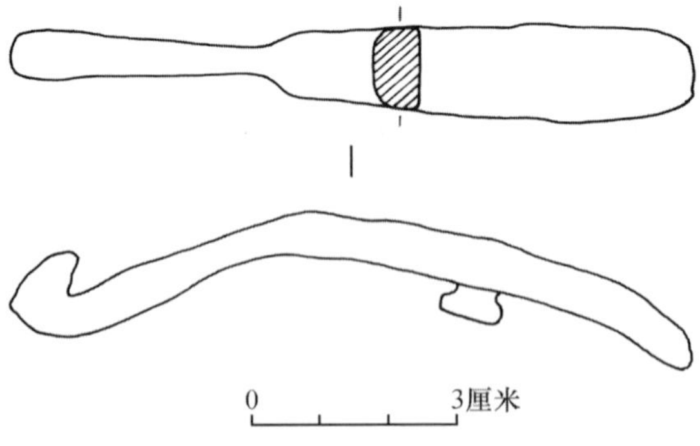

图四九八　M621出土铁带钩
（M621：1）

二五二、M624

1. 墓葬形制与结构

该墓位于墓地东北，T0914西南，开口于第2层下，距地表60厘米，墓葬形制为竖穴土坑墓，方向355°（图四九九；彩版一九，4）。

墓室：长方形竖穴土坑，长230、宽130厘米。斜壁平底，两侧有生土二层台，宽25～30、高85厘米。墓底长200、宽60、墓口至墓底115厘米。填土为黄白花土。

葬具：不清。

葬式：人骨头向北，面向东，仰身屈肢，成年女性。

2. 随葬品

共3件，铁带钩出自人骨右膝外，骨簪出自人头骨后脑，陶罐出自墓底东北角。

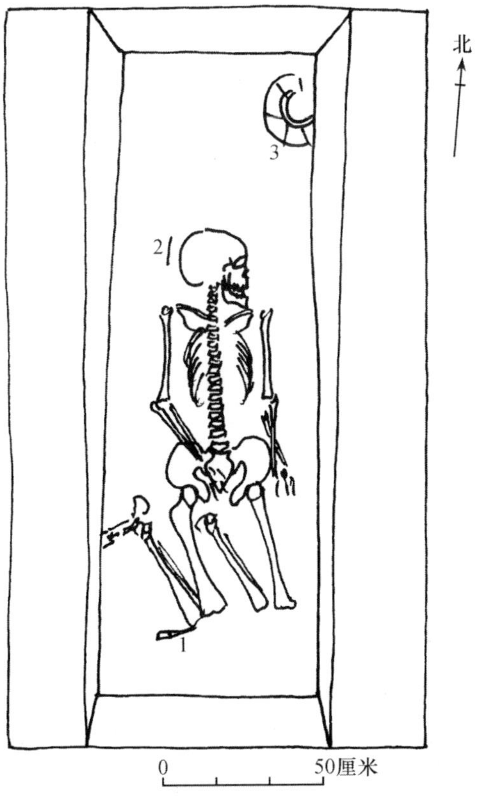

图四九九　M624平面图

1. 铁带钩　2. 骨簪　3. 陶罐

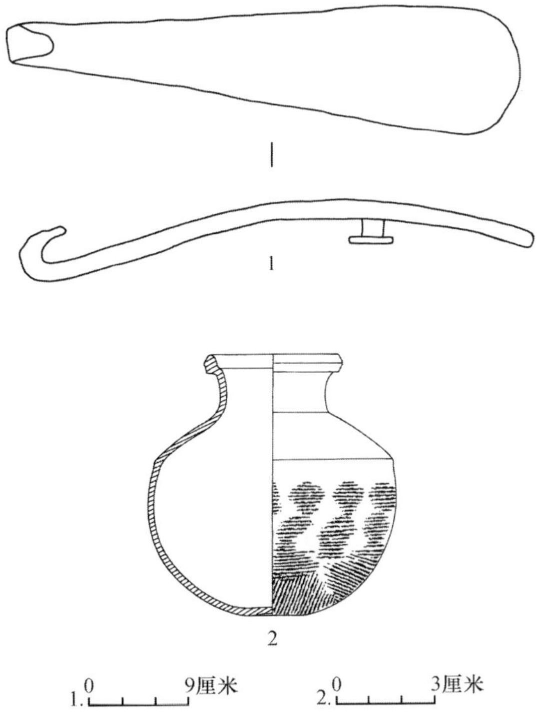

图五〇〇　M624出土器物

1. 铁带钩（M624：1）　2. 陶罐（M624：3）

铁带钩　1件，编号M624：1，钩体扁平，琵琶形，弧度稍大，圆尾，圆纽，鸭首状钩。长15.4、宽3.7厘米（图五〇〇，1）。

骨簪　1件，编号M624：2，方柱形，残。残长4.6厘米。

陶罐　1件，编号M624：3，泥质灰陶，侈口，叠唇，直领，鼓腹，圜底，稍内凹，肩有折棱，下腹拍印粗绳纹。高25.5、口径12.2、腹径23.8、领高6.0厘米（图五〇〇，2）。

二五三、M629

1. 墓葬形制与结构

该墓位于墓地东北，T0914北部，开口于第2层下，距地表85厘米，墓葬形制为竖穴土坑墓，方向10°（图五〇一）。

墓室：长方形竖穴土坑，长200、宽92厘米。直壁平底，四周有生土二层台，宽5-15-14-16、高20厘米。墓底长180、宽60、墓口至墓底65厘米。填土为黄白花土。

葬具：不清。

葬式：人骨头向北，面向东，仰身屈肢，成年女性。

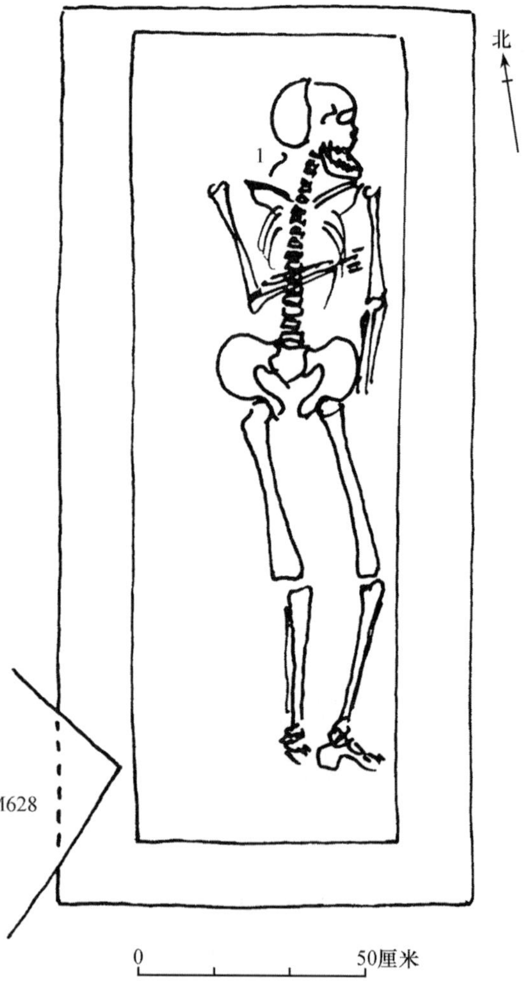

图五〇一　M629平面图

1. 铁带钩

2. 随葬品

共1件，出自人头骨后脑下。

铁带钩　1件，编号M629：1，钩体近圆柱形，弧度小，本部齐尾，圆纽近尾，首尾残。长4.1、径1.0厘米（图五〇二）。

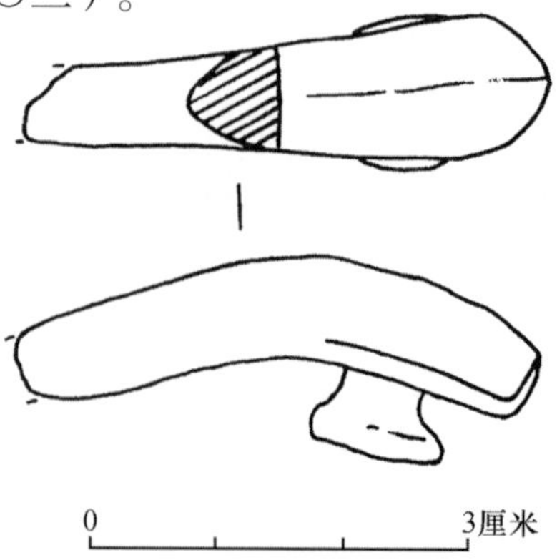

图五〇二　M629出土铁带钩

（M629：1）

二五四、M633

1. 墓葬形制与结构

该墓位于墓地中东部，T0808北部，开口于第2层下，距地表60厘米，墓葬形制为竖穴土坑墓，方向15°（图五〇三）。

墓室：长方形竖穴土坑，长260、宽190厘米。斜壁平底，四周有熟土二层台，宽30～45、高25厘米。墓底长240、宽160、墓口至墓底165厘米。填土为黄白花土。

葬具：有棺木朽痕，长184、宽70厘米。

葬式：人骨头向北，面向西，仰身屈肢，成年女性。

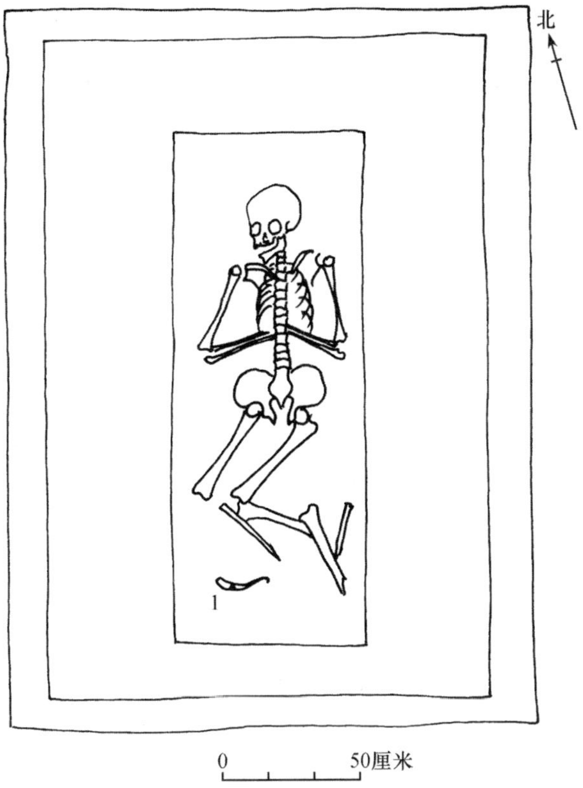

图五〇三　M633平面图
1. 铜带钩

2. 随葬品

共1件，出自棺内西南部，右胫骨外。

铜带钩　1件，编号M633：1，钩体呈琵琶形，钩首窄另一端渐宽，后端圆钮钩身微曲，面上浮雕眼、鼻、口额构成的兽面纹，共四

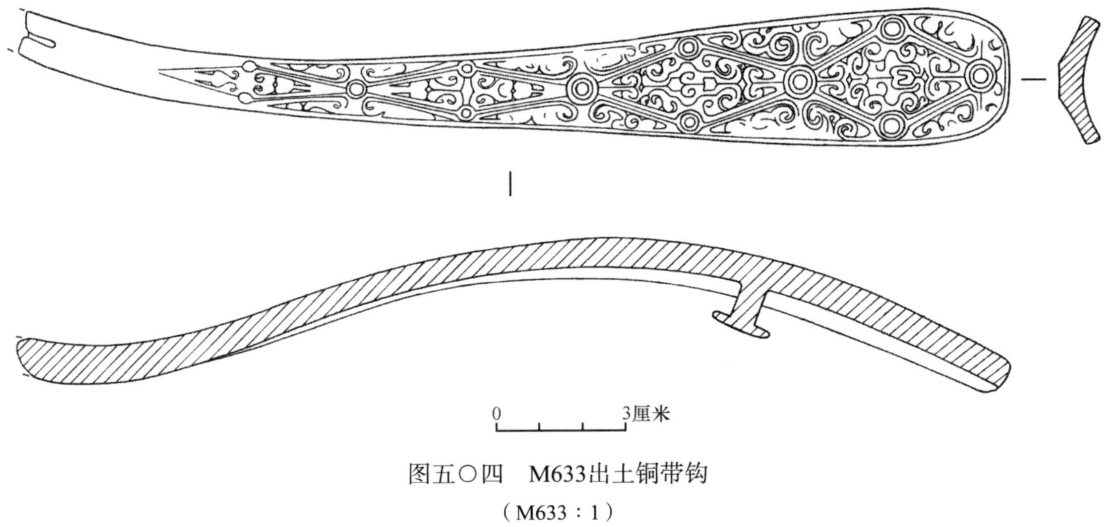

图五〇四　M633出土铜带钩
（M633：1）

组，鼻镶金银，花纹凹处镶绿松石，背面有一圆纽。长17.5、宽0.6～2.6厘米（图五〇四；彩版八二，2）。

二五五、M635

1. 墓葬形制与结构

该墓位于墓地东南，T0801西南部，开口于第2层下，距地表60厘米，墓葬形制为竖穴土坑墓，方向100°（图五〇五；彩版二〇，2）。

墓室：长方形竖穴土坑，长220、宽120厘米。直壁平底，两侧有生土二层台，宽16～20、高70厘米。墓底长220、宽84、墓口至墓底120厘米。填土为黄白花土。

葬具：不清。

葬式：人骨头向东，面向南，仰身屈肢，成年女性。

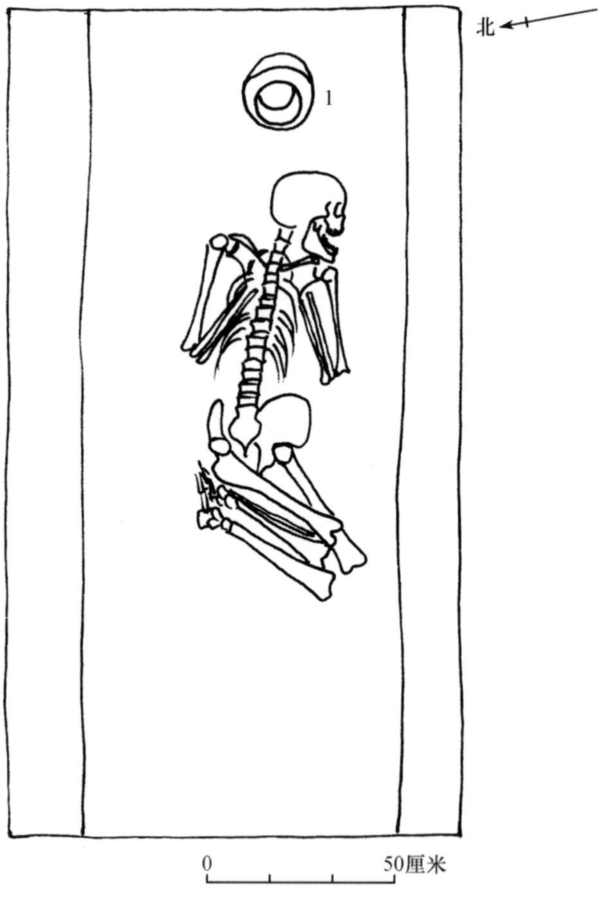

图五〇五　M635平面图
1. 陶罐

2. 随葬品

共1件，出自墓底东部。

陶罐　1件，编号M635：1，泥质灰陶，侈口，叠唇，直领，折肩，鼓腹，平底。高17.0、口径11.5、腹径18.5、底径15.5厘米（图五〇六；彩版四一，3）。

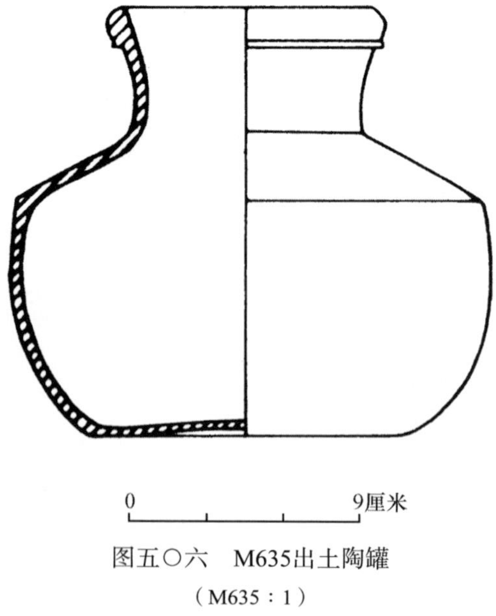

图五〇六　M635出土陶罐
（M635：1）

二五六、M639

1. 墓葬形制与结构

该墓位于墓地东南，T0701东部，开口于第2层下，距地表50厘米，墓葬形制为竖穴土坑墓，方向15°（图五〇七；彩版二〇，3）。

墓室：长方形竖穴土坑，长210、宽140厘米。直壁平底，两侧有生土二层台，宽30、高80厘米。墓底长210、宽80、墓口至墓底150厘米。填土为黄白花土。

葬具：不清。

葬式：人骨头向北，面向西，俯身直肢，性别不详。

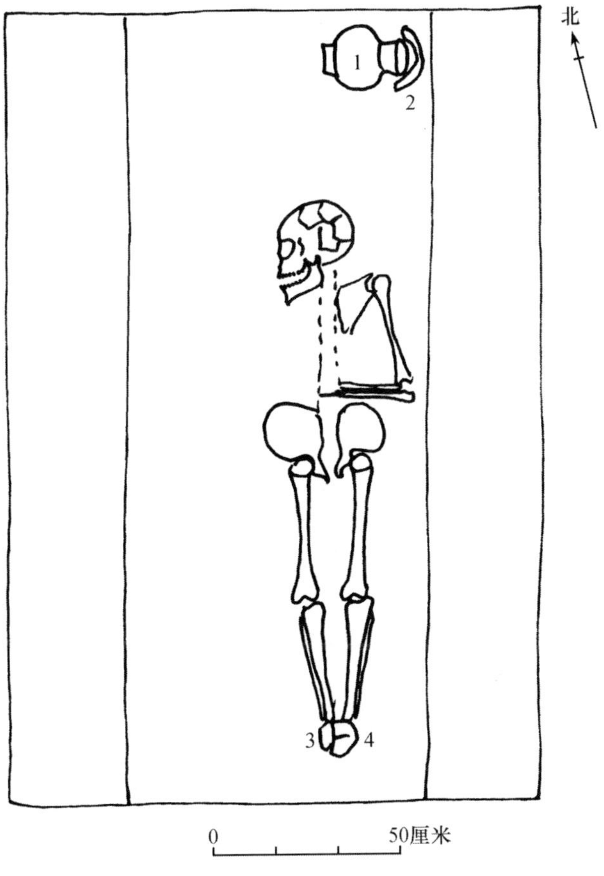

图五〇七　M639平面图

1. 陶壶　2. 陶碗　3. 铁带钩　4. 铜镜

2. 随葬品

共4件，陶器出自墓底东北角，铁带钩、铜镜出自人骨脚上。

陶壶　1件，编号M639：1，泥质灰陶，侈口，斜平沿，弧颈，鼓腹，假圈足平底座，颈部饰一周暗卷云纹，肩部饰一鱼形纹（可能为陶文），蘑菇状子口盖。通高19.8、壶高18.6、口径9.0～11.2、腹径16.2、底径9.5厘米（图五〇八，1；彩版三八，2）。

陶碗　1件，编号M639：2，泥质灰陶，敛口，钵形，璧形底，稍内凹，内圜底。口径12.9～14.7、深5.6、底径6.0厘米、高0.5厘米（图五〇八，2；彩版四九，4）。

铁带钩　1件，编号M639：3，钩体呈耜形，本部半圆形，中心凸出一竖脊，圆纽偏后，钩颈饰二道横凸棱，鸭首状钩，纽残。长8.4、宽5.3厘米（图五〇八，3）。

铜镜　1件，编号M639：4，素面，体薄，小桥形纽。残径8.5厘米、厚0.15厘米（彩版九三，1）。

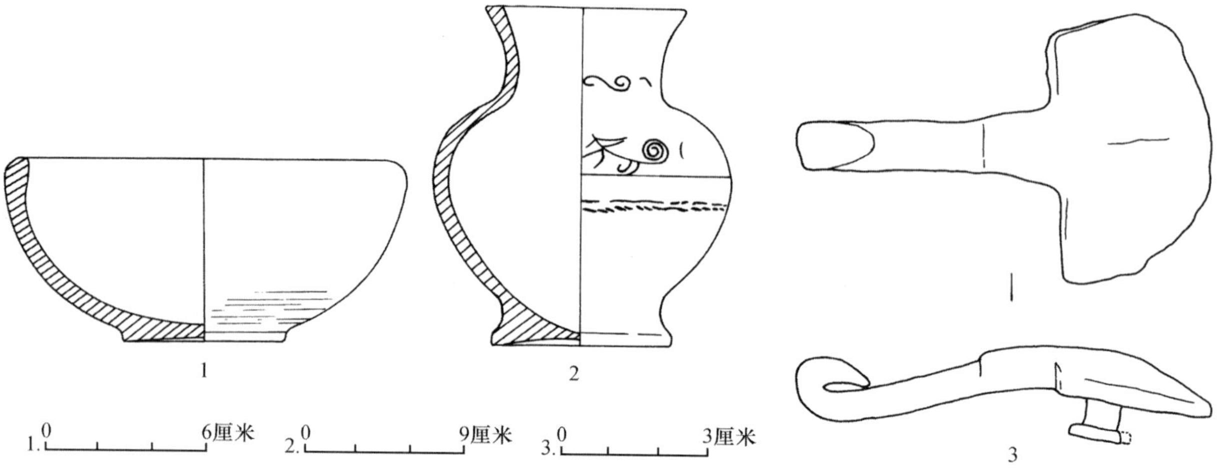

图五〇八　M639出土器物

1. 陶壶（M639：1）　2. 陶碗（M639：2）　3. 铁带钩（M639：3）

二五七、M646

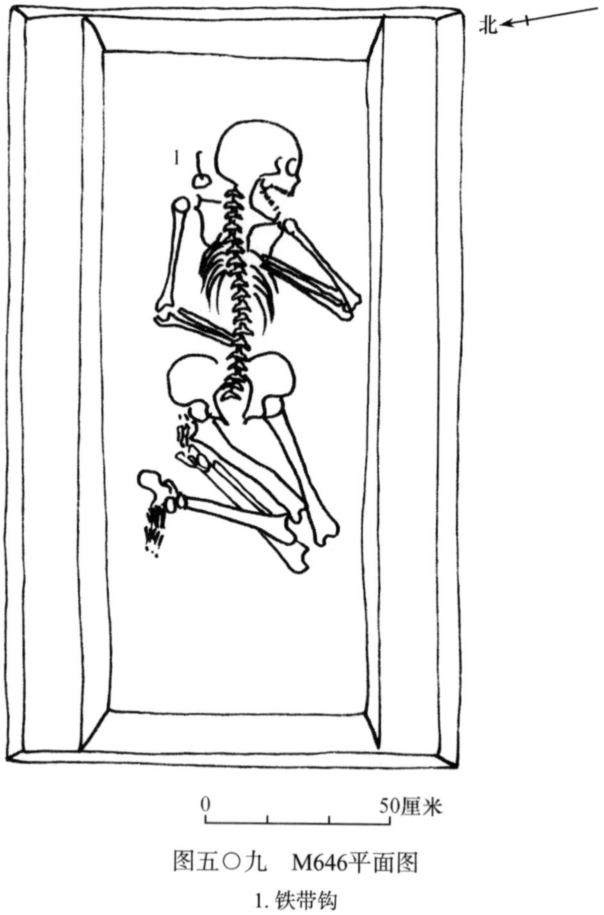

图五〇九　M646平面图

1. 铁带钩

1. 墓葬形制与结构

该墓位于墓地南部，T0702东北角，开口于第2层下，距地表60厘米，墓葬形制为竖穴土坑墓，方向100°（图五〇九）。

墓室：长方形竖穴土坑，长200、宽120厘米。斜壁平底，两侧有生土二层台，宽15、高65厘米。墓底长175、宽72、墓口至墓底125厘米。填土为黄白花土。

葬具：不清。

葬式：人骨头向东，面向南，俯身屈肢，成年男性。

2. 随葬品

共1件，出自人骨右肩上。

铁带钩　1件，编号M646：1，钩体呈粗形，本部半圆形，中心凸出一道竖脊，圆纽偏后，钩颈饰二道横凸棱，钩残。长5.7、宽3.0厘米（图五一〇）。

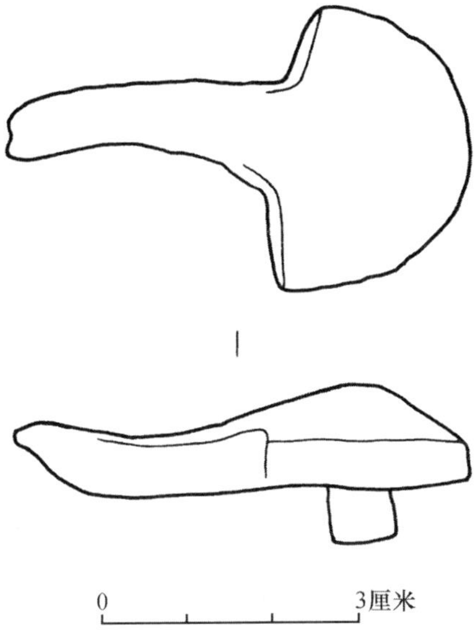

图五一〇　M646出土铁带钩
（M646：1）

二五八、M654

1. 墓葬形制与结构

该墓位于墓地东南，T0703东部，开口于第2层下，距地表60厘米，墓葬形制为竖穴土坑墓，方向5°（图五一一）。

墓室：长方形竖穴土坑，长180、宽80厘米。斜壁平底，墓底长170、宽60、墓口至墓底60厘米。填土为黄白花土。

葬具：不清。

葬式：人骨头向北，面向上，仰身屈肢，成年男性。

2. 随葬品

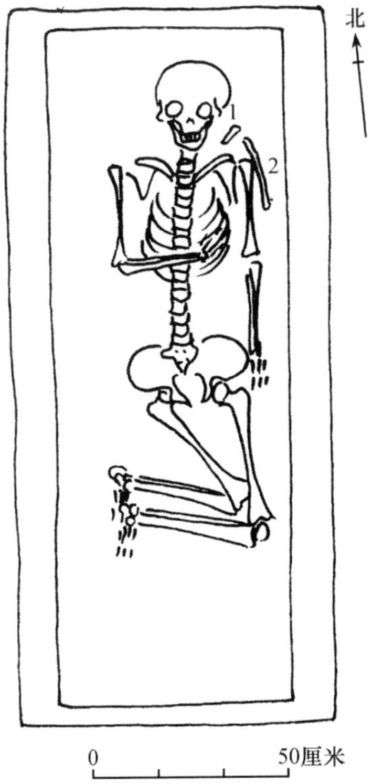

图五一一　M654平面图
1. 铜带钩　2. 铁削

共2件，均出自人骨左肩外。

铜带钩　1件，编号M654：1，钩体呈琵琶形，正面顺饰二条凸棱，圆纽，钩残。长6.0、宽1.7厘米（图五一二，1；彩版八三，3）。

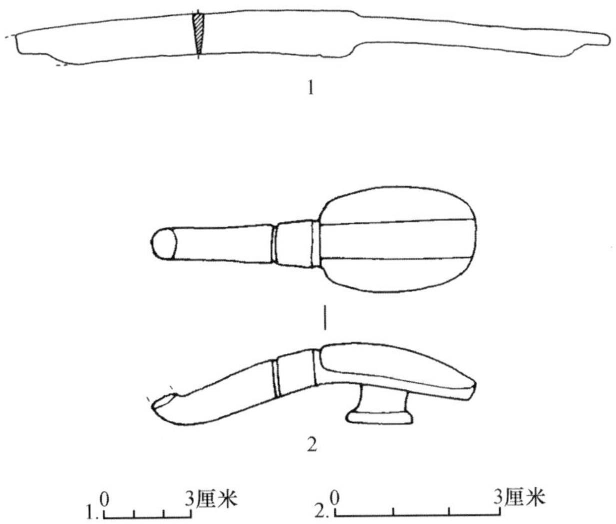

图五一二　M654出土器物
1. 铜带钩（M654：1）　2. 铁削（M654：2）

铁削　1件，编号M654：2，方环形首，背略弧，柄本一体，环首残，锋残，柄断。残长20.2、宽1.3厘米（图五一二，2；彩版九九，2）。

二五九、M661

1. 墓葬形制与结构

该墓位于墓地东南，T0803东北部，开口于第2层下，距地表50厘米，墓葬形制为竖穴土坑墓，方向5°（图五一三；彩版二〇，4）。

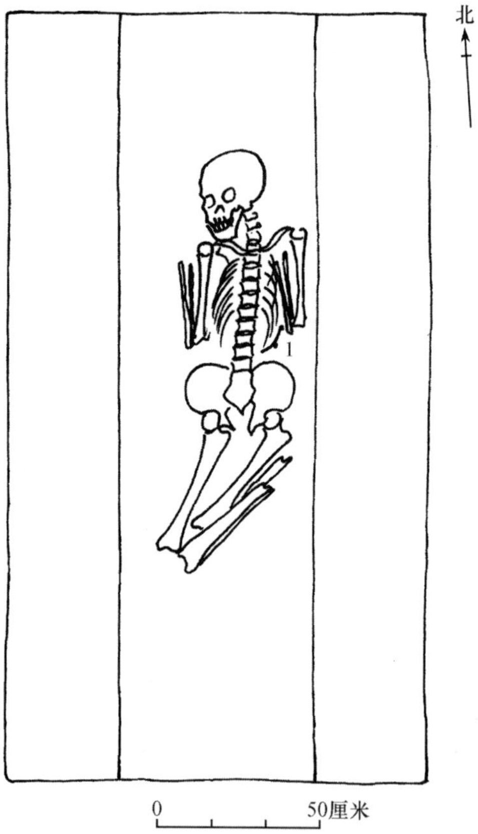

图五一三　M661平面图
1. 铜带钩

墓室：长方形竖穴土坑，长226、宽130厘米。直壁平底，两侧有生土二层台，宽35、高30厘米。墓底长226、宽60、墓口至墓底90厘米。填土为黄白花土。

葬具：不清。

葬式：人骨头向北，面向西，仰身屈肢，成年男性。

2. 随葬品

共1件，出自人骨左侧腰部。

铜带钩　1件，编号M661：1，钩体截面呈半圆形，内略弧，本部圆尾，圆纽偏中部，鸭首状钩残。长9.0、径1.0厘米（图五一四；彩版八三，4）。

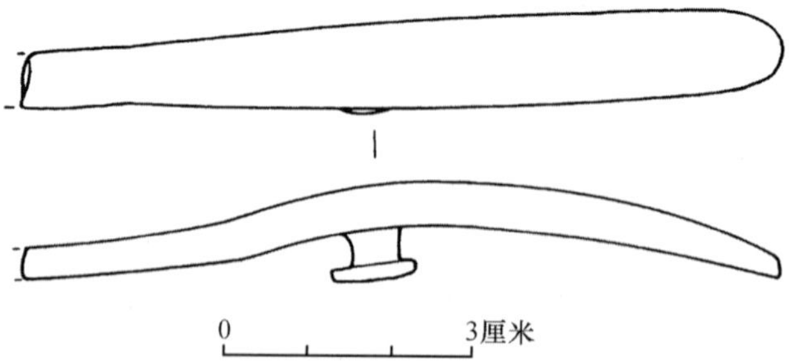

图五一四　M661出土铜带钩
（M661：1）

二六〇、M666

1. 墓葬形制与结构

该墓位于墓地东南，T0803西北部，开口于第2层下，距地表50厘米，墓葬形制为竖穴土坑墓，方向5°（图五一五）。

墓室：长方形竖穴土坑，长190，宽100厘米，直壁平底，两侧有生土二层台，宽16、高32厘米，墓底长190、宽68、墓口至墓底90厘米。填土为黄白花土。

葬具：不清。

葬式：人骨头向北，面向西，仰身屈肢，成年男性。

2. 随葬品

共1件，出自墓底东北角。

铁带钩　1件，编号M666：1，钩体扁平，呈琵琶形，弧度稍大，圆尾圆纽，鸭首状钩，稍残。长14.5、宽2.3厘米（图五一六）。

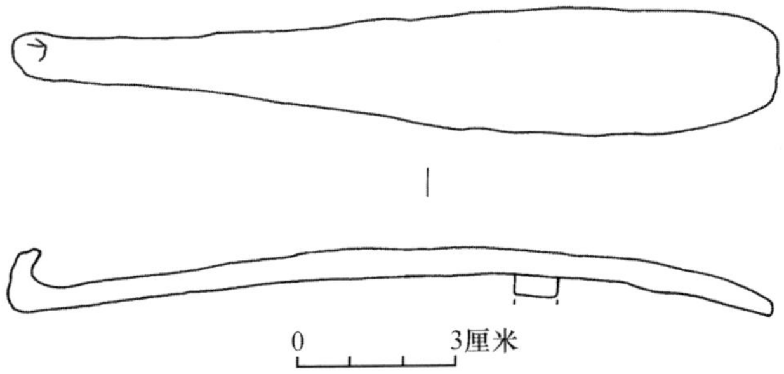

图五一六　M666出土铁带钩
（M666：1）

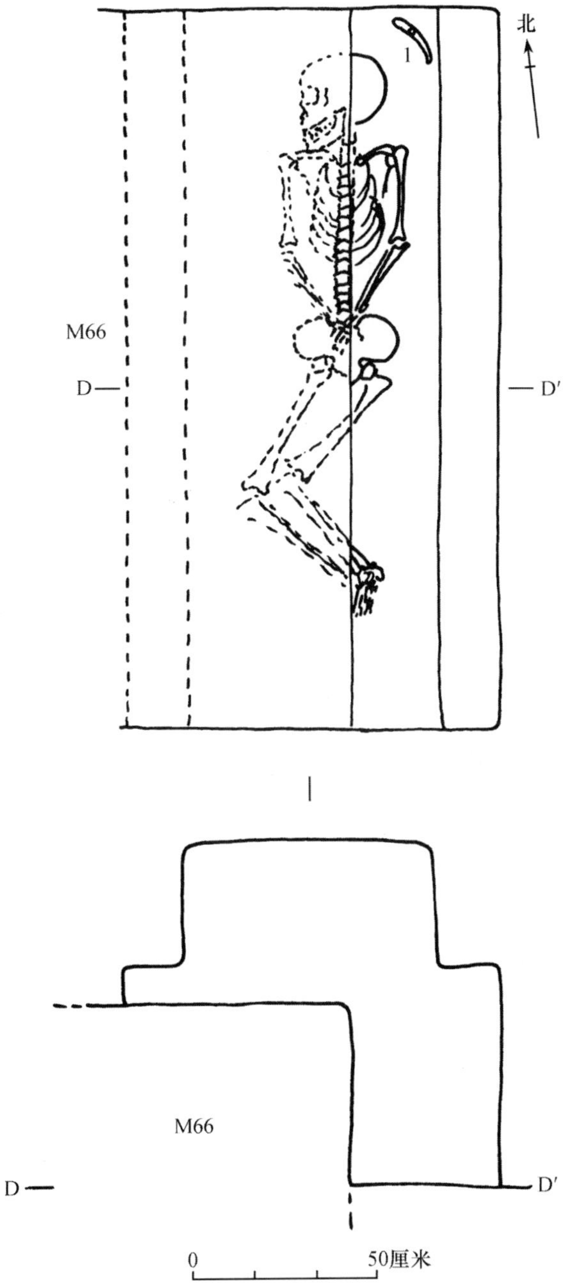

图五一五　M666平、剖面图
1. 铁带钩

二六一、M676

1. 墓葬形制与结构

该墓位于墓地东南，T0704东部，开口于第2层下，距地表40厘米，墓葬形制为竖穴土坑墓，方向18°（图五一七）。

墓室：长方形竖穴土坑，长200、宽110厘米。直壁平底，两侧有生土二层台，宽24、高45厘米。墓底长200、宽60、墓口至墓底85厘米。

葬具：不清。

葬式：人骨头向北，面向西，仰身屈肢，成年男性。

2. 随葬品

共1件，出自人头骨后脑处。

铜带钩　1件，编号M676：1，钩体截面呈半圆形，内略弧，本部圆尾，圆纽偏后近本部，前部钩残。长3.6、径1.2厘米（图五一八；彩版五四，4）。

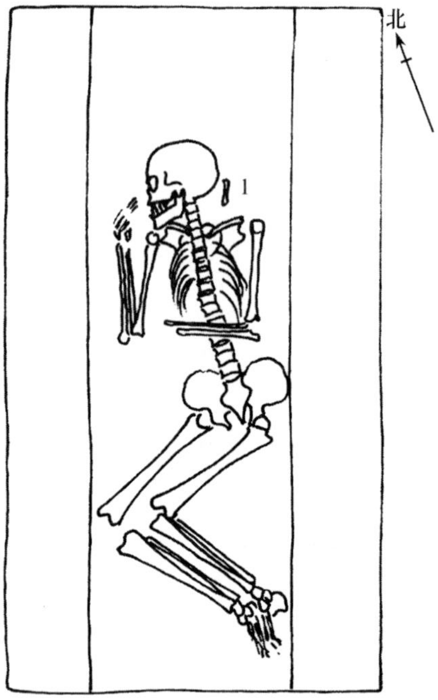

图五一七　M676平面图
1. 铜带钩

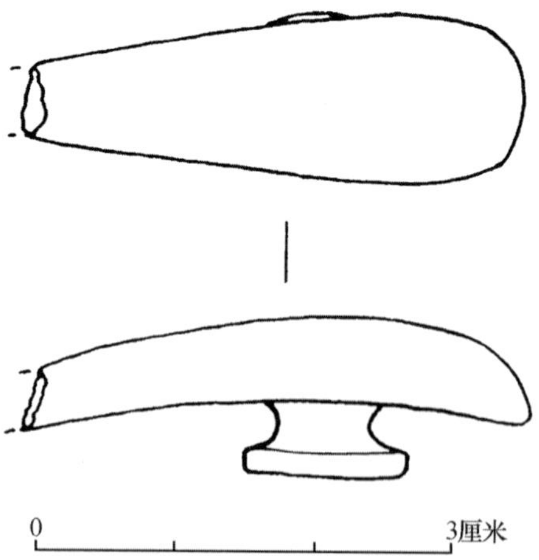

图五一八　M676出土铜带钩
（M676：1）

二六二、M684

1. 墓葬形制与结构

该墓位于墓地东南，T0704西部，开口于第2层下，距地表50厘米，墓葬形制为竖穴土坑墓，方向5°（图五一九）。

墓室：长方形竖穴土坑，长200、宽60厘米。斜壁平底，墓底长180、宽50、墓口至墓底40厘米。填土为黄白花土。

葬具：不清。

葬式：人骨头向北，面向东，仰身屈肢，成年男性。

2. 随葬品

共1件，出自人骨右肱骨外侧。

铜带钩　1件，编号M684：1，钩体呈耜形，本部半圆形，中心凸出一竖脊，正面刻斜方格间圈点纹，圆纽，钩残。长5.0、宽2.7厘米（图五二〇；彩版六一，4）。

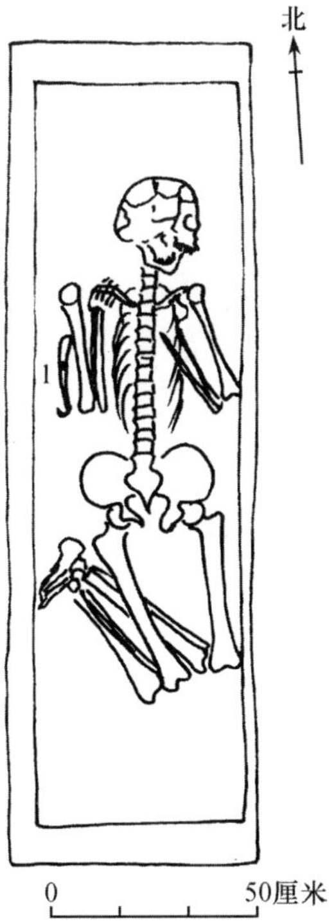

图五一九　M684平面图
1. 铜带钩

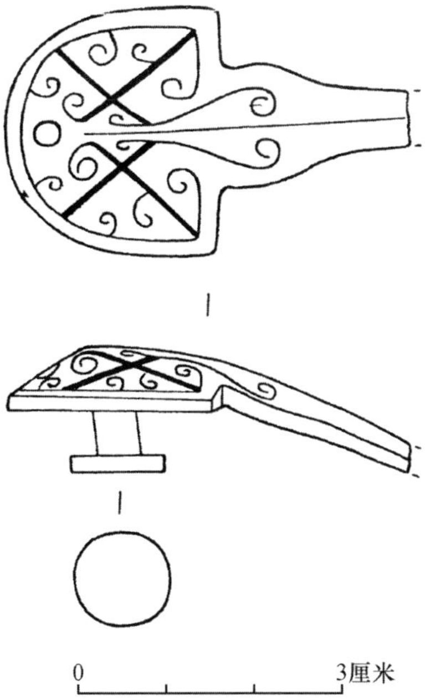

图五二〇　M684出土铜带钩
（M684：1）

二六三、M685

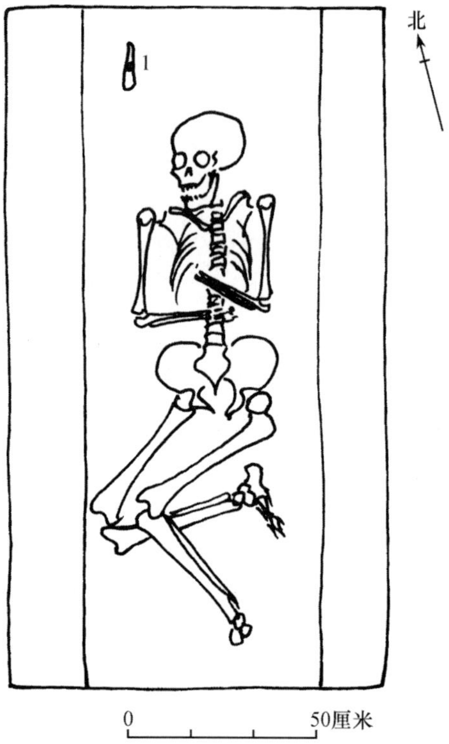

图五二一　M685平面图

1. 铜带钩

1. 墓葬形制与结构

该墓位于墓地东北，T0910东部，开口于第2层下，距地表35厘米，墓葬形制为竖穴土坑墓，方向15°（图五二一；彩版二一，1）。

墓室：长方形竖穴土坑，长180、宽100厘米。直壁平底，两侧有生土二层台，宽18～20、高45厘米。墓底长180、宽62、墓口至墓底70厘米。填土为黄白花土。

葬具：不清。

葬式：人骨头向北，面向上，仰身屈肢，成年女性。

2. 随葬品

共1件，出自墓底西北部。

铜带钩　1件，编号M685：1，钩体呈琵琶形，中间厚，截面呈梯形，内略弧，本部圆尾，圆纽，纽面上

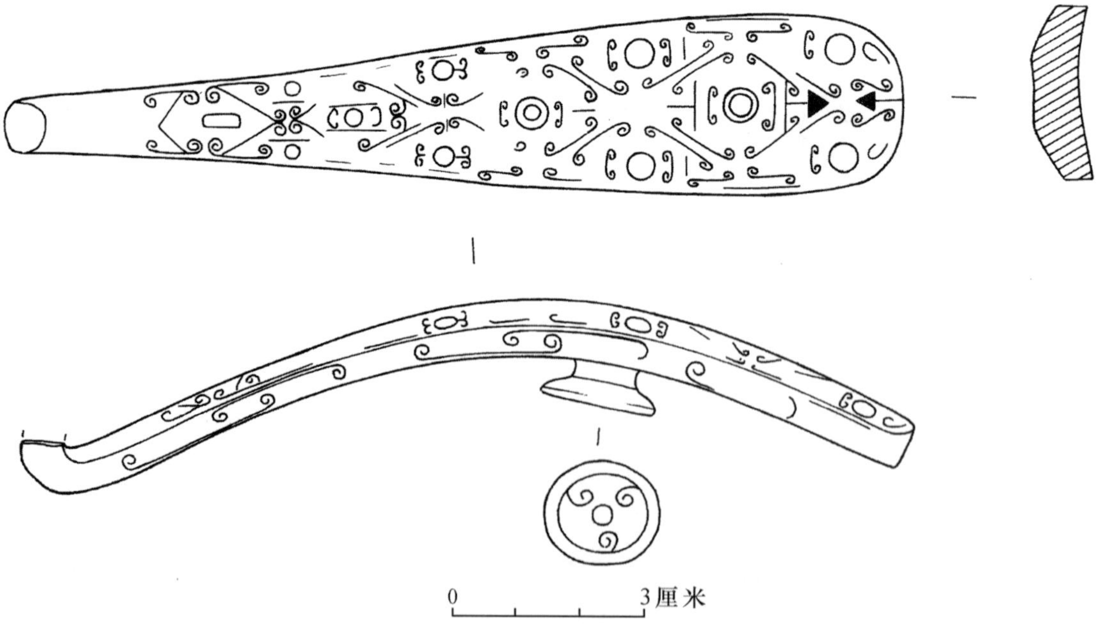

图五二二　M685出土铜带钩

（M685：1）

饰卷云纹，钩残，正面雕三行圈点纹间云雷纹，错银，嵌绿松石，侧面雕卷云纹。长14.0、宽2.5厘米（图五二二；彩版八二，1）。

二六四、M688

1. 墓葬形制与结构

该墓位于墓地东北，T0809西部，开口于第2层下，距地表40厘米，墓葬形制为竖穴土坑墓，方向20°（图五二三）。

墓室：长方形竖穴土坑，长190、宽100厘米。直壁平底，两侧有生土二层台，宽10～20、高50厘米。墓底长190、宽40、墓口至墓底110厘米。填土为黄白花土。

葬具：不清。

葬式：人骨头向北，面向上，仰身屈肢，成年男性。

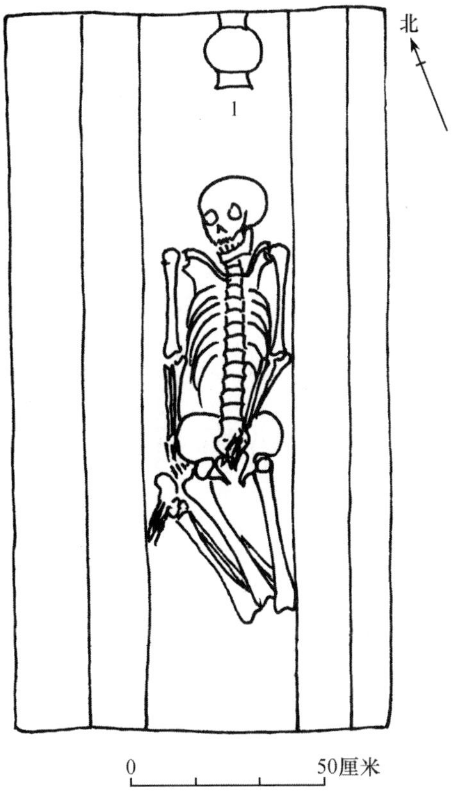

图五二三　M688平面图

1. 陶壶

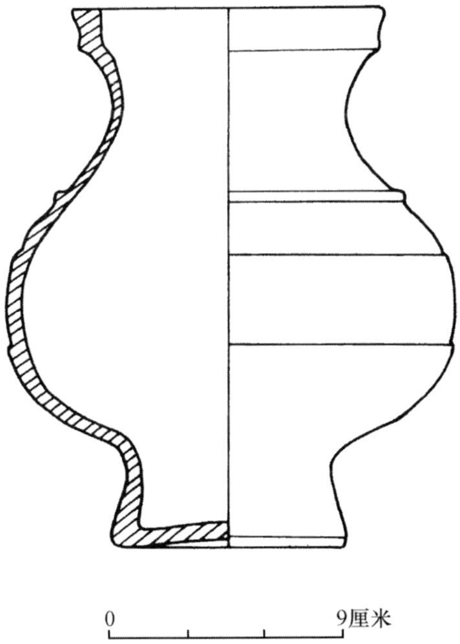

图五二四　M688出土陶壶

（M688：1）

2. 随葬品

共1件，出自墓底北端。

陶壶　1件，编号M688：1，泥质灰陶，盘口，平沿，长颈，鼓腹，下腹斜收，高假圈足，平底，肩腹部饰三道凸棱纹。高21.5、口径12.0、腹径17.3、底径9.1厘米（图五二四；彩版三八，1）。

二六五、M695

1. 墓葬形制与结构

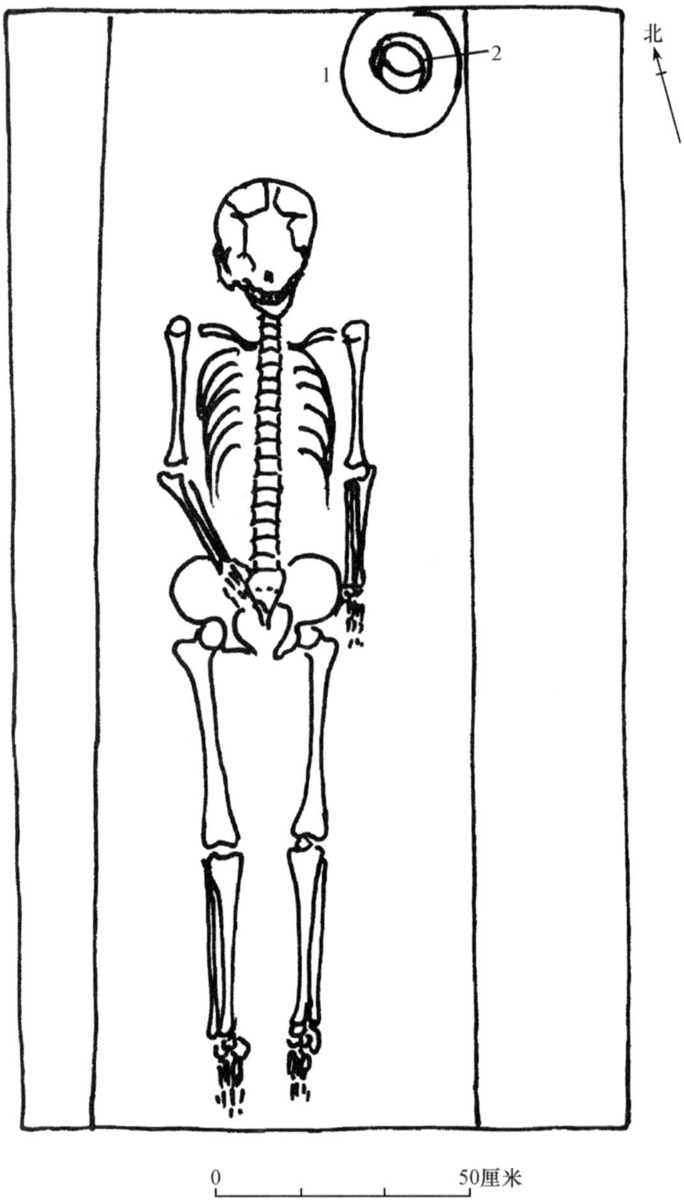

图五二五　M695平面图
1. 陶罐　2. 陶碗

该墓位于墓地西北，T0308南部，开口于第2层下，距地表55厘米，墓葬形制为竖穴土坑墓，方向15°（图五二五）。

墓室：长方形竖穴土坑，长220、宽120厘米。直壁平底，两侧有生土二层台，宽14～30、高70厘米。墓底长220、宽70～76、墓口至墓底155厘米。填土为黄白花土。

葬具：不清。

葬式：人骨头向北，面向上，仰身直肢，成年女性。

2. 随葬品

共2件，均出自墓底东北角。

陶罐　1件，编号M695：1，泥质灰陶，侈口，叠唇，直领，球腹，圜底稍内凹，上腹饰竖细绳纹，横宽划纹，下腹拍印粗绳纹。高22.2、口径11.9、腹径20.8、领高5.7厘米（图五二六，2；彩版四五，5）。

陶碗　1件，编号M695：2，泥质灰陶，敛口，钵形，璧形底稍内凹，内圜底。口径13.9～15.8、深7.9、底径6.0、高0.4厘米（图五二六，1）。

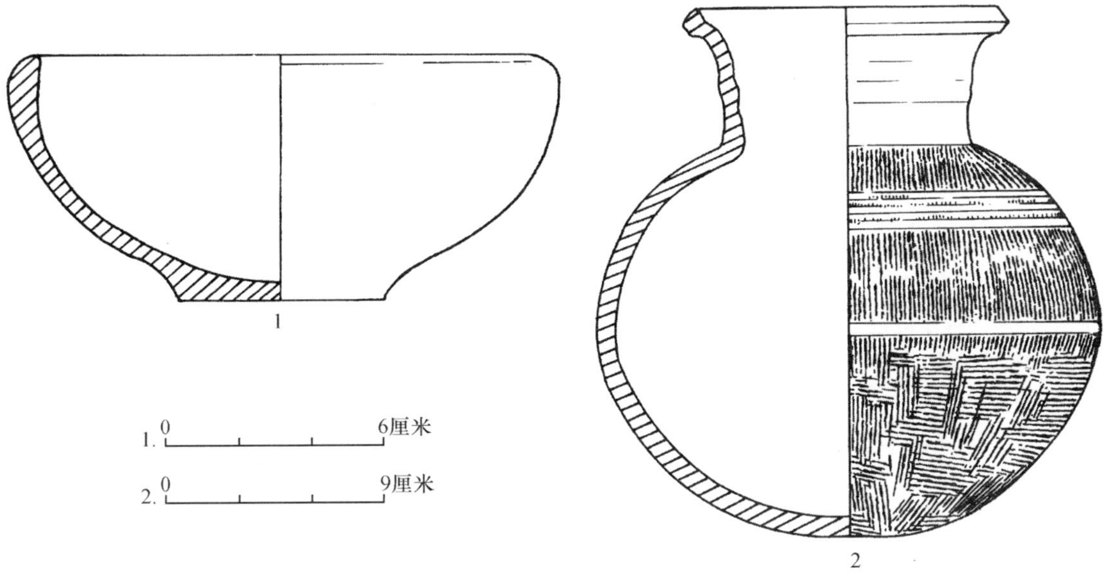

图五二六　M695出土陶器

1. 陶碗（M695：2）　2. 陶罐（M695：1）

二六六、M699

1. 墓葬形制与结构

该墓位于墓地中东部，T0507西南部，开口于第2层下，距地表90厘米，墓葬形制为竖穴土坑墓，方向10°（图五二七；彩版二一，3）。

墓室：长方形竖穴土坑，长220、宽110厘米。斜壁平底，两侧有生土二层台，宽15～20、高40厘米。墓底长200、宽60、墓口至墓底130厘米。填土为黄白花土。

葬具：不清。

葬式：人骨头向北，面向西，仰身屈肢，成年女性。

2. 随葬品

共4件，铜镜、八棱画笔出自人头骨北端，铜带钩出自人头骨眼部。

铜镜　1件，编号M699：1，素面，体薄，小桥形纽，残（彩版九〇，1）。

铜带钩　1件，编号M699：2，钩体截面呈半圆形，内略弧，本部圆尾，圆纽偏后，前部残。长4.4、径1.5厘米（图五二八，1；彩版五四，2）。

八棱画笔　2件，编号M699：3，八棱柱形，砂质，浅蓝色。高2.3、径1.2厘米（图五二八，2；彩版一〇二，5）。

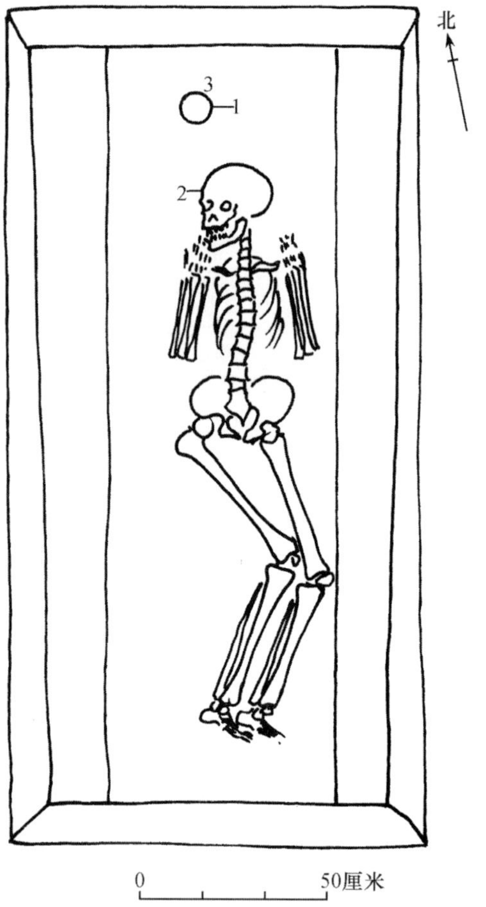

图五二七　M699平面图
1. 铜镜　2. 铜带钩　3. 八棱画笔

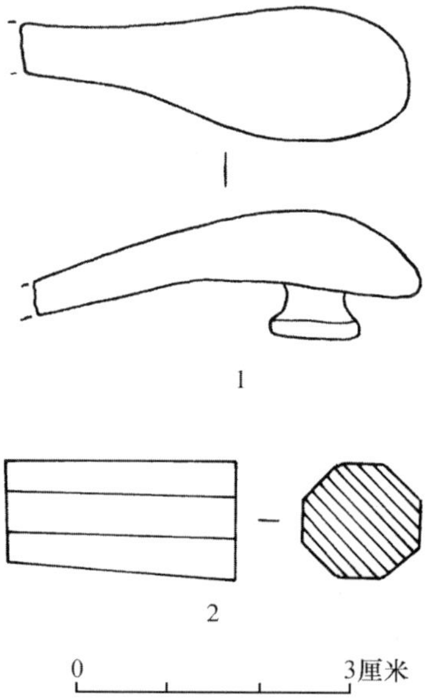

图五二八　M699出土器物
1. 铜带钩（M699：2）　2. 八棱画笔（M699：3）

二六七、M704

1. 墓葬形制与结构

该墓位于墓地北中部，T0612中部，开口于第2层下，距地表120厘米，墓葬形制为竖穴土坑墓，方向210°（图五二九；彩版二二，1）。

墓室：长方形竖穴土坑，长220、宽140厘米。直壁平底，两侧有生土二层台，宽20～30、高76厘米。墓底长220、宽90、墓口至墓底167厘米。填土为黄白花土。

葬具：不清。

葬式：人骨头向南，面向西，仰身直肢，成年女性。

2. 随葬品

共3件，铜带钩出自人头骨东侧，陶器出自墓底西北部。

铜带钩　1件，编号M704：1，钩体扁平，琵琶形，内略弧，正面顺饰二道凸棱，圆纽，钩残。长14.3、宽3.0厘米（图五三〇，1；彩版八三，5）。

陶碗　1件，编号M704：2，泥质灰陶，敛口，钵形，璧形底稍内凹，内圜底。口径13.6～15.0、深5.2、底径6.4、高0.5厘米（图五三〇，2）。

陶罐　1件，编号M704：3，质地松散加之出土时残损，无法修复。

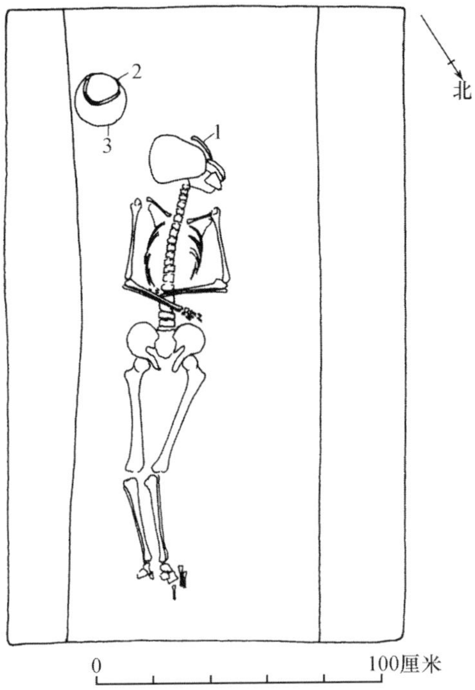

图五二九　M704平面图

1. 铜带钩　2. 陶碗　3. 陶罐（残）

二六八、M706

1. 墓葬形制与结构

该墓位于墓地北中部，T0612北部，开口于第2层下，距地表95厘米，墓葬形制为竖穴土坑墓，方向10°（图五三一）。

墓室：长方形竖穴土坑，长190、宽110厘米。斜壁平底，两侧有生土二层台，宽16、高40厘米。墓底长180、宽58、墓口至墓底160厘米。填土为黄白花土。

葬具：不清。

葬式：人骨头向北，面向西，仰身屈肢，成年男性。

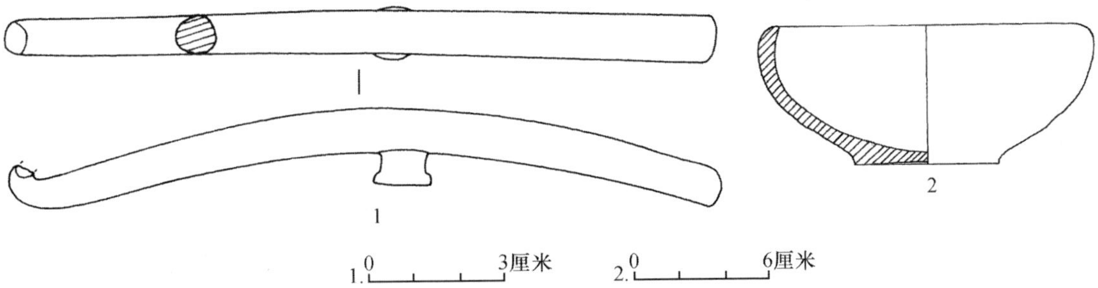

图五三〇　M704出土器物

1. 铜带钩（M704：1）　2. 陶碗（M704：2）

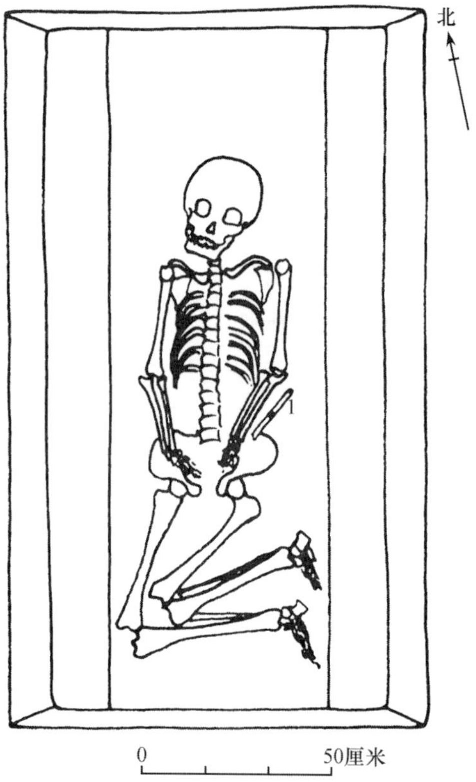

图五三一　M706平面图

1. 铜带钩

2. 随葬品

共1件，出自人骨左尺骨外侧。

铜带钩　1件，编号M706∶1，钩体近圆柱形，弧度小，本部齐尾，圆纽，钩残。长15.5、径1.0厘米（图五三二；彩版六六，3）。

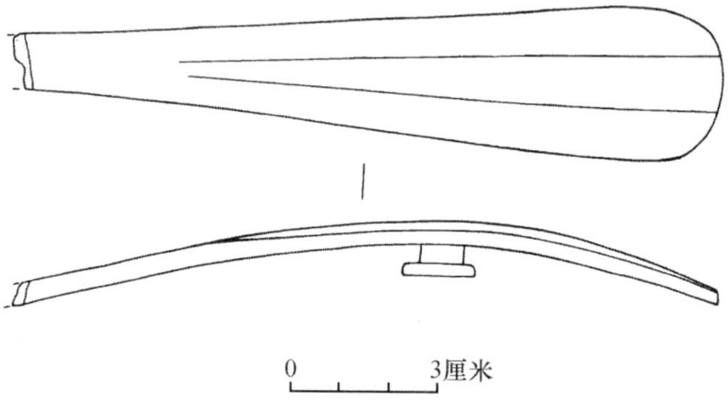

图五三二　M706出土铜带钩

（M706∶1）

二六九、M707

1. 墓葬形制与结构

该墓位于墓地北中部，T0612北部，开口于第2层下，距地表140厘米，墓葬形制为竖穴土坑墓，方向15°（图五三三）。

墓室：长方形竖穴土坑，长230、宽136厘米。直壁平底，四周有生土二层台，宽10～35、高55厘米。墓底长202、宽66、墓口至墓底130厘米。填土为黄白花土。

葬具：不清。

葬式：人骨头向北，面向西，仰身屈肢，成年女性。

2. 随葬品

共1件，出自人骨左肩外。

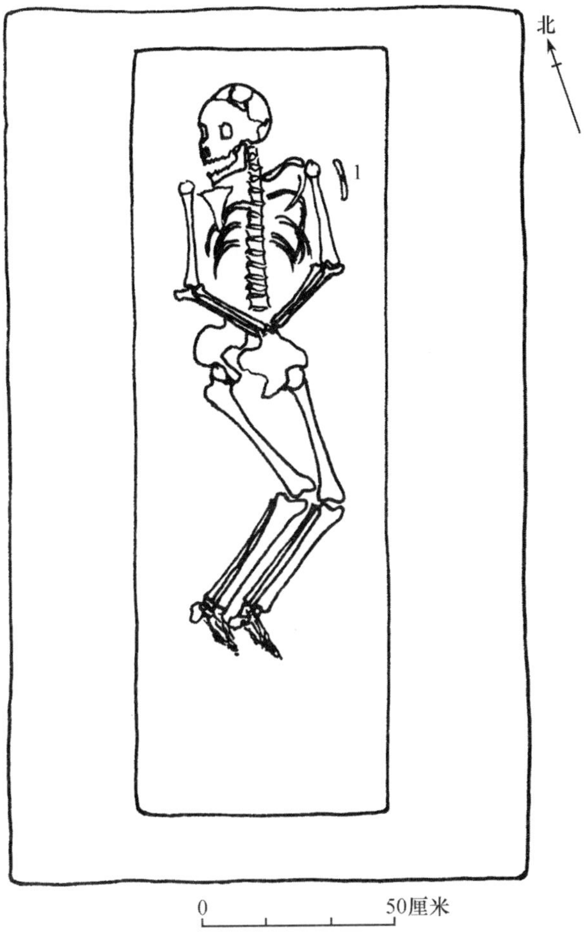

图五三三　M707平面图
1. 铜带钩

铜带钩　1件，编号M707：1，钩体扁平，琵琶形，内略弧，圆纽，钩残，正面顺雕三行竖长方格加乳钉纹，间菱形、云雷纹，组成两组图纹，错银。长10.0、宽1.8厘米（图五三四；彩版七七，3）。

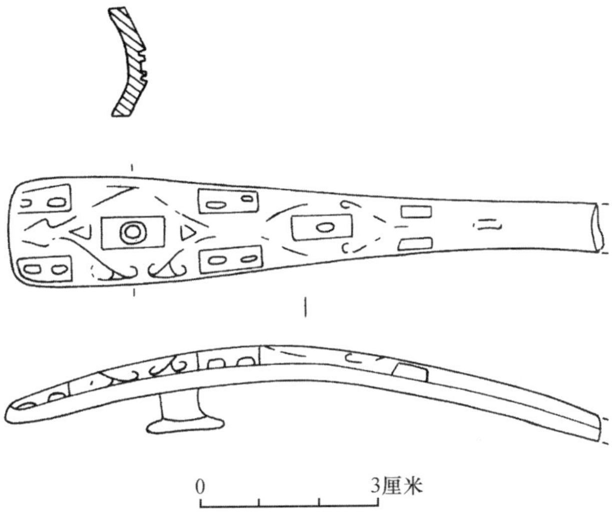

图五三四　M707出土铜带钩
（M707：1）

二七〇、M708

1. 墓葬形制与结构

该墓位于墓地北中部，T0512东南，开口于第2层下，距地表100厘米，墓葬形制为竖穴土坑墓，方向10°（图五三五；彩版二二，2）。

墓室：长方形竖穴土坑，长220、宽106厘米。直壁平底，两侧有生土二层台，宽18、高50厘米。墓底长220、宽70、墓口至墓底110厘米。填土为黄白花土。

葬具：不清。

葬式：人骨头向北，面向东，仰身屈肢，成年男性。

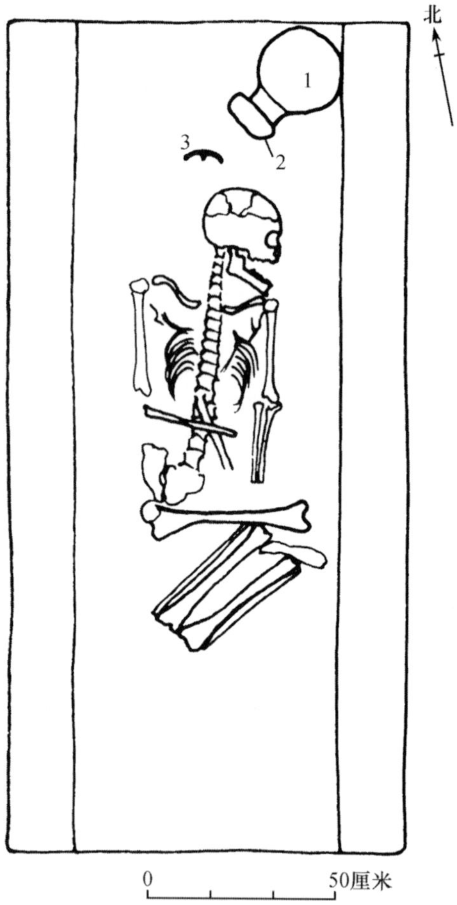

图五三五　M708平面图
1. 陶罐　2. 陶碗　3. 铁带钩（残）

2. 随葬品

共3件，均出自墓底东北角。

陶罐　1件，编号M708：1，泥质灰陶，侈口，叠唇，直领，鼓腹，圜底稍内凹，肩有折棱，下腹拍印粗绳纹。高25.4、口径10.5、腹径21.7、领高6.0厘米（图五三六，1；彩版四五，6）。

陶碗　1件，编号M708：2，泥质灰陶，敛口，钵形，璧形底稍内凹，内圜底。口径15.6～13.8、深6.3、底径6.2、高0.5厘米（图五三六，2；彩版四九，5）。

铁带钩　1件，编号M708：3，钩体近圆柱形，弧度稍大，本部齐尾，圆纽近中部，钩残。长8.0、径1.1厘米（图五三六，3）。

二七一、M710

1. 墓葬形制与结构

该墓位于墓地北中部，T0512中部，开口于第2层

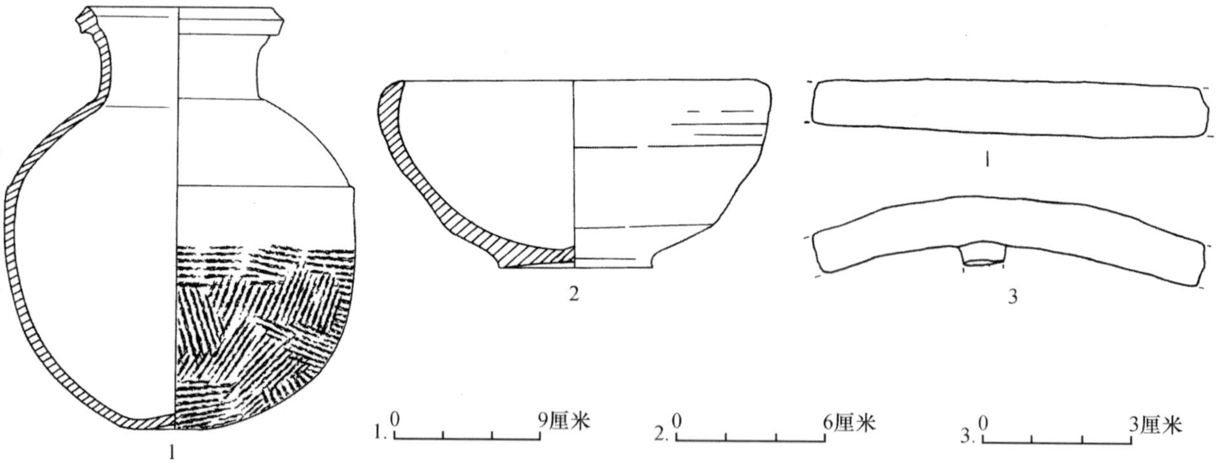

图五三六　M708出土器物
1. 陶罐（M708：1）　2. 陶碗（M708：2）　3. 铁带钩（M708：3）

下，距地表120厘米，墓葬形制为竖穴土坑墓，方向20°（图五三七）。

墓室：长方形竖穴土坑，长200、宽100厘米。直壁平底，两侧有生土二层台，宽10、高40厘米。墓底长200、宽78、墓口至墓底90厘米。填土为黄白花土。

葬具：不清。

葬式：人骨头向北，面向东，侧身屈肢，成年男性。

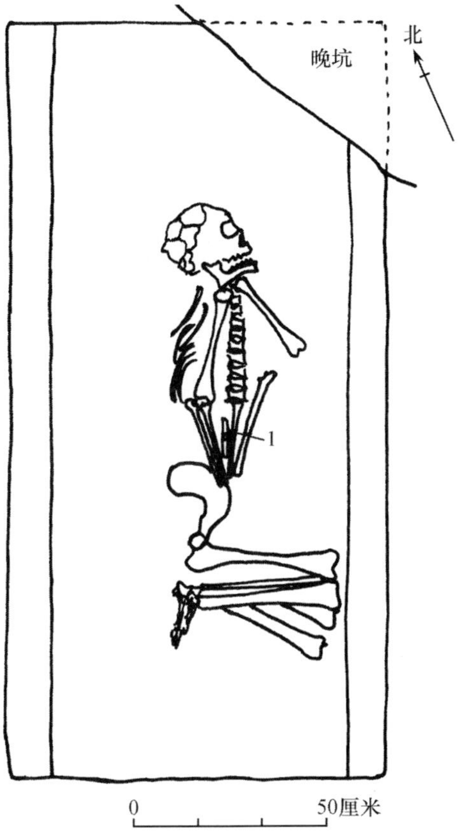

图五三七 M710平面图

1. 铜带钩

2. 随葬品

共1件，出自人骨中间腰部。

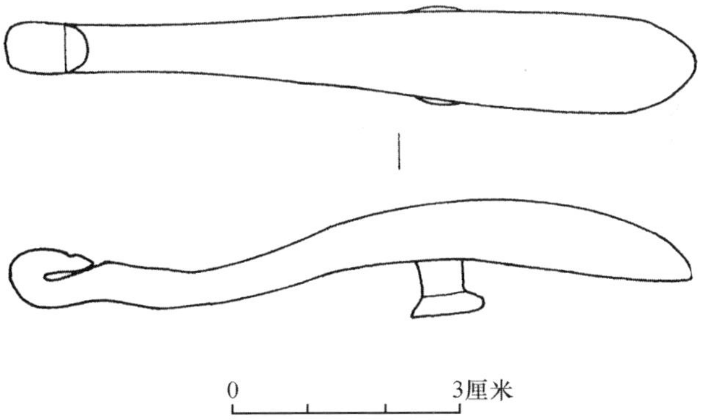

图五三八 M710出土铜带钩

（M710：1）

铜带钩 1件，编号M710：1，钩体截面呈半圆形，内略弧，本部圆尾，圆纽偏中部，鸭首状钩。长8.9、径1.2厘米（图五三八；彩版八三，6）。

二七二、M712

1. 墓葬形制与结构

该墓位于墓地北中部，T0512西部，开口于第2层下，距地表120厘米，墓葬形制为竖穴土坑墓，方向25°（图五三九；彩版二二，3）。

墓室：长方形竖穴土坑，长190、宽70厘米。直壁平底，墓口至墓底55厘米。填土为黄白花土。

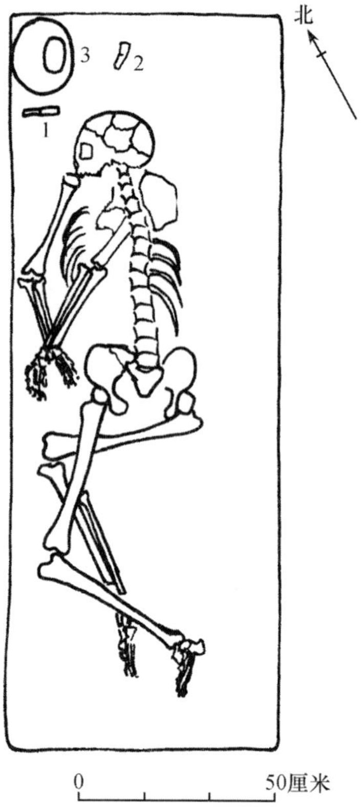

图五三九　M712平面图
1. 铜带钩　2. 铜管　3. 陶壶（残）

葬具：不清。

葬式：人骨头向北，面向西，俯身屈肢，成年男性。

2. 随葬品

共3件，均出自墓底西北角。

铜带钩　1件，编号M712∶1，钩体截面呈半圆形，内略弧，本部圆尾，圆纽偏中部，后部残。长10.8、径1.1厘米（图五四〇，1；彩版六六，2）。

铜管　1件，编号M712∶2，管状，前圆后椭圆，中间饰一道横凸棱，两端残。长6.8、径2.9厘米（图五四〇，2；彩版九七，2）。

陶壶　1件，编号M712∶3，泥质灰陶，侈口，斜平沿，弧颈，鼓腹，假圈足平底座。高27.0、口径11.5～14.0、腹径20.0、底径9.5厘米（图五四〇，3；彩版三八，4）。

二七三、M714

1. 墓葬形制与结构

该墓位于墓地西北，T0412东北部，开口于第2层下，距地表120厘米，墓葬形制为竖穴土坑墓，方向10°（图五四一；彩版二二，4）。

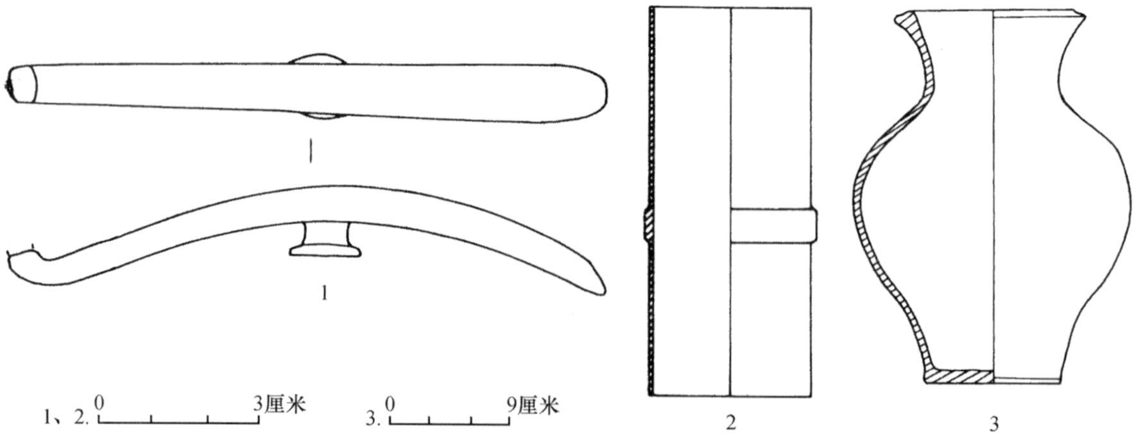

图五四〇　M712出土器物
1. 铜带钩（M712∶1）　2. 铜管（M712∶2）　3. 陶壶（M712∶3）

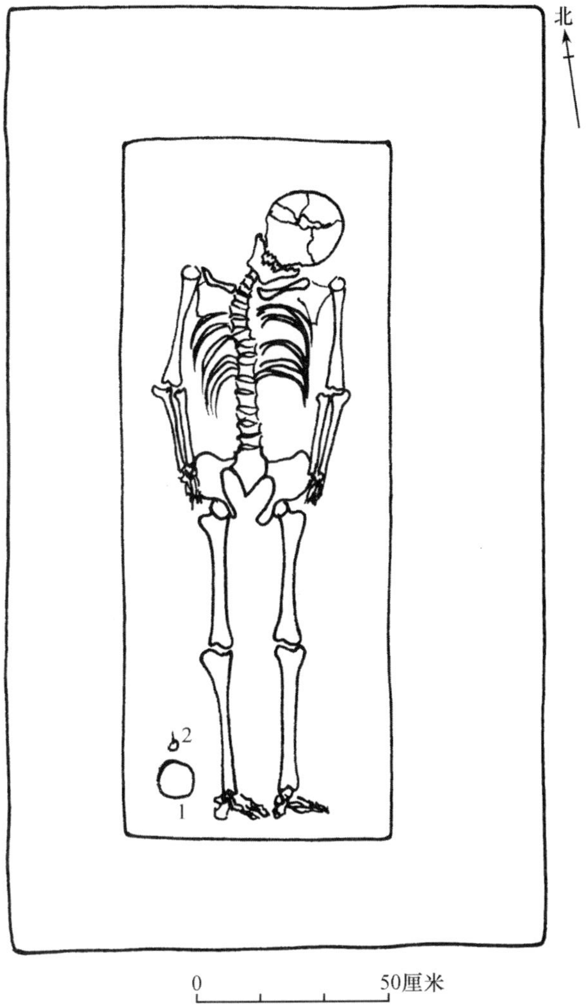

图五四一　M714平面图
1. 铜镜　2. 铜带钩

墓室：长方形竖穴土坑，长250、宽140厘米。直壁平底，四周有生土二层台，宽30～40、高80厘米。墓底长184、宽70、墓口至墓底130厘米。填土为黄白花土。

葬具：不清。

葬式：人骨头向北，面向西，仰身直肢，成年女性。

2. 随葬品

共2件，均出自墓底西南部。

铜镜　1件，编号M714：1，素面体薄，小桥形纽。直径7.4厘米（彩版九三，2）。

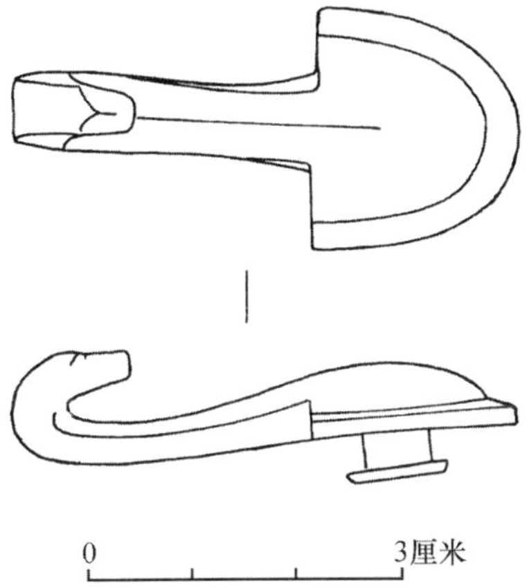

图五四二　M714出土铜带钩
（M714：2）

铜带钩　1件，编号M714：2，钩体呈耜形，本部半圆形，中心凸出一竖脊，周有一环凸棱，呈双层，圆纽，鸭首状钩。长4.9、宽2.2厘米（图五四二；彩版六一，5）。

二七四、M715

1. 墓葬形制与结构

该墓位于墓地西北，T0412北部，开口于第2层下，距地表140厘米，墓葬形制为竖穴土坑墓，方向5°（图五四三）。

墓室：长方形竖穴土坑，长200、宽80厘米。直壁平底，两侧有生土二层台，宽10、高35厘米。墓底长200、宽60、墓口至墓底80厘米。填土为黄白花土。

葬具：不清。

葬式：人骨头向北，面向上，仰身屈肢，成年男性。

2. 随葬品

共1件，出自人骨右脚处。

铁带钩　1件，编号M715：1，钩体呈耜形，本部半圆形，中心凸出一竖脊，圆纽偏后，残，钩颈饰二道横凸棱，鸭首状钩。长8.1、宽5.2厘米（图五四四）。

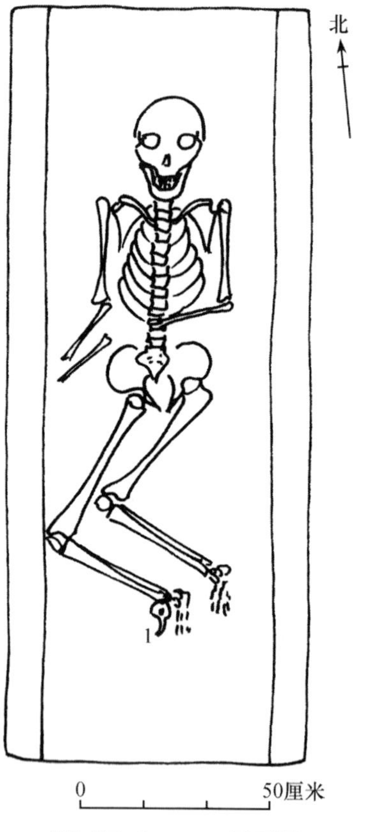

图五四三　M715平面图

1. 铁带钩

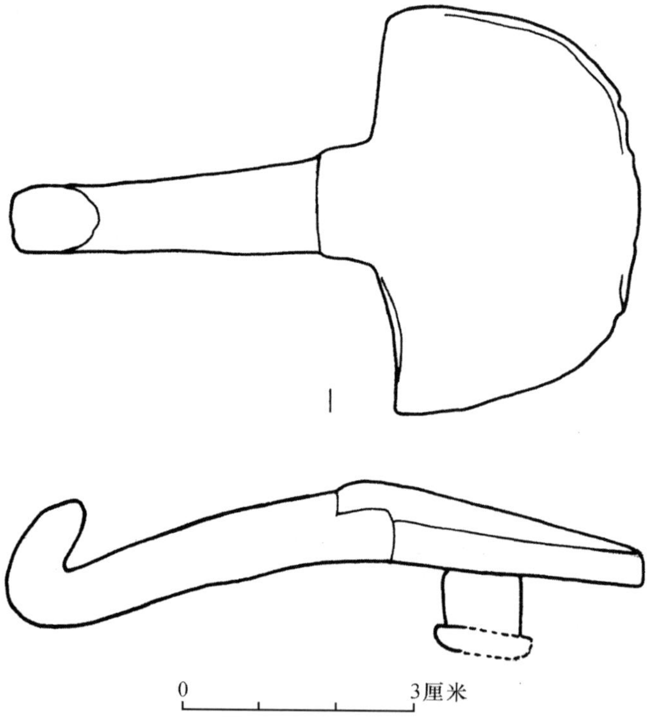

图五四四　M715出土铁带钩

（M715：1）

二七五、M717

1. 墓葬形制与结构

该墓位于墓地西北，T0412西南部，开口于第2层下，距地表105厘米，墓葬形制为竖穴土坑墓，方向110°（图五四五）。

墓室：长方形竖穴土坑，长220、宽90厘米。直壁平底，四周有熟土二层台，宽10～20、高14厘米。墓口至墓底90厘米。填土为黄白花土。

葬具：有棺木朽痕，长188、宽58、残高14厘米。

葬式：人骨头向东，面向南，仰身屈肢，成年男性。

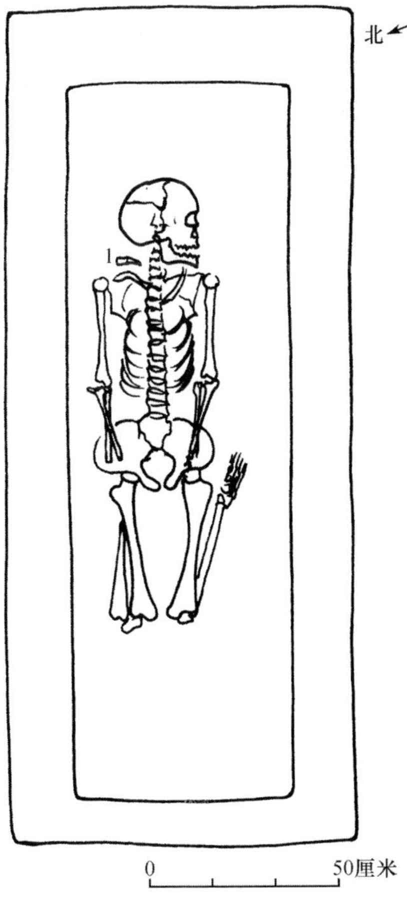

图五四五 M717平面图

1. 铜带钩

2. 随葬品

共1件，出自人骨右肩上后脑下。

铜带钩 1件，编号M717：1，钩体呈琵琶形，中间厚，截面呈梯形，内略弧，正面雕菱形云雷纹间方格组成图纹，错银，嵌绿松石，圆纽，钩残。长8.7、宽2.0厘米（图五四六；彩版七七，4）。

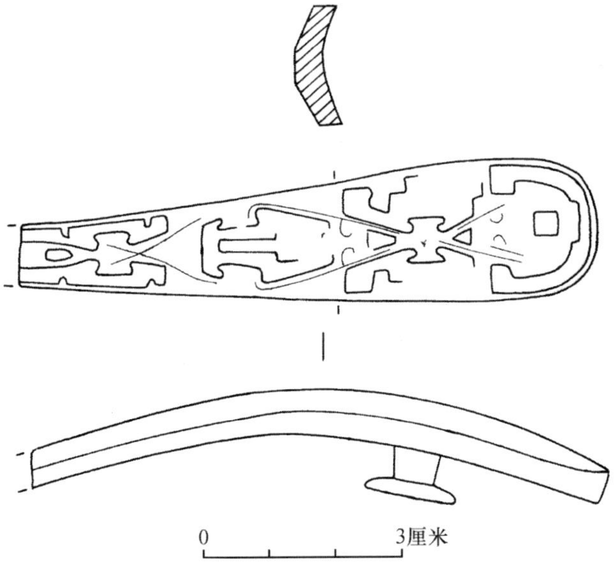

图五四六 M717出土铜带钩

（M717：1）

二七六、M718

1. 墓葬形制与结构

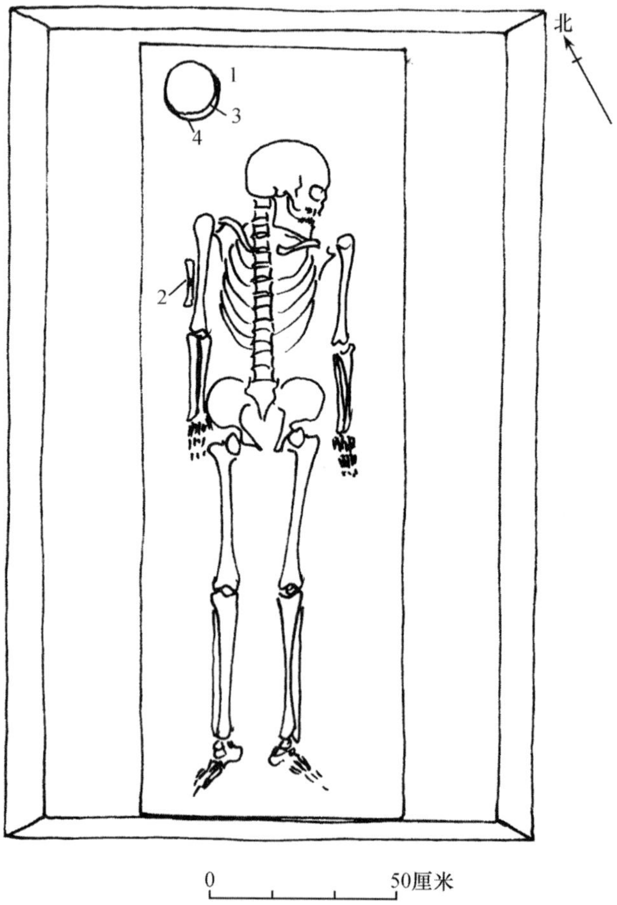

图五四七　M718平面图

1. 陶碗　2. 铜带钩　3. 八棱饰件　4. 铜镜

该墓位于墓地北中部，T0615中部，开口于第2层下，距地表120厘米，墓葬形制为竖穴土坑墓，方向30°（图五四七；彩版二三，1）。

墓室：长方形竖穴土坑，长220、宽140厘米。斜壁平底，两侧有生土二层台，宽25、高46厘米。墓底长204、宽70、墓口至墓底100厘米。填土为黄白花土。

葬具：不清。

葬式：人骨头向北，面向东，仰身直肢，成年男性。

2. 随葬品

共4件，铜带钩出自人骨右肱骨外侧，其他3件出自墓底西北部。

陶碗　1件，编号M718：1，泥质灰陶，敛口，钵形，璧形底稍内凹，内圜底。口径12.9～14.6、深5.8、底径6.5、高7厘米（图五四八，1；彩版四九，6）。

铜带钩　1件，编号M718：2，钩体厚重，呈琵琶形，弧度大，圆纽，钩残，正面雕菱形云蕾纹、乳钉圈点纹、T形纹、U形纹组成五组图纹，嵌绿松石（多脱落），错银。长21.1、宽2.6厘米（图五四八，3；彩版八四，2）。

八棱饰件　1件，编号M718：3，八棱柱形，质硬，黑色。高4.6、径1.0～1.2厘米（图五四八，2；彩版一〇二，2）。

铜镜　1件，编号M718：4，素面，体薄，小桥形纽，残。径7.8厘米（彩版九三，3）。

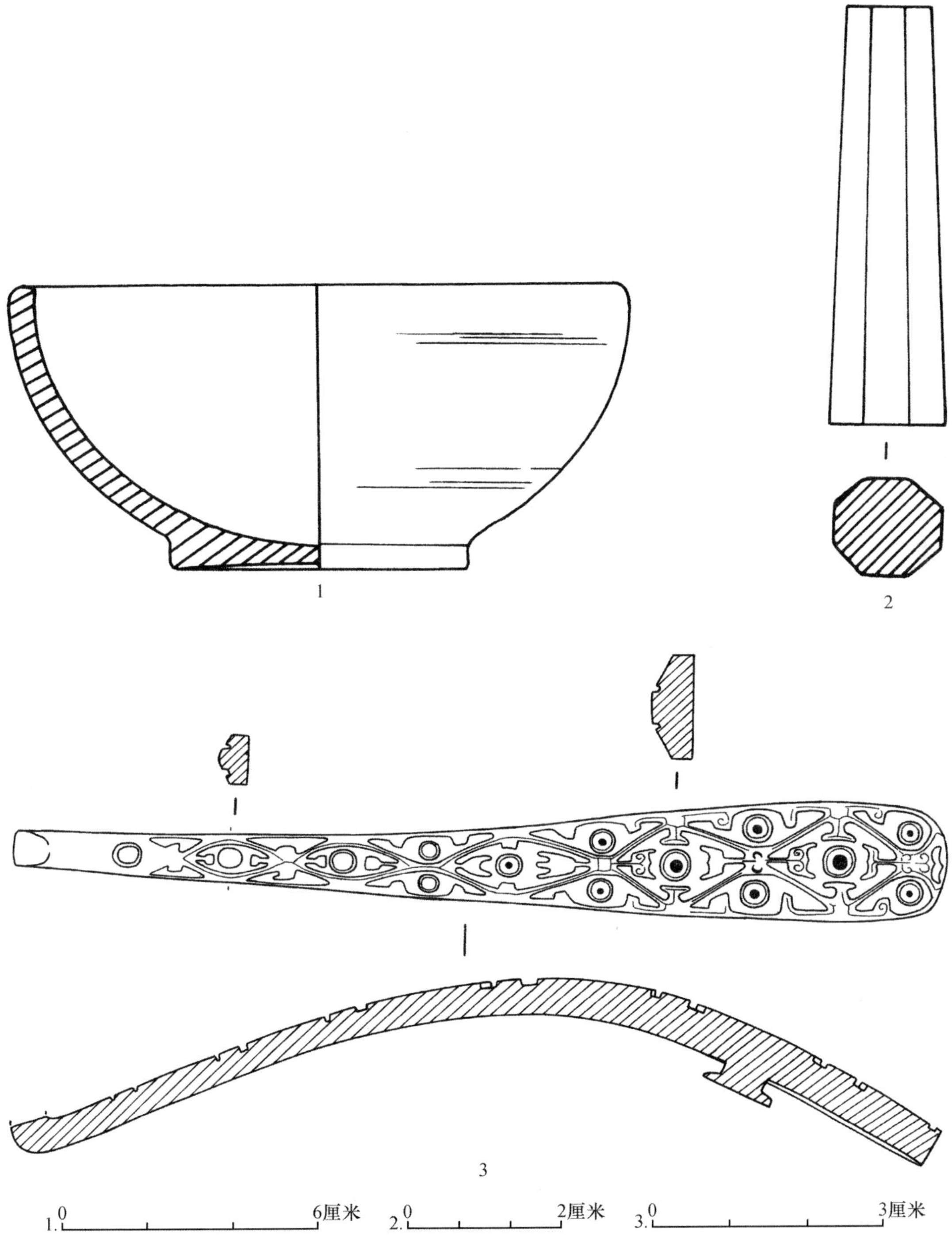

图五四八　M718出土器物

1. 陶碗（M718：1）　2. 八棱饰件（M718：3）　3. 铜带钩（M718：2）

二七七、M721

1. 墓葬形制与结构

该墓位于墓地北部，开口于第2层下，距地表80厘米，墓葬形制为竖穴土坑墓，方向10°，北端被M720墓道打破（图五四九；彩版二三，2）。

墓室：长方形竖穴土坑，长220、宽130厘米。斜壁平底，两侧有熟土二层台，宽15～20、高15厘米。墓底长170、宽64、墓口至墓底115厘米。填土为黄白花土。

葬具：不清。

葬式：人骨头向北，面向西，仰身屈肢，成年男性。

2. 随葬品

共13件，均出自西侧中部熟土二层台内。

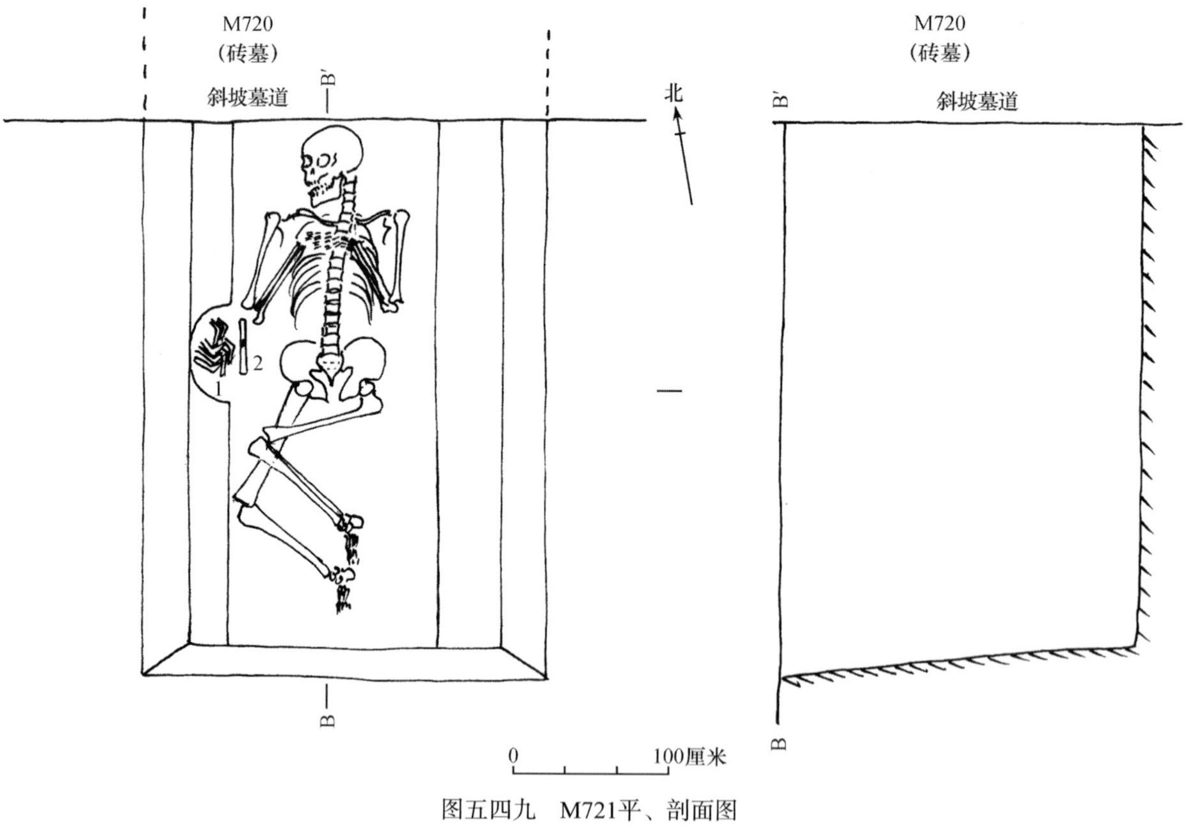

图五四九　M721平、剖面图
1. 铜桥形饰（残）　2. 铁带钩（残）

铜桥形饰 12件，编号M721：1，质薄，一面周缘凸起，顶端有半圆形穿，一面施卷云纹，跨度大，均残（彩版九五，3）。

铁带钩 1件，编号M721：2，残断，已不成形。

二七八、M723

1. 墓葬形制与结构

该墓位于墓地北端，开口于第2层下，距地表80厘米，墓葬形制为竖穴土坑墓，方向95°，东北部被M722打破（图五五〇）。

墓室：长方形竖穴土坑，长280、宽200厘米。斜壁平底，四周有熟土二层台，宽25～40、高50厘米。墓底长250、宽160、墓口至墓底170厘米。填土为黄白花土。

葬具：有棺木朽痕，长200、宽84厘米。

葬式：人骨头向东，面向南，仰身直肢，成年男性。

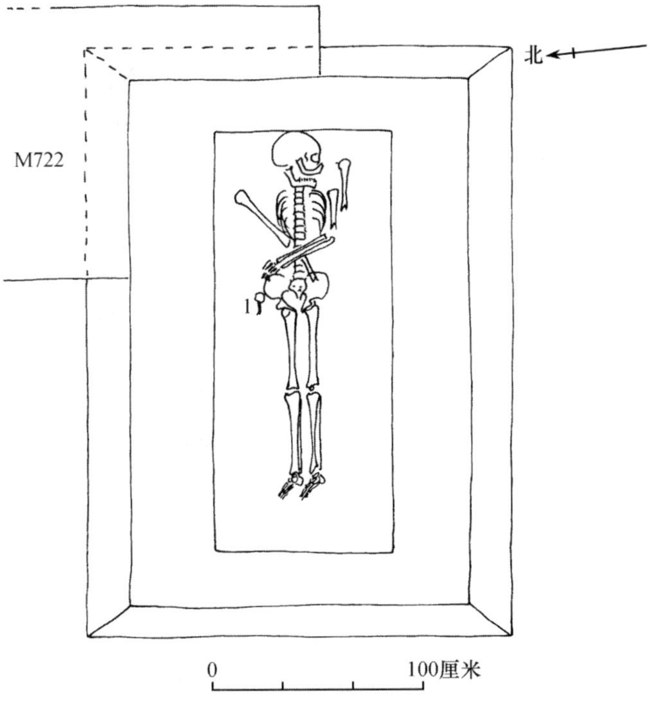

图五五〇 M723平面图
1. 铜带钩

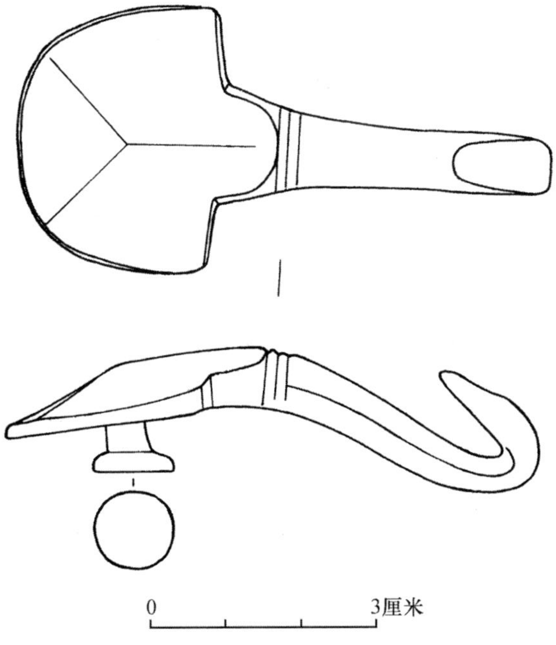

图五五一 M723出土铜带钩
（M723：1）

2. 随葬品

共1件，出自人骨右侧盆骨外。

铜带钩　1件，编号M723：1，钩体呈耜形，本部半圆形，中心凸出三道脊呈“丫”字形，圆纽，纽前饰二道横凸棱，鸭首状钩。长7.1、宽43.5厘米（图五五一；彩版六一，6）。

二七九、M725

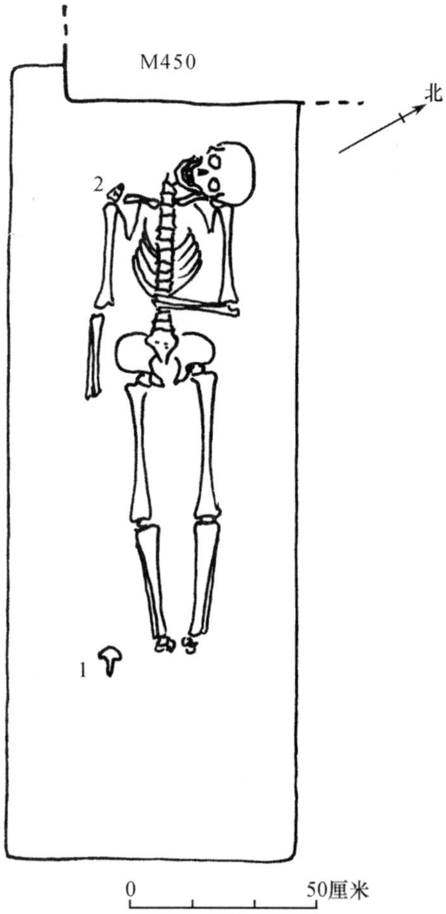

图五五二　M725平面图
1. 铁带钩　2. 铜铃

1. 墓葬形制与结构

该墓位于墓地北中部，T0610中部，开口于第2层下，距地表110厘米，墓葬形制为竖穴土坑墓，方向300°，北部被M450打破（图五五二）。

墓室：长方形竖穴土坑，长210、宽76厘米。直壁平底，墓口至墓底70厘米。填土为黄白花土。

葬具：不清。

葬式：人骨头向西，面向南，仰身直肢，成年男性。

2. 随葬品

共2件，铁带钩出自人骨右脚外，铜铃出自人骨右肩处。

铁带钩　1件，编号M725：1，钩体呈耜形，本部半圆形，中心凸出一竖脊，圆纽偏后，鸭首状钩，钩颈饰二道横凸棱，通体错金银花纹。长9.0、宽5.9厘米（图五五三，1）。

铜铃　1件，编号M725：2，铃体较薄，呈圆筒形，舞部有环形纽，方折肩，于平齐。高4.4、舞宽1.7厘米（图五五三，2；彩版九七，1）。

二八〇、M728

1. 墓葬形制与结构

该墓位于墓地北中部，开口于第2层下，距地表150厘米，墓葬形制为竖穴土坑墓，方向95°（图五五四；彩版二三，3）。

墓室：长方形竖穴土坑，长220、宽160厘米。斜壁平底，两侧有生土二层台，宽20～30、高60厘米。墓底长200、宽75～80、墓口至墓底107厘米。填土为黄白花土。

葬具：不清。

葬式：人骨头向东，面向北，仰身屈肢，成年男性。

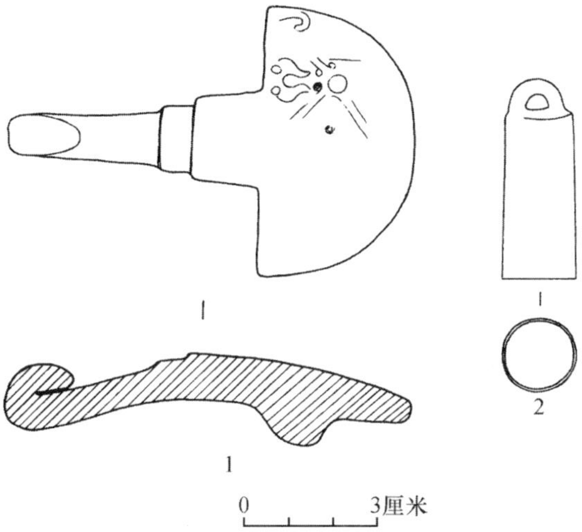

图五五三　M725出土器物

1. 铁带钩（M725：1）　2. 铜铃（M725：2）

2. 随葬品

共1件，出自墓底南部。

铜带钩　1件，编号M728：1，钩体厚重，呈琵琶形，弧度大，圆纽，钩残，正面雕菱形T形纹加乳钉圈点纹，嵌绿松石（多脱落），错银。长15.7、宽2.5厘米（图五五五；彩版七一，2）。

图五五四　M728平面图

1. 铜带钩

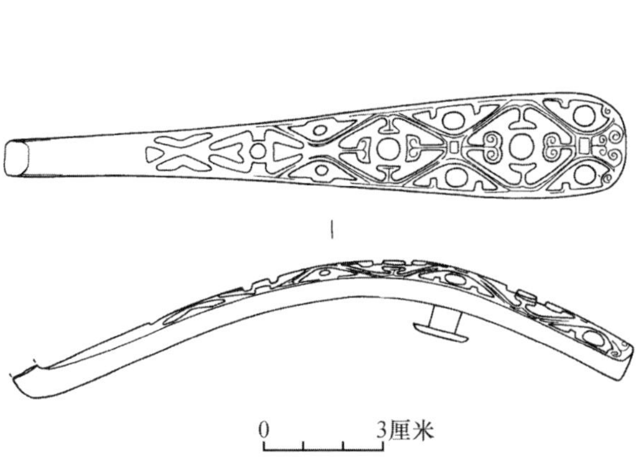

图五五五　M728出土铜带钩

（M728：1）

二八一、M730

1. 墓葬形制与结构

该墓位于墓地北中部，T0511东南部，开口于第2层下，距地表100厘米，墓葬形制为竖穴土坑墓，方向5°（图五五六）。

墓室：长方形竖穴土坑，长190、宽110厘米。直壁平底，两侧有生土二层台，宽20、高50厘米。墓底长190、宽70、墓口至墓底140厘米。填土为黄白花土。

葬具：不清。

葬式：人骨头向北，面向东，仰身屈肢，成年女性。

2. 随葬品

共1件，出自人骨右肩外。

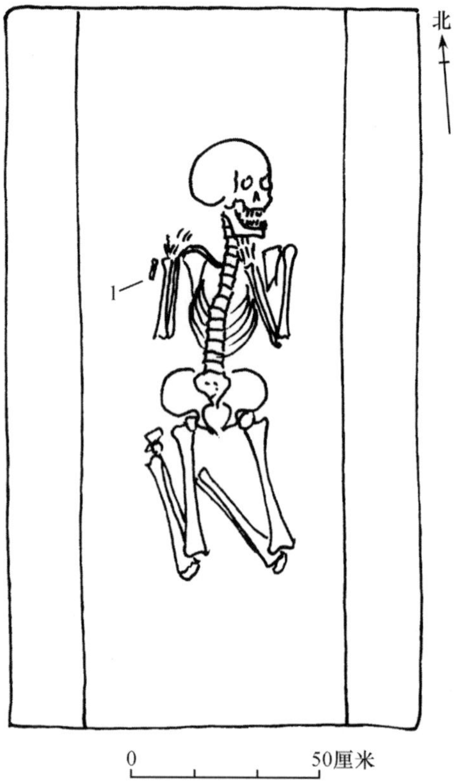

图五五六　M730平面图
1. 铜带钩

铜带钩　1件，编号M730：1，钩体近圆柱形，弧度小，本部齐尾，圆纽，纽部后残。残长5.4、径0.6～1.0厘米（图五五七；彩版八九，6）。

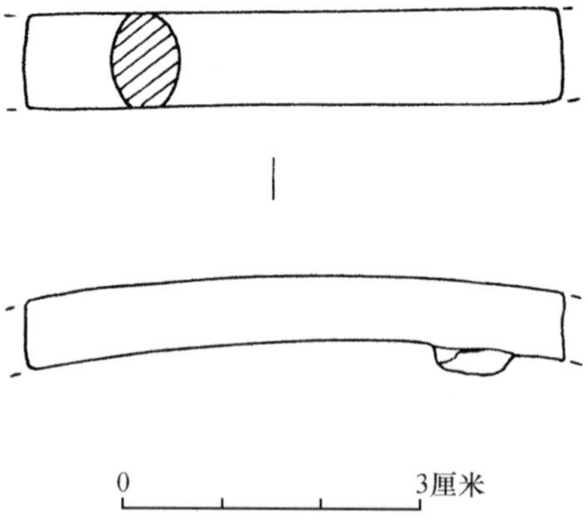

图五五七　M730出土铜带钩
（M730：1）

二八二、M731

1. 墓葬形制与结构

该墓位于墓地北中部，T0510东北部，开口于第2层下，距地表100厘米，墓葬形制为竖穴土坑墓，方向8°（图五五八）。

墓室：长方形竖穴土坑，长260、宽180厘米。直壁平底，四周有熟土二层台，宽40～56、高40厘米。墓口至墓底230厘米。填土为黄白花土。

葬具：不清。

葬式：人骨头向北，面向东，仰身屈肢，成年女性。

2. 随葬品

共1件，出自人头骨后。

铜带钩　1件，编号M731：1，钩体截面半圆形，内略弧，本部圆尾，圆纽偏中部，鸭首状钩残。长10.1、径2.2厘米（图五五九；彩版六六，1）。

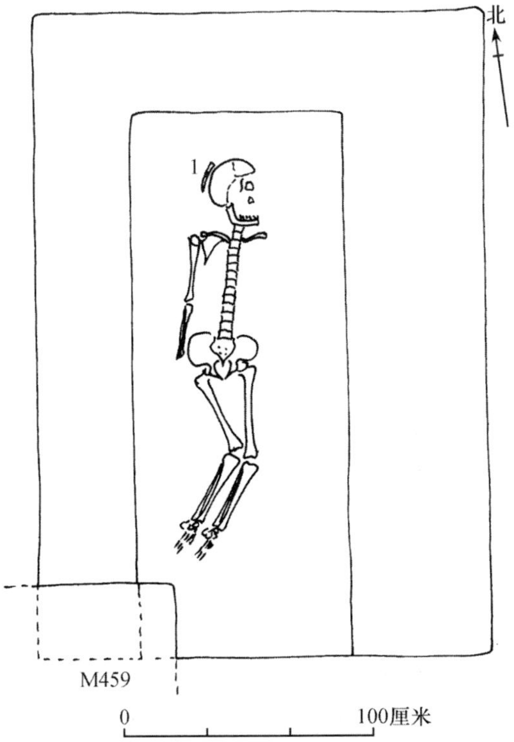

图五五八　M731平面图

1. 铜带钩

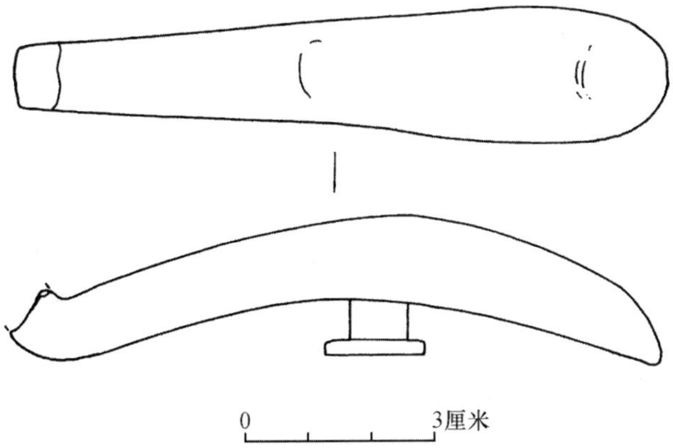

图五五九　M731出土铜带钩

（M731：1）

二八三、M732

1. 墓葬形制与结构

该墓位于墓地北中部，T0610东部，开口于第2层下，距地表100厘米，墓葬形制为竖穴土坑墓，方向355°（图五六〇）。

墓室：长方形竖穴土坑，长220、宽130厘米，直壁平底，两侧有生土二层台，宽10～50、高50厘米。墓底长220、宽70、墓口至墓底120厘米。填土为黄白花土。

葬具：不清。

葬式：人骨头向北，面向西，仰身屈肢，成年男性。

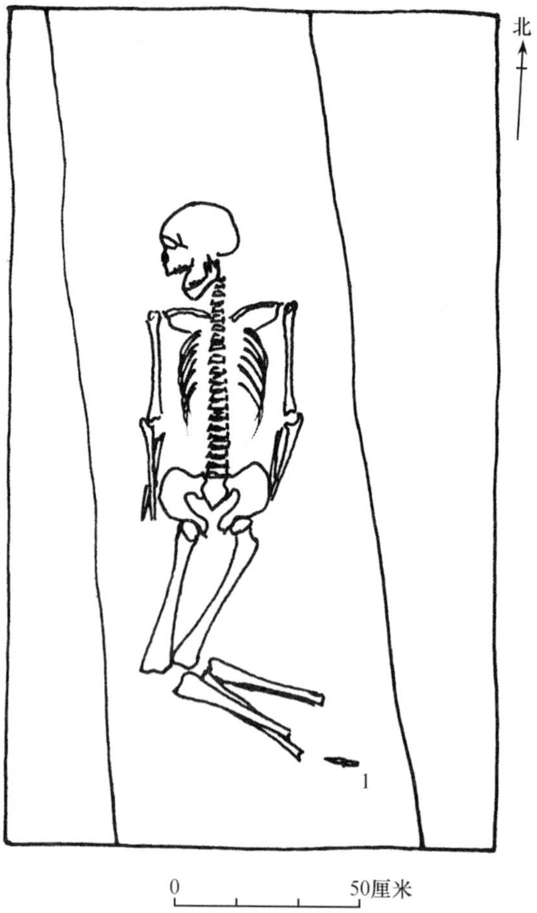

图五六〇　M732平面图

1. 铜带钩

2. 随葬品

共1件，出自人骨左脚处。

铜带钩　1件，编号M732：1，钩体截面呈半圆形，内略弧，本部圆尾，圆纽偏后近本部，前部残。长6.3、径2.0厘米（图五六一；彩版五四，6）。

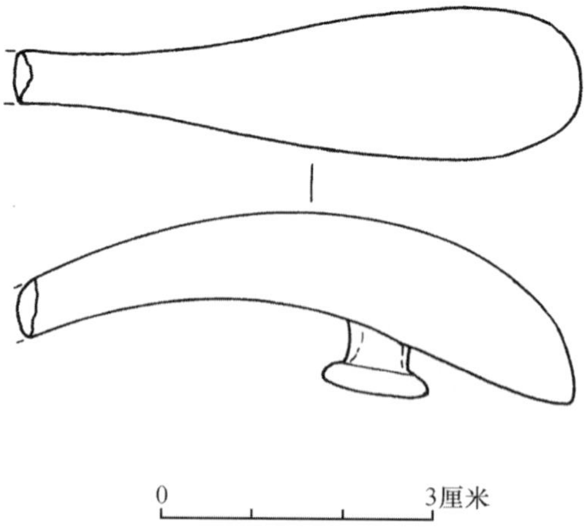

图五六一　M732出土铜带钩

（M732：1）

二八四、M736

1. 墓葬形制与结构

该墓位于墓地东南，T0802南部，开口于第2层下，距地表55厘米，墓葬形制为竖穴土坑墓，方向15°（图五六二）。

墓室：长方形竖穴土坑，长206、宽70厘米。直壁平底，墓口至墓底74厘米。填土为黄白花土。

葬具：不清。

葬式：人骨头向北，面向西，仰身屈肢，成年男性。

2. 随葬品

共1件，出自人骨右侧腰部。

铜带钩　1件，编号M736：1，钩体呈琵琶形，较瘦长，正面顺饰一条凸棱，椭圆纽，钩残。长7.9、宽1.0厘米（图五六三；彩版六六，4）。

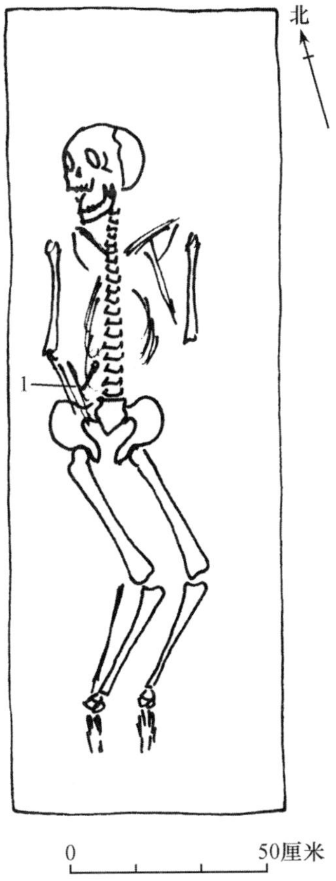

图五六二　M736平面图
1. 铜带钩

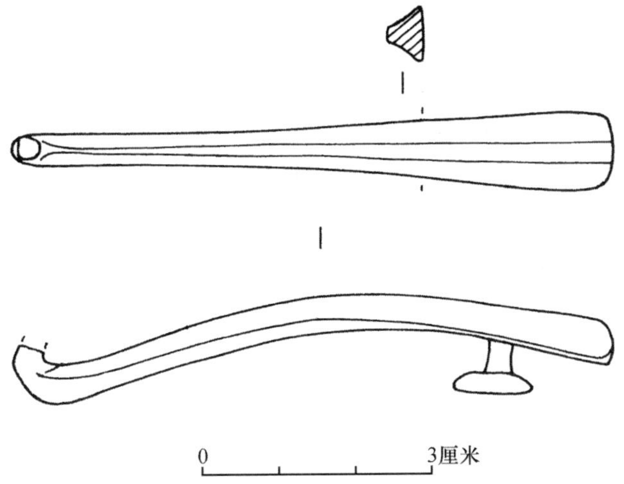

图五六三　M736出土铜带钩
（M736：1）

二八五、M741

1. 墓葬形制与结构

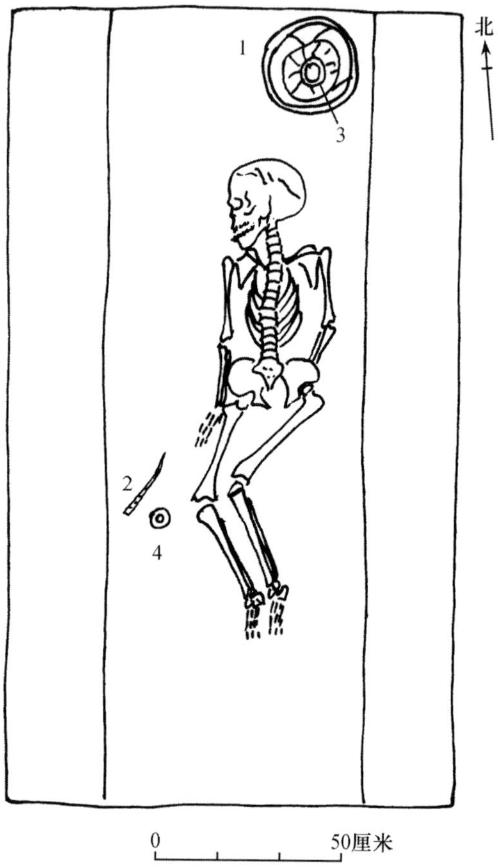

图五六四　M741平面图

1. 陶罐　2. 铁削　3. 陶碗　4. 陶纺轮

该墓位于墓地西北，T0309东南部，开口于第2层下，距地表70厘米，墓葬形制为竖穴土坑墓，方向5°（图五六四；彩版二三，4）。

墓室：长方形竖穴土坑，长210、宽130厘米。直壁平底，两侧有生土二层台，宽24～26、高60厘米。墓底长210、宽70、墓口至墓底120厘米。填土为黄白花土。

葬具：不清。

葬式：人骨头向北，面向西，仰身屈肢，少年儿童。

2. 随葬品

共4件，陶罐、碗出自墓底北端，铁削、陶纺轮出自墓底中西部。

陶罐　1件，编号M741：1，泥质灰陶，侈口，叠唇，直领，鼓腹，圜底稍内凹，肩有折棱，下腹拍印粗绳纹。高22.7、口径10.5、腹径21.8、领高5.5厘米（图五六五，1；彩版四六，6）。

铁削　1件，编号M741：2，方环形首，背略弧，柄本一体，环残，锋残，中间断。残长18.3、宽1.3厘米（图五六五，2；彩版九九，4）。

陶碗　1件，编号M741：3，敛口，钵形，璧形底，稍内凹，内圜底。口径13.3～15.0、深5.5、底径6.5厘米、高6.3厘米（图五六五，3；彩版四六，6）。

陶纺轮　1件，编号M741：4，泥质灰陶，圆鼓形。高2.0、径5.0、中孔径1.2厘米（图五六五，4）。

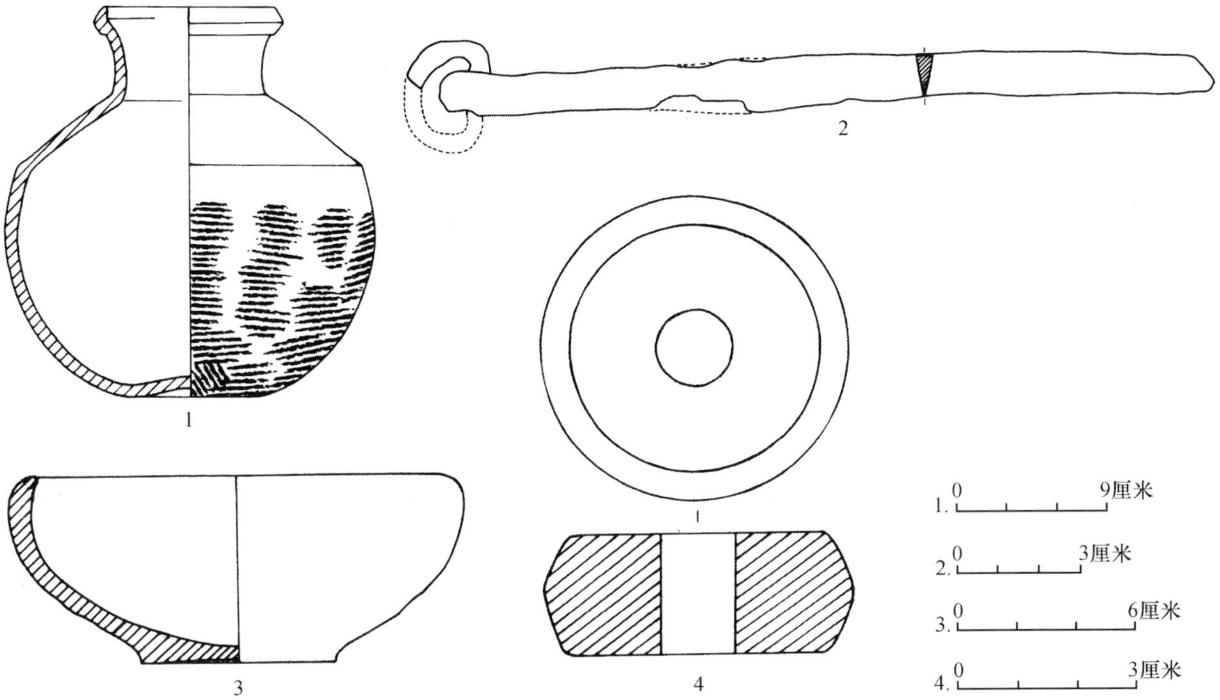

图五六五　M741出土器物

1. 陶罐（M741：1）　2. 铁削（M742：2）　3. 陶碗（M743：3）　4. 陶纺轮（M743：4）

二八六、M742

1. 墓葬形制与结构

该墓位于墓地东北，T0907北部，开口于第2层下，距地表50厘米，墓葬形制为竖穴土坑墓，东部被M96打破，方向5°（图五六六）。

墓室：长方形竖穴土坑，长240、宽150厘米。斜壁平底，四周有熟土二层台，宽10～50、高10厘米。墓底长220、宽130、墓口至墓底265厘米。填土为黄白花土。

葬具：有棺木朽痕，长180、宽60、残高10厘米。

葬式：人骨头向北，面向上，仰身直肢，成年男性。

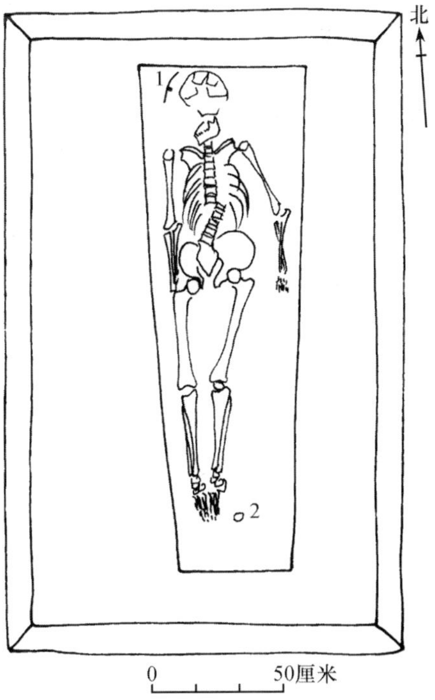

图五六六　M742平面图

1、2. 铁带钩

2. 随葬品

共2件，都是铁带钩，其1出自人头骨西侧，其2出自左脚外。

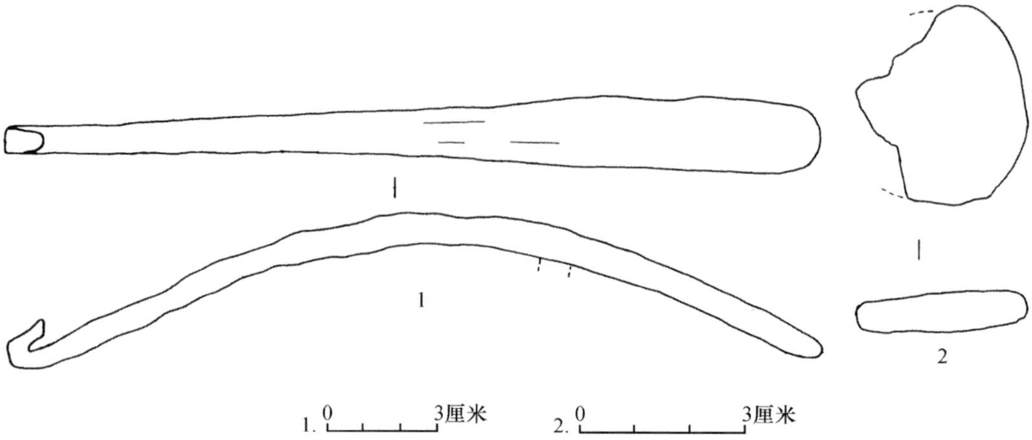

图五六七　M742出土铁带钩

1、2. 铁带钩（M742：1、M742：2）

铁带钩　2件。编号M742：1，钩体扁平，内凹，呈琵琶形，弧度大，圆纽偏中部，鸭首状钩，尾残（正面浮雕错金银，因锈不清）。长22.5、宽1.8厘米（图五六七，1）。编号M742：2，钩体呈耜形，本部半圆形，仅有本部残块（图五六七，2）。

第三章　结　　语

一、典型器物的类型学分析

1. 陶器

上述墓葬中共出土陶器142件，主要器类有鼎、豆、盒、盘、匜、壶、罐、碗、耳杯等。因此次发掘墓葬都处于同一地层，无明显叠压打破关系。因无纪年文字方面绝对证据，该批墓葬的具体时代及出土器物具体年代不清。我们依据类型学和地层关系进行分析推定。先将器物按型进行划分，并加以分析与识别。

鼎　8件，均为素面泥质灰陶，出自7座墓葬，与豆、盘、匜、壶组合的有4座，与盘、匜、盒、壶组合的有3座，根据鼎耳的不同分两型。

Ⅰ型　5件。根据腹足的差异分三个亚型。

Ⅰa型　1件。敛口，子母口，深弧腹，圜底，圆柱形腿足，两侧附方穿大直耳，微外侈，覆钵形盖残。标本M346：2（图五六八，1）。

Ⅰb型　3件。敛口，子母口，深弧腹，圜底，两侧附方穿大直耳，耳微外侈，象腿足，覆钵形盖。标本M94：2（图五六八，2）。

Ⅰc型　1件。敛口，子母口，斜内收腹，圜底，两侧附方穿大直耳，微外侈，象腿足。标本M126：4（图五六八，5）。

Ⅱ型　3件。根据腹足差异分两个亚型。

Ⅱa型　1件。敛口，子母口，斜微鼓腹，圜底，两侧附小方直耳，覆钵形盖，短小方柱足。标本M16：3（图五六八，4）。

Ⅱb型　2件。敛口，子母口，斜内收腹，圜底，两侧附方直小耳，耳中仅有一小圆孔，覆钵形盖，圆筒状腿足。标本M200：9（图五六八，3）。

豆　5件，均为素面泥质灰陶，分两型。

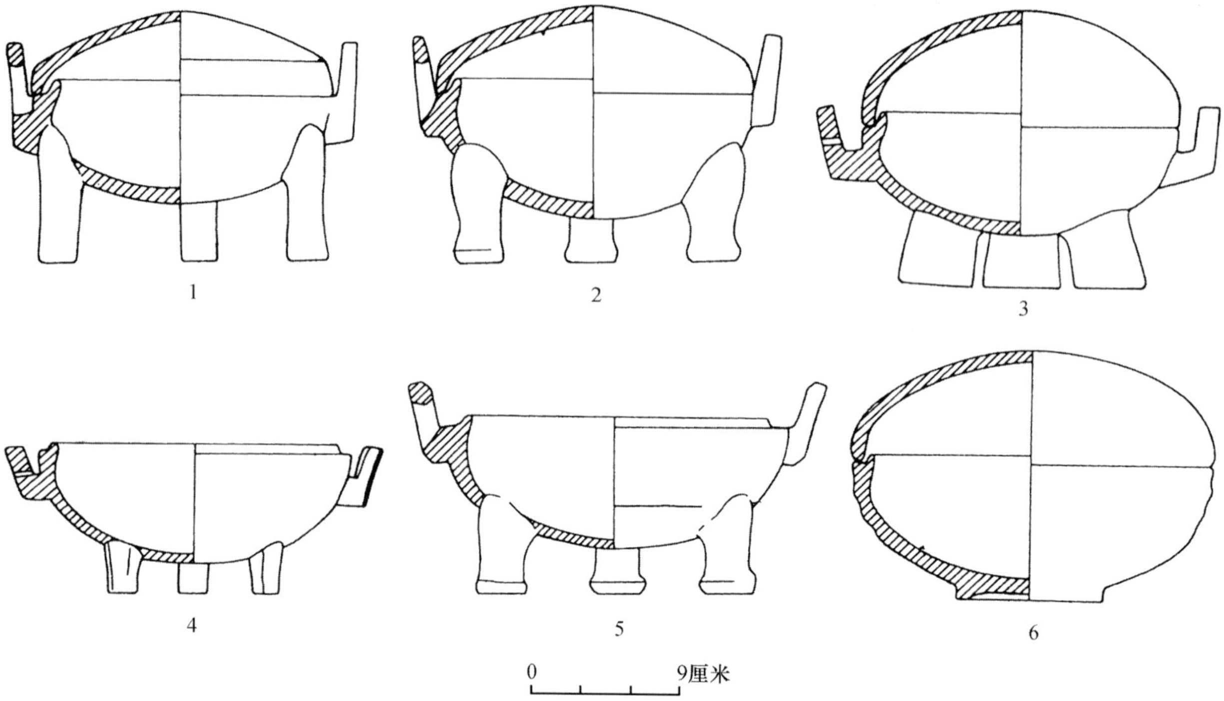

图五六八　陶鼎、陶盒形制示意图

1. Ⅰa鼎（M346：2）　2. Ⅰb鼎（M94：2）　3. Ⅱb鼎（M200：9）　4. Ⅱa鼎（M16：3）
5. Ⅰc鼎（M126：4）　6. 陶盒（M200：2）

Ⅰ型　3件。敛口，子母口，近直腹，圜底，喇叭形高柄豆把。平纽短柄，浅覆钵形盖。按豆柄的高低分为两个亚型。

Ⅰa型　1件，M346：3（图五六九，1）。

Ⅰb型　2件，标本M94：7（图五六九，2）。

Ⅱ型　2件。敛口，子母口，微鼓腹，圜底，喇叭形高柄豆把。平纽短柄，浅覆钵形盖。标本M126：1（图五六九，3）。

盒　3件，出自两个墓。敛口，子母口，微鼓腹，上腹饰两周瓦楞纹，假圈足底，内圜底，覆钵形盖。标本M200：2（图五六八，6）。

盘　6件，根据腹与足差异分两型。

Ⅰ型　5件，根据腹变化分两个亚型。

Ⅰa　1件。平沿，方唇，敞口，斜直腹，折急收，小平底，内圜底。标本M346：5（图五七〇，1）。

Ⅰb　4件。撇沿，圆唇，微鼓腹，下急收，小平底，内圜底。标本M95：5（图五七〇，2）。

Ⅱ型　1件。平沿，圆唇，斜直腹，内近平底，中心略凹，外侈口圈足。标本M200：1

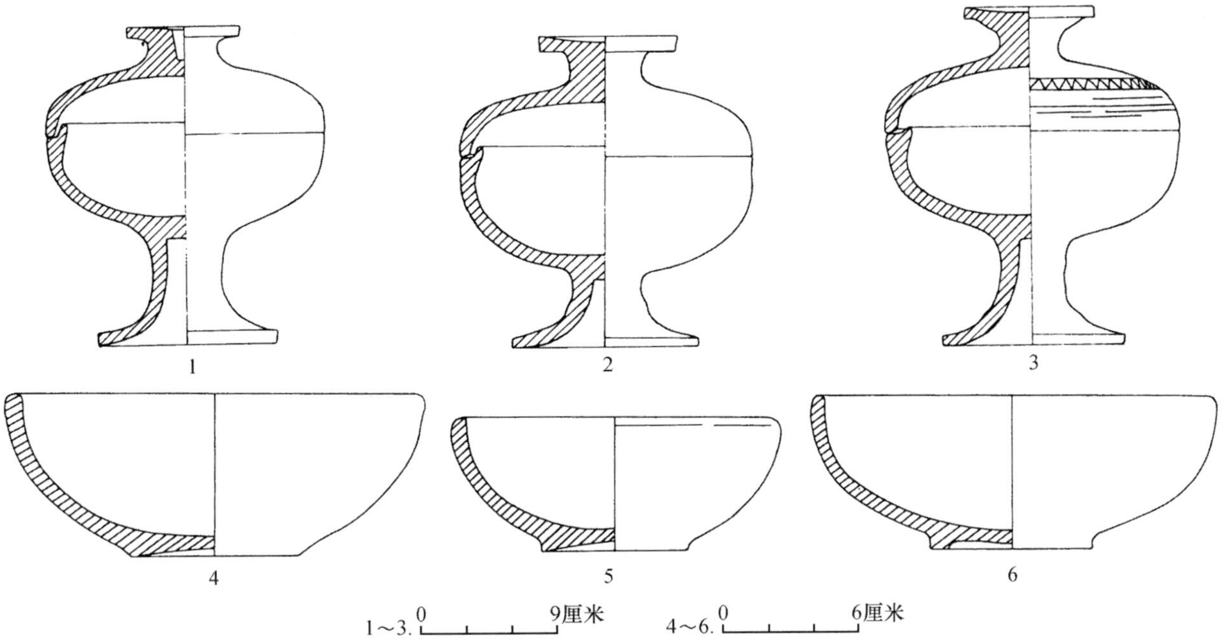

图五六九　陶豆、陶碗形制示意图

1. Ⅰa陶豆（M346：3）　2. Ⅰb陶豆（M94：7）　3. Ⅱ陶豆（M126：1）

4. Ⅰ陶碗（M22：1）　5. Ⅱ陶碗（M456：1）　6. Ⅲ陶碗（M16：1）

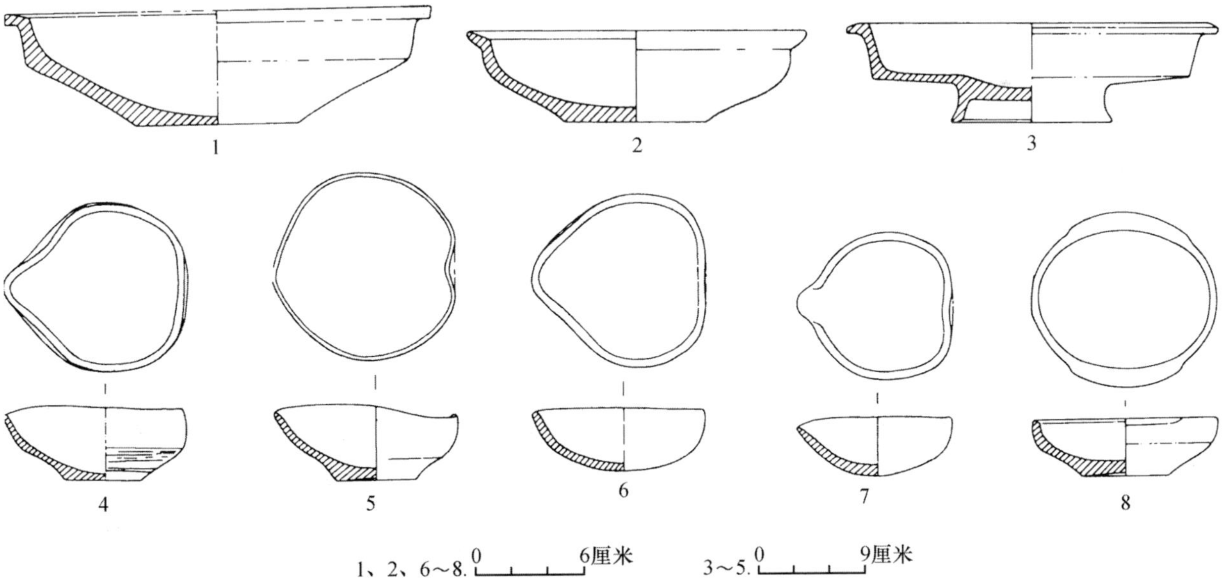

图五七〇　陶盘、陶匜及陶耳杯

1. Ⅰa盘（M346：5）　2. Ⅰb盘（M95：5）　3. Ⅱ盘（M200：1）　4. Ⅰ匜（M346：7）

5. Ⅱ匜（M126：3）　6. Ⅲa匜（M16：6）　7. Ⅲb匜（M200：8）　8. 陶耳杯（M200：12）

（图五七〇，3）。

匜　7件，根据腹与底的区别分为三型。

Ⅰ型　4件。敞口，口平面呈桃形，后直或内凹，前有流，微鼓腹，折急收，平底，内圜底。M346：7（图五七〇，4）。

Ⅱ型　1件。敞口，口平面呈桃形，后内凹，前有流，斜腹，平底，内圜底。标本M126：3（图五七〇，5）。

Ⅲ型　2件。敞口，口平面呈桃形，后内凹，前有流，微鼓腹，圜底。按流的形制不同分为两个亚型。

Ⅲa　1件，标本M16：6（图五七〇，6）。

Ⅲb　2件，标本M200：8（图五七〇，7）。

耳杯　1件。敞口，椭圆形，平耳，折腹，小平底。标本M200：12（图五七〇，8）。

壶　31件。按尺寸不同可分为大壶和小壶两类，其中大壶19件，小壶12件。

大壶根据颈、肩和底足的差异分七型。

Ⅰ型　1件，侈口，平沿，束颈，圆肩，鼓腹，下腹斜收，平底，蘑菇状子口盖，颈肩腹部饰三周曲线暗纹。标本M127：5（图五七一，1）。

Ⅱ型　2件，折肩。按底部不同分为两个亚型。

Ⅱa　1件，泥质灰陶，侈口，斜平沿，弧颈，鼓腹，假圈足平底座，肩部饰一周暗曲线纹，颈肩部饰一鱼形纹（可能为陶文）。标本M308：1（图五七一，2）。

Ⅱb　1件，侈口，平沿，束颈，折肩，微鼓腹，下折斜收，璧形底，肩部饰二道凸棱纹。标本M195：2（图五七一，3）。

Ⅲ型　12件，侈口，平沿，束颈，圆肩，鼓腹，腹微垂。按器物底部、口部及腹部差异分为三个亚型。

Ⅲa　1件，泥质灰陶，口颈残，鼓腹，假圈足平底座，肩部饰二道凸棱，标本M394：1（图五七一，4）。

Ⅲb　1件，盘口，平沿，束颈，鼓腹，下腹斜收，假圈足平底座，肩腹部饰三道凸棱纹。标本M688：1（图五七一，5）。

Ⅲc　10件，侈口，斜平沿，束颈，鼓腹，假圈足平底座，蘑菇状子口盖。标本M200：4（图五七一，6）。

Ⅳ型　1件，侈口，平沿，束颈，圆肩，鼓腹，下腹斜收，内圜底，蘑菇状子口盖，颈部饰一周卷云纹暗纹，肩部饰一周曲线纹暗纹。标本M126：7（图五七一，7）。

Ⅴ型　1件，泥质灰陶，侈口，斜平沿，弧颈，鼓腹，假圈足平底座，颈部饰一周暗卷云纹，肩部饰一鱼形纹（可能为陶文），蘑菇状子口盖。标本M639：1（图五七一，8）。

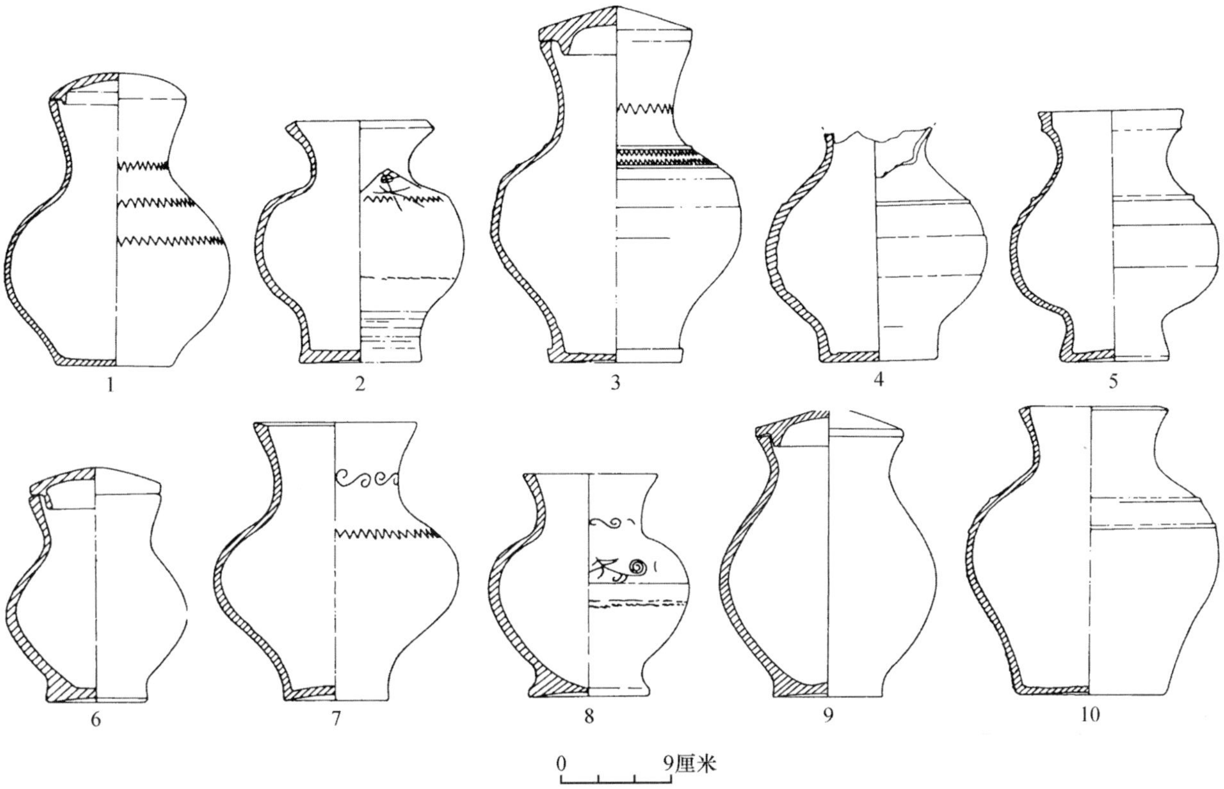

图五七一 大壶

1. Ⅰ（M127：5） 2. Ⅱa（M308：1） 3. Ⅱb（M195：2） 4. Ⅲa（M394：1） 5. Ⅲb（M688：1） 6. Ⅲc（M200：4） 7. Ⅳ（M126：7） 8. Ⅴ（M639：1） 9. Ⅵ（M16：2） 10. Ⅶ（M2：2）

Ⅵ型 1件，侈口，平沿，束颈，削肩，鼓腹，璧形底，蘑菇状子口盖。标本M16：2（图五七一，9）。

Ⅶ型 1件，泥质灰陶，侈口斜平沿，弧颈，鼓腹，下腹斜收，平底座，肩部饰两道凸棱纹。标本M2：2（图五七一，10）。

小壶根据颈、肩、腹、底的不同分为3型。

Ⅰ型 5件，侈口，平沿，束颈，圆肩，鼓腹，下腹斜收，平底。按口、底差异分两个亚型。

Ⅰa 2件。平沿，弧颈，鼓腹，下腹斜收，平底，蘑菇状子口盖。标本M346：6（图五七二，1）。

Ⅰb 3件。素面，泥质灰陶，侈口，平沿，弧颈，鼓腹，璧形底，外微鼓饼形盖。标本M94：4（图五七二，2）。

Ⅱ型 4件，侈口，平沿，长束颈，鼓腹，腹下收，璧形底，微鼓饼形盖。标本M127：6（图五七二，3）。

Ⅲ型 2件，子盖，母口，鼓腹，凹圜底。按颈部和腹部差异分为两个亚型。

Ⅲa 1件，弧颈，垂腹。标本M200：10（图五七二，4）。

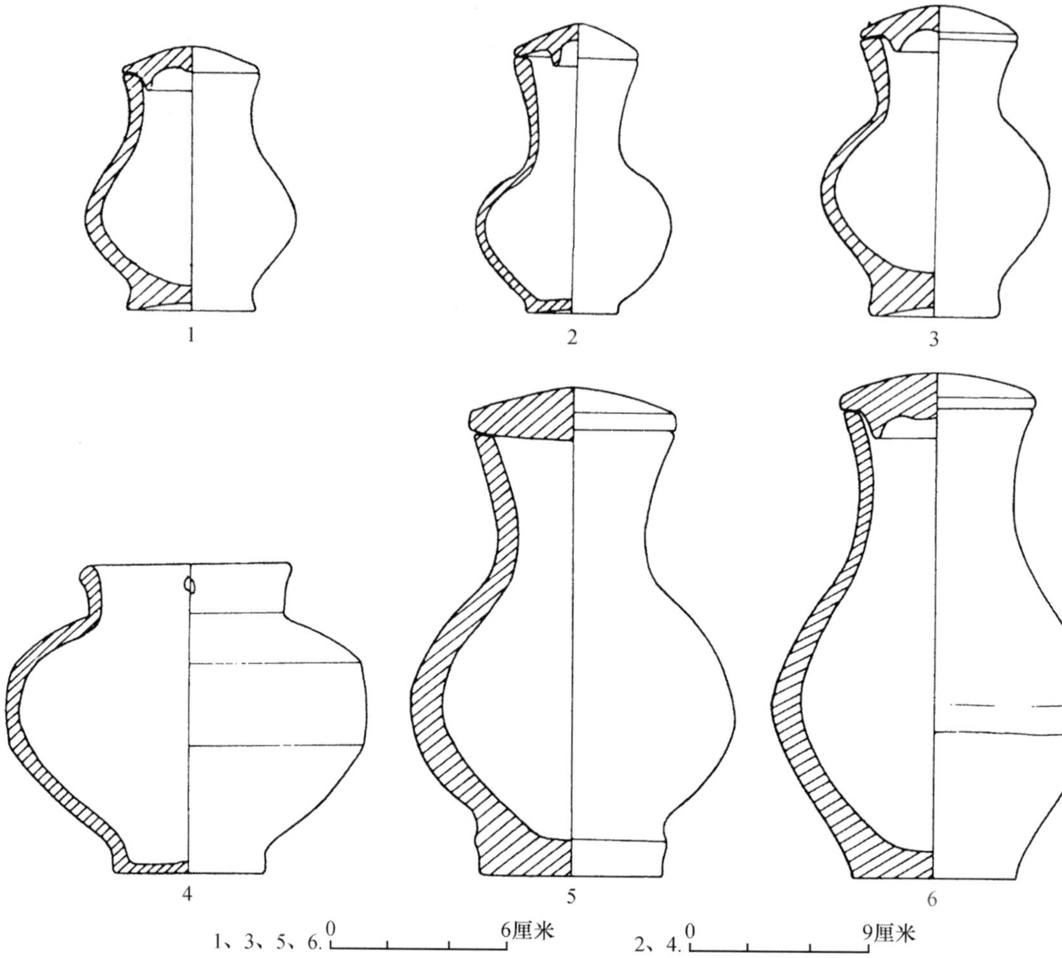

图五七二　小壶

1. Ⅰa小壶（M346：6）　2. Ⅰb小壶（M94：4）　3. Ⅱ小壶（M127：6）　4. Ⅲa小壶（M200：10）
5. Ⅲb小壶（M200：11）　6. Ⅳ大壶（M22：2）（文中为小壶）

Ⅲb　1件，束颈，圆腹。标本M200：11（图五七二，5）。

Ⅴ型　1件，敞口，圆唇，直领，溜肩，折腹，下腹斜收，平底，口沿下对穿0.5厘米两圆孔。标本M22：2（图五七二，6）。

罐　51件，根据罐的颈、肩、腹、底分四型。

Ⅰ型　18件，根据纹饰分四个亚型。

Ⅰa　1件。侈口，平沿，圆唇，直领，球腹，圜平底，肩饰三道横宽划纹，上腹饰竖细绳纹，三道宽划纹，下腹拍印粗绳纹。标本M192：2（图五七三，1）。

Ⅰb　15件。侈口，叠唇，直领，球腹，圜底稍内凹，上腹饰竖细绳纹，横宽划纹，下腹拍印粗绳纹。标本M285：1（图五七三，2）。

Ⅰc　2件。侈口，叠唇，直领，球腹，圜底稍内凹，上腹饰三道细划纹，下腹饰粗绳纹。标本M277：1（图五七三，3）。

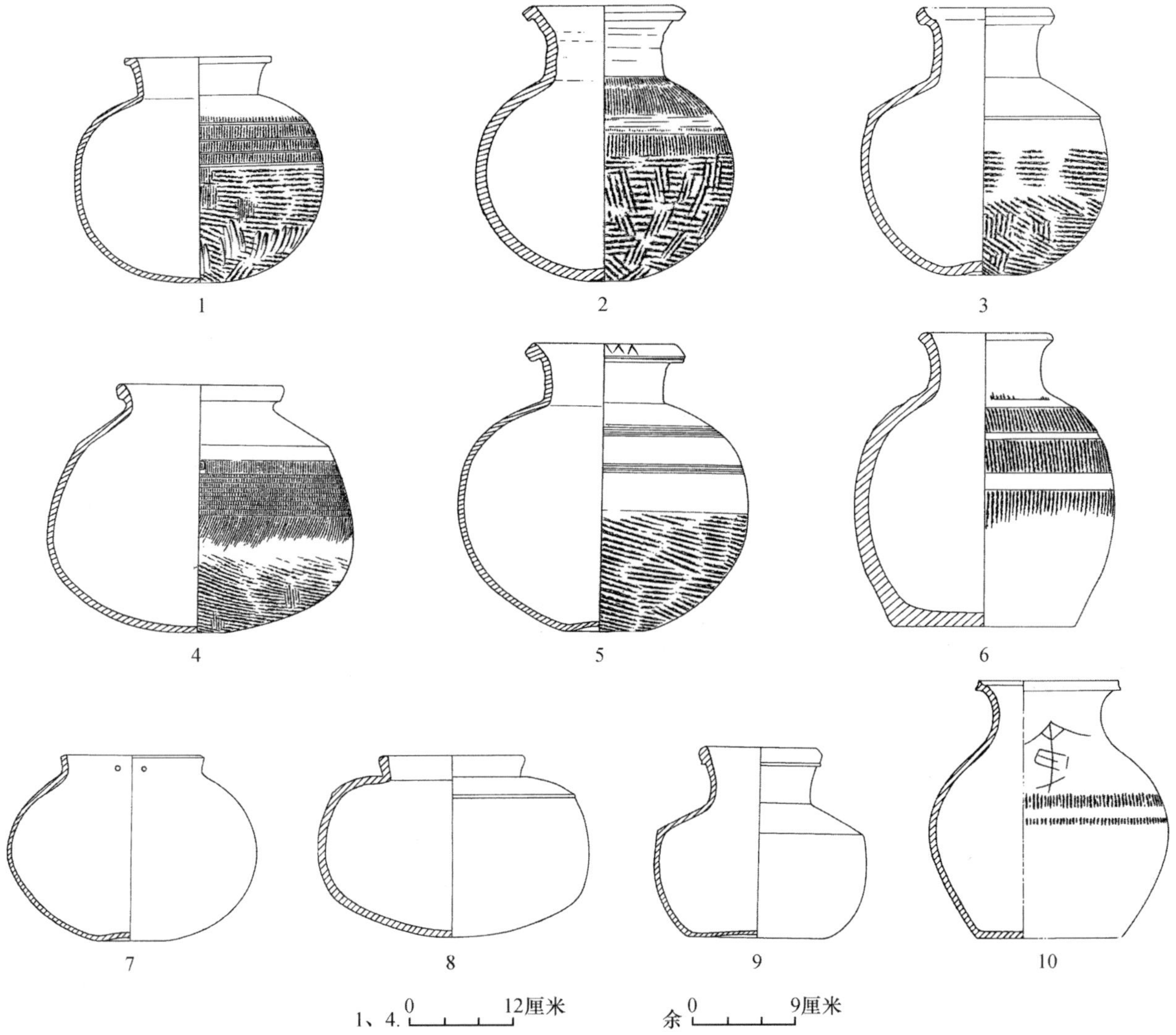

图五七三　陶罐

1. Ⅰa（M192：2）　2. Ⅰb（M285：1）　3. Ⅰc（M277：1）　4. Ⅰd（M578：2）　5. Ⅱ（M129：1）
6. Ⅲa（M367：1）　7. Ⅲb（M444：2）　8. Ⅳa（M242：1）　9. Ⅳb（M453：1）　10. Ⅴ（M635：1）

Ⅰd　1件。敞口，平沿，直领，球腹，圆底稍内凹，素面。标本M578：2（图五七三，4）。

Ⅱ型　28件。侈口，叠唇，直领，鼓腹，圜底稍内凹，肩有折棱，下腹拍印粗绳纹。标本M129：1（图五七三，5）。

Ⅲ型　2件，分两个亚型。

Ⅲa　侈口，圆沿，束领，折肩，鼓腹，圜底，最大腹在下部，上部饰竖细绳纹、横划纹，下部拍印粗绳纹。标本M367：1（图五七三，6）。

Ⅲb　侈口，微敛，小斜领，折肩，微鼓腹，圜底，素面。标本M444：2（图五七三，7）。

Ⅳ型　2件，分两个亚型。

Ⅳa　侈口，方唇，小平沿，直领，削肩，鼓腹，平底，上部饰竖绳纹、横宽划纹。标本M242：2（图五七三，8）。

Ⅳb　侈口，斜沿，尖唇，弧领，鼓腹下斜收，平底，上腹饰竖细绳纹、二道横划纹。标本M453：1（图五七三，9）。

Ⅴ型1件。侈口，叠唇，直领，折肩，微鼓腹，平底。标本M635：1（图五七三，10）。

碗　32件，分三型。

Ⅰ型　1件。敞口，微敛，平沿，斜鼓腹，平底内凹，内圜底。标本M22：1（图五六九，4）。

Ⅱ型　30件。敞口，微敛，平沿，斜鼓腹，璧形假圈足，内圜底。标本M456：1（图五六九，5）。

Ⅲ型　1件。敛口，钵形，圈足。标本M16：1（图五六九，6）。

2. 铜器

共251件，器类有铜带钩、铜镜、铜桥形饰、铜钱、铜镞、铜环、铜铃等。

铜带钩　162件，按照王仁湘先生的分型方法[①]将之分七型。

Ⅰ型　水禽形，25件。钩体似鸭腹形，鸭首形钩，纽近尾端。标本M511：3（图五七四，1），M125：1（图五七四，2），M595：1（图五七四，3），M577：1（图五七四，4），M124：1（图五七四，5），M234：2（图五七四，6），M349：1（图五七四，8）。

Ⅲ型　耜形，25件。钩体椭圆、半圆或多边形，杆状钩颈，钩体镶嵌、镂错几何纹饰。标本M93：1（图五七五，1），M111：2（图五七五，2），M515：1（图五七五，3），M111：1（图五七五，4），M714：2（图五七五，5），M261：1（图五七五，6），M411：1（图五七五，7），M723：1（图五七五，8）。

Ⅳ型　曲棒形，27件。钩体呈圆棒或椭圆棒状，稍微呈弓形弯曲，多素面。标本M92：1（图五七六，1），M264：1（图五七六，2），M265：3（图五七六，3），M82：1（图五七六，4），M542：1（图五七六，5），M605：1（图五七六，6），M470：1（图五七六，7），M46：1（图五七六，8），M431：1（图五七六，9），M508：2（图五七六，10）。

Ⅴ型　琵琶形，71件。钩体呈反琵琶形，截面半圆形，大小不等，以长钩为主。分四个亚型。标本M346：1（图五七七，1），M95：2（图五七七，2），M411：2（图五七七，3），M482：1（图五七八，1），M239：1（图五七八，2），M337：1（图五七八，3），M444：1（图五七八，4），M707：1（图五七八，5），M127：1（图五七八，6），M736：1

① 王仁湘：《带钩概论》，《考古学报》1985年第3期。

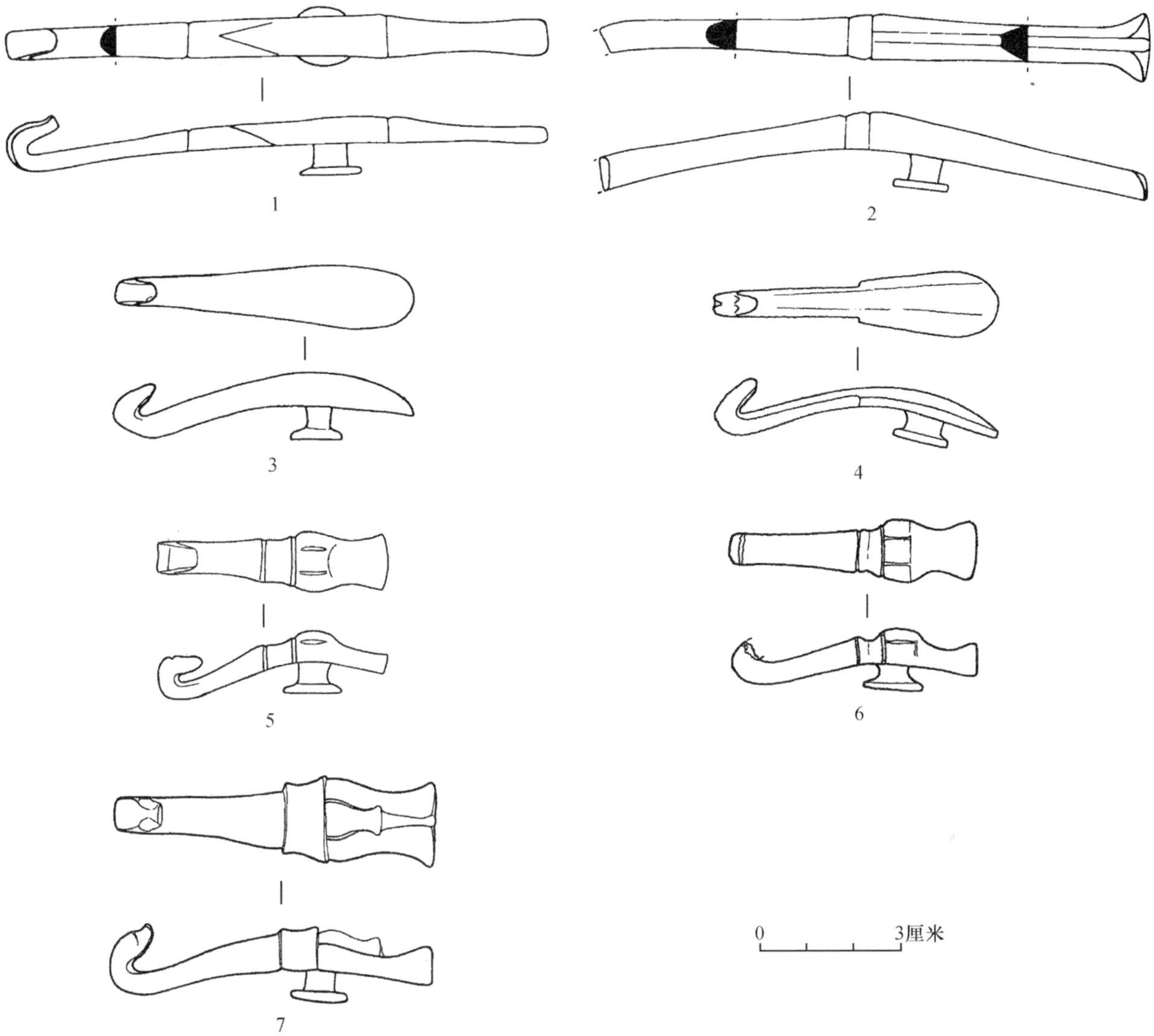

图五七四　水禽形铜带钩
1～7.（M511：3、M125：1、M595：1、M577：1、M124：1、M234：2、M349：1）

（图五七八，7），M61：1（图五七八，8），M205：1（图五七八，9），M471：1（图五七八，10），M414：1（图五七九，1），M339：1（图五七九，2），M185：3（图五七九，3），M550：1（图五七九，4），M136：1（图五七九，5），M534：1（图五七九，6）。

Ⅵ型　长牌型，3件。钩体扁平长条状，形体较大，正面有浮雕、镂错花纹。标本M190：1（图五七九，7），M562：1（图五七九，8），M539：1（图五七九，9）。

Ⅶ型　全兽形，9件。钩体饰镂雕，整体兽面纹，有的为神话动物。标本M473：2（图五八〇，1），M454：1（图五八〇，2），M52：1（图五八〇，3），M395：2（图五八〇，4），M257：1（图五八〇，5），M557：1（图五八〇，6），M379：1（图五八〇，7），

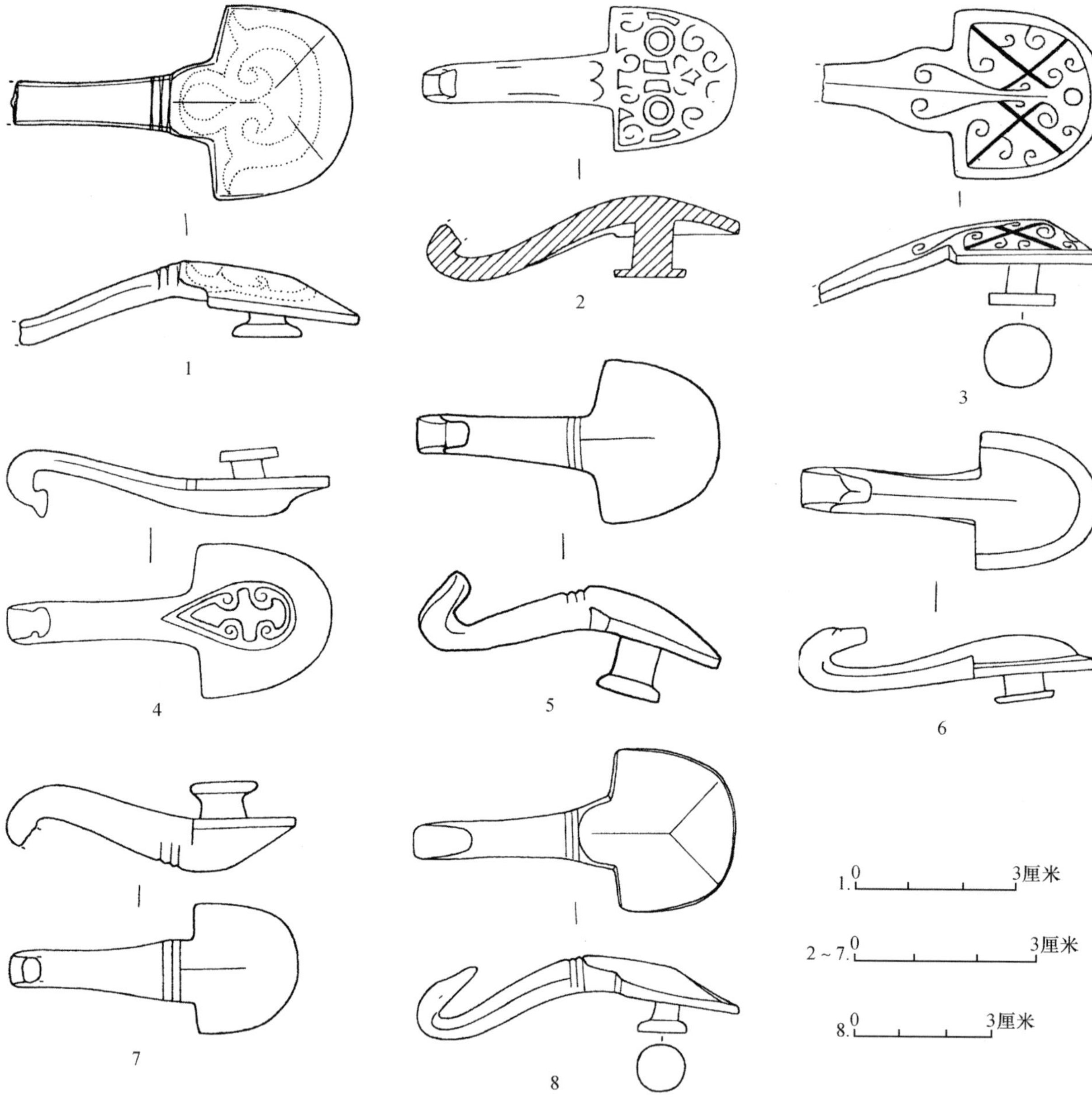

图五七五　耜形铜带钩

1～8.（M93：1、M111：2、M515：1、M111：1、M714：2、M261：1、M411：1、M723：1）

M334：1（图五八〇，8），M440：1（图五八〇，9）。

Ⅷ型　异形，2件。形制不同于其他各类型的带钩。标本M195：1（图五七九，11），M399：2（图五七九，10）。

铜镜13面，2整4破7残，均素面，体薄，根据镜纽分两型。

Ⅰ型　12面。小桥形纽，直径7.4厘米。标本M471：1。

Ⅱ型　1面。半球形纽，内套铜环。标本M513：1（仅残留四分之一）。

铜桥形饰 57件，多数残碎，分三型。

Ⅰ型 46件。一面周缘凸起，顶端内有半圆形穿，一面饰卷云纹。根据纹饰不同分为三个亚型。

Ⅰa 标本M411：3（图五八一，1）。

Ⅰb 标本M414：2a（图五八一，4）。

Ⅰc 标本M163：1（图五八一，5）。

Ⅱ型 10件。周缘凸起稍高，顶端内有圆形穿，素面。标本M56：2（图五八一，2）。

Ⅲ型 1件。面饰卷云纹，顶端有半圆形纽，跨度小。标本M414：2c（图五八一，3）。

铜钱 共10枚，分两种。

Ⅰ “垣”字圜钱，5枚。无郭，一面铸“垣”字。标本M399：1（图五八二，1），M250：1（图五八二，2）。

Ⅱ “公”字布币，5枚。平首折肩，平足，正面铸“公”字。标本M571：1（图五八二，3~7）。

铜镞 4枚，分两型。

Ⅰ型 3件。三棱形，外有翼，圆形銎。标本M102：1（图五八三，1）。

Ⅱ型 1件。镞体连接圆铁铤。标本M134：1（图五八三，2）。

铜环 7件，分三型。

Ⅰ型 1件。麻花柱状环，标本M125：2（图五八三，4）。

Ⅱ型 5件。圆柱状环，标本M13：1（图五八三，6）。

Ⅲ型 1件。扁平六棱柱状环，标本M493：2（图五八三，8）。

铜铃 2件，分两型。

Ⅰ型 铃体较薄，呈梯形，舞部有半环形纽，方折肩，于上弧，内有舌，铃身饰回纹。标本M525：1（图五八三，5）。

Ⅱ型 铃体圆筒形，舞部有环形纽，方折肩，于平齐。标本M725：2（图五八三，7）。

铜管 1件。M712：2，管状，前圆后椭圆，中间饰一道横凸棱，两端残，长6.8、径2.9厘米（图五八三，2）。

3. 铁器

这些墓葬出土铁器共90件，器类有铁带钩、铁削、铁刀、铁镢、铁铲、铁锛等。

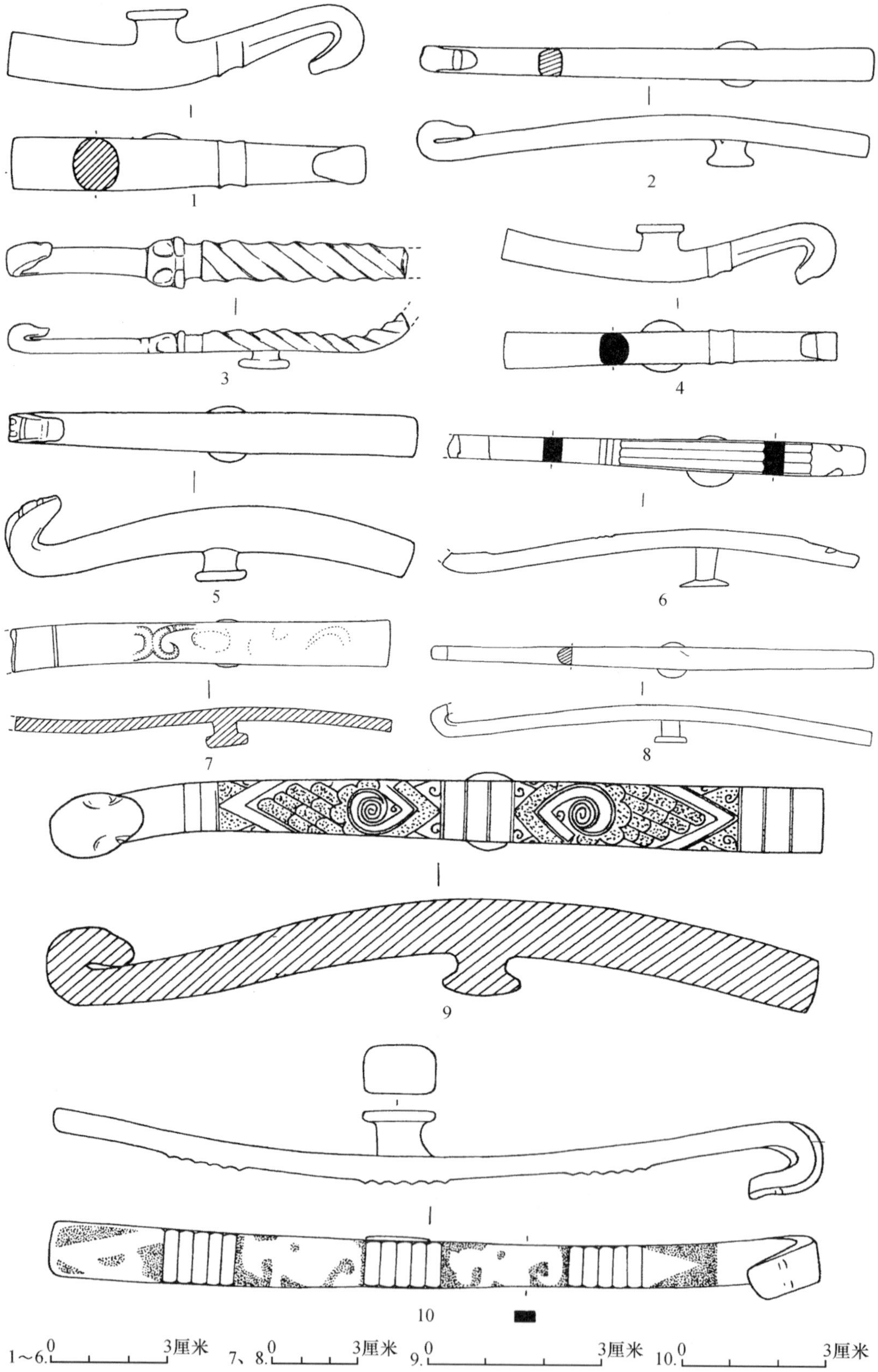

图五七六　曲棒形铜带钩

1～10.（M92：1、M264：1、M265：3、M82：1、M542：1、M605：1、M470：1、M46：1、M431：1、M508：2）

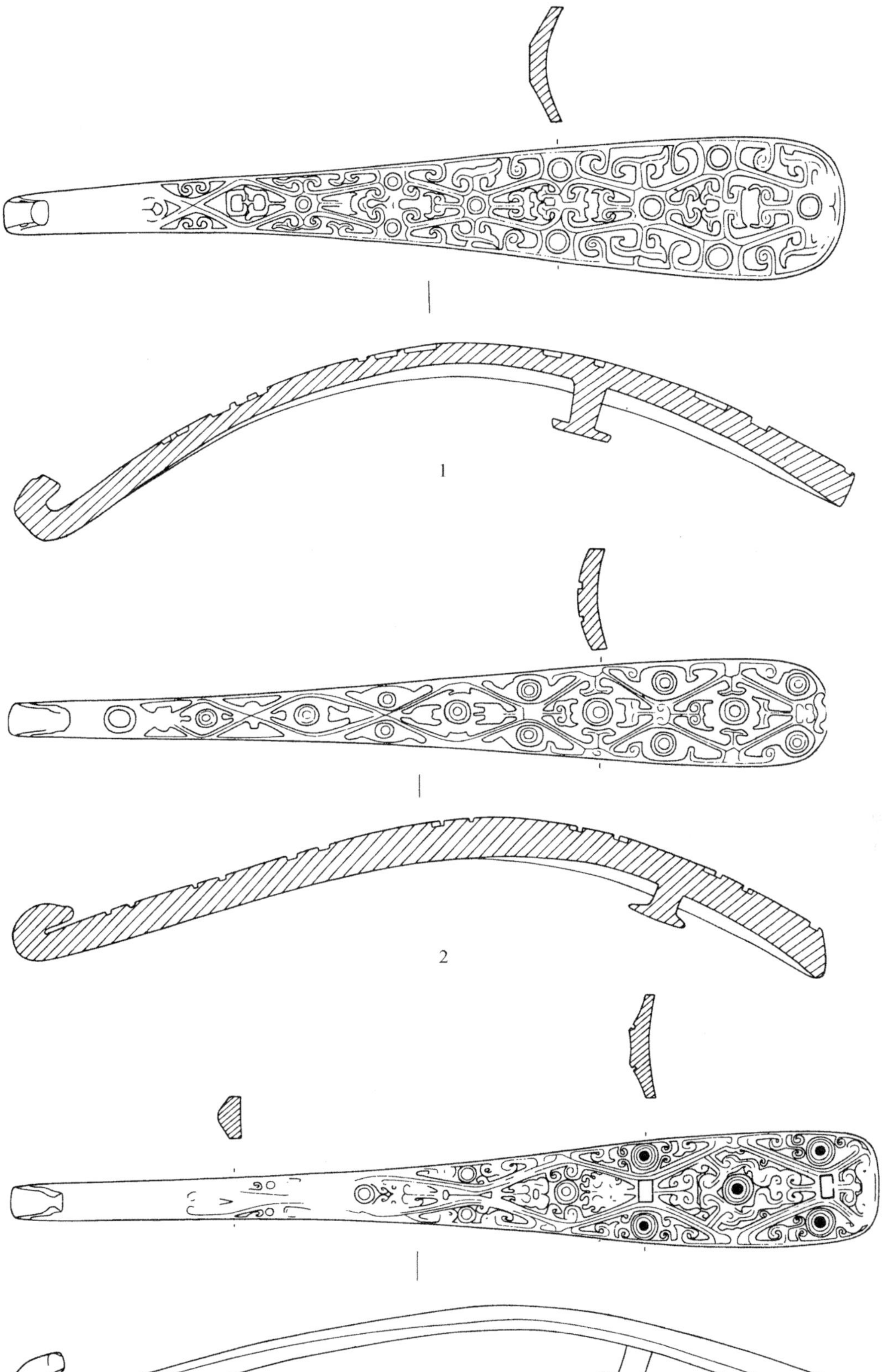

图五七七　琵琶形铜带钩（一）

1～3.（M346：1、M95：2、M411：2）

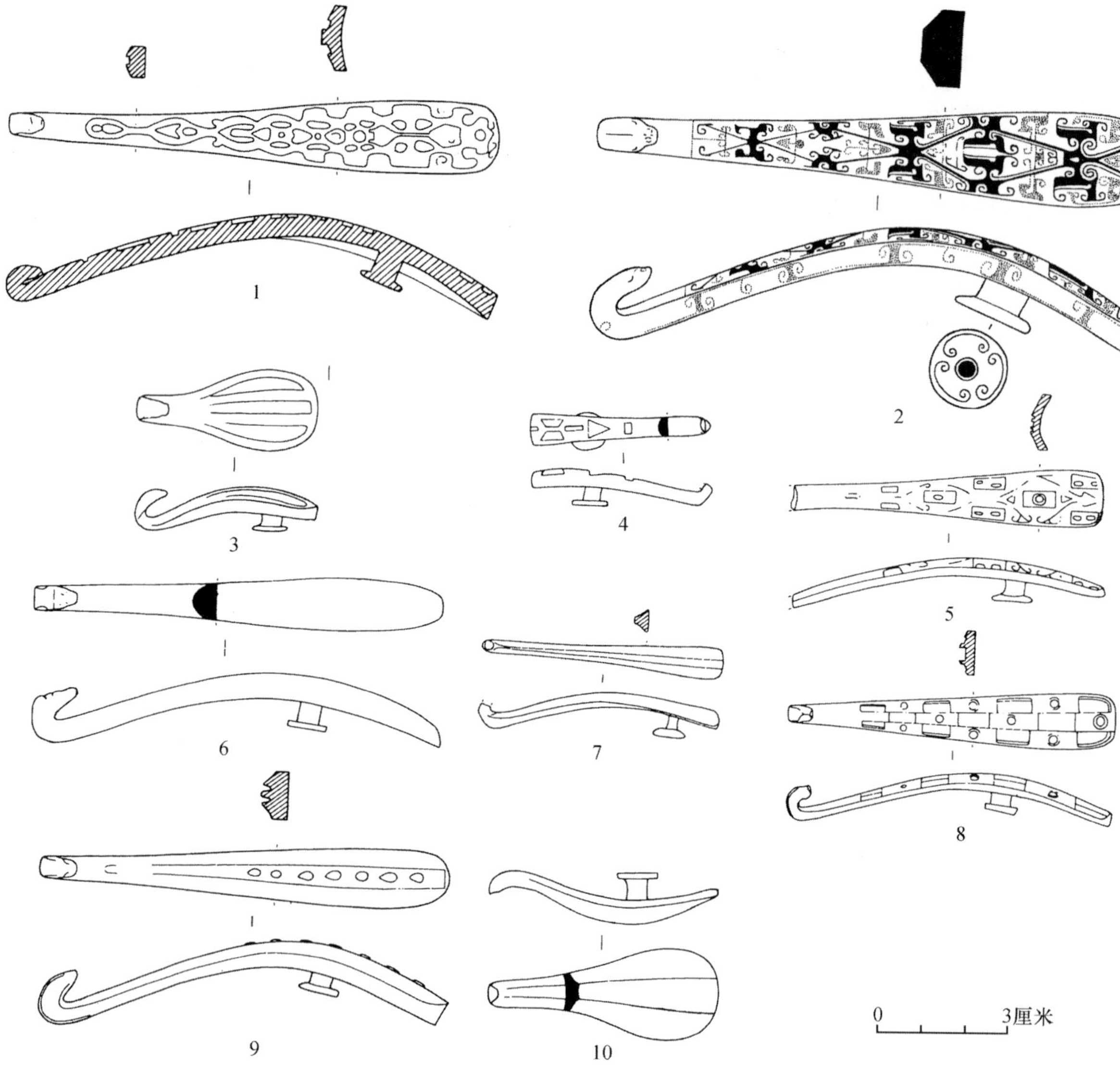

图五七八 琵琶形铜带钩（二）

1～10.（M482：1、M239：1、M337：1、M444：1、M707：1、M127：1、M736：1、M61：1、M205：1、M471：1）

铁带钩 78件，同铜带钩分型方法分五型。

Ⅰ型 水禽形，15件。钩体截面呈三角形或半圆形，内平，略弧，圆尾或尖尾，圆纽，钩均残。按横截面不同分为两个亚型。

Ⅰa M3：1（图五八四，1）。

Ⅰb M336：1（图五八四，4）。

Ⅲ型 耜形，18件。钩体耜形，本部半圆形，中心凸出一竖脊，圆纽偏后，钩颈饰二道横凸棱，鸭首状钩，多数残，本部错金银花纹。按钩柄及纹饰的不同分为三个亚型。

Ⅲa 标本M349：2（图五八四，2）。

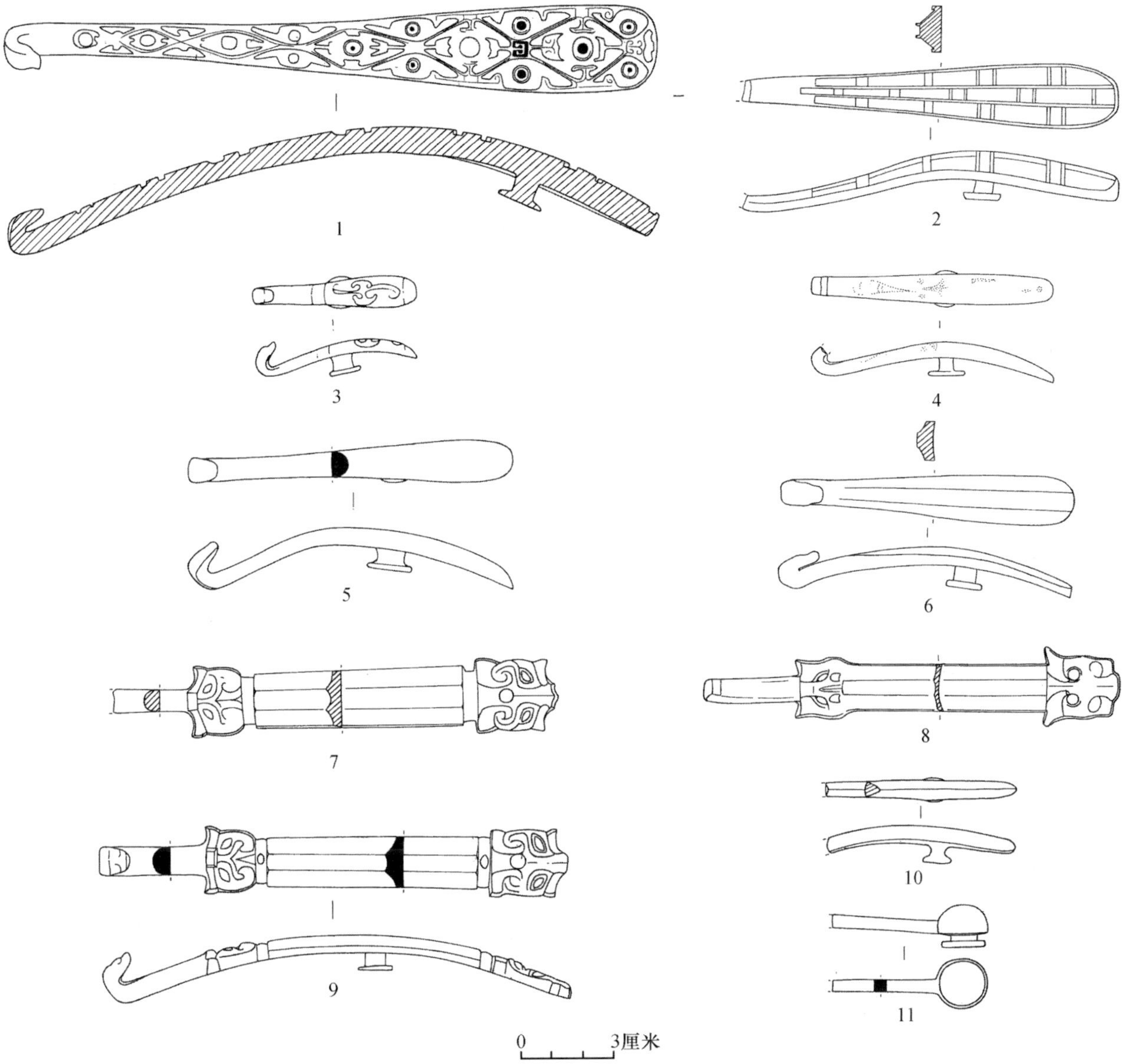

图五七九 铜带钩

琵琶形铜带钩：1. M414：1 2. M339：1 3. M185：3 4. M550：1 5. M136：1 6. M534：1

长牌形铜带钩：7. M190：1 8. M562：1 9. M539：1

异形铜带钩：10. M399：2 11. M195：1

Ⅲb 标本M725：1（图五八四，5）。

Ⅲc 标本M372：1（图五八四，3）。

Ⅳ型 曲棒形，20件，分两个亚型。

Ⅳa 11件。钩体近圆柱形，弧度小，本部齐尾，圆纽近中部，鸭首状钩，大多残。标本M85：1（图五八四，6）。

Ⅳb 9件。钩体呈半圆柱形，瘦长，弧度较大，本部圆尾，圆纽，钩残。标本M260：1

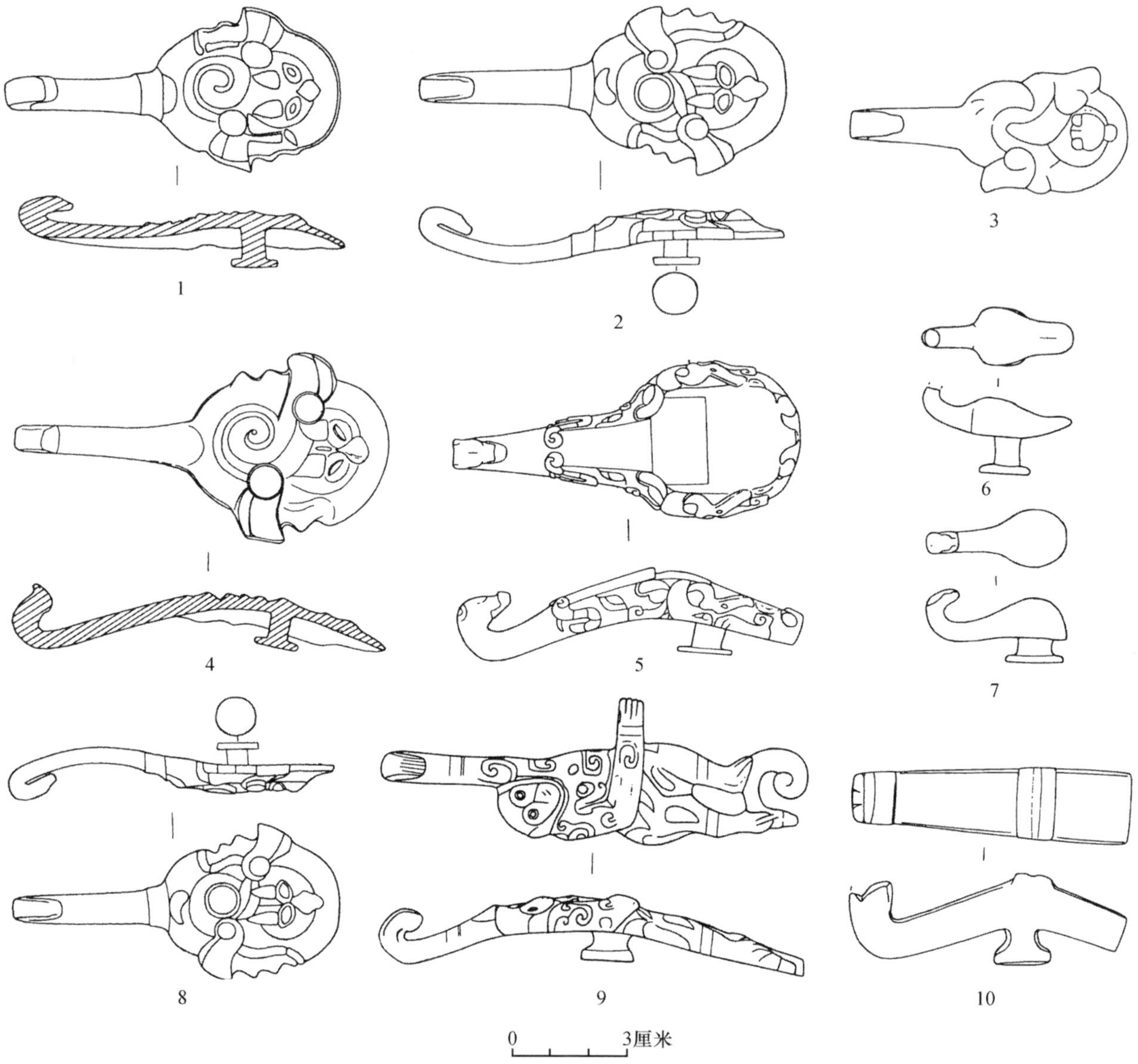

图五八〇　带钩

全兽形铜带钩：1. M473∶2　2. M454∶1　3. M52∶1　4. M395∶2　5. M257∶1　6. M557∶1　7. M379∶1　8. M334∶1　9. M440∶1

石带钩：10. M617∶1

（图五八四，7）。

Ⅴ型　琵琶形，18件，分两个亚型。

Ⅴa　12件。钩体扁平内略弧，呈琵琶形，圆纽，鸭首状钩，大多残，正面错金银花纹。标本M624∶1（图五八五，1）。

Ⅴb　6件。钩体扁平琵琶形，内凹，弧度大，本部圆尾向钩首渐收，正面顺饰二道凸棱，圆纽偏中部，鸭首状钩，或残。正面浮雕，错金银花纹，嵌绿松石（因锈，多已脱落）。标本

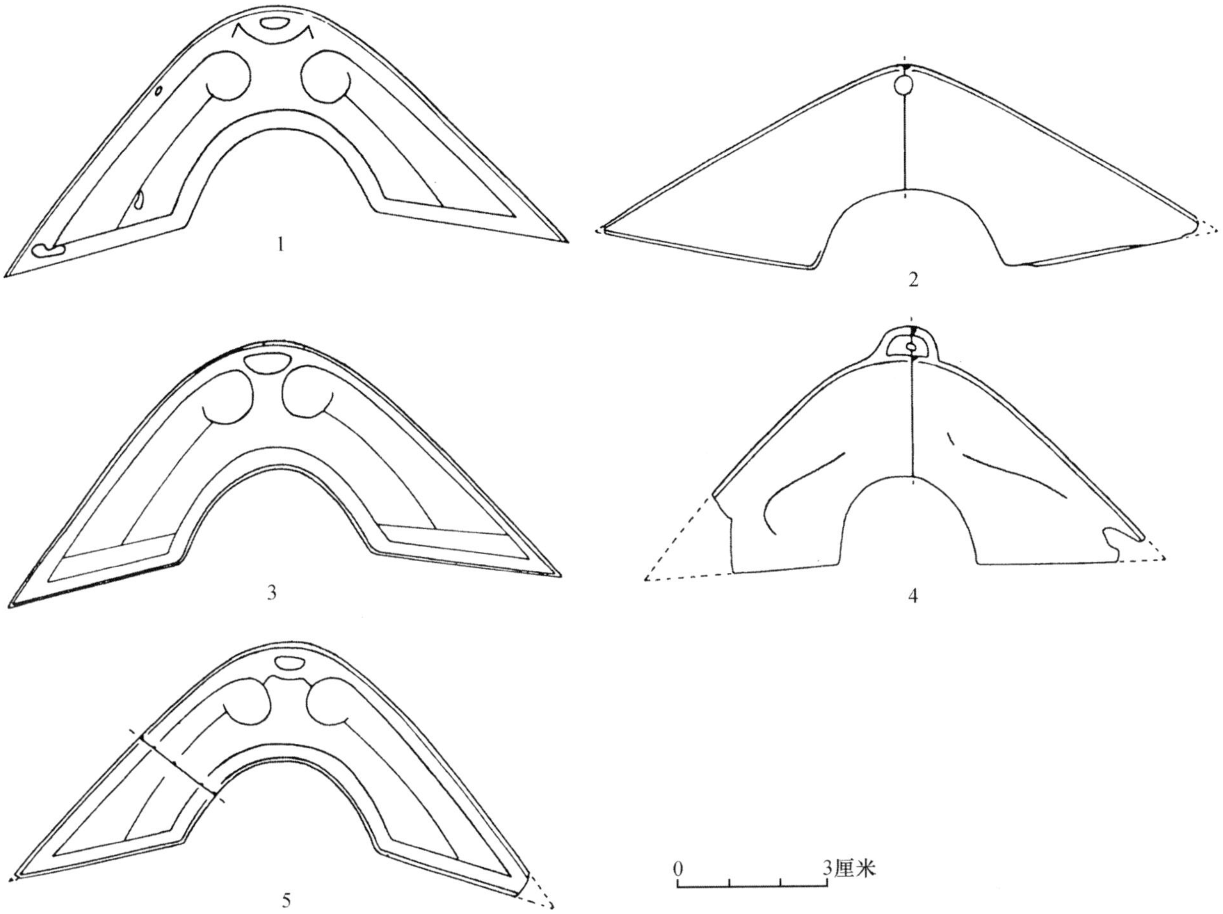

图五八一 铜桥形饰

1. Ⅰa（M411：3） 2. Ⅱ（M56：2） 3. Ⅲ（M414：2c） 4. Ⅰb（M414：2a） 5. Ⅰc（M163：1）

M253：1（图五八五，3）。

Ⅵ型 长牌型，7件，3整4残。钩体长方形扁平，弧度稍大，本部齐尾，前接方柱形颈，呈铲形，圆纽位于中部，鸭首状钩，正面错银花纹（因锈，不甚清楚）。分两个亚型。

Ⅵa 标本M403：1（图五八五，2）。

Ⅵb 标本M621：1（图五八五，4）。

铁削 6件，均残。方环柱形首，背略弧，柄本一体。标本M741：2（图五八六，2）。

铁刀 1件。椭圆柱状环首，柄本一体（已断），刃薄背厚，锋残。标本M127：2（图五八六，1）。

铁镢 2件，分两个亚型。

Ⅰ 梯形，上宽下窄，侧面三角形，梯形銎，刃稍残。标本M39：1（图五八六，3）。

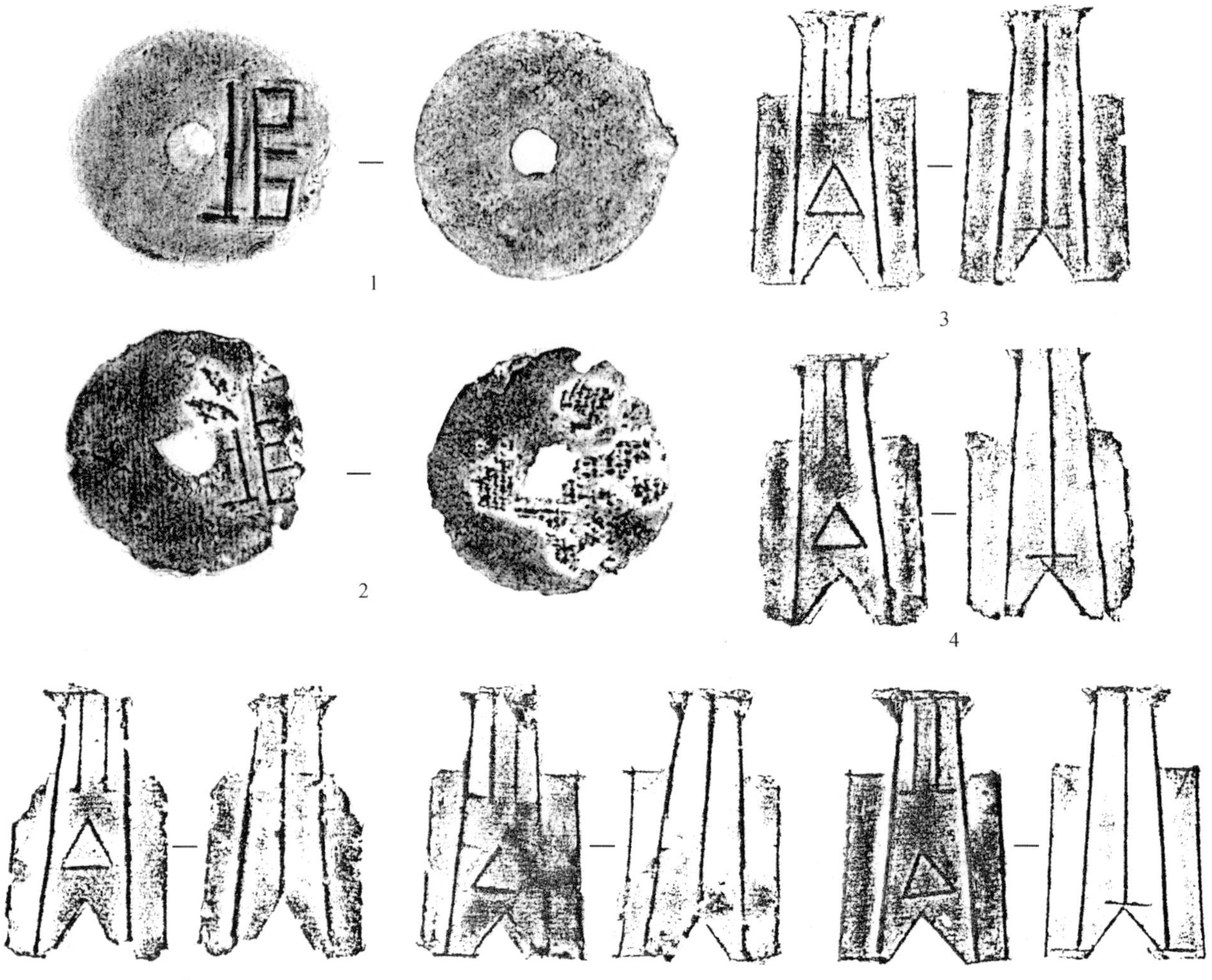

图五八二　铜钱

“垣”字圆孔圜钱：1. M399：1　2. M250：1 “公”字布：3～7. M571：1

Ⅱ　平板近梯形，上中部纵穿长方形銎。标本M94：1（图五八六，4）。

铁铲　2件。椭圆形铲，弧刃，圆肩，长方形銎。根据形制不同分为两型。

Ⅰ　标本M108：1（图五八七，1）。

Ⅱ　标本M162：2仅剩铲头（图五八七，3）。

铁锛　3件。锛体近长方形，直板，侧面三角形，长方形銎，刃略弧。标本M338：1（图五八七，2）。

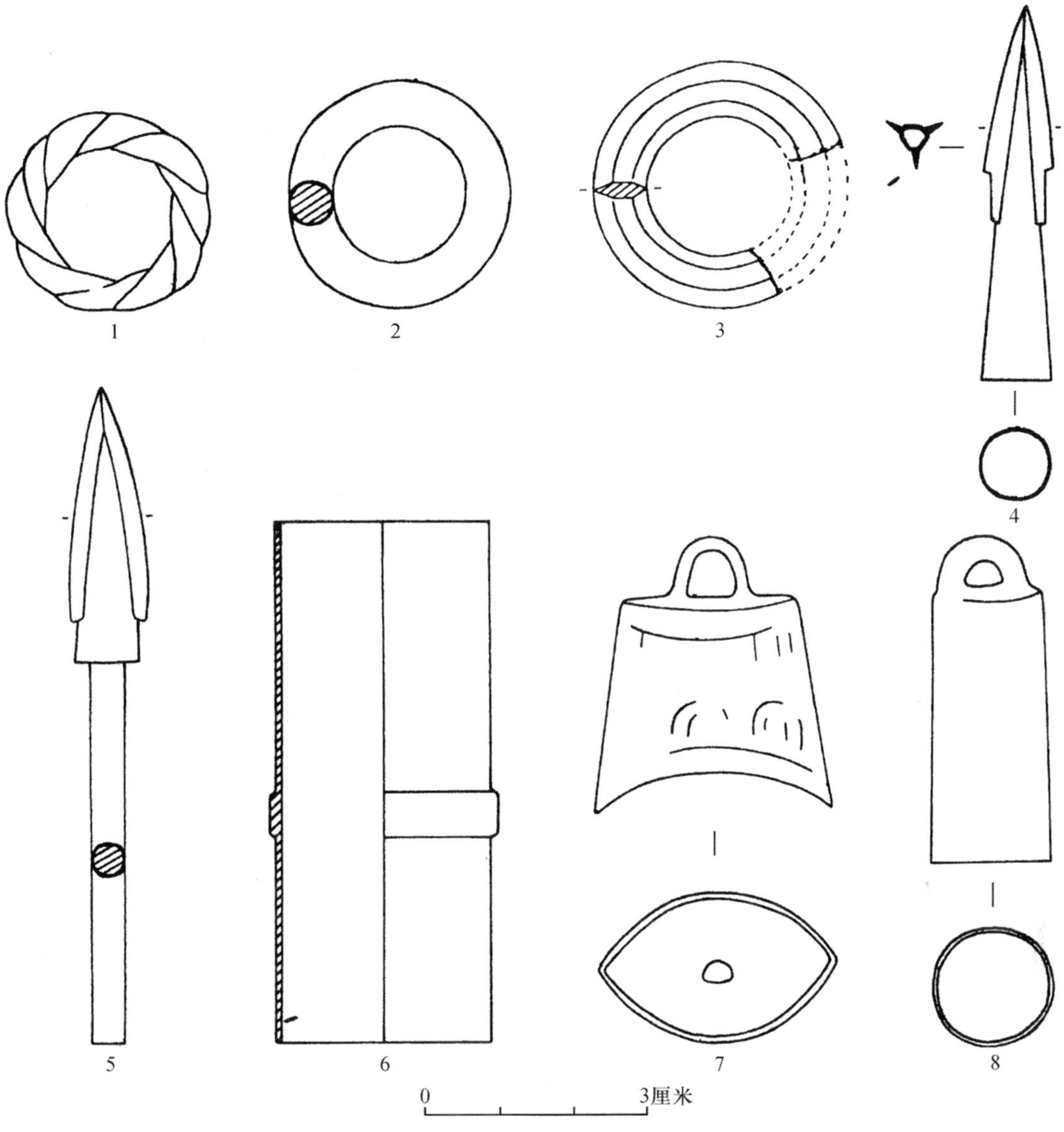

图五八三　铜器

铜镞：1. Ⅰ（M102：1）　3. Ⅱ（M134：1）　铜管：2. M712：2
铜铃：5. Ⅰ（M525：1）　7. Ⅱ（M725：2）　铜环：4. Ⅰ（M125：2）　6. Ⅱ（M13：1）　8. Ⅲ（M493：2）

4. 其他

出土其他随葬品有水晶环、琉璃珠、骨簪、骨器、八棱画笔等。

水晶环　9件。1整，破1残，分两型（缺M265：1），共9件。

Ⅰ型　2件。上下平，内外凸棱，截面呈六边形。标本M95：1a（图五八八，1）。

Ⅱ型　7件。上下凸棱，截面呈六边形，外边大三角形。标本M344：1a（图五八八，2）。

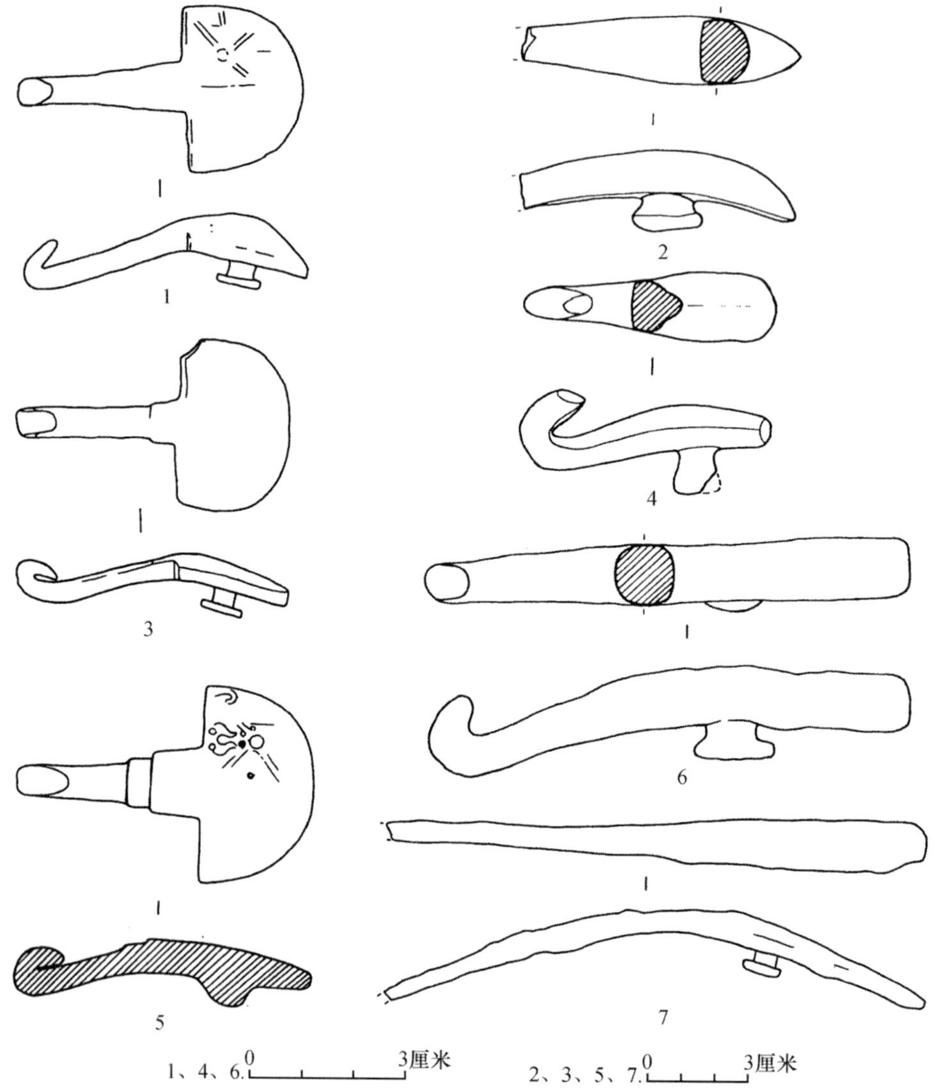

图五八四　铁带钩

水禽形：1. Ⅰa（M3：1）　4. Ⅰb（M336：1）

耜形：2. Ⅲa（M349：2）　3. Ⅲc（M372：1）　5. Ⅲb（M725：1）

曲棒形：6. Ⅳa（M85：1）　7. Ⅳb（M260：1）

琉璃珠　1件。球形，砂质，体表饰黑白绿三色圆形花纹，残。标本M442：2。

骨簪　2件。均残。标本M124：1，圆柱形（图五八八，3）；标本M624：2，方柱形。

骨器　4件。

（1）圆柱形，柱身饰三组细弦纹与网纹组成的图案，柱下有梯形圆座。标本M124：3（图五八八，4）。

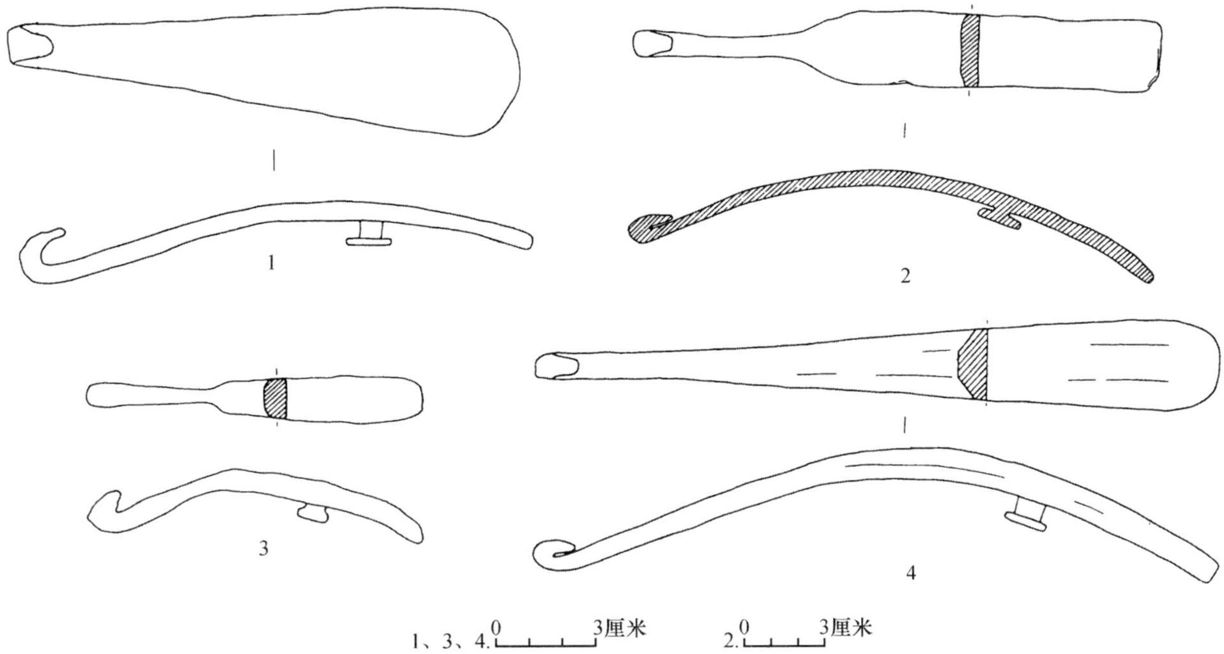

图五八五　铁带钩

琵琶形：1. Ⅴa（M624：1）　3. Ⅴb（M253：1）　长牌形：2. Ⅵa（M403：1）　4. Ⅵb（M621：1）

（2）圆管形，已碎残。标本M127：11（图五八八，7）。

（3）圆形，截面呈梯形，中心有圜底凹洞。标本M144：1（图五八八，5）。

（4）长条形，略弧，两面各顺饰两条凸棱成三道凹槽，一端有长方形穿。标本M199：3（图五八八，6）。

石带钩　1件。钩体为白色石质，仿虎形，钩身为方形，微曲，钩端较窄，另一端渐宽，面上有一长方形图纹，圆纽，钩残。标本M617：1（图五八○，10）。

八棱画笔　4件，分两种。

（1）2件。砂质，八棱柱形，深蓝色。标本M334：3（图五八八，9）。

（2）2件。砂质，八棱柱形，浅蓝色。标本M699：3（图五八八，8）。

八棱饰件　1件。砂质，硬，八棱柱形，一端大一端小，通体光亮，大端残。标本M718：3（图五八八，10）。

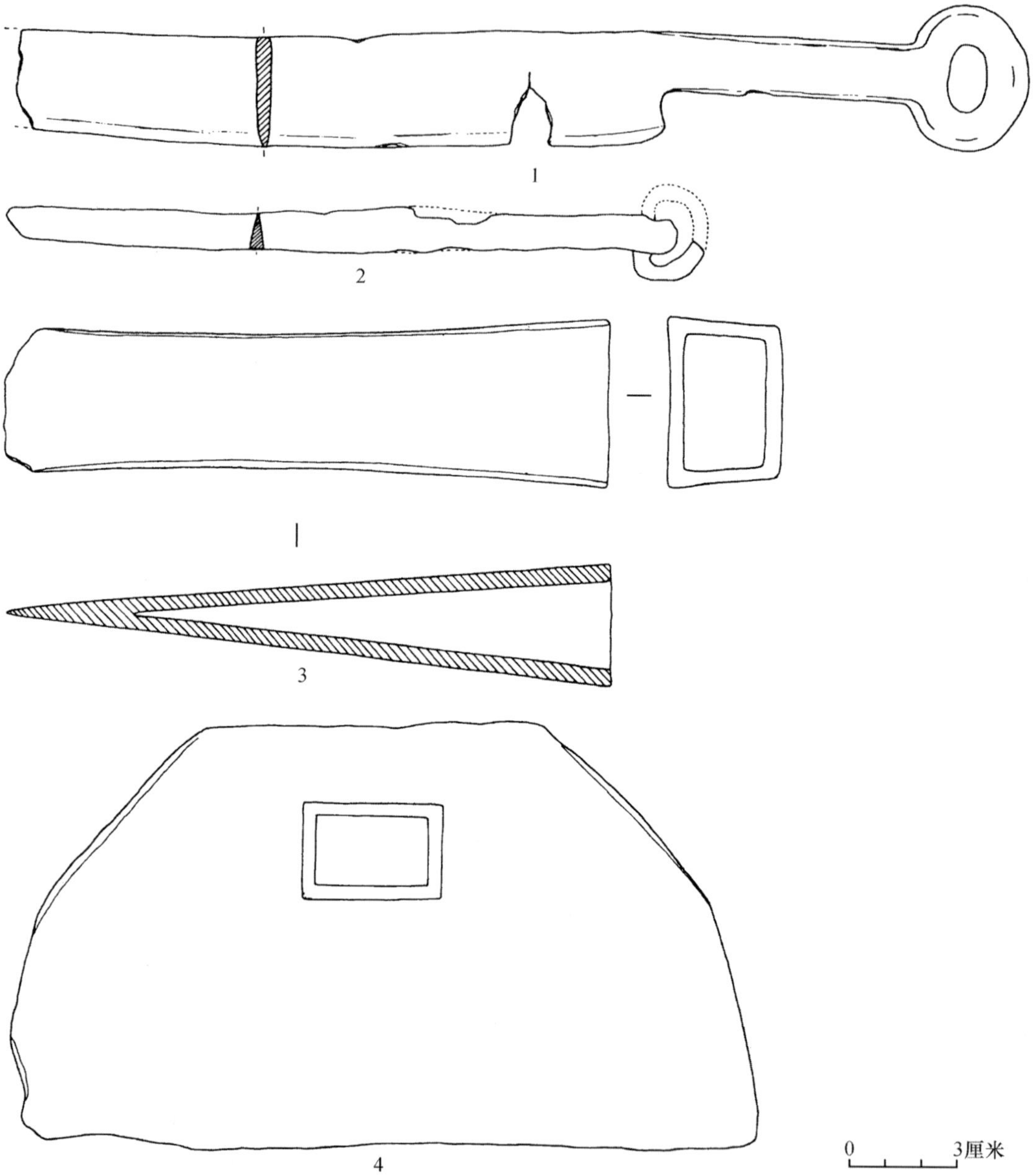

图五八六　铁器（一）

铁刀：1.（M127：2）　铁削：2.（M741：2）　铁镢：3. Ⅰ（M39：1）　4. Ⅱ（M94：1）

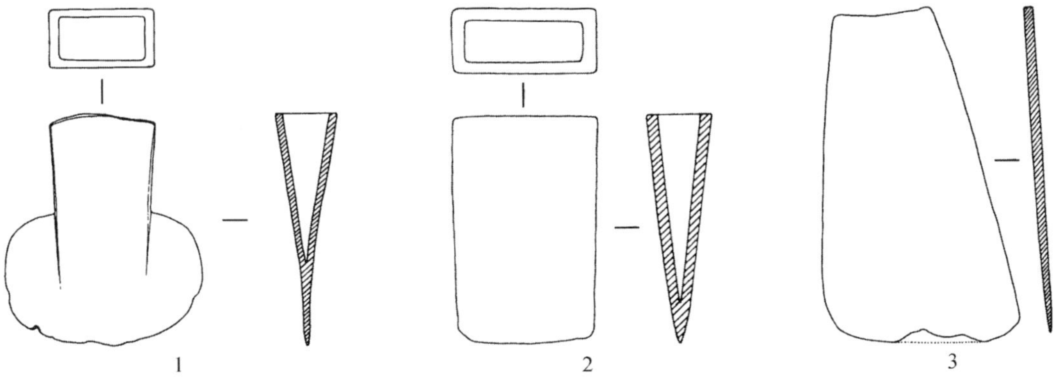

图五八七 铁器（二）

铁铲：1. Ⅰ（M108：1） 3. Ⅱ（M162：2） 铁锛：2. M338：1

二、五里岗战国墓地的国属、分期以及墓地葬俗和墓地性质

（一）国 属

战国时期的魏国河内地区包括今安阳、新乡一带。公元前453年，三家分晋，这一地区部分属于魏国，一部分属于赵国。公元前419年，“任西门豹受邺，而河内称治”。公元前386年，赵武公子赵朝发动兵变，赵国国都从中牟（今汤阴）迁至邯郸。公元前361年，魏迁都大梁。公元前359年，韩国把突入魏国境内的平丘（今河南封丘县东）、户牖（今河南兰考县北）、首垣（今河南长垣县东北）及驰道（东驰道经长垣县古城）送给魏国，魏国又从韩国取得了轵道（今河南省济源市西北）。这时，赵国也在彰水、滏水之间修筑长城，成为赵国的南界。这样，河内之地尽属魏国。

“东周时期，特别是春秋战国之际，是战国历史上社会结构与观念形态发生剧烈变更的时期”[①]。“……豫北地区靠近邯郸地区的安阳地区虽属漳河南岸，在地域上可能多数时间属于魏地，但其文化因素上看，却受赵国文化的影响更为深厚些”[②]。“……韩、赵、魏各国疆域在改变的同时则带来了文化上的交流和融合等”[③]。也就是说，公元前453年三家分晋后，在各自发展的文化中，即有同源性又有各自独立的一面。

汤阴地区在相当长的一段时间内位于赵魏两国交错的地域，两者的社会结构、观念、文化直接反映在墓葬的制度上。它们始终在此消彼长中发展，直到公元前225年，随着魏国的消亡

① 印群：《黄河中下游地区的东周墓葬制度》，社会科学文献出版社，2001年。

② 岳亚莉：《豫北地区战国墓研究》，郑州大学历史文化学院硕士论文，2010年。

③ 岳亚莉：《豫北地区战国墓研究》，郑州大学历史文化学院硕士论文，2010年。

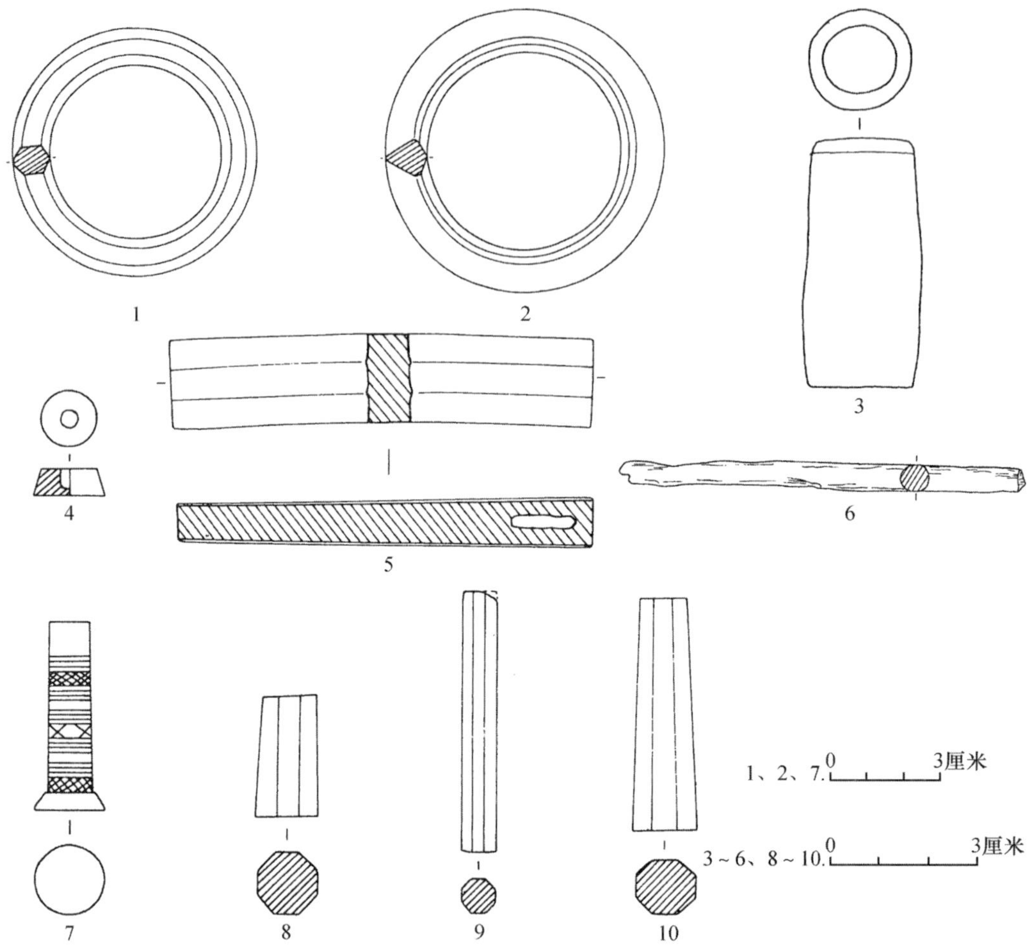

图五八八　玉石器、骨器

水晶环：1. Ⅰ（M95：1a）　2. Ⅱ（M344：1a）　骨簪：3. M124：2
骨器：4. M124：3　5. M144：1　6. M199：3　7. M127：1
八棱画笔：8. M699：3　9. M334：3　八棱饰件：10. M718：3

而逐渐走向大一统，但土著的文化不会因政治地缘的变化而消失，会在相当长的一段时间内存在着。

故汤阴在战国中期前应为赵魏两国交锋的前沿，魏国迁都大梁后才真正意义上属于魏国。这段时期内，双方长期征伐、融合，在文化面貌上逐渐形成了各自独特的一面，但在某些方面仍可看到它们的同根性。

从钱币上可知，出土“垣”字圜钱和“公”字布币各5枚。“垣”字圜钱是目前已成定论的魏国铸行的钱币。五里岗墓地多属战国晚期小型墓葬，随葬器极少。按当时埋葬风俗来看，死者多把自己认为很重要和代表身份的器物作为随葬品，钱币也应该是他们认为非常重要的东西，日常使用并且用于商品流通，也应是他们自己铸造、使用和非常熟悉的钱币。很难想象他们会把别国钱币埋入自己的墓中。尤其是属于同一墓地的墓葬中“公”字布和“垣”字圜钱共出，二者应该有着极为密切的关系，应属同一国货币。因此，五里岗墓地出土的这几枚钱币也应是魏国人自己铸造和使用的钱币。

（二）器物组合与分期

1. 器物组合

（1）墓地出土组合器物的仅有7座墓葬。

M94 鼎$_{\text{Ia}}$豆$_{\text{I}}$壶$^{\text{大I}}_{\text{小IIa}}$盘$_{\text{Ia}}$匜$_{\text{I}}$碗$_{\text{Ib}}$铁镬

M95 鼎$_{\text{Ia}}$豆$_{\text{I}}$壶$^{\text{大I}}_{\text{小IIa}}$盘$_{\text{Ia}}$匜$_{\text{I}}$水晶环$_2$铜带钩$_2$

M126 鼎$_{\text{Ib}}$豆$_{\text{II}}$壶$^{\text{大I}}_{\text{小2IIIa}}$盘$_{\text{Ia}}$匜$_{\text{II}}$

M127 鼎$_{\text{Ia}}$豆Ⅱ壶$^{\text{大I}}_{\text{IIIa}}$盘$_{\text{Ia}}$匜$_{\text{I}}$铜带钩、铁刀、蚌壳、骨件（碎）

M16 鼎$_{\text{IIb}}$盒壶$^{\text{大II}}_{\text{小IIIa}}$盘$_{\text{Ia}}$匜$_{\text{III}}$碗$_{\text{Ic}}$铁带钩

M346 鼎$_{\text{Ic}}$盒壶$^{\text{大I}}_{\text{小I}}$盘$_{\text{Ib}}$匜$_{\text{I}}$铜带钩

M200 鼎$^{\text{IIa}}_{2}$盒$_2$壶$^{\text{大2IIIb}}_{\text{小2}}$盘$_{\text{II}}$匜$_{\text{III}}$耳杯、铜带钩

（2）壶$_{\text{IIIb}}$罐$_{\text{IIa}}$组合仅M413一座。

（3）陶碗是以器盖随陶壶和陶罐一起葬的。

壶Ⅲb碗组合有7座。

罐碗组合有25座。

（4）单陶壶的墓有7座。

单陶罐的墓有25座。

（5）墓地出土铜铁带钩大部分为单一随葬品，有少量与陶壶或陶罐同出。

a.双铜、双铁带钩组合1座，M185。

b.双铜、单铁带钩组合1座，M111。

c.单铜、单铁带钩组合3座，M93，M159，M349。

d.带钩与铜镜同出的墓13座，M199，M210，M334，M395，M469，M471，M473，M513，M539，M639，M699，M714，M718。

e.带钩与铜桥形饰同出的墓6座，M411，M414，M430，M53，M399，M600。

f.带钩与水晶杯同出的墓6座，M53，M95，M265，M344，M534，M530。

2. 分期

五里岗战国墓伴有陶器的墓葬并不多，根据器型和组合特点，可分为四组类型：

第一组：鼎、豆、壶、盘、匜、高足壶。

第二组：鼎、盒、壶、盘、匜。

第三组：罐（圜底罐）、钵（碗）或壶、钵（碗）。

第四组：单壶或单罐（圜底罐）。

五里岗战国墓地出土的圜底罐与钵（碗）组合与同属魏国的新乡老道井的M82：2、M70：1的圜底罐[①]，与郑州岗杜M11：1圜底瓮、M12：2尊、M203：1圜底瓮[②]形制接近，已知的赵国墓葬中不见此种形制器物。邯郸百家村战国墓、唐山贾各庄战国墓内频见的高足壶在同属魏国的安阳张河固村战国墓、安阳黄张村战国墓、五里岗战国墓中均可见。

根据以往公布的资料显示：安阳黄张村村战国墓陶器组合以鼎、豆、壶、盘、匜为主，属战国中期；安阳张河固村战国墓陶器组合以鼎、豆、壶为主，属战国中期；新乡杨岗战国墓陶器以鼎、豆、壶、盘、匜为主，属战国中期；新乡五陵村战国墓陶器以鼎、豆、壶为主，属战国中期；新乡丁固战国墓以鼎、豆、壶、高足壶、盘、匜为主，属战国中期；新乡老道井战国墓陶器组合以罐（圜底罐）、钵为主，属战国晚期。

"……鼎、豆、壶、盘、匜仍是基本组合形式，除细把豆外，又增添了小壶……这组墓在时间上也和中山国相近，即战国中期期后段，并延续进入战国晚期"[③]。所以第一组的年代为战国中期偏晚。

"……盒取代了豆。……鼎、盒、壶在两汉初年仍是常见的组合形式。这一组墓的相对年代约在战国晚期"[④]。故第二组年代为战国晚期早段。

第三、四组，"……随葬品方面几乎不见传统的鼎、豆、壶、盘、匜等组合，基本上每座墓都出有罐，其上有一覆钵，做盖之用……"[⑤]，第三、四期墓葬的相对年代为战国晚期晚段。

具体类比，综合看来，五里岗战国墓地的起始年代为战国中期，一直沿用至战国晚期晚段。

"带钩系战国时代由北方民族传入中国，……白沙的早期战国墓，一律不出带钩；辉县琉璃阁的属于早期的一些战国墓亦不出带钩，正说明了这一问题。唐山贾各庄的早期墓出土铜带钩较多，可能是由于地在北方，受北方民族文化的影响较早之故"[⑥]。

---

① 郑州大学历史学院考古系，河南省文物局南水北调办公室：《河南新乡市老道井墓地战国墓发掘简报》，《华夏考古》2008年第4期。

② 河南文物一队：《郑州岗杜附近古墓葬发掘简报》，《文物参考资料》1955年第10期。

③ 叶小燕：《中原地区战国墓初探》，《考古》1985年第2期。

④ 叶小燕：《中原地区战国墓初探》，《考古》1985年第2期。

⑤ 岳亚莉：《豫北地区战国墓研究》，郑州大学历史文化学院硕士论文，2010年。

⑥ 王仁湘：《带钩概论》，《考古学报》1985年第3期。

（三）葬俗与葬式

1. 墓葬分类

墓葬中墓圹的大小、棺椁的使用、随葬品的多少与墓主人的身份等级关系很大，汤阴五里岗战国墓地的墓葬按墓圹大小可分为以下四类。

甲类

墓圹长300、宽200厘米以上，有31个墓，M94、M127、M346均在此等级中。其中，使用棺椁的有27个墓，有随葬品的有13个墓。男性26人，女性5人。头向北27人，头向东4人。该等级墓葬墓主人应属权位较高的家长、族长及德高望重的老人。

乙类

墓圹长250～300、宽150～200厘米，有89个墓，M16、M95、M126、M200属于此等级。其中，使用棺椁的有59个墓，有随葬品的有51个墓。男性74人，女性14人。头向北79人，头向东9人，头向南1人。此等级墓葬，大多有随葬品，墓主人应是比较富裕、在家中主事或受尊重的人。

丙类

墓圹长200～250、宽100～150厘米，有259个墓。其中，使用棺椁的有36个墓，有随葬品的有133个墓。男性166人，女性81人，少儿7人。头向北243人，头向东10人，头向南5人，头向西1人。此等级墓葬，在墓地内占五分之二，使用棺椁的很少，有随葬品的仅占一半，墓主人应是当时的一般平民。

丁类

墓圹长200、宽100厘米以下，有301个墓。其中，使用棺椁的10个墓，有随葬品的67个墓。男性186人，女性76人，少儿23人。头向北283人，头向东10人，头向南3人，头向西5人。此等级墓葬，在墓地中占近一半，棺椁使用极少，有随葬品的仅占五分之一，且妇女、儿童较多，墓主人应属地位较低、贫穷的妇幼之人。

2. 葬俗

五里岗墓地出现了异穴并葬、夫妻同穴合葬墓、土洞墓的现象。

经人骨鉴定，异穴合葬墓有6组。男性头向北的在西侧，有M94与M95，M126与127，M134与M135，M150与M151；男性头向东的在北侧，有M148与M149，M111与M112。这些合葬墓位置相邻，方向一致，规模相当，年代相近，且男性一侧较女性一侧位置前置，这种现象可反映出男尊女卑的社会关系。

夫妻合葬墓有1座，为M479，两墓室间被一生土隔梁分隔开。“战国中晚期出现了夫妇同穴葬。……男女两人合葬远在齐家文化中就已存在，……在土坑葬流行的时期，夫妇同穴合葬是有一定困难，受一定条件的限制。所以直到汉代，洞室墓流行之后，夫妇合葬墓才逐渐普遍起来”①。

此墓地发掘的742座墓葬中，仅有土洞墓1座，为M326，这个土洞墓的出现是值得关注的。

另外，值得注意的是，此墓地随葬品多见带钩，并且出土铜带钩中，一半以上都被人为敲断钩首，这个现象是很特别的，有可能为当时的一种地方葬俗。

3. 葬式

从墓主葬式来看，以仰身屈肢为大宗，在742座墓中，屈肢葬有616座，占到了墓葬总数的83%。屈肢葬的出现是中原地区东周时期葬俗的一个特点，“尤以战国时为甚”②，“在东周时期，民族的迁徙活动甚是频繁活跃，……这一时期出现的屈肢葬式可能和这种历史现象有关”③。可“东周确实存在着民族迁徙，如北方狄人和西方戎人自春秋时期始即大规模内迁中原一带。但这些内迁的戎狄之人数量毕竟有限”④。但这些并不足以改变以华夏族为主体的中原社会及文化体系，河北的百家村、唐山的贾各庄，他们的地理位置更靠北，更接近少数族裔，更容易接触少数族裔的文化，他们所出的直肢葬比屈肢葬要多。“……白沙的许多早期的战国墓，采用屈肢葬的不到十分之一；辉县琉璃阁的一些属于早期的战国墓，都系直肢葬；唐山的早期战国墓，采用屈肢葬的较多；但亦不到半数”⑤。进入战国中后期，随着秦人的扩张势力加强，特别是战国晚期，中原地区多被秦人所控制，中原的原著文化一点一点地被侵蚀，渐渐的中原原有的文化与秦文化相互融合，屈肢葬逐渐增多，成为一种通行的葬制，这种现象在五里岗墓地体现的十分清楚，由于五里岗墓地的相对年代在战国晚期晚段，所以我们更倾向于五里岗战国墓地的屈肢葬主要还是来自关中地区的秦文化的冲击和影响。

（四）墓地性质

“墓地是墓群集中分布的区域，是人们有意识埋葬死者的固定场所”⑥，西周以来，人们

① 叶小燕：《中原地区战国墓初探》，《考古》1985年第2期。
② 叶小燕：《中原地区战国墓初探》，《考古》1985年第2期。
③ 叶小燕：《中原地区战国墓初探》，《考古》1985年第2期。
④ 张辛：《中原地区东周陶器墓葬研究》，科学出版社，2002年。
⑤ 王仲殊：《洛阳烧沟附近的战国墓葬》，《考古学报》1954年第2期。
⑥ 金则恭：《仰韶文化的埋葬制度》，《考古学集刊》（4），中国社会科学出版社，1984年。

“均聚族而居，死后合族而葬，由此形成了族葬墓地制”[①]，《周礼·春官·墓大夫》：“墓大夫掌凡邦墓之地域。凡争墓地者，听其狱讼，帅其属而巡墓厉，居其中之室以守之。”郑玄注“故者万民墓地同处，分其地使各有区域，得以从族葬后相容”。《周礼·大司徒》：“以本族六安万民，……二曰族坟墓。”，可见“邦墓既是万民之墓地，即王室以外的国民墓地。……而一般氏族成员的墓区则延续演化为‘邦墓’”[②]，五里岗墓地的情况基本符合之规律，墓地墓葬排列有序，能分出干若小型墓区，往往是一面积稍大一点的墓葬周围有序分布着不同数量的小型墓葬，且能辨别男女性别的墓葬各占到一半，存在有打破关系，延续时间长，且墓地内不见铜器，故整体而言五里岗战国墓地属于平民公共墓地较为适宜。

① 徐吉军、贺云翱：《中国丧葬礼俗》，浙江人民出版社，1991年。

② 印群：《西周墓地制度之管窥》，《辽宁大学学报》（哲学社会科学版）2004年第4期。

附　表

附表一　汤阴五里岗墓葬一览表

墓号（M）	方向（°）	形状结构	出土遗物	棺椁 人骨	时代	备注
1	5	长方形竖穴土坑，长310、宽230、深185厘米，斜壁平底，底长202、宽70厘米，四周有熟土二层台，宽30～50、高30厘米	铜带钩1	有棺木朽痕，长202、宽70厘米。人骨头向北，面向西，仰身直肢，男性成年	战国	
2	105	长方形竖穴土坑，长270、宽200、深280厘米，斜壁平底，底长250、宽125～135厘米，四周有熟土二层台，宽20～30、高30厘米，北壁中有壁龛，宽65、高45、深30厘米	陶碗1 陶壶1	有棺木朽痕，长200、宽85厘米。人骨头向东，面向不清，仰身直肢，骨朽，性别不清	战国	
3	95	长方形竖穴土坑，长280、宽190、深290厘米，斜壁平底，底长216、宽104厘米，四周有熟土二层台，宽10～20、高20厘米	铁带钩1	有棺木朽痕，长210、宽100厘米。人骨头向东，面向上，仰身直肢，男性成年	战国	
4	14	长方形竖穴土坑，长210、宽120厘米，近直壁平底，两侧有生土二层台，宽20～30、高70厘米，墓底长180、宽60、墓口至墓底180厘米		棺椁不清。人骨错乱	战国	
5	10	长方形竖穴土坑，长180、宽65、深40厘米，直壁平底		棺椁不清。人骨头向北，面向西，仰身屈肢，男性成年	战国	
6	15	长方形竖穴土坑，长174、宽90、深65厘米，两侧斜壁平底，底长174、宽50厘米		棺椁不清。人骨头向北，面向上，仰身屈肢，少年儿童	战国	
7	20	长方形竖穴土坑，长200、宽90厘米，直壁平底，两侧有生土二层台，宽16、高55厘米，墓底长200、宽76、墓口至墓底110厘米		棺椁不清。人骨头向北，面向东，仰身屈肢，男性成年	战国	
8	11	长方形竖穴土坑，长256、宽184、深230厘米，斜壁平底，底长202、宽100厘米，四周有熟土二层台，宽15～20、高40厘米	铜带钩1	有棺木朽痕，长205、宽98厘米。人骨头向北，面向东，仰身直肢，男性成年	战国	

续表

墓号（M）	方向（°）	形状结构	出土遗物	棺椁 人骨	时代	备注
9	5	长方形竖穴土坑，长210、宽140厘米，直壁平底，两侧有生土二层台，宽30、高70厘米，墓底长200、宽70、墓口至墓底140厘米		有棺木朽痕，长200、宽70厘米。人骨头向北，面向东，仰身直肢，男性成年	战国	
10	15	长方形竖穴土坑，长210、宽140～145厘米，斜壁平底，底长190、宽76厘米，两侧有生土二层台，宽25～30、高62、墓口至墓底172厘米	铁带钩1	棺椁不清。人骨头向北，面向东，仰身屈肢，女性成年	战国	
11	15	长方形竖穴土坑，长280、宽210厘米，斜壁平底，四周有熟土二层台，宽15～30、高25厘米，墓底长250、宽140、墓口至墓底270厘米	铜带钩1	有棺木朽痕，长192、宽50、残高25厘米。人骨头向北，面向上，仰身屈肢，男性成年	战国	
12	185	长方形竖穴土坑，长250、宽120厘米，直壁平底，四周有生土二层台，宽10～40、高25厘米，墓底长220、宽40～60、墓口至墓底90厘米，墓底南段有两块铺底砖，砖长30、宽15、厚5厘米		未见棺椁朽痕。未见人骨	宋	
13	10	长方形竖穴土坑，长270、宽190厘米，斜壁平底，四周有熟土二层台，宽10～40、高45厘米，墓底长230、宽150、墓口至墓底205厘米	铜环1 铜带钩1	有棺木朽痕，长180、宽60厘米。人骨头向北，面向下，俯身直肢，男性成年	战国	
14	5	长方形竖穴土坑，长220、宽120厘米，斜壁平底，两侧有生土二层台，宽20、高60厘米，墓底长210、宽70、墓口至墓底120厘米	铜带钩1	棺椁不清。人骨头向北，面向上，仰身屈肢，男性成年	战国	
15	10	长方形竖穴土坑，长230、宽140厘米，斜壁平底，底长190、宽70厘米，四周有熟土二层台，宽10～30、高20厘米，墓口至墓底130厘米		有棺木朽痕，长190、宽70、高20厘米。人骨头向北，面向东，仰身屈肢，性别不清		
16	5	长方形竖穴土坑，长260、宽166厘米，斜壁平底，两侧有生土二层台，宽12～30、高50厘米，墓底长260、宽80～95、墓口至墓底120厘米	陶碗1 陶壶2 陶鼎1 陶盘1 陶匜1 陶盒1 铁带钩1	有棺木朽痕，但不很清楚。人骨头向北，面向西，仰身屈肢，男性成年	战国	

续表

墓号（M）	方向（°）	形状结构	出土遗物	棺椁 人骨	时代	备注
17	13	长方形竖穴土坑，长180、宽90厘米，直壁平底，两侧有生土二层台，宽15、高35厘米，墓底长180、宽58、墓口至墓底75厘米	铜带钩1	棺椁不清。人骨头向北，面向西，仰身屈肢，男性成年	战国	
18	115	长方形竖穴土坑，长180、宽76厘米，两侧斜壁，墓底长180、宽60、墓口至墓底40厘米	铜带钩1	棺椁不清。人骨头向东，面向南，仰身直肢，男性成年	战国	
19	185	长方形竖穴土坑，长170、宽150厘米，直壁平底，墓口至墓底100厘米		棺椁不清。人骨头向南，面向上，仰身屈肢，少年儿童	战国	中间被M246打破
20	187	长方形竖穴土坑，长190、宽110厘米，直壁平底，两侧有生土二层台，宽20、高45厘米，墓底长180、宽60、墓口至墓底90厘米		棺椁不清。人骨头向南，面向西，仰身屈肢，男性成年	战国	
21	110	长方形竖穴土坑，长180、宽96厘米，直壁平底，两侧有生土二层台，宽14～22、高60厘米，墓底长180、宽60、墓口至墓底120厘米		棺椁不清。人骨头向东，面向南，仰身屈肢，男性成年	战国	
22	5	长方形竖穴土坑，长205、宽120厘米，直壁平底，两侧有生土二层台，宽30～34、高48厘米，墓底长194、宽50、墓口至墓底103厘米	陶碗1 陶壶1	棺椁不清。人骨头向北，面向东，仰身直肢，男性成年	战国	
23	10	长方形竖穴土坑，长185、宽85厘米，直壁平底，两侧有生土二层台，宽10、高50厘米，墓底长185、宽65、墓口至墓底130厘米		棺椁不清。人骨头向北，面向西，仰身直肢，男性成年	战国	
24	185	长方形竖穴土坑，长200、宽130厘米，斜壁平底，两侧有生土二层台，宽20～26、高65厘米，墓底长184、宽74、墓口至墓底160厘米	铁带钩1	棺椁不清。人骨头向南，面向东，仰身屈肢，男性成年	战国	
25	355	长方形竖穴土坑，长180、宽85厘米，直壁平底，两侧有生土二层台，宽10～15、高30厘米，墓底长180、宽60、墓口至墓底90厘米		棺椁不清。人骨头向北，面向西，仰身直肢，少年儿童	战国	
26	5	长方形竖穴土坑，长210、宽85厘米，直壁平底，墓口至墓底55厘米		棺椁不清。人骨头向北，面向东，仰身屈肢，女性成年	战国	

续表

墓号（M）	方向（°）	形状结构	出土遗物	棺椁 人骨	时代	备注
28	11	长方形竖穴土坑，长170、宽50厘米，直壁平底，墓口至墓底10厘米		棺椁不清。人骨头向北，面向东，仰身屈肢，性别不清	战国	
29	110	长方形竖穴土坑，长215、宽120厘米，直壁平底，两侧有生土二层台，宽20、高50厘米，墓底长180、宽64～70、墓口至墓底100厘米		棺椁不清。人骨头向东，面向北，侧身屈肢，男性成年	战国	
30	0	长方形竖穴土坑，长200、宽100厘米，直壁平底，两侧有生土二层台，宽20、高45厘米，墓底长200、宽60、墓口至墓底110厘米		棺椁不清。人骨头向北，仰身屈肢，女性成年	战国	北部被M77打破
31	5	长方形竖穴土坑，长190、宽104厘米，直壁平底，两侧有生土二层台，宽22、高45厘米，墓口至墓底90厘米		棺椁不清。人骨头向北，面向西，仰身屈肢，女性成年	战国	
32	10	长方形竖穴土坑，长190、宽85厘米，斜壁，底长180、宽60厘米，东侧有生土二层台，宽10、高65厘米，墓底有两条横凹槽，宽16～18、深8厘米，墓口至墓底120厘米		棺椁不清。人骨头向北，面向东，仰身屈肢，女性成年	战国	
33	10	长方形竖穴土坑，长255、宽165厘米，斜壁平底，四周有熟土二层台，宽20～40、高10厘米，墓底长240、宽130、墓口至墓底155厘米	铁带钩2	有棺木朽痕，长180、宽63厘米。人骨架头向北，面向不清，仰身直肢，女性成年	战国	
34	15	长方形竖穴土坑，长210、宽140厘米，直壁平底，两侧有生土二层台，宽18～36、高30厘米，墓口至墓底80厘米		棺椁不清。人骨头向北，面向西，仰身屈肢，女性成年	战国	
35	10	长方形竖穴土坑，长184、宽70～80厘米，直壁平底，四壁修筑不规整，东、南部有生土二层台，宽10～20、高10厘米，墓底长175、宽56、墓口至墓底30厘米		棺椁不清。人骨架头向北，面向东，仰身屈肢，女性成年	战国	
37	15	长方形竖穴土坑，长200、宽110厘米，直壁平底，三面有生土二层台，宽20、高50厘米，墓底长190、宽60、墓口至墓底105厘米		棺椁不清。人骨头向北，面向东，仰身屈肢，女性成年	战国	

续表

墓号（M）	方向（°）	形状结构	出土遗物	棺椁 人骨	时代	备注
38	8	长方形竖穴土坑，长195、宽85厘米，直壁平底，两侧有生土二层台，宽18～25、高30厘米，墓底长190、宽44、墓口至墓底65厘米		棺椁不清。人骨头向北，面向东，仰身屈肢，性别不清	战国	
39	5	长方形竖穴土坑，长230、宽100厘米，直壁平底，两侧有生土二层台，宽15～20、高50厘米，墓底长230、宽65、墓口至墓底90厘米	铁䦆1	棺椁不清。人骨头向北，面向南，仰身直肢，女性青少年	战国	
40	20	长方形竖穴土坑，长210、宽120厘米，直壁平底，两侧有生土二层台，宽24～26、高30厘米，墓底长200、宽60、墓口至墓底130厘米		棺椁不清。人骨头向北，面向东，侧身屈肢，男性成年	战国	
41	12	长方形竖穴土坑，长190、宽100厘米，直壁平底，三面有生土二层台，宽11～15、高40厘米，墓底长180、宽75、墓口至墓底90厘米		棺椁不清。人骨头向北，面向东，俯身屈肢，女性成年	战国	
42	5	长方形竖穴土坑，长275、宽175厘米，斜壁平底，底长200、宽70厘米，四周有熟土二层台，宽20～45、高30厘米，墓口至墓底195厘米		有棺木朽痕，长200、宽70厘米。人骨头向北，面向东，仰身屈肢，女性成年	战国	
43	14	长方形竖穴土坑，长200、宽110厘米，两侧斜壁，底长200、宽70厘米，有生土二层台，宽11、高30厘米，墓口至墓底100厘米		棺椁不清。人骨头向北，面向东，仰身屈肢，男性成年	战国	
44	5	带墓道的单室砖室，墓道口长440、宽70～100厘米，底斜坡，深100～140厘米，墓室土圹长360、宽200～290、墓口至墓底140厘米，砖室破坏完		未见棺椁。未见人骨	宋	
45	5	长方形竖穴土坑，长190、宽70～80厘米，斜壁平底，墓底长170、宽44、墓口至墓底75厘米	铁带钩1	棺椁不清。人骨头向北，骨架错乱，属二次葬	战国	
46	7	长方形竖穴土坑，长190、宽100厘米，直壁平底，两侧有生土二层台，宽10～20、高35厘米，墓底长190、宽70、墓口至墓底60厘米	铜带钩1	棺椁不清。人骨头向北，面向南，仰身屈肢，女性成年	战国	
47	105	长方形竖穴土坑，长230、宽150厘米，直壁平底，两侧有生土二层台，宽30～40、高60厘米，墓底长230、宽60、墓口至墓底200厘米	铜带钩1 陶罐1	有棺木朽痕，长185、宽40厘米。人骨头向东，面向北，仰身直肢，女性成年	战国	

续表

墓号（M）	方向（°）	形状结构	出土遗物	棺椁 人骨	时代	备注
48	7	长方形竖穴土坑，长190、宽100厘米，直壁平底，三面有生土二层台，宽10～20、高40厘米，墓底长180、宽66、墓口至墓底70厘米		棺椁不清。人骨头向北，面向东，侧身屈肢，男性成年	战国	
50	10	长方形竖穴土坑，长180、宽80厘米，直壁平底，墓口至墓底50厘米	铁带钩1	棺椁不清。人骨头向北，面向西，侧身屈肢，女性成年	战国	
51	5	长方形竖穴土坑，长240、宽140厘米，直壁平底，四周有生土二层台，宽20～40、高50厘米，墓底长200、宽66、墓口至墓底90厘米		有棺木朽痕，长200、宽65厘米。人骨头向北，面向东，侧身屈肢，男性成年	战国	
52	7	长方形竖穴土坑，长210、宽80厘米，直壁平底，墓口至墓底140厘米	铜带钩1	棺椁不清。人骨头向北，面向东，仰身屈肢，女性成年	战国	
53	3	长方形竖穴土坑，长255、宽160厘米，斜壁平底，四周有熟土二层台，宽20～30、高30厘米，墓底长248、宽130、墓口至墓底140厘米	水晶环1（残） 铜带钩1 铜桥形饰4	棺椁不清。人骨头向北，面向西，仰身屈肢，女性成年	战国	
54	100	长方形竖穴土坑，长230、宽160厘米，直壁平底，墓口至墓底60厘米		有棺木朽痕，长160、宽70厘米。人骨头向东，面向西，侧身直肢，男性成年	战国	
56	355	长方形竖穴土坑，长180、宽90厘米，直壁平底，两侧有生土二层台，宽14～16、高30厘米，墓底长180、宽50、墓口至墓底85厘米	铜带钩1 铜桥形饰7	棺椁不清。人骨头向北，面向上，仰身直肢，少年儿童	战国	
60	355	长方形竖穴土坑，长200、宽110厘米，直壁平底，两侧有生土二层台，宽20、高60厘米，墓底长200、宽70、墓口至墓底130厘米		棺椁不清。人骨头向西，面向下，仰身屈肢，女性成年	战国	
61	0	长方形竖穴土坑，长210、宽125厘米，直壁平底，四周有生土二层台，宽10～30、高65厘米，墓底长190、宽65、墓口至墓底140厘米	铜带钩1	棺椁不清。人骨头向北，面向东，仰身屈肢，女性成年	战国	
63	5	长方形竖穴土坑，长190、宽60厘米，斜壁平底，墓底长176、宽72、墓口至墓底50厘米	陶碗1 陶罐1	棺椁不清。人骨头向北，面向西，仰身直肢，性别不清	战国	

续表

墓号（M）	方向（°）	形状结构	出土遗物	棺椁 人骨	时代	备注
64	355	长方形竖穴土坑，长170、宽90厘米，直壁平底，两侧有生土二层台，宽15、高30厘米，墓底长170、宽60、墓口至墓底100厘米	铁带钩1	棺椁不清。人骨头向北，面向东，仰身屈肢，女性成年	战国	
65	10	长方形竖穴土坑，长220、宽130厘米，斜壁平底，底长190、宽74厘米，两侧有生土二层台，宽20～25、高60厘米，墓口至墓底155厘米，墓底有两道横凹槽，槽宽16～18、深7厘米		有棺木朽痕，但不甚清楚。人骨头向北，面向东，仰身屈肢，女性成年	战国	
66	16	长方形竖穴土坑，长195、宽80厘米，直壁平底，西侧有生土二层台，东侧有熟土二层台，宽10～20、高10厘米，墓底长195、宽50、墓口至墓底50厘米	铜带钩1	棺椁不清。人骨头向北，面向下，俯身直肢，性别不详	战国	
67	90	长方形竖穴土坑，长220、宽140厘米，直壁平底，两侧有生土二层台，宽20～36、高70厘米，墓底长200、宽70、墓口至墓底180厘米		棺椁不清。人骨头向东，面向北，仰身屈肢，男性成年	战国	
68	0	长方形竖穴土坑，长280、宽185厘米，斜壁平底，底长230、宽96厘米，四周有熟土二层台，宽15～35、高20厘米，墓口至墓底190厘米		有棺木朽痕，长230、宽85厘米。人骨头向北，面向西，仰身屈肢，男性成年	战国	
69	10	长方形竖穴土坑，长270、宽205厘米，斜壁平底，四周有熟土二层台，宽10～35、高10厘米，墓底长260、宽160、墓口至墓底240厘米	铁带钩1	有棺木朽痕，长210、宽90厘米。人骨头向北，面向西，仰身屈肢，男性成年	战国	
70	13	长方形竖穴土坑，长240、宽160～170厘米，直壁平底，四周有生土二层台，宽10～44、高65厘米，墓底长186、宽80、墓口至墓底190厘米		有棺木朽痕，但不甚清楚。人骨头向北，面向西，仰身直肢，女性成年	战国	
71	10	长方形竖穴土坑，长220、宽140厘米，直壁平底，两侧有生土二层台，宽26～35、高70厘米，墓底长210、宽76～84、墓口至墓底150厘米		棺椁不清。人骨头向北，面向南，仰身屈肢，女性成年	战国	
72	3	长方形竖穴土坑，长180、宽80厘米，斜壁平底，底长190、宽50厘米，两侧有生土二层台，宽8～10、高45厘米，墓口至墓底105厘米		棺椁不清。人骨头向北，面向东，侧身屈肢，男性成年	战国	

续表

墓号（M）	方向（°）	形状结构	出土遗物	棺椁 人骨	时代	备注
73	10	长方形竖穴土坑，长180、宽80厘米，直壁平底，两侧有生土二层台，宽16～20、高25厘米，墓底长180、宽44、墓口至墓底80厘米		棺椁不清。人骨头向北，面向东，侧身屈肢，性别不详	战国	
74	190	长方形竖穴土坑，长190、宽80厘米，直壁平底，墓口至墓底80厘米	铁带钩1	棺椁不清。人骨头向南，面向东，仰身直肢，女性成年	战国	
75	5	长方形竖穴土坑，长295、宽185厘米，斜壁平底，底长240、宽140厘米，两侧有熟土二层台，宽34～46、高12厘米，墓口至墓底210厘米		有棺木朽痕，长240、宽60厘米。人骨头向北，面向西，仰身屈肢，男性成年	战国	
76	15	长方形竖穴土坑，长260、宽170厘米，直壁平底，四周有生土二层台，宽20～35、高70厘米，墓底长215、宽100、墓口至墓底135厘米		有棺木朽痕，但不甚清楚。人骨头向北，面向西，仰身屈肢，男性成年	战国	
77	0	长方形竖穴土坑，长220、宽120厘米，斜壁平底，底长190、宽64厘米，两侧有生土二层台，宽12～15、高40厘米，墓口至墓底100厘米		棺椁不清。人骨头向北，面向上，仰身屈肢，女性成年	战国	
78	90	长方形竖穴土坑，长250、宽170厘米，斜壁平底，底长220、宽150厘米，四周有熟土二层台，宽20～30、高10厘米，墓口至墓底220厘米		有棺木朽痕，长180、宽90厘米。人骨头向东，面向上，仰身屈肢，男性成年	战国	
79	5	长方形竖穴土坑，长210、宽110厘米，直壁平底，两侧有生土二层台，宽20、高30厘米，墓底长210、宽70、墓口至墓底80厘米		棺椁不清。人骨头向北，面向东，俯身屈肢，男性成年	战国	
80	15	长方形竖穴土坑，长210、宽90厘米，斜壁平底，墓底长200、宽70、墓口至墓底100厘米		有棺木朽痕，长180、宽50厘米。人骨头向北，面向西，仰身屈肢，男性成年	战国	
81	15	长方形竖穴土坑，长210、宽100厘米，直壁平底，四周有生土二层台，宽10～20、高65厘米，墓底长180、宽60、墓口至墓底110厘米		棺椁不清。人骨头向北，面向西，仰身屈肢，男性成年	战国	
82	10	长方形竖穴土坑，长230、宽140厘米，斜壁平底，四周有生土二层台，宽8～30、高80厘米，墓底长190、宽70、墓口至墓底150厘米	铜带钩1	棺椁不清。人骨头向北，面向南，仰身屈肢，男性成年	战国	

续表

墓号（M）	方向（°）	形状结构	出土遗物	棺椁 人骨	时代	备注
83	10	长方形竖穴土坑，长280、宽146～158厘米，斜壁平底，底长260、宽145厘米，两侧有熟土二层台，宽30～40、高50厘米，墓口至墓底170厘米		有棺木朽痕，长190、宽76厘米。人骨头向北，面向西，仰身屈肢，男性成年	战国	
85	12	长方形竖穴土坑，长260、宽160厘米，斜壁平底，四周有熟土二层台，宽26～34、高30厘米，墓底长230、宽130、墓口至墓底180厘米	铁带钩1	有棺木朽痕，长190、宽60、高30厘米。人骨头向北，面向上，仰身屈肢，女性成年	战国	
86	5	长方形竖穴土坑，长260、宽190厘米，斜壁平底，两侧有生土二层台，宽30、高80厘米，墓底长190、宽66、墓口至墓底215厘米	铁带钩1	有棺木朽痕，长175、宽66厘米。人骨头向北，面向东，仰身屈肢，男性成年	战国	
87	15	长方形竖穴土坑，长200、宽110厘米，斜壁平底，两侧有生土二层台，宽20、高70厘米，墓底长190、宽60、墓口至墓底160厘米	铜带钩1 陶罐1	有棺木朽痕，长180、宽60厘米。人骨头向北，面向东，侧身屈肢，女性成年	战国	
88	15	长方形竖穴土坑，长220、宽70厘米，直壁平底，墓口至墓底90厘米		棺椁不清。人骨头向北，面向西，侧身屈肢，男性成年	战国	
89	10	长方形竖穴土坑，长250、宽160厘米，直壁平底，四周有熟土二层台，宽20～40、高65厘米，墓口至墓底185厘米		有棺木朽痕，长170、宽40厘米。人骨头向北，面向东，仰身屈肢，男性成年	战国	
90	290	长方形竖穴土坑，长170、宽70厘米，直壁平底，墓口至墓底80厘米		棺椁不清。人骨头向西，面向北，仰身屈肢，男性成年	战国	
91	10	长方形竖穴土坑，长230、宽135～145厘米，直壁平底，四周有生土二层台，宽12～24、高73厘米，墓底长200、宽86、墓口至墓底143厘米	铁器（残锛）1	棺椁不清。人骨头向北，面向上，侧身屈肢，男性成年	战国	
92	90	长方形竖穴土坑，长195、宽66厘米，直壁平底，墓口至墓底60厘米	铜带钩1	棺椁不清。人骨头向东，面向上，仰身屈肢，男性成年	战国	
93	10	长方形竖穴土坑，长270、宽165～170厘米，斜壁平底，四周有生土二层台，宽15～25、高20厘米，墓底长196、宽80~84、墓口至墓底170厘米	铜带钩1 铁带钩1	有棺木朽痕，长170、宽60厘米。人骨头向北，面向东，仰身直肢，女性成年	战国	

续表

墓号（M）	方向（°）	形状结构	出土遗物	棺椁 人骨	时代	备注
94	5	长方形竖穴土坑，长300、宽220厘米，斜壁平底，四周有熟土二层台，宽26～46、高30厘米，墓底长256、宽150、墓口至墓底260厘米	铁䦆1 陶鼎1 陶壶2 陶盘1 陶匜1 陶豆1 铜环1	有棺木朽痕，长160、宽60厘米。人骨头向北，面向西，仰身屈肢，男性成年	战国	
95	5	长方形竖穴土坑，长300、宽240厘米，直壁平底，四周有熟土二层台，宽15～53、高40厘米，墓口至墓底355厘米	水晶环2 陶盘1 铜带钩2 陶豆1 陶匜1 陶鼎1 陶壶 （大1、小1）	有棺木朽痕，长188、宽76厘米。人骨头向北，面向上，仰身屈肢，女性成年	战国	
96	180	带墓道的单室砖室，墓道平面呈梯形，长780、宽100～135厘米，底南段三步台阶向下斜坡，深20～165厘米，甬道墓门，长100、宽115厘米，洞高136厘米，砖室已拆毁，土圹圆形，直径295、深165厘米，底砌有棺床，高20厘米，墓砖长30、宽15、厚5厘米		拆迁墓，未见棺椁。未见人骨	宋	
98	185	长方形单室砖室，圹长265、宽110～120、深35厘米，砖室平面呈梯形，内长198、宽41～54厘米，横平铺底，顺平错缝砌墓壁，叠涩横平砌封顶，总高35厘米，砖长30、宽15、厚4厘米		无棺椁。骨架散乱，二次葬	宋	
99	5	长方形竖穴土坑，长184、宽76厘米，两侧斜壁平底，底长184、宽48厘米，有生土二层台，宽8～12、高40厘米，墓口至墓底85厘米		棺椁不清。人骨头向北，面向东，俯身屈肢，男性成年	战国	
100	12	长方形竖穴土坑，长190、宽80厘米，直壁平底，两侧有生土二层台，宽13～17、高40厘米，墓底长190、宽50、墓口至墓底70厘米		棺椁不清。人骨头向北，面向东，仰身屈肢，女性成年	战国	

续表

墓号（M）	方向（°）	形状结构	出土遗物	棺椁 人骨	时代	备注
101	10	长方形竖穴土坑，长244、宽135～145厘米，斜壁平底，四周有生土二层台，宽15～30、高76厘米，墓底长230、宽78、墓口至墓底166厘米	铁带钩1	棺椁不清。人骨头向北，面向上，仰身屈肢，女性成年	战国	
102	12	长方形竖穴土坑，长216、宽134厘米，斜壁平底，两侧有生土二层台，宽16～20、高65厘米，墓底长190、宽52、墓口至墓底130厘米	铜镞3 铁削1	棺椁不清。人骨头向北，面向东，仰身屈肢，男性成年	战国	
103	10	长方形竖穴土坑，长290、宽220厘米，斜壁平底，四周有熟土二层台，宽26～60、高15厘米，墓底长250、宽140、墓口至墓底185厘米		有棺木朽痕，长188、宽60厘米。人骨头向北，面向西，仰身屈肢，女性成年	战国	
104	18	长方形竖穴土坑，长276、宽186厘米，斜壁平底，四周有熟土二层台，宽20～26、高55厘米，墓底长240、宽140、墓口至墓底191厘米	铁带钩1	有棺木朽痕，长170、宽50厘米。人骨头向北，面向上，仰身屈肢，男性成年	战国	
105	15	长方形竖穴土坑，长190、宽70厘米，直壁平底，墓口至墓底60厘米		棺椁不清。人骨头向北，面向西，仰身屈肢，女性成年	战国	
106	10	长方形竖穴土坑，长210、宽116厘米，两侧斜壁，四周有生土二层台，宽10～25、高45厘米，墓底长185、宽68、墓口至墓底110厘米	铜带钩1	棺椁不清。人骨头向北，面向东，仰身屈肢，男性成年	战国	
107	15	长方形竖穴土坑，长190、宽114厘米，斜壁平底，两侧有生土二层台，宽24、高45厘米，墓底长184、宽60、墓口至墓底105厘米		有棺木朽痕，长160、宽50厘米。人骨头向北，面向西，侧身屈肢，少年儿童	战国	
108	20	长方形竖穴土坑，长180、宽100厘米，直壁平底，两侧有生土二层台，宽12～15、高39厘米，墓底长180、宽60、墓口至墓底129厘米	铁铲1	棺椁不清。人骨头向北，面向下，侧身屈肢，男性成年	战国	
110	10	长方形竖穴土坑，长260、宽156厘米，斜壁平底，四周有生土二层台，宽30～40、高75厘米，墓底长180、宽60、墓口至墓底155厘米	铜带钩1	有棺木朽痕。人骨头向北，面向西，仰身直肢，男性成年	战国	
111	95	长方形竖穴土坑，长210、宽150厘米，斜壁平底，四周有生土二层台，宽25～32、高75厘米，墓底长190、宽84、墓口至墓底205厘米	铜带钩2 铁带钩1	棺椁不清。人骨头向东，面向上，仰身屈肢，女性成年	战国	

续表

墓号（M）	方向（°）	形状结构	出土遗物	棺椁 人骨	时代	备注
112	97	长方形竖穴土坑，长280、宽180厘米，斜壁平底，四周有熟土二层台，宽30～35、高45厘米，墓底长260、宽150、墓口至墓底190厘米	铁带钩1	有棺木朽痕，长180、宽56厘米。人骨头向东，面向上，仰身屈肢，男性成年	战国	
113	10	长方形竖穴土坑，长210、宽120厘米，直壁平底，两侧有生土二层台，宽32、高60厘米，墓底长210、宽57、墓口至墓底95厘米	铜带钩1	棺椁不清。人骨头向北，面向西，侧身屈肢，女性成年	战国	
114	10	长方形竖穴土坑，长240、宽144厘米，斜壁平底，四周有熟土二层台，宽15～56、高15厘米，墓底长210、宽150、墓口至墓底135厘米		有棺木朽痕，长175、宽58厘米。人骨头向北，面向东，仰身直肢，女性成年	战国	
115	20	长方形竖穴土坑，长186、宽80厘米，直壁平底，墓口至墓底95厘米		棺椁不清。人骨头向北，面向上，仰身屈肢，男性成年	战国	
116	105	长方形竖穴土坑，长210、宽120厘米，斜壁平底，墓底长176、宽82、墓口至墓底90厘米	铜带钩1	棺椁不清。人骨头向东，面向北，仰身直肢，男性成年	战国	
117	15	长方形竖穴土坑，长200、宽110厘米，直壁平底，两侧有生土二层台，宽20～25、高50厘米，墓底长176、宽65、墓口至墓底120厘米		棺椁不清。人骨头向北，面向东，仰身屈肢，女性成年	战国	
118	14	长方形竖穴土坑，长190、宽110厘米，直壁平底，两侧有生土二层台，宽20、高45厘米，墓底长180、宽66、墓口至墓底111厘米		棺椁不清。人骨头向北，面向东，仰身屈肢，女性成年	战国	
119	105	长方形竖穴土坑，长270、宽180厘米，直壁平底，四周有熟土二层台，宽28～52、高25厘米，墓口至墓底275厘米		有棺木朽痕，长200、宽80厘米。人骨头向东，无头骨，仰身直肢，男性成年	战国	
121	8	长方形竖穴土坑，长220、宽90厘米，直壁平底，两侧有生土二层台，宽8～11、高40厘米，墓底长220、宽70、墓口至墓底140厘米		棺椁不清。人骨头向北，面向南，仰身屈肢，男性成年	战国	
122	5	长方形竖穴土坑，长180、宽105厘米，两侧斜壁，有生土二层台，宽20、高50厘米，墓底长180、宽55、墓口至墓底100厘米		棺椁不清。人骨头向北，面向西，仰身屈肢，女性成年	战国	

续表

墓号（M）	方向（°）	形状结构	出土遗物	棺椁 人骨	时代	备注
123	10	长方形竖穴土坑，长196、宽90厘米，直壁平底，两侧有熟土二层台，宽10～16、高15厘米，墓口至墓底85厘米		棺椁不清。人骨头向北，面向西，仰身屈肢，男性成年	战国	
124	20	长方形竖穴土坑，长196、宽110厘米，直壁平底，两侧有生土二层台，宽10、高70厘米，墓底长180、宽56、墓口至墓底140厘米	铜带钩1 骨簪1 骨器1	棺椁不清。人骨头向北，面向东，仰身直肢，女性成年	战国	
125	20	长方形竖穴土坑，长194，宽110厘米，直壁平底，两侧有生土二层台，宽16～20、高60厘米，墓底长194、宽74、墓口至墓底190厘米	铜带钩1 铜环1	棺椁不清。人骨头向北，面向东，仰身屈肢，男性成年	战国	
126	10	长方形竖穴土坑，长280、宽186厘米，斜壁平底，四周有熟土二层台，宽24～52、高20厘米，墓底长250、宽140、墓口至墓底225厘米	陶豆1 陶盘1 陶匜1 陶鼎1 陶壶 （大1、小2）	有棺木朽痕，长174、宽50厘米。人骨头向北，面向上，仰身直肢，女性成年	战国	
127	10	长方形竖穴土坑，长330、宽240厘米，斜壁平底，两侧有生土二层台，宽30～40、高110厘米，东二层台中间有龛，宽44、深50厘米，墓底长240、宽100、墓口至墓底270厘米	铜带钩1 铁刀1 陶鼎1 陶豆1 陶盘1 陶匜1 陶壶 （大1、小2） 蚌壳1 骨器1	有棺木朽痕，不甚清楚。人骨头向北，面向东，仰身直肢，男性成年	战国	
128	5	长方形竖穴土坑，长270、宽180厘米，斜壁平底，四周有两层熟土二层台，上层台宽15～30、高60厘米，下层台宽10～30、高40厘米，墓底长260、宽160、墓口至墓底210厘米		有棺椁朽痕，椁长225、宽110、高60厘米，棺长195、宽50、高40厘米。人骨头向北，面向西，仰身屈肢，男性成年	战国	

续表

墓号（M）	方向（°）	形状结构	出土遗物	棺椁 人骨	时代	备注
129	20	长方形竖穴土坑，长190、宽128厘米，直壁平底，两侧有生土二层台，宽14、高70厘米，墓底长170、宽46、墓口至墓底105厘米	陶罐1	有棺木朽痕，长170、宽46厘米。人骨头向北，面向西，侧身屈肢，女性成年	战国	
130	5	长方形竖穴土坑，长220、宽110厘米，直壁平底，两侧有生土二层台，宽30、高60厘米，墓底长180、宽50、墓口至墓底150厘米	铁锛1	棺椁不清。人骨头向北，面向东，仰身屈肢，男性成年	战国	
132	5	长方形竖穴土坑，长184、宽120厘米，直壁，两侧有生土二层台，宽20、高30厘米，墓底有不规则凹坑深15厘米，墓底长184、宽80、墓口至墓底105厘米		棺椁不清。人骨头向北，面向下，仰身直肢，男性成年	战国	
133	15	长方形竖穴土坑，长170、宽90厘米，直壁平底，两侧有生土二层台，宽25、高18厘米，墓底长170、宽40、墓口至墓底57厘米		棺椁不清。人骨头向北，面向西，仰身屈肢，女性成年	战国	
134	5	长方形竖穴土坑，长260、宽160～170厘米，斜壁平底，四周有生土二层台，宽21～42、高55厘米，墓底长170、宽70、墓口至墓底125厘米	铜带钩1 铜镞1	有棺木朽痕，长170、宽70厘米。人骨头向北，面向东，仰身屈肢，男性成年	战国	
135	5	长方形竖穴土坑，长240、宽140厘米，直壁平底，四周有生土二层台，宽10～25、高65厘米，墓底长210、宽90、墓口至墓底130厘米	铁带钩1	棺椁不清。人骨头向北，面向西，俯身屈肢，女性成年	战国	
136	104	长方形竖穴土坑，长280、宽190厘米，直壁平底，两侧有生土二层台，宽55、高80厘米，墓底长250、宽80、墓口至墓底110厘米	铜带钩1	棺椁不清。人骨头向东，面向南，仰身屈肢，男性成年	战国	
137	200	长方形竖穴土坑，长170、宽110厘米，直壁平底，两侧有生土二层台，宽23、高63厘米，墓底长170、宽64、墓口至墓底93厘米	铁带钩1	棺椁不清。人骨头向南，面向西，仰身屈肢，男性成年	战国	
138	15	长方形竖穴土坑，长290、宽180厘米。斜壁平底，四周有生土二层台，宽25～42、高65厘米。墓底长210、宽96、墓口至墓底155厘米	铁带钩1	有棺木朽痕，长150、宽40厘米。人骨头向北，面向西，仰身屈肢，男性成年	战国	

续表

墓号（M）	方向（°）	形状结构	出土遗物	棺椁 人骨	时代	备注
139	10	长方形竖穴土坑，长215、宽130厘米，斜壁平底，两侧有生土二层台，宽20、高70厘米，墓底有三道横凹槽，宽15、深8厘米，墓底长200、宽76、墓口至墓底150厘米		棺椁不清。人骨头向北，面向上，仰身直肢，女性成年	战国	
140	15	长方形竖穴土坑，长220、宽120厘米，斜壁平底，两侧有生土二层台，宽16～22、高68厘米，墓底有三道横凹槽，宽10～15、深10厘米，墓底长210、宽72、墓口至墓底138厘米		棺椁不清。人骨头向北，面向东，仰身屈肢，少儿	战国	
141	15	长方形竖穴土坑，长190、宽70厘米，斜壁平底，墓底长170、宽56、墓口至墓底110厘米		棺椁不清。人骨头向北，面向西，仰身屈肢，男性成年	战国	
142	12	长方形竖穴土坑，长210、宽120厘米，斜壁平底，两侧有生土二层台，宽20～22、高50厘米，墓底长174、宽50、墓口至墓底100厘米		棺椁不清。人骨头向北，面向西，俯身屈肢，女性成年	战国	
143	10	长方形竖穴土坑，长210、宽100～120厘米。直壁平底，两侧有生土二层台，宽20、高70厘米。墓底长194、宽50、墓口至墓底172厘米		棺椁不清。人骨头向北，面向南，仰身直肢，男性成年	战国	
144	5	长方形竖穴土坑，长190、宽100厘米，直壁平底，两侧有生土二层台，宽25、高40厘米，墓底长190、宽50、墓口至墓底105厘米	圆形骨器1	棺椁不清。人骨头向北，面向南，仰身直肢，女性成年	战国	
146	195	长方形竖穴土坑，长220、宽126厘米，斜壁平底，两侧有生土二层台，宽12～18、高38厘米，墓底长210、宽84、墓口至墓底118厘米		棺椁不清。人骨头向南，面向东，仰身屈肢，女性成年	战国	
147	5	长方形竖穴土坑，长180、宽104厘米，直壁平底，两侧有生土二层台，宽20、高30厘米，墓底长170、宽50、墓口至墓底65厘米	铜带钩1	棺椁不清。人骨头向北，面向西，仰身屈肢，男性成年	战国	
148	105	长方形竖穴土坑，长330、宽250厘米，斜壁平底，四周有熟土二层台，宽30～40、高35厘米，墓底长270、宽150、墓口至墓底265厘米		有棺木朽痕，长200、宽70、高35厘米。人骨头向东，面向上，仰身直肢，男性成年	战国	

续表

墓号（M）	方向（°）	形状结构	出土遗物	棺椁 人骨	时代	备注
149	105	长方形竖穴土坑，长310～330、宽136～250厘米，斜壁平底，四周有熟土二层台，宽24～34、高35厘米，墓底长260～270、宽140、墓口至墓底265厘米	铁带钩1	有棺木朽痕，长210、宽70、高35厘米。人骨头向东，面向北，侧身屈肢，女性成年	战国	
150	20	长方形竖穴土坑，长206、宽104厘米，斜壁平底，两侧有生土二层台，宽20、高35厘米，墓底长190、宽50、墓口至墓底170厘米	铜带钩1	有棺木朽痕，但不甚清楚。人骨头向北，面向西，仰身屈肢，男性成年	战国	
151	20	长方形竖穴土坑，长200、宽130厘米，直壁平底，四周有生土二层台，宽26～30、高70厘米，墓底长200、宽73、墓口至墓底145厘米		棺椁不清。人骨头向北，面向西，仰身直肢，女性成年	战国	
152	10	长方形竖穴土坑，长196、宽100厘米，直壁平底，两侧有生土二层台，宽15～25、高25厘米，墓底长170、宽60、墓口至墓底65厘米		棺椁不清。人骨头向北，面向南，仰身直肢，男性成年	战国	
153	10	长方形竖穴土坑，长200、宽104厘米，斜壁平底，四周有熟土二层台，宽10～16、高45厘米，墓底长190、宽70、墓口至墓底85厘米	铁带钩1	棺椁不清。人骨头向北，面向东，俯身屈肢，男性成年	战国	
154	20	长方形竖穴土坑，长345、宽270厘米，斜壁平底，四周有熟土二层台，宽30～46、高15厘米，墓底长260、宽144、墓口至墓底325厘米		有棺木朽痕，长178、宽70～74厘米。人骨头向北，面向上，仰身屈肢，女性成年	战国	
155	15	长方形竖穴土坑，长360、宽230厘米，直壁平底，四周有生土二层台，宽36～44、高100厘米，墓底长320、宽150、墓口至墓底270厘米		有棺木朽痕，长220、宽50厘米。人骨头向北，面向西，仰身直肢，男性成年	战国	
156	12	长方形竖穴土坑，长200、宽100厘米，斜壁平底，两侧有生土二层台，宽20、高35厘米，墓底长200、宽60、墓口至墓底90厘米		棺椁不清。人骨头向北，面向南，仰身直肢，女性成年	战国	
157	15	长方形竖穴土坑，长220、宽140厘米。斜壁平底，两侧有生土二层台，宽20～30、高60厘米，墓底长186、宽80、墓口至墓底140厘米	铁带钩1	棺椁不清。人骨头向北，面向西，仰身屈肢，男性成年	战国	

续表

墓号（M）	方向（°）	形状结构	出土遗物	棺椁 人骨	时代	备注
158	10	长方形竖穴土坑，长220、宽126厘米，直壁平底，墓深80厘米		空墓	战国	
159	5	长方形竖穴土坑，长226、宽120厘米，斜壁平底，墓底长200、宽100、墓口至墓底140厘米	铜带钩1 铁带钩1	棺椁不清。人骨头向北，面向西，仰身屈肢，女性成年	战国	
160	105	长方形竖穴土坑，长206、宽120厘米，直壁平底，四周有生土二层台，宽4～30、高50厘米，墓底长174、宽56、墓口至墓底100厘米		棺椁不清。人骨头向东，面向北，俯身屈肢，少年儿童	战国	
162	358	长方形竖穴土坑，长230、宽126厘米，直壁平底，四周有生土二层台，宽10～16、高65厘米，墓底长180、宽84、墓口至墓底110厘米	铁带钩1 铁铲1	棺椁不清。人骨头向北，面向西，仰身屈肢，女性成年	战国	
164	20	长方形竖穴土坑，长220、宽90厘米，直壁平底，四周有生土二层台，宽12～20、高14厘米，墓底长188、宽60、墓口至墓底90厘米	铜带钩1	椁痕不清。人骨头向北，面向东，仰身屈肢，少年儿童	战国	
165	15	长方形竖穴土坑，长180、宽110厘米，直壁平底，两侧有生土二层台，宽16～18、高56厘米，墓底有二道横凹槽，宽10、深5厘米，墓底长180、宽66、墓口至墓底94厘米		棺椁不清。人骨头向北，面向西，仰身屈肢，少年儿童	战国	
166	12	长方形竖穴土坑，长190、宽60厘米，直壁平底，墓口至墓底45厘米	铁带钩1	无棺椁。人骨头向北，面向东，仰身直肢，少年儿童	战国	
167	185	带墓道单室砖室，墓道平面呈梯形，长230、宽88～136厘米，底斜坡深20～90厘米。砖室已拆完，土圹长560、宽240厘米，直壁平底，墓口至墓底90厘米		拆迁墓	唐	
168	10	长方形竖穴土坑，长200、宽110厘米，直壁平底，两侧有生土二层台，宽10～20、高25厘米，墓底长190、宽70、墓口至墓底80厘米		棺椁不清。人骨头向北，面向西，仰身屈肢，男性成年	战国	

续表

墓号（M）	方向（°）	形状结构	出土遗物	棺椁 人骨	时代	备注
169	8	长方形竖穴土坑，长200、宽88厘米，斜壁平底，两侧有生土二层台，宽9、高60厘米，墓底长200、宽70、墓口至墓底170厘米	铜带钩1	棺椁不清，人骨头向北，面向东，仰身屈肢，男性成年	战国	
170	15	长方形竖穴土坑，长200、宽110厘米，斜壁平底，两侧有生土二层台，宽20、高56厘米，墓底长190、宽50、墓口至墓底146厘米	铁带钩1	有棺木朽痕，但不清楚。人骨架头向北，面向上，仰身屈肢，男性成年	战国	
171	11	长方形竖穴土坑，长210、宽120厘米，直壁平底，两侧有生土二层台，宽20、高50厘米，墓底长190、宽68、墓口至墓底110厘米		棺椁不清。人骨头向北，面向东，侧身屈肢，男性成年	战国	
172	10	长方形竖穴土坑，长200、宽90厘米，直壁平底，两侧有生土二层台，宽10～18、高48厘米，墓底长200、宽62、墓口至墓底100厘米		棺椁不清。人骨头向北，面向西，仰身屈肢，少年儿童	战国	
173	15	长方形竖穴土坑，长265、宽195厘米，斜壁平底，两侧有生土二层台，宽34、高85厘米，墓底长212、宽82、墓口至墓底225厘米	铜带钩1	有棺木朽痕，长177、宽50厘米。人骨头向北，面向西，仰身屈肢，男性成年	战国	
175	20	长方形竖穴土坑，长235、宽120厘米，直壁平底，两侧有生土二层台，宽18～30、高50厘米，墓底长205、宽74、墓口至墓底100厘米		有棺木朽痕，长205、宽74、高50厘米。人骨头向北，无头骨，仰身屈肢，性别不清	战国	
176	15	长方形竖穴土坑，长250、宽160厘米，斜壁平底，两侧有生土二层台，宽30、高70厘米，墓底长220、宽94、墓口至墓底160厘米		棺椁不清。人骨头向北，面向东，仰身屈肢，男性成年	战国	
177	5	长方形竖穴土坑，长190、宽120～130厘米，直壁平底，两侧有生土二层台，宽20、高70厘米，墓底长190、宽80～100、墓口至墓底150厘米	陶罐1 铁带钩1	无棺椁。无人骨	战国	
178	15	长方形竖穴土坑，长200、宽117厘米，斜壁平底，两侧有生土二层台，宽18、高65厘米，墓底长190、宽68、墓口至墓底160厘米	铜带钩1	棺椁不清。人骨头向北，面向上，侧身屈肢，男性成年	战国	

续表

墓号（M）	方向（°）	形状结构	出土遗物	棺椁 人骨	时代	备注
179	10	长方形竖穴土坑，长240、宽120厘米，斜壁平底，两侧有生土二层台，宽18～20、高70厘米，墓底有二道横凹槽，宽16、深4～7厘米，墓底长200、宽68、墓口至墓底110厘米	铁带钩1	有棺，朽甚。人骨头向北，面向西，仰身屈肢，女性成年	战国	
180	5	长方形竖穴土坑，长200、宽150厘米，斜壁平底，两侧有生土二层台，宽20、高65厘米，墓底长176、宽70、墓口至墓底108厘米		棺椁不清。人骨头向北，面向上，仰身屈肢，男性成年	战国	
181	5	长方形竖穴土坑，长210、宽120厘米，直壁平底，两侧有生土二层台，宽22～26、高60厘米，墓底长210、宽72、墓口至墓底135厘米	铜带钩1	棺椁不清。人骨头向北，面向东，仰身屈肢，女性成年	战国	
182	10	长方形竖穴土坑，长200、宽120厘米，斜壁平底，两侧有生土二层台，宽14～20、高62厘米，墓底长190、宽74、墓口至墓底160厘米		棺椁不清。人骨头向北，面向东，仰身屈肢，男性成年	战国	
183	10	长方形竖穴土坑，长250、宽160厘米，斜壁平底，两侧有生土二层台，宽16～20、高80厘米，墓底长190、宽80、墓口至墓底190厘米	铜带钩1	棺椁不清。人骨头向北，面向上，仰身屈肢，男性成年	战国	
184	190	长方形竖穴土坑，长230、宽104厘米，直壁平底，两侧有生土二层台，宽16、高34厘米，墓底长215、宽72、墓口至墓底80厘米		棺椁不清。人骨头向南，面向西，仰身屈肢，男性成年	战国	
185	16	长方形竖穴土坑，长215、宽130厘米，直壁平底，两侧有生土二层台，宽26、高100厘米，墓底长195、宽76、墓口至墓底130厘米	陶罐2 铜带钩2	棺椁不清。人骨头向北，面向东，仰身屈肢，男性成年	战国	
186	10	长方形竖穴土坑，长200、宽115厘米，直壁平底，两侧有生土二层台，宽14～22、高30厘米，墓底长200、宽66～75、墓口至墓底70厘米		无棺椁。无骨架	战国	
187	100	长方形竖穴土坑，长270、宽180厘米，斜壁平底，四周有生土二层台，宽15～30、高75厘米，墓底长190、宽80、墓口至墓底170厘米		棺椁不清。人骨头向东，面向上，仰身直肢，性别不清	战国	

续表

墓号（M）	方向（°）	形状结构	出土遗物	棺椁 人骨	时代	备注
188	10	长方形竖穴土坑，长190、宽130厘米，直壁平底，四周有生土二层台，宽25～30、高70厘米，墓底长150、宽70、墓口至墓底170厘米		棺椁不清。人骨头向北，面向上，仰身直肢，少年儿童	战国	
190	15	长方形竖穴土坑，长260、宽166～187厘米，斜壁平底，墓底长230、宽150、墓口至墓底145厘米	铜带钩1	有棺木朽痕，长190、宽90～100厘米。人骨仅见下肢	战国	
191	15	长方形竖穴土坑，长170、宽80厘米，直壁平底，墓口至墓底80厘米		棺椁不清。人骨头向北，面向上，仰身直肢，少年儿童	战国	南部被M320打破
192	105	长方形竖穴土坑，长300、宽215厘米，斜壁平底，两侧有熟土二层台，宽24～64、高45厘米，东壁下部中有壁龛，宽50、高50、进深15厘米，墓底长225、宽165、墓口至墓底310厘米	陶罐1 铜带钩1 水晶环1	有棺木朽痕，长212、宽70厘米。人骨头向东，面向上，仰身屈肢，男性成年	战国	南部被M562打破
194	305	长方形竖穴土坑		迁葬，空墓	清	
196	100	长方形竖穴土坑，长250、宽160厘米，斜壁平底，两侧有生土二层台，宽24～30、高90厘米，墓底长215、宽90、墓口至墓底225厘米		有棺木朽痕，长185、宽56～66厘米。人骨头向东，面向北，仰身屈肢，男性成年	战国	
197	94	长方形竖穴土坑，长160、宽90厘米，直壁平底，两侧有生土二层台，宽15～20、高30厘米，墓底长160、宽90、墓口至墓底70厘米		棺椁不清。人骨头向东，面向南，仰身屈肢，男性成年	战国	
198	32	长方形竖穴土坑，长180、宽100厘米，直壁平底，墓口至墓底78厘米		棺椁不清。人骨头向北，面向东，侧身屈肢，男性成年	战国	
199	20	长方形竖穴土坑，长240、宽148厘米，斜壁平底，两侧有生土二层台，宽24～30、高80厘米，墓底长230、宽76～84、墓口至墓底170厘米	陶壶1 骨器1 铜镜1 铜带钩1	棺椁不清。人骨头向北，面向东，仰身屈肢，男性成年	战国	

续表

墓号（M）	方向（°）	形状结构	出土遗物	棺椁 人骨	时代	备注
200	30	长方形竖穴土坑，长280、宽190厘米，斜壁平底，两侧有熟土二层台，宽30、高40厘米，北壁下部有壁龛，宽58、高35、进深42厘米，墓底长260、宽140、墓口至墓底225厘米	陶盘1 陶盒2 陶壶2 陶鼎2 陶匜1 陶耳杯1 小陶壶2 铜带钩1	有棺木朽痕，长230、宽75厘米。人骨头向北，面向西，仰身直肢，男性成年	战国	
201	5	长方形竖穴土坑，长250、宽165厘米，斜壁平底，两侧有生土二层台，宽28、高80厘米，墓底长200、宽80、墓口至墓底190厘米		棺椁不清。人骨头向北，面向西，仰身直肢，男性成年	战国	
202	10	长方形竖穴土坑，长200、宽90厘米，直壁平底，四周有生土二层台，宽12～20、高40厘米，墓底长200、宽58、墓口至墓底110厘米		棺椁不清。人骨头向北，面向东，仰身屈肢，男性成年	战国	
203	270	长方形竖穴土坑，长210、宽130厘米，斜壁平底，两侧有生土二层台，宽20、高70厘米，墓底长200、宽70、墓口至墓底120厘米		棺椁不清。人骨头向西，面向上，仰身直肢，男性成年	战国	
204	280	长方形竖穴土坑，长240、宽160厘米，斜壁平底，四周有生土二层台，宽25、高80厘米，墓底长210、宽80、墓口至墓底250厘米		有棺，朽甚。人骨头向西，面向南，仰身屈肢，男性成年	战国	
205	10	长方形竖穴土坑，长210、宽110厘米，直壁平底，两侧有生土二层台，宽15、高40厘米，墓底长210、宽80、墓口至墓底106厘米	铜带钩1 陶罐1 陶碗1（残）	棺椁不清。人骨头向北，面向东，仰身直肢，女性成年	战国	
206		光缆下未做				
207	180	长方形竖穴土坑，长220、宽120厘米，直壁平底，两侧有生土二层台，宽20、高65厘米，墓底长220、宽80、墓口至墓底105厘米		棺椁不清。人骨仅见下肢骨	战国	

续表

墓号（M）	方向（°）	形状结构	出土遗物	棺椁 人骨	时代	备注
208	10	长方形竖穴土坑，长285、宽190厘米，斜壁平底，四周有熟土二层台，宽20～30、高70厘米，墓底长200、宽84、墓口至墓底200厘米	铁带钩1	有棺木朽痕，长200、宽100厘米。人骨头向北，面向上，仰身直肢，性别不清	战国	
209	10	长方形竖穴土坑，长200、宽116～110厘米，直壁平底，两侧有生土二层台，宽16～28、高45厘米，墓底长190、宽70、墓口至墓底65厘米		有棺木朽痕，长165、宽45～50、高30厘米。人骨头向北，面向东，仰身屈肢，男性成年	战国	
210	10	长方形竖穴土坑，长200、宽110厘米，直壁平底，两侧有生土二层台，宽20～25、高50厘米，墓底长200、宽85、墓口至墓底80厘米	铜镜1	棺椁不清。人骨头向北，面向东，仰身屈肢，男性成年	战国	
211	5	长方形竖穴土坑，长230、宽116～120厘米，直壁平底，两侧有生土二层台，宽28、高45厘米，墓底长200、宽64、墓口至墓底66厘米		棺椁不清。人骨头向北（无头骨），仰身直肢，男性成年	战国	
212	20	长方形竖穴土坑，长210、宽100～115厘米，直壁平底，有生土二层台，宽10～12、高35厘米，墓底长210、宽60～65、墓口至墓底50厘米		棺椁不清。人骨头向北，面向东，仰身屈肢，男性成年	战国	
213	10	长方形竖穴土坑，长225、宽130厘米，直壁平底，两侧有生土二层台，宽20～24、高70厘米，墓底长200、宽86、墓口至墓底120厘米		棺椁不清。人骨头向北，面向东，仰身直肢，男性成年	战国	
214	5	长方形竖穴土坑，长225、宽125厘米，直壁平底，两侧有生土二层台，宽26～32、高70厘米，墓底长225、宽65、墓口至墓底170厘米		棺椁不清。人骨头向北，面向西，仰身屈肢，男性成年	战国	
215	15	长方形竖穴土坑，长175、宽65厘米，直壁平底，墓口至墓底85厘米		有棺木朽痕，长175、宽60厘米。人骨头向北，面向上，仰身直肢，男性成年	战国	
216	15	长方形竖穴土坑，长185、宽70～80厘米，直壁平底，两侧有生土二层台，宽15～20、高30厘米，墓底长164、宽46～50、墓口至墓底80厘米		有棺木朽痕，长165、宽45厘米。人骨头向北，面向东，仰身屈肢，女性成年	战国	

续表

墓号（M）	方向（°）	形状结构	出土遗物	棺椁 人骨	时代	备注
217	15	长方形竖穴土坑，长225、宽140厘米，直壁平底，两侧有生土二层台，宽25～40、高70厘米，墓底有两道横凹槽，宽6～18、深6～8厘米，墓底长225、宽64、墓口至墓底80厘米	陶罐1 铁带钩1 陶碗1	棺椁不清。人骨头向北，面向上，仰身屈肢，男性成年	战国	
218	16	长方形竖穴土坑，长254、宽190厘米，斜壁平底，四周有熟土二层台，宽15～38、高35厘米，墓底长225、宽136、墓口至墓底225厘米		有棺木朽痕，长175、宽50～65、高35厘米。人骨头向北，面向上，仰身直肢，男性成年	战国	
219	15	长方形竖穴土坑，长215、宽133厘米，直壁平底，两侧有生土二层台，宽30、高80厘米，墓底长215、宽72、墓口至墓底120厘米	陶罐1 陶碗1（残）	棺椁不清。人骨朽甚，仅见四肢骨，从整体看，头向北，仰身屈肢	战国	
220	5	长方形竖穴土坑，长180、宽110厘米，直壁平底，两侧有生土二层台，宽20～30、高30厘米，墓底长180、宽60、墓口至墓底100厘米		棺椁不清。人骨头向北，面向东，仰身屈肢，男性成年	战国	
221	5	长方形竖穴土坑，长190、宽120厘米，斜壁平底，墓底长190、宽100、墓口至墓底150厘米		棺椁不清。人骨头向北，面向东，侧身屈肢，性别不清	战国	
222	10	长方形竖穴土坑，长246、宽140～150厘米，斜壁平底，两侧有生土二层台，宽28、高70厘米，墓底长214、宽80、墓口至墓底150厘米	铜带钩1	棺椁不清。人骨头向北，面向上，仰身屈肢，男性成年	战国	
223	10	长方形竖穴土坑，长250、宽175厘米，直壁平底，两侧有生土二层台，宽50、高70厘米，墓底长250、宽74、墓口至墓底140厘米	陶罐1 陶碗1 铜带钩1	棺椁不清。人骨朽，头向北，仰身直肢	战国	
224	15	长方形竖穴土坑，长230、宽150厘米，直壁平底，两侧有生土二层台，宽32、高80厘米，北壁有龛，宽30、高25、进深20厘米，墓底长230、宽76、墓口至墓底230厘米	陶壶1	棺椁不清。人骨朽，头向北，面向西，仰身屈肢，男性成年	战国	
225	280	长方形竖穴土坑，长240、宽190厘米，斜壁平底，四周有熟土二层台，宽26～30、高60厘米，墓底长210、宽140、墓口至墓底245厘米	铜带钩1	有棺木朽痕，但不甚清楚。人骨头向西，面向南，仰身屈肢，男性成年	战国	

续表

墓号（M）	方向（°）	形状结构	出土遗物	棺椁 人骨	时代	备注
226	100	长方形竖穴土坑，长190、宽90厘米，直壁平底，两侧有生土二层台，宽14～20、高40厘米，墓底长190、宽56、墓口至墓底90厘米		棺椁不清。人骨头向东，面向北，侧身屈肢，女性成年	战国	
227	15	长方形竖穴土坑，长370、宽260厘米，斜壁平底，四周有熟土二层台，宽38～50、高60厘米，墓底长330、宽235～245、墓口至墓底220厘米	铁带钩1	有棺木朽痕，长210、宽66厘米。人骨头向北，面向东，仰身屈肢，男性成年	战国	
228	100	长方形竖穴土坑，长320、宽220厘米，直壁平底，四周有熟土二层台，宽50～80、高60厘米，墓口至墓底186厘米		有棺木朽痕，长210、宽90厘米。人骨头向东，面向上，仰身直肢，男性成年	战国	
229	115	长方形竖穴土坑，长210、宽130厘米，直壁平底，四周有生土二层台，宽15～30、高70厘米，墓底长180、宽70、墓口至墓底90厘米		棺椁不清。人骨头向东，面向北，仰身屈肢，女性成年	战国	
230	195	长方形竖穴土坑，长200、宽135厘米，直壁平底，两侧有生土二层台，宽30、高60厘米，墓底长200、宽74、墓口至墓底110厘米		棺椁不清。人骨头向南，面向上，仰身屈肢，男性成年	战国	
231	15	长方形竖穴土坑，长170、宽90厘米，直壁平底，墓口至墓底40厘米		棺椁不清。人骨头向北，面向西，仰身屈肢，男性成年	战国	
232	0	长方形竖穴土坑，长200、宽140厘米，直壁平底，两侧有生土二层台，宽30、高80厘米，墓底长200、宽80、墓口至墓底100厘米		棺椁不清。人骨头向北，面向西，仰身屈肢，男性成年	战国	
233	12	长方形竖穴土坑，长220、宽130厘米，直壁平底，墓口至墓底110厘米		棺椁不清。人骨头向北，面向西，仰身屈肢，男性成年	战国	
234	10	长方形竖穴土坑，长180、宽100厘米，直壁平底，两侧有生土二层台，宽15～30、高60厘米，墓底长180、宽60、墓口至墓底130厘米	小陶壶1 铜带钩1	有棺木朽痕，长180、宽60厘米。人骨头向北，面向东，仰身屈肢，女性成年	战国	
235	5	长方形竖穴土坑，长190、宽90～95厘米，直壁平底，墓口至墓底100厘米		棺椁不清。人骨头向北，面向东，仰身屈肢，男性成年	战国	

续表

墓号（M）	方向（°）	形状结构	出土遗物	棺椁 人骨	时代	备注
236	22	长方形竖穴土坑，长172、宽94厘米，直壁平底，两侧有生土二层台，宽20～30、高45厘米，墓底长172、宽45、墓口至墓底85厘米		棺椁不清。人骨头向北，面向东，仰身屈肢，男性成年	战国	
237	10	长方形竖穴土坑，长210、宽70厘米，斜壁平底，墓底长180、宽58、墓口至墓底70厘米		棺椁不清。人骨头向北，面向西，仰身屈肢，男性成年	战国	
238	5	长方形竖穴土坑，长190、宽68厘米，斜壁平底，墓底长170、宽46、墓口至墓底90厘米		棺椁不清。人骨头向北，面向东，仰身屈肢，男性成年	战国	
239	14	长方形竖穴土坑，长340、宽296厘米，斜壁平底，两侧有生土二层台，宽40、高55厘米，墓底长287、宽146、墓口至墓底265厘米	铜带钩1	有棺木朽痕，长184、宽70厘米。人骨头向北，面向东，仰身屈肢，男性成年	战国	
240	110	长方形竖穴土坑，长198、宽116厘米，斜壁平底，两侧有生土二层台，宽18～20、高50厘米，墓底长176、宽50、墓口至墓底145厘米	铜带钩1	棺椁不清。人骨头向东，面向北，仰身屈肢，男性成年	战国	
241	10	长方形竖穴土坑，长218、宽104厘米，直壁平底，两侧有生土二层台，宽12～18、高60厘米，墓底长204、宽70、墓口至墓底115厘米		棺椁不清。人骨头向北，面向东，侧身仰肢，男性成年	战国	
242	20	长方形竖穴土坑，长190、宽70～85厘米，直壁平底，南端有生土二层台，宽40、高50厘米，墓底长150、宽70～88、墓口至墓底120厘米	陶罐1	棺椁不清。人骨头向北，面向东，仰身直肢，女性成年	战国	
243	5	长方形竖穴土坑，长230、宽130厘米，斜壁平底，两侧有生土二层台，宽20～30、高45厘米，墓底长180、宽60、墓口至墓底95厘米	铁带钩1	棺椁不清。人骨头向北，面向西，仰身直肢，男性成年	战国	
244	190	长方形竖穴土坑，长185、宽60厘米，直壁平底，墓口至墓底45厘米	铁带钩1	棺椁不清。人骨头向南，面向上，仰身屈肢，男性成年	战国	
246	105	长方形竖穴土坑，长190、宽60厘米，直壁平底，墓口至墓底110厘米		棺椁不清。人骨头向东，面向上，仅见上半身，仰身	战国	
248	10	长方形竖穴土坑，长190、宽70厘米，斜壁平底，墓底长180、宽60、墓口至墓底55厘米		棺椁不清。人骨头向北，面向西，仰身屈肢，男性成年	战国	

续表

墓号（M）	方向（°）	形状结构	出土遗物	棺椁 人骨	时代	备注
250	21	长方形竖穴土坑，长206、宽112厘米，斜壁平底，两端有生土二层台，宽30、高40厘米，墓底长180、宽50、墓口至墓底70厘米	铜钱1（“亘”字）	有棺木朽痕，长180、宽52厘米。人骨头向北，面向西，仰身屈肢，男性成年	战国	
252	15	长方形竖穴土坑，长266、宽170厘米，斜壁平底，四周有生土二层台，宽20～25、高80厘米，墓底长202、宽104、墓口至墓底175厘米	铜带钩1	有棺已朽，不甚清楚。人骨头向北，面向西，仰身屈肢，男性成年	战国	
253	12	长方形竖穴土坑，长180、宽60厘米，直壁平底，墓口至墓底52厘米	铁带钩1	有棺木朽痕，长180、宽60、高10厘米。人骨头向北，面向西，仰身屈肢，男性成年	战国	
254	5	长方形竖穴土坑，长230、宽150厘米，斜壁平底，四周有生土二层台，宽12～28、高70厘米，墓底长200、宽70、墓口至墓底150厘米	铁带钩1	有棺木朽痕，长200、宽70、高15厘米。人骨头向北，面向西，仰身直肢，女性少年	战国	
255	15	长方形竖穴土坑，长256、宽165厘米，斜壁平底，四周有生土二层台，宽23～48、高35厘米，墓底长186、宽70、墓口至墓底95厘米	铁带钩1	棺椁不清。人骨头向北，面向东，仰身屈肢，男性成年	战国	
256	10	长方形竖穴土坑，长300、宽200厘米，斜壁平底，两侧有熟土二层台，宽20、高60厘米，墓底长250、宽160、墓口至墓底200厘米		有棺椁朽痕，椁长250、宽120、高60厘米，棺长200、宽75厘米。人骨头向北，面向西，仰身屈肢，男性成年	战国	
257	12	长方形竖穴土坑，长200、宽84厘米，直壁平底，墓口至墓底100厘米	铜带钩1	有棺木朽痕，长200、宽56厘米。人骨头向北，面向南，仰身直肢，男性成年	战国	
258	10	长方形竖穴土坑，长232、宽144厘米，斜壁平底，两侧有生土二层台，宽25～40、高55厘米，墓底长208、宽66、墓口至墓底105厘米	陶罐1	棺椁不清。人骨头向北，面向东，仰身直肢，男性成年	战国	
260	5	长方形竖穴土坑，长200、宽130厘米，斜壁平底，两侧有生土二层台，宽15、高55厘米，墓底长180、宽70、墓口至墓底155厘米	铁带钩1	有棺木朽痕，长180、宽70厘米。人骨头向北，面向西，仰身屈肢，男性成年	战国	
261	5	长方形竖穴土坑，长254、宽160厘米，斜壁平底，四周有生土二层台，宽16～22、高70厘米。墓底长200、宽80、墓口至墓底155厘米	铜带钩1	有棺木朽痕，长154、宽60厘米。人骨头向北，面向西，仰身屈肢，男性成年	战国	

续表

墓号（M）	方向（°）	形状结构	出土遗物	棺椁 人骨	时代	备注
262	10	长方形竖穴土坑，长190、宽96厘米，直壁平底，两侧有生土二层台，宽20～28、高50厘米，墓底长180、宽50、墓口至墓底110厘米	铁削1	棺椁不清。人骨头向北，面向东，仰身直肢，男性成年	战国	
263	30	长方形竖穴土坑，长210、宽130厘米，斜壁平底，两侧有生土二层台，宽15～20、高70厘米，墓底长180、宽75、墓口至墓底155厘米	铜带钩1	有棺木朽痕，长180、宽75厘米。人骨头向北，面向西，仰身屈肢，女性成年	战国	
264	117	长方形竖穴土坑，长184、宽74厘米，斜壁平底，墓底长178、宽70、墓口至墓底50厘米	铜带钩1	棺椁不清。人骨头向东，面向北，仰身屈肢，男性成年	战国	
265	5	长方形竖穴土坑，长230、宽130厘米，斜壁平底，两侧有生土二层台，宽15～18、高70厘米，墓底长180、宽80、墓口至墓底145厘米	水晶环1 铜带钩1	棺椁不清。人骨头向北，面向上，仰身屈肢，男性成年	战国	
266	110	长方形竖穴土坑，长150、宽80厘米，直壁平底，两侧有生土二层台，宽14～16、高10厘米，墓底长150、宽50、墓口至墓底60厘米		棺椁不清。人骨头向东，面向北，仰身直肢，女性成年	战国	
267	0	长方形竖穴土坑，长225、宽160厘米，直壁平底，两侧有生土二层台，宽32、高70厘米，墓底长225、宽96、墓口至墓底200厘米		棺椁不清。人骨头向北，面向上，仰身屈肢，男性成年	战国	
268	5	长方形竖穴土坑，长230、宽155厘米，斜壁平底，两侧有生土二层台，宽20～25、高70厘米，墓底长180、宽65、墓口至墓底160厘米		棺椁不清。人骨头向北，面向西，仰身屈肢，女性成年	战国	
269	5	长方形竖穴土坑，长220、宽120厘米，直壁平底，四周有生土二层台，宽15～26、高60厘米，墓底长190、宽70、墓口至墓底130厘米	铁带钩1	棺椁不清。人骨头向北，面向东，仰身直肢，男性成年	战国	
270	15	长方形竖穴土坑，长180、宽94厘米，直壁平底，两侧有生土二层台，宽22～25、高35厘米，墓底长180、宽48、墓口至墓底75厘米		棺椁不清。人骨头向北，面向西，仰身屈肢，男性成年	战国	

续表

墓号（M）	方向（°）	形状结构	出土遗物	棺椁 人骨	时代	备注
271	14	长方形竖穴土坑，长180、宽80厘米，直壁平底，两侧有生土二层台，宽10～12、高64厘米，墓底长180、宽60、墓口至墓底104厘米		棺椁不清。人骨头向北，面向西，仰身屈肢，男性成年	战国	
272	5	长方形竖穴土坑，长214、宽114厘米，斜壁平底，三面有生土二层台，宽14～25、高45厘米，墓底长168、宽44、墓口至墓底101厘米	铁带钩1	有棺木朽痕，长160、宽45厘米。人骨头向北，面向西，仰身屈肢，男性成年	战国	
273	12	长方形竖穴土坑，长180、宽110厘米，直壁平底，两侧有生土二层台，宽20～30、高40厘米，墓底长180、宽60、墓口至墓底110厘米		有棺木朽痕，长180、宽60厘米。人骨头向北，面向东，仰身屈肢，男性成年	战国	
274	15	长方形竖穴土坑，长210、宽74厘米，直壁平底，墓口至墓底110厘米		棺椁不清。人骨头向北，面向南，仰身屈肢，男性成年	战国	
275	5	长方形竖穴土坑，长205、宽110厘米，直壁平底，四周有生土二层台，宽10～25、高25厘米，墓底长185、宽60、墓口至墓底150厘米		有棺木朽痕，长185、宽60厘米。人骨头向北，面向东，侧身屈肢，男性成年	战国	
276	25	长方形竖穴土坑，长195、宽122厘米，直壁平底，两侧有生土二层台，宽25、高80厘米，墓底长190、宽72、墓口至墓底192厘米	铜带钩1	棺椁不清。人骨头向北，面向东，仰身屈肢，男性成年	战国	
277	5	长方形竖穴土坑，长254、宽102厘米，斜壁平底，三面有生土二层台，宽11～20、高23厘米，墓底长210、宽60、墓口至墓底98厘米	陶碗1 陶罐1	棺椁不清。人骨头向北，面向东，仰身屈肢，男性成年	战国	
278	15	长方形竖穴土坑，长190、宽90厘米，直壁平底，两侧有生土二层台，宽12～28、高50厘米，墓底长190、宽56、墓口至墓底100厘米		棺椁不清。人骨头向北，面向西，仰身屈肢，男性成年	战国	西北部被M277打破
279	12	长方形竖穴土坑，长180、宽80厘米，斜壁平底，墓底长170、宽80、墓口至墓底80厘米	铁带钩1	棺椁不清。人骨头向北，面向东，仰身屈肢，男性成年	战国	

续表

墓号（M）	方向（°）	形状结构	出土遗物	棺椁 人骨	时代	备注
280	12	长方形竖穴土坑，长220、宽144厘米，斜壁平底，两侧有生土二层台，宽20～30、高60厘米，墓底长190、宽70、墓口至墓底140厘米	铜带钩1	棺椁不清。人骨头向北，面向西，仰身屈肢，男性成年	战国	
282	17	长方形竖穴土坑，长200、宽100厘米，直壁平底，两侧有生土二层台，宽15～20、高50厘米，墓底长200、宽65、墓口至墓底90厘米	陶壶1	棺椁不清。人骨头向北，面向西，仰身屈肢，男性成年	战国	
283	24	长方形竖穴土坑，长200、宽120厘米，斜壁平底，两侧有生土二层台，宽20～24、高70厘米，墓底长180、宽60、墓口至墓底130厘米		棺椁不清。人骨头向北，面向西，仰身屈肢，男性成年	战国	
284	5	长方形竖穴土坑，长242、宽122厘米，直壁平底，两侧有生土二层台，宽20、高70厘米，墓底长184、宽60、墓口至墓底180厘米		有棺木朽痕，长184、宽60厘米。人骨头向北，面向西，仰身屈肢，男性成年	战国	
285	5	长方形竖穴土坑，长198、宽130厘米，直壁平底，两侧有生土二层台，宽29、高59厘米，墓底长198、宽72、墓口至墓底157厘米	陶罐1 陶碗1	棺椁不清。人骨头向北，面向东，仰身屈肢，男性成年	战国	
286	95	长方形竖穴土坑，长230、宽130厘米，直壁平底，两侧有生土二层台，宽20～34、高45厘米，墓底长190、宽60、墓口至墓底145厘米		棺椁不清。人骨头向东，面向上，仰身屈肢，男性成年	战国	
287	190	长方形竖穴土坑，长205、宽125厘米，直壁平底，两侧有生土二层台，宽30～45、高50厘米，墓底长205、宽50、墓口至墓底105厘米		棺椁不清。人骨头向南，面向上，仰身屈肢，女性成年	战国	
288	10	长方形竖穴土坑，长180、宽80厘米，直壁平底，墓口至墓底75厘米	铜带钩1	棺椁不清。人骨头向北，面向西，仰身屈肢，男性成年	战国	
292	20	长方形竖穴土坑，长214、宽125厘米，斜壁平底，两侧有生土二层台，宽24～30、高60厘米，墓底长200、宽60、墓口至墓底160厘米	铁带钩1	有棺木朽痕，长200、宽60厘米。人骨头向北，面向东，仰身屈肢，男性成年	战国	

续表

墓号（M）	方向（°）	形状结构	出土遗物	棺椁 人骨	时代	备注
293	190	带墓道的单室砖室，墓道长280、宽50～60厘米，底斜坡长380、深0～120厘米，甬道墓门宽60、进深70、残高90厘米，外横平砌封门砖高40厘米。砖室平面近长方形，壁略弧，长175、宽120～135厘米，墓顶已破坏，残壁高60厘米。单砖错缝顺平砌墓壁，未见铺底砖，砖长28、宽14、厚5厘米		遭晚期破坏，墓室空	隋	
294	190	带墓道的单室砖室，墓道长340、宽50～60厘米，底斜坡长360、深0～120厘米，甬道墓门宽60、进深70、残高85厘米，外横平砌封门砖高40厘米。墓室平面近长方形，壁略弧，长216、宽120～140厘米，墓顶已破坏，残壁高60厘米。单砖错缝顺平砌墓壁，未见铺底砖，砖长28、宽14、厚5厘米		遭晚期破坏，墓室空	隋	
296	5	长方形竖穴土坑，长184、宽110厘米，斜壁平底，两侧有生土二层台，宽15、高70厘米，墓底长176、宽50、墓口至墓底115厘米		棺椁不清。人骨头向北，面向东，仰身屈肢，男性成年	战国	
297	10	长方形竖穴土坑，长234、宽116厘米，斜壁平底，两侧有生土二层台，宽7～19、高55厘米，墓底长190、宽74、墓口至墓底130厘米	铜带钩1 陶罐1 陶碗1 铁削1	棺椁不清。人骨头向北，面向西，仰身屈肢，男性成年	战国	
298	7	长方形竖穴土坑，长210、宽120厘米，斜壁平底，两侧有生土二层台，宽18～20、高65厘米，墓底长186、宽60、墓口至墓底175厘米	铜带钩1	棺椁不清。人骨头向北，面向上，仰身屈肢，男性成年	战国	
299	185	长方形竖穴土坑，长260、宽160厘米，斜壁平底，四周有生土二层台，宽20～30、高20厘米，墓底长190、宽80、墓口至墓底160厘米		有棺木朽痕，长190、宽80厘米。人骨头向南，面向西，仰身直肢，女性成年	战国	
300	100	长方形竖穴土坑，长190、宽90厘米，直壁平底，两侧有生土二层台，宽20、高50厘米，墓底长190、宽52、墓口至墓底160厘米		棺椁不清。人骨头向东，面向南，仰身屈肢，男性成年	战国	

续表

墓号（M）	方向（°）	形状结构	出土遗物	棺椁 人骨	时代	备注
301	15	长方形竖穴土坑，长180、宽60厘米，斜壁平底，墓底长170、宽40、墓口至墓底95厘米	铜带钩1	棺椁不清。人骨头向北，面向上，仰身屈肢，男性成年	战国	
302	10	长方形竖穴土坑，长234、宽134厘米，斜壁平底，两侧有生土二层台，宽10～26、高90厘米，墓底长180、宽70、墓口至墓底164厘米		棺椁不清。人骨头向北，面向东，侧身屈肢，男性成年	战国	
303	330	带墓道洞室墓，墓道平面呈梯形，长260、宽80～100厘米，底缓坡深140～160厘米，洞室平面呈梯形，长260、宽90～100、洞高80厘米	铜钱3 铜扣1	无棺椁。无人骨	清	迁葬墓
304	10	长方形竖穴土坑，长230、宽120～130厘米，直壁平底，北、西有生土二层台，宽10～50、高70厘米，墓底长220、宽70～90、墓口至墓底120厘米		棺椁不清。人骨头向北，面向西，俯身屈肢，男性成年	战国	
305	265	长方形竖穴土坑，长200、宽120厘米，直壁平底，两侧有生土二层台，宽20、高70厘米，墓底长200、宽80、墓口至墓底170厘米		棺椁不清。人骨头向西，面向下，俯身直肢，性别不清	战国	
306	100	长方形竖穴土坑，长180、宽80厘米，斜壁平底，两侧有生土二层台，宽8～16、高20厘米，墓底长180、宽50、墓口至墓底80厘米		棺椁不清。人骨头向东，面向北，仅见头骨	战国	中间被M303打破
307	10	长方形竖穴土坑，长200、宽125厘米，直壁平底，两侧有生土二层台，宽25、高55厘米，墓底长200、宽75、墓口至墓底180厘米		棺椁不清。人骨头向北，面向上，仰身屈肢，男性成年	战国	
308	5	长方形竖穴土坑，被M303打破，残长60～180、宽100厘米，直壁平底，东侧有生土二层台，宽16、高60厘米，墓底长60～180、宽70、墓口至墓底135厘米	陶壶1 陶碗1（残）	棺椁不清。未见人骨	战国	南部被M303打破
309	5	长方形竖穴土坑，长220、宽135厘米，直壁平底，两侧有生土二层台，宽25～30、高80厘米，墓底长220、宽70、墓口至墓底175厘米	陶碗1 陶罐1	棺椁不清。人骨头向北，面向上，仰身屈肢，男性成年	战国	

续表

墓号（M）	方向（°）	形状结构	出土遗物	棺椁 人骨	时代	备注
310	10	长方形竖穴土坑，长250、宽150～160厘米，直壁平底，四周有生土二层台，宽30～40、高80厘米，墓底长200、宽80、墓口至墓底155厘米		棺椁不清。人骨头向北，面向上，仰身屈肢，男性成年	战国	
311	10	长方形竖穴土坑，长170、宽105厘米，直壁平底，两侧有生土二层台，宽15、高46厘米，墓底长170、宽76、墓口至墓底110厘米		棺椁不清。人骨头向北，面向西，仰身屈肢，男性成年	战国	
312	350	长方形竖穴土坑，长200、宽90厘米，直壁平底，两侧有生土二层台，宽10～20、高40厘米，墓底长200、宽60、墓口至墓底110厘米		棺椁不清。人骨头向北，面向东，仰身屈肢，男性成年	战国	
313	10	长方形竖穴土坑，长225、宽90厘米，直壁平底，三面有生土二层台，宽16～40、高40厘米，墓底长185、宽56、墓口至墓底110厘米		棺椁不清。人骨头向北，面向东，仰身直肢，男性成年	战国	
314	10	长方形竖穴土坑，长220、宽120厘米，直壁平底，两侧有生土二层台，宽25、高75厘米，墓底长220、宽70、墓口至墓底200厘米	陶罐1 陶碗1（残）	棺椁不清。人骨头向北，面向东，仰身直肢，男性成年	战国	
315	5	长方形竖穴土坑，长190、宽120厘米，直壁平底，两侧有生土二层台，宽25、高65厘米，墓底长190、宽50、墓口至墓底130厘米	陶碗1 陶壶1	棺椁不清。人骨头向北，面向西，仰身屈肢，男性成年	战国	
316	10	长方形竖穴土坑，长190、宽110厘米，直壁平底，两侧有生土二层台，宽15、高25厘米，墓底长190、宽80、墓口至墓底65厘米		棺椁不清。人骨头向北，面向西，侧身屈肢，男性成年	战国	
317	5	长方形竖穴土坑，长215、宽105厘米，直壁平底，四周有生土二层台，宽15～20、高45厘米，墓底长185、宽64、墓口至墓底115厘米		棺椁不清。人骨头向北，面向东，仰身屈肢，男性成年	战国	
318	10	长方形竖穴土坑，长270、宽190厘米，直壁平底，两侧有生土二层台，宽50～58、高105厘米，墓底长270、宽84、墓口至墓底210厘米		棺椁不清。人骨头向北，面向西，仰身屈肢，男性成年	战国	

续表

墓号（M）	方向（°）	形状结构	出土遗物	棺椁 人骨	时代	备注
319	5	长方形竖穴土坑，长250、宽170厘米，斜壁平底，四周有生土二层台，宽30～34、高70厘米，墓底长190、宽76、墓口至墓底170厘米		棺椁不清。人骨头向北，面向西，仰身屈肢，男性成年	战国	
320	15	长方形竖穴土坑，长220、宽140厘米，直壁平底，两侧有生土二层台，宽25、高66厘米，墓底长220、宽90、墓口至墓底150厘米	陶罐1 陶碗1	棺椁不清。人骨头向北，面向西，仰身屈肢，男性成年	战国	
321	10	长方形竖穴土坑，长190、宽80厘米，直壁平底，墓口至墓底45厘米		棺椁不清。人骨头向北，面向东，仰身屈肢，下肢不见	战国	南部被M320打破
322	5	长方形竖穴土坑，长200、宽70厘米，直壁平底，墓口至墓底100厘米		有棺木朽痕，长200、宽70厘米。人骨头向北，面向西，仰身屈肢，男性成年	战国	
323	5	长方形竖穴土坑，长186、宽100厘米，直壁平底，两侧有生土二层台，宽20、高44厘米，墓底长186、宽60、墓口至墓底100厘米		棺椁不清。人骨头向北，面向东，仰身屈肢，男性成年	战国	西南部被M322打破
324	15	长方形竖穴土坑，长335、宽250厘米，斜壁平底，三面有熟土二层台，宽40～50、高60厘米，墓底长280、宽190、墓口至墓底260厘米	铜带钩1	有棺木朽痕，长240、宽90厘米。人骨头向北，面向东，仰身直肢，男性成年	战国	
325	5	长方形竖穴土坑，长240、宽160厘米，直壁平底，两侧有生土二层台，宽38～50、高80厘米，墓底长240、宽70、墓口至墓底170厘米	铜带钩1	棺椁不清。人骨头向北，面向东，仰身屈肢，男性成年	战国	
326	190	长方形竖穴土坑，长190、宽60厘米，直壁平底，西侧有洞室，长220、宽35、洞高50厘米，墓口至墓底80厘米		棺椁不清。人骨头向南，面向上，仰身直肢，男性成年	战国	
327	20	长方形竖穴土坑，长182、宽86厘米，直壁平底，两侧有生土二层台，宽10、高20厘米，墓底长182、宽70、墓口至墓底80厘米		棺椁不清。人骨头向北，面向东，仰身屈肢，男性成年	战国	东南部被M328打破

续表

墓号（M）	方向（°）	形状结构	出土遗物	棺椁 人骨	时代	备注
328	10	长方形竖穴土坑，长200、宽100厘米，直壁平底，两侧有生土二层台，宽15、高25厘米，墓底长200、宽70、墓口至墓底85厘米	陶壶1 陶碗1	棺椁不清。人骨头向北，面向西，仰身屈肢，女性成年	战国	
329	5	长方形竖穴土坑，长200、宽85厘米，斜壁平底，墓底长180、宽60、墓口至墓底90厘米		棺椁不清。人骨头向北，面向西，仰身屈肢，男性成年	战国	
330	10	长方形竖穴土坑，长210、宽125厘米，斜壁平底，两侧有生土二层台，宽10、高70厘米，墓底长194、宽86、墓口至墓底140厘米		棺椁不清。人骨头向北，面向西，仰身屈肢，男性成年	战国	
331	10	长方形竖穴土坑，长240、宽135厘米，直壁平底，两侧有生土二层台，宽30、高70厘米，墓底长240、宽76、墓口至墓底145厘米		棺椁不清。人骨头向北，面向西，仰身屈肢，男性成年	战国	
332	10	长方形竖穴土坑，长210、宽115厘米，直壁平底，两侧有生土二层台，宽20～30、高55厘米，墓底长210、宽64、墓口至墓底145厘米		棺椁不清。人骨头向北，面向西，仰身屈肢，女性成年	战国	
333	4	长方形竖穴土坑，长210、宽156厘米，斜壁平底，两侧有生土二层台，宽30～40、高80厘米，墓底长200、宽74、墓口至墓底160厘米	陶碗1 陶罐1	棺椁不清。人骨头向北，面向西，仰身屈肢，男性成年	战国	
334	105	长方形竖穴土坑，长268、宽164厘米，斜壁平底，两侧有生土二层台，宽12～24、高70厘米，墓底长240、宽120、墓口至墓底180厘米	铜带钩1 铜镜1 八棱画笔2	有棺木朽痕，长200、宽50～60厘米。人骨头向东，面向南，仰身直肢，男性成年	战国	
335	10	长方形竖穴土坑，长220、宽132厘米，直壁平底，两侧有生土二层台，宽22～30、高75厘米，墓底长220、宽78、墓口至墓底180厘米	铜带钩1 陶罐1	有棺痕，不甚清楚。人骨头向北，面向西，仰身直肢，男性成年	战国	
336	95	长方形竖穴土坑，长214、宽60厘米，两端斜壁平底，墓底长190、宽60、墓口至墓底110厘米	铁带钩1	棺椁不清。人骨头向东，面向南，侧身屈肢，男性成年	战国	
337	12	长方形竖穴土坑，长170、宽80厘米，直壁平底，两侧有生土二层台，宽14～15、高45厘米，墓底长150、宽53、墓口至墓底105厘米	铜带钩1	棺椁不清。人骨头向北，面向东，仰身直肢，男性成年	战国	

续表

墓号（M）	方向（°）	形状结构	出土遗物	棺椁 人骨	时代	备注
338	5	长方形竖穴土坑，长260、宽120厘米，直壁平底，两侧有生土二层台，宽26、高55厘米，墓底长180、宽60、墓口至墓底115厘米	铁锛1	有棺朽痕，但不清楚。人骨头向北，面向东，仰身直肢，男性成年	战国	
339	10	长方形竖穴土坑，长336、宽250厘米，斜壁平底，两侧有生土二层台，宽30～50、高60厘米，墓底长260、宽90、墓口至墓底300厘米	铜带钩1	有棺木朽痕，长170、宽66厘米。人骨头向北，面向西，仰身屈肢，男性成年	战国	
343	100	长方形竖穴土坑，长230、宽130厘米，直壁平底，两侧有生土二层台，宽20～30、高72厘米，墓底长230、宽80、墓口至墓底142厘米		有棺痕，不甚清楚。人骨头向东，面向上，仰身屈肢，男性成年	战国	
344	95	长方形竖穴土坑，长290、宽210厘米，斜壁，北壁90厘米下有一生土台，宽35厘米，墓底两侧有熟土二层台，宽30、高70厘米，墓底长222、宽125、墓口至墓底215厘米	水晶环3 铜带钩1 铁削1	有棺木朽痕，长180、宽60厘米。人骨头向东，面向南，仰身屈肢，男性成年	战国	
345	10	长方形竖穴土坑，长210、宽130厘米，直壁平底，三面有生土二层台，宽10～26、高54厘米，墓底长200、宽80、墓口至墓底164厘米	铜带钩1	有棺木朽痕，长200、宽80厘米。人骨头向北，面向西，仰身屈肢，男性成年	战国	
346	100	长方形竖穴土坑，长340、宽250～260厘米，直壁平底，四周有双层生土台，上层宽35～45、高100厘米，下层宽25～53、高20厘米，墓底长200、宽65、墓口至墓底312厘米	铜带钩1 陶鼎1 陶豆1 陶壶2 陶盘1 陶匜1	有棺木朽痕，长200、宽65、残高10厘米。人骨头向东，面向南，仰身直肢，男性成年	战国	
347	0	长方形竖穴土坑，长240、宽140厘米，直壁平底，两侧有生土二层台，宽32～38、高50厘米，墓底长240、宽66、墓口至墓底150厘米	铜带钩1	有棺木朽痕，长240、宽66、残高10厘米。人骨头向北，面向西，仰身屈肢，男性成年	战国	
348	5	长方形竖穴土坑，长210、宽100厘米，直壁平底，两侧有双层生土台，上台宽10、高50厘米，下台宽10～20、高10厘米，墓底长210、宽50、墓口至墓底150厘米		有棺木朽痕，长210、宽50、残高50厘米。人骨头向北，面向上，仰身直肢，女性成年	战国	

续表

墓号（M）	方向（°）	形状结构	出土遗物	棺椁 人骨	时代	备注
349	15	长方形竖穴土坑，长230、宽140厘米，直壁平底，两侧有熟土二层台，宽20～30、高25厘米，墓口至墓底155厘米	铜带钩1 铁带钩1	有棺木朽痕，长220、宽74厘米。人骨头向北，面向东，仰身直肢，男性成年	战国	
350	5	长方形竖穴土坑，长88、宽80厘米，直壁平底，墓口至墓底80厘米		棺椁不清。人骨仅有两根肢骨	战国	北部被M262打破
351	0	长方形竖穴土坑，长225、宽135～160厘米，直壁平底，四周有熟土二层台，宽15～60、高10厘米，墓底长190、宽64、墓口至墓底100厘米		有棺木朽痕，长190、宽60～70厘米。人骨头向北，面向北，仰身屈肢，男性成年	战国	
352	10	长方形竖穴土坑，长190、宽70厘米，直壁平底，墓口至墓底70厘米		有棺痕，但不甚清楚。人骨头向北，面向东，仰身屈肢，男性成年	战国	
353	10	长方形竖穴土坑，长350、宽260厘米，斜壁平底，两侧有熟土二层台，宽60～95、高50厘米，墓底长310、宽210、墓口至墓底240厘米		有棺木朽痕，长180、宽60厘米。人骨头向北，面向东，仰身屈肢，男性成年	战国	
354	0	长方形竖穴土坑，长200、宽70厘米，直壁平底，墓口至墓底40厘米		棺椁不清。人骨头向北，面向西，仰身屈肢，男性成年	战国	
355	5	长方形竖穴土坑，长210、宽130厘米，直壁平底，两侧有生土二层台，宽30、高40厘米，墓底长210、宽70、墓口至墓底106厘米		有棺木朽痕，长200、宽70厘米。人骨头向北，面向西，仰身屈肢，男性成年	战国	
356	7	长方形竖穴土坑，长205、宽100厘米，两端斜壁平底，两侧有生土二层台，宽20、高40厘米，墓底长182、宽50、墓口至墓底80厘米	陶壶1	棺椁不清。人骨头向北，面向西，仰身屈肢，男性成年	战国	
357	5	长方形竖穴土坑，长180、宽90厘米，直壁平底，两侧有生土二层台，宽16、高4厘米，墓底长180、宽58、墓口至墓底40厘米		棺椁不清。人骨头向北，面向东，仰身屈肢，男性成年	战国	
358	175	长方形竖穴土坑，长210、宽90厘米，直壁平底，东侧有生土二层台，宽26、高45厘米，墓底长210、宽64、墓口至墓底75厘米	铜带钩1	棺椁不清。人骨头向南，面向上，仰身屈肢，男性成年	战国	

续表

墓号（M）	方向（°）	形状结构	出土遗物	棺椁 人骨	时代	备注
359	5	长方形竖穴土坑，长190、宽120厘米，直壁平底，四周有生土二层台，宽5～18、高60厘米，墓底长180、宽84、墓口至墓底125厘米		棺椁不清。人骨头向北，面向西，仰身屈肢，女性成年	战国	
360	5	长方形竖穴土坑，长180、宽60厘米，直壁平底，墓口至墓底60厘米		棺椁不清。人骨头向北，面向上，仰身屈肢，男性成年	战国	
361	10	长方形竖穴土坑，长190、宽100厘米，直壁平底，两侧有生土二层台，宽20、高60厘米，墓底有二道横凹槽，宽18、深10厘米，墓底长190、宽60、墓口至墓底105厘米		有棺木朽痕，长190、宽60厘米。人骨头向北，面向东，仰身屈肢，男性成年	战国	
362	5	长方形竖穴土坑，长210、宽130厘米，斜壁平底，两侧有生土二层台，宽30、高50厘米，墓底长196、宽70、墓口至墓底170厘米	铁带钩1	有棺木朽痕，长195、宽70厘米。人骨头向北，面向上，仰身直肢，女性成年	战国	
363	15	长方形竖穴土坑，长190、宽96厘米，直壁平底，两侧有生土二层台，宽14～20、高45厘米，墓底长190、宽62、墓口至墓底100厘米		棺椁不清。人骨头向北，面向西，仰身直肢，男性成年	战国	
364	10	长方形竖穴土坑，长200、宽125厘米，直壁平底，两侧有生土二层台，宽30、高50厘米，墓底长196、宽65、墓口至墓底110厘米		有棺木朽痕，长196、宽65厘米。人骨头向北，面向上，仰身屈肢，男性成年	战国	
365	5	长方形竖穴土坑，长180、宽70厘米，直壁平底，墓口至墓底120厘米		棺椁不清。人骨头向北，面向西，仰身屈肢，女性成年	战国	
366	5	长方形竖穴土坑，长190、宽100厘米，直壁平底，两侧有生土二层台，宽16～20、高40厘米，墓底长190、宽64、墓口至墓底110厘米		棺椁不清。人骨头向北，面向西，仰身屈肢，男性成年	战国	
367	5	长方形竖穴土坑，长195、宽115～130厘米，直壁平底，两侧有生土二层台，宽26～36、高60厘米，墓底长195、宽56、墓口至墓底110厘米	陶罐1 陶豆座1	棺椁不清。人骨头向北，面向上，仰身直肢，男性成年	战国	
368	5	长方形竖穴土坑，长170、宽70厘米，直壁平底，墓口至墓底100厘米		棺椁不清。人骨头向北，面向东，仰身直肢，少年儿童	战国	

续表

墓号（M）	方向（°）	形状结构	出土遗物	棺椁 人骨	时代	备注
369	10	长方形竖穴土坑，长200、宽85厘米，直壁平底，两侧有生土二层台，宽10～15、高30厘米，墓底长180、宽56、墓口至墓底100厘米		有棺木朽痕，长180、宽56厘米。人骨头向北，面向东，仰身屈肢，女性成年	战国	东南被M368打破
370	0	长方形竖穴土坑，长190、宽100厘米，直壁平底，三面有生土二层台，宽10～20、高60厘米，墓底长180、宽60、墓口至墓底130厘米		有棺木朽痕，长180、宽60厘米。人骨头向北，面向东，仰身屈肢，男性成年	战国	
371	10	长方形竖穴土坑，长190、宽120厘米，直壁平底，两侧有生土二层台，宽25、高60厘米，墓底长190、宽70、墓口至墓底140厘米		棺椁不清。人骨头向北，面向西，仰身屈肢，女性成年	战国	
372	5	长方形竖穴土坑，长210、宽120厘米，直壁平底，两侧有生土二层台，宽20、高30厘米，墓底长210、宽80、墓口至墓底65厘米	铁带钩1	棺椁不清。人骨头向北，面向西，仰身屈肢，男性成年	战国	
373	185	长方形竖穴土坑，长360、宽300厘米，斜壁平底，四周有熟土二层台，宽30～45、高30厘米，墓底长270、宽190、墓口至墓底240厘米		有棺椁朽痕，椁长210、宽105厘米，棺长175、宽60厘米。人骨头向南，面向西，仰身屈肢，男性成年	战国	
374	100	长方形竖穴土坑，长250、宽140厘米，直壁平底，四周有生土二层台，宽20～30、高66厘米，墓底长178、宽84、墓口至墓底130厘米		棺椁不清。人骨头向东，面向西，仰身屈肢，男性成年	战国	
375	15	长方形竖穴土坑，长260、宽100厘米，直壁平底，墓口至墓底80厘米		棺椁不清。人骨头向北，面向不清，仰身直肢，男性成年	战国	
376	10	长方形竖穴土坑，长180、宽65厘米，直壁平底，墓口至墓底50厘米		棺椁不清。人骨头向北，面向东，仰身屈肢，男性成年	战国	
377	10	长方形竖穴土坑，长200、宽140厘米，斜壁平底，两侧有生土二层台，宽20～30、高70厘米，墓底长190、宽70、墓口至墓底180厘米		棺椁不清。人骨头向北，面向东，仰身直肢，男性成年	战国	
378	115	长方形竖穴土坑，长180、宽110厘米，直壁平底，三面有生土二层台，宽10、高50厘米，墓底长160、宽66、墓口至墓底105厘米		棺椁不清。人骨头向东，面向北，仰身屈肢，男性成年	战国	西部被M335打破

续表

墓号（M）	方向（°）	形状结构	出土遗物	棺椁 人骨	时代	备注
379	20	长方形竖穴土坑，长195、宽120厘米，直壁平底，两侧有生土二层台，宽25、高65厘米，墓底长195、宽70、墓口至墓底145厘米	铜带钩1 陶罐1 陶碗1	棺椁不清。人骨头向北，面向东，侧身屈肢，男性成年	战国	
380	10	长方形竖穴土坑，长330、宽250厘米，斜壁平底，四周有熟土二层台，宽40～60、高55厘米，墓底长280、宽210、墓口至墓底265厘米		有棺木朽痕，长200、宽60厘米。人骨头向北，面向上，仰身直肢，男性成年	战国	
381	0	长方形竖穴土坑，长270、宽170厘米，斜壁平底，两侧有生土二层台，宽34～36、高90厘米，墓底长220、宽82、墓口至墓底210厘米		棺椁不清。人骨头向北，面向上，仰身屈肢，女性成年	战国	
382	0	长方形竖穴土坑，长220、宽150～160厘米，斜壁平底，四周有生土二层台，宽10～35、高70厘米，墓底长210、宽77、墓口至墓底175厘米		有棺木朽痕，长190、宽75厘米。人骨头向北，面向上，仰身屈肢，性别不清	战国	
383	35	长方形竖穴土坑，长200、宽110厘米，斜壁平底，两侧有生土二层台，宽16～30、高60厘米，墓底长200、宽60～70、墓口至墓底126厘米	陶罐1 铜带钩1 陶碗1（残）	棺椁不清。人骨头向北，面向上，仰身屈肢，男性成年	战国	东部被M384打破
384	20	长方形竖穴土坑，长210、宽130厘米，斜壁平底，两侧有生土二层台，宽6～20、高70厘米，墓底长200、宽66、墓口至墓底160厘米	陶罐1 陶碗1	棺椁不清。人骨头向北，面向东，仰身直肢，男性成年	战国	
385	285	长方形竖穴土坑，长190、宽90厘米，斜壁平底，两侧有生土二层台，宽15、高30厘米，墓底长170、宽50、墓口至墓底90厘米		棺椁不清。人骨头向西，面向上，仰身屈肢，男性成年	战国	北部被M384打破
386	25	长方形竖穴土坑，长200、宽100厘米，直壁平底，两侧有生土二层台，宽25、高60厘米，墓底长200、宽70、墓口至墓底110厘米		棺椁不清。人骨头向北，面向西，仰身屈肢，男性成年	战国	
387	90	长方形竖穴土坑，长180、宽120厘米，斜壁平底，墓底长160、宽70、墓口至墓底120厘米	铜带钩1	棺椁不清。人骨头向东，面向上，仰身屈肢，男性成年	战国	

续表

墓号（M）	方向（°）	形状结构	出土遗物	棺椁 人骨	时代	备注
388	10	长方形竖穴土坑，长210、宽134厘米，直壁平底，两侧有生土二层台，宽25～30、高70厘米，两端自二层台以下各向外斜移，进深30厘米，墓底长240、宽78、墓口至墓底160厘米	陶罐1 铜带钩1	棺椁不清。人骨头向北，面向西，仰身直肢，男性成年	战国	
389	10	长方形竖穴土坑，长270～280、宽180～190厘米，斜壁平底，两侧有熟土二层台，宽20～40、高50厘米，墓底长240、宽150、墓口至墓底260厘米		有棺木朽痕，长195、宽90厘米。人骨头向北，面向东，仰身屈肢，男性成年	战国	
390	10	长方形竖穴土坑，长190、宽135厘米，直壁平底，两侧有生土二层台，宽30、高84厘米，两端自二层台以下各向外扩挖10厘米，墓底长210、宽74、墓口至墓底170厘米	陶罐1 陶碗1	棺椁不清。人骨头向北，面向东，仰身屈肢，少年儿童	战国	
391	20	长方形竖穴土坑，长200、宽110厘米，斜壁平底，两侧有生土二层台，宽15、高44厘米，墓底长190、宽70、墓口至墓底110厘米	铁带钩1	棺椁不清。人骨头向北，面向上，仰身直肢，男性成年	战国	
392	0	长方形竖穴土坑，长250、宽170厘米，直壁平底，四周有熟土二层台，宽25～40、高30厘米，墓口至墓底170厘米		有棺木朽痕，长190、宽90厘米。人骨头向北，面向东，仰身屈肢，男性成年	战国	
393	12	长方形竖穴土坑，长210、宽120厘米，直壁平底，两侧有生土二层台，宽10～34、高30厘米，墓底长190、宽56、墓口至墓底80厘米		棺椁不清。人骨头向北，面向西，仰身屈肢，女性成年	战国	
394	5	长方形竖穴土坑，长190、宽90厘米，直壁平底，两侧有生土二层台，宽15～18、高30厘米，墓底长190、宽56、墓口至墓底50厘米	陶壶1	棺椁不清。人骨头向北，面向东，仰身屈肢，男性成年	战国	
395	5	长方形竖穴土坑，长210、宽120～130厘米，直壁平底，两侧有生土二层台，宽25、高40厘米，墓底长210、宽70～78、墓口至墓底110厘米	铜镜1 铜带钩1	棺椁不清。人骨头向北，面向西，仰身直肢，女性成年	战国	

续表

墓号（M）	方向（°）	形状结构	出土遗物	棺椁 人骨	时代	备注
396	5	长方形竖穴土坑，长200、宽140厘米，直壁平底，两侧有生土二层台，宽30、高70厘米，北壁底部有龛，宽34、高50、进深16厘米，墓底长200、宽80、墓口至墓底140厘米		棺椁不清。人骨头向北，面向东，仰身屈肢，少年儿童	战国	
397	5	长方形竖穴土坑，长210、宽100厘米，直壁平底，两侧有生土二层台，宽8～10、高20厘米，墓底长190、宽62、墓口至墓底140厘米	小陶碗1	棺椁不清。人骨头向北，面向上，仰身直肢，少年儿童	战国	
398	5	长方形竖穴土坑，长270、宽160厘米，直壁平底，四周有生土二层台，宽36～44、高80厘米，墓底长200、宽76、墓口至墓底245厘米		棺椁不清。人骨头向北，面向上，仰身直肢，男性成年	战国	
399	5	长方形竖穴土坑，长220、宽150厘米，斜壁平底，两侧有生土二层台，宽30、高75厘米，墓底长210、宽80、墓口至墓底185厘米	铜钱4 铜带钩1 铜桥形饰5	棺椁不清。人骨头向北，面向东，俯身屈肢，女性成年	战国	
400	13	长方形竖穴土坑，长320、宽230厘米，斜壁平底，四周有熟土二层台，宽26～64、高20厘米，墓底长260、宽170、墓口至墓底235厘米		有棺木朽痕，长200、宽70、残高20厘米。人骨头向北，面向东，侧身屈肢，男性成年	战国	
401	355	长方形竖穴土坑，长210、宽90厘米，斜壁平底，墓底长195、宽77、墓口至墓底104厘米		棺椁不清。人骨头向北，面向西，仰身直肢，男性成年	战国	
402	100	长方形竖穴土坑，长310、宽205～215厘米，斜壁平底，四周有熟土二层台，宽30～50、高25厘米，墓底长250、宽155～170、墓口至墓底235厘米		有棺木朽痕，长190、宽65厘米。人骨头向东，面向北，仰身屈肢，男性成年	战国	
403	85	长方形竖穴土坑，长280、宽180～200厘米，斜壁平底，两侧有生土二层台，宽10～18、高30厘米，四周有熟土二层台，宽 25～35、高30厘米，墓底长260、宽170、墓口至墓底180厘米	铁带钩1	有棺木朽痕，长210、宽80厘米。人骨头向东，面向南，仰身屈肢，女性成年	战国	
404	10	长方形竖穴土坑，长230、宽120厘米，直壁平底，两侧有生土二层台，宽26～30、高30厘米，墓底长204、宽58、墓口至墓底70厘米		棺椁不清。人骨头向北，面向东，仰身直肢，男性成年		

续表

墓号（M）	方向（°）	形状结构	出土遗物	棺椁 人骨	时代	备注
405	5	长方形竖穴土坑，长260、宽190厘米，斜壁平底，四周有生土二层台，宽15～32、高70厘米，墓底长184、宽82、墓口至墓底140厘米		棺椁不清。人骨头向北，面向东，仰身屈肢，男性成年	战国	
406	185	长方形竖穴土坑，长200、宽156厘米，斜壁平底，两侧有生土二层台，宽26～30、高70厘米，墓底长190、宽88、墓口至墓底160厘米		棺椁不清。人骨头向南，面向上，仰身屈肢，男性成年	战国	
407	190	长方形竖穴土坑，长350、宽290厘米，斜壁平底，四周有生土二层台，宽20～50、高56厘米，墓底长250、宽140、墓口至墓底276厘米	铜带钩1	有棺木朽痕，长195、宽70厘米。人骨头向南，面向东，仰身屈肢，男性成年	战国	
408	0	长方形竖穴土坑，长196、宽120厘米，直壁平底，两侧有生土二层台，宽30、高60厘米，墓底长196、宽60、墓口至墓底94厘米		棺椁不清。人骨头向北，面向东，仰身屈肢，男性成年	战国	
409	10	长方形竖穴土坑，长190、宽112厘米，直壁平底，东侧有生土二层台，宽30、高35厘米，墓底长190、宽78、墓口至墓底50厘米		棺椁不清。人骨头向北，面向西，仰身屈肢，男性成年	战国	
410	5	长方形竖穴土坑，长190、宽104厘米，直壁平底，两侧有生土二层台，宽15、高65厘米，墓底长190、宽74、墓口至墓底120厘米		棺椁不清。人骨头向北，面向东，仰身屈肢，女性成年	战国	
411	5	长方形竖穴土坑，长280、宽196厘米，直壁平底，四周有生土二层台，宽30～46、高50厘米，墓底长210、宽60、墓口至墓底230厘米	铜带钩2 铜桥形饰6	有棺木朽痕，长210、宽60厘米。人骨头向北，面向西，仰身屈肢，女性成年	战国	
412	5	长方形竖穴土坑，长280、宽200厘米，直壁平底，四周有双层生土台，上层宽30～45、高60厘米，下层宽20～25、高30厘米，墓底长226、宽110、墓口至墓底230厘米		有棺木朽痕，长226、宽70厘米。人骨头向北，面向下，仰身屈肢，男性成年	战国	
413	10	长方形竖穴土坑，长240、宽180厘米，斜壁平底，两侧有生土二层台，宽20～28、高90厘米，墓底长230、宽84、墓口至墓底230厘米	陶罐1 陶壶1	有棺木朽痕，长204、宽64厘米。人骨头向北，面向西，仰身屈肢，男性成年	战国	

续表

墓号（M）	方向（°）	形状结构	出土遗物	棺椁 人骨	时代	备注
414	5	长方形竖穴土坑，长250、宽170厘米，直壁平底，两侧有生土二层台，宽20、高80厘米，底四周有熟土二层台，宽30～45、高20厘米，墓底长250、宽130、墓口至墓底170厘米	铜带钩1 铜桥形饰5	有棺木朽痕，长180、宽60厘米。人骨头向北，面向上，仰身直肢，女性成年	战国	
415	105	长方形竖穴土坑，长300、宽240厘米，斜壁平底，四周有生土二层台，宽26～60、高96厘米，墓底长200、宽100、墓口至墓底210厘米	铜带钩1	有棺木朽痕，长200、宽100、残高20厘米。人骨头向东，面向上，仰身屈肢，男性成年	战国	
416	90	长方形竖穴土坑，长200、宽120厘米，直壁平底，两侧有生土二层台，宽25、高50厘米，墓底长180、宽70、墓口至墓底80厘米		棺椁不清。人骨头向东，面向南，仰身屈肢，男性成年	战国	
417	15	长方形竖穴土坑，长200、宽130厘米，直壁平底，两侧有生土二层台，宽27～28、高54厘米，墓底长200、宽75、墓口至墓底120厘米	铜带钩1	棺椁不清。人骨头向北，面向东，仰身屈肢，男性成年	战国	
418	3	长方形竖穴土坑，长220、宽100厘米，直壁平底，两侧有生土二层台，宽15、高40厘米，墓底长220、宽70、墓口至墓底130厘米		棺椁不清。人骨头向北，面向东，侧身屈肢，男性成年	战国	
419	10	长方形竖穴土坑，长216、宽130厘米，直壁平底，两侧有生土二层台，宽20～30、高66厘米，墓底长216、宽80、墓口至墓底130厘米		有棺木朽痕，长200、宽80、残高15～20厘米。人骨头向北，面向西，仰身屈肢，女性成年	战国	
420	20	长方形竖穴土坑，长210、宽110厘米，直壁平底，两侧有生土二层台，宽16、高50厘米，墓底长210、宽80、墓口至墓底150厘米		棺椁不清。人骨头向北，面向东，俯身屈肢，少年儿童	战国	
421	15	长方形竖穴土坑，长240、宽130～150厘米，直壁平底，两侧有生土二层台，宽30～40、高100厘米，墓底长240、宽80～90、墓口至墓底190厘米	陶罐1	有棺木朽痕，不甚清楚。人骨头向北，面向东，仰身屈肢，女性成年		
422	15	长方形竖穴土坑，长170、宽100厘米，直壁平底，两侧有生土二层台，宽12～20、高40厘米，墓底长170、宽68、墓口至墓底100厘米		棺椁不清。人骨头向北，面向西，仰身直肢，少年儿童	战国	

续表

墓号（M）	方向（°）	形状结构	出土遗物	棺椁 人骨	时代	备注
423	15	长方形竖穴土坑，长270、宽180厘米，斜壁平底，四周有熟土二层台，宽25～40、高25厘米，墓底长250、宽130、墓口至墓底175厘米	铜带钩1	有棺木朽痕，长185、宽60厘米。人骨头向北，面向西，仰身直肢，男性成年	战国	
424	12	长方形竖穴土坑，长210、宽120厘米，直壁平底，四周有生土二层台，宽10～26、高80厘米，墓底长186、宽76、墓口至墓底130厘米		有棺木朽痕，长160、宽76厘米。人骨头向北，面向上，仰身屈肢，女性成年	战国	
425	15	长方形竖穴土坑，长280、宽230厘米，斜壁平底，四周有熟土二层台，北台宽26厘米，东台宽42厘米，南台宽18厘米，西台宽36、高34厘米，墓底长186、宽66～70、墓口至墓底144厘米		有棺木朽痕，长185、宽70厘米。人骨头向北，面向西，仰身直肢，男性成年	战国	
426	8	长方形竖穴土坑，长390、宽310～320厘米，斜壁平底，四周有熟土二层台，宽35～50、高95厘米，四周有熟土二层台，宽30～40、高30厘米，墓底长360、宽240～260、墓口至墓底280厘米		有棺椁朽痕，椁长240、宽160厘米，棺痕长205、宽85厘米。人骨头向北，面向西，仰身屈肢，女性成年	战国	
427	15	长方形竖穴土坑，长200、宽125厘米，斜壁平底，有生土二层台，宽10、高26厘米，墓底长180、宽60、墓口至墓底125厘米		有棺痕，长180、宽62、残高25厘米。人骨头向北，面向东，仰身屈肢，男性成年	战国	
428	5	长方形竖穴土坑，长220、宽130厘米，直壁平底，四周有生土二层台，宽20～34、高30厘米，墓底长184、宽76、墓口至墓底120厘米		有棺痕，长190、宽75厘米。人骨头向北，面向东，仰身直肢，男性成年	战国	
429	10	长方形竖穴土坑，长310、宽240厘米，斜壁平底，四周有生土二层台，北台宽60厘米，东二台宽65厘米，南二台宽25厘米，西二台宽55～65、高16厘米，墓底长174、宽60～70、墓口至墓底266厘米		棺椁不清。人骨头向北，面向西，仰身直肢，男性成年	战国	
430	10	长方形竖穴土坑，长306、宽240厘米，斜壁平底，四周有熟土二层台，宽20～50、高40厘米，墓底长240、宽160、墓口至墓底255厘米	铜带钩1 铜桥形饰4	有棺木朽痕，长205、宽56厘米。人骨头向北，面向西，仰身屈肢，男性成年	战国	

续表

墓号（M）	方向（°）	形状结构	出土遗物	棺椁 人骨	时代	备注
431	10	长方形竖穴土坑，长210、宽120厘米，直壁平底，两侧有生土二层台，宽15～25、高60厘米，墓底长210、宽80、墓口至墓底110厘米	铜带钩1	棺椁不清。人骨头向北，面向西，仰身屈肢，女性成年	战国	
432	5	长方形竖穴土坑，长210、宽120厘米，直壁平底，两侧有生土二层台，宽25、高60厘米，墓底长210、宽70、墓口至墓底136厘米	陶罐1	棺椁不清。人骨头向北，面向东，仰身直肢，男性成年	战国	
433	280	长方形竖穴土坑，长200、宽110厘米，直壁平底，两侧有生土二层台，宽20、高40厘米，墓底长200、宽72、墓口至墓底120厘米		棺椁不清。人骨头向西，面向上，仰身屈肢，女性成年	战国	
434	13	长方形竖穴土坑，长180、宽100厘米，直壁平底，两侧有生土二层台，宽16～18、高60厘米，墓底长180、宽70、墓口至墓底85厘米		棺椁不清。人骨头向北，面向上，仰身屈肢，男性成年	战国	
435	10	长方形竖穴土坑，长190、宽130厘米，直壁平底，两侧有生土二层台，宽26～28、高54厘米，墓底长190、宽76、墓口至墓底114厘米	陶罐1 陶碗1	棺椁不清。人骨头向北，面向西，仰身直肢，男性成年	战国	
436	0	长方形竖穴土坑，长210、宽90厘米，直壁平底，两侧有生土二层台，宽15、高45厘米，墓底长210、宽60、墓口至墓底80厘米		棺椁不清。人骨头向北，面向东，仰身屈肢，男性成年	战国	
437	10	长方形竖穴土坑，长220、宽150厘米，直壁平底，两侧有生土二层台，宽36、高70厘米，墓底长220、宽78、墓口至墓底160厘米	陶罐1 陶碗1	棺椁不清。人骨头向北，面向东，仰身直肢，女性成年	战国	
438	20	长方形竖穴土坑，长200、宽130厘米，直壁平底，两侧有生土二层台，宽25～30、高60厘米，墓底长200、宽76、墓口至墓底110厘米	铁带钩1	棺椁不清。人骨头向北，面向西，仰身屈肢，女性成年	战国	
439	10	长方形竖穴土坑，长190、宽110厘米，直壁平底，两侧有生土二层台，宽20～25、高60厘米，墓底长190、宽70、墓口至墓底130厘米		棺椁不清。人骨头向北，面向西，仰身屈肢，女性成年	战国	

续表

墓号（M）	方向（°）	形状结构	出土遗物	棺椁 人骨	时代	备注
440	15	长方形竖穴土坑，长185、宽98厘米，直壁平底，两侧有生土二层台，宽10、高50厘米，墓底长185、宽78～70、墓口至墓底115厘米	铜带钩1	棺椁不清。人骨头向北，面向西，仰身屈肢，女性成年	战国	
441	15	长方形竖穴土坑，长210、宽140厘米，斜壁平底，两侧有生土二层台，宽25～30、高50厘米，墓底长200、宽66、墓口至墓底155厘米		棺椁不清。人骨头向北，面向上，仰身屈肢，女性成年	战国	
442	10	长方形竖穴土坑，长190、宽110厘米，直壁平底，两侧有生土二层台，宽16、高70厘米，墓底长190、宽78、墓口至墓底170厘米	铜桥形饰17 料珠1	棺椁不清。人骨头向北，面向东，仰身屈肢，男性成年	战国	
443	5	长方形竖穴土坑，长250、宽160厘米，斜壁平底，两侧有生土二层台，宽20～30、高60厘米，墓底长220、宽90、墓口至墓底160厘米		棺椁不清。人骨头向北，面向上，仰身屈肢，男性成年	战国	
444	15	长方形竖穴土坑，长206、宽130厘米，直壁平底，两侧有生土二层台，宽20、高80厘米，墓底长206、宽90、墓口至墓底190厘米	铜带钩1 陶罐1	棺椁不清。人骨头向北，面向西，仰身屈肢，男性成年	战国	
445	5	长方形竖穴土坑，长180、宽100～110厘米，斜壁平底，墓底长180、宽76～80、深130厘米，墓底有二道横凹槽，宽20～30、墓口至墓底10厘米	铁带钩1	有棺痕，不甚清楚。人骨头向北，面向东，侧身屈肢，男性成年	战国	
446	10	长方形竖穴土坑，长190、宽120厘米，直壁平底，两侧有生土二层台，宽24、高50厘米，墓底长190、宽72、墓口至墓底150厘米		棺椁不清。人骨头向北，面向西，侧身屈肢，女性成年	战国	
447	5	长方形竖穴土坑，长230、宽110～120厘米，斜壁平底，有两层生土二层台，上层两侧生土台宽15～20、高54厘米，下层四周生土台宽6～8、高34厘米，墓底长195、宽60、墓口至墓底120厘米		有棺木朽痕，长195、宽60厘米。人骨头向北，面向东，仰身屈肢，男性成年	战国	
448	10	长方形竖穴土坑，长300、宽210厘米，直壁平底，四周有熟土二层台，宽45～65、高20厘米，墓口至墓底270厘米	铜带钩1	有棺木朽痕，长190、宽80～90厘米。人骨头向北，面向西，仰身屈肢，男性成年	战国	

续表

墓号（M）	方向（°）	形状结构	出土遗物	棺椁 人骨	时代	备注
449	15	长方形竖穴土坑，长200、宽84厘米，斜壁平底，两侧有生土二层台，宽12、高20厘米，墓底长190、宽74、墓口至墓底155厘米		棺椁不清。人骨头向北，面向东，仰身直肢，女性成年	战国	
450	5	长方形竖穴土坑，长230、宽110厘米，斜壁平底，两侧有生土二层台，宽15、高20厘米，墓底长220、宽70、墓口至墓底120厘米		棺椁不清。人骨头向北，面向西，仰身直肢，男性成年	战国	
451	5	长方形竖穴土坑，长200、宽92厘米，斜壁平底，两侧有生土二层台，宽12～16、高30厘米，墓底长188、宽84、墓口至墓底110厘米	铜带钩1	棺椁不清。人骨头向北，面向上，仰身屈肢，女性成年	战国	
452	5	长方形竖穴土坑，长170、宽60厘米，直壁平底，墓口至墓底10厘米		棺椁不清。人骨头向北，面向东，仰身屈肢，女性成年	战国	
453	10	长方形竖穴土坑，长190、宽120厘米，斜壁平底，两侧有生土二层台，宽10～30、高15厘米，墓底长180、宽60、墓口至墓底100厘米	陶罐1 陶碗1	棺椁不清。人骨头向北，面向上，仰身直肢，女性成年	战国	
454	0	长方形竖穴土坑，长240、宽140厘米，直壁平底，四周有熟土二层台，宽10～30、高30厘米，墓底长220、宽120、墓口至墓底180厘米	铜带钩1	有棺木朽痕，长195、宽75～80厘米。人骨头向北，面向西，仰身屈肢，女性成年	战国	
455	165	土坑单室砖室墓，土圹平面呈梯形，长160、宽60～80、深76厘米，砖室内长120、宽16～30厘米，残砖顺平砌墓壁，壁高26厘米，没有铺底。砖长30、宽14、厚5厘米	陶罐1 铜钱1	无葬具。人骨头向东， 面向上，仰身直肢，少年儿童	宋	
456	10	长方形竖穴土坑，长235、宽120厘米，斜壁平底，两侧有生土二层台，宽20、高40厘米，墓底长225、宽60、墓口至墓底136厘米	陶碗1 陶罐1	棺椁不清。人骨头向北，面向上，仰身屈肢，男性成年	战国	
457	0	长方形竖穴土坑，长190、宽90厘米，直壁平底，两侧有生土二层台，宽20、高46厘米，墓底长190、宽50、墓口至墓底116厘米		棺椁不清。人骨头向北，面向上，仰身直肢，女性成年	战国	

续表

墓号（M）	方向（°）	形状结构	出土遗物	棺椁 人骨	时代	备注
458	10	长方形竖穴土坑，长290、宽220厘米，斜壁平底，四周有生土二层台，宽30～63、高80厘米，墓底长260、宽190、墓口至墓底280厘米		有棺木朽痕，长195、宽70厘米。人骨头向北，面向上，仰身屈肢，男性成年	战国	
459	5	长方形竖穴土坑，长220、宽125厘米，直壁平底，两侧有生土二层台，宽30～36、高65厘米，墓底长206、宽60、墓口至墓底160厘米	铜带钩1	棺椁不清。人骨头向北，面向东，仰身屈肢，女性成年	战国	
460	18	长方形竖穴土坑，长190、宽90厘米，直壁平底，两侧有生土二层台，宽10～16、高25厘米，墓底长190、宽64、墓口至墓底120厘米		棺椁不清。人骨头向北，面向上，仰身屈肢，女性成年	战国	
461	10	长方形竖穴土坑，长204、宽100厘米，斜壁平底，两侧有生土二层台，宽15、高50厘米，墓底长190、宽60、墓口至墓底135厘米		棺椁不清。人骨头向北，面向西，仰身直肢，女性成年	战国	
462	15	长方形竖穴土坑，长200、宽100厘米，直壁平底，两侧有生土二层台，宽20、高60厘米，墓底长200、宽60、墓口至墓底160厘米		棺椁不清。人骨头向北，面向西，仰身屈肢，男性成年	战国	
463	25	长方形竖穴土坑，长220、宽110厘米。斜壁平底，两侧有生土二层台，宽15、高30，墓底长220、宽62、墓口至墓底110厘米		棺椁不清，人骨头向北，面向西，仰身屈肢，男性成年	战国	
464	25	长方形竖穴土坑，长200、宽110厘米，直壁平底，两侧有生土二层台，宽20、高60厘米，墓底长180、宽58、墓口至墓底150厘米		棺椁不清。人骨头向北，面向东，侧身屈肢，男性成年	战国	
465	10	长方形竖穴土坑，长185、宽96厘米，直壁平底，两侧有生土二层台，宽20、高20厘米，墓底长185、宽56、墓口至墓底120厘米		棺椁不清。人骨头向北，面向东，仰身屈肢，男性成年	战国	
466	10	长方形竖穴土坑，长210、宽110厘米，直壁平底，两侧有生土二层台，宽25、高30厘米，墓底长210、宽60、墓口至墓底112厘米		棺椁不清。人骨头向北，面向东，仰身屈肢，性别不清	战国	西南部被M456打破

续表

墓号（M）	方向（°）	形状结构	出土遗物	棺椁 人骨	时代	备注
467	4	长方形竖穴土坑，长190、宽90厘米，直壁平底，墓口至墓底55厘米		棺椁不清。人骨头向北，面向东，仰身屈肢，性别不清	战国	
468	100	长方形竖穴土坑，长260、宽170～180厘米，直壁平底，四周有熟土二层台，宽25～50、高26厘米，墓口至墓底130厘米	铜带钩1	有棺木朽痕，长195、宽90厘米。人骨头向东，面向上，仰身直肢，男性成年	战国	
469	10	长方形竖穴土坑，长230、宽145厘米，直壁平底，两侧有生土二层台，宽38、高65厘米，墓底长230、宽70、墓口至墓底135厘米	铜镜1 铜带钩1	棺椁不清。人骨头向北，面向西，仰身屈肢，男性成年	战国	
470	5	长方形竖穴土坑，长186、宽90厘米，直壁平底，西侧有生土二层台，宽18、高22厘米，墓底长186、宽72、墓口至墓底70厘米	铜带钩1	棺椁不清。人骨头向北，面向东，仰身屈肢，男性成年	战国	
471	0	长方形竖穴土坑，长180、宽60厘米，直壁平底，墓口至墓底70厘米	铜镜1 铜带钩1 陶纺轮1	棺椁不清。人骨头向北，面向东，仰身屈肢，女性成年	战国	
472	280	长方形竖穴土坑，长196、宽110厘米，直壁平底，两侧有生土二层台，宽10～20、高70厘米，墓底长196、宽80、墓口至墓底130厘米		棺椁不清。人骨头向西，面向北，仰身直肢，男性成年	战国	
473	10	长方形竖穴土坑，长200、宽120厘米，斜壁平底，两侧有生土二层台，宽16～20、高55厘米，墓底长190、宽60、墓口至墓底130厘米	铜镜1 铜带钩1	棺椁不清。人骨头向北，面向东，仰身屈肢，女性成年	战国	
474	0	长方形竖穴土坑，长190、宽110厘米，斜壁平底，两侧有生土二层台，宽25、高36厘米，墓底长180、宽54、墓口至墓底110厘米		棺椁不清。人骨头向北，面向上，仰身屈肢，男性成年	战国	
475	10	长方形竖穴土坑，长200、宽100厘米，直壁平底，两侧有生土二层台，宽15、高40厘米，墓底长200、宽70、墓口至墓底115厘米		棺椁不清。人骨头向北，面向西，仰身屈肢，男性成年	战国	

续表

墓号（M）	方向（°）	形状结构	出土遗物	棺椁 人骨	时代	备注
476	12	长方形竖穴土坑，长220、宽126厘米，斜壁平底，两侧有生土二层台，宽18～30、高38厘米，墓底长210、宽70、墓口至墓底118厘米		棺椁不清。人骨头向北，面向西，仰身屈肢，男性成年	战国	
477	195	长方形竖穴土坑，长226、宽110厘米，直壁平底，四周有生土二层台，宽10～25、高56厘米，墓底长200、宽64、墓口至墓底166厘米		棺椁不清。人骨头向南，面向东，仰身屈肢，女性成年	战国	
478	0	长方形竖穴土坑，长190、宽74厘米，直壁平底，墓口至墓底60厘米		棺椁不清。人骨头向北，面向西，仰身屈肢，男性成年	战国	
479	5	长方形竖穴土坑，长240、宽260～276厘米，直壁平底，四周有生土二层台，宽20～45、高70厘米，南北向中间一隔梁成两个棺室，隔梁宽50厘米，东室墓口至墓底130厘米，西室墓口至墓底140厘米		棺椁不清。人骨头向北，面向东，仰身屈肢，东室女性成年，西室男性成年	战国	夫妻合葬墓
480	10	长方形竖穴土坑，长200、宽100厘米，直壁平底，两侧有生土二层台，宽20、高54厘米，墓底长200、宽60、墓口至墓底90厘米		棺椁不清。人骨头向北，面向西，俯身屈肢，女性成年	战国	
481	5	长方形竖穴土坑，长190、宽70厘米，直壁平底，墓口至墓底70厘米		棺椁不清。人骨头向北，面向西，仰身直肢，女性成年	战国	
482	5	长方形竖穴土坑，长210、宽120厘米，直壁平底，两侧有生土二层台，宽22、高70厘米，墓底长210、宽76、墓口至墓底140厘米	铜带钩1	棺椁不清。人骨头向北，面向东，仰身直肢，男性成年	战国	
483	5	长方形竖穴土坑，长210、宽114厘米，直壁平底，四周有生土二层台，南北二台宽10厘米，东二台宽28厘米，西二台宽22、高30厘米，墓底长190、宽70、墓口至墓底110厘米	铜带钩1	有棺木朽痕，长190、宽70、残高20厘米。人骨头向北，面向东，侧身屈肢，女性成年	战国	
484	10	长方形竖穴土坑，长280、宽200厘米，斜壁平底，四周有生土二层台，宽30～50、高80厘米，墓底长270、宽80、墓口至墓底195厘米		棺椁不清。人骨头向北，面向东，仰身屈肢，男性成年	战国	

续表

墓号（M）	方向（°）	形状结构	出土遗物	棺椁 人骨	时代	备注
485	20	长方形竖穴土坑，长204、宽100厘米，直壁平底，两侧有生土二层台，宽18、高46厘米，墓底长204、宽64、墓口至墓底86厘米		棺椁不清。人骨头向北，面向东，仰身屈肢，男性成年	战国	东南部被M455打破
486	20	长方形竖穴土坑，长190、宽80厘米，直壁平底，两侧有生土二层台，宽12、高20厘米，墓底长190、宽58、墓口至墓底74厘米	铜带钩1	有棺木朽痕，长190、宽60、残高20厘米。人骨头向北，面向西，仰身屈肢，男性成年	战国	
487	12	长方形竖穴土坑，长206、宽116厘米，直壁平底，四周有生土二层台，宽18～20、高44厘米，墓底长168、宽74、墓口至墓底124厘米		棺椁不清。人骨头向北，面向东，仰身屈肢，少年儿童	战国	
488	25	长方形竖穴土坑，长210、宽100厘米，直壁平底，两侧有生土二层台，宽14、高50厘米，墓底长210、宽72、墓口至墓底100厘米		棺椁不清。人骨头向北，面向东，仰身屈肢，女性成年	战国	
489	0	长方形竖穴土坑，长180、宽90厘米，直壁平底，两侧有生土二层台，宽12～16、高30厘米，墓底长180、宽58、墓口至墓底80厘米		棺椁不清。人骨头向北，面向上，仰身屈肢，女性成年	战国	南部被M488打破
490	115	长方形竖穴土坑，长200、宽100厘米，直壁平底，两侧有生土二层台，宽15、高50厘米，墓底长200、宽70、墓口至墓底130厘米	陶壶1	棺椁不清。人骨头向东，面向北，仰身屈肢，男性成年	战国	
491	25	长方形竖穴土坑，长220、宽120厘米，直壁平底，两侧有生土二层台，宽20、高60厘米，墓底长210、宽65、墓口至墓底125厘米		棺椁不清。人骨头向北，面向东，仰身屈肢，男性成年	战国	
492	10	长方形竖穴土坑，长250、宽150厘米，直壁平底，四周有生土二层台，宽24～40、高60厘米，墓底长196、宽80、墓口至墓底130厘米		有棺木朽痕，长196、宽80、残高55厘米。人骨头向北，面向东，仰身屈肢，男性成年	战国	
493	190	长方形竖穴土坑，长200、宽106厘米，斜壁平底，两侧有双层二层台，上层宽10、高30厘米，下层宽15、高6厘米，墓底长190、宽44、墓口至墓底140厘米	铜环2	有棺木朽痕，长180、宽40厘米。人骨头向南，面向东，仰身直肢，少年儿童	战国	

续表

墓号（M）	方向（°）	形状结构	出土遗物	棺椁 人骨	时代	备注
494	20	长方形竖穴土坑，长200、宽100厘米，直壁平底，两侧有生土二层台，宽15、高45厘米，墓底长200、宽68、墓口至墓底120厘米		棺椁不清。人骨头向北，面向西，肢骨错乱，葬式不清	战国	
495	23	长方形竖穴土坑，长210、宽130厘米，斜壁平底，两侧有生土二层台，宽20、高60厘米，墓底长190、宽100、墓口至墓底170厘米		棺椁不清。人骨头向北，面向上，仰身直肢，男性成年	战国	
496	18	长方形竖穴土坑，长230、宽134厘米，斜壁平底，四周有生土二层台，宽16～34、高60厘米，墓底长174、宽60、墓口至墓底160厘米		棺椁不清。人骨头向北，面向西，仰身直肢，女性成年	战国	
497	15	长方形竖穴土坑，长210、宽96厘米，直壁平底，四周有生土二层台，宽20、高65厘米，墓底长160、宽60、墓口至墓底140厘米		棺椁不清。人骨头向北，面向上，仰身屈肢，女性成年	战国	北部被M498打破
498	210	长方形竖穴砖室，土圹长210、宽60、深100厘米，砖室长200厘米，内宽15～35厘米，顺平砌砖壁高20厘米，两砖竖立砌成三角形封顶，砖长30、宽14、厚5厘米	陶罐1 铜钱1	无葬具。人骨头向南， 面向上，仰身直肢，男性成年	宋	
499	25	长方形竖穴土坑，长200、宽100厘米，斜壁平底，两侧有生土二层台，宽15、高50厘米，墓底长180、宽64、墓口至墓底120厘米		棺椁不清。人骨头向北，面向西，仰身屈肢，男性成年	战国	西端被M498打破
500	285	长方形竖穴土坑，长190、宽120厘米，直壁平底，两侧有生土二层台，宽25～30、高75厘米，墓底长190、宽64、墓口至墓底150厘米		棺椁不清。人骨头向西，面向下，俯身屈肢，女性成年	战国	东端被M499打破
501	110	长方形竖穴土坑，残长99、宽110厘米，直壁平底，两侧有生土二层台，宽20、高45厘米，墓底长90、宽66、墓口至墓底80厘米		棺椁不清。人骨头向东，屈肢葬，仅剩两腿骨	战国	东部被M502打破
502	15	长方形竖穴土坑，长170、宽105厘米，直壁平底，两侧有生土二层台，宽16、高55厘米，墓底长170、宽70、墓口至墓底135厘米		棺椁不清。人骨头向北，面向东，仰身屈肢，女性成年	战国	

续表

墓号（M）	方向（°）	形状结构	出土遗物	棺椁 人骨	时代	备注
504	0	长方形竖穴土坑，长270、宽190厘米，斜壁平底，四周有熟土二层台，宽30～50、高50厘米，墓底长250、宽180、墓口至墓底150厘米	铜带钩1	有棺木朽痕，长220、宽80厘米。人骨头向北，面向西，仰身屈肢，女性成年	战国	
505	5	长方形竖穴土坑，长220、宽70～80厘米，直壁平底，墓口至墓底40厘米	陶罐1	有棺痕，但不甚清楚。人骨头向北，面向东，仰身屈肢，男性成年	战国	
506	345	长方形竖穴土坑，长200、宽70厘米，直壁平底，墓口至墓底40厘米		棺椁不清。人骨头向北，面向东，仰身屈肢，男性成年	战国	
507	5	长方形竖穴土坑，长290、宽200厘米，斜壁平底，三面有熟土二层台，宽30～50、高50厘米，墓底长250、宽160、墓口至墓底150厘米	铜带钩1	有棺木朽痕，长220、宽70厘米。人骨头向北，面向上，仰身屈肢，性别不清	战国	
508	3	长方形竖穴土坑，长190、宽100厘米，直壁平底，两侧有生土二层台，宽10～20、高50厘米，墓底长190、宽70、墓口至墓底70厘米，墓底有三道横凹槽，宽20、深6厘米	蚌壳1 铜带钩1	棺椁不清。人骨头向北，面向西，侧身屈肢，女性成年		
509	100	长方形竖穴土坑，长345、宽220厘米，斜壁平底，三面有熟土二层台，宽30～50、高50厘米，墓底长296、宽180、墓口至墓底200厘米	铜带钩1	有棺木朽痕，长265、宽80厘米。人骨头向东，面向北，仰身屈肢，男性成年	战国	
510	15	长方形竖穴土坑，长190、宽64厘米，直壁平底，墓口至墓底70厘米	铜带钩1	棺椁不清。人骨头向北，面向上，仰身屈肢，男性成年	战国	
511	35	长方形竖穴土坑，长210、宽80厘米，斜壁平底，墓底长200、宽70、墓口至墓底70厘米	陶罐1 陶碗1 铜带钩1	棺椁不清。人骨头向北，面向西，仰身屈肢，女性成年	战国	
512	0	梯形竖穴土坑，长190、宽164～184厘米，斜壁平底，四周有生土二层台，宽5～25、高60厘米，墓底长170、宽60～86、墓口至墓底110厘米	铜带钩1	有棺木朽痕，长170、宽60、残高40厘米。人骨头向北，面向东，仰身屈肢，男性成年	战国	
513	0	长方形竖穴土坑，长210、宽110厘米，直壁平底，两侧有生土二层台，宽20～30、高50厘米，墓底长210、宽80～90、墓口至墓底80厘米	铜镜1	棺椁不清。人骨头向北，面向西，仰身直肢，男性成年	战国	

续表

墓号（M）	方向（°）	形状结构	出土遗物	棺椁 人骨	时代	备注
514	15	梯形竖穴土坑，长256、宽164～184厘米，直壁平底，四周有生土二层台，北台宽24厘米，东台宽50厘米，南台宽36厘米，西台宽24、高40厘米，墓口至墓底150厘米	铜带钩1	有棺痕，长180、宽72~86厘米。人骨头向北，面向东，侧身屈肢，男性成年	战国	
515	10	长方形竖穴土坑，长230、宽140厘米，斜壁平底，四周有生土二层台，宽10～26、高60厘米，墓底长190、宽68、墓口至墓底130厘米	铜带钩1	棺椁不清。人骨头向北，面向西，仰身屈肢，女性成年	战国	
516	20	长方形竖穴土坑，长200、宽110厘米，直壁平底，两侧有生土二层台，宽20～30、高60厘米，墓底长200、宽70、墓口至墓底160厘米	陶罐1	棺椁不清。人骨头向北，面向下，仰身屈肢，女性成年	战国	
517	10	长方形竖穴土坑，长245、宽160厘米，斜壁平底，四周有熟土二层台，宽12～26、高10厘米，墓底长220、宽125、墓口至墓底170厘米		有棺木朽痕，长190、宽90厘米。人骨头向北，面向东，仰身屈肢，男性成年	战国	
518	15	长方形竖穴土坑，长290、宽208厘米，斜壁平底，两侧有生土二层台，宽40～50、高40厘米，墓底长210、宽70、墓口至墓底220厘米		棺椁不清。人骨头向北，面向西，侧身屈肢，男性成年	战国	
519	10	长方形竖穴土坑，长310、宽230～240厘米，斜壁平底，有熟土二层台，宽40～60、高46厘米，墓底长300、宽200～220、墓口至墓底256厘米		有棺木朽痕，长205、宽80厘米。人骨头向北，面向西，仰身屈肢，男性成年	战国	
520	10	长方形竖穴土坑，长290、宽200厘米，斜壁平底，四周有熟土二层台，宽25～40、高40厘米，墓底长270、宽170、墓口至墓底220厘米	铁带钩1	有棺椁朽痕，椁长220、宽100～115厘米，棺长190、宽70～80厘米。人骨头向北，面向上，仰身直肢，男性成年	战国	
521	25	长方形竖穴土坑，长210、宽130厘米，直壁平底，两侧有生土二层台，宽30、高50厘米，墓底长210、宽70、墓口至墓底100厘米	铜带钩1	棺椁不清。人骨头向北，面向西，仰身屈肢，男性成年	战国	
522	15	长方形竖穴土坑，长180、宽60厘米，直壁平底，墓口至墓底40厘米		有棺木朽痕，长180、宽60厘米。人骨头向北，面向东，仰身屈肢，男性成年	战国	

续表

墓号（M）	方向（°）	形状结构	出土遗物	棺椁 人骨	时代	备注
523	5	长方形竖穴土坑，长270、宽190～200厘米，斜壁平底，四周有熟土二层台，宽30～45、高30厘米，墓底长250、宽170、墓口至墓底156厘米	铁带钩1	有棺木朽痕，长190、宽70～75厘米。人骨头向北，面向东，仰身屈肢，男性成年	战国	
524	10	长方形竖穴土坑，长190、宽110厘米，直壁平底，两侧有生土二层台，宽20、高60厘米，墓底长190、宽70、墓口至墓底150厘米		棺椁不清。人骨头向北，面向上，仰身直肢，男性成年	战国	
526	10	长方形竖穴土坑，长250、宽130厘米，直壁平底，四周有熟土二层台，宽30、高20厘米，墓底长190、宽70、墓口至墓底95厘米	铜带钩1	有棺木朽痕，长190、宽70厘米。人骨头向北，面向东，仰身屈肢，男性成年	战国	
527	10	长方形竖穴土坑，长180、宽80厘米，直壁平底，两侧有生土二层台，宽10～15、高26厘米，墓底长180、宽54、墓口至墓底80厘米		棺椁不清。人骨头向北，面向上，仰身屈肢，女性成年	战国	
528	10	长方形竖穴土坑，长200、宽100厘米，直壁平底，两侧有生土二层台，宽22、高30厘米，墓底长200、宽56、墓口至墓底90厘米	铁带钩1	棺椁不清。人骨头向北，面向西，仰身屈肢，女性成年	战国	
529	15	长方形竖穴土坑，长210、宽150厘米，直壁平底，墓口至墓底70厘米		有棺痕，长165、宽70～75厘米。人骨头向北，面向上，仰身直肢，男性成年	战国	
530	5	长方形竖穴土坑，长310、宽210～230厘米，斜壁平底，四周有熟土二层台，宽30～55、高20厘米，墓底长260、宽150～160、墓口至墓底260厘米	水晶环1 铁带钩1	有棺痕，长190、宽65～70厘米。人骨头向北，面向西，仰身直肢，男性成年	战国	
531	5	长方形竖穴土坑，长220、宽120厘米，直壁平底，两侧有生土二层台，宽20～24、高50厘米，墓底长220、宽76、墓口至墓底110厘米	铜带钩1	棺椁不清。人骨头向北，面向西，仰身屈肢，男性成年	战国	
532	100	长方形竖穴土坑，长240、宽175厘米，直壁平底，墓口至墓底175厘米		由于被M720打破太多，本墓残留很少	战国	东部被M720打破

续表

墓号（M）	方向（°）	形状结构	出土遗物	棺椁 人骨	时代	备注
533	10	长方形竖穴土坑，长220、宽100厘米，直壁平底，四周有生土二层台，宽10～18、高50厘米，墓底长200、宽65、墓口至墓底90厘米		棺椁不清。人骨头向北，面向西，仰身屈肢，女性成年	战国	
534	15	长方形竖穴土坑，长270、宽200厘米，斜壁平底，四周有熟土二层台，宽30、高53厘米，墓底长250、宽140、墓口至墓底243厘米	铜带钩2 铜环1	有棺痕，长220、宽70厘米。人骨头向北，面向上，仰身屈肢，男性成年	战国	
535	355	长方形竖穴土坑，长200、宽95厘米，直壁平底，三面有生土二层台，宽10～17、高24厘米，墓底长190、宽70、墓口至墓底114厘米		棺椁不清。人骨头向北，面向东，侧身屈肢，男性成年	战国	
539	5	长方形竖穴土坑，长244、宽145厘米，直壁平底，四周有生土二层台，宽30～35、高50厘米，墓底长185、宽80、墓口至墓底150厘米	铜带钩1 铜镜1	棺椁不清。人骨架头向北，面向西，仰身直肢，男性成年	战国	
542	7	长方形竖穴土坑，长230、宽65厘米，直壁平底，墓口至墓底70厘米	铜带钩1 铜环1	棺椁不清。人骨头向北，面向东，侧身屈肢，男性成年	战国	
543	15	长方形竖穴土坑，长230、宽120厘米，直壁平底，两侧有生土二层台，宽25～30、高50厘米，墓底长230、宽65、墓口至墓底100厘米	陶罐1 陶碗1	棺椁不清。人骨头向北，面向西，仰身屈肢，男性成年	战国	
544	95	长方形竖穴土坑，长150、宽100厘米，略斜壁平底，南侧有生土二层台，宽15～20、高35厘米，墓底长150、宽84、墓口至墓底85厘米		棺椁不清。人骨头向东，面向东，仰身直肢，女性成年	战国	两端被M293 M294打破
545	295	长方形竖穴土坑，残长64、宽120厘米，直壁平底，两侧有生土二层台，宽10～20、高50厘米，墓底长64、宽90、墓口至墓底100厘米		无葬具。无人骨	战国	东部被M293打破
546	10	长方形竖穴土坑，长175、宽60厘米，直壁平底，墓底有两道横凹槽，宽10～14、深6厘米，墓口至墓底60厘米	铁带钩1	有棺木朽痕，但不清楚。人骨头向北，面向东，仰身屈肢，男性成年	战国	

续表

墓号（M）	方向（°）	形状结构	出土遗物	棺椁 人骨	时代	备注
548	5	长方形竖穴土坑，长160、宽90厘米，直壁平底，两侧有生土二层台，宽14～16、高40厘米，墓底长160、宽60、墓口至墓底70厘米		棺椁不清。人骨头向北，面向上，仰身直肢，女性成年	战国	
549	10	长方形竖穴土坑，长190、宽70厘米，直壁平底，墓口至墓底70厘米		棺椁不清。人骨头向北，面向下，俯身屈肢，男性成年	战国	
550	15	长方形竖穴土坑，长225、宽125厘米，斜壁平底，两侧有生土二层台，宽15、高65厘米，墓底长190、宽65、墓口至墓底195厘米	铜带钩1	有棺木朽痕，长190、宽65厘米。人骨头向北，面向西，仰身屈肢，男性成年	战国	
551	18	长方形竖穴土坑，长190、宽104厘米，斜壁平底，两侧有生土二层台，宽10～20、高50厘米，墓底长200、宽70、墓口至墓底125厘米		棺椁不清。人骨头向北，面向上，仰身直肢，男性成年	战国	
552	10	长方形竖穴土坑，长170、宽80厘米，斜壁平底，两侧有生土二层台，东台宽16～20厘米，西台宽10、高24厘米，墓底长160、宽50、墓口至墓底134厘米		棺椁不清。人骨头向北，面向西，仰身屈肢，男性成年	战国	
553	95	长方形竖穴土坑，长170、宽60厘米，直壁平底，墓口至墓底90厘米		棺椁不清。人骨头向东，面向上，仰身直肢，少年儿童	战国	
554	20	长方形竖穴土坑，长160、宽100厘米，斜壁平底，两侧有生土二层台，宽14～16、高50厘米，墓底长152、宽68、墓口至墓底120厘米		棺椁不清。人骨头向北，面向西，仰身直肢，女性成年	战国	
556	15	长方形竖穴土坑，长186、宽50厘米，直壁平底，墓口至墓底90厘米		棺椁不清。人骨头向北，面向西，屈肢葬	战国	东部被M242打破
557	10	长方形竖穴土坑，长190、宽80厘米，直壁平底，两侧有生土二层台，宽10～20、高50厘米，墓底长160、宽50、墓口至墓底100厘米	铜带钩1	棺椁不清。人骨头向北，面向东，仰身屈肢，女性成年	战国	

续表

墓号（M）	方向（°）	形状结构	出土遗物	棺椁 人骨	时代	备注
558	355	长方形竖穴土坑，长150、宽80厘米，直壁平底，两侧有生土二层台，宽10～20、高40厘米，墓底长150、宽50、墓口至墓底85厘米	铜带钩1	棺椁不清。人骨头向北，面向西，仰身直肢，女性成年	战国	南部被M277打破
559	5	长方形竖穴土坑，长180、宽60厘米，直壁平底，墓口至墓底60厘米		棺椁不清。人骨头向北，面向西，仰身屈肢，男性成年	战国	
561	10	长方形竖穴土坑，长175、宽80厘米，直壁平底，两侧有生土二层台，宽10、高10厘米，墓底长175、宽60、墓口至墓底74厘米	铁带钩1	棺椁不清。人骨头向北，面向西，仰身屈肢，男性成年	战国	
562	113	长方形竖穴土坑，长260、宽165厘米，斜壁平底，四周有熟土二层台，宽10、高50厘米，墓底长240、宽125、墓口至墓底230厘米	铜带钩1	有棺木朽痕，长180、宽56厘米。人骨头向东，俯身直肢，男性成年	战国	
563	16	长方形竖穴土坑，长176、宽90厘米，直壁平底，两侧有生土二层台，宽12～20、高50厘米，墓底长176、宽54、墓口至墓底125厘米		棺椁不清。人骨头向北，面向不清，俯身屈肢，男性成年	战国	
564	15	长方形竖穴土坑，长200、宽80厘米，直壁平底，墓口至墓底70厘米		棺椁不清。人骨头向北，面向上，仰身屈肢，女性成年	战国	北部被M231打破
565	5	长方形竖穴土坑，长160、宽63厘米，直壁平底，墓口至墓底50厘米		棺椁不清。人骨头向北，仰身屈肢，女性成年	战国	北部被M232打破
566	100	长方形竖穴土坑，长110、宽74厘米，直壁平底，墓口至墓底90厘米		棺椁不清。人骨头向东，面向北，仰身屈肢，男性成年	战国	西部被M247打破
567	10	长方形竖穴土坑，长190、宽130厘米，直壁平底，两侧有生土二层台，宽30～40、高35厘米，墓底长190、宽60、墓口至墓底80厘米		棺椁不清。人骨头向北，面向东，仰身屈肢，男性成年	战国	
568	5	长方形竖穴土坑，长190、宽60厘米，直壁平底，墓口至墓底50厘米	铁带钩1	棺椁不清。人骨头向北，面向东，俯身屈肢，男性成年	战国	

续表

墓号（M）	方向（°）	形状结构	出土遗物	棺椁 人骨	时代	备注
569	185	长方形竖穴土坑，长196、宽110厘米，直壁平底，两侧有生土二层台，宽20～30、高85厘米，墓底长196、宽60、墓口至墓底145厘米		棺椁不清。人骨头向南，面向上，仰身直肢，女性成年	战国	
570	5	长方形竖穴土坑，长210、宽64厘米，直壁平底，墓口至墓底60厘米	铁带钩1	棺椁不清。人骨头向北，面向东，仰身屈肢，男性成年	战国	
571	10	长方形竖穴土坑，长210、宽110厘米，斜壁平底，四周有生土二层台，宽10～22、高60厘米，墓底长190、宽64、墓口至墓底140厘米	铜布币5	棺椁不清。人骨头向北，面向上，仰身直肢，女性成年	战国	
572	195	长方形竖穴土坑，长210、宽110厘米，直壁平底，两侧有生土二层台，宽16～24、高55厘米，墓底长200、宽64、墓口至墓底110厘米	铜带钩1	棺椁不清。人骨头向南，面向西，仰身屈肢，男性成年	战国	
573	195	长方形竖穴土坑，长216、宽112厘米，斜壁平底，两侧有生土二层台，宽14～16、高50厘米，墓底长180、宽60、墓口至墓底130厘米		棺椁不清。人骨头向南，面向东，仰身屈肢，男性成年	战国	
574	15	长方形竖穴土坑，长290、宽178厘米，斜壁平底，四周有熟土二层台，宽30～60、高25厘米，墓底长256、宽130、墓口至墓底165厘米		有棺木朽痕，长160、宽50厘米。人骨头向北，面向上，仰身屈肢，男性成年	战国	
575	25	长方形竖穴土坑，残长170、宽60厘米，直壁平底，墓口至墓底65厘米	铜带钩1	棺椁不清。人骨头向北，面向东，仰身直肢，男性成年	战国	
576	5	长方形竖穴土坑，长190、宽100厘米，直壁平底，两侧有生土二层台，宽16～20、高25厘米，墓底长190、宽64、墓口至墓底100厘米		棺椁不清。人骨头向北，面向西，仰身直肢，少年儿童	战国	北部被M583打破
577	15	长方形竖穴土坑，长190、宽68厘米，直壁平底，墓口至墓底45厘米	铜带钩1	棺椁不清。人骨头向北，面向西，侧身屈肢，男性成年	战国	
578	15	长方形竖穴土坑，长200、宽106厘米，直壁平底，两侧有生土二层台，宽10～20、高70厘米，墓底长200、宽60、墓口至墓底90厘米	铁带钩1 陶罐1	棺椁不清。人骨头向北，面向西，仰身屈肢，男性成年	战国	

续表

墓号（M）	方向（°）	形状结构	出土遗物	棺椁 人骨	时代	备注
579	30	长方形竖穴土坑，长180、宽80厘米，直壁平底，两侧有生土二层台，宽10、高46厘米，墓底长180、宽60、墓口至墓底110厘米	铁带钩1	棺椁不清。人骨头向北，面向上，仰身屈肢，女性成年	战国	
580	15	长方形竖穴土坑，长190、宽90厘米，直壁平底，两侧有生土二层台，宽18～20、高45厘米，墓底长190、宽50、墓口至墓底139厘米		棺椁不清。人骨头向北，面向东，仰身屈肢，女性成年	战国	
581	30	长方形竖穴土坑，长220、宽130厘米，直壁平底，两侧有生土二层台，宽21～26、高60厘米，墓底长220、宽60、墓口至墓底110厘米。墓底北端有龛，宽60、高30、进深10厘米	陶罐1 铜带钩1	棺椁不清。人骨头向北，面向西北，侧身屈肢，女性成年	战国	
582	15	长方形竖穴土坑，长170、宽100厘米，直壁平底，两侧有生土二层台，宽20、高60厘米，墓底长170、宽60、墓口至墓底100厘米		棺椁不清。人骨头向北，面向西，仰身屈肢，男性成年	战国	北部被M581打破
583	95	长方形竖穴土坑，长180、宽80厘米，直壁平底，两侧有生土二层台，宽12～18、高35厘米，墓底长180、宽50、墓口至墓底90厘米		棺椁不清。人骨头向东，面向上，仰身屈肢，女性成年	战国	
584	5	长方形竖穴土坑，长180、宽70厘米，直壁平底，西侧有生土二层台，东侧有熟土二层台，宽14、高30厘米，墓底长180、宽44、墓口至墓底60厘米	陶罐1 陶碗1	棺椁不清。人骨头向北，面向东，侧身屈肢，性别不详	战国	
585	5	长方形竖穴土坑，长200、宽110厘米，直壁平底，两侧有生土二层台，宽20、高50厘米，墓底长200、宽70、墓口至墓底110厘米	铜带钩1	棺椁不清。人骨头向北，面向东，仰身屈肢，男性成年	战国	西部被M584打破
586	15	圆形竖穴土坑，直径380厘米，直壁深85厘米，底部有不规则坑，内置一个翁罐葬，另外编号为W2		墓内空	宋	迁葬墓
587	190	长方形竖穴土坑，长180、宽106厘米，斜壁平底，两侧有生土二层台，宽17～19、高35厘米，墓底长180、宽60、墓口至墓底135厘米		有棺痕，长165、宽44厘米。人骨头向南，面向东，仰身屈肢，男性成年	战国	
588	15	长方形竖穴土坑，长180、宽70厘米，直壁平底，墓口至墓底40厘米	铜带钩1	棺椁不清。人骨头向北，面向东，仰身屈肢，女性成年	战国	

续表

墓号（M）	方向（°）	形状结构	出土遗物	棺椁 人骨	时代	备注
589	10	长方形竖穴土坑，长170、宽100厘米，直壁平底，两侧有生土二层台，宽26～30、高50厘米，北壁有龛，宽30、高25、进深20厘米，墓底长170、宽44、墓口至墓底80厘米		棺椁不清。人骨头向北，面向西，仰身屈肢，女性成年	战国	
590	4	长方形竖穴土坑，长190、宽66厘米，直壁平底，墓口至墓底80厘米		棺椁不清。人骨头向北，面向东，仰身直肢，女性成年	战国	
591	102	近长方形竖穴土坑，长230～240、宽140、斜壁平底，四周有生土二层台，宽15～30、高55，墓底长180、宽80、墓口至墓底95厘米		棺椁不清。人骨头向东，面向北，仰身屈肢，女性成年	战国	
592	7	长方形竖穴土坑，长210～220、宽150～160、直壁平底，四周有生土二层台，宽10～50、高60厘米。墓底长170、宽40、墓口至墓底110厘米		有棺木朽痕，长190、宽40厘米。人骨头向北，面向西，屈肢葬，其他不详	战国	
593	15	长方形竖穴土坑，长220、宽100厘米，直壁平底，四周有生土二层台，宽5-15-20-30、高60厘米，墓底长185、宽65、墓口至墓底105厘米	铜环1 铁带钩1	棺椁不清。人骨头向北，面向东，俯身屈肢，男性成年	战国	
594	15	长方形竖穴土坑，长210、宽90厘米，直壁平底，两侧有生土二层台，宽20、高45厘米，墓底长210、宽50、墓口至墓底105厘米		棺椁不清。人骨头向北，面向西，仰身屈肢，男性成年	战国	
595	15	长方形竖穴土坑，长180、宽65～75厘米，直壁平底，墓口至墓底65厘米	铜带钩1	棺椁不清。人骨头向北，面向上，仰身屈肢，女性成年	战国	
596	5	长方形竖穴土坑，长170、宽60～50厘米，斜壁平底，墓底长150、宽35～45、墓口至墓底100厘米		棺椁不清。人骨头向北，面向南，侧身屈肢，男性成年	战国	
597	15	长方形竖穴土坑，长190、宽80厘米，直壁平底，两侧有生土二层台，宽10、高70厘米，墓底长190、宽60、墓口至墓底100厘米		棺椁不清。人骨头向北，面向西，侧身屈肢，女性成年	战国	
598	5	长方形竖穴土坑，长190、宽100～106厘米，直壁平底，两侧有生土二层台，宽20、高60厘米，墓底长190、宽60、墓口至墓底110厘米	铜带钩1	棺椁不清。人骨头向北，面向东，仰身屈肢，女性成年	战国	

续表

墓号（M）	方向（°）	形状结构	出土遗物	棺椁 人骨	时代	备注
599	15	长方形竖穴土坑，长185、宽100厘米，直壁平底，东侧有生土二层台，宽20厘米，西侧为熟土二层台，宽30、高55厘米，墓底长185、宽50、墓口至墓底100厘米	陶碗1 陶壶1	棺椁不清。人骨头向北，面向东，仰身屈肢，女性成年	战国	
600	10	长方形竖穴土坑，长240、宽120厘米，直壁平底，四周有生土二层台，宽16～20、高75厘米，墓底长200、宽90、墓口至墓底145厘米	铜桥形饰3 铁带钩1	棺椁不清。人骨头向北，面向东，仰身屈肢，男性成年	战国	东部被M599打破
601	0	长方形竖穴土坑，长84、宽70厘米，直壁平底，墓口至墓底70厘米		棺椁不清。人骨头向北，面向东，侧身屈肢，男性成年	战国	
602	100	长方形竖穴土坑，长190、宽60厘米，壁略斜平底，墓口至墓底60厘米		棺椁不清。人骨头向东，面向上，仰身屈肢，女性成年	战国	
603	10	长方形竖穴土坑，长180、宽90厘米，斜壁平底，两侧有生土二层台，宽10～14、高25厘米，墓底长170、宽54、墓口至墓底85厘米		棺椁不清。人骨头向北，面向西，侧身屈肢，男性成年	战国	东部被M631打破
604	355	长方形竖穴土坑，长200、宽80厘米，直壁平底，墓口至墓底85厘米	铜带钩1	棺椁不清。人骨头向北，面向上，仰身屈肢，男性成年	战国	
605	190	长方形竖穴土坑，长190、宽100厘米，斜壁平底，四周有生土二层台，宽12、高60厘米，墓底长180、宽60、墓口至墓底130厘米	铜带钩1	有棺木朽痕，长150、宽45厘米。人骨头向南，面向东，仰身屈肢，女性成年	战国	
606	10	长方形竖穴土坑，长220、宽110厘米，直壁平底，两侧有生土二层台，宽12、高55厘米，墓底长190、宽66、墓口至墓底110厘米		棺椁不清。人骨头向北，面向东，俯身屈肢，女性成年	战国	北端被M607打破
607	20	长方形竖穴土坑，长184、宽100厘米，直壁平底，两侧有生土二层台，宽22～32、高50厘米，墓底长184、宽46、墓口至墓底110厘米		棺椁不清。人骨头向北，面向西，侧身屈肢，女性成年	战国	
608	10	长方形竖穴土坑，长200、宽100～110厘米，直壁平底，两侧有生土二层台，宽20、高45厘米，墓底长200、宽60～70、墓口至墓底75厘米	陶罐1	棺椁不清。人骨头向北，面向东，仰身屈肢，男性成年	战国	

续表

墓号（M）	方向（°）	形状结构	出土遗物	棺椁 人骨	时代	备注
609	15	长方形竖穴土坑，长200、宽100厘米，直壁平底，两侧有生土二层台，宽16～18、高65厘米，墓底长200、宽66、墓口至墓底140厘米		棺椁不清。人骨头向北，面向西，侧身屈肢，女性成年	战国	
610	15	长方形竖穴土坑，长200、宽100厘米，直壁平底，两侧有生土二层台，宽16～22、高30厘米，墓底长200、宽50、墓口至墓底110厘米		棺椁不清。人骨头向北，面向西，仰身屈肢，女性成年	战国	
611	195	长方形竖穴土坑，长180、宽80厘米，斜壁平底，墓底长170、宽70、墓口至墓底90厘米		棺椁不清。人骨头向南，面向上，仰身屈肢，男性成年	战国	
612	15	长方形竖穴土坑，长230、宽140厘米，直壁平底，四周有生土二层台，宽10～26、高75厘米，墓底长190、宽74、墓口至墓底165厘米	铜带钩1	有棺已朽。人骨头向北，面向上，仰身屈肢，男性成年	战国	东侧被M611打破
613	190	斜坡墓道，单室砖室，墓道口长230、宽68厘米，底斜坡长260、深20～140厘米，墓们甬道，宽68、进深40厘米，顶已毁，残高60厘米。砖室平面近长方形，两侧壁外弧，长186、宽102～108厘米，顶已破坏，残高60～85厘米。单砖错缝顺平砌墓壁，未铺底，砖长28、宽14、厚4厘米	陶罐1 铜钱63	遭晚期破坏，未见棺椁及人骨	魏晋	
614	10	长方形竖穴土坑，长180、宽90厘米，直壁平底，两侧有生土二层台，宽10～15、高55厘米，墓底长180、宽50、墓口至墓底77厘米		棺椁不清。人骨头向北，面向东，仰身屈肢，男性成年	战国	北端被M613打破
615	12	长方形竖穴土坑，长170、宽60厘米，斜壁平底，墓底长160、宽44、墓口至墓底60厘米		棺椁不清。人骨头向北，面向西，仰身屈肢，女性成年	战国	
616	95	长方形竖穴土坑，长180、宽100厘米，直壁平底，两侧有生土二层台，宽15、高45厘米，墓底长180、宽70、墓口至墓底90厘米	陶罐1 陶碗1 铜带钩1	棺椁不清。人骨头向东，面西南，仰身屈肢，女性成年	战国	
617	15	长方形竖穴土坑，长180、宽96厘米，直壁平底，东侧有生土二层台，宽15、高55厘米，墓底长180、宽65、墓口至墓底145厘米	石带钩1	棺椁不清。人骨头向北，面向东，仰身屈肢，女性成年	战国	

续表

墓号（M）	方向（°）	形状结构	出土遗物	棺椁 人骨	时代	备注
618	275	长方形竖穴土坑，长210、宽110厘米，直壁平底，两侧有熟土二层台，宽20～30、高60厘米，墓口至墓底135厘米	铜带钩1	有棺木朽痕，长220、宽50厘米。人骨头向西，面向南，仰身屈肢，男性成年	战国	
619	5	长方形竖穴土坑，长210、宽130厘米，斜壁平底，两侧有熟土二层台，宽24～32、高10厘米，墓底长180、宽130、墓口至墓底200厘米	铜带钩1	棺椁不清。人骨头向北，面向西，仰身屈肢，男性成年	战国	南部被M618打破
620	280	长方形竖穴土坑，长200、宽70厘米，东西斜壁平底，墓底长160、宽64、墓口至墓底140厘米		棺椁不清。人骨头向西，面西南，仰身屈肢，男性成年	战国	
621	5	长方形竖穴土坑，长210、宽116厘米，直壁平底，四周有生土二层台，宽15～22、高30厘米，墓底长160、宽60、墓口至墓底120厘米	铁带钩1	棺椁不清。人骨头向北，面向东，仰身屈肢，男性成年	战国	
622	13	长方形竖穴土坑，长180、宽50厘米，斜壁平底，墓底长172、宽40、墓口至墓底45厘米		棺椁不清。人骨头向北，面向北，仰身屈肢，女性成年	战国	
623	190	长方形竖穴土坑，长196、宽80厘米，直壁平底，墓口至墓底25厘米		棺椁不清。人骨头向南，面向东，俯身屈肢，男性成年	战国	南部被M 622打破
624	355	长方形竖穴土坑，长230、宽130厘米，斜壁平底，两侧有生土二层台，宽25～30、高85厘米，墓底长200、宽60、墓口至墓底115厘米	铁带钩1 骨簪1 陶罐1	棺椁不清。人骨头向北，面向东，仰身屈肢，女性成年	战国	
625	15	长方形竖穴土坑，长250、宽140厘米，斜壁平底，四周有生土二层台，宽10～40、高65厘米，墓底长196、宽66、墓口至墓底140厘米		有棺已朽。人骨头向北，面向西，仰身屈肢，男性成年	战国	东部被M624打破
626	3	长方形竖穴土坑，长280、宽210厘米，斜壁平底，四周有生土二层台，宽20～30、高80厘米，墓底长190、宽100、墓口至墓底150厘米		棺椁不清。人骨头向北，面向上，仰身屈肢，男性成年	战国	
627	100	长方形竖穴土坑，长206、宽56厘米，直壁平底，墓口至墓底20厘米		棺椁不清。人骨头向东，面向北，仰身直肢，少年儿童	战国	

续表

墓号（M）	方向（°）	形状结构	出土遗物	棺椁 人骨	时代	备注
628	35	长方形竖穴土坑，长174、宽94厘米，直壁平底，两侧有生土二层台，宽14～20、高60厘米，墓底长174、宽54、墓口至墓底85厘米		棺椁不清。人骨头向北，面向东，侧身屈肢，女性成年	战国	
629	10	长方形竖穴土坑，长200、宽92厘米，直壁平底，四周有生土二层台，宽5-15-14-16、高20厘米，墓底长180、宽60、墓口至墓底65厘米	铁带钩1	棺椁不清。人骨头向北，面向东，仰身屈肢，女性成年	战国	
630	185	长方形竖穴土坑，长180、宽130厘米，直壁平底，两侧有生土二层台，宽20～24、高45厘米，墓底长180、宽66、墓口至墓底65厘米		棺椁不清。人骨头向南，面向东，仰身直肢，女性成年	战国	
631	15	近长方形竖穴土坑，长180、宽30～40厘米，直壁平底，墓口至墓底15厘米		棺椁不清。人骨头向北，面向上，仰身直肢，青少年	战国	
633	15	长方形竖穴土坑，长260、宽190厘米，斜壁平底，四周有熟土二层台，宽30～45、高25厘米，墓底长240、宽160、墓口至墓底165厘米	铜带钩1	有棺木朽痕，长184、宽70厘米。人骨头向北，面向西，仰身屈肢，女性成年	战国	
634	13	长方形竖穴土坑，长190、宽110厘米，斜壁平底，两侧有生土二层台，宽15、高54厘米。墓底长160、宽62、墓口至墓底134厘米		棺椁不清。人骨头向北，面向西，侧身屈肢，男性成年	战国	北部被M594打破
635	100	长方形竖穴土坑，长220、宽120厘米，直壁平底，两侧有生土二层台，宽16～20、高70厘米，墓底长220、宽84、墓口至墓底120厘米	陶罐1	棺椁不清。人骨头向东，面向南，仰身屈肢，女性成年	战国	
636	0	长方形竖穴土坑，长190、宽114厘米，斜壁平底，两侧有生土二层台，宽26、高40厘米，墓底长176、宽58、墓口至墓底80厘米		棺椁不清。人骨头向北，面向东，仰身屈肢，男性成年	战国	西部被M635打破
637	103	长方形竖穴土坑，长165、宽90厘米，直壁平底，两侧有生土二层台，宽10～18、高40厘米，墓底长165、宽44、墓口至墓底80厘米		棺椁不清。人骨头向东，面向南，仰身屈肢，男性成年	战国	

续表

墓号（M）	方向（°）	形状结构	出土遗物	棺椁 人骨	时代	备注
638	18	长方形竖穴土坑，长180、宽60厘米，直壁平底，墓口至墓底50厘米		棺椁不清。人骨仅见一腿骨	战国	
639	15	长方形竖穴土坑，长210、宽140厘米，直壁平底，两侧有生土二层台，宽30、高80厘米，墓底长210、宽80、墓口至墓底150厘米	陶壶1 陶碗1 铜镜1 铁带钩1	棺椁不清。人骨头向北，面向西，俯身直肢，性别不详	战国	
640	15	长方形竖穴土坑，长185、宽70厘米，直壁平底，墓口至墓底60厘米		棺椁不清。人骨头向北，面向西，仰身屈肢，男性成年	战国	
641	20	长方形竖穴土坑，长185、宽60厘米，直壁平底，墓口至墓底40厘米		棺椁不清。人骨头向北，面向上，仰身屈肢，女性成年	战国	
642	20	长方形竖穴土坑，长200、宽60厘米，北端斜壁平底，底长180、宽50厘米，墓口至墓底35厘米		棺椁不清。人骨头向北，面向上，仰身屈肢，男性成年	战国	
643	20	长方形竖穴土坑，长200、宽110厘米，斜壁平底，两侧有生二层台，宽20、高40厘米，墓底长200、宽50、墓口至墓底80厘米		棺椁不清。人骨头向北，面向上，仰身屈肢，男性成年	战国	
644	10	长方形竖穴土坑，长140、宽50厘米，直壁平底，墓口至墓底60厘米		棺椁不清。人骨头向北，面向西，仰身屈肢，女性成年	战国	
645	10	长方形竖穴土坑，长210、宽106厘米，直壁平底，三面有生土二层台，宽10～16、高40厘米，墓底长200、宽74、墓口至墓底110厘米		棺椁不清。人骨头向北，面向东，仰身屈肢，女性成年	战国	
646	100	长方形竖穴土坑，长200、宽120厘米，斜壁平底，两侧有生土二层台，宽15、高65厘米，墓底长175、宽72、墓口至墓底125厘米	铁带钩1	棺椁不清。人骨头向东，面向南，俯身屈肢，男性成年	战国	
647	3	长方形竖穴土坑，长190、宽90厘米，直壁平底，两侧有生土二层台，宽10、高40厘米，墓底长190、宽70、墓口至墓底80厘米		棺椁不清。人骨头向北，面向西，仰身屈肢，女性成年	战国	

续表

墓号（M）	方向（°）	形状结构	出土遗物	棺椁 人骨	时代	备注
648	5	长方形竖穴土坑，长190、宽84～114厘米，直壁平底，两侧有生土二层台，宽20～40、高16厘米，墓底长190、宽66、墓口至墓底60厘米		棺椁不清。人骨头向北，面向东，仰身直肢，女性成年	战国	
649	90	长方形竖穴土坑，长87、宽84厘米，直壁平底，墓口至墓底60厘米		棺椁不清。人骨头向东，无头骨，俯身屈肢，男性成年	战国	西部被M648打破
650	5	长方形竖穴土坑，长210、宽90厘米，斜壁平底，墓底长180、宽60、墓口至墓底90厘米		棺椁不清。人骨头向北，面向上，仰身屈肢，少年儿童	战国	
651	355	长方形竖穴土坑，长190、宽60厘米，四壁略斜平底，墓底长175、宽50、深52厘米		棺椁不清。人骨头向北，面向南，仰身直肢，女性成年	战国	
652	10	长方形竖穴土坑，长180、宽50厘米，直壁平底，墓口至墓底40厘米		棺椁不清。人骨头向北，面向东，侧身屈肢，性别不清	战国	
653	0	长方形竖穴土坑，长180、宽70厘米，直壁平底，墓口至墓底50厘米		棺椁不清。人骨头向北，面向上，仰身屈肢，男性成年	战国	
654	5	长方形竖穴土坑，长180、宽80厘米，斜壁平底，墓底长170、宽60、墓口至墓底60厘米	铜带钩1 铁削1	棺椁不清。人骨头向北，面向上，仰身屈肢，男性成年	战国	
655	115	长方形竖穴土坑，长190、宽80厘米，直壁平底，两侧有生土二层台，宽5～15、高20厘米，墓底长190、宽60、墓口至墓底70厘米		棺椁不清。人骨头向东，面向南，俯身屈肢，女性成年	战国	
656	0	长方形竖穴土坑，长210、宽110厘米，斜壁平底，两侧有生土二层台，宽20、高60厘米，墓底长200、宽60、墓口至墓底130厘米		棺椁不清。人骨头向北，面向东，仰身屈肢，性别不清	战国	
657	20	长方形竖穴土坑，长180、宽60厘米，直壁平底，墓口至墓底50厘米		棺椁不清。人骨头向北，面向东，仰身屈肢，女性成年	战国	
658	90	长方形竖穴土坑，长200、宽85厘米，直壁底不平，三面有生土二层台，东台宽30厘米，两侧台宽15、高10～25厘米，墓底长200、宽54、墓口至墓底80厘米		棺椁不清。人骨头向东，面向上，仰身屈肢，性别不清	战国	

续表

墓号（M）	方向（°）	形状结构	出土遗物	棺椁 人骨	时代	备注
659	90	长方形竖穴土坑，长210、宽90厘米，直壁平底，墓口至墓底100厘米		棺椁不清。人骨头向东，肢骨错乱	战国	二次葬
660	95	长方形竖穴土坑，长180、宽65厘米，斜壁平底，墓底长170、宽55、墓口至墓底40厘米		棺椁不清。人骨头向东，面向西，仰身屈肢，男性成年	战国	
661	5	长方形竖穴土坑，长226、宽130厘米，直壁平底，两侧有生土二层台，宽35、高30厘米，墓底长226、宽60、墓口至墓底90厘米	铜带钩1	棺椁不清。人骨头向北，面向西，仰身屈肢，男性成年	战国	
662	275	长方形竖穴土坑，残长70、宽100厘米，直壁平底，两侧有生土二层台，宽20、高30厘米，墓底长70、宽66、墓口至墓底80厘米		棺椁不清。人骨头向西，面向北，仰身屈肢，性别不详	战国	两端被M661和M64打破
663	3	长方形竖穴土坑，长220、宽94厘米，直壁平底，两侧有生土二层台，宽15、高35厘米，墓底长220、宽64、墓口至墓底90厘米		棺椁不清，人骨头向北，面向南，仰身屈肢，性别不详	战国	
664	90	长方形竖穴土坑，长180、宽86厘米，直壁平底，墓口至墓底80厘米		棺椁不清。人骨头向东，面向南，仰身，肢骨不全	战国	
665	3	长方形竖穴土坑，长210、宽120厘米，直壁平底，两侧有生土二层台，宽20、高50厘米，墓底长190、宽80、墓口至墓底120厘米		棺椁不清。人骨头向北，面向东，仰身直肢，女性成年	战国	
666	5	长方形竖穴土坑，长190、宽100厘米，直壁平底，两侧有生土二层台，宽16、高32厘米，墓底长190、宽68、墓口至墓底90厘米	铁带钩1	棺椁不清。人骨头向北，面向西，仰身屈肢，男性成年	战国	西侧被M66打破
667	200	长方形竖穴土坑，长180、宽70厘米，直壁平底，墓口至墓底70厘米，南部被M664打破		棺椁不清。人骨仅留下肢，应是头向南，屈肢葬	战国	南部被M664打破
668	5	长方形竖穴土坑，长190、宽104厘米，斜壁平底，两侧有生土二层台，宽20、高45厘米，墓底长182、宽50、墓口至墓底90厘米		棺椁不清。人骨头向北，面向上，仰身屈肢，女性成年	战国	

续表

墓号（M）	方向（°）	形状结构	出土遗物	棺椁 人骨	时代	备注
669	22	长方形竖穴土坑，长250、宽120厘米，直壁平底，两侧有生土二层台，宽20、高40厘米，墓底长250、宽80、墓口至墓底90厘米		棺椁不清。人骨头向北，面向南，俯身屈肢，男性成年	战国	
670	8	长方形竖穴土坑，长150、宽70厘米，直壁平底，墓口至墓底60厘米		棺椁不清。人骨头向北，面向东，俯身屈肢，男性成年	战国	
671	100	长方形竖穴土坑，长205、宽65厘米，直壁平底，墓口至墓底60厘米		棺椁不清。人骨头向东，面向北，侧身屈肢，男性成年	战国	西部被M670打破
672	20	长方形竖穴土坑，长160、宽90厘米，直壁平底，两侧有生土二层台，宽10～15、高25厘米，墓底长160、宽55、墓口至墓底100厘米		棺椁不清。人骨头向北，面向西，仰身屈肢，女性成年	战国	
673	20	长方形竖穴土坑，长150、宽90厘米，直壁平底，两侧有生土二层台，宽17、高15厘米，墓底长150、宽57、墓口至墓底60厘米		棺椁不清。人骨头向北，面向西，仰身屈肢，男性成年	战国	
674	10	长方形竖穴土坑，残长110、宽85厘米，直壁平底，墓口至墓底70厘米		棺椁不清。人骨头向北，面向上，仅上半身，仰身，男性成年	战国	南部被M672打破
675	5	长方形竖穴土坑，长215、宽110厘米，直壁平底，四周有生土二层台，宽10～20、高50厘米，墓底长192、宽80、墓口至墓底115厘米		棺椁不清。人骨头向北，面向西，仰身直肢，男性成年	战国	南部被M73打破
676	18	长方形竖穴土坑，长200、宽110厘米，直壁平底，两侧有生土二层台，宽24、高45厘米，墓底长200、宽60、墓口至墓底85厘米	铜带钩1	棺椁不清。人骨头向北，面向西，仰身屈肢，男性成年	战国	
677	10	长方形竖穴土坑，长220、宽110厘米，斜壁平底，两侧有生土二层台，宽10厘米，西台高35厘米，东台高20厘米，墓底长170、宽60、墓口至墓底80厘米		棺椁不清。人骨头向北，面向东，俯身屈肢，女性成年	战国	

续表

墓号（M）	方向（°）	形状结构	出土遗物	棺椁 人骨	时代	备注
678	25	长方形竖穴土坑，长185、宽65厘米，直壁平底，墓口至墓底50厘米		棺椁不清。人骨头向北，面向西，仰身屈肢，男性成年	战国	
679	3	长方形竖穴土坑，长140、宽50厘米，直壁平底，墓口至墓底20厘米		棺椁不清。人骨头向北，面向东，仰身屈肢，性别不详	战国	
680	90	长方形竖穴土坑，长160、宽60厘米，直壁平底，墓口至墓底30厘米		棺椁不清。人骨头向东，面向南，仰身屈肢，性别不详	战国	被M679、M681打破
681	5	长方形竖穴土坑，长206、宽70厘米，直壁平底，墓口至墓底10厘米		棺椁不清。人骨头向北，面向西，仰身屈肢，性别不详	战国	
682	5	长方形竖穴土坑，长210、宽122厘米，斜壁平底，两侧有生土二层台，宽17～20、高55厘米，墓底长210、宽72、墓口至墓底100厘米		棺椁不清。人骨头向北，面向西，仰身屈肢，男性成年	战国	
683	112	长方形竖穴土坑，长180、宽95厘米，直壁平底，两侧有生土二层台，宽15、高65厘米，墓底长180、宽65、墓口至墓底110厘米		棺椁不清。人骨头向东，面向北，仰身屈肢，男性成年	战国	
684	5	长方形竖穴土坑，长200、宽60厘米，斜壁平底，墓底长180、宽50、墓口至墓底40厘米	铜带钩1	棺椁不清。人骨头向北，面向东，仰身屈肢，男性成年	战国	
685	15	长方形竖穴土坑，长180、宽100厘米，直壁平底，两侧有生土二层台，宽18～20、高45厘米，墓底长180、宽62、墓口至墓底70厘米	铜带钩1	棺椁不清。人骨头向北，面向上，仰身屈肢，女性成年	战国	
686	185	长方形竖穴土坑，长200、宽92厘米，直壁平底，墓口至墓底80厘米		棺椁不清。人骨散乱	战国	
687	95	长方形竖穴土坑，长220、宽90厘米，直壁平底，墓口至墓底55厘米		棺椁不清。人骨头向东，面向北，侧身屈肢，少年儿童	战国	
688	20	长方形竖穴土坑，长190、宽100厘米，直壁平底，两侧有生土二层台，宽10～20、高50厘米，墓底长190、宽40、墓口至墓底110厘米	陶壶1	棺椁不清。人骨头向北，面向上，仰身屈肢，男性成年	战国	

续表

墓号（M）	方向（°）	形状结构	出土遗物	棺椁 人骨	时代	备注
689	100	长方形竖穴土坑，长180、宽100厘米，直壁平底，两侧有生土二层台，宽15、高50厘米，墓底长180、宽70、墓口至墓底90厘米		棺椁不清。人骨头向东，面向南，仰身屈肢，男性成年	战国	
690	10	长方形竖穴土坑，长200、宽124厘米，直壁平底，两侧有生土二层台，宽20～26、高45厘米，墓底长200、宽74、墓口至墓底120厘米		棺椁不清。人骨头向北，面向西，仰身屈肢，男性成年	战国	
691	20	长方形竖穴土坑，长190、宽50厘米，直壁平底，墓口至墓底30厘米		棺椁不清。人骨头向北，面向下，俯身屈肢，男性成年	战国	
692	180	长方形竖穴土坑，长210、宽96厘米，直壁平底，两侧有生土二层台，宽15、高46厘米，墓底长210、宽66、墓口至墓底100厘米		棺椁不清。人骨头向南，面向上，仰身屈肢，少年儿童	战国	西侧被M442打破
693	10	长方形竖穴土坑，长190、宽110厘米，斜壁平底，两侧有生土二层台，宽10～15、高50厘米，墓底长180、宽75、墓口至墓底110厘米		棺椁不清。人骨头向北，面向东，仰身屈肢，男性成年	战国	
694	10	长方形竖穴土坑，长220、宽130厘米，斜壁平底，两侧有生土二层台，宽20、高40厘米，墓底长210、宽70、墓口至墓底90厘米		棺椁不清。人骨头向北，面向东，仰身屈肢，女性成年	战国	
695	15	长方形竖穴土坑，长220、宽120厘米，直壁平底，两侧有生土二层台，宽14～30、高70厘米，墓底长220、宽70～76、墓口至墓底155厘米	陶罐1 陶碗1	棺椁不清。人骨头向北，面向上，仰身直肢，女性成年	战国	
696	15	长方形竖穴土坑，长200、宽110厘米，直壁平底，两侧有生土二层台，宽20、高60厘米，墓底长200、宽70、墓口至墓底115厘米		棺椁不清。人骨头向北，面向上，仰身屈肢，女性成年	战国	
697	15	长方形竖穴土坑，长180、宽120厘米，直壁平底，两侧有生土二层台，宽20、高25厘米，墓底长180、宽76、墓口至墓底55厘米		棺椁不清。人骨头向北，面向东，仰身屈肢，男性成年	战国	

续表

墓号（M）	方向（°）	形状结构	出土遗物	棺椁 人骨	时代	备注
698	20	长方形竖穴土坑，长190、宽110厘米，直壁平底，两侧有生土二层台，宽16～26、高30厘米，墓底长190、宽60～68、墓口至墓底100厘米		棺椁不清。人骨头向北，面向东，仰身屈肢，男性成年	战国	
699	10	长方形竖穴土坑，长220、宽110厘米，斜壁平底，两侧有生土二层台，宽15～20、高40厘米，墓底长200、宽60、墓口至墓底90厘米	铜镜1 铜带钩1 八棱画笔2	棺椁不清。人骨头向北，面向西，仰身屈肢，女性成年	战国	
700	15	长方形竖穴土坑，长180、宽110厘米，直壁平底，两侧有生土二层台，宽26～28、高40厘米，墓底长180、宽56、墓口至墓底95厘米		棺椁不清。人骨头向北，面向东，仰身直肢，男性成年	战国	
701	25	长方形竖穴土坑，长190、宽60厘米，直壁平底，墓口至墓底50厘米		棺椁不清。人骨头向北，面向上，仰身屈肢，少年儿童	战国	
702	13	长方形竖穴土坑，长190、宽70厘米，直壁平底，两侧有生土二层台，宽5～15、高30厘米，墓底长190、宽50、墓口至墓底105厘米		棺椁不清。人骨头向北，面向西，俯身屈肢，女性成年	战国	
703	5	长方形竖穴土坑，长260、宽180厘米，直壁平底，四周有熟土二层台，宽30～56、高25厘米，墓口至墓底170厘米		有棺木朽痕，长200、宽84厘米。人骨头向北，面向西，仰身直肢，女性成年	战国	
704	210	长方形竖穴土坑，长220、宽140厘米，直壁平底，两侧有生土二层台，宽20～30、高76厘米，墓底长220、宽90、墓口至墓底167厘米	铜带钩1 陶碗1	棺椁不清。人骨头向南，面向西，仰身直肢，女性成年	战国	
705	190	长方形竖穴土坑，长210、宽80厘米，斜壁平底，墓底长190、宽60、墓口至墓底95厘米		棺椁不清。人骨头向南，面向东，仰身屈肢，女性成年	战国	
706	10	长方形竖穴土坑，长190、宽110厘米，斜壁平底，两侧有生土二层台，宽16、高40厘米，墓底长180、宽58、墓口至墓底160厘米	铜带钩1	棺椁不清。人骨头向北，面向西，仰身屈肢，男性成年	战国	
707	15	长方形竖穴土坑，长230、宽136厘米，直壁平底，四周有生土二层台，宽10～35、高55厘米，墓底长202、宽66、墓口至墓底130厘米	铜带钩1	棺椁不清。人骨头向北，面向西，仰身屈肢，女性成年	战国	

续表

墓号（M）	方向（°）	形状结构	出土遗物	棺椁 人骨	时代	备注
708	10	长方形竖穴土坑，长220、宽106厘米，直壁平底，两侧有生土二层台，宽18、高50厘米，墓底长220、宽70、墓口至墓底110厘米	陶罐1 陶碗1 铁带钩1	棺椁不清。人骨头向北，面向东，仰身屈肢，男性成年	战国	
709	105	长方形竖穴土坑，长190、宽110厘米，直壁平底，两侧有生土二层台，宽20～26、高30厘米，墓底长190、宽64、墓口至墓底107厘米		棺椁不清。人骨头向东，面向北，侧身屈肢，男性成年	战国	
710	20	长方形竖穴土坑，长200、宽100厘米，直壁平底，两侧有生土二层台，宽10、高40厘米，墓底长200、宽78、墓口至墓底90厘米	铜带钩1	棺椁不清。人骨头向北，面向东，侧身屈肢，男性成年	战国	
711	5	长方形竖穴土坑，长296、宽200厘米，斜壁平底，四周有熟土二层台，宽30～50、高50厘米，墓底长276、宽190、墓口至墓底200厘米		有棺木朽痕，长220宽90厘米。人骨头向北，面向西，仰身屈肢，女性成年	战国	
712	25	长方形竖穴土坑，长190、宽70厘米，直壁平底，墓口至墓底55厘米	铜带钩1 铜管1 陶壶1	棺椁不清。人骨头向北，面向西，俯身屈肢，男性成年	战国	
713	5	长方形竖穴土坑，长230、宽140厘米，斜壁平底，四周有生土二层台，宽15～30、高70厘米，墓底长190、宽70、墓口至墓底110厘米		棺椁不清。人骨头向北，面向上，仰身直肢，女性成年	战国	
714	10	长方形竖穴土坑，长250、宽140厘米，直壁平底，四周有生土二层台，宽30～40、高80厘米，墓底长184、宽70、墓口至墓底130厘米	铜镜1 铜带钩1	棺椁不清。人骨头向北，面向西，仰身直肢，女性成年	战国	
715	5	长方形竖穴土坑，长200、宽80厘米，直壁平底，两侧有生土二层台，宽10、高35厘米，墓底长200、宽60、墓口至墓底80厘米	铁带钩1	棺椁不清。人骨头向北，面向上，仰身屈肢，男性成年	战国	
716	100	长方形竖穴土坑，长330、宽250厘米，斜壁平底，四周有熟土二层台，宽30～50、高50厘米，墓底长270、宽190、墓口至墓底200厘米		有棺木朽痕，长200、宽80厘米。人骨头向东，面向南，仰身直肢，女性成年	战国	

续表

墓号（M）	方向（°）	形状结构	出土遗物	棺椁 人骨	时代	备注
717	110	长方形竖穴土坑，长220、宽90厘米，直壁平底，四周有熟土二层台，宽10～20、高14厘米，墓口至墓底90厘米	铜带钩1	有棺木朽痕，长188、宽58、残高14厘米。人骨头向东，面向南，仰身屈肢，男性成年	战国	
718	30	长方形竖穴土坑，长220、宽140厘米，斜壁平底，两侧有生土二层台，宽25、高46厘米，墓底长204、宽70、墓口至墓底100厘米	陶碗1 铜镜1 铜带钩1 八棱饰件1	棺椁不清。人骨头向北，面向东，仰身直肢，男性成年	战国	
719	5	长方形竖穴土坑，长230、宽130厘米，斜壁平底，四周有生土二层台，宽10～25、高55厘米，墓底长180、宽64、墓口至墓底160厘米		棺椁不清。人骨头向北，面向东，仰身屈肢，女性成年	战国	东部被M718打破
721	10	长方形竖穴土坑，长220、宽130厘米，斜壁平底，两侧有熟土二层台，宽15～20、高15厘米，墓底长170、宽64、墓口至墓底115厘米	铜桥形饰12 铁带钩1	棺椁不清。人骨头向北，面向西，仰身屈肢，男性成年	战国	北端被M720打破
722	357	竖穴土坑，被M720打破，残留很少		未见迹象	战国	东部被M720打破
723	95	长方形竖穴土坑，长280、宽200厘米，斜壁平底，四周有熟土二层台，宽25～40、高50厘米，墓底长250、宽160、墓口至墓底170厘米	铜带钩1	有棺木朽痕，长200、宽84厘米。人骨头向东，面向南，仰身直肢，男性成年	战国	东北被M722打破
725	300	长方形竖穴土坑，长210、宽76厘米，直壁平底，墓口至墓底70厘米	铁带钩1 铜铃1	棺椁不清。人骨头向西，面向南，仰身直肢，男性成年	战国	北部被M450打破
726	30	长方形竖穴土坑，长200、宽100厘米，直壁平底，两侧有生土二层台，宽15～25、高45厘米，墓底长200、宽60、墓口至墓底80厘米		棺椁不清。人骨头向北，面向东，仰身屈肢，男性成年	战国	
728	95	长方形竖穴土坑，长220、宽160厘米，斜壁平底，两侧有生土二层台，宽20～30、高60厘米，墓底长200、宽75～80、墓口至墓底107厘米	铜带钩1	棺椁不清。人骨头向东，面向北，仰身屈肢，男性成年	战国	

续表

墓号（M）	方向（°）	形状结构	出土遗物	棺椁 人骨	时代	备注
729	5	长方形竖穴土坑，长200、宽110厘米，直壁平底，两侧有生土二层台，宽20、高56厘米，墓底长200、宽74、墓口至墓底80厘米		棺椁不清。人骨头向北，面向西，仰身屈肢，男性成年	战国	
730	5	长方形竖穴土坑，长190、宽110厘米，直壁平底，两侧有生土二层台，宽20、高50厘米，墓底长190、宽70、墓口至墓底140厘米	铜带钩1	棺椁不清。人骨头向北，面向东，仰身屈肢，女性成年	战国	
731	8	长方形竖穴土坑，长260、宽180厘米，直壁平底，四周有熟土二层台，宽40～56、高40厘米，墓口至墓底230厘米	铜带钩1	棺椁不清。人骨头向北，面向东，仰身屈肢，女性成年	战国	
732	355	长方形竖穴土坑，长220、宽130厘米，直壁平底，两侧有生土二层台，宽10～50、高50厘米，墓底长220、宽70、墓口至墓底120厘米	铜带钩1	棺椁不清。人骨头向北，面向西，仰身屈肢，男性成年	战国	
733	15	长方形竖穴土坑，长196、宽56厘米，直壁平底，墓口至墓底70厘米		棺椁不清。人骨头向北，面向下，俯身屈肢，性别不详	战国	
734	15	长方形竖穴土坑，长176、宽70厘米。斜壁平底，墓口至墓底55厘米		棺椁不清。人骨头向北，面向上，仰身屈肢，男性成年	战国	
735	12	长方形竖穴土坑，长206、宽126厘米，直壁平底，两侧有生土二层台，宽20、高60厘米，墓底长206、宽84、墓口至墓底110厘米		棺椁不清。人骨头向北，面向东，仰身屈肢，女性成年	战国	
736	15	长方形竖穴土坑，长206、宽70厘米，直壁平底，墓口至墓底74厘米	铜带钩1	棺椁不清。人骨头向北，面向西，仰身屈肢，男性成年	战国	
737	5	长方形竖穴土坑，长190、宽72厘米，直壁平底，墓口至墓底70厘米		棺椁不清。人骨头向北，面向上，仰身直肢，少年儿童	战国	
738	10	长方形竖穴土坑，长270、宽175厘米，斜壁平底，四周有熟土二层台，宽25～30、高10厘米，墓底长230、宽140、墓口至墓底225厘米		有棺木朽痕，长186、宽80、残高10厘米。人骨头向北，面向上，仰身屈肢，男性成年	战国	

续表

墓号（M）	方向（°）	形状结构	出土遗物	棺椁 人骨	时代	备注
739	0	长方形竖穴土坑，长230、宽114厘米，斜壁平底，三面有生土二层台，宽6～16、高50厘米，墓底长190、宽74、墓口至墓底80厘米		棺椁不清。人骨头向北，面向上，仰身直肢，性别不详	战国	
740	5	长方形竖穴土坑，长180、宽70～80厘米，直壁平底，四周有生土二层台，宽10～20、高10厘米，墓底长156、宽50、墓口至墓底55厘米		棺椁不清。人骨头向北，面向西，仰身屈肢，少年儿童	战国	
741	5	长方形竖穴土坑，长210、宽130厘米，直壁平底，两侧有生土二层台，宽24～26、高60厘米，墓底长210、宽70、墓口至墓底120厘米	陶罐1 铁削1 陶碗1 陶纺轮1	棺椁不清。人骨头向北，面向西，仰身屈肢，少年儿童	战国	
742	5	长方形竖穴土坑，长240、宽150厘米，斜壁平底，四周有熟土二层台，宽10～50、高10厘米，墓底长220、宽130、墓口至墓底265厘米	铁带钩2	有棺木朽痕，长180、宽60、残高10厘米。人骨头向北，面向上，仰身直肢，男性成年	战国	东部被M96打破
W1	10	长方形竖穴土坑，长100、宽60厘米，直壁平底，墓口至墓底45厘米，内置陶瓦3块	陶瓦3块	二次瓦棺葬。性别年龄不详	宋	
W2	15	长方形竖穴土坑，长190、宽30厘米，位于M586内，墓口至墓底25厘米，墓内置一陶罐	陶罐1	二次翁棺葬。性别年龄不详	宋	

附表二　06NSBDWLG战国墓地人骨鉴定表

墓号	性别	年龄	鉴定部位	备注
M274	女	15 ~ 17		
M28	男	25 ~ 30		
M80	男	30		倾向于
M79	男	30 ~ 45		倾向于
M77	女	中年		
M30	女	14 ~ 16		
M76	男	40		
M32	女	30		
M29	女	壮年		
M75	男	20		
M24	男	壮年		
M684	女	25 ~ 30		
M68	男	30		
M26	女	20 ~ 25		
M683	男	30		
M682	男	40 ~ 50		
M680	男	30 ~ 35		倾向于
M25	女	13 ~ 15		

表1

墓号	性别	年龄	鉴定部位	备注
M677	女	30		倾向于
M27	男	35 ~ 40		
M22	男	30 ~ 35		
M638	不详	7 ~ 8		
M678	男	9 ~ 11		倾向于
M668	女	14 ~ 16	牙齿	
M65	女	50	盆骨	
M669	女	20 ~ 25	牙齿	
M671	男	30 ~ 35		
M74	女	16 ~ 18		
M675	男	16 ~ 18		
M674	男	30 ~ 35		
M672	女	40		
M673	男	35 ~ 40		
M72	男	35 ~ 40	下颌骨	

续表

墓号	性别	年龄	鉴定部位	备注
M71	女	25 ~ 30		
M70	女	25	牙齿	
M69	男	25 ~ 30		
M663	男	35 ±		
M661	男	30 ~ 35		

表2

墓号	性别	年龄	鉴定部位	备注
M64	女	35 ~ 40		
M63	女	40 ±		
M660	男	40 ±		
M659	男	40 ±		
M658	男	35 ±		
M657	女	35 ~ 40		
M651	女	30 ±		
M655	女	25 ±		
M656	男	50 ±		倾向于
M647	女	30 ~ 35		
M646	男	25 ~ 30		
M41	女	30 ±		
M40	女	40 ±		
M39	女	15 ~ 17		
M5	男	30 ±		
M636	男	40 ±		
M635	女	30		
M639	男	中年		
M640	男	30 ±		
M42	女	40 ±		

表3

墓号	性别	年龄	鉴定部位	备注
M43	男	30 ±		
M38	女	10 ~ 13		倾向于
M641	女	20 ~ 25		
M35	女	30 ~ 35		

续表

墓号	性别	年龄	鉴定部位	备注
M642	男	30 ±		
M637	女	40 ±		
M34	女	中年		
M31	女	30 ~ 35		
M33	女	30 ~ 35		倾向于
M1	男	40 ~ 45		
M51	女	14 ~ 16		倾向于
M643	男	25 ~ 30		
M37	女	35 ±		
M47	女	35 ~ 40	盆骨	
M46	女	40 ~ 45	盆骨	
M738	男	35 ~ 40	下颌骨	
M739	女	中年	下颌骨	
M740	不详	6 ~ 7		
M85	女	30 ~ 40	盆骨	
M86	男	35 ±		

表4

墓号	性别	年龄	鉴定部位	备注
M87	女	35 ~ 40		
M571	女	中年		
M95				
M580	女	40 ±		
M572	男	35 ~ 40		
M573	男	30 ~ 35		
M583	女	30 ~ 35		
M585	男	35 ±		
M691	男	40 ~ 45		
M590	女	20 ±		
M99	女	45 ±		
M100	女	20 ±		
M588	女	30 ~ 35		
M587	女	30 ~ 35		倾向于
M102	男	20 ~ 25		倾向于
M574	男	40 ~ 45		

续表

墓号	性别	年龄	鉴定部位	备注
M687	不详	6~7		
M103	女	35±	盆骨、眼眶	
M105	女	45~50		
M633	女	30~35		

表5

墓号	性别	年龄	鉴定部位	备注
M589	女	30~35		
M101	女	30~35		
M591	女	中年		
M119	男	壮年		
M595	女	35±		倾向于
M596	女	25		
M634	男	35~40		
M597	女	25±		
M598	女	35~40		
M115	男	30~40		
M688	女	老年		
M600	女	30±		
M116	男	30~35		
M593	男	30~40		
M113	女	中年		
M117	女	30±		
M118	女	35±		
M114	女	30~35		
M112	男	20~35		
M111	女	35~40		

表6

墓号	性别	年龄	鉴定部位	备注
M126	女	成年		倾向于
M127	男	35~40		
M134	男	35~40		
M135	女	30~35		
M612	男	25±		
M614	男	30~40		倾向于

续表

墓号	性别	年龄	鉴定部位	备注
M615	女	20 ~ 25		
M616	女	40		
M734	男	40 ±		
M617	女	50 ±		
M136	女	30 ~ 40		
M138	男	30 ±		
M137	男	50 ~ 55		
M122	女	20 ~ 25	牙齿	
M121	男	30 ~ 31		
M601	男	中年		倾向于
M123	女	50 ~ 60		
M124	女	16 ~ 18		
M602	女	30 ±		
M125	男	壮年		

表7

墓号	性别	年龄	鉴定部位	备注
M606	女	30 ±		
M607	女	35 ±		
M603	男	40 ~ 45		
M604	男	25 ~ 30		
M605	女	30 ~ 35		
M608	男	40 ~ 45		
M610	女	35 ±		
M685	女	30 ~ 35		
M141	女	35 ±		
M142	女	35 ~ 40		
M144	女	25 ±		
M609	女	50 ±		
M733	女	14 ~ 16		倾向于
M139	女	30 ~ 40		
M151	女	30 ~ 35		
M150	男	45 ±		
M624	女	40 ±		
M625	男	30 ~ 40		倾向于

续表

墓号	性别	年龄	鉴定部位	备注
M623	男	30 ~ 40		倾向于
M622	女	14 ~ 16		倾向于

表8

墓号	性别	年龄	鉴定部位	备注
M389	女	成年		倾向于
M388	男	35 ±		
M386	女	20 ~ 25		
M390	女	壮年		
M699	女	20 ±		
M700	男	25 ~ 30		
M385	男	35 ±		
M384	女	35 ±		
M303	男	30 ±		
M382	女	30 ~ 35		
M701	不详	6 ~ 7		
M698	女	40 ~ 45		
M407	男	30 ~ 35		
M406	女	中年		
M697	男	35 ~ 40		倾向于
M696	女	35 ±		
M695	女	40 ~ 45		
M430	女	30 ±		
M431	女	25 ±		
M432	男	40 ±		

表9

墓号	性别	年龄	鉴定部位	备注
M433	女	35 ±		
M436	男	30 ±		
M437	女	30 ~ 40		
M401	男	20 ±		
M404	男	40 ±		
M405	男	30 ±		倾向于
M403	女	中年		
M402	男	50 ±		

续表

墓号	性别	年龄	鉴定部位	备注
M394	男	50 ±		
M393	女	40 ~ 45		
M395	女	20 ~ 25		
M396	女	35 ~ 45		
M397	不详	8 ~ 9		
M392	男	35 ±		
M438	女	30 ±		
M439	女	30 ±		
M694	女	25 ~ 30		
M391	女	35 ±		
M400	男	30 ~ 35		
M692	不详	6 ~ 7		

表10

墓号	性别	年龄	鉴定部位	备注
M442	女	成年		倾向于
M399	女	中年		倾向于
M398	男	35 ±		
M446	女	30 ~ 35		
M445	女	35 ~ 40		
M693	男	50		
M429	男	40 ±		
M443	女	30 ±		
M444	男	35 ~ 40		
M454	女	30 ±		
M440	女	35 ~ 40		
M447	男	30 ~ 35		
M448	男	30 ~ 40		
M463	男	35 ±		
M462	男	30 ~ 35		倾向于
M461	女	30 ~ 35		
M441	女	25 ±		
M464	女	16 ~ 18		
M456	男	30 ~ 35		
M466	男	30 ~ 35		

表11

墓号	性别	年龄	鉴定部位	备注
M460	男	30～35		
M459	女	35±		
M465	男	35±		
M450	女	30～35		倾向于
M449	女	30～40		
M732	男	35～40		
M451	女	40±		
M458	男	50		
M725	男	25～30		
M452	女	30～40		
M457	女	30		
M730	女	30		
M731	女	30～40		倾向于
M485	男	35±		
M484	男	20～25		
M487	不详	8～9		
M486	男	30±		倾向于
M488	女	25～30		
M489	女	30±		
M483	女	35～40		

表12

墓号	性别	年龄	鉴定部位	备注
M491	男	25±		
M708	男	25～30		
M709	男	35±		
M710	女	中年		
M493	女	15～17		
M492	男	30±		
M712	男	30～35		
M713	女	30～40		
M711	女			
M468	女	40±		
M469	女	25±		
M440	男	25～30		
M474	男	35～40		

续表

墓号	性别	年龄	鉴定部位	备注
M477	女	40～50		
M473	女	30±		
M475	女	20～25		
M467	男	30～35		
M478	男	28～30		
M476	男	30～35		
M479（西）	男	30～40		

表13

墓号	性别	年龄	鉴定部位	备注
M479(东）	女	45±		
M481	女	18		
M480	女	30～35		
M482	男	40～50		
M490	男	50±		
M497	女	30～35		
M499	男	30±		
M165	不详	8～9		
M163	女	30～40		
M164	男	30～35		
M627	不详	6～7		
M161	男	40～45		
M630	女	40±		
M629	女	30±		
M628	女	中年		
M154	女	45		
M156				
M140		14～16		
M146	女	30		
M149	女	中年		

表14

墓号	性别	年龄	鉴定部位	备注
M148	男	成年		
M714	女	20～25		
M715	男	40～50		

续表

墓号	性别	年龄	鉴定部位	备注
M716	女	30 ~ 35		
M717	男	30 ~ 40		
M729	男	25 ~ 30		
M524	男	35 ~ 40		
M527	女	16 ~ 18		倾向于
M718	女	20 ±		倾向于
M530	女	中年		
M727	女	30 ~ 35		
M741	不详	7 ~ 8		
M434	男	15 ~ 17		
M435	男	20 ±		

附表三　带钩分型表

型别	铜带钩	铁带钩
Ⅰ型 水禽形	M1：1，M11：1，M106：1，M124：1，M125：1，M134：1，M147：1，M234：1，M298：1，M301：1，M349：1，M383：2，M387：1，M468：1，M483：1，M509：1，M511：3，M521：1，M558：1，M577：1，M595：1，M616：1，M676：1，M699：1，M732：1	M3：1，M50：1，M69：1，M74：1，M104：1，M112：1，M166：1，M179：1，M227：1，M243：1，M254：1，M269：1，M336：1，M578：1，M604：1
Ⅲ型 耜形	M87：1，M93：1，M110：1，M111：1，M111：2，M116：1，M161：2，M163：2，M225：1，M240：1，M247：1，M252：1，M261：1，M280：1，M345：1，M411：1，M459：1，M512：1，M515：1，M581：1，M588：1，M619：1，M684：1，M714：2，M723：1	M16：8，M33：1，M33：2，M64：1，M86：1，M101：1，M159：2，M349：1，M362：1，M372：1，M520：1，M523：1，M600：2，M639：3，M646：1，M715：1，M725：1，M742：1
Ⅳ型 曲棒形	M13：2，M14：1，M46：1，M66：1，M82：1，M92：1，M113：1，M150：1，M178：1，M183：1，M185：4，M200：6，M222：1，M264：1，M265：3，M288：1，M431：1，M470：1，M508：2，M534：1，M542：1，M575：1，M598：1，M605：1，M618：1，M706：1，M730：1	M10：1，M85：1，M111：3，M135：1，M138：1，M149：1，M170：1，M208：1，M244：1，M255：1，M260：1，M279：1，M289：1，M501：1，M568：1，M570：1，M579：1，M593：1，M629：1，M708：3
Ⅴ型 琵琶形	M8：1，M17：1，M18：1，M56：1，M61：1，M95：2，M95：3，M127：1，M136：1，M159：1，M164：1，M169：1，M173：1，M181：1，M185：1，M192：1，M194：1，M205：1，M223：1，M239：1，M263：1，M276：1，M297：1，M324：1，M325：1，M335：1，M337：1，M339：1，M344：2，M346：1，M347：1，M358：1，M388：1，M407：1，M411：2，M414：1，M415：1，M417：1，M423：1，M430：1，M444：1，M448：1，M451：1，M469：1，M471：1，M482：1，M486：1，M504：1，M507：1，M510：1，M514：1，M526：1，M531：1，M534：1，M550：1，M572：1，M585：1，M612：1，M633：1，M654：1，M661：1，M685：1，M704：1，M707：1，M710：1，M712：1，M717：1，M718：2，M728：1，M731：1，M736：1	M47：1，M93：2，M137：1，M162：1，M177：2，M217：2，M253：1，M272：1，M292：1，M391：1，M438：1，M445：1，M530：2，M546：1，M624：1，M666：1，M721：2，M742：1
Ⅵ型 长牌形	M190：1，M539：1，M562：1	M24：1，M45：1，M153：1，M157：1，M403：1，M528：1，M621：1
Ⅶ型 全兽形	M257：1，M334：1，M379：1，M395：2，M440：1，M452：1，M454：1，M473：1，M557：1	
Ⅷ型 异形	M195：1，M399：1	

附　录

附录一　安阳地区发现的东周时期遗址及墓葬概述

孔德铭

安阳位于河南最北部，晋冀豫三省交界处，辖安阳县、林州市、内黄县、汤阴县四县及北关、文峰、殷都、龙安四区及一个高新技术开发区。安阳是商代晚期殷墟所在地。周武王灭商建周后，殷都沦为废墟。西周初期，北距殷墟20千米的邺城兴起，安阳初为邺国属地，后属卫国。之后狄人灭卫国，卫人东渡黄河，拥立戴公为卫君于曹地，文公迁楚丘。曹、楚丘两地皆在今天的滑县境内。战国时期，安阳作为北方重镇，一度是魏国、赵国争夺要地，林州境内现存有战国长城遗迹。战国时期安阳初属魏国邺地，战国末期为赵之地。春秋战国时期安阳地区是兵家必争之地，也是文化交流与融合的关键节点。从旧石器时代安阳“小南海”文化开始，至新石时期的以安阳后岗、大司空为代表的仰韶文化、龙山文化，再到中国第一有文字可考并为考古所证明了的商代晚期都城遗址殷墟开始，安阳一直是中华文明重要的发源地，走在了其他文明的前列。承袭仰韶文化、龙山文化及殷商文化的影响，东周时期文化遗址遍布安阳各地，调查与考古发现了这一时期大量的遗址和墓地。

据不完全统计，在安阳市区东方今典住宅小区、博地苑住宅小区、义乌商贸城二期、龙安区置度村南、安东新区张河固村、龙安区王古道村南、文峰区二十里铺村西等，在林州市大菜园（包括朝阳花园、龙源世家、翠薇小区）、汤阴羑河村南，安阳县水冶铁厂、安丰乡固岸村东北地、吉庄村西北地等地都发现了大量的遗址和墓葬。以下简要介绍一下安阳地区东周时期安阳发现的文化遗址和墓葬。

一、安阳马投涧乡王古道东周遗址及墓葬

为配合安林高速公路工程建设，2004年7月31日～8月8日安阳市文物考古研究所在龙安区马头涧乡王古道村南（K12＋100～K12＋300）发掘战国时期墓葬2座。M1长4米，宽2.5米，深

5.2米，墓内随葬品较为丰富，共出土青铜鼎、青铜壶、青铜觥、青铜豆等礼器7件，青铜戈4件，青铜车饰40余件，青铜铃10余件，青铜鱼320余件，玉、石、蚌器数十件。M2长4.5米，宽3米，深6.5米，墓内出土青铜鼎2件，青铜方壶、圆壶各2件，青铜鉴2件、青铜方甗1件，青铜匜1件等，计礼器10件，另有青铜戈5件、玉璧1件及大量的青铜车饰、铜管、陶贝、海贝等。M1棺外四角及四周出土有排列有序的青铜鱼形饰300多件，青铜铃10余件，应是罩棺的幔子的遗物，数量之多在这一时期其他战国墓中比较少见，这是研究战国时期这一地区葬俗、葬具及棺椁装饰等不可多得的实物资料，这一遗俗至今在安阳的一些地区还可以看到。在墓葬的西边开挖探方3个，发掘面积150，发现了大量的东周时期的灰坑、窖穴，出土大量的陶片及铜镞、纺轮、蚌器等器物。

墓葬时代属春秋中期或偏晚，墓主人是中小贵族或者是军事将领，其国属可能为殷人之后的卫国人。

二、南水北调汤阴段羑河村取土区东周墓地

南水北调安阳汤阴段第三标段羑河村取土区位于安阳市汤阴县韩庄乡羑河村，位于羑河与汤河之间，往南与庵上村相接，墓葬考古发掘工作于2012年10月9日开始，截至2012年12月5日结束，共清理古墓葬318座，其中东周时期墓葬314座，两汉时期墓葬3座，宋代1座。经初步整理，出土铜器约20件、陶器200余件。铜器有鼎、豆、盘、匜、舟、带钩；陶器有鼎、豆、壶、盘、匜、碗、罐、鬲、鸟柱形盘（盆）。主要的陶器组合有鬲豆（无盖）罐、单豆（无盖）、鼎豆罐、鼎豆壶等。

墓葬的结构：此次发掘的座东周墓葬，皆为长方竖穴形土圹墓。这些墓葬的口面并不都是十分规整的长方形，经常有墓口两侧长短不一的情况出现；墓四壁都存在有加工的痕迹，有的平坦光滑，有的粗糙凹凸不平。墓葬内填土均经夯打过，皆为平夯，填土的颜色为黄土中杂红土块，墓葬深的则填土内包含有料姜石，较浅的则纯净。墓葬不论面积大小，皆有熟土夯筑的二层台，墓底平坦，没有设置腰坑。墓中几乎不见壁龛，只见一例开凿壁龛（M271的北壁）。葬具与葬式：各墓葬都有木制的葬具，但均已腐朽，小一些的墓葬内只有一棺，甚至还发现了“椁”，“这些椁可能是用来抵挡墓壁塌土的木板，并无椁的涵义”；大一些的墓葬内棺椁形制以及关系比较明显，椁多为“亚”字形。

墓葬：M22，墓葬北侧棺椁之间出土随葬品：铜鼎2件、铜舟1件、铜器1件（残）、铅车衔1件、铅环若干件、石器1件、蚌器1件（残）。M143，墓葬北侧棺椁之间出土随葬品：铜鼎1件（残）、铜盘1件（残）、铜舟1件、铜匜1件。M177，墓葬棺椁之间出土随葬品：铜鼎1件（残）、铜豆1件（残）、铜簋1件。

结语：

1. 关于墓地时代的推测

商代和西周的一般墓葬中，陶鬲是一种普遍的随葬品，禹县白沙、辉县琉璃阁等地的早期战国墓内均可见鬲的出现。根据器形和组合，可以将伴有陶器的墓葬可分为4组：第一组　鬲、豆（无盖）罐或鬲盘罐；第二组　单豆（无盖）；第三组　鼎、豆、罐；第四组　鼎、豆、壶（伴有盆、盘、匜、筒状器、小壶、鸟柱形盆）。参考《洛阳凯旋路南东周墓发掘报告》，大体可以推定为第一组和第二组属春秋早中期，第三组为春秋晚期，第四组为战国早中期或偏晚。墓地随葬的青铜镦，其造型与《中国青铜器》139页中河南辉县出土青铜镦形制相同，辉县的青铜镦时间为战国早期。因此，整体来看来羑河墓地的时代应在春秋至战国中期偏晚阶段。

2. 葬俗与葬式

墓主葬式来看，可分为仰身直肢和仰身屈肢两种，其中以仰身直肢为大宗。屈肢葬的出现是中原地区东周时期葬俗的一个特点，铜带钩在羑河墓地中很少出现，只有5座，战国以前，中原地区原著文化根深蒂固，但随着秦人的扩张，到战国中后期中原地区多被秦人所控制，中原的原著文化一点一点地被侵蚀，屈肢葬逐渐增多，成为一种通行的葬制，这种现象在羑河墓地体现的十分清楚，凡是随葬陶器组合以鼎豆壶为主的墓葬，葬式均为仰身屈肢；出鬲、豆、罐或单豆（无盖豆）的墓葬，葬式均为仰身直肢，鬲豆罐的组合或单豆（无盖豆）为春秋，凡仰身直肢的未出随葬品的这些墓葬的年代应该也是一致的，所以我们更倾向于中原地区屈肢葬的出现主要还是来自关中地区的秦文化的冲击和影响。

3. 墓地国属

墓地墓葬排列有序，能分出若干小型墓区，往往是一面积稍大一点的墓葬周围有序分布着不同数量的小型墓葬，且内能辨别男女性别的墓葬各占到一半，没有打破关系，延续时间长，故整体而言羑河墓地属邦国墓地比较合适。就器形来看，羑河墓地出有高足壶与河北百家村M31：11以及M40：3形制相同。公元前386年赵武公子赵朝发生兵变，赵国将国都从中牟（今汤阴）迁至邯郸，也就是说政权的更迭并不影响文化的延续，故羑河墓地所在的汤阴战国中期前应为赵国属地，战国中期到晚期属魏国。

4. 关于随葬青铜礼器及相关问题

青铜礼器在汤阴一带战国墓葬中出土非常少见，这批墓葬中共有近10座墓共出土青铜礼器20余件，非常重要，对这一墓地性质的研究具有重要价值。墓葬随葬的青铜礼器主要有鼎、盘、匜、舟等，青铜礼器组合也主要以鼎、盘、舟、豆和鼎、舟等两种组合形式为主。这批青铜礼器，胎质较薄、制作不精，装饰简单或无纹饰，应属明器。其他还发现有青铜刀、带钓、车马器等小件青铜器。

此批墓葬陶器与铜器共存的现象非常少，仅有一座铜器墓中随葬1件陶器。通过这批墓葬的发掘，分析各墓葬之间以及本地域与周边地区文化的渊源或联系，对研究安阳地区春秋战国时期的历史、墓葬形制及其习俗文化提供了实物资料和重要的帮助。

三、林州大菜园战国墓地

该墓位于林州市东郊大菜园村，墓地南北长约500、东西约570米，是一处战国时期的大型墓地。2003年安阳市文物考古研究所（原安阳市文物工作队）对该墓地中西部地区进行了发掘，共发掘200余座战国时期墓葬和车马坑，其中有一座大墓，出土近100件青铜礼器、成套的编钟、车马器、兵器及成套的编磬、玉石器、陶器等。专家推测此处可能是战国时期赵国的墓地。2008年5月，安阳市文物考古研究所又在大菜园墓地的东部边沿的翠薇小区发掘战国小型墓葬70余座。

2009年3月至10月，安阳市文物考古研究所在该墓地中北部龙源世家住宅小区发掘战国墓葬300余座，出土了一大批战国时期文物。下面主要对这批墓葬进行简要介绍。

1. 墓地概况

林州市龙源世家住宅小区建设工地位于林州市城区的东北部，大菜园村村东，二龙山西侧，小区西边临林州市龙安中路。该小区地形为山前丘陵向盆地过渡地带，地理坐标为东经113° 55′，北纬35° 02′，海拔为80～91米。2003～2004年，为配合林州市基本建设河南省考古研究所、安阳市考古研究所在其周边地区的桂园住宅小区、翠微住宅小区等地先后发掘了战国时期墓葬400余座，车马坑2座，出土了一批战国青铜礼乐器、青铜车马器、玉石器以及陶器等具有较高学术价值的文物。此次配合龙源世家住宅小区建设工程安阳市文物考古研究所共钻探发现战国时期墓葬100余座，车马坑两处。结合前几年的发掘资料表明，龙源世家及其周边地区在战国晚期是一处规模较大的墓地。

2. 发掘简况

2009年4月至今，安阳市文物考古研究所和林州市文物队共对龙源世家住宅小区建设范围内进行了发掘，共发掘清理战国墓葬102座，战国车马坑两处。这批墓葬分布密集、排列有序，极少有叠压或打破关系。其中东西向的墓葬占整个墓地墓葬的60%以上，墓室面积在10平方米以上的占30%。多数墓葬有棺、有椁，有随葬品，其中出土有青铜礼器的墓葬十余座。这次发掘共出土器物300余件，计有陶器、铜器、玉器、石器、铁器等。陶器有鼎、豆、壶、罐、鬲、盘、匜，陶器组合为鼎、豆、壶，鼎、豆、罐，鼎、豆、鬲，部分陶器上有精美的彩绘图案，尤为珍贵。铜器种类有礼器、乐器、兵器、生产工具、车马器等，其中青铜礼乐器80余件，计有鼎、豆、壶、罐、甗、舟、鉴、镈钟、钮钟。

这次发掘的100余座墓葬中以M222与M284尤为重要。M222，方向285°，长方形土坑竖穴墓，墓室四壁规整光滑，内填五花土、平夯，紧靠墓室西北角，西壁、北壁各有脚窝3个。墓室南北两侧长4.8米，东侧宽4.1米，西侧宽4.18米，墓深6米。双棺一椁，外棺高0.8米，内棺塌陷高度不详，椁高1.65米。椁上填土中含有大量白膏泥直至棺底，在椁东西两边外侧填有大量积石。棺位于椁内北侧，墓主头西足东，仰身直肢，骨架朽成沫，年龄、性别不详。墓室内有殉牛。随葬品多放于棺外、椁内南侧，出土器物70余件，计有陶器、铜器、玉器、石器等。陶器有豆2、壶2、鬲1，铜器有鼎4、甗1、鑑1、壶2、豆2、镈钟4、钮钟9、车马器，戈等，其中青铜礼乐器24件。另有石磬一组，玉器两件及大量骨贝。

M284，方向283°，长方形土坑竖穴墓，墓室四壁规整光滑，内填五花土、平夯。墓室南北两侧长4.3米，东侧宽3.59米，西侧宽3.66米，墓深9米。一棺一椁，棺高1.1米，椁高1.6米。在椁东、南、北三边外侧均发现填有积石。棺位于椁内北侧，墓主头西面上、仰身直肢，男性。墓室内有殉牛。随葬品多放于棺外、椁内东南角，玉器放于棺内墓主身侧，出土器物60余件，计有陶器、铜器、玉器、石器等。陶器有鬲2，铜器有鼎3、甗1、舟2、罐1、壶2、鑑1、豆1、钮钟9、戈、车马器等，其中青铜礼乐器20件。另有石磬两组，玉器5件，其中一件玉环，直径10厘米以上，显得尤为珍贵。

车马坑K1，南北两侧长7.3米，东西两侧宽3米，坑深3.1米。内葬有车3辆，马9匹。3辆车位于坑内西侧，由西向东整齐排列，由车轮、车厢、车辕、车轴、车衡、车轭等组成，均木质有漆。车轮直径在1.4米左右，车辐24至26根，车厢长方形。9匹马位于车东侧，马头东向，马架叠压。车马坑K2，南北两侧长6.7米，东西两侧宽3.55米，坑深2.6米，被M295打破。现清理出北侧车轮两个，南侧一车轮残，另一车轮被晚期墓葬损坏。根据发掘情况推测，该坑内葬有车2辆，2辆车位于坑内西侧。发掘工作正在进行当中，其他情况不详。

3. 意义

龙源世家发掘的100余座墓葬、两处车马坑与近几年在其周边发掘的400余座墓葬和一座车马坑属于同一处墓地。该墓地南北长约1000米，东西约500米。墓地内墓葬排列整齐、分布密集，少有叠压和打破关系，没有发现任何遗存痕迹。大型墓葬位于墓地中心区域，墓地中心区域的中、小型墓葬分布密集，由墓地中心区域向南、向西、向北，墓葬分布逐渐稀疏，墓室面积逐步变小。多数墓葬中、小型墓葬随葬有陶器，陶器的组合及形制多与同期的赵国墓地相同，大型墓葬中出土的青铜礼器也具有同样的特色。由此推测，此处应是一处战国时期的赵国墓地。该墓地的发掘，对三晋文化的研究及同时期林州历史文化研究具有非常重要的意义。

四、安阳东方今典小区战国排葬坑

安阳市东方金典住宅小区位于文峰区秋家沟村，原安阳市第二自行车厂，东侧为平原路，北侧为幸福路。2005年10月至11月安阳市文物考古研究所（原安阳市文物工作队）对该小区基建占地范围内遗迹进行了考古发掘，其中在第14号基槽内发掘清理了27座战国时期的排葬坑（编号M1～M27），这批排葬坑位于2.3米深的基槽底，皆为长方竖穴型，被部分汉代、唐代墓葬及晚期坑等打破。方向在5°～25°。均为南北向，东西成行，可分5行，每行2座到9座不等，从南往北，第1行2座，第2行7座，第3行9座，第4行5座，第5行3座。南北间距0.5米左右，东西间距0.7米～1.5米。坑长1.6～2.8米，宽0.6～1.82米。坑内埋藏骨架多寡不一，最少的为1具，多者10具，骨架皆为俯身葬身首分离，上下叠压，其中一坑内还随葬狗骨架1具。从坑内发现的头骨、盆骨初步判断，死者多为青壮年男性。除在坑内填土中出土有少量战国时期的陶器残片外，坑内无其他随葬品。

M1　方向25°。北侧被1汉代墓葬打破，残长1.6米，宽0.6米，深1.35米。现残存骨架4具，头骨2枚，骨架与头骨分置，系砍杀所致，上下叠压摆放。其中1具骨架娇小，似儿童，其余3具骨架从坐骨大切迹和耻骨下角看均为壮年男性。

M2　方向15°。长2.0米，宽1.0～0.9米，北窄南宽，深1.35米。坑内有骨架10具，头骨10枚，骨架与头骨分置，系砍杀所致，上下叠压摆放2层，除1具为仰身外，其余皆为俯身。在这些骨架中，有1具骨架娇小，似儿童（俯身），其余骨架从坐骨大切迹和耻骨下角看均为壮年男性。

M3　方向15°。中部被1现代打桩孔打破。长2.0米，宽1.0米，深1.0米。坑内有骨架10具，头骨10枚，骨架与头骨分置，系砍杀所致，上下叠压摆放2层，坐骨大切迹和耻骨下角看均为壮年男性。

M7　方向10°。长2.25米，宽0.17～1.13米，深1.05米。坑内有骨架8具，头骨8枚，骨架与头骨分置，系砍杀所致，上下叠压摆放2层，坐骨大切迹和耻骨下角看均为壮年男性。2008年8月12日，经中国社会科学院考古所王明辉教授鉴定，其中保存较好的6具骨架年龄均在35±岁。

从骨架的第一趾骨和末节趾骨看，有磨损而产生的痕迹，《汉书·贾谊传》记载，贾谊与汉文帝谈论“至半夜，文帝前席”，加之坑内出有战国时期陶片，故而这批排葬坑的时代下限应为战国。此批排葬坑排列有序，坑内人骨架深首异处，且上下叠压，应为同一时期同时埋葬的，这一现象在战国时期的考古中非常少见，有专家认为这可能战国时期坑杀战俘的遗迹。关于这批排葬坑的性质有待于进一步探讨。

五、安阳文峰区二十里铺村西战国墓地

该墓地位于安阳市文峰区二十里铺村西约1000米处，共经过2次发掘。

2007年10～12月，配合南水北调工程建设先期对墓地南部的墓葬进行了抢救性发掘，共清理战国至西汉早期墓葬28座，其中汉代砖室墓10余座，汉代空心砖墓2座，共出土器物163件，其中铜器7件、陶器114件、铜镞15枚、铜钱15枚、铁器9件、骨管2个等器物。特别是汉代空心砖墓的发现是安阳市区首次发现，具有重要的考古价值。出土了大量的陶器，有陶方壶、鼎、罐、盆、盒等器形，为战国晚期至西汉早期陶器分类提供了科学的依据和资料。

2008年5月4日，根据河南省文物局南水北调文物保护办公室的指示，我所开始对墓地的北部墓葬集中的区域进行抢救性文物考古发掘，发掘区域位于安阳市二十里铺村西北地约1.2千米，东距京广铁路线1.0千米，北距安林高速约0.5千米。至2008年7月10日，共清理墓葬116座。发掘区南北长约150米，东西宽约50米，总计7500平方米，实际墓葬发掘面积约800平方米。出土铜器、铁器、石器及玉器100余件，其中玉器3件、石器2件、蚌壳2个、玻璃器1件、铜器60余件、铁器20余件、陶器10余件，还见1件圆柱形器物，位于该墓出土的铜镜下部，呈粉红色，类似于现在的粉笔，推测应为当时的化妆饰品。出土的器型大致有罐、壶、碗、带钩、铜镜、桥形器等。

本次清理的墓葬均为长方形土坑竖穴墓，斜壁，墓壁加工状况一般，墓口大于墓底；填土均为白花土，土质较硬，结构紧密，包含有大量白干土和料姜石粒等，且均有夯打的痕迹；均有二层台，分为生土二层台与熟土二层台两种；均有棺，少量有椁，保存较差，椁板数目不详；棺内殉葬骨架一具，保存均差，分为仰身和侧身两种，有屈肢葬和直肢葬；平底，但在部分墓葬的底部中发现有底槽，宽度在12～16厘米；少量墓葬中还发现有壁龛。随葬品不甚丰富，从随葬陶器来看，应为战国早期至中期墓葬。现以几座墓葬为例，介绍如下：

M68，系东西向长方竖穴形土圹墓，方向100°。位于墓区中部偏东，由于墓口表面上层被破坏，开口面距地表深度不详。现墓口距地表约1.5米，墓口长2.42米，宽1.44～1.46米，填土为白花土，土质硬，结构紧密，包含有大量的白干土和料姜石粒等，有夯打的痕迹。斜壁，墓壁加工状况一般；距地表约4.30米到南北熟土二层台，北台宽0.20米左右，南台宽约0.30米，台高0.50米。有棺椁痕迹，朽甚，椁板数目不详，距地表约4.40米到棺，棺长2.00米，宽0.52～0.60米，残高0.40米。平底。棺内殉葬人架一具，仰身屈肢葬，保存较差，头东，面向北，初步推断为女性，老年。随葬品三件，分别编号为M68：1、M68：2、M68：3。M68：1，陶豆1件，残，放置于棺椁之间，墓底的东北部；M68：2，陶壶1件，残，放置于棺椁之间，墓底的东北角；M68：3，铜带钩1件，残，放置于棺内，人盆骨的南侧。

M13，系南北向长方竖穴形土圹墓，方向4°。位于墓区中部偏西。现墓口距地表约1.50米，墓口长3.06米，宽2.20～2.24米，填土为白花土，土质硬，结构紧密，包含有大量的白干土和料姜石粒等，有夯打的痕迹。斜壁，墓壁加工状况一般；距地表约3.34米到熟土二层台，四周皆有；台宽0.24～0.66米，台高0.56米。有棺椁痕迹，朽甚，椁板数目不详，长1.90米，宽0.90～1.04米；距地表约3.60米到棺，棺长1.62米，宽0.62～0.64米，残高0.40米。平底。棺内殉葬人骨架一具，仰身直肢葬，保存较差，头北，面向西，初步推断为男性，老年。随葬品四件，分别编号为M13：1、M13：2、M13：3、M13：4。M13：1，铁带钩1件，残，鎏金，放置于人头骨上部；M13：2，玉璧1件，残，放置于人右上肢骨处；M13：3，玉环1件，残，放置于人左上肢骨处；M13：4铜桥形器1袋，残，放置于人左盆骨处。

M106，系南北向长方竖穴形土圹墓，方向10°。位于墓区中部，现墓口距地表约1.40米，墓口长2.40米，宽1.38～1.46米，填土为白花土，土质硬，结构紧密，包含有大量的白干土和料浆石粒等，有夯打的痕迹。略斜壁，墓壁加工状况一般；距地表约2.00米到东西生土二层台，北台宽0.22米左右，南台宽约0.24米，台高0.60米。有棺椁痕迹，朽甚，椁板数目不详，距地表约2.00米到棺，棺长2.40米，宽0.60米，残高0.40米。平底。棺内殉葬人架一具，仰身直肢葬，保存较差，头北，面向西，初步推断为少儿。随葬品2件，分别编号为M106：1，M106：2。M106：1，铜带钩1件，放置于人头骨的上部；M106：2，石环1件，残，放置于人头骨上部偏东。

六、安阳市高庄乡杨河固村战国遗址和墓葬

张河固杨河固东周遗址位于安阳市高庄乡张河固村东北，杨河固村西、北一块台地上，遗址高出周围地面近0.5米，面积有数万平方米。战国遗址在张河固村东南一带也有少量发现。

1994年夏秋，河南省文物考古研究所在该址上发掘面积近1000平方米，发现清理了一批东周时期的房基、灰坑、道路等遗址，发掘清理东周墓葬9座，出土有陶鼎、罐、鬲、匜、壶、盆及骨笄、铜带钩、铜铃、石圭、骨贝等器物。墓葬时代属于春秋晚期至战国早期或者稍晚。2009年，安阳市文物考古研究所配合京珠高速公路扩宽工程，在张河固村东南京珠高速公路的西侧发掘战国时期灰坑等遗址面积200余平方米，发现宋代道路一条①。

2013年3月，安阳市文物考古研究所配合南水北调受水区工程，对位于杨河固村东北，京珠高速公路东侧的战国遗址和墓葬安进行了调查和发掘。

1. 地理位置

此次发掘区域位于安阳市高庄乡杨河固村北地。西邻京港澳高速公路，南临安濮南路。该区域原为一片耕地，地势平坦。南水北调中线供水工程配套输水管道从中穿过，该考古工地编号为：2013NSBDYHG。本次发掘前期钻探面积17000平方米，经钻探发现管渠区范围内约有

① 安阳市文物考古研究所：《河南安阳市王古道村东周墓地发掘报告》，《华夏考古》2008年第1期。

古墓葬133座，实际发掘面积3450平方米。

2. 发掘进展情况

我所于2013年4月15日开始考古工作，以N36° 03′ 01.3″，E114° 25′ 24.8″，为基点布探方89个，布方面积8900平方米，实际发掘探方24个，发掘面积2091平方米。2013年6月23日结束，总发掘面积3450平方米，共发掘灰坑25处、道路1条、墓葬133座，出土并采集器物100余件，从质地上以陶器、铜带钩为大宗，间有瓷器、骨器、铜钱。

从墓葬初步清理的情况看，以东周战国时期居多，共128座；明清时期的2座、宋代3座。现具体介绍如下：

1）东周战国时期墓葬

东周时期的战国墓葬，墓葬形制全部为土坑竖穴墓。方向以南北向为大宗，少有东西向。葬式以仰身直肢及仰身屈肢为大宗，出土器物多为陶鼎、陶豆、陶壶、小陶壶、陶盘、陶匜、陶鬲、陶罐、铜带钩、骨簪等。

M13，该墓葬是一座长方形竖穴土坑墓，方向25°。透口于地表下0.80米。南北长2.15米，东西宽1.35米。墓口下1.70米为生土二层台。二台宽0.06～0.15米，高0.55米。内有一棺一椁，朽甚，残留些许痕迹。椁长2.05米，宽1.05米，高0.55米。棺长1.80米，宽0.50米，高0.50米。葬一人，头北面上，仰身直肢，双手放于盆骨处，双脚并拢。性别推测为男性，年龄30±。填土为花土，黄色土内含红土块，夯打坚实。出土器物有陶罐2件、陶鬲1件。

M15，该墓葬是一座长方形竖穴土坑墓，方向25°。透口于地表下0.40米。南北长2.55米，东西宽1.30米，深0.90米。内有一棺，朽甚，残留些许痕迹。棺长1.94米，宽0.70米，棺板厚0.06米。葬一人，头北面西，仰身直肢，左手顺直，右手放于腹前。性别推测为男性，年龄50±。填土为花土，黄色土内含红土块，夯打坚实。出土器物有陶罐2件、陶豆2件、陶鬲1件。

M49，该墓葬是一座长方形竖穴土坑墓，方向20°。透口于地表下0.60米。西北角被M48打破少许。墓葬南北长2.55米，东西宽1.20米。墓口下2.10米为熟土二层台。二台宽0.16～0.25米，高0.40米。内有一棺一椁，朽甚，残留些许痕迹。椁长2.20米，宽0.80米，高0.40米。棺长1.70米，宽0.50米。葬一人，头北面上，仰身，骨架凌乱错位。从头骨及盆骨特征推测性别为男性，年龄45±。填土为花土，黄色土内含红土块，夯打坚实。出土器物有陶罐1件、陶豆1件、陶鬲2件、陶杯1件（带鋬）。

M87，该墓葬是一座长方形竖穴土坑墓，方向110°。透口于地表下0.30米。南北长2.15米，东西宽1.70米。墓口下0.70米为熟土二层台。二台宽0.20～0.40米，高0.30米。内有一棺，朽甚，残留些许痕迹。棺长1.70米，宽0.70米。西壁中部有一龛，龛底距二台0.50米，龛宽0.65米，高0.35米，深0.35米。壁龛内放器物。葬一人，头东面北，侧身屈肢，左臂顺直，右手放于左手下，双腿向西跪屈，双脚并拢。从头骨及盆骨特征推测性别为男性，年龄50±。填土为花土，黄色土内含红土块，夯打坚实。出土器物有陶鼎1件、陶豆1件、陶壶1件、小陶壶1件、陶碗1件。

M94，该墓葬是一座长方形竖穴土坑墓，方向20°。透口于地表下0.30米。东西长3.70米，南北宽2.70米。墓口下2.0米为熟土二层台，夯打过。二台宽0.30～0.40米，高0.80米。二台内有两椁两棺，东西并排，皆为南北向。棺椁朽甚，残留木板灰，及些许痕迹。两椁间距1.20～1.30米。两椁间有一隔梁，隔梁中部有一土槽（龛），其中放有陶器组合。东侧椁长2.15米，宽0.90米。棺长1.82米，宽0.80米。内葬一人，骨架腐朽严重，从大致形状可看出，墓主为头北，双腿向东微屈，成年，腰部出土一铜带钩，分析应为男性。西侧椁长2.0米，宽1.0米。棺长1.66米，宽0.62米。内葬一人，骨架腐朽严重，从大致形状可看出，墓主为头北，双腿向东微屈，成年，头部有一骨簪，分析应为女性。该墓葬应为夫妻同穴并葬，墓葬加工平整，墓壁光滑。填土为花土，黄色土内含红土块，夯打坚实。出土器物有铜带钩1件、骨簪1件、陶鼎2件、陶豆4件、陶壶4件、小陶壶4件、陶碗2件、陶匜1件。

M123，该墓葬是一座长方形竖穴土坑墓，方向110°。透口于地表下0.30米。东西长2.80米，南北宽1.70米。墓口下2.60米为熟土二层台，夯打过。二台宽0.20～0.25米，高0.36米。内有一棺一椁，朽甚，椁底板痕迹仍清晰可见。底板由13块宽0.10～0.16米的木板南北向平铺。葬一人，头朝东，双手上举于右肩部，仰身屈肢双脚向右屈。性别推测为男性，年龄45±。填土为花土，黄色土内含红土块，夯打坚实。出土器物有铜带钩1件、陶鼎2件、陶豆2件、陶壶2件、小陶壶1件、陶碗1件、陶匜1件、陶盘1件。出土器物有瓷罐1件，铜钱两枚。

2）东周战国时期灰坑

H12，该灰坑位于T0102东部，地表下0.50米透口。灰坑深1.0米。灰坑平面呈圆形，坡壁，圆底，西侧被晚期山药沟打破。坑底殉一人，头北面上，仰身屈肢，从盆骨特征及牙齿磨损程度推断，为一男性，年龄45±。

3）东周战国时期道路

L1，该路面位于G1（晚沟）下，深1.10～1.40米。道路为东南—西北走向，方向125°。L1两边高，中部较低，平面呈凹形弧底，宽约5.50～6.0米。L1西段（位于T2306内）中部有4道车辙印，L1东段（位于T2208内）中部车辙仍较直，与T2306内相连。南部向南偏移，分出3道车辙。车辙宽约0.20～0.40米，深0.10米。道路土质致密，呈黄、红色花土。车辙印土质呈褐红色。

3. 结语

综合本次清理发掘情况看，初步判断这批墓葬时代为东周战国时期。就墓葬形制来看，可分北向、东向和南向三种类型。其中以北向为大宗；就墓主葬式来看，可分为仰身直肢和仰身屈肢两种，其中以仰身直肢为大宗；就随葬品种类来看，分为三种情况：① 随葬铜带钩1件。② 随葬陶器3件组合，如：鼎、豆、壶；鬲、豆、罐；鬲、盘、罐；鬲、盆、罐等。③ 随葬陶器多件组合，有鼎、豆、大壶、小壶、盘、匜、碗。其中鼎、豆、大壶、小壶多为2件。

通过这批墓葬的发掘，分析各墓葬之间以及本地域与周边地区文化的渊源或联系。对研究安阳地区东周战国时期的历史、墓葬形制及其习俗文化提供了实物资料和重要的帮助。

七、安阳其他地区发现东周时期的遗址和墓葬

1992～2001年，安阳市文物考古研究所（原安阳市文物工作队）安阳县水冶镇水冶铁厂附近共发掘清理战国墓葬390座及战国窑址3座，房基1处。出土了一批战国陶器、青铜剑、青铜车器及玉器、水晶环等。其中烧结厂M8出土青铜鼎4件、壶2件、鸟形尊1件为此批墓葬中最大墓葬，也是唯一出土青铜礼器的墓葬。1995年7～8月，为配合安阳钢铁公司水冶炼铁分厂新建住宅区的建设工程，发掘清理了战国时期3座陶窑，1处房基。出土了大量的生活器皿陶豆、壶、盆、碗、瓮、甑、罐等，建筑材料包括土坯、板瓦、筒瓦、薄砖等器物。该处窑厂推测是一处战国时期较大规模的民间窑厂，其使用时间从战国中期开始至战国晚期。

20世纪90年代中期，安阳市文物考古研究所（原安阳市文物工作队）在龙安区寺沟村发掘清理一大批战国晚期至西汉早期的墓葬，其中战国墓葬共计有100余座，出土了一批战国陶鼎、壶、罐及带钩等器物。

2011年，安阳市文物考古研究所在梯家口村西丽园小区发掘清理商代至战国时期墓葬10余座，其中战国墓葬有近10座，出土了一批战国陶器。

20世纪90年代末，安阳市文物考古研究所（原安阳市文物工作队）在文峰区聂村发掘清理一大批战国晚期至西汉早期的墓葬，其中战国墓葬共计有60余座，出土了一批战国陶鼎、壶、罐及带钩等器物。

2007年5～7月，在安阳市解放大道与彰德路交叉口西北角博地苑小区（原安阳机床厂院内）安阳市文物考古研究所发掘清理商代至明清时期墓葬计50余座，其中战国墓葬有10余座，出土了一批战国时期的陶鼎、壶、罐、盒等器物。

安阳黄张战国遗址和墓葬。遗址位于安阳市龙安区黄张村北地，面积共有7万多平方米，时代包括后冈二期、两周时期和隋等多个时期。2005年，中国社会科学院考古研究所黄张发掘队和河南省文物管理局南水北调文物保护办公室联合发掘。此次发掘共计发掘面积2000多平方米，清理灰坑102座，墓葬30座。遗址时期从西周晚期，历经春秋时期一直延续至战国晚期。发掘的春秋至战国时期的墓葬出土了一大批陶鼎、盆、豆、罐、壶、匜、盘等陶器，青铜剑、青铜带钩、铜璜形饰等铜器，铁带钩及石环、石璧、骨笄等[①]。

2007年，在南水北调安阳第四标段共张遗址的文物保护巡护中，安阳市文物考古研究所又在原发掘区的外围抢救性发掘了7座战国墓葬，2座西晋墓和1座宋代墓葬。战国墓内出土了一批陶器和玉器及战国“公”字布等。西晋墓内出土地一批陶器、陶俑和铜镜等器物，特别陶

① 河南省文物考古研究所：《河南安阳张河固遗址东周墓葬的发掘》，《华夏考古》2000年第2期。

牛拉车造型精美，制作精巧，保存完整，是这批器物的精品。编号M3为战国墓，东西向长方竖穴形土圹墓，方向95°。残留墓口距地表1.30米，口残长3.05～2.75米，宽1.86～1.84米，斜壁，墓壁加工状况一般，填土呈黄褐色，土质硬，结构细密，含大量黄沙土和红黏土。距墓口深1.10米处四周有熟土二层台，有夯打过的痕迹，台宽0.28～0.54米，二层台高0.30米。内有一棺一椁，但腐朽严重。棺内一具骨架，朽甚，侧身屈肢葬。头向东，面南、性别为女性、成年。随葬品有陶壶两件（残）、豆两件（残）、鼎一件（残）、陶器一件（残）、铜铃四个、铜环两件、骨珠3个、铜璜（铜桥形饰）10余件。

2005～2008年，位于安阳县安丰乡固岸村东地的固岸墓地，共计发掘战国墓葬36座。

2010年3～5月，南水北调第九标段吉庄村取土区，共计发掘战国时期墓数十座，皆为小型墓葬，出土了一批战国时期的陶器、带钩等器物。

此外，在近期开展的安阳城区文物资源的调查中，在高庄乡还发现爵城、尧城等大型的商周至东周时期的文化城址。总之安阳地区东周时期文化遗址发现多，分布广，遗址面积大，特别是东周时期墓葬发现数量多，价值高，具有重要的考古价值。

附录二　河南省汤阴县五里岗战国墓地出土钱币报告与研究

孔德铭

摘　要：2006年8～12月，安阳市文物考古研究所配合南水北调中线工程对汤阴五里岗战国墓地进行了发掘，共发掘战国墓葬700余座，其中有3座墓葬分别出土有“公”字布、“垣”字圜钱等战国钱币10枚。这批钱币均系考古发掘出土，地理位置和地层关系明确，为研究上述两种钱币的铸地、国属、性质等提供了新的科学的资料。

关键词：河南汤阴县　五里岗战国墓地　出土钱币

2006年8～12月，安阳市文物考古研究所对南水北调中线工程汤阴五里岗战国墓地进行了发掘，其中有3座墓分别出土有“公”字布、“垣”字圜钱等战国钱币10枚。这批钱币均系科学考古发掘出土，特别是“公”字布和“垣”字圜钱在科学的考古发掘的墓葬中出土更是罕见，它对研究上述两种钱币的铸地、国属、性质等具有非常重要的价值。

一、墓地概况

五里岗战国墓地位于安阳市汤阴县韩庄乡孙庄村西北，南水北调中线干渠648公里处，距汤阴县城约2.5千米，东距京广铁路约2千米，是南水北调中线总干渠河南省2006年度控制性文物保护项目之一。五里岗战国墓地，地理坐标为北纬35° 55′，东经114° 19′，海拔98米。南水北调办公室编号为2004.HN.AY.TY.B—2。

墓地位于太行山东麓，山前丘陵与平原交界地区，地形略有起伏。南水北调干渠在此由南向北经过，墓地西部为一南北向低矮的丘陵，长约6千米，东西长3～4千米，俗称五里岗。向东依次为下降的台地，海拔97～110米。

2006年7月，安阳市文物工作队组织对该墓地进行了全面钻探。钻探面积约38000平方米，分4个探区。在钻探范围内共发现古代墓葬近700座，其中战国墓占98%座，其他时期墓葬10余座。墓葬开口位于地表下0.5～0.7米，墓深2～4.7米；地层基本上分三层，上部为耕土层，厚0.25～0.45米，含有现代垃圾；耕土层下为黄土层，厚0.20～0.70；第三层为红土层（次生土），厚0.55～0.60米；再下为白色砂岩层（俗称白矸土）。战国墓葬一般开口于二层下。

二、墓葬形制及钱币出土情况

2006年8月3日开始，历时5个月，于12月底完成了五里岗战国墓地的考古发掘任务。此次五里岗战国墓地共发掘清理墓葬724座，除17座为隋、唐、宋等时期墓葬外，其余均为战国时期墓葬。其中战国墓葬出土钱币计三座，分别编号06NSBDWLGM250、M399、M571。

M250，位于此次发掘的五里岗墓地中部偏南，该墓与其他墓葬相距较远，似单独为一单元，这与墓地其他排列密集的情况有所不同。该墓2006年8月25～27日发掘，方向10°，竖穴土坑，口大底小，墓葬开口二层下，墓口距地表0.8米，长2.06米，宽1.12米；有生土二层台，台距地表1.2米，二层台上面长2.0米，宽0.3～0.4米，高0.4米；墓底距地面深1.8米，长1.4米，宽0.5米。墓室填土为红、白花土。口部有夯打的痕迹。口下部分土质较松散，夹杂有大量的白矸石碎颗粒。墓主人仰屈肢，骨架保存一般。人骨架的右手放于盆骨处，左手放于胸口，右腿西屈，左腿较直。其中右侧胫骨伸入到左侧胫骨上，右脚没于其下，左脚散乱成堆。在墓主人的腰部西侧出土1枚圆孔圜钱，铭文“垣”字。

编号M250：1，圆形圆孔，生坑绿锈。钱币外圈有小缺口，正背均有麻布纹，下部留有铸柄痕。面右侧铭文“垣”字，阳文，文字纤细。直径4.1厘米，穿孔0.8厘米，厚0.11厘米，重5.8克。

M399，位于此次发掘的五里岗墓地中部偏西，该墓位于探方T905的西南角，西与M400相距1.5米，东与M398相距5.5米。从整个墓来看，M399与M400相距较近，二者关系密切，似为一单元。该墓2006年11月17～19日发掘，方向5°，竖穴土坑，口大底小，墓葬开口三层下，墓口距地表0.7米，打破第四层，长2.20米，宽1.50米；有生土二层台，台距地表1.1米，宽0.3～0.4米，高0.75米；墓底距地面1.86米，长2.10米，宽0.98米。墓室填土为红色土和白矸石土。墓主人为俯身屈肢葬，头北脚南，脸向东，头骨粉碎。人骨架的右手直伸，左手后背于背部，两腿向东弯曲，右腿西屈，盆骨朽，骨架保存较差，为成年女性。

出土器物：

在墓主人骨架左侧大腿的根部，出土铜带钩1件。

在墓主人左侧盆骨下出土铜璜5件（桥形饰）。

在墓室南边，墓主人的脚下出土4枚圆孔圜钱：

编号M399：1，圆形圆孔，生坑灰绿锈。钱币外圈有小缺口，下部留有宽大的铸柄痕。面右侧铭文“垣”字，阳文，字体较粗，且突起，文字清晰。直径4.1厘米，穿孔0.8厘米，厚0.2厘米，重8.1克。

编号M399：2，圆形，穿孔不甚圆，略小，呈不规则形。钱体生坑，黑、红、灰绿锈。钱币外圈有小缺口，上部留有铸柄痕。面右侧铭文“垣”字，阳文，字体较粗，字迹稍平，文字相对模糊。直径3.95厘米，穿孔0.7厘米，厚0.15厘米，重8.2克。

编号M399：3，圆形圆孔，穿孔略小。生坑，黑、红、灰绿锈。钱币下部留有凸出的铸柄痕。面右侧铭文“垣”字，阳文，字体较粗，且突起，文字清晰。直径4.1厘米，穿孔0.7厘米，厚0.2厘米，铸柄宽1.3厘米，重9.7克。

编号M399：4，圆形圆孔，穿孔较大，生坑灰绿锈。钱币外圈有弧形缺口，下部留有宽大的铸柄痕。面右侧铭文“垣”字，阳文，字体较粗，文字相对模糊。直径4.1厘米，穿孔0.9厘米，厚0.15厘米，重8.2克。

M571，位于此次发掘的五里岗墓地中部偏东，该墓位于探方T0806的西南角，西与M89相距1.5米，东与M87相距1.0米，被M88打破西南部。从整个墓来看，M571与M89相距较近，型制大小基本相同，二者关系密切，似为一单元。M88与M87相距较近，型制大小基本相同，二者关系密切，似为一单元。该墓2006年11月22～25日发掘，方向10°，竖穴土坑，口大底小，墓葬开口二层下，墓口距地表0.4米，打破第三层，长2.10米，宽1.10米；有生土二层台，台距地表0.8米，宽0.1～0.22米，高0.60米；墓底距地面深1.4米，长1.9米，宽0.64米。墓室填土为红色土和白矸石土，有夯打的痕迹。墓主人为仰身直肢葬，头北脚南，头部已移动。人骨架的双手交于下腹部，右手搭在左手上。两腿伸直，脚已朽，双脚向西，右脚压在左脚上。骨架保存较差，为成年女性。M571，在墓主人右小腿外侧出土小型锐角“公”字布5枚。

编号M571：1，平首、平肩、平足、三角形裆，首部左右各有两个凸出对称的三角形小耳。正、背两面沿首部两侧各有两道竖线纹向下至足部，布身两侧各有一道凸起的扉棱。面中间两道竖线纹中间铭文“公”字，布身背部正中也饰有一道竖线纹，竖线纹下部与裆上部的一小横线纹相交叉，横线纹较细。布身周边有小块残缺。布通长4.85厘米。

编号M571：2，平首、平肩、平足、三角形裆，首部左右各有两个凸出对称的三角形小耳，肩部左侧出榫，右侧有小块残缺。正、背两面沿首部两侧各有两道竖线纹向下至足部，布身两侧各有一道凸起的扉棱。面中间两道竖线纹中间铭文“公”字，“公”字下面三角的右半部及右侧竖线纹的下部可能由于铸造的原因均残缺。布身背部正中也饰有一道竖线纹，但下部没有横线纹。布通长4.90厘米。

编号M571：3，平首、平肩、平足、三角形裆，首部左右各有两个凸出对称的三角形小耳，但左边的小三角略残。正、背两面沿首部两侧各有两道竖线纹向下至足部，布身两侧各有一道凸起的扉棱。面中间两道竖线纹中间铭文“公”字，文字线条较细。布身背部正中也饰有一道竖线纹，竖线纹下部与裆上部的一小横线纹相交叉，横线纹较粗。布身左侧残缺较多。布通长4.90厘米。

编号M571：4，平首、平肩、平足、三角形裆，首部右侧有1个凸出的三角形小耳，右侧小耳残缺，布身右侧上下各残一小洞。正、背两面沿首部两侧各有两道竖线纹向下至足部，布身两侧各有一道凸起的扉棱。面中间两道竖线纹中间铭文“公”字，“公”字的上半部与下半部相距较远，字体较粗、凸起，字迹清晰。布身背部正中也饰有一道竖线纹，竖线纹下部与裆上部的一小横线纹相交叉，横线纹较细。布通长4.90厘米。

编号M571：5，平首、平肩、平足、三角形裆，首部左侧有1个凸出的三角形小耳，右侧小耳残缺，左肩、右足等均有较大的缺块。正、背两面沿首部两侧各有两道竖线纹向下至足部，布身两侧各有一道凸起的扉棱。面中间两道竖线纹中间铭文“公”字，字体较细，字迹清晰。布身背部正中也饰有一道竖线纹，但下部没有横线纹。布通长4.80厘米。

M571出土“公”字布数据统计表　（单位：厘米/克）

编号	通长	身长	首宽	肩宽	足宽	厚	重量
M571：1	4.85	3.3	1.7	2.7	3.0	0.3	6.1
M571：2	4.9	3.3	1.6	2.6	2.9	0.15	7.1
M571：3	4.9	3.4	1.7	2.6	2.9	0.2	5.5
M571：4	4.9	3.4	1.7	2.7	3.0	0.2	6.0
M571：5	4.8	3.2	1.7	2.4	2.7	0.1	4.6

三、汤阴及其附近地区出土战国钱币概况

1982年，汤阴县西岗变电站战国墓地考古中出土“公”字布8枚。此处离我们这次发掘的范围约500米①。二者应同属一个大型墓地。

1986年4月，汤阴县出土二批战国平首布，计有安邑二釿、安阳布、梁邑布、高都布、涅布等战国钱币②。

1992年，安阳市西部约15千米的洹河中，出土了一批小方足布。这批布币出土时成捆放置，无流通使用痕迹，品相极好，约有四五千枚之多。但出土后，布币大部分流散民间。从这批方足币的币文看，种类丰富，主要有：安阳、平阴、中都、皮氏、梁、兹、涿、北屈、露、平阳、王氏、祁、马雍、贝丘、郑、乌壤、邬、莆子、梁邑、襄垣等20余种。这批布币品种多，版式繁杂，是安阳市出土小方足布最多的一次③。

1995年11月，汤阴县工商银行新办公楼施工工地，出土一个战国时期半两钱币窖藏。钱币共计20余千克，约5000枚④。

2003年左右，在汤阴县东南瓦岗乡临近卫河处又发现一个战国时期的半两窖藏，出土钱币种类大体同县城工商银行工地，约有3000枚，我们看到了其中的约200枚。

1981年11月，在汤阴附近的鹤壁市石林乡狮跑泉村出土战国货币窖藏，计35千克，4870枚，分装在三个圆底的陶罐内，内有“公”字布3537枚，“”字布1枚，“垣”字圜钱1180

① 墓地资料现分别存河南省文物考古研究所、濮阳文化局、汤阴文物保护管理所。

② 刘屹华：《浅谈汤阴发现的一批战国平首布》，《中州钱币论丛》，中州金融出版社，1991年。

③ 刘新明：《安阳出土战国方足布》，《中国钱币》1993年第3期。

④ 焦智勤、孔德铭：《河南汤阴出土战国半两窖藏》，《中国钱币》2000年第2期。

枚，平首方足布141枚，平首圆肩方足布11枚，是一次出土战国钱币较多的窖藏之一①。

20世纪50年代中期，在安阳林县东南部出土一个“”字布窖藏，其中“”布约30余枚，“公”字布1枚②。

从上述钱币出土资料来看，汤阴及其附近的鹤壁是战国晚期钱币出土比较丰富的地区之一，特别是可以认定为魏国的钱币“垣”字圜钱、安邑一釿、安邑一釿、梁正币百当等出土更多。但是战国钱币出土以窖藏出的为多，考古发掘的战国墓中出土钱币资料非常少，特别是“公”字布和“垣”字圜钱更是罕见。因此，汤阴五里岗战国墓地出土的钱币资料非常珍贵。

特别值得注意的是2007年12月15日，南水北调安阳第三标段黄张村北的一座战国墓（编号07NSBDⅣBDM7）中，又出土2枚“公”字锐角布，此地距五里岗战国墓地约15千米。2枚钱币均较薄，出土于墓葬东侧填土内，墓口下1.0米处，与1件铁镢同出。墓内其他随葬器物有陶鼎、豆、壶等器物。M7：8-1，保存较完整，通长4.6厘米，身长3.2厘米，首长1.4厘米，首宽1.8厘米（带小耳），肩宽2.6厘米，足宽2.7厘米。M7：8-2，首部残缺，残长3.6厘米，身长3.3厘米，肩宽2.7厘米（左出榫），足宽2.8厘米。这是安阳地区墓葬内出土“公”字布的又一个新的地点③。

四、战国时期汤阴地区的地理形势及钱币的性质

1. 战国时期汤阴一带历史沿革

汤阴，古称荡阴，夏为西河地。周灭殷后，分其畿内之地为鄘、邶、卫三国，属“三监之地，”春秋时期先属卫，后属晋。但战国时期韩赵魏三国疆域变更频繁，汤阴归属不定。战国时期大体上先属赵，后属魏。在战国早期，公元前435年韩赵魏灭智伯，公元前455年魏文侯立国，公元前419年，“任西门豹守邺，而河内称治，”此地多属魏国。《史记·赵世家》载：“献侯少即位，治中牟。”（《正义》：“相州荡阴县西五十八里，有牟山，盖中牟邑在此山侧也。”）又云：“敬侯六年（前381年），赵始都邯郸。”赵国在中牟建都共有37年时，此地与赵都中牟很近，应属赵国。魏国迁都大梁（前361年）前后，曾极力开拓疆域，图谋中原，大概也在这个时候赵把突入魏国境内的旧都中牟（今河南鹤壁市西）送给魏国，而魏国把繁阳（今河南内黄县西北）、浮水一带给了赵国。赵惠文王“十七年（前320年），乐毅将赵师攻魏伯阳……十八年秦拔我石城。王再之东阳，决河水”。“赵与魏伯阳”。《正义》：“伯阳故城一名邯会城，在相州邺县西五十里，七国时魏邑，汉邯会城。”（故城在今

① 刘荷英：《鹤壁出土战国锐角布币》，《中国钱币》1981年第11期。

② 《安阳鹤壁钱币发现与研究》编委会：《安阳鹤壁钱币发现与研究》，中华书局，2003年。

③ 资料现存安阳市文物考古研究所。

安阳县西北）可见战国中期汤阴开始归属魏国。这时赵国也在漳水、滏水之间修筑赵南长城，成为赵的南界，这样魏国在中原的大片土地连成一片。战国晚期，赵魏之间为争夺土地的战争大多在今安阳、汤阴一带展开。“赵惠王二十四年（前275年），廉颇攻魏房子，拔之，因城而还，又攻安阳取之”。公元前267年廉颇取魏之几（今河北大名县东南），次年又攻取魏的防陵（今安阳县南）、安阳（今安阳县东南）拔之。汤阴北距安阳仅20千米，距防陵更近，是时安阳、防陵属赵，汤阴成为魏国北方重要城邑。因此，战国末期，秦与韩、赵、魏三国的战争多次在此展开。魏安厘王二十年（前256年），“秦围赵之邯郸，魏安厘王使将军晋鄙救赵，畏秦，止于汤阴，不进”。“信陵君无忌椎杀将军晋鄙，以救赵”。信陵君窃符救赵，椎杀大将晋鄙之事，就发生在汤阴降城。因此，从史书记载来看，从战国中期至晚期，汤阴皆属魏国所有，并且是魏国北部的边防重镇。

2. 五里岗墓地的性质

从上述分析看，汤阴在战国晚期属魏国，那么五里岗离汤阴县城仅1千米，此地当也属魏国。根据此次发掘情况初步判断，应与1982年在此地发掘区西300米处的变电站内发掘的墓葬一样，当属同一个大型墓地。这批战国墓以南北向为主，间有东西向的，均为土坑竖穴墓，多数墓口略大于墓底，墓壁稍倾斜。一般墓葬有生土二层台，少量有熟土二层台或无二层台。有熟土二层台的墓都稍大，有椁板痕迹，厚3～5厘米，棺为长方形，长1.8～2.2米，宽0.60米左右，高0.4～0.8米，棺上施红漆、黑漆、白漆，因土质问题，多数不期清楚，极少墓底可见点滴。

墓主人骨架多数为头向北，东西向的除M305头向西外，其余的均头向东，但因土质原因，骨架保存的不太好。根据中国社会科学院考古研究所人骨鉴定专家初步鉴定，在经过鉴定的291座人骨当中，女性与男性比例各约占50%，其中6～8岁仅有15座，占总墓葬2%；25～35岁占总墓葬30%以上；35～45岁占总墓葬50%以上，其余为45岁以上的老人。葬式以仰身屈肢葬为主，约占总墓葬人骨架的70%（包括背后曲的20%）；直肢葬的约占30%。第一期发掘的200余座墓中，侧身屈肢葬8座，俯身屈肢葬4座，仰身屈肢葬20座。屈肢葬有不少人骨下肢屈的较重，为后背屈，近90度。

墓内出土陶器组合有鼎、盒、壶和鼎、豆、壶等两种，根据墓地出土陶器组合及器物的形制等特点，相当于洛阳中州路中陶器组合的第六期至第七期①，初步判断该墓地年代应是战国晚期。因此，汤阴五里岗墓地是一处战国晚期大型的公共墓地，墓地为魏国人无疑。

① 中国科学院考古研究所：《洛阳中州路》，科学出版社，1959年。

3. “公”字布的国属考辨

1982年汤阴五里岗变电站内战国墓葬发掘的资料尚未公布，出土的8枚“公”字布资料是否出自同一个墓中，我们不甚清楚。但墓中出土的1枚“公”字布的资料我们在《安阳鹤壁钱币发现与研究》一书上已经发布。汤阴五里岗变电站内战国墓地与此次南水北调发掘的战国墓地相距不足500米，二者同属一个墓地。除此之外，还见于50年代发掘的河南辉县固围村战国墓地。该墓地M1战国墓内出土钱币共计21枚，内含有小型锐角“公”字布3枚，“垣”字圜钱1枚，其他的还有“梁正币尚百当　”10余枚，发掘认为墓为战国晚期墓葬，多数专家认为该墓地为魏国人墓地①。加上安阳黄张遗址新出土的“公”字布的战国墓葬，因此，战国时期墓葬内出土“公”字布资料也仅此三例。“垣”一般认为地名，其一说为山西垣曲县西南，其一说为河南省长垣县东北，但学者都认为是魏国铸行的钱币；“梁正币尚百当”是魏文王迁都大梁后（前362年）铸行的钱币。固围村一号墓出土的各类钱币共存在一座墓中，且“垣”字圜钱1枚、“梁正币尚百当”都是已成定论的魏国铸行的钱币，因此，我们完全有理由认为一号墓出的钱币应为同一国铸造和使用的钱币。

我们再从五里岗墓地考古资料来看，此墓地多属战国晚期的小型墓葬，随葬器非常少。按照当时埋葬的风俗来看，死者多把自己认为重要和代表身份的器物作为随葬品，钱币也应该是他们认为最重要的东西，日常使用并用于商品流通，也应该是他们自己铸造、使用和非常熟悉的钱币，很难想象他们把别国的钱币埋入自己的墓内。特别是属于同一墓地的墓葬中“公”字布和“垣”字圜钱共出，二者应该有着很密切的关系，应该属于同一国的钱币。因此，墓地内出土的钱币大约也应该就是魏国人自己铸造和使用的钱币之一。

古时，鹤壁与汤阴属于同一个地区，鹤壁就归汤阴管辖，从上述我们统计的小型锐角布的出土地点看，以汤阴为中心，包括鹤壁、安阳、林州及淇县、辉县在内的区域，应是战国时期小型锐角布集中铸造和使用、流通的区域。特别是墓葬出土的“公”字布更具是主要集中在这一个区域风。其他的几个“公”字布的出土地点，也大体都在战国时期魏国的势力范围内，并且多与已成定论的魏国钱币“垣”字圜钱、安邑一釿等并出。2007年12月，南水北调中线干渠安阳黄张遗址新出土的“公”字布，同为墓葬出土，该墓还伴有陶鼎、豆、壶等器物，该器与五里岗出土的器物相较，时代要早一些，可在战国中期。黄张遗址发现了大量的战国时期的房基、灰坑等文化遗迹，并有大量的战国时期的墓葬②。该地区与战国时期城邑防陵（今安阳郊区宝莲寺村一带）相距仅6千米左右，应同属一个地区。战国中期防陵一带为魏国所辖，战国晚期才为赵国占据。综上所述，“公”字布应该就是魏国人铸造和使用的钱币，并为魏国人死后所殉葬。其铸造和使用的区域应该是以今天的汤阴、鹤壁为中心，战国中晚期魏国所管辖的

① 中国科学院考古研究所：《辉县发掘报告》，科学出版社，1956年。

② 南水北调文物保护控制性项目，中国社会科学院考古研究所2005年发掘。

区域内。

另外，值得注意的是上述出土钱币的3座墓葬中，根据中国社会科学院考古研究所专家人骨鉴定的结果，M399、M571的墓主人可以认定为女性，另一座墓因墓主人骨架保存较差，无法认定性别。因此，从这一现象看，在战国时期女性与随葬钱币之间可能存在一种比较特殊的关系，但尚需进一步探讨。

后　　记

河南省安阳市汤阴县韩庄乡五里岗墓地是河南省南水北调2006年文物保护控制性项目之一，也是安阳市文物考古所承担的第三个南水北调文物考古发掘项目。该项目考古发掘申请由中国社会科学院考古研究所安阳工作队和安阳市文物考古研究所共同申报，安阳市文物考古研究所主持发掘。国家文物局颁发的考古发掘证照为：考执字（2006）第270号，考古发掘领队为岳洪彬博士。该项目文物钻探始于2006年7月，共计钻探面积38000平方米。根据河南省南水北调办公室的安排，从2006年8月开始进行文物考古发掘。发掘工作以国庆节为界线共分两期进行，至12月底全部考古发掘结束，共计5个月。以发掘区域中间的斜路为界第一期主要集中在发掘区域的南半部分，第二期集中在斜路北侧。预计发掘面积为5500平方米，实际发掘面积远远超过预计面积。此次发掘工作的执行领队是安阳市文物考古研究所孔德铭，主持日常发掘工作的为馆员张宝林、李守庆，参加发掘的技术员有副所长申明清、焦鹏、杨鑫、于浩等。参加整理工作的有孔德铭、张宝林、焦鹏、申明清、梁宇、孔维鹏、陈杰、张楠、黄晓芳、周娜、段艳彩、段小朋、张书惠、胡玉君、李贵昌、李阳等。

《汤阴五里岗战国墓地》一书编写始于2012年10月，历时两年基本编写完成。该书按照河南省文物局南水北调文物保护项目考古发掘报告的格式进行编辑。本书按照单个墓葬，详细介绍了汤阴五里岗战国墓葬的形制、规模、葬具葬式、器物组合及出土情况，并附有详细墓葬图、器物图、照片及人骨分析等，是一部战国墓葬资料汇编和第一手考古资料，对于河南省特别是安阳地区战国墓葬的研究具有较高的价值。本书文字撰写主要由张宝林、孔德铭、焦鹏完成，田野绘图主要焦鹏、张宝林、申明清、杨鑫等完成，器物绘图主要由张爱珍、黄晓芳、周娜、孔维鹏等完成，考古工地及出土器物拍摄由申明清完成，航拍由李自省完成。文稿统筹由孔德铭完成。

在该项目考古发掘和本书编写过程中得到了中国社会科学院考古研究所安阳工作队、河南省文物局南水北调文物保护办公室、河南省南水北调办公室、安阳市文物管理局、汤阴县政府、汤阴县文物旅游局、汤阴县文物保护管理所、南水北调安阳建管处等有关单位领导和专家的大力支持，在此一并表示感谢！

编　者

2014年11月

1. 墓地全景

2. 墓地全景

墓葬全景

1. 墓地局部

2. 墓地局部

墓葬局部

1. M2

2. M14

3. M16

4. M56

墓葬

彩版四

1. M61

2. M82

3. M87

4. M92

墓葬

1. M94

2. M95

3. M126

4. M127

墓葬

彩版六

1. M134

2. M135

3. M136

4. M139

墓葬

1. M140

2. M147

3. M149

4. M150

墓葬

彩版八

1. M159

2. M163

3. M164

4. M282

墓葬

1. M382

2. M388

3. M390

4. M394

墓葬

彩版一〇

1. M395

2. M398

3. M421

4. M423

墓葬

1. M424

2. M425

3. M430

4. M431

墓葬

1. M432

2. M435

3. M437

4. M440

墓葬

1. M442

2. M444

3. M445

4. M453

墓葬

1. M454

2. M456

3. M470

4. M471

墓葬

1. M479

2. M482

3. M483

4. M486

墓葬

彩版一六

1. M511

2. M510

3. M514

4. M526

墓葬

1. M557

2. M558

3. M571

4. M572

墓葬

彩版一八

1. M578

2. M581

3. M598

4. M605

墓葬

1. M608

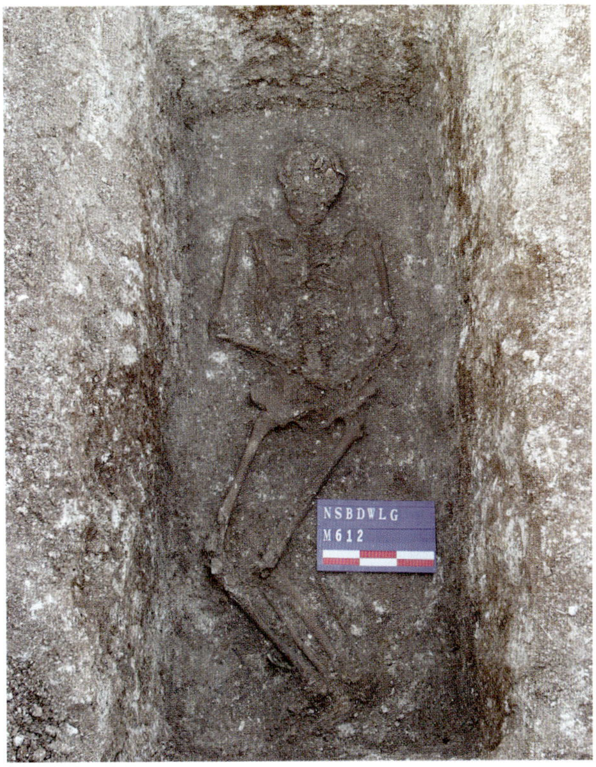

2. M612

3. M616

4. M624

墓葬

1. M625

2. M635

3. M639

4. M661

墓葬

1. M685

2. M696

3. M699

4. M703

墓葬

彩版二二

1. M704

2. M708

3. M712

4. M714

墓葬

1. M718

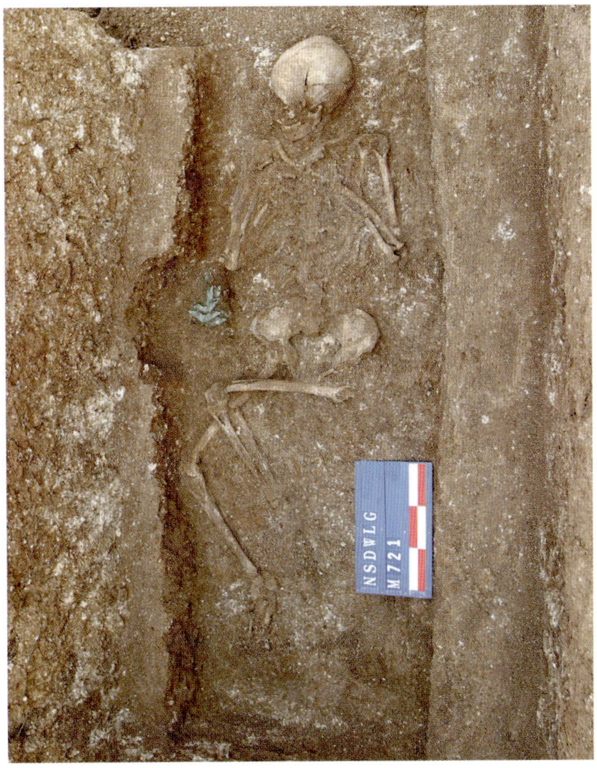

2. M721

3. M728

4. M741

墓葬

1. 陶器组合（M16）

2. 陶器组合（M95）

陶器组合

1. 陶器组合（M126）

2. 陶器组合（M200）

陶器组合

1. 陶器组合（M346）

2. 陶器组合（M127）

陶器组合

1. 鼎（M16：3）

2. 鼎（M95：8）

3. 鼎（M200：9）

4. 鼎（M200：7）

5. 鼎（M126：4）

6. 鼎（M346：2）

陶鼎

1. 陶盒（M200：2）

2. 陶盒（M200：5）

3. 陶盒（M16：7）

4. 陶鼎（M127：4）

5. 陶耳杯（M200：12）

6. 陶鼎（M94：2）

陶盒、陶鼎、陶耳杯

1. 豆（M94：7）

2. 豆（M95：7）

3. 豆（M126：1）

4. 豆（M346：3）

陶豆

1. 陶盘（M16：5）

2. 陶盘（M95：5）

3. 陶盘（M127：9）

4. 陶盘（M200：1）

5. 陶盘（M346：5）

6. 陶匜（M127：10）

陶盘、陶匜

1. 匜（M16：6）

2. 匜（M95:6）

3. 匜（M94：6）

4. 匜（M126：3）

5. 匜（M346：7）

6. 匜（M200：8）

陶匜

1. 大壶（M2：2）

2. 小壶（M16：4）

3. 大壶（M16：2）

4. 大壶（M94：3）

5. 小壶（M94：4）

6. 大壶（M95：4）

陶壶

1. 小壶（M95：9）

2. 小壶（M126：5）

3. 小壶（M126：6）

4. 大壶（M126：7）

5. 大壶（M199：1）

陶壶

1. 小壶（M127：6）

2. 小壶（M127：7）

3. 大壶（M127：5）

4. 豆（M127：8）

5. 大壶（M200：4）

6. 小壶（M200：10）

陶壶、陶豆

1. 小壶（M200：11）

2. 大壶（M224：1）

3. 大壶（M282：1）

4. 大壶（M308：1）

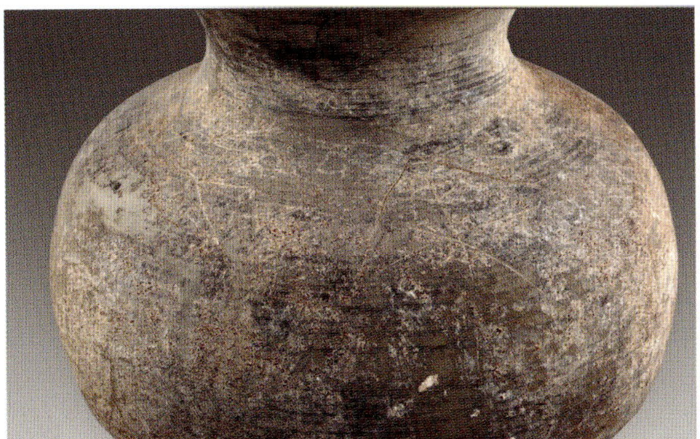

5. 陶文（M308：1）

陶壶

1. 大壶（M315：2）

2. 大壶（M328：1）

3. 小壶（M346：4）

4. 小壶（M346：6）

陶壶

1. 大壶（M356：1）

2. 大壶（M394：1）

3. 大壶（M413：2）

4. 大壶（M490：1）

陶壶

1. 大壶（M688：1）

2. 大壶（M639：1）

3. 大壶（M22：2）

4. 大壶（M712：3）

陶壶

1. 罐（M47：2）

2. 罐（M87：2）

3. 罐（M129：1）

4. 罐（M192：2）

5. 罐（M177：1）

陶罐

1. 罐（M185：1）

2. 罐（M185：2）

3. 罐（M205：2）

4. 罐（M277：1）

5. 罐（M242：1）

陶罐

1. 罐（M285：1）

2. 罐（M297：2）

3. 罐（M635：1）

4. 罐（M333：2）

5. 罐（M309：2）

6. 罐（M314：1）

陶罐

1. 罐（M320：1）

2. 罐（M335：2）

3. 罐（M384：1）

4. 罐（M388：1）

5. 罐（M390：1）

6. 罐（M413：1）

陶罐

1. 罐（M421：1）

2. 罐（M432：1）

3. 罐（M453：1）

4. 陶文（M453：1）

陶罐

1. 罐（M435：1）

2. 罐（M456：2）

3. 罐（M516：1）

4. 罐（M543：1）

5. 罐（M578：2）

陶罐

1. 罐（M581：1）

2. 罐（M584：1）

3. 罐（M608：1）

4. 罐（M616：1）

5. 罐（M695：1）

6. 罐（M708：1）

陶罐

彩版四六

1. 罐（M444：2）

2. 罐、碗组合（M437：1、M437：2）

3. 罐（M367：1）

4. 罐、碗组合（M379：2、M379：3）

5. 罐、碗组合（M223：1、M223：2）

6. 罐、碗组合（M741：1、M741：3）

陶罐及罐、碗组合

1. 碗（M2：2）

2. 碗（M16：1）

3. 碗（M22：1）

4. 碗（M63：1）

5. 碗（M217：3）

6. 碗（M277：2）

陶碗

1. 碗（M285：2）

2. 碗（M309：1）

3. 碗（M315：1）

4. 碗（M320：2）

5. 碗（M390：2）

6. 碗（M456：1）

陶碗

1. 碗（M543：2）

2. 碗（M584：2）

3. 碗（M599：1）

4. 碗（M639：2）

5. 碗（M708：2）

6. 碗（M718：1）

陶碗

全兽形铜带钩（M440：1）

1. M11：1

2. M1：1

3. M106：1

4. M124：1

5. M125：1

6. M134：1

水禽形铜带钩

1. M147：1

2. M234：2

3. M298：1

4. M301：1

5. M349：1

6. M383：2

水禽形铜带钩

1. M387：1

2. M468：1

3. M483：1

4. M511：3

5. M509：1

6. M521：1

水禽形铜带钩

1. M577：1

2. M595：1

3. M616：2

4. M676：1

5. M699：2

6. M732：1

水禽形铜带钩

1. M87：1

2. M87：1（局部）

耜形铜带钩

1. M111：2

2. M111：2（局部）

耜形铜带钩

1. M116：1

2. M116：1（局部）

耜形铜带钩

1. M110：1

2. M240：1

3. M111：1

4. M411：1

5. M93：1

耜形铜带钩

1. M225：1

2. M261：1

3. M261：1

4. M280：1

5. M280：1

耜形铜带钩

1. M252：1

2. M459：1

3. M512：1

4. M515：1

5. M345：1

耜形铜带钩

1. M588：1

2. M581：2

3. M619：1

4. M684：1

5. M714：2

6. M723：1

耜形铜带钩

1. M13：2

2. M14：1

3. M46：1

4. M66：1

5. M82：1

6. M92：1

曲棒形铜带钩

1. M113：1

2. M150：1

3. M178：1

4. M183：1

5. M222：1

6. M200：6

曲棒形铜带钩

彩版六四

1. M264：1

2. M265：2

3. M288：1

4. M431：1

5. M470：1

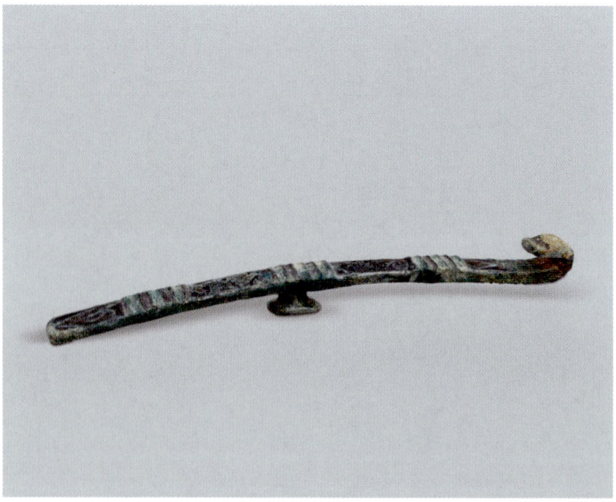

6. M508：2

曲棒形铜带钩

1. M534：2

2. M542：1

3. M575：1

4. M598：1

5. M605：1

6. M618：1

曲棒形铜带钩

彩版六六

1. M731：1

2. M712：1

3. M706：1

4. M736：1

5. M8：1

6. M17：1

曲棒形铜带钩

1. M469：2

2. M550：1

琵琶形铜带钩

1. M572：1

2. M407：1

琵琶形铜带钩

1. M612：1

2. M56：1

琵琶形铜带钩

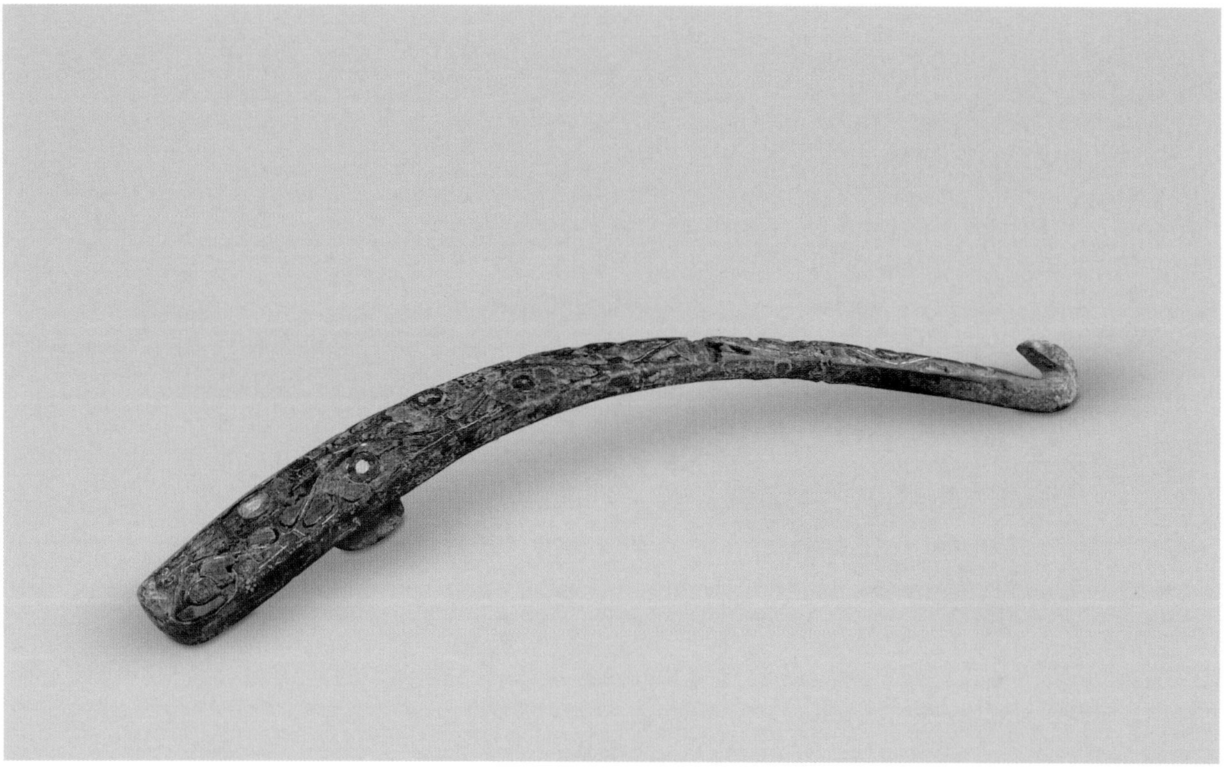

1. M414 : 1

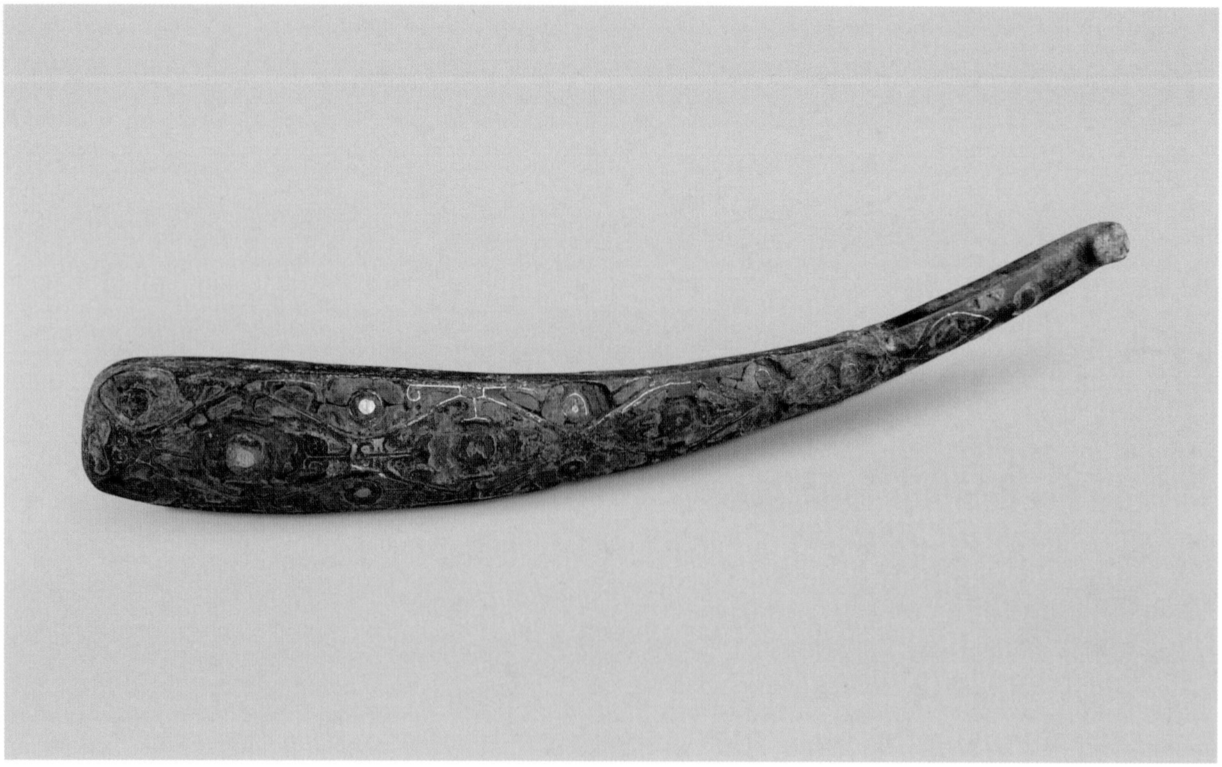

2. M414 : 1

琵琶形铜带钩

1. M339：1

2. M728：1

琵琶形铜带钩

1. M185：3

2. M185：3

琵琶形铜带钩

1. M451 : 1

2. M451 : 1

琵琶形铜带钩

1. M358：1

2. M358：1

琵琶形铜带钩

1. M239：1

2. M239：1

琵琶形铜带钩

1. M388：2

2. M388：2

琵琶形铜带钩

1. M486：1

2. M510：1

3. M707：1

4. M717：1

5. M127：1

6. M136：1

琵琶形铜带钩

彩版七八

1. M164：1

2. M173：1

3. M192：1

4. M199：2

5. M18：1

6. M61：1

琵琶形铜带钩

1. M169：1

2. M181：1

3. M263：1

4. M335：1

5. M444：1

6. M448：1

琵琶形铜带钩

1. M223：3

2. M276：1

3. M297：1

4. M324：1

5. M337：1

6. M347：1

琵琶形铜带钩

1. M417：1

2. M423：1

3. M159：1

4. M325：1

5. M411：2

6. M411：2

琵琶形铜带钩

1. M685：1

2. M633：1

3. M526：1

4. M344：2

5. M471：2

6. M531：1

琵琶形铜带钩

1. M534：1

2. M585：1

3. M654：1

4. M661：1

5. M704：1

6. M710：1

琵琶形铜带钩

1. M205∶1

2. M718∶2

3. M415∶1

4. M482∶1

5. M514∶1

琵琶形铜带钩

1. M504：1

2. M504：1

3. M430：1

4. M430：1

琵琶形铜带钩

彩版八六

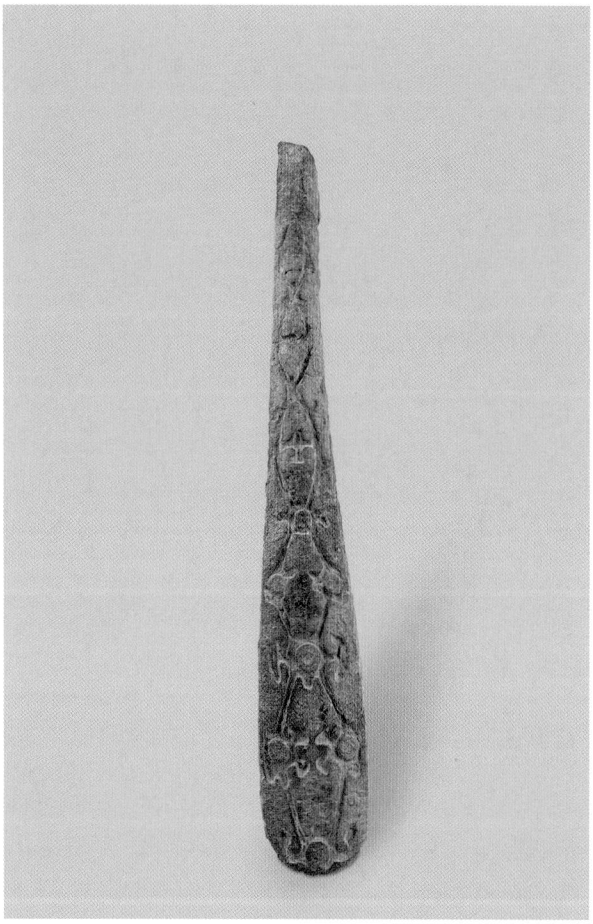

1. M95：3

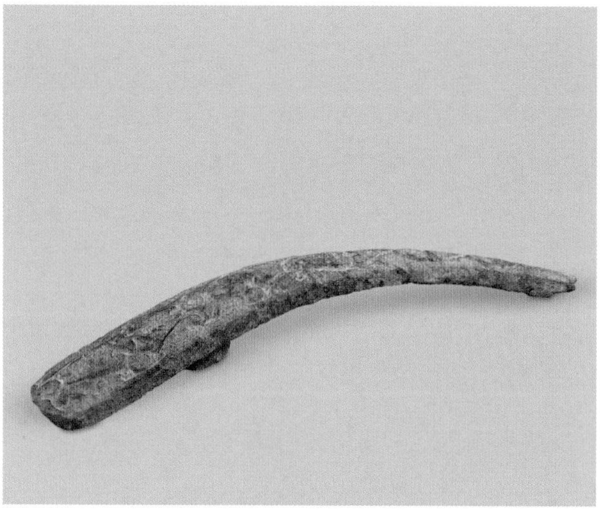

2. M95：3

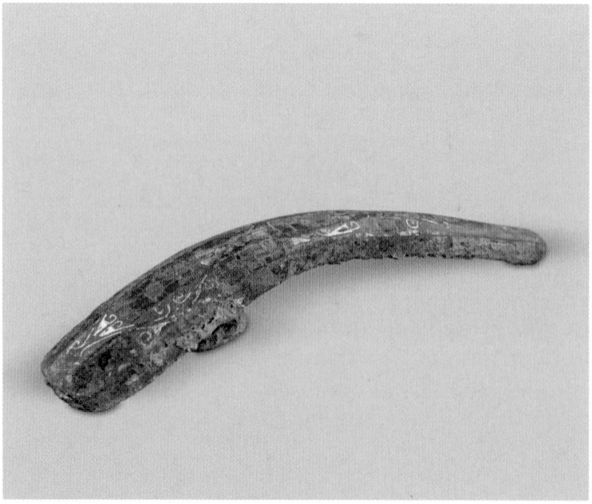

3. M507：1

4. M507：1

琵琶形铜带钩

1. M454：1

2. M52：1

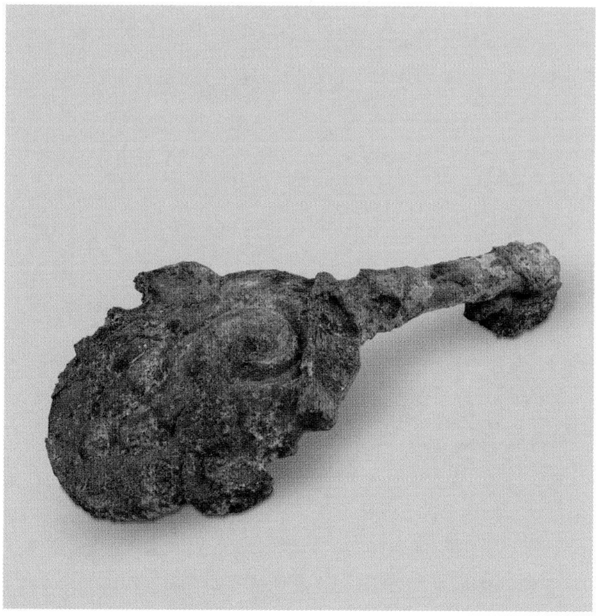

3. M395：2

4. M557：1

琵琶形铜带钩

1. M473：2

2. M334：1

3. M190：1

4. M190：1

5. M539：1

6. M562：1

铜带钩

1. 铜带钩（M558：1）

2. 铜带钩（M379：1）

3. 铜带钩（M195：1）

4. 铜带钩（M399：2）

5. 石带钩（M617：1）

6. 铜带钩（M730：1）

铜带钩、石带钩

1. 铜镜（M699：1）

2. 铜钱（M250：1正面）

3. 铜钱（M399：1）

4. 铜钱（M250：1背面）

5. 铜钱（M399：1单个正面）

铜器

1

2

3

4

5

铜钱（M571:1）

1. M199：4

2. M395：1

3. M473：1

4. M471：1

5. M469：1

6. M539：2

铜镜

1. M639：4

2. M714：1

3. M718：4

4. M513：1

5. M210：1

6. M334：2

铜镜

1. M442：1

2. M430：2

3. M442：1

4. M56：2

5. M56：2

铜桥形饰

1. M600：1

2. M56：2

3. M721：1

4. M442：1

5. M399：3

铜桥形饰

1. M411：3

2. M411：3a

3. M53：3

4. M414：2

5. M414：2a

6. M414：2c

7. M414：2b

铜桥形饰

1. 铜铃（M725：2）

2. 铜管（M712：2）

3. 铜环（M593：1）

4. 铜镞（M102：1）

5. 铜镞（M134：2）

铜铃、铜管、铜环、铜镞

1. M13：1

2. M94：8

3. M125：2

4. M493：1、M493：2

5. M534：3

6. M542：2

铜环

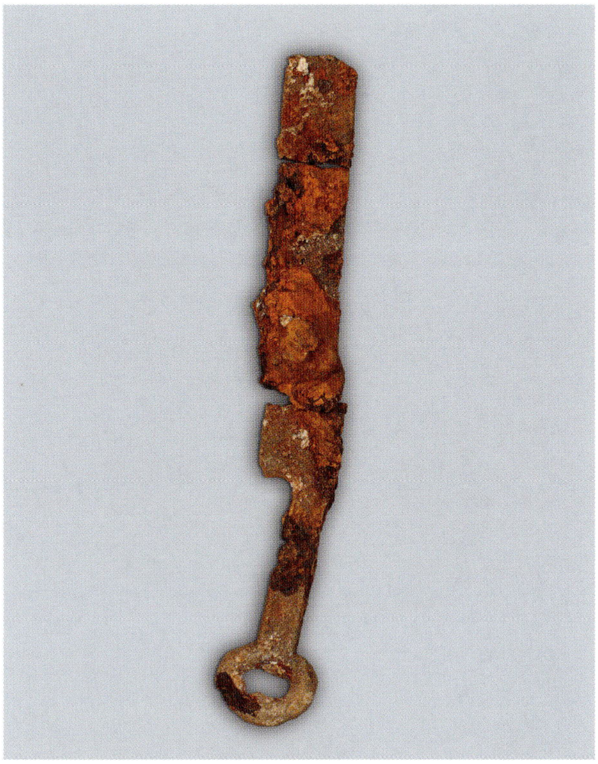

1. 铁刀（M127：2）

2. 铁削（M654：2）

3. 铁削（M262：1）

4. 铁削（M741：2）

铁刀、铁削

1. 铁铲（M162：2）

2. 铁铲（M108：1）

3. 铁䦆（M94：1）

4. 铁䦆（M39：1）

铁铲、铁䦆

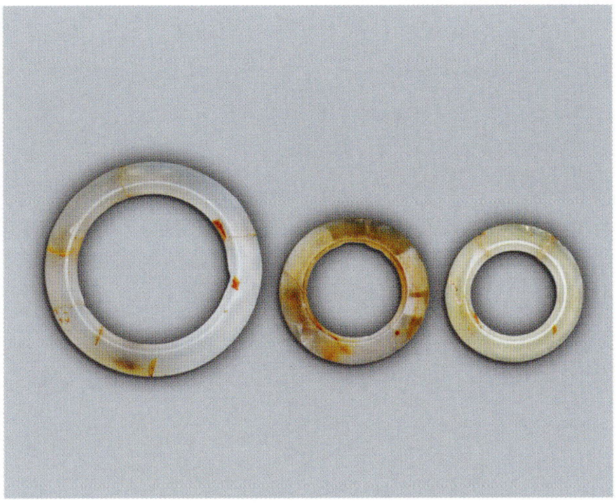

1. M344：1

2. M95：1

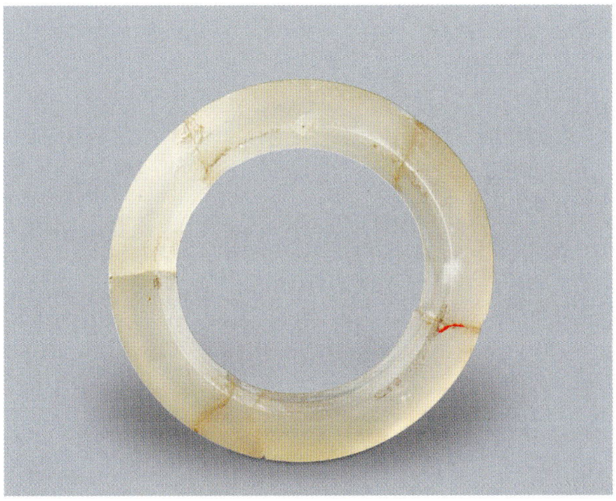

3. M192：3

4. M265：1

5. M530：1

6. M53：1

水晶环

1. 骨器（M124：3）

2. 八棱饰件（M718：3）

3. 骨器（M144：1）

4. 骨器（M199：3）

5. 八棱画笔（M699：3）

6. 八棱画笔（M334：3）

骨器、八棱饰件、八棱画笔